国家社科基金
后期资助项目

辇毂之下

清代北京五城行政与城市治理

Urban Administration and Governance of Beijing:
Qing Dynasty(1644-1911)

刘仲华　著

中国人民大学出版社
·北京·

国家社科基金后期资助项目
出版说明

　　后期资助项目是国家社科基金设立的一类重要项目，旨在鼓励广大社科研究者潜心治学，支持基础研究多出优秀成果。它是经过严格评审，从接近完成的科研成果中遴选立项的。为扩大后期资助项目的影响，更好地推动学术发展，促进成果转化，全国哲学社会科学工作办公室按照"统一设计、统一标识、统一版式、形成系列"的总体要求，组织出版国家社科基金后期资助项目成果。

全国哲学社会科学工作办公室

目 录

导 论 ·· 1
  一、历史与现实交织的既往研究 ·· 1
  二、"中国式市政府"的历史与逻辑 ···································· 10
  三、本书的范围与主旨 ··· 15

第一章 都城诉求下的城坊演变与城市治理 ····························· 18
  一、都城定位的传统与治理诉求 ·· 18
  二、北京历史上的城坊源流 ··· 25
  三、明以前都城治理的设官与机构 ····································· 32

第二章 京师多元治理体系及其特色 ······································ 43
  一、塑造城市治理空间的旗民分城居住 ······························ 43
  二、作为城市管理的驻防与旗务 ·· 48
  三、五城重新划界与城乡分治 ·· 54
  四、都城体系下治权的特点 ··· 63

第三章 五城设官及其行政困局 ·· 84
  一、五城巡御史 ·· 84
  二、五城兵马司 ·· 91
  三、五城吏役人员 ··· 98
  四、五城弊政 ·· 105
  五、行政困局 ·· 109

第四章 人口管理 ·· 137
  一、皇室 ·· 137
  二、旗籍 ·· 141

三、民籍 …… 172
四、流动人口 …… 177

第五章　社会治安　206
一、缉拿盗窃 …… 206
二、夜禁制度 …… 221
三、堆拨与栅栏 …… 223
四、保甲与什家户 …… 231
五、团防练勇 …… 244
六、火班与水会 …… 258

第六章　道路卫生　266
一、街道衙门 …… 266
二、石路与大道 …… 270
三、街道与沟渠 …… 278
四、街面与卫生 …… 294

第七章　民生经济　305
一、粮食供应 …… 305
二、市场与税收 …… 332
三、钱法与金融 …… 351

第八章　城市救助　376
一、五城饭厂 …… 377
二、棉衣发放 …… 385
三、京城慈善 …… 391
四、防疫与施药 …… 402

第九章　文教秩序　412
一、圣谕宣讲 …… 412
二、旗民教育 …… 415
三、从科举到学堂 …… 425
四、戏馆杂艺 …… 434
五、城市宗教管理 …… 439

第十章 清末北京城市治理的变革 ·················· 451
　一、戊戌维新中对城市变革的呼吁 ················ 451
　二、庚子事变对京城治理的影响 ·················· 458
　三、从协巡局到工巡局 ························ 464
　四、从巡警厅到民政部 ························ 471

结　语 ·· 477
　一、都与城：延续中的传统 ···················· 477
　二、都城治理：国家制度的地方化表达 ············ 479
　三、回归城市：治理效果与社会发展 ·············· 481

参考文献 ······································ 485

附录：乾隆朝、嘉庆朝五城地界 ·················· 495

导　论

"五城"(即中城、东城、西城、南城、北城），是明、清时期中央政府对都城北京进行城市管理的行政建制，它创始于明朝，定型于清代。"五城"行政体系虽然不是中国古代城市行政机构的普遍形态，但依然能够呈现古代中国城市管理的基本模式及其演变脉络。①

一、历史与现实交织的既往研究②

从现实需要的角度出发，探讨中国古代城市行政与治理等问题，始于20世纪二三十年代关于"市制"的讨论③，像白敦庸等学者在回顾中国市

---

① "在中国城市发展史上，清代是一个重要的、值得关注的时期。清代城市的历史地位可以用四个字加以概括：承前启后。所谓承前，即承农业时代中国城市之发展，集古代城市发展之大成，达古代城市发展之高峰；启后，则启工业时代城市发展之先路，开动中国城市现代化之阀门。""清代城市是中国城市现代化转型的起点和早期现代化发展阶段，城市成为清代中国转型时期各种现象、矛盾、问题最为集中的地方，也是清代中国演变最大、发展最快的地方。因而，加强对清代城市的研究，有助于把握清代中国历史的主要发展走向，有助于揭示清代中国转型时期的独特发展特征及历史发展轨迹。"（何一民：《清代城市的历史地位——兼论加强清代城市历史研究》，《光明日报》2005年10月11日，第7版）

② 关于中国城市史研究的有关回顾，可参见何一民《从农业时代到工业时代：中国城市发展研究》(成都：巴蜀书社2009年）一书（"方兴未艾的中国近代城市史——新中国成立以来六十年中国近代城市史研究述评""中国近代城市研究的新动向——城市发展与社会变迁互动研究概论""清代城市史研究回顾与展望"等篇章）以及成一农《中国城市史研究》（北京：商务印书馆2020年）。关于西方城市史研究的理论与方法以及对中国城市研究的影响，可参考陈恒等《西方城市史学》（北京：商务印书馆2017年）、于沛主编《西方史学思想史》（长沙：湖南教育出版社2015年）第八节"城市史"。

③ 20世纪二三十年代，一批从海外留学归国的学者倡导建立以市民自治为目标的现代城市体制，展开了一场围绕市政问题的讨论，涌现出一批市政学著作（如陆丹林《市政全书》、白敦庸《市政举要》等）、学术刊物（如《市政评论》《市政研究》等）。1927年，还在上海成立了"中华市政学会"。相关内容可参见赵可《20年代我国留美知识分子对市政体制改革的探索》[《四川大学学报（哲学社会科学版）》1999年第4期]、徐鹏《民国前期市政改革思潮研究（1912—1928)》(见王元周、徐鹏主编：《城市：生活空间、权力结构与文化衍生》，南京：江苏人民出版社2018年）等。

政问题由来时,就开始对历史上城市的市政管理有所触及,但因当时的出发点大多着眼于如何建立现代"市制"体系,故而对包括清代北京城市行政在内的古代城市治理等问题鲜有展开。

新中国成立之初,城市管理大多照搬苏联体制,"市制"讨论的话题没有延续。直到20世纪八九十年代,随着国家改革的全方位展开,相关问题又随着"公共管理学"(后来是"市政学")或"制度沿革史"的话题重新回到学术界的视野中。至于清代北京城市行政制度,在一些行政制度史或官制史研究中,开始有所介绍。例如,刘子扬编著的《清代地方官制考》(北京:紫禁城出版社1988年)专门介绍了管理京城地方之各机构(包括步军统领衙门、五城察院及五城兵马司)以及清末官制改革中的京畿地方管理机构(如工巡局、内外城巡警总厅等)。张晋藩《中国法制通史》(北京:中国政法大学出版社1999年)专门论述了清末北京的城市管理法律制度。在都城制度研究中,杨宽《中国古代都城制度史研究》(上海:上海古籍出版社1993年)对明清时期北京城的地方行政设施略有涉及。北京作为元明清以来的都城,在都城制度或者职官制度研究中,是一个总是被提及的重要城市,但相关介绍大多着眼于王朝兴衰之下的职官沿革,而非城市史的视角。

改革开放以来,随着地方经济社会的发展,各地域文化热渐兴,地方性的通史研究应势而生。北京作为"当代中国的首都""历史悠久的文化名城""发展中的现代大城市",自然率先起步,由曹子西主编的《北京通史》十卷本于1994年出版。此后,越来越多的地方政府开始组织编纂各地的城市通史。①

在《北京通史》中,北京历史上城市管理的相关问题在各卷中有不同程度的涉及,吴建雍撰写的第七卷清代部分,从行政区划和建制,城卫、治安和行政管理,市政建设和管理等方面介绍了清代北京的行政建制和城市管理。除了《北京通史》之外,北京大学历史系编写的《北京史》(北京:北京出版社1985年),简要介绍了清代北京地方的行政设施。方彪《北京简史》(北京:北京燕山出版社1995年)对包括清代在内的北京地区历朝行政建制和地方行政机构、行政体制的历史特征等内容做了脉络式的梳理。此外,北京市地方志编纂委员会编《北京志》第12卷《政权·政协卷》之《政府志》(北京:北京出版社2013年),作为地方志题材,

---

① 例如《广州简史》(杨万秀、钟卓安主编,广州:广东人民出版社1996年)、《上海通史》(熊月之主编,上海:上海人民出版社1999年)等。

对辽至清代的地方行政辖区、行政管理体制、机构组成以及机构职能也有简略的交代。而李淑兰《北京史稿》（北京：学苑出版社1994年）、于德源《北京史通论》（北京：学苑出版社2008年）中基本没有涉及相关问题。

由于这一时期的"北京史"研究侧重于地域性的通史，尽管编纂者"力求处理好中国通史内容和北京地方史学内容的结合和交叉问题"，但考虑到"北京的历史发展离不开整个中华民族和全国的整个形势，在北京成为首都之后，许多关系全国的大事又常从北京发端"①，因此，这一时期的"北京史"编纂仍不免有微缩版"中国史"的影子，历史事件和制度尚未很好地融入城市自身的叙述脉络中，导致在所探讨的问题上未能凸显城市的地方性，也没有达到认识本地"地方特性"的目标。

从"地域性通史"到"城市史"的视角转换，既需要理论、方法上的准备，需要对古代城市在历史发展中的作用进行重新审视，同样需要社会现实在学术认知上的投射。20世纪末，随着中国经济的飞速发展，城市在中国经济社会生活中的角色越来越重要，加之西方城市史思潮的影响，国内城市史研究蔚然兴起。"城市史研究必须为当前以至今后的城市发展提交深思熟虑的、具有远见的理论场景和方法途径。"② 在学界的这种共识之下，城市史研究著作如雨后春笋。③

就北京而言，如果说《北京通史》是从北京看中国历史发展的地方通史，那么吴建雍主编的《北京城市发展史》则开始进一步聚焦北京城市自身的发展。正如该书前言所说，本书"紧紧围绕城市史主题，通过揭示都城形制、空间格局、社会结构、政治和礼制建筑及其功能，说明北京在中华文明形成中的历史地位"④。全书纵向梳理北京城市历史发展，分先秦—辽金卷、元代卷、明代卷、清代卷和近代卷共5卷。其中，吴建雍撰写的"清代卷"，在"清代北京的建制"中介绍了北京城的行政区划、行政机构、卫戍和治安，在商业设施中介绍了市场管理；市政建设方面，介绍了街道沟渠、房屋管理及社会管理等内容。袁熹撰写的"近代卷"，介

---

① 曹子西：《北京通史》总序，北京：北京燕山出版社2012年，第11页。
② 杨哲：《城市空间：真实·想象·认知：厦门城市空间与建筑发展历史研究》，厦门：厦门大学出版社2008年，第23页。
③ 其中，何一民对中国城市史的研究最为引人注目，所著《中国城市史纲》（成都：四川大学出版社1994年）、《近代中国城市发展与社会变迁（1840—1949）》（北京：科学出版社2004年）以及新近出版的八卷本《中国城市通史》（何一民主编，成都：四川大学出版社2022年）堪称国内学者梳理、总结中国城市发展历史的扛鼎之作。
④ 吴建雍：《北京城市发展史》，北京：北京燕山出版社2008年，"前言"第1页。

绍了晚清北京城市管理机构的变化。由尹钧科主编的《北京城市史》则"对北京城市发展的历史进行横向探索",分为7册,"从行政建置、人口变迁、城市规划设计、城市管理、城市生活、城市水源、能源和交通等不同视角,进一步考察和论述北京城市的历史发展"①。其中的第2册,魏开肇撰写的《历代建置与机构》对包括清代在内的历代北京地方行政管理机构做了回顾。另外,韩光辉著《从幽燕都会到中华国都:北京城市嬗变》(北京:商务印书馆2011年),也是一部有所侧重的北京城市通史,其中对辽金元时期北京城市行政建制的形成过程,以及清代北京户籍制度、人口政策、北京城属行政界线的划分等问题做了比较细致的分析。

城市史一经兴起,便表现出强烈的现实观照意识。"城市就是一部'活的历史',它联系着历史与现实、过去和未来,城市史研究就是要透过城市的历史去观照现实与未来。"② 20世纪末至21世纪初,随着国家"体制改革"的纵深推进,研究者鉴古知今,通过分析中国自身城市发展历史,希望找到一条有别于西方城市发展路径、符合中国国情的中国式发展道路。同时,随着城市的快速扩张,城市病等问题层出不穷,如何解决城市病,成为亟待解决的困扰,因而这时城市规划、市政与管理问题受到了学术界越来越多的关注。

在城市形态与城市规划方面,历史地理学家侯仁之开创先河,他多次提出北京城市建设要重视吸取北京城市规划设计的历史经验。③ 李孝聪《历史城市地理》(济南:山东教育出版社2007年)一书,从城市形态史的角度介绍了各历史阶段中国城市的空间特征及其相关的历史地理问题。王亚男《1900—1949年北京的城市规划与建设研究》(南京:东南大学出版社2008年),回顾了清末北京城市管理机构的演变,并在分析封建都城城市双重管理体制弊端的基础上,着重强调了清末《京师地方自治章程》对北京城市地位确立的影响。刘凤云《北京与江户:17—18世纪的城市空间》(北京:中国人民大学出版社2012年)将17—18世纪的北京与日本江户进行对比研究,不仅讨论了城市中的政治与商业,还从城市空间的视角出发,讨论了政治体制对城市特别是都城的重要影响。2015年出版的"北京城市形态与功能的历史演变"丛书,包括《元代及元代以前北京

---

① 尹钧科主编:《北京城市史》,北京:北京出版社2016年,"总序"第2页。
② 何一民:《从农业时代到工业时代:中国城市发展研究》,第11页。
③ 参见侯仁之《从北京城市规划设计的历史经验看首都的两个文明建设》(《北京历史与现实研究学术研讨会论文集》1989年)、《试论北京城市规划建设的两个基本原则》(《新建筑》1986年第3期)等文章。

城市形态与功能演变》（朱祖希）、《明代北京城市形态与功能演变》（王越）、《清代北京城市形态与功能演变》（赵寰熹）、《民国北京（北平）城市形态与功能演变》（孙冬虎、王均）、《新中国成立后北京城市形态与功能演变》（吕拉昌、黄茹）共计5册，本着"为当今北京城市问题的解决提供有价值的参考思路"的宗旨①，分别探讨了不同历史时期北京的城市形态与功能。其中，赵寰熹著《清代北京城市形态与功能演变》（广州：华南理工大学出版社2016年）一书从清代首都北京的城市格局与功能出发，探讨了清代北京城市建设与城市形态演变，涉及道路管理、治安管理等，在"清代北京城市功能及功能分区演变"中涉及首都功能及与地方的关系等问题。

"要搞好北京的城市管理，关键是对北京要有全面的了解和深透的认识"，而要深透认识北京，"不能只看北京的现状，还要追溯它的历史"。②在现实需要的推动下，城市管理成为城市研究的重要切入点。其中，研究内容最为全面的当数尹钧科、罗保平、韩光辉、毛希圣、富丽合著的《古代北京城市管理》（北京：同心出版社2002年），该成果从城市规划、市政管理、户籍人口和民政管理、工商税务管理、社会治安管理和教育文化管理等方面对古代北京城市管理进行了全方位的论述。

关于清代北京的城市管理机构，吴建雍在《清代北京外城管理制度》一文中认为，清代北京实行"满汉分城居住"的制度，形成了内城和外城两个大的社区；无论在行政建制还是市政管理上，内外城都有不同的特点。③ 此外，还有周勇进《清代五城察院职官吏役构成及其选任》（《兰州学刊》2009年第6期）、王洪兵《清代顺天府与京畿司法审判体制研究》（《中国社会历史评论》2011年第12期）、李典蓉《略论清代京师地区司法审判制度——以五城察院与步军统领衙门为中心》（《北京史学论丛》2013年）等论文探讨了五城察院、五城兵马司。还有不少研究生论文④以

---

① 吕拉昌、尹钧科：《〈北京城市形态功能的历史演变研究丛书〉总序》，见朱祖希：《元代及元代以前北京城市形态与功能演变》，广州：华南理工大学出版社2015年。
② 尹钧科等：《古代北京城市管理》，北京：同心出版社2002年，第2页。
③ 吴建雍：《清代北京外城管理制度》，《首都博物馆丛刊》第16辑，北京：北京燕山出版社2002年。
④ 例如，周勇进《清代五城察院研究》（南开大学2007年硕士学位论文）、逯志英《明清巡城御史制度研究》（湘潭大学2011年硕士学位论文）、李小庆《五城兵马司与明代京师治安管理》（东北师范大学2012年硕士学位论文）、黄洋《嘉庆时期京畿地区的社会犯罪研究》（湘潭大学2012年硕士学位论文）、何文林《清代北京城市多元管理研究》（北京大学2013年硕士学位论文）、李文《清代大兴、宛平二京县研究》（中国人民大学2013年硕士学位论文）、孙丽丹《义和团时期的陈璧研究》（河北师范大学2016年硕士学位论文）、孙文广《清代五城察院职能的变化及其原因》（中南财经政法大学2019年硕士学位论文）、袁辉《试论19世纪京师游民问题及其法律治理》（中国人民大学法学院2008年硕士学位论文）等。

清代北京城市管理的相关问题为题，都反映了学术研究中对清代北京城市管理问题的重视和关注。

关于城市社会治安问题，韩延龙等撰《中国近代警察制度》（北京：中国人民公安大学出版社1993年），以及韩延龙、苏亦工等《中国近代警察史》（上下册）（北京：社会科学文献出版社2000年），对清末警政的创建以及京师警察机关做了开创性的研究。朱绍侯主编的《中国古代治安制度史》（开封：河南大学出版社1994年），论述了清代禁军八旗与京师安全保卫制度、户籍管理制度以及市场治安管理制度等内容。陈智勇《中国古代社会治安管理史》（郑州：郑州大学出版社2003年），系统论述了我国古代社会治安管理的产生、发展及其演变，虽然没有专门针对城市治安，但对理解清代北京社会治安依然颇有裨益。与以上从社会治安角度研究近代警察的着眼点不同，丁芮《管理北京：北洋政府时期京师警察厅研究》更倾向于把清末警察制度视为近代城市政府的雏形。该书虽然重点是探讨北洋时期京师警察厅，但其中也对清末北京警察在推动城市管理上的作用给予了充分重视，作者丁芮认为："清末至民国时期，对北京城市近代化和社会发展影响最大的推动力之一就是近代警察机构。"[1] 此外，王开玺还从城市社会治安的基层组织出发，探讨了清代京师保甲制与社会治安的关系。[2] 关于城市消防，丁小珊主编的《中国城市与社会史专题研究》（青岛：中国海洋大学出版社2013年），第一篇"清代城市消防管理研究"对清代城市消防法令、管理措施、消防组织、消防管理中的官民互动等问题进行了探讨。

关于街道胡同和交通问题，北京市公路交通史编委会编《北京交通史》（北京：北京出版社1989年）、尹钧科著《北京古代交通》（北京：北京出版社2000年）、颜吾佴、颜吾芟、许勇等编著《北京交通史》（北京：清华大学出版社、北京交通大学出版社2008年），以及孙冬虎、许辉合著《北京交通史》（北京：人民出版社2013年），对清代北京城市交通的发展变化都有所涉及。刘凤云探讨了清代北京的街巷布局及其修治状况。[3] 茅海建则对戊戌变法时期康有为上折请修京师街道的史实做了考证。[4] 吴淞楠著《北京老城胡同管理》（武汉：华中科技大学出版社2019年），在回顾胡同管理背景

---

[1] 丁芮：《管理北京：北洋政府时期京师警察厅研究》，太原：山西人民出版社2013年，第13页。
[2] 王开玺：《嘉道年间的京城保甲制度与社会治安》，《历史档案》2002年第2期。
[3] 刘凤云：《明清时期北京的街巷及其修治》，《故宫博物院院刊》2008年第3期。
[4] 茅海建：《从甲午到戊戌：康有为〈我史〉鉴注》，北京：生活·读书·新知三联书店2018年，第109-110页。

时，探讨了北京胡同作为封建帝都王权制度下封闭的居住空间在近代转为开放交往空间的转变过程。

关于城市救助，日本学者夫马进《中国善会善堂史研究》（伍跃等译，北京：商务印书馆2005年，日文原版出版于1997年），最早关注了慈善组织与都市行政之间的关系。韩光辉《清代北京赈恤机构时空分布研究》（《清史研究》1996年第4期）、张艳丽《试析清代北京地区政府救灾组织系统的主要特点》（《防灾科技学院学报》2012年第3期）以及王洪兵、张松梅《清代京师的粥厂与贫民救助》（《东岳论丛》2013年第5期）等论文则分别探讨了清代北京城的米厂、粥厂等赈济机构。王娟在《近代北京慈善事业研究》（北京：人民出版社2010年）一书中，对清代中前期北京地区的慈善设施以及晚清北京地区传统慈善事业向近代转型的过程也进行了探讨。

人口问题是当代城市化进程中的重要问题，同样引发学者在城市史研究中进行相关探索。韩光辉著《北京历史人口地理》（北京：北京大学出版社1996年），对历代北京人口问题进行了系统研究，讨论了清代北京户籍制度、户口统计特点，以及清代控制北京内城八旗人口规模的措施、管理外城人口政策的演变等内容。作者韩光辉认为，这样的研究"是目前北京市四化建设研究和解决人口问题所迫切需要了解和探讨的问题之一"[①]。高寿仙在《北京人口史》（北京：中国人民大学出版2014年）中阐述了北京地区各个历史时期人口起伏变动的复杂轨迹，总结了北京历史上人口变动的规律和趋势。王跃生《清代北京流动人口初探》一文探讨了北京流动人口的来源及种类、清政府对流动人口的态度以及流动人口对北京社会的影响，认为："在封建时代，流动人口的作用，特别是其积极作用是众多个体的自我显示，清朝统治者缺乏引导和组织的措施，他们更多的则是采取控制手段，因而常常是因噎废食，限制了流动人口积极作用的更大发挥。"[②]

与古代城市职能侧重于行政管理不同，当代城市政府不仅重视经济发展，而且很大一部分职能是以发展经济为目标。传统时代的北京经济发展具有特殊的封建经济性质，这方面的研究有孙健主编的《北京古代经济史》（北京：北京燕山出版社1996年），从农业、手工业、商业等方面讨论了从原始社会时期到清代北京地区的经济发展。于德源《北京农业经济

---

① 韩光辉：《北京历史人口地理》，北京：北京大学出版社1996年，第7页。
② 王跃生：《清代北京流动人口初探》，《人口与经济》1989年第6期。

史》（北京：京华出版社 1998 年）专门论述了清代北京地区的农业，《北京漕运和仓场》（北京：同心出版社 2004 年），对隋唐至清代北京的漕运与经济生活做了探讨。涉及清代税关制度的研究成果，则有祁美琴《清代榷关制度研究》（呼和浩特：内蒙古大学出版社 2004 年）和邓亦兵《清代前期关税制度研究》（北京：北京燕山出版社 2008 年）。另外，尚珩《中国古代流通经济法制史论》（北京：知识产权出版社 2011 年）中的"清代市场管理法规"，讨论了度量衡查验制度、严禁欺行霸市行为、维护市场市容管理以及对牙行的管理等内容。张小林《清代北京城区房契研究》（北京：中国社会科学出版社 2008 年）、邓亦兵《清代前期北京房产市场研究》（天津：天津古籍出版社 2014 年），专门研究了清代北京的房契和房产市场，并指出清政府对北京房产实行双轨制管理模式。

清代北京是庞大的消费城市，很多经济物资依靠供应。关于粮食供应，吴建雍《清代北京的粮食供应》（《北京历史与现实研究学术研讨会论文集》1989 年）一文考察了清代北京粮食消费结构、粮食来源和粮食价格。李明珠《1690－1990 年间华北的饥荒——国家、市场与环境退化》（北京：人民出版社 2016 年）一书重点探讨了京城的粮食供应与市场。邓亦兵《清代前期政府与北京粮食市场研究》（北京：社会科学文献出版社 2019 年）通过粮食问题讨论了清前期政府与市场的关系。刘小萌《清代北京旗人社会》（北京：中国社会科学出版社 2008 年）也涉及旗人仓储和堆房问题。关于货币金融行业，学界的研究起步较早，成果众多，对本书启发较多的是杨端六编著《清代货币金融史稿》（北京：生活·读书·新知三联书店 1962 年），李强《金融视角下的康乾盛世：以制钱体系为核心》（合肥：黄山书社 2008 年），陈锋、蔡国斌《中国财政通史》（长沙：湖南人民出版社 2015 年）以及王红曼《中国近代货币金融史论》（上海：上海人民出版社 2011 年）等著作。

在清代城市经济领域治理中，民间或半官方半民间的社会组织如牙行、会馆也发挥着重要作用。对于工商会馆在城市管理中的作用，王日根的论述很有启发性。他认为，"会馆是明清时期民间自域发展的重要方面，其意义在于建立起了民间社会对于流动群体的一种管理机制"[1]。他还指出会馆、公所的发达，是"民间自我管理的增强"[2]，而且始终参与到城市社会秩序的维持，近代以来随着社会转型加剧，会馆的社会功能发生了

---

[1] 王日根：《明清时期社会管理中官民的"自域"与"共域"》，《文史哲》2006 年第 4 期。
[2] 王日根：《从"行"到商会——宋以后商人社会管理中的官民互动》，《厦门大学学报（哲学社会科学版）》2005 年第 2 期。

显著变化,"参与治安"① 的作用日益凸显出来。周执前则进一步明确将会馆、公所定位为城市管理中的民间组织,认为"会馆、公所等行会组织承担了经济管理职能,确立了较为稳定的工商业行业内经济秩序,对中国传统手工业和商业的运作具有某种规范作用。实际上成为代替官府行使'工商管理权'的社会组织"②。

城市尤其是都城治理,从来都不能独善其身,往往还需要区域协调,方能臻于至善,在这一点上,古今同理。21世纪以来,京津冀协同发展以及首都功能疏解等现实问题,同样映射在北京城市历史的研究话题中,引发学者进一步探讨北京城市功能以及北京与区域经济社会的内在联系理路。针对清代顺天府与京畿区域社会治理的研究,以王洪兵的博士学位论文《清代顺天府与京畿社会治理研究》(南开大学2009年博士学位论文)最为全面。此外,还有不少文章着眼于京津冀的内在历史脉络与城市功能分配。③ 论著方面,王玲《北京与周围城市关系史》(北京:北京燕山出版社1988年)、尹钧科《北京郊区村落发展史》(北京:北京大学出版社2001年)、张慧芝《天子脚下与殖民阴影:清代直隶地区的城市》(上海:上海三联书店2013年)以及孙冬虎等《古都北京人地关系变迁》(北京:中国社会科学出版社2018年)也都能从不同角度为我们理解清代城市治理与区域协调之间的关系提供历史性的经验启示。

由上可见,对清代北京五城和城市行政的相关探讨,长期以来分散在城市发展史、城市生活史、建置沿革史和历史地理等各个专题的研究领域中,而很少以城市治理的整体面貌出现。究其原因,并非学术界的熟视无睹,在很大程度上,是对中国历史上是否存在城市政府,或者说,是否存在现代意义上的"城市"形态这个关键问题的存疑所导致的。

---

① 王日根:《论近代社会转型与京师会馆角色的演替》,《文化学刊》2008年第6期。
② 周执前:《国家与社会:清代城市管理机构与法律制度变迁研究》,成都:巴蜀书社2009年,第195页。
③ 这方面的文章,主要有赵世瑜《京畿文化:"大北京"建设的历史文化基础》[《北京师范大学学报(社会科学版)》2004年第1期]、潘明娟《从都城功能裂变的角度看多都制产生的原因》(《中国古都研究》总第25辑,2012年)、丁海斌《"副中心"与陪都的几大不同》(《人民论坛》2014年第13期)、刘仲华《京津冀区域协同发展的历史文化根基》(《前线》2014年第7期)、孙冬虎《"京津冀一体化"的历史考察》(《北京社会科学》2014年第12期)及《历史地理视角下的北京城市功能疏解之道》(《北京史学论丛》2017年)、王岗《北京古代都城核心区与周边区域关系述论》(《北京史学论丛》2017年)、文魁《把握好北京"都"与"城"的关系》(《前线》2018年第4期)、张静《京津冀地区城市功能变迁的历史考察》(《河北广播电视大学学报》2019年第1期)等。

二、"中国式市政府"的历史与逻辑

早在 20 世纪二三十年代，随着"改良市政"和建立现代城市制度的探索，不少讨论者在回顾中国"市制"的来龙去脉时，就开始触及古代中国是否存在"市制"以及古代"市政"与现代市制的异同等问题。

其中一种倾向，颇为肯定中国古代"市制"的存在，以曾经留美、熟悉西方市政理念的白敦庸最具代表性。他在 1931 年出版的《市政举要》中专设一篇探讨了"我国市制之沿革"。白敦庸认为，"我国市政肇端甚早"，虽然其设官分职"与今城市情形颇不侔"，但不论是市政机关、警察，还是社会事业等方面，"皆有相当之组织，管理上并有明晰之系统"，具体到清代北京，"则为九门提督、五城司坊及大兴宛平两县令"。① 萧文哲同样肯定古代中国存在市制，"即自周朝市廛以至于光绪末年颁布《城镇乡自治章程》，可名之为古代市制，以其将都市管理悉纳于国家行政范围内"。尽管古代中国的所谓"市"，"仅限于都市，隶属于国家行政之下"，而且与"现代市制之趋于自治者不同"，但在萧文哲看来，"古代市制"的存在是毫无疑问的。②

还有一种倾向，回避对"市制"是否存在的探讨，但强调古代中国的城市存在"市政"，只是不够发达。究其原因，"我国向来重乡治而忽视市政"，而"市是工商所集的场所"，在我国以农立国、农业人口占最大多数的情形下，"政府为注重农民生活而注重他们所集的乡中的乡治，那是势所必然的结果"。相比之下，工商业不发达，"市既不繁盛，市政自然不能进步"。③

然而，古代市政毕竟与当时学者们所倡导推广的现代城市"市制"有着很大差别，曾经应白敦庸之邀，为《市政举要》作序的朱启钤就认为，"以古时之市诠今日所谓市政之市，实大有径庭"，而且他从城市公共管理的角度，强调"数千年来但有市场之管理而无都市之规划"。④ 同时为《市政举要》作序的邓镕也从我国古代城市往往缺乏公共事业的角度出发，

---

① 白敦庸：《市政举要》，上海：大东书局 1931 年，第 3—9 页。
② 萧文哲：《我国现代市制之过去与将来》，《东方杂志》1940 年，第 37 卷、第 6 期。
③ 顾敦鍒：《中国市制概观》，《东方杂志》1929 年，第 26 卷、第 17 期。
④ 朱启钤：《〈市政举要〉序一》，见白敦庸：《市政举要》，第 1 页。

明确提出"吾国从前，有市无政"的论断。①

相比于"有市无政"的说法，当时有不少探讨者径直强调中国出现"市制"始于清末，而且是舶来品。1915年，刊载于《中华工程师会会报》上的《北京市政谈》一文中就认为"京师旧本无所谓市政"，只是在清末庚子事变后，"为一进化自警察制度兴创以后，又为一进化至于今日市政公所成立"。②董修甲在1928年撰文指出光绪三十四年十二月，清政府颁布的《城镇乡自治章程》是"我国办理市政第一市制"；宣统元年，"又因北京地方，与各省地方情形稍异"，清政府又制定"京师地方自治章程"，准备作为北京建立市制的基础，然而这两种自治章程，"筹备未毕"，尚未付诸实施，因辛亥革命爆发，"国家政体变更，市制自亦须加修改"。③熊桂庵在讨论中国市制的由来与现状时，也说"我国地方行政组织之有市的名称，固然不自今日始"，并举汉唐时期的长安市、京兆尹为例，"似乎可比拟现在的首都院辖市和南京市长"，然而这只是"京师行政的一种分支"，不是完整意义上的城市行政，"都不能范畴今日市之名实"，因为汉唐时期的长安市"与现时市的性质和涵义均有不同"，而"我国之有市制，其渊源是采自舶来"，具体形式便是1930年国民政府公布的市组织法。④

在西方，最早否定古代中国存在独立城市政府的观点，以对城市史研究影响颇深的是德国学者马克斯·韦伯最具代表性。他通过东西方城市发展的对比研究，总结城市类型，认为古代中国的城市与很多亚洲城市一样，没有独立的行政。"在亚洲，城市基本上没有自律性的行政；更重要的，城市的团体的性格，以及城市人的概念，从未存在于亚洲，就算有，也只是些萌芽罢了。"城市居民也没有认同感，"中国的城市居民，从法律上而言，只是其氏族（因此也就是其原籍村落）的成员，那儿有他崇拜祖先的祠堂，透过祠堂，他得尽心维护己身所属的团体"。⑤马克斯·韦伯对中国城市发展特征的概括，是以西方城市发展经验为参照的判断，这一观点如同他的城市社会学理论一样，对欧美乃至国内的城市学理论产生了重要影响。20世纪60年代，美国学者施坚雅从区域经济层级、城市空间变迁等新角度研究中国城市发展，开创了"施坚雅模式"，其主编的《中

---

① 邓镕：《〈市政举要〉序四》，见白敦庸：《市政举要》，第4页。
② 《北京市政谈》，见《中华工程师会会报》1915年，第2卷，第5期。
③ 董修甲：《中国市制之进境》，《时事新报》（上海）1928年3月9日。
④ 熊桂庵：《论中国市制》，《自治月刊》1949年3月，第4卷，第3期。
⑤ [德]马克斯·韦伯：《非正当性的支配——城市的类型学》，康乐、简惠美译，桂林：广西师范大学出版社2005年，第24页。

华帝国晚期的城市》对国内城市史研究的理论和方法产生了不小的影响。西比勒·范·德·斯普伦克尔在《城市的社会管理》中认为:"中国人的社会从来都没有建立过拥有独立的明确管辖权的自治市,城镇与乡村一样是被两种不同的组织机构联合管理的;其一是自上而下,直到各家各户的帝国中央集权辖区网,其行政治所只设于县城内;其二是各种相互交叉的社团、陈陈相因的非官方组织。"① 其观点与马克斯·韦伯如出一辙。至于施坚雅本人在其所撰写的《清代中国城市社会结构》一章中探讨了城市会社与"市政"管理,而且在文章末尾提出了"一个严格中国式的市政府,看起来究竟会是什么样子"的疑问式想象。② 施坚雅本人虽然意识到中国历史发展可能存在"中国式的市政府",但他并没有沿着这一方向继续展开论述。

改革开放后,国内城市史研究兴起之际,多数学者或参照西方城市学理论,或受到马克斯·韦伯等学者关于东方社会发展特征论断的影响,在审视中国古代城市发展特征时,也倾向于认为中国古代并没有"城市"的行政概念,没有类似于近现代或者西方从经济或社会角度界定的"城市"形态,古代"城市"一词更多的是个地理空间范畴。作为国内第一部专门研究中国城市政府演变历史的著作,萧斌主编的《中国城市的历史发展与政府体制》,虽然认可中国古代城市存在管理城市的机构,但不认为存在城市政府,"中国古代的城市,京畿一般隶属于中央政府,其他城邑、重镇隶属于省州郡县,城乡合治,城市和乡村由同一个政府机构管理,还没有专门的或完全意义上的城市政府"③。靳润成以是否存在城市行政区作为判断城市政权存在与否的前提,他说:"城市行政区及其与之相对应的城市政权机构是密不可分的一个事物的两个侧面:城市政权机构的设置以城市行政区为前提;而城市行政区又以设置城市政权机构为目的。"而"中国封建社会时期的城镇,在行政管理上从来没有存在过统一的区域,当然也从来没有存在过单独的、以城镇区域为唯一施政范围的地方行政机构"。北京出现新型城市管理机构始于 1902 年的"工巡局"。④ 刘君德在回顾中国古代城市的行政管理时,进一步发挥靳润成的观点,认为:"城

---

① [美] 施坚雅主编:《中华帝国晚期的城市》,叶光庭等译,北京:中华书局 2000 年,第 731 页。
② [美] 施坚雅主编:《中华帝国晚期的城市》,第 656 页。
③ 萧斌主编:《中国城市的历史发展与政府体制》,北京:中国政法大学出版社 1993 年,第 139 页。
④ 靳润成:《从城镇分割到城市自治——论中国城市行政管理体制近代化的重要标志》,《天津师范大学学报(社会科学版)》1998 年第 4 期。

镇在这种（城乡合治）体制中，只是各层级行政区域体系中的各个点，完全纳入地域型行政区的网络之中。"① 何一民认为，在漫长的农业社会中，中国实行城乡合一的地方管理体制，没有设置专门的城市政府。晚清以后，传统的城乡合治体制不能适应城市发展的需要，而西方近代城市管理体制在租界的实施，为中国城市管理体制的现代化改革树立了学习的榜样。② 成一农认为："就行政建制而言，中国古代缺乏现代意义的'城市'的划分标准，'城'通常由也管辖周边郊区的附郭县（府州及其以上行政层级）或者县管辖，'城'与其周边地区的区分在行政层面上并不重要。"③ 没有明确的城市行政区划和城乡分治基础上的独立城市政府，是以上质疑中国古代存在城市行政的主要依据。

相应地，很多研究者认为城市建制只是近代化的产物。"市制是指国家通过立法和行政手段在城市地区建立行政区划建制，进行城市管理的一种手段。中国市制萌芽于清末，出现于20世纪20年代，它虽然带有西方市制舶来品的色彩，但从本质上看它是中国城市千百年发展和近代中国工业化的产物。"④ 即便古代中国存在城市管理机制，也不够稳定、成熟，"中国这种不健全的管理机制，造成中古城市的发展缺乏稳定性与主动性，极不利于城市的持续发展。这种情况一直到清末维新变法时才有所改变，大改则在民国时期，可以说近代城市管理体制的建立是舶来品，是仿西法之结果"⑤。

韩光辉等人通过梳理宋代京城都厢以及辽金元时期的警巡院、录事司的设官与功能演变，断定中国古代存在建制城市以及城市行政管理体系。他们认为："城市社会管理由唐代的坊市制转变为宋代的厢坊制，宋代、辽代出现了个案建制城市。城市行政建制，即城市行政区划与行政管理制度，以城市拥有明确的行政界线、市域范围和职能完善的城市行政管理机构为标志。这种拥有明确的行政界线和专门行政管理机构并实行独立行政管理的城市，就是建制城市。"如果以明确的城市行政界线和独立的行政管理机构为标准，韩光辉认为，宋代就已经出现了"有明确行政界线和职能完善的独立行政管理机构'都厢'"的城市，而"北宋东京就是中国古代建制城市"。至辽、金、元时期，中国"形成了古代建制城市体系"。明

---

① 刘君德、汪宇明：《制度与创新：中国城市制度的发展与改革新论》，南京：东南大学出版社2000年，第20－21页。
② 何一民主编：《近代中国城市发展与社会变迁（1840—1949）》，北京：科学出版社2004年，第251页。
③ 陈恒等：《西方城市史学》，北京：商务印书馆2017年，第461页。
④ 戴均良：《中国市制》，北京：中国地图出版社2000年，第1页。
⑤ 罗玲：《近代南京城市建设研究》，南京：南京大学出版社1999年，第52页。

清时期的北京，实行"城市双轨制管理"，其中顺天府宛平、大兴二京县是形式，"五城才是实质上的城市行政管理机构"。① 韩光辉的研究更加重视中国城市自身发展的传统，为我们重新认识中国古代城市政府的存在方式提供了新的思考方向。

有了城市便会有城市管理的实践，无论是质疑古代中国存在城市政府的研究者，还是肯定者，都认为古代中国"存在城市管理则是客观事实"。只不过，在城市管理的实现方式上，两者的观点略有不同。肯定者认为宋代的都厢、辽金元时期的警巡院、明清时期的五城就是城市管理的实施主体。而否定者则认为古代城市管理功能是由地方行政体系来完成的。"城市始终是地方各级政府的治所"，地方政府长官"兼管城市和农村，是城市管理的最高长官"。② 除了城乡合一的治理方式之外，研究者还认为封建社会的城市治理具有自上而下的政府管理和一定的民间自治管理相结合的特点。在北京，"清政府在京城实行双重管理，一方面由地方政府（宛平和大兴县）以及顺天府负责管理。另一方面由中央机构如步军统领衙门、刑部、工部和五城御史等负责管理"③。城市管理与地方行政两者合二为一的结果便是城市行政独立性的模糊化乃至消失。"在这个以农业为基础的国度里，城市体系和行政体系混合为一个有机体……城市是中央政府为民服务的中介，负责在地方层面推行中央的各种政策，特别是教育、文化、法治等，以端正民风，维持社会秩序与稳定。"④ 城市与地方行政区域的治理往往合二为一，这是古代中国社会治理的重要特征。就都城而言，既有地方行政的管理机构，又有中央行政机构的直接参与，也是不容置疑的事实。这种复杂多元的城市管理特征，恐怕正是"中国式市政府"的内在逻辑和历史事实。

---

① 韩光辉、林玉军、魏丹：《论中国古代城市管理制度的演变和建制城市的形成》，《清华大学学报（哲学社会科学版）》2011年第4期。此外，还可参见韩光辉：《北京历史上的警巡院》，《北京档案史料》1990年第3期；韩光辉：《元代中国建制城市》，《地理学报》1995年第4期；韩光辉：《12—14世纪中国城市的发展》，《中国史研究》1996年第4期；韩光辉：《金代诸府节镇城市录事司研究》，《文史》2000年第3辑；韩光辉、林玉军、王长松：《宋辽金元建制城市的出现与城市体系的形成》，《历史研究》2007年第4期；韩光辉、何峰：《宋辽金元城市行政建制与区域行政区划体系的演变》，《北京大学学报（哲学社会科学版）》2008年第2期等文章。
② 韩志明：《守护城市家园》，上海：上海交通大学出版社2019年，第16页。
③ 周执前：《国家与社会：清代城市管理机构与法律制度变迁研究》，第146页。
④ 薛凤旋：《中国城市及其文明的演变》，北京：世界图书出版公司北京公司2015年，第258页。

三、本书的范围与主旨

本书致力于对清代五城治理体系的探讨，未必能够回答近代"市制"出现之前，古代中国是否存在普遍意义上的城市政府这一理论问题，亦无意探讨"中国式市政府"的一般形态和功能，同时也无力展现清代北京城市治理的全部内容。不过，仅从个案来看，清代北京的城市治理不仅存在，而且已经开始有了城市政府的"前近代"形态，或者说这本身就是中国自身传统的城市行政模式。

城市治理的内容广泛，本书主要涉及城市行政机构、人口户籍、社会治安、道路卫生、经济管理、城市救助和文教管理等内容。除此之外，城市治理当然也涉及其他方面，但就清政府在京城管理中的主要关注点而言，基本可以概括为防卫安全与社会秩序，本书所探讨的以上几个方面大致属于这一诉求的应有之义。北京城社会治安最受统治者重视，无论是步军统领衙门的军警合一式管理，还是五城设官，都以此为主要职责。至于人口管理，并非我们今天以经济发展和社会公共服务为目的的人口管理，而是以社会秩序为目的的身份管理。道路问题，在清统治者眼中，也并非现代城市公共设施意义上的交通管理，而是涉及礼制、城市社会治安等问题的组成部分。例如，街巷胡同中的堆拨栅栏，就是实施夜禁制度和巡防的重要设施。在经济方面，清政府关注的是粮食供应、市场税收和钱法金融等内容，主要为满足朝廷、军队的物资需求以及财政收入。城市救助，是清政府在北京城中所采取的以稳定社会秩序为目标的重要辅助措施。文教管理，同样是统治者维护统治秩序和意识形态的不二法门。

基于以上探讨对象的设定，本书的内容偏重于城市管理。关于城市管理的定义，当代学者认为："狭义的城市管理基本等同于市政管理，主要是指政府部门对城市的公用事业、公共设施等方面的规划和建设的控制、指导。"① 古代城市管理则是统治者为巩固和实施政治统治需要而在城市采取的各种措施，所谓"圣王域民，筑城郭以居之，制井庐以均之，开市肆以通之，设庠序以教之；士农工商，四民有业"（《汉书·食货志》）。本书所使用的"管理"倾向于指地方行政机构的行政管理，"治理"则倾向于涵盖官方和民间的综合性，即包括来自行政和非行政（或者说是官方、

---

① 金太军：《城市学概论》，广州：广东人民出版社2017年，第256页。

半官半民以及民间）方面的治理，涉及的内涵更广，除了包括行政机构的城市管理之外，还包括半官半民以及民间的各种治理机构和行为（尤其是保甲、行会、慈善等内容的城市治理）。

就清代北京城而言，除了官方（中央和地方）行政管理之外，还存在非官方行政层面的城市基层社会治理。像行会、会馆、善堂、香会，以及什家户、团练、水会，乃至庙会等，都可以被视为城市治理中的民间自治组织形式。有些是半官方性质，比如牙行，由政府发给牙贴，管理市场贸易，协助政府征税。"会馆、公所、行会则是自隋唐至清代以来，随着商品经济和贩运贸易的繁荣发展、主要在商业城市社会兴起的一种工商业自治组织和社会团体，在联络乡谊、维持市场秩序、限制竞争等方面发挥了独特而有效的作用，成为城市社会治理的重要力量。"[①] 有些虽然民间色彩更浓，但与官方政府也并非井水不犯河水，清政府就经常对栖流所、普济堂、养济院、育婴堂等慈善机构赐匾、恩赏银两和粟米，本质上也是对民间组织在城市治理中作用的收拢和利用。这类城市民间自治组织往往存在于商业、慈善救济等类似于公共事业领域。对于此类城市自治组织，本书偶有涉及，但并没有作为重点探讨的对象。

最后，还需要说明的是，历史研究离不开对当时各种制度的梳理，但制度条文永远不等于"历史现实"，单纯依靠制度文本式的档案文献资料来还原历史发展的本来面目和规律是非常危险的，有时甚至会得出与历史真相相距甚远的结论。"制度史"研究的这一缺陷，在当代新史学或社会史的研究中已经屡次被证明。这也是本书力图避免的问题。但"制度史"以及支撑这一路径的官方文书（如会典则例，甚至是朱批奏折）等档案文献资料也并不妨碍探究历史的真实。一方面，制度本身是一定时期内某个领域比较稳定实施或运行状况的反映；另一方面，也能反映统治者的治理策略和主观意图，至少可以说是官方行政对社会的治理手段。因此，本书在探讨清代北京城市治理时，从当时的各种制度出发，同时为避免"制度叙事"易与"历史现实"脱节的弊端，既尽可能地使用档案等资料，又尽可能地展现制度以外的变化。在史学研究中，不同历史时期的官方制度性文献资料留存后世的最多，也最易为研究者所获得，但这些官方制度性文献资料和"制度叙事"并不可怕，关键是要避免刻板的眼光。正如李宝臣在针对如何看待明代北京城坊铺以及人口登记制度时所言："那种以一成不变的眼光对待历史人口登记制度的学术方法，难免让人感到缺乏历史

---

① 陶希东：《共建共享：论社会治理》，上海：上海人民出版社2017年，第44页。

感。当然，社会史研究离不开制度依据，但是制度决不是它的全部，更多的是表达皇朝的政治期待。历史社会的实际情况远非制度表明的那样简单有序，无论是谁也无法阻挡社会的流动，即使能把社会流动压缩到静止，人口的生死也不可能避免。因之，任何设计的人口编制单位，决不是一旦使用便一劳永逸。皇朝贯彻的是制度立意，遇到变化服从现实通融解决在所难免，不可能仅为标准而削足适履枉费人力物力。"[1] 基于以上考虑，本书一方面努力避免因制度化的叙述而脱离历史真实，另一方面也尽可能展现当时"制度"所表达的治理意图和社会集体意志，这是与社会现实生活共存的另一种历史事实，其经验和教训同样值得后人吸取。

---

[1] 李宝臣：《北京城市发展史·明代卷》，北京：北京燕山出版社2008年，第145页。

第一章 都城诉求下的城坊演变与城市治理

城市的发展路径和治理特色,既与城市自身的历史传统和区域社会有关,也很难脱离国家政治体系下政权对它的功能定位,这种关联性在中国古代城市发展史上表现得特别突出。因此,北京城市发展自然有其自身所处地理环境和经济社会的基础性因素,但它在中国历史上政治地位的变化,尤其是从地域性政治中心逐渐上升为全国性政治中心这一进程,即长期作为都城的功能特征,为这座城市赋予了极大的政治主导特色。

一、都城定位的传统与治理诉求

"京师者何?天子之居也。京者何?大也。师者何?众也。天子之居,必以众大之辞言之。"[1] 北京在历史上的称呼很多,诸如蓟城、燕京、幽州、辽南京、金中都、元大都、明清北京以及民国北平之类,反映了北京历史发展的变迁;同时在历史上还有一类对北京的称呼[2],像"京师""京城""辇毂之下"和"首善之区"之类便是对这座城市性质、地位和身份的描述,甚至是想象。这些对北京不同的称呼,从不同角度赋予了这座

---

[1] (汉)公羊寿传,(汉)何休解诂,(唐)徐彦疏:《春秋公羊传注疏》,北京:北京大学出版社1999年,第94页。以"京师"泛指国都,始于《诗经》。《诗经·大雅·公刘》:"京师之野,于时处处。"吴斗南曰:"京者,地名。师者,都邑之称,如洛邑亦称洛师之类。"清人马瑞辰曰:"邑之称师不自周始,特京师连称始此,后遂以名天子居耳。"[(清)马瑞辰:《毛诗传笺通释》,"大雅·公刘"篇,北京:中华书局1989年,第907页]

[2] "北京"之称,始于明代,相对于南京而言。清军入关后,改南京与应天府为江南省,"北京"之名一仍其旧,但除了民间和官方文献偶有称述之外,多数情况下,它被称为"京师"或"京城"。直到晚清对外交往时,亦以"北京"称之。无论如何,清代官方严禁称北京为"省"。例如,乾隆四十一年(1776),弘晌在奏折中"乃竟称京为省",受到乾隆帝批评:"断乎不可,即如顺天府尹近在京城,遇有奏折,亦只可称为京师,或称为京城,岂能因系府尹所在,亦称京城为省乎?弘晌等何不知检点若此,俱著传旨申饬。"(《清高宗实录》卷1007,乾隆四十一年四月丙寅)

城市独特的历史使命，不仅塑造了北京的历史发展脉络，也极大地影响了北京城市治理的目标、途径乃至手段。

1."京师"：四方之腹心，国家之根本

政治功能是中国古代各级中心城市的首要功能，都城在这方面体现得尤其明显。① 因为一座城市之所以能够称为"都"，原因就在于它是一个政权统治的政治中心所在地。自先秦以来，"京师"便成为都城的专有代名词，是国家的心脏所在，是政治大一统的象征，"帝王所都为中，故曰中国"。起初，京师选取"天下之中"也的确具有空间位置上的考虑。史载："（周）成王在丰，使召公复营洛邑，如武王之意。周公复卜申视，卒营筑，居九鼎焉。曰：'此天下之中，四方入贡道里均。'"为便于管理国家，建国立都，必居中土，其直接益处就是"输将者不苦其劳，餽使者不伤其费"，如此则"远方人安其居，士民皆有欢乐其土，此天下所以能长久也"。简而言之，"京师"作为"天子之居"，位于国土的中间位置，便于国内往来沟通和国家政权对所辖区域的治理。正如《白虎通》所言："王者京师必择土中何？所以均教道，平往来。"②

居"天下之中"进而成为"四方之统"③，这是中国古代政治礼制下对京师的终极目标。"京师者，四方之腹心，国家之根本。"④ 从本质而言，"京师"地位的确定，是对大一统政治的巩固与维护，其意义在于"如星拱极，用以统万邦而抚方夏"⑤。严格来讲，北京并非辽金以后历代中国疆域的地理中心，而古人之所以不断强调"今则当以京师为天下之中"的根本原因，在于北京所处的区域是多元民族文化互相联络的枢纽位置。以清人所言予以概括，就是"北度大漠，南绝大海，东起龙兴之旧都，下临辽沈而抚属国，西开玉门、阳关，直达于天山，远数万里，近数

---

① 关于城市起源以及城市功能，学界普遍认为中国古代城市与欧洲城市有很大不同，大多因政治统治的需要而产生，参见张光直：《关于中国初期"城市"这个概念》，《文物》1985 年第 2 期，第 61—67 页。何一民在《中国城市史纲》（成都：四川大学出版社 1994 年，第 33 页）中认为："城市成为各级封建政权所在地，城市的政治功能为第一功能，封建统治者以城市为据点，对全国进行统治，他们往往为了政治的需要而推动城市建设、城市经济和城市文化的发展。"

② （清）陈立：《白虎通疏证》卷 4《京师》，吴则虞点校，北京：中华书局 1994 年，第 157—158 页。

③ （清）陈立：《白虎通疏证》卷 4《京师》，第 157 页。

④ （唐）韩愈：《御史台上论天旱人饥状》，见屈守元、常思春主编：《韩愈全集校注》，成都：四川大学出版社 1996 年，第 1611 页。又如，清人杨从清称："京师者天下之心膂，天下者京师之皮肤也。"见氏著《北京形势大略》，《丛书集成三编》第 83 册，台北：新文丰出版公司 1997 年，第 461 页。

⑤ 《钦定皇朝文献通考》卷 269《舆地考一·京师》，文渊阁《四库全书》影印本第 638 册，台北：台湾商务印书馆 1986 年，第 243—244 页。

千里，四维雄张，以环拥京师。京师当南北之中，而近于东"①。类似的形胜之言，在元、明、清时期不胜枚举，都透露了时人对北京在中国封建社会后期大一统进程中所起作用的认知和肯定。

辽金以后，北京便成了中国封建社会后期历代王朝的都城和政治中心，究其原因，就在于多民族文化特征是中国大一统过程中分裂和统一的关键所在。中国历史的发展，经历了关中的中国，中原的中国，亚洲的中国，再到世界的中国。② 在这一过程中，中国始终要面对和解决的问题就是多元文化的和谐相处及如何融合为"大一统"的政治文化格局。在多元一体的文化格局中，影响最大且长期存在的推动力，如果粗略概括，大致有两个方面，一个是以中原和长江南北为核心的农耕文化区域，另一个是以东北、蒙古草原、西北荒漠乃至青藏高原为核心的游牧渔猎文化区域。如何整合这两大文化区域，是事关中国统一与分裂的关键所在，北京以其独特的地理位置和历史积淀正好处于两大文化带的重要结合点上，从而在辽、金以后成为中国封建王朝的都城首选。只不过，不同历史时期统治者选择同一座城市作为都城的侧重有所不同而已。元朝是为控制中原和南方而选择北京："燕都东控辽碣，西连三晋，背负关岭，瞰临河朔，南面以莅天下。"③ 明朝永乐年间则是为北部边防而迁都，"北京圣上龙兴之地，北枕居庸，西峙太行，东连山海，南俯中原，沃壤千里，山川形胜，足以控四夷，制天下"④。到了清代，"圣人南面而听天下，向明而治，惟燕当之矣"⑤。清军入关，以夺取北京作为国家一统的开始，其战略判断的背后是占据北京才是统治者南面天下的正当性与合理性之所在。

政治与文教是都城诸多功能的首要层面，其他如经济等功能则从属并服务于此。既然"京师"是国家的政治中心，是最高统治者的居住地，体现在军事防卫上，就是层层环卫，拱若星辰。以清代而言，"八旗劲旅，拱卫京畿"⑥，禁旅云屯之外，又有巡捕营"以诘奸禁暴"⑦。在城池建设上，从内到外，依次是紫禁城、皇城、内城、外城的四重城。"帝王统御

---

① 《光绪顺天府志》，李鸿章"序"，北京：北京古籍出版社1987年，第1册，第1—2页。撰写于光绪十一年（1885）七月。
② 梁启超：《中国史叙论》（1901），见《梁启超全集》第1册，北京：北京出版社1999年，第453页。
③ （元）郝经：《郝文忠公集》卷32《便宜新政》，文渊阁《四库全书》影印本1192册，台北：台湾商务印书馆1986年，第365页。
④ 《明太宗实录》卷182，永乐十四年十一月壬寅。
⑤ （清）朱彝尊：《日下旧闻》，陈廷敬序，六峰阁藏版，清刻本。
⑥ 《光绪顺天府志》，"京师志八·兵制"，第1册，第213页。
⑦ 《清世宗实录》卷83，雍正七年七月丙午。

天下，必先巩固皇居，壮万国之观瞻，严九重之警卫。"① 在京师行政建制上，同样由内到外，依次是五城、京县、顺天府、直隶所构成的京畿行政圈。

层层防卫的京师，除了保卫最高统治者的个人安危之外，其实也是对政治运转体系安全的保护。皇帝在京城更是"宅中而治"的保障。因此，无论是四重城，还是禁旅云屯，所守卫的不只是朝廷和"受命天子"皇帝的个人安危，本质上也是对国家一统、天下秩序所赖以维系的政治礼制和政治安全的守护。也正因为此，对于皇帝离开京城，不仅是对"真命天子"个人安危的担忧，更多的则是对皇帝是否"勤政爱民""正大光明"的质疑。有一次，嘉庆帝前往避暑山庄，大臣劝阻，嘉庆帝申明："举行秋狝，实本继志之诚，若以山庄为从事游览，则京师宫馆池籞，岂不较此间更为清适，而必跋涉道途，冲履泥淖，远临驻跸乎？"② 因此，维护京师安全以及最高统治者驻守京师，实际上已经成为维护封建社会政治秩序的象征和基石。

京师作为四方之本，往往也是国家的文教中心。"北京为天下都会，教化所先也。"③ 为"教育天下之人材"④，首善之地设有国子监，作为太学，倡导教化之先，立孔庙以崇儒重道。平均三年一次会试，各省举子，云集京师。就连科举录取名额也优于各地。"京师为首善之地，加增解额，八旗满洲、蒙古增中三名，汉军增中一名，顺天等八府增中十名，国子监贡监增中八名。"⑤ 雍正十二年（1734），雍正帝谕："畿辅为天下首善之地，是以各府州县入学之数曾加恩增广。"⑥ 科举考试之外，清政府还经常在京城开办各种官修书局，召集来自全国各地的学人文士聚集馆中纂修书籍。这些官办学术工程在清代文化认同、国家认同的建构中曾经发挥了重要作用。

2. "辇毂之下"：五方辐辏，理应肃清

古代都城所辖区域，周称"王畿"，秦称"京畿"，汉以后多称"京兆"，元代为大都路，明清时期则多称"畿辅"或"直隶"。

---

① 《清世祖实录》卷102，顺治十三年七月癸丑。
② 《清仁宗实录》卷101，嘉庆七年七月甲午。
③ 《清高宗实录》卷1224，乾隆五十年二月丁亥。
④ 《日讲四书解义》卷17，《孟子》上之五，文渊阁《四库全书》影印本第208册，第423页。
⑤ 《钦定大清会典则例》卷67《礼部·仪制清吏司·中额》，文渊阁《四库全书》影印本第622册，第214页。以下简称（乾隆朝）《钦定大清会典则例》。
⑥ （乾隆朝）《钦定大清会典则例》卷68《礼部·仪制清吏司·童生入学》，文渊阁《四库全书》影印本第622册，第265页。

一方面，作为"辇毂之下"，都城所辖区域的行政设官，相比于其他地方府州县，更受重视，"自昔京畿亲民之吏，视外郡品秩加优，所以重帝都也"①。除了两京县之外，顺天府尹还往往由部院大臣兼任。另一方面，京城地方行政在天子脚下，所面临的事务繁重程度与困境也非一般地方州县所能比拟，"棋布星罗，条分缕析，比之外府州县，特加繁重"。不仅如此，京城权贵多，行政执法所遭遇的障碍也尤其多，"勋戚中贵，法不得拘役"。至于基层管理人员，更是难得其选，"城内外总甲、保甲非无籍少年，则卑琐乞流已耳"。② 宛平与大兴这两个京县，虽然"雁行首善，实根本重地，王气所钟"③，但其官之所职，"不专治人，与外县异，非屑屑守在四封"。京县所面对的服务对象，上自郊庙朝廷，下至九卿百执事，"非外县之可同者"。尽管品秩"较外县增二级"，但"治人之责，视外县又数倍"。对此，明万历年间曾经担任宛平县令的沈榜不无慨叹："非惟官之贤不肖，明主无劳咨询，而庙堂之下，皆得耳而目之，一事失理，一民失所，救过不暇，谴斥随至。曾是京县与外县同乎？"④ 辇毂之下的京县父母官虽然品级颇有优待，但如履薄冰的甘苦也非常人所能想象。

在清代京城，州县式的地方行政虽然略被边缘化，且被五城司坊官取代了大部分职能，"府县之外又设五城兵马司指挥等官，按疆分理，各有专司"⑤，但两京县承办差务的重任依然所系匪轻，甚至因"近在辇毂之下，常有速办之公事，不得不挪移库银以济用"，且经常出现"每以亏空题参，至于罢黜治罪"⑥ 的现象。

清代北京城市管理由八旗驻防、中央直管与地方行政（顺天府与五城）三重管理体系组合构成。由于八旗驻防，导致北京城市的管理与军事防卫的关系密切。最典型的表现，就是城市治安的"军""警"两重性的结合。加之很多领域实行中央直管，以至于中央权力的实施几乎淡化了北京作为城市行政的地方性。当然，辇毂之下北京城市的"地方性"并未完全丧失。

国家政治制度是北京区域在历史上发展变迁的关键结构性要素，而不同历史时期政治更迭、变迁，就成了京畿这个区域结构演进和历史变迁的重要动力。这个动力既有其内生性，同时也有外部驱动性特征。而且，北

---

① 《钦定皇朝文献通考》卷269《舆地考一·直隶省》，文渊阁《四库全书》影印本第638册，第248页。
② （明）沈榜：《宛署杂记》卷5《街道》，北京：北京古籍出版社1980年，第42-43页。
③ （明）沈榜：《宛署杂记》卷2《分土》，第12页。
④ （明）沈榜：《宛署杂记》卷3《职官》，第25页。
⑤ 《清世宗实录》卷58，雍正五年六月癸卯。
⑥ 《清世宗实录》卷99，雍正八年十月壬子。

京区域的国家性要素作为京畿区域推动力的功能性实施，是通过京畿区域的地方性来实现的。因此，在北京城市史上，北京历史发展的结构变迁过程中，国家性要素虽然关键，是京畿结构化过程的主角，但它丝毫没有消除京畿的"地方性"，甚至从一定程度上看，是依托"地方性"要素而生存并发挥作用的。但也不可否认，北京由于其"辇毂之下"的身份特征，导致了国家与地方、权力分散与集中、施政者多元与交叉的矛盾和弊端，始终与北京城市管理的发展如影随形，影响颇多。

3. "首善之区"：四方之标准，表率天下

"首善"是京城城市治理的标准与追求，这缘于京城作为政治礼制的中心，是由国家政治体系赋予的目标，作为国家之根本，几乎是国人上行下效所参照的标准。这一观念自先秦确立以来，就深植于历代奉行不辍的政教理念体系中。《诗经》曰："京邑翼翼，四方是则。"《史记·儒林列传》曰："教化之行也，建首善自京师始，由内及外。"① 北魏时期担任过首都行政长官的甄琛说："京邑是四方之本，安危所在，不可不清。"② 北宋王安石《首善自京师赋》曰："京邑者，群方之表仪。养原于上，则庶俗流被；设表于内，则群方景随。"③ 南宋李焘《续资治通鉴长编》曰："首善之地，四方瞻望。"④ 清人胡渭《大学翼真》曰："王畿首善之地，四方取则。"⑤ 京师"首善"观念代代相传，成为封建时期国家治理观念和历史经验传承的一个重要体现。

政治中心"风化"功能从来都不缺乏。韩非曰："楚灵王好细腰，而国中多饿人。"东汉伏波将军马援之子马廖曾上疏皇太后，强调百姓参照京师风气"从行不从言"时引述："传曰吴王好剑客，百姓多创瘢，楚王好细腰，宫中多饿死。长安语曰：城中好高髻，四方高一尺；城中好广眉，四方且半额。城中好大袖，四方全匹帛。"⑥ 对于马廖所言，明代学者丘濬在《大学衍义补》中评论说："京师者，又风化始出之地，君人上者诚能正身齐家而不为非礼非义之事，而于京师首善之地，于凡事之营为、物之创造，有不合于礼、不当于义者，一切禁革，而惟古初之是式、

---

① 《史记》卷121《儒林列传》，北京：中华书局1963年，第10册，第3119页。
② 《魏书》卷68《甄琛传》，北京：中华书局1974年，第4册，第1514页。
③ （北宋）王安石：《首善自京师赋》，见（宋）吕祖谦编：《宋文鉴》卷11，文渊阁《四库全书》影印本第1350册，第110页。
④ （南宋）李焘：《续资治通鉴长编》卷368《哲宗》，元祐元年闰二月辛卯，北京：中华书局1992年，第25册，第8863页。
⑤ （清）胡渭：《大学翼真》卷5，文渊阁《四库全书》影印本第208册，第990页。
⑥ 《后汉书》卷24《马廖传》，北京：中华书局1965年，第3册，第853页。

礼义之是程。"① 京师无小事，民谚虽然略显夸张，但都说明京师风习及其"凡事之营为、物之创造"对于全国各地的影响力巨大而且不容忽视。

将京城作为标杆，使之成为"四方之标准"②、"四方之所观仰"③，同样是清政府推动京城治理的终极目标。清康熙时期，内弘文院侍读熊赐履条奏："京师者四方之倡也，本原之地，亦在乎朝廷而已。"④ 雍正帝谕令大学士："辇毂之下首善之区，尤当整饬化导，以为万邦之式。"⑤ 在颁赐顺天府匾额时，雍正帝题写"肃清畿甸"，明确要求顺天府"畿甸首善之区，必政肃风清，乃可使四方观化"⑥。嘉庆帝给顺天府尹颁赐御制官箴，曰："三辅帝都，京兆要职。抚绥乡闾，翦剔盗贼。奖拔才能，劾除贪墨。去莠安良，洗荡邪慝。有守有为，以引以翼。遐迩观摩，四方表则。五日存心，尸位素食。民具尔瞻，抒城竭力。"⑦ 诸如此类，连篇累牍。以京师为观瞻，以首善为标准，这无疑是传统时代国家治理的一种重要途径，也可以视为传统中国实现"一体化"和形成中华民族凝聚力的重要推动方式。

政肃风清，秩序井然，是清政府对首善之区的首要要求，"宫阙府库之宏壮，郊庙社稷之严肃，朝市民物之巨丽，秩乎其有序，井乎其具列"⑧。京师"首善"观念对清代北京城市的建设和治理产生了几乎无处不在的影响，不仅城池格局与城市管理体系相契合，使得清代北京处处浸透着古代政治文化的鲜明特征，而且其政治性的原则始终高于一切，安全、稳定、秩序是第一要义，其余的经济、社会、文化发展则大多服从于这一安排。北京的这一特点，甚至给乾隆末年远道而来的英国人也留下了深刻的印象："北京仅是中国政府的所在地点，它并不是一个港口，也不是一个工业和商业中心。""北京也不是一个追求娱乐或享受的地点。"⑨ 斯当东的感受失于简单，但颇为真实。

---

① （明）丘濬：《大学衍义补》卷81，文渊阁《四库全书》影印本第712册，第921页。
② （南宋）耐得翁：《都城纪胜》，见《东京梦华录》（外四种），上海：古典文学出版社1957年，第89页。
③ （清）秦蕙田：《五礼通考》卷119《吉礼·祭先圣先师》，文渊阁《四库全书》影印本第137册，第860页。
④ 《清圣祖实录》卷22，康熙六年六月甲戌。
⑤ 《清世宗实录》卷49，雍正四年十月己巳。
⑥ 《世宗宪皇帝御制文集》卷11《题辞·御书扁额题辞》，文渊阁《四库全书》影印本第1300册，第96页。
⑦ 《清仁宗实录》卷305，嘉庆二十年四月壬午。
⑧ （明）金幼孜：《皇都大一统赋》，见（清）黄宗羲编：《明文海》卷1，北京：中华书局1987年影印本，第1册，第26页。
⑨ ［英］斯当东：《英使谒见乾隆纪实》，叶笃义译，北京：群言出版社2014年，第364页。

二、北京历史上的城坊源流

城市基层组织形式是城市治理的基础，笼统而言，中国古代城市基层社会大致经历了先秦时期"闾里制"，秦汉至唐以前的"里坊制"（或称"坊市制"），到宋代的"厢坊制"，再到明清时期的"城坊—保甲制"的演变过程。① 无论是"闾里制""里坊制"，还是"坊市制"，其最大特征是居住区和商业区的分隔，即"坊"内不设店铺，"市"内不居住。一般认为，"坊"都有坊墙，类似于封闭的社区，坊门、市门都有专门的人员进行管理。唐代的长安城被认为是坊市制的典型代表。北宋以后，原来的坊市分离逐渐演变为坊市合一，坊不再有围墙，而是沿街设市。为适应这种变化，北宋逐步建立了"厢坊制"。明清时期的都城开始划分为五城，城下设坊铺，可以简称为"城坊制"。无论如何变化，"坊"是中国古代城市建制和基层社会治理的重要模式。

就北京而言，有资料可考的城坊建制，始于唐代幽州城。虽然唐代幽州城坊的具体设置和行政管理难得其详，但从后代所记述的幽州城坊名②，大致可以推断，当时已经是里坊制的城市管理模式。历经五代十国，到辽南京时期，直接继承了唐代幽州城坊建制。关于辽南京的坊制，《辽史·地理志》中除了称"南京析津府""又曰燕京""坊市、廨舍、寺观，盖不胜书"之外，别无记述。另，据大中祥符元年（统和二十六年，1008）北宋

---

① 关于中国古代坊市制度的沿革，可参见王维坤《试论中国古代都城的构造与里坊制的起源》（《中国历史地理论丛》1999年第1期）、李合群《论中国古代里坊制的崩溃——以唐长安与宋东京为例》（《社会科学》2007年第12期）、成一农《里坊制及相关问题研究》（《中国史研究》2015年第3期），以及冯兵、黄俊棚《隋唐五代坊市制与城市社会管理》[《上海师范大学学报（哲学社会科学版）》2019年第1期]等。

② 北宋大中祥符元年（1008）奉命出使契丹的路振在其笔记《乘轺录》中称，当时的辽南京城有26坊，而且举"罽宾""肃慎""卢龙"等坊，称其为"唐时旧坊名"[（宋）路振：《乘轺录》，见贾敬颜《〈乘轺录〉疏证稿》，见《历史地理》第4辑，上海：上海人民出版社1986年]。清光绪年间缪荃孙等人编纂的《顺天府志·京师志十四·坊巷下·旧坊考》引述宋人路振《乘轺录》这一记述后，又在按语中进一步举《濮阳卞氏墓志》进行佐证："唐幽州镇城，有蓟北坊，见濮阳卞氏墓志。"宿白认为幽州城内有16个坊（宿白：《隋唐城址类型初探》，见北京大学考古系编：《纪念北京大学考古专业三十周年论文集》，北京：文物出版社1990年，第282页）。鲁琪考订幽州城各坊的名称（鲁琪：《唐幽州城考》，见北京史研究会编：《北京史论文集》第2辑，北京：北京史研究会1982年，第107—123页）。又，鲁晓帆依据唐代石刻文字、墓志铭等材料考证，有资料证实的唐代幽州城坊名就有26个（鲁晓帆：《唐幽州诸坊考》，《北京文博》2005年第2期）。

出使契丹的路振称，辽南京城"凡二十六坊，坊有门楼，大署其额，有罽宾、肃慎、卢龙等坊"，还特别指出以上坊名都是"唐时旧坊名"。当代研究者结合唐代石刻文字以及金、元时期文献记载，统计辽南京城坊远不止路振所言之数①；至于城内面貌，"居民棋布，巷端直，列肆者百室"②，也符合城坊格局的特征。

金代海陵王即位后，于天德三年（1151）四月命张浩、苏保衡等参照北宋都城汴京规制，营建都城。贞元元年（1153），海陵王正式迁都，改燕京为中都，定名为中都大兴府。新建的金中都城一方面继承了唐幽州和辽南京的规制，另一方面又模仿了宋汴京城的建制，实行坊巷制。

关于金中都的坊数，后人一般根据《元一统志》③所言推定为62坊。据《钦定日下旧闻考》所引《元一统志》曰：

> 旧城中、东、西、南、北，坊门之名四十有二：西开阳坊、南开远坊、北开远坊、清平坊、美俗坊、广源坊、广乐坊、西曲河坊、宜中坊、南永平坊、北永平坊、北揖楼坊、南揖楼坊、西县西坊、棠阴坊、蓟宾坊、永乐坊、西甘泉坊、东甘泉坊、衣锦坊、延庆坊、广阳坊、显忠坊、归厚坊、常宁坊、常清坊、西孝慈坊、东孝慈坊、玉田坊、定功坊、辛市坊、会仙坊、时和坊、奉先坊、富义坊、来远坊、通乐坊、亲仁坊、招商坊、余庆坊、郁邻坊、通和坊。西南、东北二隅旧坊门之名二十：东曲河坊、东开阳坊、咸宁坊、东县西坊、石幢前坊、铜马坊、南蓟宁坊、北蓟宁坊、啄木坊、康乐坊、齐礼坊、为美坊、南卢龙坊、北卢龙坊、安仁坊、铁牛坊、敬客坊、南春台坊、北春台坊、仙露坊。④

---

① 关于辽南京的坊，鲁晓帆依据唐朝石刻文字及金元文献记载，考证出"仙露""敬客""铜马""冀""开阳""蓟宁""奉先""来远"8坊（鲁晓帆：《试析辽南京城二十六坊》，见首都博物馆编：《北京历史与文化论文集》，北京：北京出版社2007年）。张国庆在前人研究的基础上统计辽南京城有记载的坊有31个，即隗台坊、卢龙坊、肃慎坊、通阛坊、辽西坊、显忠坊、军都坊、时和坊、永平坊、单罗坊、宣化坊、北罗坊、棠阴坊、齐礼坊、衣锦坊、市骏坊、罽宾坊、玉田坊、归厚坊、甘泉坊、仙露坊、敬客坊、铜马坊、蓟北坊、开阳坊、蓟宁坊、奉先坊、来远坊、杏坛坊、贵德坊、丰稔坊（张国庆：《辽朝的城"坊"与城市管理——以石刻文字为中心》，见任爱君主编：《契丹学研究》，北京：商务印书馆出版2019年，第141—143页）。

② （宋）路振：《乘轺录》，见贾敬颜：《〈乘轺录〉疏证稿》，见《历史地理》第4辑。朱一新在《京师坊巷志稿》中引述为28坊。

③ 《元一统志》原书成于元初至元年间，重修于大德七年（1303），已亡佚，今人赵万里据残本和群书所引，辑录佚文，题原书名，有中华书局1966年排印本。

④ 《日下旧闻考》卷37《京城总纪·一》，引《元一统志》，北京：北京古籍出版社1983年，第1册，第592—593页。按：此版封面书题为《日下旧闻考》，省去了"钦定"二字。

这条引文，见于清乾隆年间纂修官增修朱彝尊《日下旧闻》时的增补之文，后加按语曰："此条乃具录金时都城内各坊之名。"同时，另一条按语中称："元初，设大都警巡院及左右二院。右院领旧城之西南、西北二隅四十二坊，左院领旧城之东南、东北二隅二十坊。"① 由文中"领旧城"云云可见，清乾隆时期《钦定日下旧闻考》的纂修官根据《元一统志》推定这 62 坊即"金时都城内各坊之名"②，并没有认为这就是元大都城的坊名。

元世祖至元四年（1267），放弃金中都旧城，新建大都城。前引《元一统志》所言 62 坊，只是元初警巡院所领"旧城"之坊门名，而非元大都城坊的实际情形。③ 至于新建的大都城所设之坊，据《钦定日下旧闻考》另一条所引《元一统志》之文，分别是：福田坊、阜财坊、金城坊、玉铉坊、保大坊、灵椿坊、丹桂坊、明时坊、凤池坊、安富坊、怀远坊、太平坊、大同坊、文德坊、金台坊、穆清坊、五福坊、泰亨坊、八政坊、时雍坊、乾宁坊、咸宁坊、同乐坊、寿域坊、宜民坊、析津坊、康衢坊、进贤坊、嘉会坊、平在坊、和宁坊、智乐坊、邻德坊、有庆坊、清远坊、日中坊、寅宾坊、西城坊、由义坊、居仁坊、睦亲坊、仁寿坊、万宝坊、豫顺坊、甘棠坊、五云坊、湛露坊、乐善坊、澄清坊。④ 以上共计 49 坊。⑤《元一统志》初修于至元年间，重修于大德七年（1303），因此《元

---

① 《日下旧闻考》卷 156《存疑》，第 4 册，第 2520 页。

② 后来的研究者也往往据此推断金中都的城坊设置。例如，岳升阳在《金中都历史地图绘制中的几个问题》（《北京社会科学》2005 年第 3 期）一文中认为："金中都究竟有多少坊，当时文献没有直接的记载。《元一统志》称中都城有 62 坊，清人认为此 62 坊乃是金中都之坊，后世研究者大多认同此说，将此 62 坊看作是金代所设。我们亦以此 62 坊为基础，探索金中都坊的位置问题。当然这并不等于说 62 坊的坊名都承袭金代。坊名总是在变化之中，但坊的数量应大致不离左右，仍可将其作为金代坊来对待。"在没有更多能够佐证金中都城坊设置的文献和考古材料的情形下，依据《日下旧闻考》所引《元一统志》之文，推测金中都的大致情形，应属可行。

③ 有研究者在推断元大都城坊数量时，认为旧城（原金中都）有 62 坊，新城（大都城）50 坊（实则 49 坊），元成宗大德五年（1301）又新置 26 坊，于是三者合计，认为元大都共置有 138 坊。见韩光辉《12 至 14 世纪中国城市的发展》（《中国史研究》1996 年第 4 期）以及昔宝赤·却拉布吉《元大都研究》（沈阳：辽宁民族出版社 2019 年，第 139 页）。这种统计方式，很可能忽视了元大都城坊自元初至元末的兴废变化。

④ 《日下旧闻考》卷 38《京城总纪·二》，引《元一统志》，第 1 册，第 600－602 页。

⑤ 据成书于元朝末年元顺帝时期的熊梦祥《析津志》称："坊名，元五十，以大衍之数成之，名皆切近，乃翰林院侍书学士虞集伯生所立，外有数坊，为大都路教授时所立。"后人亦据此认为元大都共有 50 坊。对于这一歧义，孙冬虎《元大都"五十坊"问题考释》（见《历史·环境与边疆：2010 年中国历史地理国际学术研讨会论文集》，桂林：广西师范大学出版社 2012 年）一文认为元大都坊数一误再误的根源，在于忽略了对《周易·系辞上》"其用四十有九"文句的理解，而虞集很可能是元代后期部分坊名的修改者。据此，《元一统志》所列元大都 49 坊，并无遗漏。

一统志》所记述的这49坊应当是元初大都城建成后的城坊情形。①

关于元大都坊名的命名，《元一统志》佚文亦言之甚确："左、右警巡二院领大都在城坊市，至元二十五年，省部照依大都总管府讲究，分定街道坊门，翰林院拟定名号。"② 即，元大都坊门之名，是中书省根据大都总管府的奏请，由翰林院在至元二十五年（1288）议定。

但是元初大都城的这49坊，到了元末又发生了变化。同样是被《钦定日下旧闻考》所引用的熊梦祥《析津志》（成书于元朝末年顺帝时期）第一条引文曰："福田坊在西白塔寺，阜财坊在顺承门内金玉局巷口，金城坊在平则门内，玉铉坊在中书省前相近，保大坊在枢府北，灵椿坊在都府北，丹桂坊在灵椿北，明时坊在太史院东，凤池坊在斜街北，安富坊在顺承门羊角市，怀远坊地在西北隅。"③ 至于太平坊、大同坊，仅列二坊名，具体位置阙如，究其原因，纂修官在引述《析津志》时，要么抄录遗漏，要么纂修官所见《析津志》已有残缺。尽管如此，《析津志》这一条残缺引文中的坊名都还在49个坊名之内。

但接下来，《钦定日下旧闻考》纂修官所征引《析津志》的第二条原文是："里仁坊在钟楼西北。发祥坊在永锡坊西，发祥坊西北大街砖斗拱、扁溥光，最为年远。三相公寺前，善利坊、乐道坊、好德坊、招贤坊在翰林院西北。善俗坊在健德门。昭回坊，都府南。居贤坊，国学东，监官多居之。鸣玉坊，在羊市之北。展亲坊、惠文坊，草市桥西。请茶坊，海子桥北。训礼坊、咸宜坊，顺承门里倒钞库北。思诚坊、东皇华坊、明照坊，与上相对。蓬莱坊，天师宫前。南薰坊，光禄寺东。甘棠坊、迁善坊、可封坊，在健德门。丰储坊，在西仓西。"④ 这条《析津志》引文所称述的25个坊名，除了"甘棠坊"见于《元一统志》49坊名之内，其余24坊之名，皆属例外。即便综合目前所能看到的散见《析津志》佚文，所记述的元大都坊名也不足40个，而且与前揭《元一统志》的49个坊名相比，重复的也只有十五六个。因此，《钦定日下旧闻考》纂修官在按语中揣测："《析津志》所载里仁坊以下诸名，不列虞集五十坊名之内，其名或起元末，未可知也。"⑤ 这种判断是合理的，即这些新坊名反映了元初以来大都城坊的新变化。因为《析津志》的编者熊梦祥在元末曾任大都路

---

① 王璧文在《元大都城坊考》一文中认为元大都有55坊，见《中国营造学社汇刊》1936年，第6卷，第3期。
② 《日下旧闻考》卷38《京城总纪·二》，引《元一统志》，第1册，第600－602页。
③ 《日下旧闻考》卷38《京城总纪·二》，引《析津志》，第1册，第602页。
④ 《日下旧闻考》卷38《京城总纪·二》，引《析津志》，第1册，第602页。
⑤ 《日下旧闻考》卷38《京城总纪·二》，第1册，第602页。

儒学提举，他所搜集的资料应当在很大程度上反映的是元末大都城的情形。

元大都城市管理中还出现了"四隅"的分区方式，即大都警巡右院所领旧城之"西南""西北"二隅，以及左院所领旧城之"东南""东北"二隅。① "四隅"还不是行政区划，但其所指区域明显大于坊的范围，这大概为明代"五城"的出现铺垫了基础。

另外，在元大都"坊制"变化的同时，是"街制"的形成。据《析津志》，"街制，自南以至于北，谓之经；自东至西，谓之纬。大街二十四步阔，小街十二步阔，三百八十四火巷，二十九弄通"②。可见，元大都"街制"是由"大街""小街""火巷"和"胡同"组成。至于具体情形，"元时都城坊巷街市见于《析津志》《北平图经》者颇详，皆朱彝尊所未采，然旧规虽在，而遗迹多湮"③。

明代永乐皇帝迁都之前，当时的北京为北平府，其城坊之数量、名称，相比于元朝，又发生了很大的变化。根据现有资料，反映明初北平府城坊的资料仅有《钦定日下旧闻考》引述之《北平图经》一条，曰："坊三十三：五云坊、保大坊、南薰坊、澄清坊、皇华坊、贤良坊、明时坊、仁寿坊、思诚坊、明照坊、蓬莱坊、湛露坊、昭回坊、靖恭坊、金台坊、灵椿坊、教忠坊、居贤坊、寅宾坊、崇教坊，已上二十坊，属大兴县。万宝坊、时雍坊、阜财坊、金城坊、咸宜坊、安富坊、鸣玉坊、太平坊、丰储坊、发祥坊、日中坊、西城坊、（积庆坊），已上十三坊，属宛平县。"纂修官在按语中说："此明初未建都以前北平府时所设规制也。"④ 据此，明初北平府共有 33 坊，相比于元代的 49 坊已经少了 16 个。

仅从名称上来看，与元代 49 坊相比，明北京沿袭元大都城的坊名有

---

① 关于元大都的城市管理模式，岳升阳推断："这里所言为坊门而非坊，或许反映了封闭的坊制已经瓦解，街道中有坊门而无坊墙的情景。""此处之'四隅'系十字划分的空间，用法如《元丰九域志》：'华山，四州之际，……华山十字分之，四隅为四州。'在城市管理上，宋朝在一些城中设四厢，元朝在一些城中分四隅，都反映了这种空间上的观念。中都城四隅的划分，是以景风门至崇智门之间的大道为东西界线，以施仁门至彰义门之间的大道为南北界线，以此十字大街划分东北、东南、西北、西南四隅。但景风门至崇智门大道以东的城区只占全城不到三分之一的面积，明显偏于一边，其所反映的应是唐辽时期的状况。中都扩建后，城的西部有了很大扩展，遂使得四隅的划分偏于一边。"见岳升阳：《金中都历史地图绘制中的几个问题》，《北京社会科学》2005 年第 3 期。

② 《日下旧闻考》卷 38《京城总纪·二》，引《析津志》，第 1 册，第 603 页。

③ 《日下旧闻考》卷 38《京城总纪·二》，第 1 册，第 604 页。

④ 《日下旧闻考》卷 38《京城总纪·二》，引《北平图经》，第 1 册，第 605 页。按：文中所称宛平所属 13 坊，实际上只有 12 坊，或纂修官漏抄积庆坊，或将"十三"误为"十二"，皆有可能。

17个(安富坊、保大坊、澄清坊、阜财坊、金城坊、金台坊、灵椿坊、明时坊、仁寿坊、日中坊、时雍坊、太平坊、万宝坊、五云坊、西城坊、寅宾坊、湛露坊),新出现的坊名有16个(崇教坊、发祥坊、丰储坊、皇华坊、教忠坊、靖恭坊、居贤坊、明照坊、鸣玉坊、南薰坊、蓬莱坊、思诚坊、贤良坊、咸宜坊、昭回坊、积庆坊)。造成坊数减少和名称变化的原因,或是元代后期大都城坊的改并,或是明初北京城改建后的城池范围缩小,这两者都有可能。与此同时,明代北京城坊管理的另一重大变化是五城的设置。据《明史》记载,永乐二年(1404),设北京兵马指挥司。[1]

明代北京城坊的另一次重要变化发生在嘉靖朝修建外城。当时的明北京城坊名、坊数在之前不断变化调整的基础上,又有了新的变化和增加,而且这些坊分属哪个城,已是相当明确。据张爵《京师五城坊巷胡同集》[2]记载,中城有9坊(南薰坊、澄清坊、明照坊、保大坊、仁寿坊、大时雍坊、小时雍坊、安富坊、积庆坊),东城5坊1"关外"(明时坊、黄华坊、思城坊、南居贤坊、北居贤坊、朝阳东直关外坊),西城7坊1"关外"(阜财坊、咸宜坊、鸣玉坊、日中坊、金城坊、河漕西、朝天宫西、阜成西直关外坊),南城8坊(正东坊、正西坊、正南坊、崇北坊、崇南坊、宣北坊、宣南坊、白纸坊),北城7坊1"关外"(教忠坊、崇教坊、昭回靖恭坊、灵椿坊、金台坊、日忠坊、发祥坊、安定德胜关外坊),共计39坊。

以上张爵所言明代北京五城是嘉靖三十二年(1553)增筑南城以后的状况,尤其明显的是,其中的"南城"包括了新城内外,即正阳门、崇文门、宣武门三门外的全部外城地方。显然,与之前的五城相比,嘉靖朝修竣外城后,新的五城管辖范围曾进行过调整。

张爵《京师五城坊巷胡同集》所载明北京城坊之名,与明初《北平图经》所载坊名、坊数相比,沿袭原有名称的有23个,新出现的有16个。从坊名的变化可以得到这样的信息,一是原有坊名的变化,二是坊的改并,三是因城市范围变化而出现的新坊,最为明显的体现是"南城"所属的8个坊,全部属于新设立的城坊。

与张爵所记略有不同,明末清初学者孙承泽在《春明梦余录》中所记五城共36坊。其中,中城9坊(南薰坊、澄清坊、仁寿坊、明照坊、保泰坊、大时雍坊、小时雍坊、安福坊、积庆坊),东城5坊(明时坊、黄

---

[1] 《明史》卷74《志五十·职官三》,北京:中华书局1974年,第6册,第1814—1815页。
[2] 明人张爵所著《京师五城坊巷胡同集》成书于明嘉靖庚申(嘉靖三十九年,1560),上距甲辰增筑外城已十有七年。

华坊、思诚坊、居贤坊、朝阳坊),南城7坊(正东坊、正西坊、正南坊、宣南坊、宣北坊、崇南坊、崇北坊),西城6坊(阜财坊、金城坊、鸣玉坊、朝天坊、河漕西坊、关外坊),北城9坊(崇教坊、昭回坊、清泰坊、灵椿坊、登祥坊、金台坊、教忠坊、日中坊、关外坊)。① 孙承泽在《春明梦余录》基础上增补改写的《天府广记》所记,与此相同。②

与张爵《京师五城坊巷胡同集》相比,孙承泽《春明梦余录》所述,应当是明末清初北京城坊的情形。两者相比,又出现了一些新的变化。光绪朝《顺天府志》说:"明代坊名多沿元旧,其地今尚可稽,散见于前。又《梦余录》之保泰即保大,安福即安富,河漕西坊即西城坊。自建朝天宫后,又分为朝天坊。明制,以今外城为南城,《梦余录》所举南城七坊,皆今外城地也。其东城之朝阳坊,西城、北城之关外坊,所辖皆外厢地,然此亦嘉靖以后之制,若罗城未筑以前,其详不可得闻矣。考明天顺《一统志》,彭城卫在万宝坊,万宝之名始于元,至天顺间尚存,后改称小时雍坊者,当即其地。《志》又云刑部在贯城坊,大兴左卫在日照坊,则诸录皆无之,足征其前后改并不一也。"③ 除了文中所言之外,关于南城,张爵《京师五城坊巷胡同集》中有"白纸坊",而孙承泽《春明梦余录》中无。

另一值得重视的现象,是"关外坊"的出现,它反映了北京城市行政管理范围的扩大。在张爵《京师五城坊巷胡同集》中,东城有"朝阳东直关外",西城有"阜成西直关外",北城有"安定德胜关外",此时尚没有定名为某某坊。而到了明末清初孙承泽撰写《春明梦余录》时,以上三处俱已确定为"坊",依次是东城"朝阳坊"、西城"关外坊"和北城"关外坊"。明朝立国之初,明太祖朱元璋在全国推行里甲制时曾规定:"城中曰坊,近城曰厢,乡都曰里。"④ 因此,从"关厢"到"坊"的变化,恐怕不只是明嘉靖朝以后北京城各坊之名称的演变,而且反映了北京都城管理范围和体系的变化,即所谓"关厢"地带也在明代中后期以后,开始逐渐纳入了都城城市的管辖范围,而不再是原来的州县管理范围。"所谓城属,即属于五城兵马司管理,与城中坊排铺管理方法执行同一标准。"⑤

---

① (清)孙承泽:《春明梦余录》卷5《城坊》,北京:北京古籍出版社1992年,上册,第35页。按:北城所属"登祥坊"疑为"发祥坊"。《钦定日下旧闻考》在引述《春明梦余录》时,北城所属的"清泰坊"变为了"靖恭坊"。
② (清)孙承泽:《天府广记》卷2《城坊》,北京:北京古籍出版社1982年,第20-21页。
③ 《光绪顺天府志》,"京师志十四·坊巷下·旧坊考",第2册,第432页。
④ 《明太祖实录》卷135,洪武十四年正月。
⑤ 李宝臣:《北京城市发展史·明代卷》,第153页。

自唐代幽州至明代北京城坊的设置和变化情形大致如上。至于唐宋之际北京城的坊制是否经历过从有围墙的封闭状态到拆除围墙的开放式状态的转变，以及各时期"坊制"到底是不是城市行政区划，鉴于缺乏相应的文献和考古资料的支撑，学界的判断也并不一致。但就辽、金以后的北京城而言，"坊"始终是城市居民区域的划分方式，这一点似无可疑。①

三、明以前都城治理的设官与机构

如果以当代城市政府的标准审视中国古代都城的城市管理，几乎可以认为在清代以前，中国城市尚未形成独立、成熟的城市政府②，在行政序列中也找不到"市"的专门建制，但这并不妨碍古代城市存在城市管理及其治理模式的客观事实。因此我们从中国自身传统出发，梳理古代都城管理的设官源流③，对于理解清代北京五城治理体系，以及中国城市治理发展的路径，还是有必要的。

据《周礼》记述，早在西周时期就有"司市"一职，"掌市之治教、政刑、量度禁令"。下设监督度量衡的"质人"，管理税收的"廛人"，监管货物真假的"胥师"，管理商货价格的"贾师"，管理市场秩序的"司虣"。④《周礼》所言之"市"并非我们后人心目中的"城市"，而更接近于"市场"的概念。因此，我们大致可以说，"司市"等职官存在于西周

---

① 关于唐宋之际"坊"的变化，在不同区域的城市会有所不同，例如南宋时期的临安城，"坊"就逐渐成为街巷的同义词。陈振认为："坊在实行坊市制的唐代及北宋中叶重建坊市制的边境城市，是指筑有围墙、坊门，击街鼓以司晨开暮闭的居民小区。到五代后唐及北宋前中期，已是没有围墙只有坊门的开放式居民小区。大约北宋中期开始及南宋前期，坊已只是一条街、巷的雅称、别名。"（陈振：《略论宋代城市行政制度的演变——从厢坊制到隅坊（巷）制、厢界坊（巷）制》，见《漆侠先生纪念文集》，保定：河北大学出版社 2002 年，第 347 页）

② 关于中国古代城市的行政管理，有学者认为："我国历史上各朝代政府对城市地区的行政管理，在多数相当长的时期内，并没有单独设立管理机构，更不要说给与独立的建制。即使在中世纪的宋辽金时期，有了较明显的城市地区独立的管理机构，即所谓'建制城市'出现，但一则其仍未完全而明确地从传统的县、府、都等地域型政区之中分离且予以建置，更多地近似于城市地区的管理机构而非独立建置（类似于派出机构等，具有准政区的性质），再则明清时期又中辍而未能持续下来，因而从整个历史发展来看，可算作是'城镇型政区'的萌芽，而非严格意义上的'城镇型政区'。"（刘君德、范今朝：《中国市制的历史演变与当代改革》，南京：东南大学出版社 2015 年，第 85 页）

③ 清乾隆年间奉敕纂修的《钦定历代职官表》在"五城表"后曾辑录有"历代建置"源流，反映了清代中期学者对于都城行政设官的认识。本部分撰写即利用了这些材料。

④ （汉）郑玄注，（唐）贾公彦疏：《周礼注疏》卷 9《地官司徒第二》，赵伯雄整理，王文锦审定，北京：北京大学出版社 1999 年，第 230 – 231 页。

时期的"王畿"或"邦国"之中，而难以断言他们就是专门的城市管理者。

随着大一统的发展，国家政权直接管辖的疆域日渐辽阔，相应地，原先适用于"王畿"或者"邦国"的管理方式已经难以适应古代国家都城的管理需要，因此自秦汉开始，都城开始建立地方行政体系和城市管理系统。史载，秦朝以内史掌治京师。汉代仿照秦郡县制，对都城进行管理、设官，京兆地区设京兆尹，属官有长安市长、丞，后汉则为河南尹，属官有洛阳市长、丞。汉代所设都城县尉，开启了后世都城的行政管理模式。西汉长安城设有左尉、右尉、广部尉、明部尉四尉①，左、右尉即左、右部尉，设置于长安城内，负责城内治安；广部尉、明部尉设置于长安城外，负责长安城郊治安。东汉洛阳城，除左、右尉置于洛阳城内，郊外所设为东部、南部、西部、北部尉。从地方行政而言，西汉的京兆尹和东汉的河南尹，与明清时期的顺天府类似，属于都城所在区域的地方行政建制，在本质上属于郡县（州县）体制的范畴，尚不属于专门的城市政府。不过，两汉时期出现的"部尉"，其职能虽然以治安为主，与专门的城市政府组织有所不同，但作为都城的治理职官，无疑是中国古代都城治理模式的开端，其主要特征是：设有城市治理官员，而且往往各自隶属于不同的中央衙门机构。

汉代都城之部尉（或县尉），为后世五城管理模式之缘起，清人所修《钦定皇朝文献通考》亦持此观点："五城之地设兵马司正、副指挥使，以分治之，犹之汉之左右部尉、唐之赤县尉、宋之都厢官也；其统之以五城察院者，犹之汉之司隶校尉也。"② 此前，明人王圻著《续文献通考》，认为司隶校尉是后代五城制度的起源，"盖因其督察奸宄，事颇相近"。清乾隆时期纂修《钦定历代职官表》时，纂修官不认同王圻的判断，认为"司隶官本列卿，统辖郡县，纠察百官，其位任隆重，实当如今步军统领之职，非五城之但莅治都邑者可比"。纂修官认为都城设官治理，应以汉代

---

① 据唐代杜佑《通典》，"汉长安有四尉，分为左右部。后汉洛阳有四尉，东、南、西、北四部，主盗贼案，察奸宄。宋元时期马端临《文献通考》曰："长安四尉，城东南置广部尉，是为左部，城西北置明部尉，是为右部，并四百石，黄绶，大冠，主追捕盗贼，伺察奸匪。"据学者考证，《汉官旧仪》的记载更加准确，《唐六典》《通典》等记载则存在讹误。《汉官旧仪》云："长安城方六十里，中皆属长安令，置左、右尉。城东、城南置广部尉，城西、城北置明部尉，凡四尉。"参见张玉兴：《〈唐六典〉〈通典〉所载两汉都城县尉设置讹误考》，《兰州学刊》2017年第4期。

② 《钦定皇朝文献通考》卷269《舆地考一·直隶省》，文渊阁《四库全书》影印本第638册，第248页。

长安、洛阳的县尉为始。"长安、洛阳四尉,分左右部治事,则尤与今司坊官规制相合。盖两汉都城,皆专统于京兆河南尹,而今则五城与大兴、宛平二县画界分治,五城以京营所辖为界,两县以在外营汛所辖为界,故五城专治京师,即汉长安、洛阳之职守源委,实属相承。"① 两汉时期的司隶校尉是作为皇帝耳目的秘密监察官,京师虽然也在其纠察的范围之内,但与专门治理都城的县尉相比,仍有所不同。因此,以两汉时期长安、洛阳的县尉作为京城行政设官缘起的判断,显然更加准确。

再者,汉代都城部尉以下的行政设置,也类似于五城体制下的坊甲模式。汉代自县尉以下各置小吏,谓之乡官,五家为伍,十家为什,百家为里,里有魁,以相简察;十里为亭,亭有长,以求捕盗贼;十亭为乡,乡有游徼,掌徼巡、禁司奸盗。长安、洛阳二县虽在京师,而其制并同,故史有长安游徼及亭长、里正之名。两汉时期都城的部尉设官,为后世所沿用。北魏时期置里宰、里尉、里正,隋代置里司官,"以典领都城诸坊,盖即沿袭此制而设"。从功能上讲,长安"游徼"类似于五城体系下的兵马司、吏目,而"亭长""里正"则类似于五城坊铺中的总甲。② 由上可见,西汉京兆尹、东汉河南尹,是汉代都城所在郡的最高行政长官;部尉(或县尉)则是都城地方行政长官。③

沿袭汉代传统,魏晋南北朝时期的都城管理也实行六部尉制。④《晋书·职官志》:"洛阳县置六部尉,江左以后,建康亦置六部尉。"《通典》:"晋洛阳、建康六部尉,宋、齐、梁、陈并因之。"《钦定历代职官表》纂修官据此判断:"当时六部尉司,实分掌徼巡、诘禁之事,正如今之五城兵马司也。"⑤ 六部尉一般下设经途尉、里正,品级较低,虽然是管理地方事务,但因身处京城,困难重重。

---

① 《钦定历代职官表》卷20《五城表》,文渊阁《四库全书》影印本第601册,第390–391页。

② 《钦定历代职官表》卷20《五城表》,文渊阁《四库全书》影印本第601册,第391页。

③ 关于古代城市管理的行政设置,萧斌虽然认可中国古代城市存在管理城市的机构,但不认为存在城市政府,其判断理由是:"中国古代的城市,京畿一般隶属于中央政府,其他城邑、重镇隶属于省州郡县,城乡合治,城市和乡村由同一个政府机构管理,还没有专门的或完全意义上的城市政府。"(萧斌主编:《中国城市的历史发展与政府体制》,第139页)显然,萧斌对于城市政府的定义是以近现代城市政府为参照标准的。从中国古代的实际情形来看,并不尽然,至少明清时期的五城管理模式就已经具备了城市政府的形态,而汉代的部尉则是都城地方行政长官的缘起。

④ 张玉兴:《〈唐六典〉〈通典〉所载两汉都城县尉设置讹误考》,《兰州学刊》2017年第4期。

⑤ 《钦定历代职官表》卷20《五城表》,文渊阁《四库全书》影印本第601册,第392–393页。

北魏时期，任洛阳河南尹的甄琛认为"京邑是四方之本，安危所在，不可不清"，承担都城治理重任的六部尉必须像攻坚之利器，方能胜任。但事实上，管理都城的里尉、里正难以胜任，官职低，能力弱，"今择尹既非南金，里尉铅刀而割，欲望清肃都邑，不可得也。里正乃流外四品，职轻任碎，多是下才，人怀苟且，不能督察，故使盗得容奸，百赋失理"。相反，管理者所要面对的京邑诸坊"皆王公卿尹，贵势姻戚，豪猾仆隶，荫养奸徒，高门邃宇，不可干问。又有州郡侠客，荫结贵游，附党连群，阴为市劫，比之边县，难易不同"。因此，甄琛建议应选用武官中八品将军担任里尉之任，"高者领六部尉，中者领经途尉，下者领里正"。如此，才能"督责有所，辇毂可清"。甄琛又奏请"以羽林为游军，于诸坊巷司察盗贼"。①

根据甄琛所言，北魏亦仍晋制，在都城洛阳置六部尉。其中所言负责京师治安的"经途尉"，前代未见，应当"为当时所创置，而里正在汉本乡吏，魏于诸职中简取，则亦改为选人矣"。《钦定历代职官表》纂修官以清代五城设官相类比，认为"六部尉当为正指挥之职，经途尉当为副指挥之职，里正当为吏目之职"。②此后的北齐都城，"分置七尉，亦沿晋魏旧制"。

北魏时期，都城管理的另一重要变化是"坊"的出现。"北魏京城里巷始以坊名，至隋而坊主、坊佐、里司官遂以入衔，实为今司坊官所自昉也。"③据《隋书·百官志》，"每坊置坊主一人、佐二人"。隋炀帝大业三年（607），"京都诸坊改为里，皆省除里司，官以主其事"。至此，中国古代都城管理的"里坊制"在隋唐时期臻于完备。

隋唐时期，监察御史体系开始成为都城管理的主角。《旧唐书·职官志》："殿中侍御史，凡两京城内，则分知左、右巡，各察其所巡之内有不法之事。"《新唐书·百官志》："（监察御史）分左、右巡，纠察违失，左巡知京城内，右巡知京城外。"胡三省《资治通鉴注》引程大昌《雍录》曰："长安四郭之内，纵横皆十坊，大率当为百坊，亦有一面不啻十坊者，故六典曰一百一十坊也。坊皆有垣、有门，随昼夜鼓声，以行启闭，巡使掌左右街百坊之内谨启闭徼巡者也。"唐制，宫苑使掌管宫城的警卫，皇城使主管皇城的治安，左右巡使、左右街使与京兆尹则共同负责外城的警卫和治安。其中，左右巡使属于御史台。"唐以御史知左右巡，即今巡城

---

① 《魏书》卷68《甄琛传》，第4册，第1514-1515页。
② 《钦定历代职官表》卷20《五城表》，文渊阁《四库全书》影印本第601册，第393页。
③ 《钦定历代职官表》卷20《五城表》，文渊阁《四库全书》影印本第601册，第394页。

御史所自始。"正如《钦定历代职官表》所言，唐代都城的左右巡已经类似于清代的五城巡城御史。①

唐宋时期城市发展迅速，尤其是城市商业的发达，给城市治理也带来了新的变化。作为都城，在古代社会中，其政治安全、城市治安往往是第一位的。因此，在唐代长安城，以居住为主要功能的"坊"，与以商业活动为主要功能的"市"之间，往往各自独立，实行严格的管理和限制。但此后，随着城市商业的发展，以开放性、流动性为诉求的"市"对封闭性、固定性的"坊"的挑战越来越多。而这种冲突的结果，逐渐导致传统城市的"里坊制"（或称坊市制）开始被破坏，进而向"厢坊"乃至街巷模式转变。② 这一转变并不具有普遍性，而且非一蹴而就，即使发生过，也有个过程，其中宋代都城"四厢"的出现，便是这一转变的标志。③

北宋时期，京城划分若干厢，特置厢官，归京府统领，受理居民争斗诉讼之事，凡情节较轻者，可以直接判决。据李焘《续资治通鉴长编》，北宋真宗大中祥符元年（1008），"置京新城外八厢，真宗以都门之外，居民颇多，旧例惟赤县尉主其事，至是特置厢吏，命京府统之"。天禧五年（1021），"增置九厢"。宋神宗熙宁三年（1070）五月，"诏以京朝官曾历通判知县者四人，分治开封府新旧城左右厢"。厢官的设置，顺应了城市规模扩大和人口增加之下的都城治理需求。

同时，北宋在都城开封设左右巡使，以御史充任。据《宋史·职官志》，咸平四年（1001），"以御史二人充左右巡使，分纠不如法者，文官

---

① 以上《隋书》《旧唐书》《新唐书》《资治通鉴注》史料，参见《钦定历代职官表》卷20《五城表》，文渊阁《四库全书》影印本第601册，第395页。

② 参见陈振：《略论宋代城市行政制度的演变——从厢坊制到隅坊（巷）制、厢界坊（巷）制》，见《漆侠先生纪念文集》。关于唐宋之际坊制崩溃问题的研究，最早由日本学者加藤繁在1931年提出，参见其《中国经济史考证》第1卷（吴杰译，北京：商务印书馆1959年）中《宋代都市的发展》《唐宋时代的市》等文章。

③ 唐代中期以后封闭性的里坊制度逐步解体，到宋代建立起开放性的街巷模式这一转变，曾是学界普遍认可的结论，但近些年陆续有学者进行质疑并做了颇具启发的辨析。成一农认为唐代长安、洛阳虽然有事先的规划，但其他很多地方城市并没有事先进行规划，因此很难像都城那样拥有整齐的坊（成一农：《走出坊市制研究的误区》，见《唐研究》第12辑，北京：北京大学出版社2006年，第311页）。鲁西奇从南方城市发展的差异性出发，也认为，"没有切实的考古材料足资证明唐代地方城市中确实普遍存在封闭式的里坊"，而且即便文献中记有里坊的名目，也"没有任何证据表明这些坊在唐代曾围以坊墙，从而构成封闭式区块，到五代及宋代，则将坊墙拆除，之后，才形成开放式街区"（鲁西奇：《人群·聚落·地域社会：中古南方史地初探》，厦门：厦门大学出版社2012年，第117－118页）。可见，封闭式里坊制在唐宋之际的解体，或许只符合都城（至少拥有城垣）这类规划性很强的城市，并不能完全适用于所有的城市，甚至不具有普遍性。这一点，对于我们正确认识隋唐至辽金时期北京城坊制的变迁，也是有益的启示。

右巡主之，武官左巡主之，分其职掌，纠其违失"。开封府左右军巡使、判官各二人，"分掌京城争斗及推鞫之事，左右厢公事干当官四人，掌检覆推问，凡斗讼事，轻者听论决"。南宋沿以为例，在临安也设厢官，城内外分南、北、左、右厢，"各置厢官，以听民之讼诉，许奏辟京朝官亲民资序人充，后以臣僚言，罢城内两厢官，惟城外置焉。又分使臣十一员，以缉捕在城盗贼"。起初是四厢，后来停止城内两厢官，仅保留城外两厢官。可见，"宋真宗以赤县尉不足弹压，始特置厢吏，是宋之四厢使，即前代六部尉之职，正如今之五城兵马司也"。① 与魏晋时期都城"部尉"相比，宋代都城"厢官"更接近于后来的五城兵马司。

"厢"的最大特点是突破了城内"坊"的封闭性，开始以更大空间的区域单元进行城市治理，从而适应城市商业、娱乐和服务业的发展。宋代都城的厢坊制打破了此前里坊制的封闭状态，是中国古代城市发展的一次高峰。但这并不意味着宋代以后城市（尤其是都城）的规划和治理放弃了坊制，即便有这种情形，放弃的也只是建筑形态的坊墙，退一步讲，将所有"坊"纳入其中的城墙至少还始终存在。不仅如此，在辽南京城、金中都、元大都，乃至明清时期北京城的建设中，随着都城治理的模式不断变化，在街巷（胡同）的支撑下，"坊"作为城市治安和社会控制的手段一直存在，甚至有不断强化的趋势，并演变出新的控制模式。明清时期的"保甲制""堆拨栅栏制"与坊铺紧密结合，便是明证。

无论是汉、魏时期的"部尉"，还是唐、宋时期的"左右巡使"，都是具有部分城市治理职能的官员，尚不具备城市管理机构的形态，而且由郡县体系的地方行政代理城市管理的特征非常突出。然而，自辽、金以后，城市管理的机构化趋势愈发显现。

辽代都城仿照唐末五代制度，设"警巡院"。据《辽史·百官志》，五京各设五京警巡院职名，辽南京有警巡使、警巡副使。② 金代沿用"警巡院"。《金史·百官志》曰："诸京警巡院使一员，正六品，掌平理狱讼。"金中都又设有武卫军都指挥使司，"掌防卫都城警捕盗贼"。③ 金代武卫军隶属兵部，负责都城防卫，设官"兵马"一员，为元大都设兵马司铺垫了基础。辽金时期的警巡院作为都城社会治安的管理机构，与唐宋时期都城

----

① 《钦定历代职官表》卷20《五城表》，文渊阁《四库全书》影印本第601册，第397页。
② 《辽史》卷48《志十七下·百官志四》，北京：中华书局1974年，第2册，第805页。
③ 《金史》卷56《志三十七·百官志二》，北京：中华书局1975年，第4册，第1281页。

的左右巡一脉相承，是"我国最早的独立的城市行政建制之一"①，这与此前由地方区域行政机构充任城市管理职能相比，是个颇为明显的变化，也是中国古代城市开始出现城市政府的萌芽。

元代在大都城设兵马都指挥使司，掌管都城治安。据《元史·百官志》，大都路兵马都指挥使司二员（秩正四品），又有都指挥使二员、副指挥使五员、知事一员、提控案牍一员、吏十四人。又，专设司狱司（秩正八品），司狱一员、狱丞一员、狱典二人，掌囚系狱具之事。兵马都指挥使司起初为二员，一置于大都路，一置于北城兵马司，统领南城兵马司狱事。元仁宗皇庆元年（1312），分置一司于南城。

元代延续辽、金旧制，以警巡院掌管都城民事。警巡院实分为三，即大都警巡院与左、右警巡院。最先设立的是左、右警巡二院（秩正六品），达鲁花赤各一员，使各一员，副使、判官各三员，典史各三人，司吏各二十五人。元世祖忽必烈至元六年（1269）置，领民事及供需。元成宗大德五年（1301），分置供需院，以副使、判官、典史各一员主之。成宗大德九年（1305）增置大都警巡院，治都城之南，设达鲁花赤一员、使一员、副使二员、判官二员、典史二员、司吏二十人。② 元大都兵马都指挥使司和警巡院的设置，直接奠定了明清北京五城治理体系的形成。

进入明代，增置东、中、西城，与元代旧有的南、北城设置，共为"五城"。"京师虽设顺天府两县，而地方分属五城，每城有坊。"③ 以往，都城管理往往统于"京兆"④，自明代以后专设"五城"进行管理。对于这种转变，明末清初人孙承泽有相当敏感且准确的判断，他说："前代畿辅之政，大都统于京兆，而我朝盖用五城御史。"⑤ 作为城市管理的专门机构，五城与州县体系下的顺天府两京县之间有交叉，但分工更明晰。大致而言，赋税徭役、科举考试等民政归顺天府，而城市治安、巡防捕盗等

---

① 韩光辉：《北京历史上的警巡院》，《北京档案史料》1990年第3期。对于辽、金、元时期的都城警巡院制度，韩光辉给予了高度评价，认为这是唐末至辽宋时期我国城市管理制度发生重要变化的标志。他认为："唐末经五代至辽宋，城市管理制度包括不同类型城市的官制、管理职能和管理范围都发生了重要变化，核心的变化在于由县管理转变为由专门机构都厢、警巡院、录事司和司候司管理城市，只是由于文献记载的缺乏，还不能将这一系列管理机构梳理得更清晰。"参见韩光辉、林玉军、魏丹：《论中国古代城市管理制度的演变和建制城市的形成》，《清华大学学报（哲学社会科学版）》2011年第4期。
② 《元史》卷90《志第四十·百官志六》，北京：中华书局1976年，第8册，第2301页。
③ （清）孙承泽：《春明梦余录》卷5《城坊》，上册，第35页。
④ 古代对都城区域的称呼，周为"王畿"，秦为"京畿"，汉唐为"京兆府"，明清为"顺天府"。
⑤ （清）孙承泽：《天府广记》卷2《城坊》，第23-24页。

事务则归"五城"。①

首先，明北京城建立了基层管理制度"坊铺"和"保甲"。就"坊铺"而言，属于明初以来的里甲体系，主要负责基层的徭役征收以及街面巡逻、防火防盗之类的社会治安等事务。据《宛署杂记》，"坊铺"主要针对城内，"城内地方以坊为纲"②，坊有坊长，关有厢长，另有"老人"之制。各坊之下"随居民多少，分为若干铺，每铺立铺头、火夫三五人，而统之以总甲"③。总甲之下，设有铺长、小甲、火夫等。不过，各城所属坊铺的划分层次略有差异，北城、中城所属坊下直接设铺，东城、西城、南城则是坊下为牌，牌下再设铺。另外，不同时期各坊之下所设铺的数量也并不固定。④

自明代开始"坊"的管理者"坊长"逐渐被五城兵马司和五城御史取代，原本作为赋役组织形式的"坊"逐渐蜕变为城市空间的划分标识。对此，高寿仙通过爬梳文献发现，明宣德以后，坊长之名就已经不见记载，说明"已不再设立此职"。至于"坊长"消失的原因，"应当是北京城市人口剧烈变动的结果"，尤其是"北京自永乐年间开始，外地人口大量移入"，"但这些人都保持着'寄居''流寓'的身份，无法纳入京城的里甲组织；与此同时，原已纳入里甲组织的坊内居民，受到人口大量流入的冲击和影响，作为赋役组织的坊当然无法维持下去。失去组织功能的坊，便成为标示城市分区的纯空间单位"。⑤ 这一判断无疑是合理的。不过，五城兵马司和五城御史这种更适应大量流动人口的新"坊官"，其设置及其在管理功能上的取代，恐怕也是"坊长"消失的推动力量。

"保甲"在明代北京并非城内管理方式，它主要在城外实施，"城外各村，随地方远近，分为若干保甲，每保设牌甲若干人，就中选精壮者为乡兵，兵器毕具，而统之以捕盗官一人，保正、副各一人"⑥。这是万历年

---

① 对明代北京城的城市行政，韩光辉认为五城与依郭之大兴、宛平二县共同治理，形成对京师城市双重管理的现象，"结果是造成了严重的混乱"，"不利于城市的统一治理和健康发展"，"与辽、金、元时期的城市警巡院制比较，这不是成功的经验，而是失败的教训"。见韩光辉：《北京历史上的警巡院》，《北京档案史料》1990 年第 3 期。
② （明）沈榜：《宛署杂记》卷 5《街道》，第 34 页。
③ （明）沈榜：《宛署杂记》卷 5《街道》，第 42 页。
④ 参见高寿仙：《明代北京城管理体制初探》，见朱诚如、王天有主编：《明清论丛》第 5 辑，北京：紫禁城出版社 2004 年）；李宝臣：《北京城市发展史·明代卷》，第五章"都城管理模式"。
⑤ 高寿仙：《明代北京城管理体制初探》，见朱诚如、王天有主编：《明清论丛》第 5 辑，第 273 页。
⑥ （明）沈榜：《宛署杂记》卷 5《街道》，第 42-43 页。

间宛平县令沈榜所言。保甲制度的主要功能是社会治安,而以"坊铺"为形式的"里甲制",除了赋役征收、教导居民之外,也具备巡街防盗等社会治安功能,因此在一座城市没有必要重复设置。这似是明初以来官员屡次建议在京城推行保甲制而未能真正实行的原因。到了天启年间,由于"坊铺"功能失序,加之努尔哈赤已在东北起兵,京城巡防迫在眉睫,才开始在城内推行保甲制,按照"十户一甲"进行编查保甲。

其次,明代在元代兵马都指挥使司的基础上完善了五城兵马司体系。明永乐十八年(1420)十一月,北京五城兵马指挥司析为东城、西城、南城、北城、中城五兵马指挥司。① 其中,中城只称中兵马指挥司,不称城。中兵马司在城内仁寿坊,东城兵马司在城内思成坊,南城兵马司在城外正阳街,西城兵马司在城内咸宜坊,北城兵马司在城内教忠坊。"兵马司夜巡,赴尚宝司领令牌,东城木字,西城金字,中城土字,南城火字,北城水字。"② 各城设指挥一人(正六品)、副指挥四人(正七品)、知事(后改为吏目)一人,指挥巡捕盗贼③,疏理街道沟渠及囚犯、火禁之事。凡京城内外各画境而分领之,境内有游民、奸民则逮治,若车驾亲郊,则率夫里供事。④ "兵马司"的功能也从原来单一的缉盗治安,开始成为掌管都城民事及缉拿盗贼的民事官员,正所谓"指挥、副指挥遂为文职之定名矣"⑤。

再次,明北京城取消了元大都时期的警巡院,逐步建立了五城御史制度,都城管理经历了从"警巡院"制度到"巡城御史"制度的转变。明初设立了十三道监察御史,隶属于都察院,并确立了代天子巡视地方的御史巡按制度。"京城设巡视御史,始于正统时。不置公署,巡视所至,遇有喧闹,当时遣断,或暂借各卫所公署发落。"⑥ 起初,京城巡视御史,与各地"巡方御史"一样,都是临时的短期钦差性任务,其主要职责是监察五城兵马司等。御史任期之短暂,向来有其传统,正如顾炎武所言:"监

---

① 《明太宗实录》卷231,永乐十八年十一月乙亥。
② (清)孙承泽:《天府广记》卷2《城坊》,第21页。
③ 明初,北京五城兵马司专职巡捕,弘治年间设立巡捕营后,兵马司与巡捕营共同负责。"国初设五城兵马司,职专巡捕,后以夜禁为重。弘治间始设巡捕营。其间节次条例,增改不一。至万历十三年末,自卯至申责成兵马司,自酉至寅责成巡捕营,各自分管,画为定规。"[(清)孙承泽:《天府广记》卷2《城坊》,第22-23页]
④ 《明史》卷74《志五十·职官三》,第6册,第1814-1815页。
⑤ 《钦定历代职官表》卷20《五城表》,文渊阁《四库全书》影印本第601册,第398页。
⑥ (清)孙承泽:《天府广记》卷2《城坊》,第23页。

临之任不可以久也，久则情亲而弊生，望轻而法玩。"① 随着京城事务的繁剧，五城御史的性质和职责也逐渐发生了变化。到明代宗景泰年间，因"京师多盗，差御史十人捕治，事平，留五人分理，建立公署，凡有奸弊诸事，许受理送问，其差用试御史，三月一更"。虽然差遣的是见习性质的"试御史"，而且三月一换，时间依然很短，但"公署"的建立，已经使北京五城巡城御史开始具备了都城地方行政的性质。此后，五城御史的职责范围逐步扩展。成化二十一年（1485）四月，锦衣卫请令巡城御史"捕京师棍徒"。弘治元年（1488）十二月，御史陈瑶请准巡城御史督察崇文门。万历十四年（1586），经部院详议，五城开始受理民事案件，但"受理不宜问罪，不得滥罚，不得淹滞及简证刺字"。② 万历二十四年（1596），经吏部题准，更换五城御史以半年为期。③

但长期以来，巡城御史由都察院新选御史担任，经历、阅识有限，任期短暂，更换频繁，往往不能有效应对京城复杂的社会治理需求。以至于明神宗万历中，左都御史孙丕扬疏请五城御史应差用实授御史，而且任期延长至一年："臣观居重要地，孰五城最哉？巡视御史，故事不专为喧闹设者。事有奸弊，依法送理，正统间例也；禁约赌博，缉捕盗贼，坐铺火夫，究问优免，成化间例也；查问九门官吏多勒客商财物，弘治间例也；访察参奏，打点馈送，嘉靖间例也。至于禁止科敛诈骗，裁抑豪横奸顽，安恤孤独良善，惩创奢侈游戏，举劾兵马善恶，何莫非御史事哉？臣谓专责成便，御史必用实授，替差必札一年，宪度必期力举，务相率而专心城务，以遏此城社之狐鼠，救此辇毂之疮痍，而又省其外班，以杜请托，立为岁册，以报满政，斯都人猬冗之谷丝，蚕食之辐辏，可冀弹压之有资矣。"④ 在左都御史孙丕扬看来，五城御史应成为五城城市治安管理中最为重要的官员，其职责不当局限于只是对五城兵马司等官员行使监察权。万历四十六年（1618）闰四月，署都察院事李志也建议以考选御史担任五城御史："旧制，巡视五城皆新选御史掌管，今五城把棍、响马充斥，非兼差轮摄可办，乞将考选孙之益等立赐允用，专责以巡视五城之役，庶乱民可戢。"⑤ 孙丕扬、李志的请求，都未能得到朝廷的同意。虽然未予准行，但明代五城御史开始常设化并开始成为都城专门管理机构已是大势

---

① （清）顾炎武著，（清）黄汝成集释：《日知录》卷9《部刺史》，秦克诚点校，长沙：岳麓书社1994年，第321页。
② （清）孙承泽：《天府广记》卷2《城坊》，第23—24页。
③ 《明神宗实录》卷294，万历二十四年二月庚戌。
④ （清）孙承泽：《春明梦余录》卷5《城坊》，上册，第37页。
⑤ 《明神宗实录》卷569，万历四十六年闰四月丁卯。

所趋。

明北京五城御史还有一个比较明显的特征，即虽然将皇城独立于"五城"兵马司管理体系之外，但仍纳入监察御史巡视的对象之中。《明史·百官志》："监察御史巡视皇城、五城。"又据《大明会典》，"凡皇城四门官军，轮差掌道御史一员同给事中查点。宣德三年，差御史一员，往来巡视。弘治元年，令一年一换"①。因此，明北京城虽然裁撤了辽、金、元三代沿袭的警巡院，但新建立的五城御史体系，与其一脉相承，"每城设御史，巡视所辖，有兵马指挥使司，设都指挥、副都指挥、知事，后改兵马指挥使，设指挥、副指挥、革知事，增吏目。昔宋以四厢都指挥巡警京城，神宗置勾当左右厢公事，民间谓之都厢。元设巡警院，分领坊市、民事，即今巡城察院也"②。此外，锦衣卫、工部等衙门也在明北京城市管理中发挥着作用。③

以上粗略回顾了明代以前的都城治理，从秦汉时期的内史、部尉，到唐宋时期的左右巡与四厢使，再到辽、金、元时期的警巡院、兵马指挥司，以及明代的五城御史制度。这一变化过程，前后之间未必有明显的承袭关系，不过也清楚地表明：统治者开始日益强化都城行政管理，城市分治的趋势日益显现，专门的城市行政机构开始萌芽，但始终没有一个能够统领整个城市进行一元化管理的行政机构。也可以说，从行政体系上来讲，还看不到专门的城市行政建制；参与城市管理的机构不仅多元，而且具有鲜明的中央直属特征；城市管理机构往往与京畿区域的地方州县行政体系并行存在，但在宋、辽以后城乡开始分治，"形成都城和京县两套独立行政管理系统"，即都城施行城市行政，而郊县施行京县管理系统。④ 随着明代五城兵马司和五城御史的实施，五城制度逐步成为北京城市管理的主要模式。

---

① 《大明会典》卷210《都察院二·巡视皇城》，《续修四库全书》第792册，上海：上海古籍出版社2002年，第489页。
② （清）孙承泽：《春明梦余录》卷5《城坊》，上册，第35页。
③ 关于明北京城市管理体制，可参见高寿仙：《明代北京城市管理体制初探》，见朱诚如、王天有主编：《明清论丛》第5辑。
④ 韩光辉、林玉军、魏丹：《论中国古代城市管理制度的演变和建制城市的形成》，《清华大学学报（哲学社会科学版）》2011年第4期。另，韩光辉认为北宋东京是中国古代建制城市的开端，即有明确行政界线和职能完善的独立行政管理机构。

第二章 京师多元治理体系及其特色

京师治理体系的确立和运转效率，对于清政权的稳定和巩固具有非常重要的意义。顺治元年，清政府迁都北京后，在北京实行旗民分城居住，都城管理也相应地逐步建立起了八旗驻防与五城制度并行的管理模式。京师八旗驻防以内城为主，八旗各项事务由管旗大臣、各旗族长、八旗都统、参领、佐领、领催等共同构成八旗内部管理体系。与此同时，在宫城以外的区域，即在皇城、内城与外城区域沿袭明代"五城"之制，每城领二坊，每坊设兵马司（正指挥、副指挥、吏目），坊下有铺（铺头、总甲），掌管所属各城命案、缉盗等事务；各城置满汉御史，以监管各城事务；内外城的戍卫与治安，则由步军统领衙门（包括巡捕营）负责。与前代相比，清代北京都城管理在延续元、明时期"城坊制"的基础上，融入了新的"驻防制"特色。清末北京城市管理又经历了从传统向近代转变的过程，"城坊制"在都城城市管理中的作用和角色逐步模糊乃至消亡，代之而起的则是更具近代意义的街区管理模式。

一、塑造城市治理空间的旗民分城居住

自辽代以北京为陪都，金代以北京为都城，北京的政治地位从隋唐时期的北方军事重镇一跃而成为都城，封建礼制和国家制度进一步成为影响和塑造北京城市结构的关键因素。清军入关以后，这些因素再次显示出塑造城市发展的强大作用，并将北京城市发展及其管理带入了新的结构转变过程中。基于"因俗而治"和"八旗为根本"的"旗民分治"施政策略，成为清代统治者在都城构建政治军事、经济社会、文化秩序的基础和依据。

历史上，人的身份阶层区别往往被统治者作为划分城市空间的重要依据。明清鼎革之下，北京城市人口的结构性变化构成了都城政治社会结构

变化的关键和基础。清军入关,满洲皇室贵族、大量旗人进入北京城,这是清初影响北京城市管理的重要因素。与前面的朝代更替一样,战争对于都城人口的影响向来都很明显,频繁的战争总是会消减人口数量,明清更替对北京城的人口也产生了很大的影响。尽管清军进入北京并没有发生激烈的烧杀抢掠,但此前明朝官绅南渡、逃难,李自成农民军的进出北京,都造成了清军入关之际北京城市人口的减少。即便是多尔衮进京以后,由于屠城等各种谣言的影响,不少京城人口仍源源不断地外逃。战争和逃亡造成北京城人口减少了多少,具体数字无从估算。不过清军入关,八旗军队入驻京城,又带来了大量人口进入京城。有统计说,清初八旗进京人口有二三十万。这一出一进,即便没有增加,也大致保持住了当时北京人口数量的动态平衡。清初都城人口的变化,所带来的不只是人数总量的单纯数字变化,更重要的是其所代表的政治身份、族群构成及社会文化结构的改变,而这将直接影响都城的城市管理模式。

清定都北京后所实行的旗民分城居住政策,就是北京城人口结构变化在城市空间中的直接反映。多尔衮率清军入北京之始,开始圈占北京城内的房屋,"下令移城,以南、北二城与居民,而尽圈中、东、西三城为营地"①。其中南北二城、中东西三城的方位依然是明代五城的格局,南城即外城。对于京城内房屋被圈占者,免三年赋税。顺治元年(1644)六月,摄政和硕睿亲王谕:"京城内官民房屋被圈者,皆免三年赋税,其中有与被圈房屋之人同居者,亦免一年。"②

尽管被迁出者有免税三年或者一年的优待,但是因迁移、卜居而带来的生活困难,还是让汉官民中有相当一部分人不愿离开内城,或者也有一部分人因为搬出后无房可居而行动迟缓,所以移城之令起初并不顺利。

随着八旗兵入城,旗民之间的冲突和摩擦不断:进京后的第 20 天,就有牛录章京郭纪元强奸民妇,郭被弃市。正黄旗尼雅翰牛录下三人"屠民家犬,犬主拒之,被射"③。与此同时,旗人抢夺良民财物、投充之人借势横行扰害良民者此起彼伏。④ 类似满汉之间的冲突,尤其旗民在混居过程中产生的矛盾冲突,成了当时扰乱北京城秩序的一大社会问题,严重

---

① (清)张怡:《谀闻续笔》卷1,《笔记小说大观》第 30 册,扬州:江苏广陵古籍刻印社 1984 年,第 255 页。
② 《清世祖实录》卷 5,顺治元年六月丙寅。
③ 《清世祖实录》卷 5,顺治元年五月癸巳。
④ 《清世祖实录》卷 31,顺治四年四月丁酉。"投充之人",缘于旗人进京后圈占京畿五百里以内的房地,致使一部分人贫困无依,统治者为避免贫民无衣食者"困于饥寒,以致为盗",所以允许贫民"投充旗下为奴","以开生路"。但实际上多有借势扰民者。

危及清政权的稳定。

另外，入关后满、蒙旗人因水土不服，与内地居民交相传染，患天花者与日俱增。顺治二年（1645），"京城出痘者众"①，为防止传染，清廷颁敕旨："凡民间出痘者，即令驱逐城外四十里。"② 天花传染可能也促使统治者进一步采取满汉分城居住的政策。

顺治三年（1646）、五年（1648），清政府又先后再颁旗民分居令。迁居令之下，内城也不是没有一个民人。一方面，投充者可随满洲本主居住在内城。顺治三年二月，"近闻京城内盗贼窃发，皆因汉人杂处旗下，五城御史、巡捕营官难于巡察之故。嗣后投充满洲者，听随本主居住。未经投充，不得留居旗下。如违，并其主家治罪"③。另一方面，位于内城各衙门、看守仓库并住在各衙门内的书办吏役，以及位于内城寺院庙宇中的居住僧道，都可以不必迁移。顺治五年八月，清政府谕户部等衙门："六部、都察院、翰林院、顺天府及大小各衙门、书办吏役人等，若系看守仓库、原住衙门内者，勿动；另住者尽行搬移。寺院庙宇中居住僧道勿动，寺庙外居住者尽行搬移。若俗人焚香往来，日间不禁，不许留宿过夜。"④ 此外，"城内各铺户居民肩挑负贩，五方错处，上至王公，中至仕宦，下至富民，均雇有役使之人，其中良莠不齐，外乡之人混迹，势所难免"⑤。经皇帝赐居的汉族官员也可住在内城。例如，作为三朝旧臣，"襄赞宣猷，敬慎夙著"的张廷玉在"城内郊外，皆有赐第，可随意安居"⑥。又如刘统勋、裘曰修也曾经得到乾隆帝的赐居。⑦

相应地，八旗满洲官员只许居内城。特殊情况下，经皇帝赐居，或者在近京的田园祖茔之地，八旗满洲官员也可以居住城外。始于雍正二年（1724）的圆明园八旗护军营，驻守圆明园四周，同样在城外。除此之外，如果有违令居住外城者，则要饬令迁回内城。"八旗满洲官员向来止许居住内城，间有年老退闲者，尚可于近京之田园祖茔地方就便居住。至南城外，乃汉大臣官员所居，并非满洲官员应居之地。"但在乾隆朝之初，由

---

① 《清世祖实录》卷21，顺治二年十一月壬子。
② 《清世祖实录》卷14，顺治二年二月戊辰。
③ 《清世祖实录》卷24，顺治三年二月甲申。
④ 《清世祖实录》卷40，顺治五年八月辛亥。
⑤ 《光禄寺卿富兴阿奏请授案于左右两翼拣派大员帮同五城办理稽查事》（咸丰三年六月二十九日），录副奏折：03-4170-028，中国第一历史档案馆藏。本书所参引录副奏折、朱批奏折、上谕档、户科题本等档案，出处同此。
⑥ 《清高宗实录》卷332，乾隆十四年正月癸丑。
⑦ 《清高宗实录》卷515，乾隆二十一年六月庚申。

于八旗人口的增长，内城居住地愈加狭促，便有不少宗室觉罗、满洲官员移居外城。得知这一情形的乾隆帝于十八年（1753）六月派御前大臣、侍卫会同巡城御史，调查"现在南城外居住之满洲，俱系何项人员"。① 经哈达哈等查访，"居住正阳门等三门城外之满洲官员兵丁，竟至四百余家。此内年老退休及闲散无职事之人在僻远闲旷之地尚可，至现任职官，每日应入署办事，护军近列羽林各有差使，倘遇暮夜转唤，隔城殊为未便。且内城自有各旗分地，尤当恪遵定制，其离亲族而潜往者，徒以近市喧嚣，阛阓庞杂，非溺于酒食游戏，即私与胥吏往还便易耳"。居住在城外的满洲官员兵丁居然有四百余家，已不是个别现象。如果是年老退休或者是没有差事的闲散人员在城外居住尚属情有可原，但如果是现职官员，早晚当差，往返奔波，必有不便。乾隆帝更担心这些居住外城的满人沾染不良习气，甚至私下结交胥吏，因此命将移居外城的现任官员"交该部察议"，兵丁人等则交该管大臣责处，至于宗室"更属不合"，交宗人府严加议处。对于所有居住在南城外、没有官职的闲散人等，"仍听其居住"；其余有官职在身的官员、护军等人，"勒限令其陆续入城居住"。②

还需要注意的是，以上乾隆朝居住外城的禁令，只是针对宗室王公、满洲官员兵丁，并没有专门针对"旗人"。难道乾隆帝忘记了国初就定下来的旗民分城居住政策？显然不是，"旗人"与"满人"的区别，皇帝是绝对不会混淆的。由此可见，所谓旗民分居政策，至少自乾隆朝始，就只是统治者的一厢情愿，以至于禁令只得退而求其次，仅限制宗室和满洲官员兵丁。事实上，因八旗人口增长，内城居住空间受限，房租过高，的确迫使不少贫困旗人迁居外城。"京城八旗满、蒙、汉军兵丁内，或有在城内租房居住，指称房租价贵，移往各自坟茔居住，或称移往城外居住，房租价贱而在城外居住，似此移往城外居住者，汉军人等尤多。"③ 可见，旗人移居城外的现象已经非常普遍。

乾隆朝后期，旗人移居城外已经难以扭转。乾隆四十一年（1776）议定，在京八旗满洲、蒙古、汉军官兵人等，"各按内城本佐领分定地界居住，不许移居外城，违者系官议处，系兵责惩，仍勒令移入城内。若年老退官之人于近京坟园闲旷处就便居住者，听"④。乾隆四十六年（1781）

---

① 《清高宗实录》卷441，乾隆十八年六月壬子。
② 《清高宗实录》卷442，乾隆十八年六月壬子。
③ 《钦定八旗通志》卷30《旗分志三十·八旗方位图说·出城禁令》，文渊阁《四库全书》影印本第664册，第762页。
④ （光绪朝）《钦定大清会典事例》卷155《户部四·户口二·给印票执照》，《续修四库全书》第800册，上海：上海古籍出版社2002年，第526页。以下简称"（光绪朝）《钦定大清会典事例》"。

七月，又谕："京城旗人有移居城外者，本应概行撤回，但人数众多，且不过因节省日用起见，姑从宽免。"① 可见，乾隆朝时八旗人员移居城外居住的情形已司空见惯，以至于乾隆年间纂修《钦定八旗通志》时，分城居住只是作为"旧制"条文予以胪列："国初定，凡旗下人远离本佐领居住者，人口、财物入官，该佐领、领催各罚责有差。"纂修官在此条后备注："此为开国时军屯队伍而言，事关纪律，故立法不得不严。然今制，旗人不得居外城，犹祖宗整齐戎政之遗意，故恭录旧制，以昭缘起焉。"②言下之意，旗人不得居住外城，此时已是一纸空文。

乾隆朝擅自移居城外的尚多是普通满洲官员和旗人，至嘉庆朝后，则有不少宗室移居城外。嘉庆二十三年（1818）十一月，巡视南城御史清安奏称宗室黄六携子永二、永三在广渠门外石香炉地方"租住民房，寻殴滋讼"。嘉庆帝遂命宗人府将失察之族长、总族长迅速查明，予以追责，永二一家，责令族长、总族长在城内觅定房屋，勒令即日搬移，同时，"查明凡在城外居住之宗室，一体勒令移居入城，以符定制"。③ 宗室移居城外而且"户口较多"，至道光时期已经默认其事实。道光二十一年（1841）十二月，宗人府奏称，"现在宗室人等住居城外，户口较多，若概令移居城内，殊多窒碍"④。即便是发现违规者，也难以将其迁回内城。

移居城外的宗室、觉罗，往往滋生事端，不服从外城司坊官和州县官员的管理，即便嘉庆朝推行编查保甲以后，由于其特殊政治身份的庇护，他们往往参与赌博、吸食鸦片等不法行为。例如，同治十三年（1874）十一月御史英震奏称："镶白旗宗室祥能即祥龄，住居北城地面大外廊营烟馆，经御史刘国光查问，该宗室肆行咆哮。该御史等访闻该处烟馆，即系祥能所设，并聚有假冒宗室之岳三即岳湘、韩瑞儿、赃贼张九等数十人结伙讹诈"，"宗室住居外城，匪徒畏官役查拿，多串结宗室以为护符，请饬禁止"。⑤ 可见，原本社会地位低下的社会无业人员，为了生存，很容易依附政治社会地位比自己高很多的宗室人员，甚至冒充宗室人员招摇撞骗，而这在多数情形下，是得到了宗室人员的纵容和默许的，从而成了扰乱京城社会治理的"匪徒"。这种现象在很大程度上反映了土著居民面对长期以来国家权力秩序所造就的身份、社会地位束缚，在无力改变自身境

---

① 《清高宗实录》卷 1136，乾隆四十六年七月戊申。
② 《钦定八旗通志》卷 30《旗分志三十·八旗方位图说·出城禁令》，文渊阁《四库全书》影印本第 664 册，第 761 页。
③ 《清仁宗实录》卷 350，嘉庆二十三年十一月庚申。
④ 《清宣宗实录》卷 364，道光二十一年十二月戊戌。
⑤ 《清穆宗实录》卷 373，同治十三年十一月乙卯。

遇的情形下，所采取的一种抗争方式，只不过，这种方式是依附宗室、成为"匪徒"。因为在清代国家制度下，推行首崇满洲，但凡是旗人都由国家豢养，宗室政治地位尊崇，衣食无忧，但同时在国家制度之下，旗人的出路除了当官当兵之外，颇受限制，不得从事商业、手工业等生计，加之清统治者强调国语骑射，旗人读书也并不受鼓励，长期豢养之下，各种生活技能大都荒废。更严重的是，自乾隆朝以来，八旗生齿日繁，人口激增，完全依赖国家供养的方式日益捉襟见肘，普通旗人生计困难，即便是宗室也日益贫困化。尽管如此，清政府始终没有放弃"祖宗旧制"，无奈这些宗室违背旧制，迁居外城，招揽无业人员，或开设店铺，或把持行业，或开设烟馆，从而成为清统治者眼中的败家子。从本质上来看，宗室旗人的这种行为也是对自己"祖宗旧制"的反抗，但为了生存又利用了自己优越的政治身份，作为从事不法行为的庇护。

概言之，清初以来实施的旗民分城居住政策，日益遭到破坏，以至于到了清后期，这一政策几近名存实亡，而这一变化对清代北京城市管理的影响不容小觑。清统治者自始至终坚持旗人事务由八旗相关衙门处置，民人事务由五城相关司坊官处置，如果旗、民能够按照统治者的理想设计，进行分城居住，最好不过，两套城市治理体系不仅并存，而且与城市空间的划分一一对应。只可惜，现实永远不会按照制度设计来发展。城市的本质，是在共同居住的空间内实现效益最大化的物资交换与社会流动，并不会因为人群身份的差异，就能在吃穿行等生活方面老死不相往来。既然旗民不能做到纯粹的分居，那么八旗管理和五城行政也必然在城市空间上形成互相覆盖，结果就是你中有我，我中有你。因此，当旗民分城居住的城市居住结构改变以后，一方面对原本适应于此的诸多城市管理制度提出了挑战，另一方面也促使其管理措施进行变革与调整。但由于清政府处处强调"祖宗旧制"，以至于管理制度的变革严重滞后，变得越来越难以适应北京作为都城的现实需要。

二、作为城市管理的驻防与旗务

八旗制度是缘起于满洲的军事社会组织，清军入关前后的战争势如破竹，其功不可没。好的优势一定要加以利用，清军入关，在重要城市推行八旗驻防，遂逐渐成为一种特殊的地方治理模式。就清代北京城而言，八旗驻防不单单是清代北京城重要的军事防卫形式，更重要的是，驻防制已经成为与五城制并行的城市管理制度。

入关之初，在旗民分城居住政策下，旗人主要居住在内城，按照方位，实行八旗驻防。对旗人的管理，适用于八旗制度。因此，八旗驻防作为新的制度因素，不仅重新塑造了北京的城市结构，推动了城区的重新划分，而且也逐渐从原来的军事社会组织形式，转化为特殊的地方行政模式。

第一，八旗扮演内城城市管理机构的一个重要特征是它具有明确的管理空间区域和对象。镶黄旗居安定门内，正黄旗居德胜门内，并在北方。正白旗居东直门内，镶白旗居朝阳门内，并在东方。正红旗居西直门内，镶红旗居阜成门内，并在西方。正蓝旗居崇文门内，镶蓝旗居宣武门内，并在南方。① 每旗各有满洲、蒙古、汉军三个旗分，共24旗。雍正三年（1725）六月十三日，划定各旗之间的界址。② 各旗之间的分界，并非一成不变，光绪朝《顺天府志》在著录各旗之间的界址后就注明："此国初定制也，八旗骁骑营汛地同此，后颇有改并，近则生齿日繁，多错处矣。"③

八旗行军分左右翼的传统，也成为京城戍卫与城市管理的一种管理方式。例如，八旗步军的左右翼之分，以及税收的左右翼之分。京城八旗以镶黄、正白、镶白、正蓝四旗居左，为左翼；正黄、正红、镶红、镶蓝四旗居右，为右翼。④

第二，八旗作为行政管理形式，还有完善的职官体系。八旗各旗分别设立都统三名，即满洲都统、汉军都统、蒙古都统各一名，共24名都统。各都统下设参领、佐领若干名。以满洲八旗为例，每旗各有都统一人、副都统二人，掌训导教养，整饬戎兵，以治旗人。所属参领五人、副参领五人，负责颁布都统、副都统之政令，以达于佐领。佐领之数并不固定，依人户滋生而随时增设，以乾隆二十九年（1764）前后为例，镶黄旗共有佐领153人，正黄旗157人，正白旗155人，正红旗124人，镶白旗145人，镶红旗147人，正蓝旗144人，镶蓝旗141人，骁骑校每佐领一人，"掌稽所治人户、田宅、兵籍，以时颁其职掌"。⑤ 因此，作为武官的

---

① 《日下旧闻考》卷37《京城总纪一》，第1册，第578页。
② 《光绪顺天府志》，"京师志十三·坊巷上"，第2册，第387页。
③ 《光绪顺天府志》，"京师志十三·坊巷上"，第2册，第389页。
④ 《日下旧闻考》卷72《官署》，第2册，第1207页。
⑤ （清）允裪等奉敕撰：《钦定大清会典》（以下简称"（乾隆朝）《钦定大清会典》"）卷95《八旗都统》，文渊阁《四库全书》影印本第619册，台北：台湾商务印书馆1986年，第916－917页。

八旗都统、参领、佐领乃至领催的各级旗官，在很大程度上也具备政务官的功能。

八旗都统各有衙署①，始建于雍正元年（1723）。起初满洲、蒙古、汉军同一廨宇，"厥后渐次分建，遂为今制"。雍正元年九月十五日，雍正帝谕和硕庄亲王、内务府来宝："现今八旗并无公所衙门，尔等将官房内拣皇城附近，选择八处，立为该管旗官公所房舍，亦不用甚宽大。"② 各旗衙署从无到有，而且设立的时间与雍正初年划定各旗界址的时间点吻合，这也说明：原本作为军事防卫的驻防八旗此时已经具备了北京内城地方行政管理机构的功能。另外，从雍正帝给各个都统衙署亲笔题写的"公忠勤慎"匾额和训辞来看，也完全是对行政官员的职责要求。③

在八旗事务管理中，处理基层事务最为重要的是佐领。雍正五年（1727）三月，雍正帝命八旗每佐领添设副佐领一员，协同办事。④ 八月，雍正帝谕各都统等："八旗人员乃国家根本，所关甚重，养育教诲，不可少懈。佐领者，乃统辖一佐领之人，俾佐领下人等皆不失生计，不染恶俗，养之教之，使趋于善，莫要于佐领。"雍正帝将佐领下旗人比为州县之百姓，"夫佐领之管佐领下人，无异州县之于百姓"。⑤ 可见，在清统治者心目中，八旗官员与地方行政官员的作用几无二致。

乾隆初年，针对八旗事务，朝廷进行了规范化建设。乾隆十三年（1748）五月，大学士奏请纂修会典义例时，特别提出："八旗都统经理兵马钱粮、户口土田、世爵佐领等事，虽与户、兵二部关会，实多本职专行。又领侍卫衙门及护军统领、前锋统领、步军统领，皆职任重大，应请移取各该衙门册籍，将职掌事宜另立一门，以补旧书之阙。"⑥ 这一建议

---

① 据《钦定日下旧闻考》，乾隆时期八旗各都统衙门位置如下：镶黄旗满洲都统署在安定门大街交道口，蒙古都统署在北新桥南大街，汉军都统署在安定门大街。正黄旗满洲都统署在德胜桥南，蒙古都统署在德胜门大街石虎胡同，汉军都统署在西直门丁家井。正白旗满洲都统署在朝阳门老君堂胡同，蒙古都统、汉军都统署俱在东四牌楼南报房胡同。正红旗满洲都统署在阜成门锦石坊街，蒙古都统署旧在巡捕厅胡同，后移水车胡同，汉军都统署在宣武门内鹫峰寺街。镶白旗满洲都统署在灯市口大街，蒙古都统署在王府大街甘雨胡同，汉军都统署在灯草胡同。镶红旗满洲、蒙古、汉军都统署皆在石驸马大街。正蓝旗满洲、蒙古、汉军都统署皆在崇文门内灯市口本司胡同。镶蓝旗满洲都统署在华嘉寺胡同，蒙古都统署在宣武门内西单牌楼太仆寺街，汉军都统署在堂子胡同宽街。
② 《钦定八旗通志》卷112《营建志一·八旗都统衙门》，文渊阁《四库全书》影印本第665册，第927页。
③ 《日下旧闻考》卷72《官署》，第2册，第1207页。
④ 《清世宗实录》卷54，雍正五年三月甲辰。
⑤ 《清世宗实录》卷60，雍正五年八月庚戌。
⑥ 《清高宗实录》卷315，乾隆十三年五月辛亥。

得到乾隆帝赞许。乾隆二十九年（1764），新修《大清会典》与《则例》成书，其中就首次增加了八旗都统等衙门事务。嘉庆帝同样强调："八旗都统、副都统原为办理旗务、教养旗人而设，初设时都统均称为固山额真，其任至重且要，各大臣等如能实心实力经理，方符当时设官之意。"在嘉庆帝眼中，都统、副都统就是八旗事务官，因此在召见各旗都统、副都统时，便"留心询问旗务"，要求各旗都统在"拣选官员、挑缺放米等事"之外，"务当实心办事，于所属旗人加意教育，安分度日，熟习技艺"。①

可以说，京城八旗制度在内城（包括圆明园八旗、外火器营、西山健锐营等）行政、司法、教育、社会救助等领域发挥了城市的管理功能，日趋行政化的八旗都统衙门是清代北京城市管理的重要参与者。对于原本作为军事动员组织形式的八旗，在驻防的过程中转变为地方行政体系，清人也有自己的认识。正如《钦定日下旧闻考》所言："我国家以神武开基，龙兴之初，建旗辨色，用饬戎行。定鼎以后，即旗色以颁户籍，分田授宅，辨方正位，居则环卫周防，出则折冲御侮，磐石之固，万世无疆，诚超越百代矣。"② 乾隆帝即位之初，批评八旗官员办理旗务繁文缛节："近今八旗大臣官员办理旗务，往往仿效部院外省之例，每奏一事，必将上司交查及各员递行禀报之处，逐一缮写陈奏。且事事立案，自都统、副都统及参佐领官以下，人各画押，以致一事辄有数稿。且一旗细微之事，转传八旗，徒博八旗画一之名，而不知繁扰已甚。"③ 乾隆十一年（1746）十月，乾隆帝再次批评八旗都统等"往往藉称办理旗务，于马甲骑射漫不为事，即射箭日期，亦不过塞责阅看，并不留心教训"④。也就是说，八旗都统的事务越来越倾向于旗务，而逐渐忽视了军事训练的职能。这从反面也说明了八旗各衙门的运作已经与各部院衙门之运作别无二致，乾隆帝甚至批评其过于行政官僚化。

此外，八旗还设有查旗御史，稽查各旗旗务、旗人风俗、各旗户口、旗人官房使用状况等等。查旗御史之设始于雍正六年（1728），当年六月雍正帝谕议政王大臣等："八旗不论满洲、蒙古、汉军骁骑参领、前锋参领、护军参领内有为人诚实、能通文义者，各旗大臣及前锋统领、护军统

---

① 《清仁宗实录》卷135，嘉庆九年十月丙子。
② 《日下旧闻考》卷72《官署》，第2册，第1208页。
③ 《清高宗实录》卷4，雍正十三年十月丙子。
④ 《清高宗实录》卷277，乾隆十一年十月己丑。

领等会同每旗拣选八员引见,补授御史四员,稽查旗内事务。"① 雍正十二年(1734)九月,经正蓝旗汉军副都统祖鲁奏准,又添派侍卫、参领等稽查八旗事务。② 进入乾隆朝后,将查旗参领、侍卫裁汰,但保留了查旗御史。乾隆三年(1738)七月,谕:"从前八旗事务,原设有查旗参领、侍卫等官,后俱裁汰,每旗惟留御史二员查察。"③

第三,驻防八旗兵兼具"军""警"双重性质,分别从不同程度参与清代北京的城市管理。京城驻防八旗兵,主要有骁骑营、前锋营、护军营、步军营、火器营、健锐营、虎枪营、善扑营、神机营等。作为军队的八旗各兵种,其主要作用体现在京城戍卫方面。"八旗兵各种兵营守卫之处有不同分工,紫禁城、皇城,主要由护军营、前锋营守卫,紫禁城中还有侍卫处及亲军营、内务府包衣三旗护军营、骁骑营。紫禁城、皇城之外的城区,主要由骁骑营、步军营守卫。"④ 举凡皇宫内廷、帝后出行警戒护卫、内外城城门城墙、衙署、仓、库、坛庙、官庙、街道等等,皆在戍守之列,八旗兵"昼坐堆拨,夜则传筹巡逻"⑤。

八旗各兵营参与都城管理的程度各不相同。其中,与北京城市管理最为密切的是八旗步军营及步军统领衙门。清初,置九门军巡捕三营统于兵部职方司,以汉官员掌其政令,康熙十三年(1674)始设提督九门步军统领,无专署,以满大臣总管其事。但一开始步军统领衙门和巡捕三营互不统属,步军统领衙门专管内城,巡捕三营隶属兵部,专管外城及城郊。由于互不统属,造成京城缉捕巡防事务漏洞频出,意识到这一问题严重性的康熙帝于三十年(1691)命巡捕三营并属于步军统领。这样,京城在缉捕巡防事务上便有了一个统一的管理机构,即步军统领衙门。这是清政府在雍正时期以巡捕营所辖范围确定五城与州县分界之前,对京城治理从城市治安角度的首次整合。

步军统领衙门起初并无固定衙署,雍正十二年(1734),经新任步军统领鄂善奏准,以宣武门内京畿道胡同内务府官房为步军统领衙署。乾隆二十一年(1756),乾隆帝命军机大臣、保和殿大学士傅恒兼管步军统领事。傅恒以衙署偏在西南,移至地安门外帽儿胡同原礼部会同馆旧址。堂上悬雍正帝亲笔撰写之额,曰"风清辇毂",前列训辞,曰"辇毂之间,

---

① 《清世宗实录》卷70,雍正六年六月乙巳。
② 《清世宗实录》卷147,雍正十二年九月壬寅。
③ 《清高宗实录》卷72,乾隆三年七月甲子。
④ 杜家骥:《清代八旗官制与行政》,北京:中国社会科学出版社2016年,第44页。
⑤ 《清高宗实录》卷555,乾隆二十三年正月。

兵民杂处，必宽严互用，禁暴戢民，然后九陌风清，四民和会"①。

从管理的城市空间上来看，步军统领衙门的管理范围与五城所覆盖的范围基本一致。尤其在雍正十二年，特别要求"嗣后悉照京营旧制"②的原则，划定五城与州县分界，不仅明确了五城行政区划的范围，而且确定了五城体系与八旗驻防并行的二元管理模式。至乾隆朝，因京西园庭防务的需求日渐提升，遂将巡捕三营改为巡捕五营。"京师辇毂重地，向来步军统领所管营务止分中、南、北三营，地方本属广阔，又西北昆明湖一带离城较远，稽察巡缉，更觉耳目难周，所有从前额设官兵不敷派拨，且营制亦有参差未协之处。"③乾隆帝命步军统领衙门会同兵部详悉具奏。乾隆四十六年（1781）七月，经兵部、步军统领衙门议奏，定京营兵额一万名。旧设南、北、中三营共十九汛，按南、北、左、右改设为四营，原属南营的圆明园改为中营，列各营之首，共为五营二十三汛。经过调整，中营设圆明园、畅春园、静宜园、树村、乐善园五汛，南营设东河沿、东珠市口、花儿市、西河沿、西珠市口、菜市口六汛，北营设德胜、安定、东直、朝阳四汛，左营设河阳、东便、广渠、左安四汛，右营设阜成、西便、广宁、永定四汛。④此后，巡捕五营的编制和巡防范围，一直维持到清末，并对清代乃至民国时期北京城市行政区划的形成起了一定的塑造作用。

八旗步军营设提督九门巡捕五营步军统领一人，左、右翼步军翼尉，每翼各一人（顺治元年，设步军总尉，乾隆十九年改名翼尉）。八旗步军协尉，每旗各三人（顺治五年设步军副尉，乾隆十九年改名协尉，每旗满洲、蒙古、汉军兼用，共二十四人）。步军副尉，每旗各三人（雍正四年设步军参尉，乾隆十九年改名副尉）。步军校，每旗满洲二十四人，蒙古、汉军各八人。捕盗步军尉，每旗满洲三人，蒙古、汉军各一人（康熙三十四年设）。步军委署步军校，每旗满洲五人，蒙古、汉军各二人（康熙三十四年设）。领催，共二千三十一名。步军共一万七千八百四十七名，内有捕盗步军三百二十名。步军统领所属文武员外郎二人（初制设一人，康熙六十一年增一人）。嘉庆四年（1799），添设左、右翼总兵二员，将步军

---

① 《日下旧闻考》卷73《官署》，第2册，第1218页。
② （光绪朝）《钦定大清会典事例》卷1090《顺天府·划界分治》，《续修四库全书》第813册，第178页。
③ 《清高宗实录》卷1132，乾隆四十六年闰五月甲辰。
④ 《清高宗实录》卷1136，乾隆四十六年七月丁未。

统领照外省提督之例，改为从一品，以王公及一二品文武大臣兼摄。①

由于步军统领兼具"军""警"两种性质，因此在皇帝心目中的地位也比较特殊。雍正帝曾言："步军统领所办之事，与别衙门不同。"② 乾隆帝说："步军统领时有特交事件。"③ 其职责主要涉及京城内外城街道的巡查；内外的缉捕盗贼与防火、街道清扫、沟渠掏挖、内外城门之把守，乃至办理京城刑名案件等方面。此外，"八旗官军耽于优剧，内外城阛阓侵占街途，送死者用火化，三冬风高，演放起火，以及番捕擅设白役，侦探部院事端，扰害良善者，皆有严禁"④。从其职责来看，步军统领衙门及其所属步军营，与北京城市的日常管理非常密切，其职能涵盖且不限于近代以来的警察体系。

三、五城重新划界与城乡分治

清代北京城的行政管理沿袭了明代以"城—坊—铺"为基本框架的五城管理结构，但由于与之并存的八旗驻防二元管理模式，以上三个层级在内城、外城和城郊等区域的表现程度会有所不同。尽管如此，自雍正年间确定的五城（包括城坊之间、五城与州县之间）划界，不仅使清代北京城实现了城乡分治，而且奠定了"中国式"城市政府的发展基础。

1. 重新划定五城

明代北京内城分属中、东、西、北四城，外城则全部属于南城，而清代内外城分别划入了"五城"之中，各城所属区域变动很大。"明代以前，三门外为南城，故内城只分中、东、西、北四城。我朝规制，内、外城各分五城。其皇城内，前明为禁地者，今则悉隶中城，余亦各有分并，惟正阳门为向明出治之区，棋盘街在门内，地属南城。"⑤ 乾隆朝纂修的《钦定日下旧闻考》称："本朝规制，内城、外城各分五城。"⑥ 此言易于引起误会，似乎内外城各有五城之分，实际情形并非如此，同时期吴长元撰

---

① 《金吾事例》"设官"上，"提督九门步军巡捕五营统领一员"，"故宫珍本丛刊"第330册，海口：海南出版社2000年，第87页。
② 《清世宗实录》卷58，雍正五年六月己丑。
③ 《清高宗实录》卷329，乾隆十三年十一月庚辰。
④ （乾隆朝）《钦定大清会典》卷99《步军统领》，文渊阁《四库全书》影印本第619册，第963－964页。
⑤ 《光绪顺天府志》，"京师志十三·坊巷上"，第2册，第344页。
⑥ 《日下旧闻考》卷49《城市·内城·南城》，第2册，第772页。

《宸垣识略》，他的"本朝五城合内外城通分"①的说法更贴近事实。

这种变化在康熙年间成书的《日下旧闻》和乾隆年间成书的《日下旧闻考》之间留下了最为直接的证据。清初学者朱彝尊撰述《日下旧闻》正值清康熙朝初年（康熙二十五年开始撰写，二十七年完成），所列五城与乾隆三十八年（1773）于敏中等人奉旨补修《日下旧闻》时的五城，虽然名称相同，但各城所管辖的区域已经发生了巨大变化。《钦定日下旧闻考》"凡例"称，《日下旧闻》原本"城市门"内所列坊巷、街衢，"俱据明张爵所编《五城坊巷胡同集》叙次，但现在五城界址隶属已各不同，而坊铺之制亦多更改，谨将《城市》一门，悉以现今五城界册为准，如原本在中城而今应归入东城、原本在南城而今应归入中城者，即将原引各条移入现隶本城之下，庶考订咸归确实"②。朱彝尊《日下旧闻》中所列五城，并非简单沿用，而是清初北京五城尚沿用明制的真实反映，只是随着旗民分城居住的逐步定型，到雍正、乾隆朝时五城管辖已经发生了很大变化，所以才有了"朱彝尊原书所分五城与今地分不符"，因此后来乾隆朝补修《日下旧闻》时，没有按照朱彝尊所列五城，而是"悉照现在五城界址册籍分编移改"③。

例如，"崇文门北去里许，为单牌楼，曰就日，又北曰四牌楼，东曰履仁，西曰行义，南北曰大市街，单牌楼西，东长安门街北，自王府大街至崇文门街，朱彝尊原书皆隶中城，今以现在地界考之，属东城。故原书中城卷内澄清坊以下各条移叙于后。又按教忠坊原书属之北城，今四牌楼以西至东直门大街交道口以南，皆属东城，故原书北城卷内教忠坊以下各条亦移叙于后，合为一卷。其崇文门大街以东仍依原书由明时坊起于下卷内以次编叙"④。

又如，"明代以前三门外为南城，朱彝尊原书犹沿其旧，内城只列中、东、西、北四城而无南城。本朝规制，内城、外城各分五城，与原书所载不同，如原书自崇文街东单牌楼南起，至王府大街路东止，隶东城；东长安门南沿城墙至西单牌楼双塔寺路南，隶中城；宣武门起至泡子街南，隶西城。今则俱隶南城，谨于原书内移归改正"⑤。

再如，"朱彝尊原书因仍旧制，合内外城分中、东、西、南、北为五

---

① （清）吴长元：《宸垣识略》卷1《建置》，北京：北京古籍出版社1982年，第20－21页。
② 《日下旧闻考》，第1册，"凡例"第7页。
③ 《日下旧闻考》卷43《城市·内城·中城一》，第2册，第670页。
④ 《日下旧闻考》卷45《城市·内城·东城一》，第2册，第707页。
⑤ 《日下旧闻考》卷49《城市·内城·南城》，第2册，第772页。

城，故前三门外俱谓之南城。今制，内城自为五城，而外城亦各自为五城，正阳门街居中，则为中城，街东则为南城、东城，街西则为北城、西城。今先书外城之中城，余以次叙焉"①。

朱彝尊在《日下旧闻》中关于五城的范围界定，到底是简单的沿袭旧制，还是清初五城情形的实际反映呢？乾隆帝在三十八年（1773）六月十六日谕令补修《日下旧闻》时说："将朱彝尊原书所载各条逐一确核，凡方隅不符、记载失实及承袭讹舛、遗漏未登者，悉行分类胪载，编为《日下旧闻考》。"② 另据乾隆年间吴长元所言："原书（指朱彝尊《日下旧闻》一书）城市一门，依明代五城编列坊巷次序，不甚参错。"③ 从以上谕令和吴长元的判断来看，易于造成一种印象，即朱彝尊在撰写《日下旧闻》时，对于五城的划分罔顾事实，一味沿用旧例。但事实上，康熙年间朱彝尊撰《日下旧闻》时，关于五城的范围界定，并非刻意据明张爵所编《五城坊巷胡同集》叙次，而是清初五城延续明代旧制的真实反映。尽管顺治初年，旗民分城居住就已完成，但当时的各城范围至少在习惯上仍延续旧制，并非朱彝尊熟视无睹，一味遵照旧例。加之清初文化政策甚严，曾经充任日讲起居注官、入值南书房的朱彝尊在北京撰述此书时无视现实而尊奉明朝旧制的可能性也基本不存在。《日下旧闻》初刻于清康熙二十七年（1688），由此似可推断，书中所称"五城"范围至少反映了康熙朝前期的情形。

大致而言，清代北京五城的调整，始于顺治朝旗民分城居住，历经康熙朝变化，直至雍正朝五城界址的勘定立碑，清代"五城十坊"基本定型。

雍正五年（1727），雍正帝鉴于五城地界划分不清，造成很多命案事件互相推诿，为明确管理责任，遂命划定五城地界："凡城内地方分隶五城者，或凭以墙垣屋址，或凭以胡同曲折，犹可细按基址，划明界限。至城外乡村与州县接壤者，地势辽阔，虽有四址册可稽，但未建立界牌，难为凭据，一遇命案事件，往往互相推诿。令五城将城内所辖地方，旧有基址界限者，再行清理，按界分管；其所辖城外乡村与州县接壤之处，按旧造四址清册，公同勘定，建立界牌，以垂永久。"城内"旧有基址界限"，由五城御史查勘，建立界牌；城外与州县接壤之处，由巡视直隶三路御史察明勘定，建立界牌。此次五城地界勘定的依据是"旧造"的"四址清

---

① 《日下旧闻考》卷55《城市·外城·中城》，第2册，第886页。
② 《清高宗实录》卷937，乾隆三十八年六月甲辰。
③ （清）吴长元：《宸垣识略》卷5《内城一》，第78页。

册",重点工作是在以往的基础上明确界址,建立界碑。至于五城首次重新划界是在何时,现已无从查考。

雍正十二年(1734),清政府进一步明确五城管辖范围与京师巡捕营所管地面相统一。"京师东、西、南、北四城,与大兴、宛平及外州县地方,犬牙相错,彼此溷淆,皆由城属不随京营汛地管辖,州县不随外营汛地管辖之故。嗣后悉照京营旧制,凡城属地方,有越出京营界外者,就近各归大、宛二县管辖,大、宛二县地方,有夹杂(京)营界内者,就近各归四城管辖,各按界址竖立石碑,永远遵守。"① 也就是说,按照京师巡捕营所管地面划定京师五城地界,"京师巡捕营汛分管地面即归京师五城中的东、西、南、北四城属地,这里就是清代京师所辖之城属,使京师卫戍巡警区与京师五城的行政管辖区在郊外统一起来"②。

雍正十二年(1734),又要求在各城的分界处竖立标志,钉设木牌,分别交界。后来,因木牌难以久存,乾隆二年(1737),又在分界处立石碑,东、南、西、北四城并大兴、宛平、通州、昌平各州县令会同确勘,划清界址,彼此核对,竖立石碑,并将四至处所造册绘图,呈送户、刑二部及都察院存案。"至各城犬牙相错之处,均应分立界址,其街道宽者亦建立石碑,其衢巷狭者仍设木牌。"③ 在以往五城"四址清册"的基础上,又绘制了标识五城四至的"图册"。由此可见,东、西、南、北、中五个城之间,以及五城与州县之间,都有明确的界址划分。

相比于明代五城,清代五城的具体变化,正如吴长元在《宸垣识略》中所概括的:"明时内城隶中、东、西、北四城,外城隶南城。本朝五城,合内外城通分。内城割中城之东长安街迤南,沿城至西长安路南,割东城之泡子街迤南,沿城至王府大街路东,割西城之抱子街迤南,西至城隍庙城根,隶南城。割中城之东单牌楼西至长安街,北沿王府大街至崇文街,割北城之东四牌楼路西至东直门交道口以南,隶东城。割北城之护国寺街路北至德胜门街西城墙止,隶西城。外城割南城之东河沿萧公堂起,出南北芦草园、三里河桥以西至猪市口,绕先农坛,北经石头胡同至西河沿万寿关庙止,隶中城。崇文门外大街迤东,出蒜市口,东南至左安门,转广渠门、东便门,隶东城。西河沿关帝庙起,至宣武门大街路东,经菜市

---

① (光绪朝)《钦定大清会典事例》卷1090《顺天府·划界分治》,《续修四库全书》第813册,第178页。
② 韩光辉:《从幽燕都会到中华国都:北京城市嬗变》,北京:商务印书馆2011年,第195页。
③ (乾隆朝)《钦定大清会典则例》卷149《都察院五》,文渊阁《四库全书》影印本第624册,第674页。

口,出横街中南抵城墙,北转石头胡同西,隶北城。宣武门外大街迤西南至横街,西抵右安门,转广宁门、西便门,隶西城。其萧公堂东至崇文门外大街路西,南绕天坛、永定门,北转三里河桥东,仍隶南城。其坊巷间有两城所共,不能明晰也。"①

无论是明代还是清代,紫禁城都不在五城的范围之内。明代将内城划分为中、东、西、北四城,外城则全部划为南城。在明代,皇城不属于任何一城,到了清代,皇城则纳入了五城划分的范围之内。"皇城之内,前明悉为禁地,民间不得出入,我朝建极宅中,四聪悉达,东安、西安、地安三门以内,紫禁城以外,牵车列阓,集止齐民,稽之古昔,前朝后市,规制允符。"② 这样一来,相比于明代,清北京五城范围进一步扩大,不仅将皇城纳入了五城的划分范围,而且五城合内外城通分,还包括关厢以及城郊地区,进一步将内外城进行了整合。③

结合以上五城之间、五城与州县之间都有明确界址划分的事实,我们可以确定:清代北京五城是涵盖北京内外城(只有宫城除外)的一级行政区划,五城划分在历史上第一次明确了城市与京县的行政分界。④如果套用今天城区的概念,五城管辖范围就是清代北京城区的范围,它包括内城、外城、关厢以及我们习惯上所认为的城郊。这不仅是清代北京逐渐走向城乡分治的重要体现,而且是城市实行独立行政管理的重要标志。

2. 十坊定型

随着五城的划定,城坊也发生了变化,明末的 36 坊到雍正朝时定型

---

① (清)吴长元:《宸垣识略》卷 1《建置》,第 20-21 页。
② 《日下旧闻考》卷 39《皇城一》,第 1 册,第 612 页。
③ 对于这一点,吴建雍曾指出:"坊的统一设置,使内、外城联为一体。各为五城的内、外城,通过坊的行政纽带,变成了统一的五城";"多数的坊兼辖有内、外城区"(吴建雍:《北京城市发展史·清代卷》,第 2 页)。胡恒在辨析清代北京"城属"与"城外四薄"概念的区别时,进一步明确:"'城属'不仅仅指城外的部分,也包括了城内的部分。所谓'城属'是五城所属的简写,五城指的是五城御史,依据乾隆《大清会典则例》及嘉庆、光绪两朝续编的《大清会典事例》,可以看出在记录五城所辖各坊时,既包括了京师内外城的所有区域,也包括了北京四郊等城外地带,两者同在五城的统辖之下,均属'城属'的范围。因此,'城属'不是'城市郊区'的概念,而是'内外城+郊区'的概念,这是需要澄清的。"(胡恒:《清代北京的"城属"与中央直管区》,《开发研究》2016 年第 2 期)
④ 对于雍正年间五城划界,韩光辉从清代北京城划定城市郊区界线的角度给予了高度评价:"历史地考察,这次勘界之后便出现了我国历史上最早确定的京师城市郊区的行政界线。尽管当时京县至这条行政界线之间的区域被称作城属,也没有独立的行政机构,但其作为城市的组成部分,实质上已是具备了近现代含义的城市郊区。"(韩光辉:《从幽燕都会到中华国都:北京城市嬗变》,第 198 页)

为 10 坊。入清以后，明代以来的各坊不断合并，五城的坊数也大为减少，至迟在雍正五年（1727）划定五城界址时，已经固定为 10 坊，其中每城各 2 坊（1 为关内坊，1 为关外坊），即中西坊、中东坊隶属中城，崇南坊、朝阳坊隶属东城，东南坊、正东坊隶属南城，宣南坊、关外坊隶属西城，日南坊、灵中坊隶属北城。

与前代相比，清代北京坊数大为减少，说明每个坊的范围越来越大；每城 2 坊，除中城只涉及内、外城之外，东、西、南、北四城的管辖区都覆盖了内城、外城和外厢（即关厢）区域，而各坊所属的内城区域，与内城八旗驻防在空间区域上是交叉覆盖的。显然，清代都城行政管理机构的管辖范围已经明显突破了内外城（即城墙之内的都城）的空间限制，不仅将城外关厢纳入其中，而且像北城、西城、南城的管辖范围还突破了所属坊的范围，延伸至京城西北圆明园周边和南苑周围。同时，以上各坊所属的范围也告诉我们：八旗驻防与五城并非完全以内外城进行空间划分，就内城而言，八旗驻防的空间范围与五城所属的内城区域是交叉重复的。五城管辖区域的这一形态，在一定程度上为近代北京城区模式的划分奠定了基础。

如果我们回顾辽、金至明代以来城坊的发展变化，会发现城坊数不断减少是一个基本趋势，从金代的 62 坊，到元代的 49 坊，再到明代嘉靖朝的 39 坊，再到清代的 10 坊。从北京城市的规模来看，坊数逐步减少，并非城市面积逐步缩小的结果，而是每个坊的区域在增大。这一现象的背后，实际上是城市内部结构和管理模式的变化，即从"里坊制"，到"厢坊制"，再到"城区制"，不断打破城市封闭壁垒的变迁过程。

3. 划定坊铺

明代五城之下，无论内外城，均划分为若干坊铺，清代则只在坊的外城区域和关外坊之下设铺，各城所属内城地面则没有铺的划分。这也从另一侧面说明：在八旗驻防体系下的内城，各旗分的属地管理取代了原先的坊铺管理①，内城原有各坊名称自清初以来的日渐淡化乃至消失，也是这一变化的结果。

据成书于乾隆二十九年（1764）的《钦定大清会典则例》②，五城管

---

① 对于坊的实际状况，吴建雍也曾指出："实际上，'坊'作为'城'下面的一级行政区划，尽管在清代京师外城确实存在着；但在八旗方位为区划的内城，不过仅存其名而已。"（吴建雍：《北京城市发展史·清代卷》，第 3 页）

② （乾隆朝）《钦定大清会典则例》卷 149《都察院五》，文渊阁《四库全书》影印本第 624 册，第 675－681 页。

理范围及其所属坊铺地界如彩插图一、图二所示。

　　五城坊铺地界的划分，在乾隆朝后期和嘉庆朝又发生了一些变化。这反映在嘉庆朝《钦定大清会典事例》关于"五城地界"的记载，主要表现为各城之间、坊铺之间管理范围的局部调整（见彩插图三、图四）。

　　变化较大的，是坊铺之间的大幅度调整。在东城，原属东城朝阳坊外城的第一铺、第二铺改隶为崇南坊第六铺、第七铺，原属崇南坊第六铺的东直门区域则并入朝阳坊外城第三铺，原属崇南坊第七铺的东坝村区域则改隶为朝阳坊第五铺。在南城，原属东南坊的外城区域，即第一、二、三、四铺全部被并入正东坊，原属正东坊的外坊区域，即正东坊的第四铺、第五铺并入东南坊，这样，东南坊的管理范围全部位于城外，正东坊的地界自然也发生了较大的变化，仅包括内城和外城区域。在西城，原属关外坊的第六铺、第七铺并入宣南坊。在北城，原属灵中坊、位于宣武门外的关内三铺并入日南坊，灵中坊保留了内城区域和关外五坊，原属日南坊、位于安定门以南的内城区域则全部并入灵中坊，日南坊的管理范围仅限于宣武门外的外城区域。经过以上调整，五城各坊的管理范围在一定程度上减少了飞地和碎片化的情形，从而显得更加整齐，自然也便于管理。

　　城之间也略有调整。例如，东城和南城之间，乾隆三十八年（1773）议准，东、南二城向定界址自便门至花儿闸止，以河中为界，南岸属南城，北岸属东城，遇有中流浮尸，每多观望推诿，倘有伤痕，易滋疑窦。查自便门至二闸，计四里半；自二闸至高碑店，计十二里；自高碑店至花儿闸，计三里半，各有闸座，界段划然。随后将二闸至高碑店分与东城经管，东便门至二闸并高碑店至花儿闸分与南城经管。①

　　自嘉庆朝以后，直到清末五城被裁撤之前，五城坊铺的地界范围一直保持稳定，基本未再发生大的变动。光绪朝《钦定大清会典事例》所记"五城地界"与嘉庆朝《钦定大清会典事例》完全相同，也可以佐证这一点。

　　从各城所属外城和关外坊下各铺的划分情形来看，清代五城并非仅限于前三门以南的外城区域，不仅包括外城，而且相应的内城区域和俗称为

---

① （嘉庆朝）《钦定大清会典事例》卷774《都察院·五城·五城地界》，"近代中国史料丛刊三编"第69辑，台北：文海出版社1992年影印本，第1952-1953页。

"城属"或"外厢"的关外坊区域也都在其中。① 作为城市行政区的"五城"已经完全突破了城墙的范围,这是自明代以来北京城市行政建制的重要变化。"京城关厢以外,例有划归五城外坊及步军营管理地段。"② 这一点,结合文献记载与舆图,也可得到证明。以北城为例,据乾隆朝《钦定大清会典则例》,灵中坊所属关外区域有五铺,其中的第三铺,"北至立水桥、上清河,与昌平州、宛平县交界"。此说,验之光绪朝《昌平州志》的舆图,在立水桥南标注有"北城界"三字,当为确证。即便到了清末,这一点也是确定的,光绪二十六年(1900)五月十九日,中城御史陈璧在奏请清政府五城所属地面的巡视中称:"东、西、南、北四城每城所管地面纵横,合计远则三百里内外,近亦约有一百余里。"③ 假如五城的管理范围只局限于外城,那么陈璧绝不会有"三百里"或"一百里"的说法。

无论是五城范围的重新调整和界址的划定,还是坊铺的重新调整,都是清代北京城市管理规范化和制度化的体现。例如,乾隆十八年(1753)六月二十二至二十六日,北城所属之白家疃、韩家川等村落有飞蝗蚂蚱。七月初七日,白家疃谷子地内蛹子萌生。以上出现蝗虫的村落属于"北城所属村地",乾隆帝遂谕令巡视北城御史认真扑灭蝗虫。又因"白家疃以北,俱与昌平毗连",命昌平州与霸昌道"实力扑灭"。④ 五城与州县之间清晰的属地划分,不仅是类似事务得以明确责任主体的关键和基础,也使清代北京城市治理实现了城乡分治。另外,五园三山一带分属北城、西城,而这两城御史、司坊官办事衙署都在城内,为加强对西北御园一带的管理,采取了西、北两城御史定期住园的方式。嘉庆二十一年(1816),清政府分别命两城添派司坊官。给事中贾声槐奏请:"现在住园稽查之北城御史于分驻司坊官外添派一员帮办,其西城御史所辖地面只有分驻司坊官一员。香山一带,向系西城副指挥稽查,该衙门相距较远,不能常往,

---

① 光绪朝《顺天府志》"京师志十三""京师志十四",分述皇城(依次是皇城东属中西坊、皇城西属中东坊,皆属中城)、内城(依次是"内城南城""内城中城""内城东城""内城西城""内城北城")、外城(依次是"外城中城""外城东城""外城南城""外城北城""外城西城")。分述坊巷,其中所谓"内城地址隶南城者""外城地址隶南城者"云云,并不是说分别有内五城和外五城,而是指五城在内城、外城的分布情形。基于体例,光绪朝《顺天府志》未涉及城属区域。从这一点来看,目前所出版的《北京历史地图集》(政区城市卷)中"清北京城"关于五城区域的划分,仅仅局限于前三门外的外城之内,而不涉及内城与城属区域,显然不够全面。见侯仁之主编:《北京历史地图集》(政区城市卷),北京:文津出版社2013年,第78页。
② 《巡警部尚书徐世昌等奏为遵旨复议筹办京畿巡警事》(光绪三十二年七月十九日),录副奏折:03-5520-023。
③ (清)陈璧:《望岩堂奏稿》卷1《地面情形日急请旨特召重兵入京办理以安民心而弭祸变折》,北京:朝华出版社2018年,第108页。
④ 《清高宗实录》卷442,乾隆十八年七月甲子。

请照北城章程，于西城拣发司坊官三员内，分拨二员在园居住，香山一带即由该员稽查。"经内阁议准："西北两城御史住园稽查，事同一例。北城既添派司坊官员，西城地方亦复辽阔，著都察院堂官即查照一体添派。其该司坊官应分住何处，香山一带地方应如何分界稽查之处，均著该衙门自行酌定办理。"① 又如，南城的管理区域还包括了南苑的北、西、南墙之外的区域。"南城外坊所属四址地方寥阔，南苑禁地围墙三面系南城所属，惟东红门外马驹桥一带地方系通州所辖，即与南城界址相连。"② 无论是将西北郊御园周边纳入西、北城，还是将南苑周边纳入南城，在很大程度上是清代北京城市功能格局演变的结果。与明代北京不同，清北京作为都城的政治核心区不再局限于宫城或者内城，由于清统治者常在南苑、圆明园等御园"理政"，这些区域不仅被纳入京城范围，而且出于维护统治者安全的需要，必然成为城市社会治安管理的重要区域。从这个意义来说，清代北京城市功能的定位和演变最终决定了这座城市治理的格局和具体措施。

另外，还需要说明的是，坊在内城的功能虽然已经基本被八旗驻防的管理职能取代，以至于有"外城属司、坊，内城属旗"③ 的说法，但清政府对北京内城按照驻防八旗模式进行管理，并不意味着内城与五城之间已然是截然分明的此疆彼界。相反，被八旗驻防占据的内城依然纳入了五城的划分体系中，两者在管理对象的城市空间上是重叠交叉的。八旗驻防管理下的内城，五城体系继续存在的原因，一是内城仍居住有一定数量的汉人，诸如依附旗主的投充汉人，各衙门书吏人员，诸多寺庙道观的僧道人员等等，对于这些人员的管理，仍须适用五城的民人管理。二是八旗驻防管理虽然有相对稳定的空间范围，但主要是针对旗人事务，相对于城市管理所涉及的领域而言，八旗驻防管理仍然有其自身的边界，需要五城的配套管理。例如，康熙二十七年（1688）十月，都察院左都御史徐元文在条奏中称："五城地方，居住旗人甚多。旧例，巡城御史于词讼内值两造旗人，概不审理。请嗣后旗人控告词状笞杖以下，准巡城御史审理完结。"④ 可见，当时审理普通案件的刑名诉讼，仍需要巡城御史的介入。

当然，在内城区域，八旗驻防管理与五城体系的并存，主要存续于顺

---

① 《清仁宗实录》卷316，嘉庆二十一年二月己未。
② 《巡视南城河南道监察御史麟光、巡视南城工科掌印给事中林扬祖奏为拿获叠窃贼匪王六全儿等人请交刑部审讯事》（道光三十年六月三十日），录副奏折：03-3966-020。
③ 余启昌：《故都变迁记略》卷1，北京：北京燕山出版社2000年，第6页。
④ 《清圣祖实录》卷137，康熙二十七年十月丁巳。

治、康熙两朝。后来，随着时间的推移，尤其八旗管理体系的日渐成熟，加之八旗驻防破坏了内城原有的坊铺管理基础，在雍正朝以后八旗管理实际上已逐渐取代了内城的五城管理，五城所属内城区域"坊"之下没有"铺"的划分，以及坊名的使用日益减少，都是这一趋势的佐证；外城则继续延续五城管理模式的二元都城管理体系。也就是说，"清人在北京内城实施了'旗分制'结构的社区划分，并实行旗、佐领两级管理，坊这一管理形式只作用于外城"①。只不过这种局面的形成，经历了一个变化的过程。即便是外城，坊铺的功能也逐渐被街巷取代。

四、都城体系下治权的特点

清代北京作为"首善之区"具有中央和地方性的双重特征，参与城市管理的部门，既有中央部院衙门，也有内廷管理机构，既有顺天府所属京县，也有五城司坊官，既有八旗驻防，又有巡捕营。无论是八旗都统衙门，还是五城司坊官衙署，乃至京县衙门，都承担了北京城市管理的部分职能，相互之间互不隶属，各负其责，不同于今天意义上的城市市政府形态。清代北京城市管理体系所具有的这种明显的权力多元和交叉性特点②，主要表现在以下五个方面：

1. 权力分散，相互牵制

大致而言，清代北京的城市管理功能是由八旗、步军统领衙门、五城、京县（大兴与宛平）、顺天府、直隶、内务府（含奉宸苑）、工部、礼部、刑部、兵部等中央和地方多重机构共同完成的。诸多机构参与，中央地方联合，这是"辇毂之下"都城治理的有利条件，但政出多门，权力分散，互相之间多有牵制，也是制约北京城市管理的重要因素。对此，清末人震钧就总结说："京城之所以司地面者不一，曰步军统领，所以司内城盗贼者也；曰外营汛，所以司外城者也；曰五城巡城御史，所以司闾阎词

---

① 刘凤云、江晓成、张一弛：《人文之蕴：北京城的空间记忆》，北京：中国人民大学出版社 2018 年，第 76 页。
② 李宝臣在概括明代北京都城管理模式时也表达过类似的观点："都城政治地位决定了本地从来就不可能完全由朝廷设置的地方政府单独管理。尤其是内城，皇上把它看作宫廷的外延和安全核心地带，一刻也不放弃直接管理的权力。但是，都城再特殊也同样会遇到一般城市经常出现的管理问题，因而按事务的性质分门别类，设置相应的机构管理相关的日常事务也是极其必要的。机关林立，政出多门，朝廷与地方政府交叉管理的模式乃是都城管理的一个重要特征。"（李宝臣：《北京城市发展史·明代卷》，第 142 页）

讼者也；曰街道厅，所以平治道途者也；曰顺天府尹，大、宛两县，职在郊坰，城内无其责也。然相沿既久，渐至侵官，偶有违言，任人赴诉，时逢拘捕，听官所为。盖其职不相统摄，民亦莫知适从。辇毂之下，肃清不易，亦半坐此。"① 震钧所言，直指京城事务管理"不相统摄"导致"肃清不易"的弊端。

在权力多元、各司其职、相互牵制的原则下，清政府又要力图提高效率，避免互相掣肘、推诿卸责。在这种情况下，清政府对都城的各项管理，始终在分散与统一之间寻找平衡。非常典型的一个例证，就是步军统领衙门的权力配置。

京城首要重视安全防卫与缉拿盗贼，清初内城专属步军统领衙门，外城与城郊则以巡捕三营专管，五城既涉及内城，也包括外城，同样具有地方巡查之责，但在很长的时间内，步军统领衙门与巡捕三营并不统属，一个属于八旗军政，一个属于兵部管辖，五城也因旗民分治而难以统管，以至于有所谓"内五城"和"外五城"的说法。

立国之初，气象万千，按说各方面的管理应当风清政肃，但事实并非如此，康熙二十三年（1684）八月，因见京城拐骗、私铸制钱的现象层出不穷，康熙帝斥责刑部、都察院等官："近见奸徒将人拐骗，设置窝子，隐藏私卖者甚多，此皆不将为首之人拿究，以致株连获罪者多，而拐骗之事不已。又私毁制钱、铸造小钱，为首之人不曾拿获，致牵连之众见禁刑部狱中，皆由五城、巡捕三营步军不行严缉之故。设立监察御史、巡捕三营官员、步军副尉、步军校及步军统领总尉等官所司何事？"② 互不统属造成很多疏漏，正是认识到了这一问题所在，康熙帝决意将内外城治安管理统一起来，成立了"提督九门巡捕五营步军统领衙门"。

康熙三十年（1691）二月，康熙帝命步军统领兼管城外巡捕三营，京城内外一体巡察："京师为辇毂重地，人民商贾，四方辐辏，京城内外统辖必有专责，俾稽察奸宄、消弭盗贼，然后商民得以安堵。今城内地方既属步军统领管理，城外巡捕三营又属兵部督捕衙门管辖。内外责任各殊，不相统摄，遇有盗案，反难察缉。嗣后，巡捕三营亦令步军统领管理，京城内外一体巡察，责任既专，则于芟除盗贼，安缉商民，庶有裨益。其三营事务作何归并管理，著九卿詹事科道会同确议具奏。"③ 二月十七日，九卿等遵旨议覆后提出建议：应将巡捕三营归并步军统领管辖，督捕、都

---

① （清）震钧：《天咫偶闻》卷4，北京：北京古籍出版社1982年，第83页。
② 《清圣祖实录》卷116，康熙二十三年八月戊辰。
③ 《清圣祖实录》卷150，康熙三十年二月丁巳。

察院、五城所管事宜俱交与步军统领管理；三营所拿获逃盗等犯，令该统领移送督捕、刑部完结；应换给提督九门步军巡捕三营统领印信。① 康熙帝准其所议。

步军统领原本只是八旗诸多兵种之一的步军营军事长官，但由于其戍守内城的职责所在，故其地位要比前锋统领、护军统领等更为重要，在兼管巡捕三营后，不仅所属兵员众多，而且职责掌管内外城戍卫，事关京城的安全，其重要性更是非同寻常。但也正因为此，集提督九门以及巡捕三营之权为一身的步军统领，往往成为权力腐败之地。

事权集中，便于统一管理，但问题也接踵而来。康熙四十七年（1708）七月，刑科给事中王懿疏参提督九门步军统领托合齐"欺罔不法，贪恶殃民"。② 七月二十七日，户科给事中高遐昌直言托合齐固然"欺罔不法"，但更重要的是步军统领衙门的权力太大，建议恢复旧制：巡捕三营仍归兵部管辖；民间词讼仍归地方官审理；五城街道仍归工部司官管理。不过康熙帝并没有同意高遐昌的建议。康熙帝曰：

从前，巡捕三营属督捕管辖时，营官侵蚀兵粮，虽兵数具存，而京城大臣官员家丁皆充兵冒饷，全无实济，积弊沿流，极其懈弛，以致汉官所居地方盗贼叠告，外城官民不能聊生。因而汉官具疏陈奏，朕下九卿等会议，归并前任步军统领等，令其清厘营伍，选择营弁，尽力搜稽，严缉攘劫，然后盗贼渐减，官获安，此众所共知，著有明效者也。并非至托合齐任内，方令统辖，托合齐一人之用舍，有何关系？但其人一经参劾，则该部自据定例具议，绝不在于扶同附和，相继续参，此风亦断不可长。且巡捕三营官员，或于各省营弁，或于旗下武职，皆经朕亲选壮健人才补用。若果有一二骄悍不法之人，言官即当指名题参，乃将百余员之营弁、三千余名之兵丁，一概涵指以为骄悍不法，可乎？著仍指名具奏。况武职兵丁，兵部皆可稽察，步军统领、巡捕三营亦隶于兵部，诚欲建言，则将兵部题参，未为不可。高遐昌乃谓巡捕三营应归并兵部，所言大谬。又街道事务司坊等官，管理时畏惧显要职官，腹削里巷小民，止知勒索铺户银钱，而街道事务毫不置念，因敝坏已极，故亦归并步军统领管理。今既商民受街道之累，即著高遐昌兼管一年，务令商民不致苦累，街道大加肃清。若

---

① 《清圣祖实录》卷150，康熙三十年二月癸酉。
② 《清圣祖实录》卷233，康熙四十七年七月己丑。

果能绰然办理,诚为能言即能行之人矣,下所司知之。①

在康熙帝看来,托合齐个人出问题并不能代表步军统领兼管巡捕三营这种做法就有问题,况且在步军统领与巡捕三营互不统属之前,巡捕三营营官侵蚀兵粮的弊端时有发生,外城盗贼丛生,官民备受其扰的情形一直存在。因此,巡捕三营归并步军统领衙门管理,并不是问题产生的原因所在。归并以来,在步军统领的统一管理下,外城盗贼渐减,官民获安,人所共知,可见其统一管理下的京城社会治安效果还是很明显的。另外,巡捕三营重新归并兵部管理,也是个假命题,因为步军统领与巡捕三营原本就同时隶属于兵部。再有,街道事务原来由工部管理时,搜刮里巷小民、勒索铺户钱财等事就时有发生。康熙帝逐一驳斥了高遐昌的奏请。

托合齐一案,无疑存在着步军统领衙门权力过大的原因,当然也与他本人的因素有关,康熙帝显然将案件本身与步军统领衙门的权力体系做了区分,没有因噎废食,而是从维护京城安全戍卫的角度出发,继续维持因事权统一需要的新步军统领衙门,并将街道事务归其管辖。

不过,因步军统领滥用职权而引起的对其职权是否需要加以限制或制衡的讨论并没有停止。

新的步军统领衙门职能扩大,兼管民间词讼,所办案件众多,为缓解衙门办案压力,雍正帝特增加一员协办。雍正七年(1729)九月,谕内阁:"步军统领衙门事务繁多,所有刑名事件,应派部院堂官一员协同办理,参酌律例,以期允当,将此永著为例。"② 雍正帝派员协办,表面上是分担步军统领的工作压力,其实不无分权之意。按理说,特派部院堂官一员协办刑名事件,"是协办与该统领为同堂共事之官员,自应于一切案件公同查办,庶一时意见之偏,赖有所参酌而得其平"。但实际上,协办步军统领事务的尚书或侍郎,往往徒具形式。"乃该协办因向无一定之成案可稽,章程可守,遂于诸事不复置议,而该统领亦以相沿之旧得自专主,不过于刑名案件一送稿画行而已,似此则协办一职究属有名无实。"因此,乾隆六年(1741)五月十六日,巡视中城监察御史官福又另寻解决办法,奏请命左右翼的步军总尉,仿照侍郎、副都统之例,作为步军统领的佐理之官:"今以辇毂重地,八旗九门三营事务之繁,责效一人,臣恐膺是任者虽万万不敢自即于非,而权重则人思依附,易开奔竞之端,任专责自作威福,遂启骄恣之渐,非惟理有固然,亦势所必至也。伏查会典开

---

① 《清圣祖实录》卷233,康熙四十七年七月辛丑。
② 《清世宗实录》卷86,雍正七年九月辛巳。

载，步军总尉二员原有协办三营之责，今惟有八旗缉获事件，令其验明挂号，此外止于查街、巡夜，并不与闻三营事务，揆之会典，亦不相符。臣自雍正十一年由吏部主事保题提督衙门，问官一年有余，身亲其事，是以就臣愚见所及，据实陈奏。臣请嗣后步军统领暨协办统领尚书、都统例为总摄之官，其步军总尉二员照侍郎、副都统例，为佐理之官，凡一应题奏及大小刑名并八旗、九门、三营事件，齐集该衙门，公同商酌，务期意见佥同，情法允当，不得畸重畸轻，仍执己见。"① 从其所言来看，设立步军统领副职的出发点，一方面是分担办理刑名事务，另一方面依然是防范步军统领专擅。御史官福做过吏部主事和提督衙门主事，熟悉会典之类的制度要求和步军统领衙门的内部实际运行，所提建议有很强的针对性，但未获批准。

乾隆朝末期，乾隆帝做出调整，认为以前步军统领衙门设有协理刑名部臣一人，以参酌刑律的主要考虑是，步军统领"或从武职简放，恐于一切刑名律例未及周知，是以酌设协理大臣，以资参核"，而如今的步军统领均由部院内亲信大臣担任，能力与经验俱有，"遇有刑名事件，皆能自办，无所庸其参酌。且协理所办刑名，不过杖罪以下之稿，又大抵随同画诺，初未尝置可否于其间，殊属有名无实"。乾隆四十三年（1778）四月，乾隆帝谕令：凡是由都统、副都统等武职简派步军统领者，则遵照雍正七年（1729）之例，简派协办一名，如果是由尚书、侍郎简放者，则不再派员协办。②

嘉庆四年（1799）六月，清政府又增设左右翼总兵各一员，其出发点依然是防范步军统领"一人专擅"，"一人独理，不特事权过重，兼恐稽察难周，自应另设佐理之员，以资分任"。参照八旗都统之外设有副都统，绿营提督之外设有总兵之例，"今步军统领衙门亦当照此设左、右翼总兵各一员"。而且"遇有一切公务，步军统领与总兵同堂坐办，既可杜一人专擅之渐，而于巡察诸事亦更为周密"。嘉庆帝命兵部将此办法"载入条例，永远遵行"。六月初三日，嘉庆帝谕内阁调整步军统领及左右翼总兵的品级官阶及应得养廉，"向来步军统领系正二品，今照各省提督之例，改为从一品。其左、右二翼总兵，俱定为正二品，每年各给该总兵养廉银八百两，以资办公"。③

---

① 《巡视中城监察御史官福奏为敬陈题奏及大小刑名并八旗九门三营事件齐集步军统领衙门公同商酌事》（乾隆六年五月十六日），朱批奏折：04-01-01-0064-053。
② 《清高宗实录》卷1054，乾隆四十三年四月己亥。
③ 《清仁宗实录》卷46，嘉庆四年六月己丑、庚寅。

嘉庆五年（1800）十一月，嘉庆帝又命副都统兼管翼尉，以提升翼尉的地位。"近年以来，不令副都统兼管，而翼尉遂与提督属员无异，其职分较小，不足以资弹压。嗣后翼尉二缺，俱照旧例，仍著副都统兼摄。"①结果造成翼尉、步军统领、左右翼总兵不相上下、谁也不服谁的情形。无奈，嘉庆帝又于次年停止翼尉监管副都统。嘉庆六年（1801）二月二十九日，嘉庆帝谕内阁："京营翼尉向系三品，为步军统领衙门所属，嗣经傅森条奏，令翼尉兼副都统，朕未能细检，即降旨准行，后每有各不相下之见。在翼尉，以既兼副都统，与步军统领、左右翼总兵体制平行，而步军统领等以翼尉虽兼副都统，究系该衙门所属，往往各争分位，遇事龃龉。前曾降旨，令翼尉于呈报事件照旧书名，其坐次在左右翼之次。今思各该旗设立都统及副都统，只系三人，已足办理旗务。今步军统领衙门增添左右翼总兵，一切公事，已有三人同办。设步军统领果有专擅之处，总兵即可随时匡正。若再以翼尉兼副都统，与步军统领、左右翼总兵一同办事，共有五员，事权太分，未免各占身分，意见参差，于公事转无裨益。况专擅与否，存乎其人，官制屡更，亦非政体。嗣后翼尉不必兼副都统，一切照旧制行。"②嘉庆帝意识到防范步军统领"一人专擅"虽然势在必行，但步军统领之外，增加左右翼总兵，无形中提升了左右翼翼尉的权力地位，形成五员共治，结果造成"事权太分"，反而不利于"一同办事"。

权力一统就腐，一分就乱，这是封建皇权政治的怪圈。最高统治者即便深知其味，也很少着意加以改变，有时甚至宁可叠床架屋，也要让臣下的权力相互牵制，原因就在于这种地方权力的分权制衡，从根本上便于皇帝操控。正如柏桦所言："因为京师的特殊，历代都实行多重管理，其府尹也多兼有朝廷事务，经常参加朝廷的集议或奉旨办理某些事务。在多重管理难以统一的情况下，皇帝往往委任亲王、大臣进行督理、提督，而在更多的情况下，还是由皇帝亲裁。这里既有分权制约，也有权力集中，总的原则是在确保京畿地区安全的情况下，以实现有效治理，而且更便于皇帝掌控。"③

2. 分而治之，自扫门前雪

划界分治，这是传统中国地方社会治理的重要原则。清北京城划界分治的最重要体现是旗民分城居住，内城八旗驻防以八旗治理体系为主，而外城民人则以五城治理体系为主。内外城又各自进一步划界，内城以八旗

---

① 《清仁宗实录》卷76，嘉庆五年十一月乙未。
② 《清仁宗实录》卷79，嘉庆六年二月乙亥。
③ 柏桦：《中国官制史》上册，沈阳：万卷出版公司2020年，第292页。

各旗分（下设佐领）进行分界，外城以五城坊铺（街巷胡同）进行划分。另外，京城与州县也进行了划界。"凡画界分治，大、宛两县与五城兵马司接壤之地，五城以京营所辖为界，两县以在外营汛所辖为界，各治境内，以重官守。"①

划界分治，有益于属地责任明晰，但也往往导致相互之间缺乏协调。清代北京做到了"分治"，却没有现代城市政府在管理意义上的事权"统一"，正如美国传教士卫三畏所观察的："城市政府采取各分区和街坊各自为政的办法。"② 这种各自为政的"分治"容易导致效率低下，甚至互为扞格。最突出的表现就是五城不能跨城区缉拿盗贼逃犯。这种画地为牢的缉拿规定，给案犯逃避缉拿提供了可乘之机，"南城缉拿，遁至东城，东城缉拿，遁至南城，彼此不相关会，互为推诿，以至此辈得以肆行无忌"③。雍正帝即位后就意识到了其弊端，于是着手予以调整。雍正元年（1723），雍正帝谕令："嗣后五城御史及该司坊官所属地方有殴赌等件，固宜随拿随审，即别城隔属，途行夜宿，但遇酗酒骂街、角口打架、开场赌钱、小绺窃物等事，随见随拿，移交该管衙门审理，不得以地非所属，过而不问。"④ 雍正十二年（1734）七月，经九卿遵旨议覆，再次明确要求五城各司坊官不得拘泥疆界，画地为牢，"各司坊官访闻的确，亦不论何城地方，准其密详该城御史查拿究治"，至于大兴、宛平二县与五城地方交错，"无论五城并该县所属，遇凶徒不法等事，亦准一体缉拿"。⑤

然而，缉拿逃犯不得擅自越城抓捕，在乾隆朝依然未能改观。乾隆六年（1741）十二月，广西道试监察御史王纲振在奏折中称："向来五城司坊各有经管地界，本城报窃，只在本城缉拿，别城司坊并不与闻。本城捕役每以地界攸分，多不越界踩访，别城捕役又以无关己事，虽知盗踪，亦为容隐，因此盗愈得以闪迹潜踪，东窃西匿，未及窃物花销，恃无赃据，仍复游手偷盗，此窃案所由日积日多也。"王纲振建议："嗣后凡有本城地方报窃，该管司坊官立即亲赴失主之家验明窃迹，查确失单，勒捕迅速查拿外，仍即于本日密行知会各城司坊，协同各处严缉。如别城司坊能于十日内人赃并获，至三案以上者，量予议叙，以示鼓励。其别城获盗之捕

---

① （乾隆朝）《钦定大清会典》卷85《顺天府》，文渊阁《四库全书》影印本第619册，第809页。
② ［美］卫三畏：《中国总论》上册，陈俱译，上海：上海古籍出版社2014年，第514页。
③ （清）吴震方：《巡城条约》，"严饬协拿"，日本国立公文图书馆内阁文库藏，昌平黉写本。
④ （乾隆朝）《钦定大清会典则例》卷25《吏部·考功清吏司·京城承审事件》，文渊阁《四库全书》影印本第620册，第472页。
⑤ 《清世宗实录》卷145，雍正十二年七月壬午。

役,令本城司坊官酌加奖赏,如本城司坊自行拿获,功过相抵,若日久不获,照案议处。如此,则一城有窃,五城联为一体,查拿周密,匪类自难闪匿,而案件易结,辇毂之下肃清矣。"① 由此可见,京城盗窃案频发却破获极少,虽然营汛、司坊官捕役不认真缉拿是其中的原因之一,但五城之间缺乏协作,才是造成盗窃犯得以东躲西藏、日久匿踪的重要因素。

不仅如此,盗窃案也不能越城呈报。乾隆四十五年(1780)十月初三日,居住在中城的候选职员潘桂携银信一封,内有元宝一个,计重库平五十两,行走至廊房头条胡同地方天香斋门口,被人窃去。由于事发地点天香斋系北城所辖,中城司坊官命潘桂赴北城具呈。初六日,潘桂赴控北城,该城御史张秉愚认为,天香斋虽系北城所辖,但白昼失窃已经事过三日,不准收呈。无奈,潘桂又只得回到中城具控。②

后来事实证明,五城之间跨城缉拿人犯一事,始终未能妥善解决。嘉庆十五年(1810)五月,有御史奏请:"五城按地分理,本城遇有人命重案,凶犯在逃,即移会别城协力查缉。其无名、无伤、自尽等案,仅止详报本城,不复移会。请嗣后将各城所有各案统于五日内通行移会,以便彼此查对。"该建议获得了嘉庆帝"所奏甚是,著通谕五城,即照该御史所请行"③ 的肯定。道光十七年(1837)十月,外城五营守备王致祥差传案犯,因没有移文内城"知照该管地面,以致弁兵被殴"。道光帝命就外营官弁差传城内人证,制定章程。经步军统领衙门奏准,规定"嗣后五营各汛,如有应缉紧要人证,在城内居住,该汛都司守备即办移文,盖用钤记,派弁赴官厅投递,会同本旗地面官兵缉拿"。至于非要案人证,还是不能直接跨城缉拿,仍需"出票查传",由人证所在城的衙门办理。④

按道理,"京中理事衙门,刑部而外,如步军统领、顺天府、五城皆有地方之责,其现审事件有应行传问之人,无论何项衙门所属,或径行传问,或移咨该管上司"。但实际操作中,"有应行传问而屡传不到者","虽移咨该管上司而上司或置之不答,属员遂抗不听传,询之各城,大抵如是"。尤其涉及各旗所属的旗人时,情况更加严重,"此中有被人控告、应行质对者,有因案牵连、应行询问者",无论是非曲直,涉案人员所在城往往"置之不答,案件遂至于久悬"。道光二十年(1840)三月二十九日,

---

① 《广西道试监察御史王纲振奏为京师五城窃盗应会同一体缉拿事》(乾隆六年十二月初三日),朱批奏折:04-01-13-0007-006。
② 《巡视中城给事中富盛、巡视中城给事中胡翘元奏为特参巡视北城御史张秉愚呈报窃案讳饰请议处事》(乾隆四十五年十月初九日),朱批奏折:04-01-01-0380-024。
③ 《清仁宗实录》卷229,嘉庆十五年五月癸未。
④ 《清宣宗实录》卷302,道光十七年十月壬戌。

巡视西城掌贵州道监察御史陈光亨奏请朝廷敕令八旗、内务府、步军统领，"嗣后各属员中如有他故，亦即先行咨明，倘或托故迟延，即由该城参奏"①。道光帝遂谕内阁："五城现审事件其案情重大者，该城御史即将应行传询之员奏明请旨，其寻常事件仍著照例办理。"② 御史陈光亨所反映的这种情形，便是旗民分治、分城管理所带来的问题。直到咸丰十年（1860）四月，巡视东城御史毓通等人依然在奏请，希望在缉拿中不受各城辖区的限制，希望五城司坊官"有须会办之事，不准区分畛域"③。光绪二十八年（1902）七月，巡视中城御史文瑮等联名奏请，希望各城"分办词讼合办缉捕"④。可见，清代京城始终没能解决好这一问题。

内外城之间，由于旗民分治的特殊性和两者政治社会地位的不平等性，进一步放大了划界分治在清代京城的弊端。五城凡是涉及与旗人纠纷的案件，五城司坊官不得直接提讯，必须由中城代表五城统一行文该旗参领、佐领等官将涉案旗人传唤到城，然后再加以讯问审办。且不说如此提讯人证费时费力，即便是规定如此，也难以遵照履行。道光二十一年（1841）二月十六日，巡视中城兵科给事中爱崇阿奏称："近来各城收审案件时，有牵涉八旗内务府笔帖式及马甲兵丁人等，如中城王敏控告内务府镶黄旗笔帖式恒昌，西城奎英控告镶蓝旗汉军六品荫生尚政淳，又明格控告内务府镶黄旗马甲德平，北城董长清控告满洲正红旗笔帖式松荫等各案，因系钱债细事，例应在城讯办，乃经臣等行文屡次催传，该员等既不到案，又不呈递亲供，该管衙门亦未将如何不能到城之故据实声复，以致案悬日久，无凭断结。"可见，跨城办理案件的阻力之大。因此，爱崇阿奏请，应命令八旗、内务府转饬该管参佐领等官，"遇有此项人证，务须于接到移文之日即派领催送交过城。如实有告假出差案据，亦即随文声覆，以便展限再传"⑤。如果涉事各旗参领或佐领存在袒护或者耽搁行为，一并问责。

即便同样是内城，由于八旗内部各按照满洲、蒙古、汉军旗分属地划

---

① 《巡视西城掌贵州道监察御史陈光亨奏请饬下八旗内务府步军统领嗣后各属员中有五城移咨传问者速饬该员赴城听问事》（道光二十年三月二十九日），录副奏折：03-2692-100。

② 《清宣宗实录》卷332，道光二十年三月庚申。

③ 《巡视东城掌山西道监察御史毓通、巡视东城掌陕西道监察御史孙楫奏为拿获邪神惑众民妇宁聂氏等请交刑部究办事》（咸丰十年四月二十六日），录副奏折：03-4591-060。

④ （清）陈璧：《望岩堂奏稿》卷4《议奏各城司坊官分办词讼合办缉捕并请将巡城御史改为三年一任折》，第333页。

⑤ 《巡视中城兵科给事中爱崇阿等奏为旗员被控抗不听传请饬遵从请案事》（道光二十一年二月十六日），录副奏折：03-4067-012。

界管理，相互之间也存在着不协调的地方。"八旗地方各按界址，由巡城御史与步军统领衙门表里稽查，并令八旗满洲、蒙古、汉军都统各按本旗所属地面，认真查察。数月以来，仍未见大加整顿。"① 划界分治所导致的弊端，在各营汛之间也长期存在。乾隆七年（1742）五月，刑部等部议覆御史熊学鹏奏称："五城虽有协缉之条，而三营尚无协拿之例，以致匪窃肆行，弋获者甚少。"② 虽然后来要求各营协缉，而且还设立了奖惩条例，但始终难有起色。

划界分治所导致的另一突出弊端就是交界之处往往成为无人负责的空白之地。如乾隆三十五年（1770）闰五月发生在北城与昌平、宛平交界处白家滩（即海淀白家疃）地方的蝗虫灾害。白家滩位于北城与昌平州、宛平县连界分管之地，昌平州知州庄燮和宛平县知县恽庭森"既不豫行搜挖蝻子，及长翅成蝗，又不即前往扑捕"，事后庄燮、恽庭森二人都被革职拿问。乾隆帝认为，"其地即系北城连界管辖，该巡城御史等即应早为查察，据实奏明，协同督捕，何竟视同隔膜，并不实力查办？岂该御史所司，仅以城坊词讼为职掌，而于此等关系民瘼之事，竟可置之不理耶？"③ 结果，北城巡城御史也被问罪。此外，五城与大兴、宛平县的交界地带在城外赈济过程中也往往成为盲点。按照惯例，京师城外附近各处，凡遇人命盗案事件，"俱系五城所属"，而征收地粮等项，"例由大兴、宛平两县管理，遇有灾赈之年，向不列入两县户口册内"。嘉庆六年（1801），京师水灾，永定门、右安门外一带地方受灾较重，如果开放大赈，直隶地方官会因这些地方"系五城所属，遂不列入大、宛两县待赈户口册内"④。如此一来，这些城外交界地方在赈济时，反而会被遗漏。又如，道光三年（1823）五月初二日，步军统领衙门奏称，上一年民人关八在大兴县属驹子房地方被劫，因该县与五城所属营城地面交界，"该处黏贴东城门牌"，大兴县"随指系京城地"，未予究办。⑤ 这种交界处的"三不管"现象，几乎是一种普遍的存在。

营汛与州县之间同样如此。例如，长新店隶属于顺天府宛平县，同时又受命于直隶总督。康熙二十七年（1688），顺天府设四路捕盗同知，其中长新店地方由西路同知负责巡查。又因出京师广宁门，经卢沟桥前往江

---

① 《清穆宗实录》卷35，同治元年七月甲辰。
② 《清高宗实录》卷166，乾隆七年五月乙丑。
③ 《清高宗实录》卷861，乾隆三十五年闰五月甲戌。
④ 《清仁宗实录》卷86，嘉庆六年八月丁巳。
⑤ 《清宣宗实录》卷52，道光三年五月庚午。

南各省的官道经过长新店，因此长新店大街的巡察由巡捕京营负责，具体则属于拱极城；两边街道房屋之后的地面则属于宛平县。类似长新店这种属地、管辖、巡察责任权交错的近畿地区，因巡察缉捕事宜归属不清，以至于互相推诿，很容易发生"盗匪潜踪"的案件。在雍正年间，直隶总督李卫就针对这一问题，向雍正帝提出要尽快厘清近畿地方管辖权的建议。其《请定经界疏》曰："京师为畿甸重区，向有五城御史及巡捕京营，该管地方与州县互相交错，或地属州县而汛系京营，或汛辖外营而地为城属，即如长新店等处，街属城，房后属县，每逢雨水，道路泥泞，往来阻滞，而街非县管，呼应不灵。拱极城内数处管辖，保甲难稽。其他类此者，赌匪潜踪，彼此影射，命盗发觉，互相推诿，不一而足。……似此近畿要区，岂容因循贻误！虽屡有条奏，清查界址，添设巡检，终属犬牙相错，难收实效。至于旷野阡陌，更复茫无疆域。臣愚以为自圆明园南海淀以外，凡附京城地方，或议定以若干里为度，统归五城及京营管辖，将州县及外营所管间杂零星者，俱改正归并清楚，或向系州县外营管辖者，将附近五城所管错杂地方亦一并拨归州县外营，分晰界限，使内外文武各有责成，不相混淆，则匪类无所影射潜踪，其于巡查缉捕事宜，亦无牵制推诿，近京地方整肃，不无裨益。"① 直隶总督李卫提出该建议后，雍正帝对京城八旗旗界、五城御史以及步军统领衙门、京营各自管辖的界线进行重新厘清，这对于加强京城治安管理起到了重要作用，但巡察缉捕区域的交叉并没有消除。

3. 共同负责，互相推诿

在清代皇帝乾纲独断的政治权力体系下，为避免一方独大，往往采取权力交叉的方式，构建权力运作关系。这种权力交叉，尤其是地方官兼具行政官和司法官的特征，在清代旗民分治的原则下，进一步加剧了二元管理所导致的弊端。

以清代都城的缉捕而言，京城内外主要由步军统领衙门负责，但实际上，"地方文武员弁及营汛司坊，均有缉捕之责"，每次强调京师缉捕事务时，皇帝都几无例外谕令步军统领衙门、顺天府、五城"自应不分畛域，实力查拿"，"严饬所属，加意巡逻"云云。也就是说，无论内城还是外城，不仅步军统领衙门有管辖权，五城甚至顺天府也有管辖权，正如那思陆所言："清初，旗人居住内城，民人居住外城，内城之治安及司法主要

---

① （清）李卫：《请定经界疏》，见《畿辅通志》卷94《疏》，文渊阁《四库全书》影印本第506册，第273-274页。

由步军统领负责；外城之治安及司法主要由五城察院负责。康熙中期以后，旗民居住混杂，此种区分渐次泯灭，两衙门之土地管辖竞合，于内城与外城均有管辖权。五城察院为文职机关，其管辖之对象兼及民人及旗人。步军统领衙门为武职机关，其管辖之对象亦兼及民人及旗人。"① 结果，诸多责任主体往往"视为海捕具文"。至于畿辅一带，"其缉捕各员，文员系顺天府统属，而武职又系直隶总督管辖"，同样导致"缉捕之员，亦易互相推诿"。② 以内城为例，除了八旗都统衙门之外，步军统领衙门、五城乃至顺天府也都参与管理，各城又各设满、汉御史一人，结果因满汉御史而导致的互相掣肘事件层出不穷。康熙二十七年（1688）十月，都察院左都御史徐元文条奏："五城地方居住旗人甚多，旧例，巡城御史于词讼内值两造旗人，概不审理。请嗣后旗人控告词状、笞杖以下，准巡城御史审理完结。"③ 除了步军统领衙门受理旗人控告案件之外，巡城御史也有权受理。不仅如此，前三门内五城分管地方，一旦发生赌博、逃盗案件，除了追究所在地各旗的监管责任、步军统领衙门看街兵的责任之外，还要追究该司坊官失察之责。多方都有责任，最后的结果是无人担责。针对这种情形，乾隆五年（1740）十月，御史陈治滋奏请："前三门内，各城经管地界，向无经制巡役，嗣后拿获赌博等案，请免司坊官处分。"既然"内城地方系提督衙门设有兵役巡查，专责不在五城，应如所请。除相验不实，仍照例参处外，其赌博逃盗等案准其宽免"。④

步军统领衙门与八旗之间在内城的交叉最为明显。步军统领起初虽然只是八旗驻防兵种之一的军事长官，但其负责京城守卫的特殊职责，与驻防八旗事务之间既有很多共同的事务，也有很多不同之处。两者之间需要明晰的事务很多，因此在乾隆四年（1739）吏部、兵部纂修新则例时，乾隆帝就要求将两者之间的诸多事务纂入则例，加以规范，"八旗与步军统领衙门关会事件甚多，亦应修定则例，以便遵照办理"⑤。

城外，有负责旗地的领催、佐领，也有负责民地的总甲、巡城御史，看似各司其职，其实往往互相掣肘，或相互推诿，"往往领催、总甲互相推诿，迟延不报，以致伤痕难验，凶犯远扬"。为此，雍正十一年（1733）题准，"嗣后遇有人命，如系旗地，令领催呈报，民地，令总甲呈报，倘

---

① 那思陆：《清代中央司法审判制度》，北京：北京大学出版社 2004 年，第 150 页。
② 《清宣宗实录》卷 397，道光二十三年九月丁丑。
③ 《清圣祖实录》卷 137，康熙二十七年十月丁巳。
④ 《清高宗实录》卷 128，乾隆五年十月戊申。
⑤ 《清高宗实录》卷 86，乾隆四年三月己酉。

迟延不报，将该管之领催、总甲照地界内有死人不申报官司律治罪。如已报，而佐领、指挥互相推诿，将该管官照推诿事件例议处"。① 雍正帝的处理方法是旗民责任分开，由领催、总甲分别承担，效果依然不好，"外城命案总系该指挥相验，只因分别旗民，辗转咨呈，稽延时日，设遇凶伤谋害，重案久延时日，不特伤痕难验，亦且凶犯远扬"。至乾隆朝，取消了外城命案分别旗、民的做法。乾隆十三年（1748）奏准，"嗣后凡外城命案，不分旗地民地，均令总甲呈报该城指挥立即相验，一面呈报该城，转报刑部、都察院，如系旗人，则一面呈报该旗，照定例分别办理"。② 即外城无论旗、民命案，一律由总甲呈报，只是往上呈报的对象因涉案者旗、民之别而区分为五城指挥和各旗。

清代北京这种二元交叉管理的弊端还明显地表现在京城刑名事务上。

在中国传统政治体系下，地方官往往兼具行政权和司法权。在京城案件的处理上也不例外，除了顺天府、五城御史以及大兴、宛平两京县衙门等地方性行政机关外，原本以缉捕为主要责任的步军统领衙门也有权力处置内外城的犯罪案件，原本只限于内城，后来扩展至内外城。按照定例，五城御史处理刑名案件的权限是："皆布其禁令而听其狱讼，大事奏闻，小事则牒刑部结正，而月具事目，上都察院堂官考核。"③ 何谓"大事"，何谓"小事"，则没有一个确定的标准，结果造成五城御史往往把大小案件一并送交刑部处理。

统一刑名司法权固然重要，"内外诸司各有职掌，刑部专理详谳，例不受词"，但受理权的设置门槛过高，一方面会导致地方缺乏灵活性和快速反应能力，另一方面便是导致大小案件涌向刑部，案牍堆积如山。这一问题在清初就已显现。顺治二年（1645）十二月，刑部奏称："今民间大小事务，在内不由五城御史，在外不由抚按司郡县，单词片纸，俱向臣部告理，内外各官尽成虚设。"很多案件得不到及时处理，不仅冤情难白，而且导致百姓不得不冒险"越讼"，甚至发生"京控""叩阍"。清政府遂规定："以后民间词讼，在外则归抚按监司，在内则归顺天府、宛大二县、五城。"④ 顺治八年（1651）七月，又谕刑部："在京有冤枉者，应于五城御史及顺天府、宛大二县告理，若御史、府县按状不准，或审断不公，再

---

① （乾隆朝）《钦定大清会典则例》卷149《都察院五·命案》，文渊阁《四库全书》影印本第624册，第687-688页。
② （乾隆朝）《钦定大清会典则例》卷149《都察院五·命案》，文渊阁《四库全书》影印本第624册，第688-689页。
③ 《钦定历代职官表》卷20《五城表》，文渊阁《四库全书》影印本第601册，第389页。
④ 《清世祖实录》卷22，顺治二年十二月乙巳。

赴都察院通政使司衙门具奏申告。"① 诉讼层级的规定并未真正杜绝各种案件向刑部堆积的现象。

长期以来，五城和步军统领衙门仍经常把寻常案件一送了之。嘉庆十八年（1813）四月，御史夏修恕奏请清厘刑狱："近日五城及步军统领衙门于寻常讼案罪止杖笞以下者，往往不察事理，概以送部了事，以致刑部现审之案，日积日多，不能速为断结。迨至逐案审理，其事甚细，而到案之人久羁缧绁，隶徒中饱，赀产荡然。又或查拿案犯，不辨真伪，辄请交部严鞫，及讯明无辜被累，而正犯转得远扬，纷纷株系，桎梏相望。"夏修恕奏请刑部详查定例，要求"凡轻罪细故，可由五城及步军统领衙门审结者，俱令自行拟结。其应送部而不送部者，固当照例参处。如不应送部而率意送部者，刑部将原案驳回，并将该衙门参奏请旨"。② 嘉庆帝批准夏修恕所请。③ 对于普通案件，五城和步军统领衙门开始拥有审判权，而且对于"不应送部而率意送部者"，刑部可以驳回五城或步军统领衙门处理。

对于五城和步军统领衙门而言，什么样的寻常案件应属自己处理，什么样的案件应送刑部，此时已经有了比较明确的标准，即凡是罪行"徒罪以下，自行拟结，徒罪以上，咨送刑部审办"。但在道光年间，五城、步军统领衙门"往往将寻常赌博、流娼、拐带、宰杀驴马、窃贼等事，均经具奏"。于是，道光七年（1827）十月二十六日，监察御史耆纲再次奏请朝廷，要求命令五城、步军统领衙门不得将此类琐碎案件咨送刑部审办："国家设官分职，各有所司，况辇毂之下，凡该管地方官弁遇有此等事故，例应随时查拿惩办，以靖地方，是其专责。""敢请饬下步军统领衙门、五城，嗣后凡有寻常应咨案件，仍照旧例咨办，用归画一，以省繁文。"④ 对于耆纲的建议，道光帝朱批："似是而非，深乖防微杜渐之义。"并未给予支持。道光十七年（1837）六月，御史张秉德又奏称："五城、步军统领衙门审理讼案，各有应尽之责。向例，徒罪以上，方准送部，近来送部各案往往系细故轻罪，饰词咨送，以图推卸省事。及至部讯后，多系笞杖罪名，仍发回原衙门审办，往返咨行，殊形拖累。"道光帝谕令："嗣后著遵照定例，凡遇罪止笞杖案件，俱自行审理速结，不得违例概行送部，以

---

① 《清世祖实录》卷58，顺治八年七月己亥。
② 《清仁宗实录》卷268，嘉庆十八年四月辛酉。
③ 《清仁宗实录》卷268，嘉庆十八年四月辛酉。
④ 《掌江南道监察御史耆纲奏为请饬步军统领衙门五城于寻常应咨案件仍照旧例咨办用归画一而省繁文事》（道光七年十月二十六日），朱批奏折：04-01-08-0005-001。

专责成。至五城御史坐城，五日一次，为期过宽，其应如何酌定日期，俾案无积压之处，著都察院堂官议奏。"① 可见，在刑名案件的处理上，五城和步军统领衙门借口推脱的情形始终存在，而清政府也始终没有找到合适的解决办法。

4. 中央直管无处不在

都城的各项事务管理，带有很明显的中央直管特征，这是古代中国的一贯传统，清代北京同样不例外。即便是专门管理城区事务的五城御史也在名义上直属于都察院，由都察院选派御史担任，直接体现了中央直管的特点。就连巡视五城御史所使用的印信，也与都察院十五道御史的印信一样，"俱存贮都察院衙门"②。

从监察体系而言，中央对京城各项事务的监管特征更加明显。清代都察院共分为十五道监察御史（乾隆十三年调整后所定），分理各地刑名，稽查中央各部院机构。其中，与京城区域有关的是：京畿道监察御史稽查内阁、顺天府、大兴县、宛平县。河南道监察御史稽查吏部、詹事府、步军统领、五城。江南道监察御史稽查户部、宝泉局、宣课司、左右翼监督、在京十有二仓、总督漕运、磨勘三库、月终奏销之籍。浙江道监察御史稽查礼部、都察院。山西道监察御史稽查兵部、翰林院、六科、中书科、总督仓场、坐粮厅、大通桥监督、通州二仓。山东道监察御史稽查刑部、太医院、总督河道，催比五城命盗、案牍、缉捕之事。陕西道监察御史稽查工部、宝源局，核勘在京工程。③

即便是内城的八旗管理，也在很多方面表现出中央的直管性。且不说管旗大臣往往由中央钦派，就是八旗都统，有时也以王公兼摄。"都统之缺，或有以王兼摄者，盖因一时不能得人，于诸王内择其能事者，命其管理。"④ 而王公兼摄都统，往往造成都统骄横自大，乃至下属参、佐领曲意逢迎等弊端。

参领也往往由科道及部院郎中等官兼任，"向来科道及部院郎中、员外郎等官俱兼旗下参领"⑤。各旗佐领也"系大员兼管者居多"⑥。至乾隆朝，清政府进一步将部院大臣监管佐领作为一项制度加以强化。乾隆十五

---

① 《清宣宗实录》卷298，道光十七年六月庚戌。
② 《清仁宗实录》卷183，嘉庆十二年七月丁卯。
③ （乾隆朝）《钦定大清会典》卷81《都察院》，文渊阁《四库全书》影印本第619册，第756—757页。
④ 《清高宗实录》卷660，乾隆二十七年五月辛丑。
⑤ 《清高宗实录》卷1120，乾隆四十五年十二月壬子。
⑥ 《清世宗实录》卷85，雍正七年八月丙午。

年（1750）四月，乾隆帝谕："从前遇有公中佐领缺出，将大臣等一并带领引见。雍正年间，奉皇考谕旨，大臣等交派事件繁多，无暇详细办理佐领事务，不若仍简放章京等员，于事有益。若不得其人，再带领大臣引见。因此，凡遇公中佐领缺出，并不带领大臣，只拣选官员引见补放，此等办理，殊未喻降旨之意。从前以大臣无暇办理佐领事务者，特指任事繁多之大臣言之耳，并未云所有大臣等俱不可兼管佐领。况佐领职司管教，若令事简大臣兼管，实为有益。如以身任大臣，遂当诿谢，彼勋旧、世管佐领，何以兼辖乎？嗣后八旗遇公中佐领缺出，将各旗任事简少及无管辖部务之大臣等拣选引见。若此外又有缺出，不得其人，再拣选官员等引见。"①乾隆四十八年（1783）四月，"例载八旗公中佐领员缺，文职大臣虽尚书亦得拣补，但尚书职任较繁，无暇兼理，反于佐领事务无益。著交八旗，嗣后除世管佐领仍照例办理外，至公中佐领，尚书停其拣派，只将侍郎以下，拣选带领引见补授"②。虽然停止了各部院尚书兼管公中佐领，但依旧以各部院侍郎等官兼管，中央直管的性质并未改变。

对于清政府而言，以亲王大臣、中央部院衙门官员兼任京城八旗各级事务官员，其内在的考虑和动机，一是强化八旗"环卫宸居"的职责，便于调度。二是自入关以来，为维护皇权而削弱八旗旗主权势的需要及其延续。三是历练八旗官员的需要。当然，都城管理中的中央兼管特征并非始于清代，而是中国古代都城管理的一条主脉。研究者曾总结中国古代都城管理的三个时期："最初，都城是由中央政府有关官员和机构直接管理的；后来，发展由专门的地方政府机构负责都城的管理；最后，为维持对都城的控制，一方面设置了专门的管理都城的地方机构，另一方面也不放弃中央对都城的控制，即由中央的有关部门兼管都城。"③显然，清代北京城市管理处于第三个阶段。

5. 被边缘化的顺天府和两京县

在中国历史上，一直存在着以郡县（或州县）模式治理都城（至少是京畿）的传统，但在元代以后，尤其是明清时期，由于都城城市规模的扩大、城市事务的繁杂以及商品经济的发展，五城治理体系日渐成熟且成为

---

① 《清高宗实录》卷363，乾隆十五年四月丁酉。
② 《清高宗实录》卷1178，乾隆四十八年四月庚午。
③ 萧斌主编：《中国城市的历史发展与政府体制》，第139页。

都城的实际治理模式，相比之下，州县模式日益被边缘化。①

清代沿袭明制，京师置顺天府尹，主要掌管劝农问俗，赋税徭役，户口编制，顺天府乡会试，筹办有关祭祀活动，立春时行进春礼，每月朔望时宣讲圣谕，孟春、孟冬时行乡饮酒礼，定期奏报京师粮银价，经办善堂、育婴堂等事务。下设府丞，"掌分理学务，岁试、科试，则录其童生而送于学政，以时教养其士"；治中，"分理户土等事"；通判，"掌京城各市牙侩之籍，而榷其常税"。②

再说两京县。"宛平与大兴雁行首善，实根本重地，王气所钟，不有独隆于古昔者乎！"③明代顺天府两京县在都城城市管理中尚发挥着非常重要的作用，"上自郊庙朝廷，下至九卿百执事，各奉典管之役。而鸣玉趋漏，谒见奏请，受赐蒙恩，亦视京秩以为差，又非外县之可同者，故秩较外县增二级。下至吏胥参补起送，亦比外县稍殊，而治人之责，视外县又数倍焉"④。

与明代宛平、大兴两京县承担着大量供应朝廷和中央部门杂役的繁重任务不同，清代两京县与五城在这方面的任务和职责已经小了很多，这也决定了京县在清代北京都城城市管理体系中的作用和角色。

大致而言，清代大兴县位于北京的东半部，东除城属八里外，至通州界，十二里；西无管辖，系宛平属；南除城属二十四里外，至东安县界，七十一里；北除城属一十二里外，至昌平州界，二十三里；东南除城属三十七里外，至东安县界，五十里；西南除城属二十四里外，至固安县界，七十四里；东北除城属十里外，至顺义县界，三十五里；西北除城属十二里外，至昌平州界，十三里。东西广二十四里，南北袤一百七里。宛平县位于北京的西半部，东无管辖，系大兴县属；西除城属十五里外，至宣化府保安县界，一百七十五里；南除城属二十里，又除大兴属二十七里外，至固安县界，五十五里；北除城属十八里外，至昌平州界，五里；东南无管辖，系大兴属；西南除城属十五里外，至良乡县界，三十里；东北无管

---

① 对于这一现象，韩光辉指出："在明清北京城市双轨制管理中，顺天府宛、大二县是形式，五城才是实质上的城市行政管理机构。"[韩光辉、林玉军、魏丹：《论中国古代城市管理制度的演变和建制城市的形成》，《清华大学学报（哲学社会科学版）》2011年第4期] 抛开对城市的不同界定之外，在明清时期的都城管理中，五城自明代后期以后，的确成了内外城范围内的主要管理者，但内外城的户籍编查、商铺税收、科举教育与祭祀等事务，仍由京县承担。因此，就都城事务的管理主体而言，顺天府和二京县处于被边缘的状态。
② 《光绪顺天府志》，"经政志一·官吏"，第7册，第1987—1990页。
③ （明）沈榜：《宛署杂记》卷2《分土》，第12页。
④ （明）沈榜：《宛署杂记》卷3《职官》，第25页。

辖，系大兴属；西北除城属十五里外，至宣化府怀来县界，二百一十五里。东西广一百九十二里，南北袤一百六十里。①

关于两京县设官，知县"各掌其政令，与五城兵马司分壤而治"。主要属官有：大兴县丞一员，治礼贤；巡检二员，分别驻扎黄村、采育；典史一员、庆丰闸闸官一员。宛平县丞三员，分别驻京县、永定河北下汛、南岸头工下汛；巡检四员，分别驻卢沟桥、齐家庄、庞各庄、石港口；奉宸苑柳村闸官一员。②

由京畿州县为中央衙门机构提供差役，这是中国传统社会赋役制度的重要内容，也是传统政治社会中官僚行政体系得以运行的重要基础。也正因为此，京畿州县与城坊的差役负担特别繁重，在明代表现得尤其明显，前引沈榜《宛署杂记》所言，就是京畿州县官的切肤体会。进入清代后，京县与城坊的赋役负担开始逐步减轻，雍正朝以后，原本由五城承担的差役，或被免除，或大多转归中央各衙门机构利用官办经费自行办理。在清代，随着五城赋役负担的减轻，与此赋役制度相匹配的"都城（京畿州县）—坊铺—总甲"的管理体系，也开始发生变化。坊铺、总甲依然存在，但其重要性已经不如明代，不可能再有像沈榜发出的"总甲、保甲，地方之领袖"③那样的感慨。

当然，两京县的赋役任务虽然在清代有所减轻，但经办的差役（诸如道路桥梁、乡会试供应等）并没有减少，依旧"事务繁剧"。与明代稍有不同的是，清代京县的经费支出不依赖赋役征收，而大多来自国家公用性质的户部库银。京县承办的差役多是临时的应急性事务，所用银两大多挪移借用，而支领库银还补往往延迟，结果造成京县财政常处于亏空之中，京县知县也因此屡遭参劾。"京师大兴、宛平二县知县常以亏空被参，朕体察其故，二县在辇毂之下，每有一时速办之公事、不能迟缓者，挪移库银以济用，而支领还项未免迟延时日。其上司察知库帑有亏，不得不行参劾。"对此，雍正帝颇为体谅："此等亏空实有可原之情，朕体恤臣工，不忍听其因办公而遭罢黜。"为避免这一状况，雍正帝命宛平、大兴二县各领户部银一万两，以备不时之需。④ 这在一定程度上减轻了两京县向京城民间征收赋役的压力和冲动。

乾隆十二年（1747），因大兴、宛平二县经手钱粮报销不实，乾隆帝

---

① 《光绪顺天府志》，"地理志一·疆域"，第 3 册，第 603—604 页。
② 《光绪顺天府志》，"经政志一·官吏"，第 7 册，第 1990—1991 页。
③ （明）沈榜：《宛署杂记》卷 5《街道》，第 43—44 页。
④ 《清世宗实录》卷 85，雍正七年八月乙丑。

命直隶总督那苏图查办。十一月十八日，那苏图奏呈处理建议：

> 道桥一项，向来京县恭遇圣驾临幸，所经道路由工部街道厅行县修垫，该两县先期平治，再交步军修葺。而近京二三十里内俱系城属地方，两县雇觅夫役，往往呼应不灵，致多浮费。臣等伏思，近京数十里内原系京营汛地，既有步军修垫道路，原可毋庸该县平治，请嗣后凡京营地方应修道路，统归步军统领衙门办理，其需置筐、帚、水桶各项器具价值，由步军统领核定数目，行县支给。如京汛内有应行搭建之桥梁并尖营盘座，亦由步军统领行县承办，无庸再由街道厅差传。其承办应需一切物料工价，俱由府尹就近委勘确实，事竣造册，由府尹核实报部请销。再，查大兴、宛平两县每年各批解户部饭银三百二十两，工部饭银六十两，户科饭银一百六十两，街道厅饭银二十两，京畿道饭银一百七十九两，计每县各七百四十三两，向来总在经费桥道内开销。今既经臣等酌定章程，则嗣后报销俱系实数，而两县养廉额支银一千两，所有部科等衙门饭银难以再令批解，应听各该衙门自行酌动别款支应。至应归部、寺等衙门办理各款，应作何动项办理报销之处，应听各该衙门自行奏请定议，遵照可也。①

据那苏图所奏，大兴、宛平每年所承办的差务主要有两大类：供应各部院衙门差务及京县应自办事务。为了防范捏造报销等弊端，那苏图的建议是将两者区别开来，重新认定责任人，凡是供应各部院衙门的差务，归入各部院衙门自办，只留下二京县应自办的差务。而且，这一解决办法，同时是身为直隶总督的那苏图与顺天府尹蒋炳公同商议的结果，明显也反映了顺天府的倾向。按理说，理清差务归属，对于解决以往的冒销钱粮等弊端，无疑是有益的，但这种解决方式并不能令乾隆帝满意，乾隆帝甚至批评那苏图所奏"办理殊为取巧"，并"著传旨申饬之"。其原因就在于那苏图把京县所承办的差务大为缩减，而将相应的事务返还给了各部院衙门。这显然有悖于京县供应中央各衙门的行政架构。所以乾隆谕军机大臣等："今据覆奏，半归各该衙门承办，只存数项仍令该二县承办，竟似向来办理本无弊端。今若必欲清查，则莫若不令该二县承办之意，与朕从前交伊查办之旨全不符合。大、宛为畿辅首邑，供应之事本多，如果实支实销，虽款项繁多，亦公务所必需。若有所浮冒，即一款亦难容朦混，向来任意浮开，则相沿陋习，一经查核，即托故推辞，不为办理，揆之体制，

---

① 《直隶总督那苏图奏报遵旨查办大兴宛平二县经费并酌定章程事》（乾隆十二年十一月十八日），朱批奏折：04-01-35-0890-008。

殊有未合。那苏图查办此案，专事推诿，且单内所开亦甚琐屑，办理殊为取巧。著传旨申饬之。"① 结果，那苏图的建议被否决，大兴、宛平两京县的差役一仍其旧。时至乾隆二十五年（1760）四月，直隶总督方观承依然奏称："大、宛两县事务繁剧。"② 京县的差役负担依然沉重，清代皇帝又经常离宫巡幸，各地方官遂借机勒索苛派，"乃闻扈从经临之处，竟有小人从中滋弊，藉取结为名，阴售其奸狡之计者"③。但也有个事实不容忽视，即与明代相比，京县的差役负担已经有所减轻，而且皇帝"巡幸所至，一切供顿皆给自内府，并无丝毫储偫累及地方。即有应用些须柴炭之类，亦必专派大臣稽查约束，一遵定制，不得稍有逾违"④。

因此，在清前期赋役制度发生重大变化的情形下，基于传统赋税制度而运转的州县模式的大兴、宛平，尽管衙署还在京城内（依然管理着京城内外商铺、钱铺以及当铺等税收事务），作为京县供奉中央的使命还在（例如为会试、皇帝耕耤礼、送春等礼制仪式筹办器具等），但它在城市化越来越凸显的京城日常管理中逐渐被边缘化已是不争的事实，取而代之的则是日渐成熟的五城行政体系。而且，州县功能弱化也是清代北京城乡分治趋势的重要表现。

清代北京城市管理特征和弊端的形成原因，既有清代历史的特殊情况，也有中国古代都城治理的一贯传统。从中国历史的普遍现象来看，都城的建设和治理与统治需要密切相关，其根本任务是维护统治中心，构建政治秩序，强化政治认同。表现在都城规划与格局上，就是以军事防卫和政治秩序为诉求，整个都城由内到外，宫城、皇城、内城、外城依次布局。作为都城的治理模式，与都城的建设格局密切相关，其设官与目的同样是维护皇权，守卫政治安全，维持都城社会治安，这几乎是传统都城治理的首要目标。也正因为此，古代都城始终重视城市治理，防卫、治安、沟渠、街道、户婚、刑名、商税、科考等事务往往各有专门的管理官员，而且往往互不统属，各自隶属于某个中央衙门机构。元代以前，都城的地方治理机构往往与州县体制密不可分，在明清时期五城体制逐渐成熟，与此同时，中央和地方兼管都城治理的脉络一直未曾改变，至于州县体制逐渐成为京畿区域协同治理的主要承担者。历史向来复杂，如此概括未免偏颇，但大致可以说，这一历史传统与清代旗民分治的特殊历史现象，共同

---

① 《清高宗实录》卷304，乾隆十二年十二月庚申。
② 《清高宗实录》卷610，乾隆二十五年四月甲申。
③ 《清高宗实录》卷723，乾隆二十九年十一月癸亥。
④ 《清高宗实录》卷723，乾隆二十九年十一月癸亥。

促成了清代北京城市管理的表现形式和特征。

另外，还需要说明的是，尽管清代北京城市治理存在分权、多元的特征，但我们仍然可以认为"五城"就是当时的"中国式"城市政府形态。因为，参与北京城市管理的部门虽然多元，有中央部院、八旗都统，还有顺天府属京县（大兴、宛平），但这些都只兼管一小部分城市管理职能，相比之下，只有"五城"才是涵盖北京城内外而且专门履职市政管理的衙门（尽管职能还不具备现代意义上的完整市政）。另外，从前面的五城行政区划也可以看出，五城的行政管理不仅空间区域明确，而且更重要的是，已经实现城乡分治，即五城与顺天府属州县之间有明确划界。因此，清代北京"五城"已经具备城市政府所必需的两个基本条件，即拥有城乡分治前提下的固定行政区域，以及独立专门的行政管理机构。

第三章 五城设官及其行政困局

清代北京五城设官主要包括五城巡御史和五城兵马司（正指挥、副指挥、吏目）。清初一度还曾设有理事官、笔帖式、巡检等官。各城司坊官即正指挥、副指挥、吏目之间互无隶属关系，五城御史之间也互不统属。在五城行政体系中，并没有近现代意义上的统领性城市市政府，但在涉及一些共同事务需要奏请都察院时，往往由"中城"作为五城总汇之所，另外乾隆朝以后调整五城司坊官事权的趋势也反映了当时北京建立类似"市政府"机构的内在诉求。

一、五城巡御史

五城御史，俗称五城察院，延续了明万历朝以来五城御史的功能变化，即不再单纯是稽查五城兵马司的巡视监察官员，而是具有受理民事诉讼和审判权，同时负责五城治安管理、缉捕盗贼等事务的五城统辖官。五城御史与兵马司官员的关系，正如乾隆朝《钦定大清会典》所言，"凡五城地方，各以巡视科道为统辖官，指挥为专管官，副指挥、吏目为分管官"①。

关于五城御史的额定人数，在顺治时期每城设满洲、汉军、汉监察御史各一员。起初，京师五城原各设满御史二员，顺治十五年（1658）八月裁汰一员，顺治十八年（1661）三月，因五城事繁，经吏部议覆都察院奏准，又各添满官一员。② 至雍正元年（1723），雍正帝以各城"满洲、汉

---

① （乾隆朝）《钦定大清会典》卷81《都察院》，文渊阁《四库全书》影印本第619册，第761页。

② 《清圣祖实录》卷2，顺治十八年三月壬申。需要说明的是，在顺治十五年之前，五城设有满洲、汉军御史即"理事官"一职。"五城理事官"是清初官僚体系尚不完备的情形下，满洲民族特性在行政过程中的反映。随着官僚体系的逐步完善，自顺治十五年后，五城"理事官"改称满御史。参见徐雪梅：《浅析清朝的理事官与副理事官》，《兰台世界》2014年第6期。另外，清初置有五城笔帖式，后省。参见《钦定历代职官表》卷25《城表》，文渊阁《四库全书》影印本第601册，第389页。

军、汉人三员人多，有一不肖，掣肘废弛"①，遂改定每城二人，即巡视五城科道满洲、汉人各一人，凡中、东、南、西、北五城，分莅而治之。此后，每城定额各设满、汉御史一人，五城共计 10 名御史，各自统领所在城的兵马司官员。五城会奏事务时，虽然规定由中城御史主稿并发起联名，但五城御史之间不存在统属关系，各自直接对都察院负责，此制一直延续至清末。

五城御史的职掌涉及监察、司法、行政等方面，"巡城兼理民事"②，"御史派充巡城，审断狱讼，与地方官事同一律，案无巨细，皆亦悉心研鞫，以成信谳"③。五城御史的职能，虽然沿袭自明末，但作为京师五城地方官的功能，尤其是涉及诉讼的司法权，在清前期经历了逐步调整的过程。

入关之初，五城御史只能处理民人事务。顺治十年（1653）议准，五城御史应各率所属司坊官，"办理地方之事，厘剔奸弊，整顿风俗"。十三年（1656）覆准，"京城内斗殴、钱债等细事，如原告、被告皆旗人，则送部审理"；如果是"与民互告，仍听五城审结"。十六年（1659）题准，"京师内外十六门，令巡城御史不时巡察"。至康熙朝，基本不再区分旗民，而是以案件涉罪的轻重为区别，凡是定罪在"徒罪"以下者，五城御史独自审结，"徒罪"以上者则送交刑部审理。康熙十一年（1672）题准，五城词讼，"御史竟行审结，徒罪以上送刑部"。④ 雍正朝又规定，"除人命盗案送部外，其余自行审理"，同时要求"不得批发司坊官"。⑤ 乾隆九年（1744）九月，清政府规定"五城凡有事件，必令满、汉二员公同审理，毋许私设刑具，独行审断"⑥。同时，禁止五城御史将本应办理之事推托到刑部。乾隆十年（1745）七月，给事中图尔泰等折奏赵罗氏与赵昇争产一案，并请交与刑部查审。乾隆帝斥责："此等细事，原系该巡城给事中自应办理之事，何必另交刑部查审？"⑦ 相比于其监察、行政职能，

---

① 《钦定台规》卷 17《五城一·纲领》（道光朝四十卷本），"故宫珍本丛刊"第 315 册，海口：海南出版社 2000 年，第 223 页。

② 《清德宗实录》卷 76，光绪四年七月辛亥。

③ 《都察院左都御史特图慎等奏为纠参巡视西城御史瑞璐用刑不慎偏执任性请撤去巡城差使事》（光绪三十一年六月十七日），录副奏折：03-7286-020。

④ （乾隆朝）《钦定大清会典则例》卷 149《都察院五·巡城职掌》，文渊阁《四库全书》影印本第 624 册，第 672 页。

⑤ 《钦定台规》卷 19《五城三·听断》（道光朝四十卷本），"故宫珍本丛刊"第 315 册，第 231 页。

⑥ 《清高宗实录》卷 225，乾隆九年九月辛丑。

⑦ 《清高宗实录》卷 245，乾隆十年七月乙未。

清代统治者始终非常重视五城御史的司法权，一方面防范其滥用刑罚，规定"徒罪"以上案件必须交由刑部审理，另一方面又经常强调五城御史要独立审结"徒罪"以下的轻罪案件，不得推卸责任。

除此之外，五城御史还负责五城米厂、饭厂、栖流所的管理，以及宣讲圣谕、张贴禁令、赈济救助、掩埋尸骨、巡夜救火、捕蝗、管理街道等事务。总的来说，五城御史隶属于中央的都察院，与京通巡仓一样，都是"小差"①，但作为"代天子巡狩"的巡按御史，在履行职务时往往直接对皇帝负责，大事奏裁，小事立断。在清代，五城御史作为"巡按"的临时性特征已经基本不复存在，而已经是与州县等同的都城地方行政官员，其"察吏安民"的监察性质虽然还在，但其"办理地方之事"的行政职能更加明显。

五城御史的选任，清初一般从新资御史中挑选。雍正帝重视五城御史，二年（1724）谕："御史巡城关系紧要，嗣后缺出，著都察院通行开列，候朕点用。"又，"御史巡城，拣选行止好人去得者一二员开列于前，其余照常开列具奏"。五年（1727）谕："巡视五城甚属紧要，嗣后巡城缺出，著将御史、给事中一并开列引见。"② 此后，五城御史亦兼用六科给事中（雍正元年，六科给事中并入都察院，因此五城御史兼用六科给事中，并没有改变五城隶属都察院的性质）。另外，各部郎中也偶有担任五城御史的现象。嘉庆帝强调"巡视五城御史审理词讼，稽查奸究，近在辇毂之下，责任匪轻，必须品行端方、听断明允者，方为称职"。而向来都察院在提供候选名单时，"一概列名请简，并不详加遴选"。嘉庆二十三年（1818）四月，嘉庆帝命都察院在推荐五城御史候选名单时必须"详加遴选"，不得将候选名单一概列出而不加甄选，同时要求每缺提供备选二员带领引见，由皇帝亲自简用。③ 为慎重五城御史的保送，同治四年（1865）正月，巡视北城江南道监察御史谭钟麟奏请申明保送御史定例："嗣后报送满汉御史，须择品端守洁之员，倘报送之后，有贪污劣迹，则原保之堂官交部分别议处。"④ 如果被保举的巡城御史出现贪污腐败等情形，则要追究"原保之堂官"的连带责任。

清代官员任职实行严格的回避制度。起初，五城御史并没有像地方州

---

① 《清世祖实录》卷55，顺治八年三月丁亥。
② 《钦定台规》卷17《五城一·纲领》（道光朝四十卷本），"故宫珍本丛刊"第315册，第223页。
③ 《清仁宗实录》卷341，嘉庆二十三年四月己卯。
④ 《巡视北城江南道监察御史谭钟麟奏请申明保送御史定例事》（同治四年正月二十七日），录副奏折：03-4595-003。

县一样，推行官员不能在本籍任职的回避制度。这是因为在"五方杂处"的京城，大量的外来人口和流动人口在某种程度上消解了官员回避制度的紧迫性。至乾隆初年，五城御史回避制度才开始实行。乾隆三年（1738）九月十八日，刑部郎中增寿保奏："查外任官员有回避本省之例，即在五百里以内者，虽邻省仍令回避。至在京户、刑二部司官有刑名钱谷之责，籍隶山东者回避山东司，籍隶河南者回避河南司，以及各司官员莫不回避本省司官之缺，诚恐亲友招摇，诸事掣肘之故也。独巡城御史缺出，顺天大、宛二县人竟不回避。伏思巡城有刑名词讼之责，捕缉逃盗之任，所剖断者皆同乡同里之人，兼且居住前三门外，大半皆系亲友，稍不检束，一遇词讼等案，或偏袒以存私或徇情以废法，甚至无籍之徒招摇撞骗，弊端种种。臣请嗣后巡城缺出，将籍隶大兴、宛平之科道概令回避，俱不开列，庶官常无掣肘之累，而诸弊肃清，人知守法矣。"乾隆帝朱批："著照所请行。"① 此后，都察院在推荐五城御史候选名单时，一概将籍隶大兴、宛平之科道回避，不再开列。

与此同时，京城大量的外来人口和流动人口，尤其是以同乡为特点的行业特征，也使得某一籍贯成为官员回避的重点对象。例如，乾隆五年（1740）十月二十一日，都察院左都御史王安国奏请将巡视中城给事中钟衡调任，理由不是因为王安国是本地的大兴、宛平人，而是因为他是江浙人。在北京城做地方官，怎么会要求回避浙江籍的官员呢？王安国的理由是："臣到任未久，风闻巡视中城给事中钟衡籍本浙江，其所属中城地方开张各项店行多系江浙两省人，颇有言其袒护姻娅，审断不公者。"② 担任中城御史的给事中钟衡籍隶浙江，原本与大兴、宛平没有关系，但王安国发现中城地方很多开店铺的人是江浙人，很容易发生袒护行为，因此奏请从巡视西城给事中鹿迈祖、北城御史朱士伋、东城御史宫焕文三员内"钦定一员，与钟衡互调"。虽非本地籍贯，但仍需回避，这恐怕也是只有京城才会出现的情形。

为解决类似的问题，乾隆五十九年（1794）十月，巡视西城监察御史陈昌齐提出了"别城办理"的应对方法："请仿照回避巡城之例，以杜徇私也。查定例，科道人员有籍隶宛平、大兴两县者，并行回避巡城，杜弊

---

① 《刑部郎中增寿保奏为各司官员诚恐遇有亲友撞骗弊端请将籍隶大兴宛平之科道概令回避事》（乾隆三年九月十八日），朱批奏折：04-01-12-0011-001。又见《清高宗实录》卷77，乾隆三年九月丁卯。

② 《都察院左都御史王安国奏请将巡视中城给事中钟衡调任事》（乾隆五年十月二十一日），录副奏折：03-0063-039。

防私，立法至为周悉。惟是京师为五方辐辏之地，巡城各科道虽非籍隶宛平、大兴之人，而其同乡亲眷多有在该管城厢寓居执业者，一涉词讼，难保必无袒护瞻徇之事。请嗣后该城满员遇事关同旗，或汉员遇事关同籍之案，即令该二员概行回避，由该城将案犯移交别城办理，似于回避巡城定例既无背碍，而于听理民事益昭公慎。"① 按照陈昌齐的建议，无论是五城满御史，还是汉御史，凡是词讼涉及同旗或同籍时，相关御史概行回避，而将案件交由别城办理。经军机大臣议奏，批准了御史陈昌齐奏请，规定五城御史审案，如果"遇有同旗同籍者，难保无瞻徇情弊，请嗣后满汉各员有应回避者，会同别城满汉御史办理，均应回避者，将原案移交别城"②。

关于五城御史的任职期限，在清代多有反复。清初，五城御史的任职时间最短，顺治时期经都察院题准，"新资御史必先试差巡城，相应三月一换"。顺治十五年（1658）九卿覆准，巡城等差例应新资御史六个月一换，"如新资乏人，差用回道御史"③。都察院奏准后，巡城御史"六月一换，如无人更换，仍在城办事"④。康熙十五年（1676）后，五城御史的任期开始延长至一年。经都察院题准，"御史巡城正在访询民隐、究察奸宄之际，未几而差满更换，嗣后满汉御史巡城应一年一换"⑤。如果任期长，敷衍了事的御史容易误事，好的御史又觉得任期过于短暂，即便延长至一年，"然究如传舍，及瓜而代"⑥。因此，雍正帝对五城御史任期采取了弹性灵活的方法。雍正元年（1723），雍正帝谕令："御史内有声名不好者，不必等待一年，量其轻重，或题参革职降级，或掣回本衙门，其声名好者即行保留巡城二三年"。乾隆元年（1736），都察院将雍正帝这种灵活的方法固定了下来，制定新的满汉御史巡城之例，一年更换满员，一年更换汉员，轮流更替。如此一来，"满汉各员莅任具有二年之久，事务可以周知。其满员任事之日，汉员已经熟悉，汉员任事之时，满员亦已谙练"。乾隆五年（1740）又补充规定，满汉巡城御史如果遇到突发事故、皆应更

---

① 《巡视西城监察御史陈昌齐奏陈巡城事宜事》（乾隆五十九年十月初五日），录副奏折：03-0271-004。
② 《清高宗实录》卷1465，乾隆五十九年十一月戊申。
③ 《钦定台规》卷17《五城一·纲领》（道光朝四十卷本），"故宫珍本丛刊"第315册，第223页。
④ 《清世祖实录》卷117，顺治十五年五月戊午。
⑤ 《钦定台规》卷17《五城一·纲领》（道光朝四十卷本），"故宫珍本丛刊"第315册，第223页。
⑥ （清）吴震方：《巡城条约》，"梁清标序"。

换之时,"恐二人均系新任,事务未能熟悉",应将曾经巡城各御史内差出一人,以一年为限,俟一年满后,"仍照例引见更换,则满汉御史新旧相兼,足资治理"。后来,定为二年期满。至乾隆五十六年(1791),因担心巡城御史二年更代日久,易滋弊端,于是又"改为一年,期满即行更换"。① 从当时的都察院奏请来看,缩短巡城御史任期的根本考虑,主要是担心御史久任而四处交结。"向来城差二年方行更换,尚属在外日少,在城日多,现在钦遵谕旨预防弊窦,议定以一年更换。"尽管巡城御史从本质上讲是实缺,但与都察院体系中的所有御史一样,有时仍会临时承担其他钦派的督察任务,"设遇有稍远之差,则一年之内在外之日居多,未免有名无实"。如果再算上任职、莅任时的工作交接,"本任署任数月中屡行交代,彼此视如传舍,尤恐未免草率迁就"。两相权衡,为避免有名无实的结果,都察院又"请嗣后巡城御史一经派出外差,即开缺请旨更换,庶巡城者皆属实缺,办理自必认真,于公务似有裨益"。② 自嘉庆朝以后,五城御史一年一换的任期,未再变更。嘉庆四年(1799)三月,太仆寺卿阎泰和曾奏请试图将五城御史任期恢复为原来的二年期满,"恐一年之内为期太近,新任人员莅事之初,人地未免生疏,迨数月渐次熟悉,旋届任满,又或视为传舍"③。但未获批准。

  五城御史的考核隶属都察院,乾隆二十八年(1763)七月初一日,左副都御史张映辰奏请定巡城考核之例:"嗣后巡城期满时,一面请旨更代,一面令该员将任内所办已未完事件,呈明都察院堂官,详加考察,核其办事妥否,声名如何,据实奏闻。"相比于任期之长短,御史张映辰所奏请建立的五城御史考核机制,其实更加重要。因为,一方面,五城御史要发挥其监察的职能,"五城案件纷繁,司坊各官全赖巡城科道稽查督率"。另一方面,建立五城御史考核制度,本身也是对御史的监督和督促。"向例,巡城二年期满更代,其中固有才具明晰、实力奋勉之员,而或性情偏颇、办理未能妥协,或因循迟缓、不加整饬者,亦所不免,皆由巡城满代之时,并无考核之例。贤否既无凭激劝,而遇疑难事件、适际交待

---

① 《钦定台规》卷17《五城一·纲领》(道光朝四十卷本),"故宫珍本丛刊"第315册,第224-226页。
② 《都察院左都御史舒常、都察院左都御史纪昀、都察院左副都御史巴彦学奏请更定巡城御史管理街道衙门御史派出条例事》(乾隆五十六年五月初八日),录副奏折:03-0241-013。
③ 《太仆寺卿阎泰和奏请五城巡查缉捕事宜变通办理事》(嘉庆四年三月初六日),录副奏折:03-1476-020。

之期，藉此透过前任，属员因之怠玩案牍，遂尔稽留，关系非细。"① 七月十九日，清政府允准张映辰所请，规定"嗣后巡城科道遇有出差事故，有一年以内、应行委署者"，由都察院"公同拣选派委，不得仍照从前按资轮派"②。嘉庆时期，清政府又强化了对巡城御史案件办理效率的考核，规定巡城御史一年期满时，如果本任所报已满初限的窃案查获不及十之一二者，罚俸六个月；至于盗案，如果有三案未获，罚俸三个月，五案罚俸六个月，六七案以上则罚俸一年。③

五城御史的衙署，"皆在正阳门内之西"④。各城具体位置是：中城察院衙门坐落西江米巷西头路北（镶红旗汉军地面）、南城察院衙门坐落宣武门内东城根路北（镶红旗蒙古地面）、北城察院衙门坐落前红井胡同路北（镶红旗汉军地面）、东城察院衙门坐落正阳门内西城根路北（镶红旗汉军地面）、西城察院衙门坐落高碑胡同路北（镶红旗汉军地面）。⑤

由于五城御史衙署都在内城，巡视外城尚属就近，"其在城内通衢僻巷，不时往来周历，凡于地方事件见闻易及"。至于关厢、城郊之处，因距离较远，管理上多有松懈，"城外地方寥阔，五方杂集之人散处村庄者不少，赌盗匪棍往往于旷僻之处潜踪匿迹，尤易丛奸"。雍正十一年（1733）四月初十日，巡视北城御史马金门在奏请中就缕述了东、南、西、北四城的具体情况："即如臣北城城外地方，东自德胜门至东直门角楼六里，北自德胜门至沙河桥五十余里，西自德胜门至安河八十余里，村庄错杂，共六十七处。其余除中城外，东、南、西三城城外地方远近不等，宽长皆有数十里，或及百里，总以拘于成例，从不出城巡视，以致地方情形难以周知。"马金门奏请加强对城外的巡视，"嗣后各该城巡城科道务于每月内满、汉轮流各一次，单骑减从出城，遍加巡视"⑥。雍正帝准其所奏。

五城之中，以西、北两城管辖范围的跨度最大，加之涉及京西御园，因此自嘉庆朝始，清政府又命西、北两城御史轮流驻扎海淀御园。"自嘉庆十八年起，每员赴海甸驻扎半月，稽察地方"。嘉庆十九年（1814），

---

① 《左副都御史张映辰奏为请定巡城考核之例并拣选委署以重地方事》（乾隆二十八年七月初一日），录副奏折：03-0109-002。
② 《清高宗实录》卷691，乾隆二十八年七月甲戌。
③ 《钦定台规》卷17《五城一·纲领》（道光朝四十卷本），"故宫珍本丛刊"第315册，第223页。
④ 《畿辅通志》卷11《京师》，文渊阁《四库全书》影印本第504册，第181页。
⑤ 《金吾事例》"章程"卷4，"五城察院坐落地方"，"故宫珍本丛刊"第330册，第277页。
⑥ 《巡视北城署掌浙江道监察御史马金门奏为请定巡视城外之例以励官守以肃地方事》（雍正十一年四月初十日），朱批奏折：04-01-30-0084-018。

"因抽查门牌不符",又命西、北两城御史"每岁自正月至十月轮班在海甸居住,专为稽察牌甲而设"①。至嘉庆二十五年(1820),鉴于海淀地方原本设有副将巡查,又停止了西、北两城满汉御史在海淀轮流驻扎的做法。河南道监察御史佟济奏请:"海甸向设有副将大员,统领游守弁兵,常川驻彼巡防,已极周到。巡城御史半月一班,轮流常住,不但无甚益处,设遇应行进署办公之期,仆仆道途,必有顾此失彼之虑,于本城应办事务转致耽延。因敢请旨,将该御史撤回,专办城务,其编查保甲、更换门牌,乃该城副指挥应办之事,饬令照旧认真办理,并添委拣发司坊官时往抽查,以防日久疏懈,海甸地方仍令该副将率属加意巡防,以专责成。"②嘉庆帝准其所请,停止西、北两城御史驻扎海淀,但由两城司坊官分驻查办。

至咸丰十年(1860)四月,英法联军入掠北京前夕,御史王宪成又奏请恢复西、北两城御史在园驻班旧制。"现在贫民日众,窃案滋多,司坊官位卑冗,难资弹压,南、北海淀地面辽廓,容易藏奸,不可不防其渐。"形势危急之下,王宪成主张"宜复嘉庆年间旧制,令西、北两城御史轮班住宿,督率司坊官昼夜巡查"。至于各该城坐城之期,"循照向定之例,除命盗案件必须赶办、随时进城审理外,寻常词讼事件,西城以三八日、北城以四九日进城,满汉御史会同审办,或添派御史一员,于本城公事仍可无误"。③经步军统领衙门、都察院会议具奏,"西、北两城御史应每月每人赴园抽查二次"④。

二、五城兵马司

五城兵马司,俗称司坊官,由正指挥、副指挥、吏目组成,俱为汉缺。正指挥,每城各一人。副指挥,起初每城设二员,顺治十五年(1658)十二月裁撤一员。乾隆三十一年(1766),"以五城所辖道里辽阔,改副指挥驻扎外城各门之外"⑤,东、南、西、北四城副指挥分别移驻于朝阳、永定、

---

① 《军机大臣曹振镛等奏请饬令五城御史常川进署办公及撤回驻海淀附近御园之巡城御史事》(嘉庆二十五年十月二十日),录副奏折:03-2266-011。
② 《河南道监察御史佟济奏为克期讯结各案请饬下巡视五城御史与司坊官日日到署并撤回驻海甸御史事》(嘉庆二十五年),朱批奏折:04-01-01-0596-017。
③ 《巡视西城福建道监察御史王宪成奏请恢复西北两城御史驻班旧制事》(咸丰十年四月二十三日),录副奏折:03-4238-006。
④ 《清文宗实录》卷317,咸丰十年四月丁亥。
⑤ 《大清一统志》卷2,文渊阁《四库全书》影印本第474册,第66页。

阜成、德胜诸门外，"铃辖关厢"，而城内事宜则以吏目专治，"各铸关防、条记以授之"，唯中城如旧。五城兵马司正指挥、副指挥、吏目等官员缺，"向例于候补、候选人员内拣选，引见补授，嗣归部铨选，例用一升一补"。由于"其应升之员系外省州县，辗转交代，到任需时"，而"五城委署之员，事繁不能兼顾"，乾隆三年（1738）二月，经巡视西城御史钟衡奏准，"照顺天府属大兴、宛平二县拣选补用之例，一体拣选"①。乾隆二十七年（1762），经御史戈涛奏准，因西、北二城事务繁剧，遇有缺出，从中、东、南三城调补已有任职经验的副指挥充任。二十八年（1763），副都御史张映辰以调补乏人，奏请仍复旧制。② 正指挥品级最高，但也只是正六品，副指挥正七品，吏目则未入流。清初，其俸禄柴直，"仍照故明旧例"，指挥四十八两，副指挥、吏目各二十四两。③

为了让候补、候选官员尽早熟悉五城事务，为正式莅任做准备，五城在嘉庆十八年（1813）后开始添设十五名拣发司坊官。为避免候补人员的奔竞钻营，嘉庆二十一年（1816）七月，江南道监察御史冯清聘奏请制定"拣发五城司坊人员章程"，按照新旧、名次之先后，"挨次补用"，既要防止名次在前者"巧为规避而不赴挑拣"，又要杜绝名次在后者"多方专营，以求拣发"④。道光十年（1830）十一月，浙江道监察御史范承祖奏请拣发五城司坊等员，请照文职佐杂之例一体钦派大臣公同拣选。⑤ 道光帝批准御史范承祖所奏，谕内阁："嗣后拣选五城兵马司正副指挥、吏目等官，著吏部奏请钦派大臣，公同拣选，以昭慎重而归画一。"⑥ 此后，五城司坊官的拣发，一般由吏部奏请钦派大臣公同拣选。

关于五城兵马司的职能，康熙年间定，五城兵马司正指挥、副指挥、吏目"专司京城诘缉逃盗、稽察奸宄等事"，"凡缉贼、捕逃、禁约、赌博、驱逐匪类、稽察妄造谣言及衙役指官吓诈、私开煤窑、纠伙烧炭，以至邪教惑人、聚众烧香、寺院、庵观、坊店等处，皆令该司坊等时加巡

---

① 《清高宗实录》卷62，乾隆三年二月辛卯。
② 《钦定历代职官表》卷20《五城表》，文渊阁《四库全书》影印本第601册，第389页。明清两代，定制所设官吏皆用方印，未入流各官则用长方形条记；因事添设，则颁发关防治事。
③ 《清世祖实录》卷7，顺治元年八月己巳。
④ 《江南道监察御史冯清聘奏为拣发五城司坊人员请敕定章程事》（嘉庆二十一年七月初六日），朱批奏折：04-01-01-0563-004。
⑤ 《浙江道监察御史范承祖奏为拣发五城司坊等员请照文职佐杂之例一体钦派大臣公同拣选事》（道光十年十一月初六日），录副奏折：03-2604-012。
⑥ 《清宣宗实录》卷179，道光十年十一月辛酉。

察"。① 这是笼统而言。具体到正指挥、副指挥和吏目，各自的职权范围又有所不同。大致来讲，命案归"司"，即命案由正指挥专管，窃盗归"坊"，即盗案、窃案以及打架斗殴、赌博等事务的处理则由副指挥和吏目按照分管区域负责。但只要相关案件一旦涉及词讼，无论是正指挥，还是副指挥、吏目，都无权审断完结，需要送交巡城御史听断，"杖罪"以下案件，御史可以自行完结，"徒罪"以上案件，则要送交刑部定案。

　　五城兵马司的职责与分工，也经历了一个发展变化的过程。康熙四十五年（1706）覆准，五城副指挥、吏目"系佐贰官，除逃人、盗案照旧管理，其余民间辞讼，非奉该城御史批发、正印官移行，不得准理动刑"。雍正元年（1723），再次明确"司坊官员不许收受民辞"，而且"该城御史亦不许批审辞讼"。同时规定，"五城兵马司职司稽察京城奸宄，人命案件以指挥管理，逃、盗等件以副指挥、吏目分地管理"。由于"司坊官于地方事件概不准理"，导致"虽人命、盗贼、尸亲事主迫切投诉，亦不审究，必待御史饬委，始行相验，缉拿需延时日，凶身正贼多有远扬，未免贻误地方事件"。鉴于此，乾隆元年（1736）做出调整，规定"嗣后人命案件仍令指挥管理，盗贼案件仍令副指挥、吏目按地分理，该司坊遇有尸亲事主呈报者，即行收受，一面详报该城御史，一面亲往相验踏勘，其本案人犯即准察拿，审明解院，不得迟延时日"。其逃人、娼妓，"责该坊官按地稽察，一经告发，准其收受缉拿"。至于赌博、斗殴等，"该坊官于所属地方固宜随拿随审，即别城隔属，途行夜巡，但遇酗酒、骂街、角口、厮打、开场赌钱、小绺窃物等事，随见随拿，移交该管坊官审理，不得以地非所属，过而不问"。至于"民间一应辞讼，仍遵定例，不许擅受，皆归该城御史审理"。概括而言，自乾隆朝始，五城司坊官开始有权处置诸如逃人、娼妓、赌博、斗殴、酗酒、骂街、角口、厮打、小绺窃物等细小案件。② 与此同时，五城司坊官虽然没有独立的词讼受理权和审判权，但是"凡遇民间喊禀案件，例即先行报解，候批发审"③，即经五城御史批发后，可以承办具体词讼。此外，"凡承追、承缉、承变、承验伤痕，并内外问刑、衙门行提人犯，或递解回籍及各公事差委，令副指挥、吏目分

---

　　① （乾隆朝）《钦定大清会典则例》卷149《都察院五·巡城职掌》，文渊阁《四库全书》影印本第624册，第672~673页。
　　② （乾隆朝）《钦定大清会典则例》卷149《都察院五·巡城职掌》，文渊阁《四库全书》影印本第624册，第673~674页。
　　③ 《巡视南城御史敦岱、巡视南城御史吴绶诏奏请将吏目蒋道恢解任事》（乾隆三十四年六月初三日），录副奏折：03-1407-050。

任，验尸专委指挥"①。

五城兵马司等官在承审案件时，如有需要"夹讯"，即对被审讯人用刑，则需先向巡城御史呈请，获准后方可用刑，如未呈请，不许擅动夹棍"。乾隆六年（1741）四月，南城兵马司指挥郭从仪承审高九奸淫一案，因高九不吐实情，"套夹吓讯"，结果因其"并不遵例呈请，竟自动刑"而被参奏。②又如，乾隆四十一年（1776），北城吏目席约抓获窃匪，因"妄加刑求，致毙于前，复又捏报病故于后"③而被革职。因此，限制五城司坊官"夹讯"，在一定程度上避免了刑罚滥用。

当然，五城司坊官也会承接刑部司官所委托的命案勘验任务。按照旧例，五城官员在承接这类案件的勘验时，在检验受害人及尸身之前，要事先详询受害人亲属、证人、凶犯或嫌疑人的供词，然后再带领仵作实地勘验尸体，详细记录被害人及现场的各种情形。"例载人命系斗杀、故杀、谋杀等项当检验者，在京委刑部司官及五城兵马司、京县知县，在外委州县正印官。务须于未检验之先，即详鞫尸亲、证佐、凶犯人等，令其实招以何物伤何致命之处，立为一案。随即亲诣尸所，督令仵作如法检报，定执要害致命去处，细验其圆长、斜正、青赤、分寸，果否系某物所伤，公同一干人众质对明白，各情输服，然后成招。"这一程序性的旧例，的确对于人身伤害、命案等案件的准确审办不可或缺，但在实际操作中，制度的规定往往会走样。大多数情形下，"各衙门饬委五城兵马司相验之案，多未能遵照定例"。④

除了以上职责范围和分工以外，五城兵马司的正指挥、副指挥和吏目各自还有明确的管辖区域，三者之间并不存在上下级的隶属关系。各城正指挥专管所属两个坊的人命案件，副指挥和吏目则各自分管一个坊的其他事务。雍正元年（1723）确定，中城副指挥管理中西坊，吏目管理中东坊；东城副指挥管理崇南坊，吏目管理朝阳坊；南城副指挥管理东南坊，吏目管理正东坊；西城副指挥管理宣南坊，吏目管理关外坊；北城副指挥

---

① （乾隆朝）《钦定大清会典》卷81《都察院》，文渊阁《四库全书》影印本第619册，第762页。
② 《巡视南城吏科给事中赫庆、掌京畿道监察御史吴士功奏参南城兵马司指挥郭从仪擅刑事》（乾隆六年四月二十五日），录副奏折：03-0375-027。
③ 《巡视北城御史图思义、巡视北城御史吴湘奏请将任意滥刑之吏目席约革职事》（乾隆四十一年正月十八日），录副奏折：03-1261-001。
④ 《巡视西城河南道监察御史庆福、巡视西城福建道监察御史潘恭辰奏为审明饬委五城兵马司相验命案务必眼同尸亲犯证相验事》（嘉庆十七年九月十七日），录副奏折：03-2314-015。

管理日南坊，吏目管理灵中坊。①

进入乾隆朝后，各城副指挥、吏目的分管对象又进行了调整。在乾隆三十一年（1766）之前，兵马司坊官（正指挥、副指挥、吏目）都驻守在内城，即"前三门内之左右"，而实际上各城范围，不仅有内城区域，还有外城区域，甚至有关厢的关外坊，像北城、西城还要负责远至五园三山一带的范围。城市规模（包括城市面积、人口规模等）的扩大，客观上要求城市的治理更加细致，相关事务的处理更加及时，而衙署脱离实际管辖区的兵马司坊官，未能适应城市管理的需要。

面对办公驻地与管辖区域相脱节的问题，河南道监察御史李憕于乾隆二年（1737）九月二十二日奏请朝廷，希望予以调整，以避免"五城正副指挥衙署所居总列南城，不便稽查弹压城外辖地"的弊端：

> 查五城指挥有正有副，而其次则有吏目，计其所辖之地，分疆画界，城内城外，虽有远近之不同，而衙署所居则总列南城前三门之左右。其在南城内者人烟栉比，虽属纷烦而地近情亲，体察犹易。至城外之村庄屯聚，与官署相距近或三四十里，远则七八十里不等，如东城则自城内至通州界之定福庄，西城则至田村，北城则至清河。而南城之所属四隅尤为寥阔，闻管理之官间一往循其地，其余则悉委之总甲，凭其驰报。夫以数十里之遥，往返则百余里，朝往暮归，奔驰不暇，而尚能于顷刻之间周谘民隐，访察备至乎？至责之总甲之驰报，其是非之颠倒、曲直之混淆，尤觉难凭。值暮夜之时，城门限隔，猝有命盗案件，刻不容缓，官不得往，民不能来，斯时总甲之徒乘间构衅，或勒令私和，或多方诬饰，小民之冤抑，不得上闻者亦已多矣。再如东城之朝阳门外，西城之西直、彰仪门外，俱系四方游民往来辐辏之处，但凭总甲稽查，无一官弹压其间，尤易滋弊。窃查现今巡捕营员，凡游、守、千、把等，俱各分驻汛地，防范甚便，耳目易周。臣以为各城司坊官既有正指挥居内，以资统理，佐以吏目，尽可敷用。其副指挥等与其聚于一处，无若照营弁分防之例，于城外所辖之地，酌其纷烦之处，量移分驻其间，则官与民习平时之宣谕化导，既可朝夕相亲，而民间之利弊原委亦可体察不难。即有命盗贼不法等情，地近则赴诉甚易，时迫则奸伪难施，随事随诉，随诉随理，官无奔走之烦，民无远控之苦，斯亦势之甚便者也。再查各城司坊官前蒙

---

① （乾隆朝）《钦定大清会典则例》卷149《都察院五·巡城职掌》，文渊阁《四库全书》影印本第624册，第673页。

世宗宪皇帝天恩，俱各赏给官房建署居住，今若量移各处，其旧居官房应行归公，仍于所移就近之处量给官房，以为居址。如无官房之处，或应酌量拨给之数，动项兴修，如此一转移间，则不必益官而官无不备，事益无不理矣。①

御史李悰的奏请非常重要，虽然未能得到乾隆帝的肯定，但调整司坊官分管区域已经成为当务之急。由于吏目衙署都在前三门外附近地方，而所分管的"外坊"区域，不是在永定门外，就是在安定门外，衙署与分管地方相隔遥远，造成办公与地面稽查难以兼顾，因此，到了乾隆三十一年（1766）七月，巡视北城御史素尔讷再次奏称："五城兵马司吏目例管城外地方，但距署遥远，呼应不灵，请将吏目衙署移建永定等七门、安定等六门外各城适中之地。"素尔讷建议直接将各城吏目的办公地点迁移到城外各自分管的区域内。此议经吏部讨论后认为，"吏目微员不足以资弹压，应将各城副指挥移驻城外，其副指挥原管地方改归正指挥及吏目分辖，并改建副指挥衙署"。② 也就是，与其迁移吏目衙署，不如让副指挥分管"外坊"，地位更低的吏目则管理"内坊"。此后，五城司坊官的分管布局便得以固定，即副指挥移驻城外，专门管理事务日益繁杂的"外坊"，吏目则专管"内坊"。由于中城并无"外坊"，因此分管"关外"区域的只有东、西、南、北四城：中城副指挥分管中西坊，吏目分管中东坊；东城副指挥分管朝阳坊，吏目分管崇南坊；南城副指挥分管东南坊，吏目分管正东坊；西城副指挥分管关外坊，吏目分管宣南坊；北城副指挥分管灵中坊，吏目分管日南坊。③ 这一格局一直延续至清末。

关于五城办理案件的考核，康熙五十八年（1719）题准，"兵马司案件职分应管之事，随到随审，定限五日内完结，详报本院，半月一次注销。若将案件丛积迟延，不于限内完结，或有纵役讹诈等事，由院察参"④。为提高办理效率，经都察院题准，"令五城官员每日进署办事所行案件，俱五日一次报臣衙门，依限完结"⑤。为强化约束，雍正元年（1723）覆准，五城司坊案件"随到随审，定限五日内完结详报，其巡城

---

① 《河南道监察御史李悰奏为五城正副指挥衙署所居总列南城不便稽查弹压城外辖地请量移分驻事》（乾隆二年九月二十二日），朱批奏折：04-01-01-0015-037。
② 《清高宗实录》卷765，乾隆三十一年七月丁酉。
③ （嘉庆朝）《钦定大清会典事例》卷54《都察院·五城》，"近代中国史料丛刊三编"第64辑，第2534页。
④ （乾隆朝）《钦定大清会典则例》卷149《都察院五·事件期限》，文渊阁《四库全书》影印本第624册，第674页。
⑤ 《清圣祖实录》卷284，康熙五十八年六月丁巳。

案件扣限十日内完结，造册送都察院察核注销"。对于延宕案件者，"若不每日进署，将案件丛积迟延、不于限内完结，照钦部事件迟延例分别议处，或有纵容衙役滔行讹诈等事，一经察出，或被受害人首告，照衙役犯赃例分别议处"。① 至乾隆十一年（1746）三月，巡视西城监察御史舒敏依然奏称："五城兵马司各官审理之事，向来并未定有限期，臣等巡城科道虽不时查催，然未有奏准之例，五城参差，不能画一。"② 可见，五城司坊官审理案件的考核时紧时松，并未形成定例。

关于五城坊官衙门，原本只有东城指挥有署，在崇文门外朝阳坊。雍正八年（1730），"命各就所辖地以官房为署"③，共15处。乾隆三十一年（1766），东、南、西、北四城副指挥移驻城外，专管关外坊。至此，各司坊官衙署基本稳定。据《金吾事例》，各司坊官衙署坐落地点分别是：中城（正指挥位于鹞儿胡同路南，副指挥位于西珠市口路南，吏目位于芦草园路北），南城（正指挥位于清化寺街路南，副指挥位于永定门外，吏目位于打磨厂路北），北城（正指挥位于铁门路东，副指挥位于德胜门外大关路东，吏目位于椿树三条胡同路北），东城（正指挥位于花儿市路北，副指挥位于朝阳门外鸡市口二条胡同路北，吏目位于东河漕路北），西城（正指挥位于中街北口，副指挥位于阜成门外关厢路南，吏目位于西便门内路南）。④

为辅助五城兵马司协助稽查内外城栅栏，雍正朝曾设立五城巡检。雍正七年（1729）十月，设立五城铺司巡检各一员。⑤ 其中，"关内设巡检十四员，关外设巡检十二员。关内各按铺司立栅栏四百四十处，每处派拨兵丁二名，人役一名，令巡检分隶巡查。关外令巡检亦各按界址巡逻，俱无定署"⑥。

关于设立巡检的出发点及其职能定位，都察院在设立巡检一疏内称："设立巡检原以助兵马司耳目之所不及，该铺内一应盗逃以及黄铜、赌博、宰牛、斗殴、打降、酗酒等项，应令该巡检协理稽查，不得专擅，以侵司

---

① （乾隆朝）《钦定大清会典则例》卷25《吏部·考功清吏司·京城承审事件》，文渊阁《四库全书》影印本第620册，第472页。
② 《巡视西城监察御史舒敏奏请定五城审理案件之限事》（乾隆十一年三月十七日），录副奏折：03-0051-004。
③ 《畿辅通志》卷11《京师》，文渊阁《四库全书》影印本第504册，第181页。
④ 《金吾事例》"章程"卷6，"五城坊官衙门坐落地方"，"故宫珍本丛刊"第330册，第364页。
⑤ 《清世宗实录》卷87，雍正七年十月丁巳。《畿辅通志》卷11《京师》，文渊阁《四库全书》影印本第504册，第181页，称雍正八年五城设巡检，有误。
⑥ 《畿辅通志》卷11《京师》，文渊阁《四库全书》影印本第504册，第181页。

坊官之职守。凡遇有地方应报事件，当令该巡检一面申报该城御史，仍一面报明该司坊官，庶不致生事滋扰。"言下之意，巡检只是为了辅助兵马司各坊官，而且只有协助稽查之责，但凡遇有事件，只能向该城坊官和御史报明，而没有独立处理的权力。对于都察院的这一建议，雍正帝极不赞同："既令其稽查，又止许其报明，不得擅专。傥或地方有不法等事，必待报明，然后拘拿，遇盗贼则盗贼已逃，遇赌博则赌博已散，遇酗酒则醉者已醒。虽三尺之童，亦知其断不可行者，尔等独不计及此乎？且设一官，必有一官之职，若止许其报明，则与番捕无异，何必设此巡检？如恐其生事滋扰，则当议令一面拘拿，一面详报，不许擅自审理。傥有不应拘拿之人，牵连被累，该城御史审明之日，将该巡检参处，方为妥协。"雍正帝命将原本掷还，另行详细妥议具奏，其都察院堂官及御史等一并交部察议。按照雍正帝的想法，也只是赋予巡检以缉拿的权力。不久，都察院议奏，"五城关内、关外巡检于该管地方遇有盗、逃及黄铜、赌博、宰牛、斗殴、酗酒等事，将人犯立即拘拿，报明司坊官，详解该城御史发落，该巡检不得擅自审理"。① 雍正帝批准所议，设立五城巡检。从这一意义来看，雍正帝所设立的巡检类似于近现代的"警察"。

不过，巡检的弊端正如雍正帝所担心的，由于没有单独处置的权力，导致巡检这一职官名不副实，进而沦落成与番役、捕役功能相同的杂役，从而失去了在城市治理体系中继续存在的必要性。因此，乾隆帝即位伊始，便将其废止。"此等之人，本系微职，一膺斯任，妄谓得操地方之权。所用衙役，率皆本地无籍之徒，望风应募，遂于管辖之内欺诈愚民，遇事生风，多方扰累，甚至卑陋无耻，散帖敛分，苛索银钱，官役分肥，于地方并无查察防范之效。而司坊各官反得推诿卸咎，又安用此冗杂之员也？著将巡检概行裁革，其栅栏仍照旧交与都察院五城及步军统领酌派兵役看守。至裁退之各巡检，著都察院分别等次，交部酌量补用。其未补者，仍归伊等原班铨选。"② 在乾隆帝看来，巡检一职不仅没有起到协助稽查内外城栅栏的作用，反而滋生事端，成为各司坊官推卸透过的借口。

三、五城吏役人员

在封建时代的官僚行政运转体系中，作为基层办事人员的胥吏不可或

---

① 《清世宗实录》卷96，雍正八年七月甲戌。
② 《清高宗实录》卷21，乾隆元年六月辛卯。

缺。清代北京五城御史和兵马司衙门内，同样设有诸多胥吏杂役人员，主要有书吏、总甲、捕役、皂吏、仵作、所夫和更夫等。

其一，书吏。

五城御史、兵马司各衙门都有额定的书吏名额，其中，巡城御史衙门书吏各四人，兵马司衙门因繁简差异而略有不同，中城有指挥三名、副指挥二名、吏目二名，东城、南城、西城有指挥、副指挥、吏目各三名，北城有指挥四名、副指挥二名、吏目三名。①

五城书吏的主要职责是在各衙门中承担文书起草、流转、档案收贮甚至案件审办等工作。古代中国有"胥吏治国"之说，这在清代京师五城同样适用。乾隆三十一年（1766）正月都察院遵旨调查北城文案，结果发现文案"存贮书吏家中"，尽管随后"饬该城查明，收存公署"②，但这一现象已足以说明书吏在五城日常运转中的角色。书吏之所以能够发挥如此重要的作用，其根本还在于走马观花式的各级官员离不开这些不入流品的书吏，书吏长期在衙门中办事，熟悉各项公文格式、流程，稔知各种"则例""律例"，这些公务知识和经验是一般官员所不具备的。例如，乾隆六年（1741）四月，律例馆办理新书告成，清政府遂命巡视五城御史"各选书吏，赴部敬谨分钞，俾得照新例引用"③。正因为书吏熟悉这些技术性很强的事务性工作，才使得书吏往往成为各衙门运转过程中最不可或缺的人员。

按照惯例，五城书吏役满后，"咨送吏部注册铨选"，但实际上这些役满书吏获得职衔的机会非常渺茫，有人候职二三十年，也没有结果。随着书吏内外交接、巧诈营私之事时有发生，雍正帝和乾隆帝对书吏的限制日趋严厉。乾隆五年（1740）十二月，经吏部议覆御史条奏，规定"役满书吏，应饬令回籍"④，理由是"该书吏等充役有年，熟悉衙门事务，易启勾通贿嘱之弊，是以役满不准逗留在京"⑤。乾隆三十二年（1767）四月，经御史戈涛奏准，"嗣后各该坊书吏应定限五年为满，另行募充"⑥。与京城各部院的书吏任职期限一样，五城御史、兵马司各衙门中的书吏任期也是五年，役满后另行充募。由于书吏的出身和仕途存在诸多限制，书吏的素质也难以提高。乾隆五十九年（1794）十月初五日，巡视西城监察御史陈昌齐

---

① （乾隆朝）《钦定大清会典则例》卷150《都察院六·书吏》，文渊阁《四库全书》影印本第624册，第708页。
② 《清高宗实录》卷753，乾隆三十一年正月甲午。
③ 《清高宗实录》卷141，乾隆六年四月壬戌。
④ 《清高宗实录》卷132，乾隆五年十二月甲辰。
⑤ 《清宣宗实录》卷161，道光九年十一月庚寅。
⑥ 《清高宗实录》卷783，乾隆三十二年四月己酉。

奏称，他"屡次巡城，每见该吏等誊抄文稿，甚属勉强，亦多有讹误，随查此项书吏向系自备资斧效力，年满就职，挨选无期，是以应募者类非有才具之人"①。衙门书吏不仅没有俸禄钱粮，而且还需要自备资斧，这种情形下，不可能招募到才具之人，更无法保证书吏能廉洁奉公。鉴于此，经军机大臣议准，"于都察院衙门所得饭食银两量为拨给，以资办公"②。

嘉庆朝以后，清政府虽然对在京城各部院和五城各衙门任职的书吏限制愈严，但很多书吏不惜采取各种办法予以规避。道光九年（1829）十一月，御史姜梅奏称："近来役满书吏回籍者不过十之一二，并有因役满即须回籍，每于将及五年之时先行告退，即可不在役满之列。又有冒入大兴、宛平籍贯，改名捐纳微职，以候选为名，遂得潜留京中。"③ 其方法是，在即将满五年之际先行告退，再另觅机会任职；或者冒籍大兴、宛平，然后捐纳小官。为打击这些现象，道光十年（1830）六月，清政府一方面命五城司坊官"督率总甲，认真查报冒籍大宛两县者"，另一方面规定"其籍隶大宛者，不准充当书吏"。④ 直至清末，尽管清政府采取了诸多限制役满书吏逗留京师的措施，但实际上收效甚微。

其二，总甲。

清代京城总甲之设，沿袭自明代里甲制度，在京师外城、关厢的各坊铺之下都设有总甲，"五城地方每铺俱设有捕役，又各铺俱设有总甲"⑤。大约每百家设一总甲，主要承担契税徭役的征收、街道巡逻、稽查盗贼、防范火灾以及案件呈报等任务。据《钦定大清会典则例》，京师五城各城副指挥、吏目下各设总甲若干名。其中，中城副指挥、吏目各四名，东城副指挥、吏目各六名，南城副指挥六名、吏目五名，西城副指挥五名、吏目六名，北城副指挥七名、吏目九名，月各给工食银五钱。⑥

在清前期，五城总甲在完成官派徭役中起着基层组织者的重要作用。例如，清初京城贡院所使用的案座、笔墨纸张及笤箒水桶等物，基本是总甲奉五城司坊官之命，向民间科派。又如，部院各衙门诸多杂项差务，也

---

① 《巡视西城监察御史陈昌齐奏陈巡城事宜事》（乾隆五十九年十月初五日），录副奏折：03-0271-004。
② 《清高宗实录》卷1465，乾隆五十九年十一月戊申。
③ 《清宣宗实录》卷161，道光九年十一月庚寅。
④ 《清宣宗实录》卷170，道光十年六月甲午。
⑤ 《巡视北城工科给事中吴炜奏请弭息窃贼源流分别惩劝以靖地方以鼓吏治事》（乾隆八年七月初二日），朱批奏折：04-01-01-0090-031。
⑥ （乾隆朝）《钦定大清会典则例》卷150《都察院六·总甲》，文渊阁《四库全书》影印本第624册，第709页。

是"坊官均令总甲承办,而总甲皆派于民间铺户"。具体而言,如"部院票取东西马馆药引、兽医,文乡会试雇觅各项长短夫役,礼部票取刻字匠,及恩荣筵扫除泼水夫役,顺天府武乡试票取空白簿,武乡会试外场领运床、椅等物,所用车价人夫,武会试厨役及应用器物,又每遇应送校尉驾衣、翎帽,并抬夫钱粮各项须用车装载,内务府雇车所用席、蓬、绳、竹,光禄寺票取厨役茶夫并蒸锅等匠,各部院发下递解人犯、老病妇女须车驴解送,各衙门票取鼓吹、采绸并公案公座,内务府器皿库匠作每月票取青竹、藤条、茶叶,銮仪卫每年六月票行洗象搭棚"① 等差役,虽然在雍正十一年(1733)后大多被废止,但在此之前,都是由总甲承办完成。即便如此,总甲承应衙门饭食桌椅、打扫地面之事始终不可避免,最后往往会转嫁为坊间科派。

此外,据《钦定大清会典则例》记载,总甲还在司坊官的督率下,参与到捕蝗、救火、巡夜、救助孤贫、查禁赌博、查禁贩卖人口以及命案呈报等各种事务中。例如捕蝗,"凡五城地方遇有蝗蝻,该司坊官率领甲、捕立即扑灭,不得稽延时日,有害田禾"。例如救火,"凡官民房舍火起,不分地方,各司坊督领甲、捕,均持器具救火"。例如巡夜,"每年十月初一日起至十二月终止,该司坊官每夜巡察,督率总甲、捕役互相巡逻,缉捕盗贼"。② 例如救助流民,"流民无依及衢巷卧病者,总甲即报指挥"③,然后收入各城栖流所。"总甲人等原有巡查地方之责,如偶遇倒卧,自当及时报验。"④ 例如呈报人命案件,雍正十一年(1733),定正阳、崇文、宣武三门内五城分管地方,如有民间命案,各设总甲一名呈报。⑤ 由此可见,总甲在清代北京城市基层社会治理中始终发挥着重要作用。

其三,捕役。

清前期,各城所属两坊,每坊额设捕役十二名。雍正七年(1729),因"地阔人稠,巡察不及,准于每坊增设捕役十二名"。此后定制,五城

---

① (乾隆朝)《钦定大清会典则例》卷150《都察院六·供应》,文渊阁《四库全书》影印本第624册,第707页。

② (乾隆朝)《钦定大清会典则例》卷149《都察院五·巡夜》,文渊阁《四库全书》影印本第624册,第686页。

③ (乾隆朝)《钦定大清会典》卷81《都察院》,文渊阁《四库全书》影印本第619册,第762页。

④ 《巡视中城给事中富盛、巡视中城给事中戴第元奏请永禁叫知人等名色事》(乾隆三十九年六月二十八日),录副奏折,03-1225-017。

⑤ (乾隆朝)《钦定大清会典则例》卷149《都察院五·命案》,文渊阁《四库全书》影印本第624册,第688页。

副指挥、吏目衙门即各坊额设二十四名捕役，月各给工食银五钱。①

五城捕役虽然设在各城坊，但其人员充补以及缉捕任务的考核却由都察院管理，"此等人役向系京畿道、河南道、山东道、都察院经历司、督催所五处该管，当充补时投文申报"。因其缉捕考核归都察院，因此充补后，"复纷纷赴各处应卯"，至于各城坊"每致误差干咎，是以愿补者少，于办理公事殊多掣肘"。结果造成五城捕役经常缺额，而且应募者寥寥。乾隆五十九年（1794）十月，巡视西城监察御史陈昌齐奏请，将五城捕役的管理，"交吏部核实各处事例，将此项人役酌归一处专管，庶应募者踊跃赴公，足备巡缉之用"。②经军机大臣议准，"五城甲捕等，惟都察院经历司暨山东道有督催比较之责，应归二处专管，其余概停应卯"③。

捕役的主要职责是在城坊各分地段，缉捕盗贼，是司坊官履行城市治安职责所依赖的主要人员。捕役缉拿案犯，须凭借缉捕发票，但捕头私派的现象也不少。例如，"吏目王德裕身膺捕盗之责，乃于应办案件，并不发票差缉，惟听捕头私派，以致捕役于成承缉数案，不但逾限未获，并问其事由亦茫然不知，纵盗殃民，莫此为甚。"④另外，捕役还经常额外承担都察院乃至其他各部院衙门的缉捕任务。

其四，皂吏。

作为五城衙门中的差役，清代定制，中城司坊额设皂吏十八名，东城司坊二十九名，南城司坊二十名，西城司坊二十九名，北城司坊三十名，每月各给折米银三钱九分。⑤

皂吏不入流品，但在五城衙门中也并非可有可无之辈，以下陕西道监察御史纪复亨所奏报的一位北城皂吏出殡的气派场景，大略能说明一二。据纪复亨所言，他于乾隆二十六年（1761）八月十七日从寓所入署，路经广宁门大街，目睹一支出殡队伍，"第见市巷喧阗，男妇杂沓，两街搭盖蓬厂盈衢，陈设路祭，扎扮诸戏如秧歌、幡竿等项，夹以金鼓之乐，自粉坊琉璃街口直至广宁门数里之中，充积拥塞，几无行路"。不仅如此，"又

---

① （乾隆朝）《钦定大清会典则例》卷150《都察院六·捕役》，文渊阁《四库全书》影印本第624册，第709页。
② 《巡视西城监察御史陈昌齐奏陈巡城事宜事》（乾隆五十九年十月初五日），录副奏折：03-0271-004。
③ 《清高宗实录》卷1465，乾隆五十九年十一月戊申。
④ 《山东道监察御史钱士云奏参东城兵马司吏目王德裕失职事》（乾隆十八年三月），录副奏折：03-0085-064。
⑤ （乾隆朝）《钦定大清会典则例》卷150《都察院六·皂吏》，文渊阁《四库全书》影印本第624册，第708页。

有伞扇、藤棍、执事人役排队呵喝而来",更重要的是,"审视其官衔则有大理寺、翰林院、太平、桂林等府牌号"。及访问其人,原来死者只是曾充任北城司坊衙门的皂吏,"混名阎王张四,又混号蛇张",而且出殡队伍中的执事人等"皆系北城司坊官衙役"。按理说,清政府对丧葬规格有严格限制,"自王公大臣以至士庶丧葬,皆有定制,莫敢逾越",如今一名皂吏"敢肆行无忌,于辇毂重地实大干功令"。① 实际上,考虑到京城捕役、皂吏往往与盗窃、匪伙等势力有着千丝万缕的联系,这位曾在五城司坊衙门当差的皂吏拥有混号"蛇张",而且能让"群役尽往奔走",乃至出殡队伍中出现大理寺、翰林院等部院衙门牌号,也就不足为怪了。

其五,仵作。

清制,五城各设仵作一名,由本城招募诚实谙练者充当,给发工食,月各一两,如三年无过,月各二两。②

仵作是古代官府检验命案尸身的人,其经验和能力具有较强的技术性。在传统社会缺乏其他验尸手段的情形下,仵作的验尸证词是命案审理的重要依据。在五城各类案件中,命案备受重视,由五城正指挥专管,因而仵作在五城乃至刑部审理命案过程中的作用不可或缺。但也正因如此,仵作偏袒乃至捏报的弊端时有发生。尤其是,五城官吏仵作验办涉及本城吏役所犯命案时,"难免袒庇"。乾隆四十六年(1781)七月,左副都御史哈福纳奏请"嗣后各城有吏役命案,该巡城御史速调别城指挥,带本管书吏、仵作验办,令本城者回避"③。该建议便是针对这种弊端的应对之举。

五城命案频繁,而勘验尸身,往往要依赖掌握这一专门技术的仵作。但长期以来,仵作额定人员不足,甚至空缺。都察院、五城需用时只得向顺天府或刑部等部院衙门申请借用。乾隆五十一年(1786)六月,乾隆帝命"自后五城自行募充仵作应用,不得复向顺天府借拨"④。六月二十一日,都察院堂官奏,"现在召募仵作,于堂官六员及巡城科道十员内,公同捐办。如有赴城应募者,即给与赀费,以便报充"⑤。后来,又在各城正额仵作之外,设立学习仵作一名。虽有所补救,但五城仵作乏人,始终未能妥善解决。

---

① 《陕西道监察御史纪复亨参奏北城司坊官于彩服之日放纵属下逾规事》(乾隆二十六年八月十九日),录副奏折:03-0104-013。
② (乾隆朝)《钦定大清会典则例》卷150《都察院六·仵作》,文渊阁《四库全书》影印本第624册,第709页。
③ 《清高宗实录》卷1137,乾隆四十六年七月丙寅。
④ 《清高宗实录》卷1256,乾隆五十一年六月壬午。
⑤ 《清高宗实录》卷1257,乾隆五十一年六月癸巳。

因五城仵作缺额严重，道光三年（1823）十一月，御史董国华奏请募充："近年充役日少，在部、城当差者仅止二三名，遇有各城人命，重叠报验，传唤不敷，每致停尸待验。即现在著役者，实少谙习可靠之人。"道光帝遂令刑部查明"筹议募充，俾谙悉检验，即由该部分拨五城著役，以符例额"。① 尽管广为招募，但应募者寥寥，至道光六年（1826）仍多缺额未补。六年正月，御史徐养灏再次奏请将仵作足额招募，"刑部及五城向例均有额设仵作及副役学习帮办，前经降旨募充。乃近年仍未足额，以一人而充数处之役，遇有五城咨部案件，检验仍出一手，辗转回护，弊窦丛生。著五城御史率同司坊官广为招募，勒限学习，无许现充仵作把持，俟各衙门缺额概行补足"②。六月，都察院左都御史松筠针对招募五城仵作人员，提出了增加饭食银两等解决办法。松筠认为五城招募仵作始终难以如愿的根本原因是仵作的待遇极低，而且任务繁重，"缘事关民命，罪谴易及，讲解一时难明，且工食本微，远近差使，往来车饭等费不无赔累"。而且培养一名合格的仵作需要较长的时间和实践经验，"况学习仵作向于投充之日官给《洗冤录》一部，令其诵习讲解，敏者亦须累月，钝者或至经年，又须饬令现充仵作带同相验，与《洗冤录》逐条指证，方可渐臻熟练"。解决的办法是，"惟有宽其养赡，庶可踊跃趋公"。松筠建议："嗣后各城应募学习之人，每月酌给饭食银二两，其现充正、副仵作饬令认真教导，亦每月各给饭食银二两，限以一年期内。如果学习谙练，以次补食正身，副役钱粮即无庸再给饭食。"③

除了以上五城吏役人员之外，五城还额设有栖流所管理人员"所夫"，中、东、南、北四城各设栖流所一处，西城设立二处，各有所夫一名，月各给工食银五钱。

另有"更夫"，有民更、官更之别，主要职责是夜晚在内外城分地段负责打更报时，"民更与官更各有界段"，各司其职；遇有盗贼时，"民更与官更连击梆鸣锣"④，协同预警。京城"更夫"虽然地位低下，但在清末使用近代机械钟报时之前，打更报时对于城市秩序的维护起着不可忽视的作用。

---

① 《清宣宗实录》卷61，道光三年十一月丙寅。
② 《清宣宗实录》卷94，道光六年正月癸卯。
③ 《署都察院左都御史松筠等奏请将五城当商生息银两酌增仵作正身副役等饭食以速召募事》（道光六年六月十一日），录副奏折：03-2849-024。
④ 《巡视中城御史额图洪额等奏为遵议五城捕务章程事》（光绪元年三月初五日），录副奏折：03-7226-001。

四、五城弊政

五城行政体系在清代北京城市管理中发挥了重要作用，但其弊端也不少，主要表现在以下几点：

其一，渎职失责。

巡城御史的首要职责"以纠察为职"，但五城御史对五城兵马司失于监管之处常有发生。乾隆帝曾批评巡城御史失职，"兵马司其所专辖，乃漫无查察，一任该员肆行侵蚀，并至冒领米石，毫无顾忌"①。缉捕盗犯，是五城坊官的重要职责。但清代京城盗案频发，五城官员经常因缉拿不力而被议处。道光十五年（1835）十二月，因缉拿人犯不力，北城吏目余龙光经部议革职，北城正指挥孙德涵交部照例议处。②诸如此类，不一而足。

其二，贪财受贿。

"指挥一官，为一城之领袖"，然而五城官员贪赃事件时有发生。乾隆十二年（1747）七月，南城指挥张元培"到任未久"，即改造衙署大门、添盖卷棚修饰，所需物料全部派总甲、房牙"逐日敛钱垫发"。更甚者，借殓埋倒卧人命，谋取钱财。按例，街头倒毙人命由各城指挥相验后，给棺殓埋，每名应开销棺木银八钱，抬埋银二钱，在栖流所存贮项下动用。"此乃掩骼埋胔，奉行国家仁政之一端，岂容尚有染指？"但张元培任南城指挥以来，每给棺一口，只发价银五六钱，其余银两全部侵吞为己有。③另外，各城司坊官多有承办土米平粜任务，借机上下其手之事屡见不鲜。乾隆三十八年（1773）闰三月，南城指挥董启埏在承办土米平粜钱文过程中，就被查出"有亏空挪移情蔽"④。

其三，徇私枉法。

在办理案件时，巡城御史常受他人请托而徇私。例如，嘉庆五年（1800）三月十九日，东城吏目聂连登解到人犯张成、单四、赵氏、岳氏

---

① 《清高宗实录》卷407，乾隆十七年正月己卯。
② 《巡视北城河南道监察御史和丰、巡视北城四川道监察御史陈功奏请将缉拿人犯不力北城正指挥孙德涵交刑部议处事》（道光十五年十二月二十五日），录副奏折：03-3777-044。
③ 《巡视南城给事中瞻柱、巡视南城给事中马宏琦参奏本城指挥张元培贪劣不职请革职审究事》（乾隆十二年七月二十六日），朱批奏折：04-01-01-0154-029。
④ 《巡视南城给事中图萨布、御史胡翘元奏参原任南城指挥董启埏事》（乾隆三十八年闰三月二十六日），录副奏折：03-0132-017。

四名，既无原呈，也无各犯供单。正欲讯究时，汉巡城御史汪镛即行阻拦，"说系伊亲谊，马少爷托过，毋庸深究，亦不必立案"。随后，汪镛竟自一人做主，不问情由，仅责张成二十板，将岳氏交单四领去，草率完结。① 光绪年间，御史安维峻奏称，五城遇有讼案，"往往两造未集，即有人函托巡城御史以致意存调停"②。

司坊官也经常接受请托。东城兵马司副指挥周连自嘉庆十六年（1811）任职后，与东直门外菜市的监生赵维屏家结识，两人多有来往。十八年（1813）十二月间，东城陈大控告何六等不给口袋钱文，认识何六的赵维屏便私下贿赂副指挥周连，恳请将陈大发保。"因是钱债细故，陈大又是原告"，副指挥周连接受请托，便将陈大发保。十九年（1814）闰二月初，东城有王七控告高泳宁欠钱一案，赵维屏又行贿周连，将王七保出候传。闰二月中旬有王十、曹大揪扭一案，赵维屏再次行贿周连将曹大保出候传。③

作为京城重要的地方管理官员，除了容易受到各种政治权力的干扰和影响之外，京城富商众多，财富依附政治权力的倾向，也极易成为巡城御史们的腐败陷阱。乾隆十七年（1752）任职巡视南城御史的杨朝鼎，"素日与商贾富厚之家往来"，这些京城富商"藉其声势，愈加亲密，酒食征逐，良贱糅杂，谑浪号呶，无所不至"。十八年（1753）正月，杨朝鼎与京城号称"珠子袁家"结为婚姻。这位"珠子袁"即袁永吉，"饶于财，其父曾充兵部马头，贱役也，该科甘与为婚，人多鄙蔑"。五月十五日婚庆当天，"演戏设席，延请多人，尽皆估客、富家"④。杨朝鼎结交的京城富商还有俞长庚等人。俞长庚父俞君弼，本为工部凿匠，以长期承担京城官办工程的石材供货而发家致富。早在乾隆朝初年就因与京官关系密切而引起乾隆帝的注意。乾隆五年（1740），曾发生养女婿许秉义与养子俞长庚争夺俞氏家产一事。"今闻俞君弼原充工部凿匠，积有家赀，病故无子，其义女之婿许秉义欺其嗣孙年幼，图占家产，竟以婿名主丧。因向与内阁学士许王猷联宗，托其遍邀汉九卿往吊，欲借声势弹压俞姓族人。九卿中如陈德华、陈世倌、梁诗正、张廷璐等托故不往，其余往者颇多。夫身为

---

① 《巡视东城御史德新奏为特参巡视东城汉御史汪镛徇纵事》（嘉庆五年三月二十四日），录副奏折：03-2429-012。
② 《清德宗实录》卷334，光绪二十年二月辛亥。
③ 《大学士管理刑部事务董诰等呈已革东城兵马司副指挥周连供单》（嘉庆十九年六月十一日），录副单：03-2233-015。
④ 《都察院左都御史木和林、都察院左都御史梅毂成、都察院左副都御史广成奏参巡视南城给事中杨朝鼎放荡不职请交部议处事》（乾隆十八年五月二十八日），录副奏折：03-0086-034。

大臣，而向出身微贱之人俯首拜跪，九卿纵不自爱，其如国体何?"① 不久，又查出礼部侍郎吴家骐"收受俞长庚盘费银两"，詹事府詹事陈浩"在俞长庚家陪吊屡日"。② 十余年之后，继承俞君弼家业的俞长庚依旧与官员关系密切。得知来龙去脉的乾隆帝斥责杨朝鼎"身列谏垣且任巡城，乃放荡不职、卑鄙污贱至于如此！"并立即将杨朝鼎"革职拿交刑部，其与富户交结往来情弊，一并严审治罪"③。

杨朝鼎并非个案，乾隆十八年（1753）九月，被兵部尚书兼步军统领舒赫德所参奏的巡视东城给事中特吞岱亦是如此。据舒赫德奏，特吞岱"自巡城以来，凡伊所属富户，无不往来。又往来通州，常与大春班唱旦戏子刘三同舟起坐"。又查出捐纳员外郎刘裕泰"出身不正，倚藉特吞岱交好，巧为钻营"，甚至代请都察院堂官，向特吞岱赠送"好善可风"匾额。④

更有滥用职权者。嘉庆五年（1800）五月初六日，巡视南城御史梁上国之子在菜市口一处钱铺换钱，因嫌价少而与钱铺伙计发生争执斗殴，将钱铺砸毁，结果御史梁上国公报私仇，将铺伙三人"拿至私宅掌责，又发交西城坊看押"⑤。

其四，科派勒索。

司坊官及其下属杂役借各种时机勒索，几乎司空见惯。一般来说，巡城御史上任之初，"有供应珠匣、笔砚、签筒、坐褥、围裙、铺垫等物，长班家人有饭钱使用等费，俱指名科派，用一派十，积弊相沿"⑥。对于以上科派勒索，司坊官不仅习以为常，而且还自我标榜。例如，光绪年间的北城正指挥韩士俊"到任未久，即两次勒派铺户钱文"，又"自制万民衣伞并制匾额悬挂司堂，捏称巡城科道赠送"。⑦ 另外，五城案件所涉及的嫌犯，一般由五城司坊官看押录供。这一权力也给司坊官衙门里的吏役、跟役家人、门丁提供了诸多勾串勒索的契机。

其五，办公懒散。

在清代，无论是在京的中央部院衙门，还是五城司坊及巡城御史衙

---

① 《清高宗实录》卷129，乾隆五年十月戊午。
② 《清高宗实录》卷142，乾隆六年五月甲子。
③ 《清高宗实录》卷439，乾隆十八年五月壬午。
④ 《清高宗实录》卷447，乾隆十八年九月甲戌。
⑤ 《步军统领布颜达赉等奏为菜市口钱铺杜可仁呈控因与巡视南城御史梁上国之子换钱争持被该御史掌责关押事》（嘉庆五年五月初七日），录副奏折：03-2181-002。
⑥ （清）吴震方：《巡城条约》，"预革旧规"。
⑦ 《署都察院左都御史志和等奏为遵旨查明兵马司北城正指挥韩士俊遇事铺张等案请旨即行革职交部议处事》（光绪五年六月十九日），录副奏折：03-5139-083。

门,除了年节封印时间外,清政府原则上都要求各级官员每日进署办公。但实际情形差别很大,就五城司坊官和巡城御史而言,长期以来五日一次进署办公,虽经历任统治者整顿,但收效甚微。

清前期,尤其康熙朝和雍正朝,统治者朝乾夕惕,各衙门官员办公还算勤奋。自乾隆朝始,天下太平日久,官员懈怠的情形日益突出。乾隆三十一年(1766)正月,都察院甚至发现五城各城案卷往往不在衙署,而在书吏家中;御史很少每日进署办事,甚至在私宅接收呈词。清政府要求"嗣后都察院堂官务饬各城案卷俱贮公所,每日进署理事,接收呈词,公同查办。或遇昏夜紧急事件,始准在私宅接收,次日仍须赴署会办"①。私宅办公不仅不是勤于政务的表现,反而为徇私舞弊提供了良机。

嘉庆九年(1804),经给事中汪镛奏报,五城御史"坐城之期大率五日一次,核计每月办事只有六日",嘉庆帝批评五城御史过于旷废,遂增加了对巡城御史到署办公的考核,规定嗣后巡城御史"除另有他事,准其间日到署,其无事日期,俱著常川到署办事"。② 二十五年(1820),河南道监察御史佟济奏请巡视五城御史与司坊官应每天到署,"嗣后如遇事件繁多,当日日进署,即或事简,亦当间一日进署核办"③。嘉庆帝准其所奏,"饬令五城御史常川进署,认真办公"④。

到了道光十七年(1837)六月,御史张秉德仍然反映,近年来五城坐城理案之期"大率五日一次,每月办事只有六日,殊觉过疏"⑤。经都察院议奏,考虑到五城事务繁忙,除了民人词讼之外,"复有兼察旗务、巡查门牌、督办饭厂诸事宜,是以不能源源逐日到城"⑥,遂规定"嗣后著巡城各科道,除报紧要事件立即赴城审办外,遇有别项差使,只准间一二日,即行坐城。如无别项差使,仍常川到署办事,以清案牍"⑦。在五城事务繁杂的情形下,无论司坊官还是巡城御史,的确难以做到每日进署办

---

① 《清高宗实录》卷753,乾隆三十一年正月甲午。
② 《钦定台规》卷17《五城一·纲领》(道光朝四十卷本),"故宫珍本丛刊"第315册,第223页。又见《清仁宗实录》卷135,嘉庆九年十月庚午。
③ 《河南道监察御史佟济奏为克期讯结各案请饬下巡视五城御史与司坊官日日到署并撤回驻海甸御史事》(嘉庆二十五年十月初三日),朱批奏折:04-01-01-0596-017。
④ 《军机大臣曹振镛等奏请饬令五城御史常川进署办公及撤回驻海淀附近御园之巡城御史事》(嘉庆二十五年十月二十日),录副奏折:03-2266-011。
⑤ 《河南道监察御史张秉德奏为勤理词讼以省拖累事》(道光十七年六月初三日),录副奏折:03-3783-028。
⑥ 《都察院左都御史奎照等奏为遵议御史张秉德奏勤理词讼一折事》(道光十七年六月二十一日),录副奏折:03-3783-047。
⑦ 《清宣宗实录》卷298,道光十七年六月丁卯。

公,但其松散的状态始终是不争的事实。

五、行政困局

以上五城官员的各种弊政只是表面现象,背后则是五城体系的困境。在近现代城市政府出现之前,五城是我国传统城市行政机构的重要形态,在清代北京城市管理中发挥了重要作用,但五城行政始终面临着司坊官品级低、奖惩无序、升迁无路等诸多困境。这些问题不仅是清代北京司坊官行政效率低下的重要制约因素,而且在很大程度上严重损坏了清代北京城市治理的行政能力。

其一,五城司坊官主要由捐纳出身。

京师五城司坊官有"缉拿各项匪类、承办一切公事之责,品秩虽卑,职守甚要,必得精明强干之员,始于地方无误"①。但实际的情形是,司坊官的品级低,吏目甚至不入流品,无论是正指挥、副指挥,还是吏目,这些职位往往不受正途出身的科举人员看重,其出身大多来自捐纳。而这些捐纳出身的官员,为官之操守参差不齐,加之升转无望,很容易蝇营狗苟,勒索受贿。

例如,道光年间的北城吏目赵大观,山东监生,"遵南河捐输例,报捐兵马司吏目",嘉庆十四年(1809)选授北城吏目,一度因事革职后,又捐复原官,并于道光十二年(1832)八月坐补北城吏目,"才具平庸,办事竭蹶,询以所司公件,应对多不明晰"。②西城副指挥马树型,也是捐纳出身,"才识平庸,办公竭蹙",甚至"遇事颠顸,任内所有承缉窃案并无一获,西城外坊所辖地面辽阔,词讼纷繁,断非该员所能胜任"。③光绪年间的南城正指挥刘景韶办案时勒索银两,其人"籍本天津,以浙江籍充书吏,以山西籍捐指挥",于光绪五年(1879)补东城正指挥,七年

---

① 《署理巡视北城户科给事中阿布纳、巡视北城监察御史徐以升奏参北城吏目徐成章劣绩事》(乾隆七年二月十九日),录副奏折:03-0067-020。
② 《巡视北城吏科给事中春和、巡视北城吏科给事中孙善宝奏参北城吏目赵大观办事竭蹶缉捕不力请勒令休致事》(道光十二年十月十六日),录副奏折:03-2629-051。
③ 《巡视西城工科掌印给事中萨霖、巡视西城掌山西道监察御史郭柏荫奏为西城副指挥马树型才难称职请撤任并委令李广元署理副指挥事》(道光十九年十一月初三日),录副奏折:03-2688-012。

(1881）被参开缺，十八年（1892）复补南城正指挥。①

为提升五城司坊官的素质，光绪五年（1879）七月，河南道监察御史田翰墀奏请将五城司坊各官由捐纳改为用正途出身的科举人员。在田翰墀看来，"京师为首善之区，司坊有亲民之责，尤不可不急为变通"，但五城司坊各官"多由捐纳出身"，其中"公事勤慎者固不乏人，而行止卑污者指不胜屈"。历年五城司坊官所暴露出的弊政，究其原因是这些坊官"未泽以诗书，故行同乎市侩"，要求这样出身的官员"洁己爱民，能乎？"因此，他建议"将捐纳五城兵马司正、副指挥暨吏目等例一并停止"，全部改由举人考取，由吏部铨选。② 然而，此议未获批准。光绪二十二年（1896），掌山东道监察御史秀林同样痛陈捐纳官员的弊端，"自捐例一开，膺是职者非致富之商人，即年满之书吏，平时未读诗书，不知礼义廉耻为何物，遇有词讼，专视人情财贿之重轻，以叙供招，以判曲直，仕宦之场，竟同市侩"。通过捐纳任职的五城司坊官在处理盗窃案时，如果盗窃案"出在宦家者，不过往验一次"，如果发生在平民之家，则"置之不理，又安望破案乎？"甚至"纵役庇贼，坐地分赃"。因此，要想正本清源，"非将司坊官改用正途不可"。③ 御史秀林的奏请同样未能引起清政府的重视。

捐纳作为清代选任官员的一种途径，在一定程度上弥补了科举制度下选用人才的不足，其弊端在清前期尚不明显，但在清后期，捐纳泛滥，已成为卖官鬻爵的代名词。五城司坊官的官员基本全部来自捐纳一途，尽管职位重要，"非公正廉明之员不能胜任无愧"，无奈清后期政府已经走上饮鸩止渴之途，尽管有御史田翰墀、秀林等人先后力陈其弊，也已经无济于事。

其二，五城事务繁杂，但基层官员少。

按照五城兵马司职官设置，正指挥、副指挥、吏目各司其职，且有各自的管理区域，但由于都城的事务繁杂，有时甚至超过州县，而五城职官一共15人，往往不能兼顾。例如，五城司坊官的缉捕责任，除了本职任

---

① 《巡视南城掌广西道监察御史穆腾额、巡视南城掌福建道监察御史裴维佽奏为遵旨查明南城正指挥刘景韶确有勒索银两等情请旨革职事》（光绪二十二年十一月十二日），录副奏折：03-5918-068。

② 《河南道监察御史田翰墀奏为五城司坊各官多由捐纳出身行止卑污请停止捐输改用正途以清吏治事》（光绪五年七月初三日），录副奏片：03-7182-034。

③ 《掌山东道监察御史秀林等奏为司坊官承办词讼有专视人情财贿重轻以判曲直拟改用正途人员事》（光绪二十二年），录副奏片：03-5516-045。

务之外，五城司坊官往往还需要承接其他乃至中央各衙门拘拿人犯的任务。康熙五十七年（1718）七月，经都察院左都御史蔡升元奏准，严格规范五城兵马司奉行牌票事务，"查五城司坊官拘拿人犯，差役纷繁，究其所奉牌票，衙门甚多。嗣后五城司坊官奉行牌票，除提督及部院堂官、通政使司、大理寺堂官、顺天府府尹、本城御史批发事件外，其各衙门不得擅行牌票交与司坊"①。因其人手少，处理权限不足，司坊官往往大事化了，小事化无，甚至出现私了、匿报的情形。

　　再以五城命案为例，统归正指挥相验，"惟是京师五方杂处，人命案件颇多"，如果发生在城内，各城正指挥"尚可速验"，至于"关外所报有往返必需一两日者，顾此失彼，在所不免"；寒冬季节"虽尚可停留"，夏日则"往往伤痕发变，尸身腐溃，以致难于检验"。乾隆五十六年（1791）五月，刑部与都察院联合奏请，"嗣后五城相验，城内不得过两日，关外不得过三日"。为弥补人手不足的问题，又建议当正指挥不能分身时，"即照佐贰代验之例，委副指挥、吏目代验"，至于承审，则"仍归本官办理"。②

　　这种委署的方式，是传统行政运行过程中解决官员人手不足问题的常见手段。对于五城来讲，命案固然频发，当正指挥不能兼顾时，由副指挥、吏目代为勘验，但副指挥所管辖的外坊以及吏目在内坊的事务，也容不得分心。因此，五城司坊官之间的委署，很多情况下是拆了东墙补西墙，并没有从根本上解决行政官员不足的问题。

　　不只是城内，即便是外坊关厢之地，五城职官缺乏、不能适应城市治理需要的弊端也非常明显。在这种情况下，另一种弥补行政力量不足的手段便是动员社会力量进行社会管理的保甲制。在清前期，清政府虽然沿袭明代旧制在顺天府属州县范围内继续推行保甲制，但并未实行于北京城厢区域内。就关外坊而言，尽管清政府在乾隆三十一年（1766）后，将副指挥迁往城外，加强管理，但面对日益繁复的城市社会管理的需要，其力量依然捉襟见肘。嘉庆五年（1800）七月，巡视南城御史兴德与梁上国就专门指出了这一情形："京师设立五城，各分地巡察，除中城向不兼巡关外地方外，其西、东、北、南四城皆由关内兼巡关外，而南城所辖之关外较西、北、东三城，尤为寥廓，东自东便、广渠二门，南则左安、永定、右安三门，又越正西之广宁门，乃与西城接界。此六门以外，地势绵邈，远

---

① 《清圣祖实录》卷280，康熙五十七年七月乙未。
② 《署理刑部尚书舒常、都察院左副都御史纪昀、都察院左副都御史巴彦学奏请定五城命案相验之例事》（乾隆五十六年五月十六日），录副奏折：03-1199-021。又见《清高宗实录》卷1379，乾隆五十六年五月庚寅。

近村庄凡百十余处，既无坊铺为之区分，又无户籍以供稽考，而属官之驻理关外者，只有副指挥一员。每遇逞凶行窃、聚赌窝娼、砍树盗坟、私宰、私铸以及逋逃寄托、来历不明等项，坊官一员之逻察耳目，实恐难周。即臣等分头阅视，然其烟村之杂沓，路径之纷歧，与夫寺庙坟亭之错落，散焉无纪。况届秋冬以后，昼短宵长，奸徒正便于游行，捕役转艰于踩缉，将欲往来侦伺，恒有鞭长莫及之虞。"在不增加管理官员以及政府开支的情形下，御史兴德与梁上国建议在外坊设乡约耆老，以解决城厢管理之需，"惟有参用保甲之意，而变通行之，乃为善法"。① 兴德等人的建议，当时并没有立即获得嘉庆帝的批准，直到嘉庆十八年（1813）发生林清起义后，京畿震动，嘉庆帝才下决心在北京城推行保甲制。

再就兴德等人的建议本身而言，保甲制固然可以增强社会治安，但此时的京城城厢已经迥异于以宗族为纽带的乡村社会，其有效性大打折扣。况且，城厢社会除了社会治安之外，还有更多城市社会应有的管理和服务功能，而这些行政功能都不是保甲制所能解决的。嘉庆十八年（1813）后，在京城大力推行编查保甲，始终成效不明显的原因，也或在于此。

至清末，北京城基层行政官员的缺乏更加明显。同治十年（1871）十二月，因各城练勇及饭厂管理需要，巡视东城御史武林布等奏请在东城添候补司坊官二员，南城须添一员，西城须添三员。② 光绪九年（1883）九月，巡视中城给事中安祥奏称："现在五城差务繁多，司坊各官不敷分布，请饬部拣发人员。"清政府命吏部在候选指挥、副指挥、吏目三项人员内，"每城每项各拣二员，于十月内到城，以资差委"。③ 至清末新政以后，随着工巡局设立，直到内外城巡警总厅的建立，五城司坊行政体系最终被废止。

其三，五城司坊官品级低，权限小。

京城作为首善之区，不仅皇亲国戚、王公贵族云集，而且朝廷文武百官、大小京官蚁聚蜂屯，在在皆有。作为管理京城事务的五城司坊官，品级低、官职小，在处理涉及以上达官贵人的案件时往往尚未辨别是非曲直，便已自矮三分。这种情形，北魏时期的洛阳河南尹甄琛在主张提升管理都城人员的级别时就指出，京邑诸坊"皆王公卿尹，贵势姻戚，豪猾仆隶，荫养奸徒，高门邃宇，不可干问。又有州郡侠客，荫结贵游，附党连

---

① 《巡视南城御史兴德、巡视南城御史梁上国奏请减捕役设乡约耆老以培首善事》（嘉庆五年七月二十五日），朱批奏折：04-01-01-0474-025。
② 《清穆宗实录》卷325，同治十年十二月辛酉。
③ 《清德宗实录》卷170，光绪九年九月丁未。

群，阴为市劫，比之边县，难易不同"①。明代北京五城尽管"兵马之设，职专防察奸宄，禁捕贼盗，疏通沟渠，巡视风火，其责颇重"，但是"内外官及诸势要不循旧制，凡事无分公私大小，皆属干理，又从而凌辱之"。②清代也没有多大改观，像嘉庆初年敢于将权臣和珅奴仆所乘之车烧毁的谢振定毕竟是极少数。③因此，五城司坊官虽然等同于地方州县官，管辖的区域也不大，但其实施行政管理所面临的困境，绝非地方州县可比。

即便是所谓统领五城的巡城御史也是如此。康熙五十四年（1715）九月，巡视南城御史任奕矍先是遭到左都御史刘谦家人柴敬臣等人及其婿侍卫王廷梅家人顾光祖等十余人"登门毁骂"，之后刘谦又亲自携其子翰林院编修刘自洁闯入任奕矍寓所，令家人击伤任奕矍头面手足诸处。④贵为一城之统领官，巡城御史被在京高官如此欺凌，简直惨不忍睹。

为了提升司坊官的品级，乾隆元年（1736）五月十七日，陕西道监察御史福德奏请提高五城兵马司吏目的品级。在五城司坊官中，尽管正指挥、副指挥品级也低，但好歹也是正六品和正七品，唯有五城吏目一官，"系由未入流铨选"。御史福德查考雍正五年（1727）奉旨，"五城兵马司拣选补授，吏部议以吏目缺出，将应选、应补主簿等官拣选引见补授"。因此，他认为五城吏目"虽未定有品级"，但也不应该"等于未入流之员"，更何况"外州吏目尚系从九品"。相比之下，堂堂京师首善之地，"五城为紧要之区"，管理一坊事务的吏目职责与正六品之正指挥、正七品之副指挥"任均责一，分办城务"，然而长期以来却将吏目"列于未入流之项"，"揆以度制，似未允协"。为此，御史福德奏请"可否量增五城吏目之品级，俾得与八九品之佐杂一体恭受恩荣"。⑤只是此奏未能得到乾隆帝批准。

在传统社会的官僚体系下，行政权力的运行，虽然首先与职责权限的划分相关，但官员的品级也往往成为权力能否顺畅运行的秩序保障。名不正则言不顺，五城司坊官负责京城官民事务，但由于品级过低，导致在面对涉及京官的纠纷案件时，司坊官往往调度不灵，权威失效。例如，司坊

---

① 《魏书》卷68《甄琛传》，第4册，第1514页。
② （清）孙承泽：《天府广记》卷2《城坊》，第22页。
③ "嘉庆初，和相当权时，其奴隶抗纵无礼，无敢忤者。公（谢振定）巡南城，遇其妾兄某，驰车冲驺从，公立命擒之，杖以巨杖，因焚其毂，人争快之。"〔（清）昭梿：《啸亭杂录》卷10《谢芗泉》，北京：中华书局1980年，第369—370页〕
④ 《清圣祖实录》卷265，康熙五十四年九月乙卯。
⑤ 《陕西道监察御史福德奏请量增五城兵马司吏目品级事》（乾隆元年五月十七日），朱批奏折：04-01-12-0003-016。

官在编查保甲时就不敢认真稽查，有名无实。道光二十一年（1841）十二月，宗人府奏请将居城外的宗室觉罗也一体纳入编查保甲，但因"司坊官员职分较小"，"不敢认真稽查，转致有名无实"。①

其四，五城司坊官惩罚多，待遇低。

对五城司坊官的失职行为，清政府历来惩处较严。康熙五十八年（1719）六月，都察院题准，如果五城所办案件迟延，"不于限内完结，或有纵容衙役、混行讹诈等事，即行题参议处"②。乾隆朝继续加大了对五城司坊破获盗窃案的监管。乾隆二年（1737）规定，五城窃案由都察院山东道代为督察，定于每月初三、十七日，由各城坊官将以往所报窃案造册一本，开明事主所失物件并承缉各差的姓名，呈堂查核，同时造册令正身捕役赴山东道"听比"③，对捕役完成任务的情况进行考核勘验。乾隆三年（1738）三月，御史周绍儒奏请建立五城司坊官追责制度，一方面，"令该管五城御史督饬司坊官，实力缉捕盗贼，设法严比，捕役务获赃贼，究拟如司坊官有仍前纵容捕役养贼及苦累失主等弊，该城御史立即指名查参"。另一方面，"许受害失主具呈刑部、都察院衙门审实，从重究拟，其有满贯窃案，半年不获者，亦照地方官之例，一体题参议处"。同时，建立奖惩制度，将各城司坊申报窃案按月严加查核，如十案之中缉获过半者，准记功一次，全获者准记大功一次，过半不获者记过一次，仅获一二案者记过二次，一案无获者记大过一次。如一年之内所管地方窃贼稀少及缉获甚多者详记档案，遇有保题之时，即行开明保奏。其有一年之内窃案甚多、全无拿获者，以玩盗殃民题参议处。④经都察院奏准，自乾隆六年（1741）以后，五城窃案正式"归并山东道，按限责比，至年底逐一查核新旧被窃若干案，拿获若干案，汇题注销"⑤。

五城司坊官所受惩处多，责任大，但是仕途升迁之路渺茫。巡视西城两年、署理东城半载的江西道监察御史陈治滋，甚至感慨司坊官"有奔走竭蹶之劳而参罚日至，有拮据办公之苦而养廉无资，因公降革者则不得照内外官查核之例，京察一等者则不得援各衙门报送之条。至于处分各案，

---

① 《清宣宗实录》卷364，道光二十一年十二月戊戌。
② 《清圣祖实录》卷284，康熙五十八年六月丁巳。
③ 《掌山东道监察御史英奎等奏为五城各司坊窃盗案件延不呈报请申明定章据实详报以重捕务事》（光绪三十年十二月二十三日），录副奏折：03-7227-061。
④ 《汉军监察御史周绍儒奏为五城地方窃贼颇多民间畏惧报官请专委五城御史督饬实力缉捕究拟事》（乾隆三年三月十二日），朱批奏折：04-01-01-0024-037。
⑤ 《掌山东道监察御史吴鸿恩奏为京城内外被窃之处较往岁尤多请饬步军统领衙门暨五城御史严饬查拿事》（同治十一年），录副奏片：03-5061-045。

部议尤不画一办理，殊属偏枯，微员难免向隅"。有感于此，他于乾隆五年（1740）七月奏请改善司坊官这一窘境。

陈治滋认为，五城司坊官所承担的职责十分重要，其繁重程度一点都不亚于地方州县。"京师五城各设正、副指挥二员，吏目一员，分理人命、逃盗、赌博、赌具、平粜、饭厂、批审词讼，兼部院提督各衙门大小差务，虽无经征钱粮之责，实与冲繁疲难州县相同。"不仅如此，司坊官所面临的参罚案件"较州县为尤多"，反而仕进之途几无希望，"是以降革者不一其人，而升转者百不一见"，很多司坊官"一经挂误，遂至放废终身，情既堪悯，才更可惜"。司坊官既然承担着京官之责，就应当在考核、升转待遇上享有京官之权益。陈治滋颇为五城司坊官鸣不平："今司坊各官有地方之责，原为都察院属员，实与京员一体食俸，一体京察。但因原议内司坊挂误各官未经声明，故有因公降革之司坊官员，都察院移送吏部，未准查办。且查巡捕三营参、游、守备等官，遇有降革等事，亦照在京八旗武职之例一体查办，岂独各城司坊转不能与小京官照例画一办理？"而且，五城司坊官还没有养廉银，缺乏办公经费。"今司坊各官承办地方事务，向未设有养廉，办公每至拮据，虽有历俸三年保举之条，升转亦属无期，若不通融升转之路，何以鼓舞下吏竭蹶之心？"因此，他建议以后五城司坊官员，除非贪污不职者毋庸置议外，其余则由都察院"一体带领引见"，给予适当的升职机会。

另外，还要厘清责任，减少对司坊官不必要的惩罚。尤其是，五城三营文武官弁在命盗缉凶的处罚上要厘清责任。按照惯例，清政府强调无论是五城，还是巡捕营，乃至顺天府等，都对京师地方巡捕缉盗负有责任，"京城前三门外设立五城司坊，三营参、游、守、千等官弁，凡有地方奸宄、拐逃窝娼、缺主重役、废员逗留等案，文武均有稽查之责"。遇有失察之处，清政府也往往将以上文武官员一并追责，"每至文员拿获而武职仍有处分，武职拿获，文员亦仍有处分，偏重偏轻，例不画一"。实际上，这种共同负责的方式，很容易导致无人担责，即便一并追责，也无济于事。因此，陈治滋认为应将责任厘清，凡是该管官到任未及半年者，免其议处；如果未经事发拿获者，"文员拿获，武弁免议；武弁拿获，文员免议"。再者，内外城地面的责任主体要分清，"内城既系八旗提督衙门，设有番役按地派拨，日夜巡查，而专责不在五城司坊"[1]，因此内城凡有拿

---

[1] 《江西道监察御史陈治滋奏为敬陈京畿五城司坊官奖罚事宜请定条例以昭画一一事》（乾隆五年七月二十二日），朱批奏折：04-01-01-0052-034。

获赌博一切等案，均应免除五城司坊官的处分。陈治滋关于厘清责任的建议获准施行，但关于放宽司坊官仕进之途的建议未能通过。

与陈治滋同情五城司坊官境遇的出发点不同，协理山东道监察御史吴文焕则认为应当加强对五城司坊官破获盗窃案的考核力度。此前按照惯例，五城窃案都由五城捕役奉命承缉，而且五城捕役的考核向来由都察院十五道之一的山东道负责，所谓"比较五城缉凶缉盗贼捕役，此定例也"。而在吴文焕看来，由都察院的山东道专门监管五城捕役缉拿凶犯、盗贼的做法，无异于杀鸡用牛刀。他说："五城所属皆在辇毂之下，自不至有明火持械、大伙横行之事，不过三五成群，狗偷鼠窃，此辈潜踪有所出入，有时与捕役声息相通，线索最密。若肯上心踩缉，自可不至漏网，无如平居则利其常规，事发则互相容隐。此惟司坊官有专辖之责，分地则易周，亲临则知畏，苟能严立程限，按期比较，未有不可弋获者。"从实际的操作来看，由中央衙署部门进行监管的效果并不好，"臣其受事以来，翻阅循环档册，五城窃案申报累累，而捕获十无一二，至有压经五六年之久尚未注销者"。究其原因，吴文焕认为，此乃"不责成司坊官之故"，因为"山东道之比较捕役，每月不过两次，每次则是七八十人，势难按人责比，不过就其赃多时近者量行责罚，此辈哄然而集，哄然而散，曾无所加警惧于其心"。更重要的是，五城捕役之监管应交由司坊官负责，"司坊官则以比较有人，遂尔优游事外，此在山东道以风纪之司而下行有司之事，是为侵官；在司坊官以专辖之任，而反袖手旁观，是为旷职；在捕役则可以彼此推卸，彼此躲闪，有纵盗之利而不受纵盗之害，是为养奸"。因此，他奏请将捕役缉盗作为五城司坊官的职责考核内容，而不是由都察院来督办，"司坊官事务繁多，不宜以此增其烦扰，夫缉盗安民，事无有重于此者，此不办而顾办何等事乎？"① 以上吴文焕所条奏办法，经吏部议准，规定"嗣后该坊官遇有窃案，勒限四个月，如限内不获，议以住俸，再勒限一年，限内不获，议以罚俸"②。实际上，清政府进一步加大了对司坊官的考核力度。

相对于一贯重视对五城司坊官缉捕盗案的考核而言，自乾隆朝八年始，罪行稍轻的窃案也开始纳入五城司坊官的考核之中。至于五城司坊官此前没有因失窃议处之例的原因，乾隆八年（1743）七月，巡视北城工科

---

① 《协理山东道监察御史吴文焕奏请将五城司坊官缉盗定为考成稽察事》（乾隆八年三月初四日），录副奏折：03-0070-026。
② 《巡视北城工科给事中吴炜奏请弭息窃贼源流分别惩劝以靖地方以鼓吏治事》（乾隆八年七月初二日），朱批奏折：04-01-01-0090-031。

给事中吴炜解释说："五城坊官既不能如外省州县之有养廉，可以补其罚俸之需，又不能如三营武弁尚有马干、薪红、坐粮等项，可以无藉于俸，故前此数十年失窃之例，不议处五城坊官者，原有深意，非遗漏此条也。"但因没有处罚，造成京城司坊官即便接到失窃报案，也"视同膜外，无所儆惕"，听任捕役"豢贼殃民，迄无底止"。在加强管理，明确司坊官监管之责，而司坊官又无养廉的情形下，吴炜建议对京城窃案加以区分，因为京城人来人往，流动人口规模大，窃案频发，"寓于京城者多属候补、候选及现任官员，而北城尤多，每有窃取纤微物件，值钱无几，一经呈报，即成窃案。又有长随雇工人等，每有乘隙偷取，朦主报窃，及查验窗户门壁，俱无出入踪迹，一经呈报，亦成窃案。此向来窃案多于外省州县，而将来处分亦多于外省州县也"。在这种情形下，"若不分别设立科条，概以四个月停俸"，则司坊官不免岌岌可危。吴炜建议："请于处分之中，稍为区别，或计赃估值若干两以上，分别参罚；或查照外省州县之例，计案若干，汇行参罚；或行迹并非外窃而出入无踪者，免其处分；或拿获别案赃贼，亦请量加纪录，准予抵销；或事属因公而居官尚优者，量宽住俸、停俸之例。"① 也就是说，将窃案按照失窃财物多少、窃案发生次数、拿获赃贼案予以抵销，以及司坊官平日表现等等，予以区别对待。或许是因为吴炜奏请的办法过于烦琐，乾隆帝未置可否，但五城司坊官因窃案频发而面临惩处则是不争的事实。

然而，御史吴炜的担忧和建议毕竟是符合实际情况的，后来清政府对五城司坊官破获盗窃案不再限定四个月内进行题参，而是统一放宽到考核期限内，即五城司坊官缉捕窃案如果"缉获过半，许其保题"，"如不能过半者，量予记过"。但即便如此，御史冯钤在乾隆十二年（1747）的条奏中依然认为："若定例过严，则司坊官动罹参处，永无上进之阶，亦非鼓励微员之意。"鉴于此，乾隆帝命吏部会同都察院妥议具奏。随后，清政府规定："司坊官考课，除勒限承缉、初参、二参，分别处分，及每年内缉贼多寡，分别功过，仍照旧例遵行外，其三年俸满保题时，司坊内有堪保荐者，应将该员三年任内事主被窃未报、当经捕役蹑获、赃贼有据之案，入于承缉已未获各案内，计案通算。获贼过半者，准其保题。如不能过半者，仍行记过。记过后果能上紧访缉拿获，仍许保奏。如该管地方内窃案累累，不能实力查拿及纵捕豢贼等弊，经该城御史察出，照例参

---

① 《巡视北城工科给事中吴炜奏请弭息窃贼源流分别惩劝以靖地方以鼓吏治事》（乾隆八年七月初二日），朱批奏折：04-01-01-0090-031。

处。"① 此后，清政府对司坊官缉捕盗窃案的考核，基本以三年俸满为限。

由于盗窃案件破获的成功率直接关系到司坊官员的仕途升迁，在提升案件破获率如此困难的情形下，即便是已经放宽考核期限的奖惩激励措施，依然导致五城司坊官不断"讳窃不报"。以至于乾隆十四年（1749）五月御史范鸿宾奏请对五城司坊官讳窃不报的现象进行严惩，"如窃案经事主呈告、隐讳不报者，该城御史即将该司坊官查参，照例降一级留任"；"倘坊官、事主扶同讳匿，一经发觉，将该坊参处外，并将事主照不行首禀例治罪"。② 尽管如此，五城司坊官为逃避惩处，依旧选择匿而不报。例如，嘉庆九年（1804）九月，北城吏目冷瞪为规避盗窃案处分，诱逼事主改供，希图消弭。当年九月，北城横街地方编修朱方增家发生"贼伙突入、捆缚事主孙宗起"一案，吏目冷瞪同都司佟国良得知后，前往事主宅内，"恳请暂缓行文，希图讳盗不报"。③

长期以来，对五城司坊官破获窃案的考核，一般都是将破获案件次数作为统计标准，即"五城坊官侦缉窃案，定例一年内，五案以上未获一名者，降一级留任。十五案以上未获一名者，降一级调用，限内获一二案者免议"。也就是说，对司坊官的量化考核是"计案不计赃"，只要任期内破案数为零，尽管所有案件只有五案，也要议处；如果能"偶获一二案"，即便还有数十案未能破获，也可以免议，这种做法的确"殊未平允"。鉴于此，乾隆五十一年（1786）二月，经御史苏楞额奏准，规定："嗣后五城窃案，令各城御史估赃，随案报明存案，年终汇办时，分别赃数百两上下若干案、已未获若干案，十案内获二案，免议。不及十分之二，赃少，量予查议。赃多，仍就未获之案，计案议处，不准以赃少获案抵算。"④ 即各城窃案要按照失窃财物金额多少进行分类，然后再区分已获与未获。如果是金额大的案件能够破获十分之二，则可免议处分；破案者不到十分之二，如果赃物少，量加处分；如果未破获的都是金额大的案件，则不准用破获赃物少的案件进行抵算。

在嘉庆五年（1800）之前，京城缉捕不力的责任往往由司坊官承担，与御史则毫无关涉。但在嘉庆五年后，这一情形发生了改变，此后京城缉捕不力也要追究五城御史的责任。嘉庆五年正月十四日，副都御史赓音布奏请严惩五城缉捕不力的御史。经赓音布统计，嘉庆四年（1799）五城通

---

① 《清高宗实录》卷289，乾隆十二年四月乙亥。
② 《清高宗实录》卷341，乾隆十四年五月甲戌。
③ 《清仁宗实录》卷134，嘉庆九年九月丁未、庚戌。
④ 《清高宗实录》卷1249，乾隆五十一年二月丁酉。

共上报的窃案有一百零九件，已获者二十案，未获者尚有八十九案之多。即便屡饬各城御史督令司坊严行缉捕，也是所获甚少，"不但窃贼未能捉捕，即小窃拿获者亦属寥寥"。而且五城每年发生的窃案远不止这些，"往往失主呈报司坊，司坊官希免处议，或转求失主息事，或纵令胥吏捕役故意耽延"，究其缘由，"皆由巡城御史恃无处分，袒护属员所致"。因此，赓音布奏请，"嗣后凡有五城司坊官承缉不力者，仍照向例议处外，其该巡城御史并著交部分别议处"。① 正月十四日，嘉庆帝肯定赓音布"所奏甚是"，谕令吏部"明定巡城御史处分"。不久，经吏部议奏准，五城窃案考核中，如果巡城御史未尽责，罚俸三个月；任内一年期满，所报盗窃案已满初限者，窃案破获数量不足十之二三者，罚俸六个月；盗案中如果有三案未获，罚俸三个月；若有五案未获，罚俸六个月；六七案以上者，罚俸一年。② 此后，盗窃案的破获案数也开始纳入五城御史的考核之中。

关于五城司坊官待遇低的问题，早在乾隆二年（1737）十二月间，御史钟衡就曾经奏请给予五城司坊官员量给养廉，但部议认为五城司坊官"按季支食俸银，按月支领公费，复蒙赏给双俸，日用已无不敷"，予以驳回。到了乾隆九年（1744）四月，时任东城巡城御史的钟衡再次提出给予五城司坊官员养廉银两的建议。理由是，五城司坊官本不充裕的俸银，因经常面临住俸和罚俸，导致愈加拮据。"近复奉命署巡视东城，见司坊各官日用愈窘，办理事务亦愈加拮据，细询其故，则以各官任内参罚甚多，至无俸可领也。查正指挥正俸双俸每年一百二十两、副指挥九十两、吏目六十一两零四分，公费每月二两二钱，一年所需用度原属不敷，然犹曰有俸可领也。今则住俸、罚俸之案十居八九矣。"按照乾隆八年（1743）确定的惩罚标准，司坊官如有窃案在四个月内没有破获，便"住俸"（即停支俸禄），如果一年未破获则"罚俸"。现实又比较残酷，"以五城地方辽阔，旗民杂处，统计一年中所报命案、窃案累累不可数计"。如此一来，"一案不获则住俸，住俸不已则罚俸，积而至于数十案，住俸、罚俸又累累不可数计也，将任内终无领俸之日矣"。相比之下，外省州县虽然也有住俸、罚俸之案，但地方州县官"所恃以资用者有养廉"，至于京城司坊"所恃者俸耳，俸之外无有也。若无俸可领，则办理一切事务，费何所出？"况且，五城司坊官虽然"无经征钱粮之责"，但需要经费的事务一点也不少，"不知领粜米石、解易银钱、煮赈给贫，非全然无关钱粮之事"。

---

① 《副都御史赓音布奏为将五城缉捕不力之御史文通交部议处事》（嘉庆五年正月十四日），录副奏折：03-2347-003。

② 《清仁宗实录》卷57，嘉庆五年正月丁卯。

如此一来，"司坊参罚既多，养廉并无，茕茕微员，势难免于柝腹，情必至于向隅，此亦大可悯恻者也"。基于以上情形，御史钟衡奏请为十五名司坊官"量给养廉银两，使之俯仰有资"。① 乾隆帝命户部就钟衡所请会议具奏。

然而，户部以养廉银出自公项而驳回了钟衡的奏请："查各部院衙门饭食银两，俱系从前各该衙门将归公银两奏明，给与官吏以为饭食、纸张之用，其余除奉特旨赏给外，并无另给之项。原以养廉银两出自公项，如无公项可动，即不便别议通融。且五城司坊官既有双俸，即属养廉，亦未便以参罚过多、无俸可领，复为该员等奏请养廉。应将该给事中所请量给养廉之处，仍毋庸议。"② 钟衡所请被驳后，基本无人再就这类问题上折奏请。

除了司坊官的待遇低之外，五城办理事务的经费也是捉襟见肘，例如承办缉捕的费用就严重匮乏。具体承办缉捕任务的是五城司坊各衙门捕役、步军统领衙门番役和各城门海巡等人员，但是这些人员的缉捕经费都很少。"五城司坊额设捕役，工食甚微，其承缉时购觅眼线，每多需费。该捕役等糊口不敷，或豢贼养奸，或畏法求退，皆因有惩无劝，遂至捕务无从整顿。"③ 道光二年（1822）二月初七日，掌山东道监察御史许乃济任职山东道后，发现不仅五城捕役人员少，而且额定办案经费也根本不敷用。"访察捕务玩延之故，缘各城关内坊、关外坊额设捕役各二十四名，每名每月工食银五钱，由户部支领，该捕役等承值三法司及各部院衙门票传事件，差役本多。至其承缉时购觅眼线，添雇帮伙，种种费用，更复不少。惟时每月工食银五钱，糊口不敷，焉能捕贼？"在这种情形下，捕役往往敷衍了事，"比较严急"之下，捕役则"传送一二小偷塞责，而积惯滑匪依然漏网，甚至豢贼养奸，坐赃索赔，诸弊皆所不免"。有点良心的捕役，因为工作不好干，"辄各坚求退役"，以至于"现者五城捕役缺额甚多，司坊官患应募乏人，不能更加选择"。许乃济认为捕役人手短少，而且经费拮据，是造成京城捕务废弛的重要原因，"此京师窃案频闻而捕务莫由整顿之实在情形也"。因此，他建议首先要筹办捕役经费："敕下户

---

① 《署理巡城御史钟衡奏请量给五城司坊官员养廉银两并办理窃案不获参处文武划一事》（乾隆九年四月二十二日），录副奏折：03-0075-024。
② 《户部尚书海望、户部尚书阿尔赛题为遵议署巡抚东城给事中钟衡奏五城司坊官请给养廉事》（乾隆九年六月十四日），题本：02-01-04-13755-016。
③ 《清宣宗实录》卷29，道光二年二月甲申。

部、都察院会同核议筹拨部库银两,发典生息,每年酌给捕务较繁之西、北两城赏需银各三四百两,即责成巡城御史核实支用,年终造册咨部报销,毋许浮冒,仍以一半息银归还部款。此后如查有豢贼延案之捕役,立即重治其罪。所有虚悬额缺务择勤干可靠者充捕,视获案之多少,定赏赉之重轻,劝惩分明,实效自见"。对于许乃济的建议,道光帝非常赞同,朱批:"所奏俱系实在情形,且必应酌办之事。"① 二月初八日,道光帝谕令,照许乃济所请,"筹拨部库银两,发典生息。每年所得息银,酌给捕务较繁之西、北两城,赏需银各四五百两;捕务稍简之中、东、南三城,赏需银各三四百两"②。三月初四日,户部遵照道光帝旨意,从户部拨部库银三万两,发典生息,以资京师五城缉捕。③ 这些生息银两虽然未能根本改观五城捕役的办差经费,但毕竟聊胜于无。

总而言之,由于五城司坊官的地位低,待遇低,却责任大,经常因盗窃案问题而被停俸、罚俸,而五城盗窃案的破获率一向很低,导致司坊官乃至御史为逃避追责,要么讳报,要么抓捕小盗小窃,以充当破案数量。如此恶性循环之下,京城治安自然难以得到有效治理。

其五,五城司坊官升转无望,被候选官视为畏途。

五城司坊官品级低,经常面临住俸、罚俸之处罚,仕途之路也非常窄。以各城正六品的正指挥为例,按照规定,其内升有四部主事一项,外升惟有同知一项,但同知一缺,"班次多人",排队等候者多,四部主事"出缺无几",结果导致"候升候补者壅滞已久",铨选之日遥遥无期,有些正指挥甚至等待"十数年亦不能得缺"。如此一来,"以保举升用之员而使之多年不调,在年力可待者志气渐致堕懈,而年力近衰者日久即思告休"。毫无疑问,五城司坊官不受重视,官员视其为畏途,必然导致五城官员素质下降,从而直接造成了城市治理行政能力的低下。

为了解决司坊官的仕途升转,提升司坊官的积极性和职位吸引力,同时也为了司坊官的自律,自乾隆朝后,先后有不少御史提出了相应的变革建议。乾隆十年(1745)六月,署理巡视西城户科给事中周祖荣奏请改善五城司员升转之例,扩大升迁的途径,提出:凡是保举之指挥,"内则令其在各部额外主事上行走,该部堂官试看一年,遇有本部主事缺出,准其

---

① 《掌山东道监察御史许乃济奏请酌筹五城缉捕事宜事》(道光二年二月初七日),录副奏折:03-3913-018。
② 《清宣宗实录》卷29,道光二年二月甲申。
③ 《户部尚书英和奏为遵旨筹拨部库银两发典生息以资京师五城缉捕事》(道光二年三月初四日),录副奏折:03-9495-036。

题补",外升则以同知、知州二项并用。① 这比此前正指挥只能"内升主事、外升同知"的途径显然要开阔一些。

五城司坊官"管理命盗逃匪,事务繁剧",在升转中还经常面临一个难题,就是这些司坊官经常身背各种处罚,往往因处分不能升转。为疏通这一困境,乾隆三十一年(1766)七月,巡视北城御史素尔讷提出了司坊官升职时将这些处分带至新任岗位的建议,即五城司坊官"三年俸满,即保送引见,附于即升人员之末,以次升用,将降革留任处分,带于新任"。经吏部议覆,"应如所请办理"。② 这种允许五城司坊官身背处分而升职的新规定,也算是一种无可奈何之下的创新之举。

尽管如此,司坊官的仕进之途并未柳暗花明,虽然"正副指挥引见后,一二年即可升用",但是吏目自乾隆三十一年(1766)定例至三十七年(1772),"未升一人"。乾隆三十七年三月,都察院奏请敕部酌议,将吏目"或另立一班,或于现行班次,量为变通,俾一体得邀升转"。对于都察院的建议,吏部议覆:"查正、副指挥应升缺易出,即升人员无多,故报满后早得升用。吏目系未入流,应升缺少,即升员多,且有议叙选用、例不积缺计算人员,相间铨补,是以至今未升一人。"并规定,嗣后吏目俸满后,以引见之日起,"按各该员应得之缺,归双月、十缺后升选"。③ 兵马司吏目三年俸满后,可以升任府知事、县主簿、府同照磨。但实际上,知事、主簿、照磨"缺分本少,难于积缺,故十缺后选用人员从未铨选到班",因此对于吏目而言,其升职前景也大多停留在纸面上而已,"徒有三项升阶而无得缺之实"。④

再者,正指挥和副指挥升职路径的差异,也在一定程度上导致了候选候补人员视其为畏途。按理说,正指挥承办人命相验事件,副指挥承办缉捕事件,两者"职守并重,其考核保举、历俸年分亦同",但在铨选规定上,"例于副指挥既分作两途升选,而于正指挥则有原衔升转之例,并无原衔升转之官"。结果正指挥升职前景反而不如副指挥。对此,道光十年(1830)闰四月初四日,巡视西城掌山西道监察御史宋劭穀就指出:"查通判所应升原有京府通判、同知、直隶州知州、府属知州等官,及经拣补正指挥三年称职奉旨升用后,转不能照衔升选,而通判拣补竟与知县拣补者

---

① 《署理巡视西城户科给事中周祖荣奏请酌定五城司员升转之例以励人才事》(乾隆十年六月初八日),朱批奏折:04-01-30-0427-021。
② 《清高宗实录》卷764,乾隆三十一年七月壬午。
③ 《清高宗实录》卷904,乾隆三十七年三月癸丑。
④ 《奏为呈兵马司吏目三年俸满升用请敕下部议量为变通以示鼓励事》(道光四年),录副奏片:03-2551-085。

无异，且较之副指挥迟速迥殊，似不足以示公允。"正指挥和副指挥的铨选差异，导致候补、候选者往往规避正指挥，"是以向来候补、候选人员一遇拣选正指挥时，往往先期设法推避"。① 直到光绪十一年（1885），御史李贵所反映的还是同样的问题："正指挥职司相验，吏目专司缉捕，均时有交传案件，差务极其繁琐，一经得缺，皓首无路，以致人人视为畏途。"② 又，光绪二十五年（1899）十月十八日，御史文瑛奏称："正指挥一官，管理地方命案，又兼刑部及步军统领衙门委检，责任綦重，事务极繁，若永无升途，未免向隅。"③ 尽管有以上诸多御史前赴后继地提出建议，但直到清末，五城司坊官的升迁之途也没有多少改观。

另外，长期以来奉行的五城司坊官补缺章程，也不利于选任"熟手"。自嘉庆朝后，五城司坊官除了实缺的正副指挥、吏目各一员外，还设有拣发各一员，又有差委人员。根据司坊定例，只有实缺人员三年俸满后与各项小京官一体升转，"独至拣发、差委人员转因格于成例，虽经在城当差有年，公事熟悉而补缺竟至无期"。以至于五城地面官员，"得缺者概系生手，而素称公事练习者，至十数年不得补一实缺"。为此，御史刘庆于同治元年（1862）奏请，要重视这些已有五城实地办事经验的拣发、差委人员，建议"所有五城拣发、差委各员役以一年学习，期满奏留补用，遇有缺出即由都察院酌定，先用奏留资格较深一员，次用部选一员"，即先留用合格的拣发、差委人员，如此"五城地面亦藉资熟手整顿矣"。④

由于司坊官官员任务重、参罚多、待遇低、升转无望等诸多原因，以至于被候选官员视为畏途，即便上任，也百般寻找机会捐升离任。"五城地方设立司坊各员，原为稽查弹压办理地方政务，最关紧要。近年以来因参罚案多，候选之员视为畏途，每遇缺出，往往挑选之人经吏部奏明，司坊官员三年俸满，即有降级留任等案，亦准照例升用。于是，缺出始有赴挑之人，然究之得缺到任后，不过数月即行捐升离任"。乾隆十九年（1754）十月十八日，都察院左副都御史杨锡绂奏称"计本年自二月至今，正副指挥共捐升者已有八人，虽在彼循例急公难禁不行报捐，但一官而一

---

① 《巡视西城掌山西道监察御史宋劭縠奏为五城兵马司指挥铨选则例正副两歧请敕查明画一办理事》（道光十年闰四月初四日），朱批奏折：04-01-16-0136-055。

② 《李贵奏为五城正指挥吏目皓首无路请旨饬部疏通选缺班次并照截缺章程补用事》（光绪十一年），录副奏片：03-5752-042。

③ 《掌山东道监察御史文瑛等奏为兵马司正指挥升途迟滞请饬部量为变通办理事》（光绪二十五年十月十八日），录副奏折：03-5093-055。

④ 《御史刘庆奏请酌拟变通京城司坊等官补缺章程事》（同治元年），录副奏片：03-4603-172。

年之内屡易其人，不过彼此递相交待，安望其实心办理政务，仍于五城地方无益"。为能稳定司坊官，杨锡绂建议强制性规定，司坊官官员到任一年后方准捐升，"其未满一年者，概不准行，如此则既不阻其急公之心，而于城务亦有裨益"。① 十月十八日，朱批奉旨照所请行。

其六，五城司坊官往往"人地不相宜"。

按照惯例，五城兵马司坊官由吏部从轮选到班人员中选任，或应补，或捐纳，然而这种选官方式很容易造成"人地不相宜"的情形。为更多地任用有经验的司坊官，乾隆二十七年（1762）十月，山西道监察御史戈涛提出了五城司坊官对调的解决办法。五城地方繁简不同，西、北两城统辖辽阔，居民庞杂，向来"号称纷繁难治"，相比之下，南城、东城次简，中城最简。根据各城繁简之不同，对于司坊官的要求也应该不同，"以敏给谙练之员屈居简任，既用违其才，而新资初试者，或器识中平，骤膺繁剧，未免诸事竭蹶"。戈涛根据自己在五城办理粥厂的经验，"接见司坊各官，察其中实有人地不甚相宜者"。为此，他建议仿照地方州县有繁简对调之例，"敕下都察院堂官将五城司坊官通行验看，酌其才具年分，量为对调"，根据各城事务繁简不同，如果遇有西、北两城司坊官缺出，即从中、东、南三城中拣选调补，这三城"所遗之缺归部铨选"，任用新的候补、候选人员即可。②

对于戈涛的建议，乾隆帝认为"此奏原为人地相宜起见，自属可行"，只是西、北两城之缺既然从各城拣调有经验的、表现良好的司坊官员，那么拣调所剩之员，"势必仍归中、东、南各城"，如果"将来再遇西、北两城拣调时，此等人员若复以充选，是自相矛盾矣"。因此，乾隆认为戈涛所见"尚不能全局忖量，俾可通行无碍"。乾隆帝又将这一问题交都察院堂官等会同吏部会议具奏。经乾隆帝批准，具体办法如下：凡是中、东、南三城司坊官未经拣调之员，遇西、北两城缺出时，准其调补；至于从西、北两城调换回来者，"都察院存记档案，不准再调繁缺"。如果无可调之员，再由吏部从候补人员中拣选引见。与此同时，各城司坊官任职时间也做了调整，以往五城俱以三年报满，"今既分繁简，除西、北两城照旧办理外，其余三城应改为五年报满"。③ 乾隆朝此次根据各城繁简差异而

---

① 《都察院左副都御史杨锡绂奏请定五城司坊捐升之例事》（乾隆十九年十月十八日），录副奏折：03-0090-037。
② 《山西道监察御史戈涛奏请定五城司坊官对调之例事》（乾隆二十七年十月十九日），录副奏折：03-0107-021。
③ 《清高宗实录》卷672，乾隆二十七年十月戊申。

确定的对调办法，在后来并未得到有效的执行。

直到咸丰、同治朝，解决五城司坊官"人地不相宜"的弊端，主要还是通过奏请更换或留补的方式。例如，同治四年（1865）十月二十三日，署理巡视北城给事中承继、巡视北城给事中孙楫奏称北城副指挥沈桂森人地不宜，"才具平庸，办事诸多率意，捕务尤为懈弛，于繁剧之区，难期胜任"，建议开缺另补。① 相比于地方州县，熟悉城市事务的官员，对于五城的事务管理更加重要。也正因为此，御史们不断强调，京师"北城五方杂处，良莠不齐，司官于内外两坊命案相验极多，其余户婚、田土，紧要案件亦较他城倍为繁剧，必得久在本城，精明强干，熟悉地方之员，方足以资治理"。五城兵马司坊官难得良员，一旦有合适的人选，如获至宝。例如，咸丰三年（1853）间拣调西城副指挥唐成栋，因于西城地方熟悉情形，经巡视西城给事中臣联福等奏请，留补西城副指挥。同治六年（1867）十月，巡视北城御史隆光、巡视北城给事中洪昌燕又联名奏请将北城候补正指挥朱森留城坐补，"该员办理保甲团防一切公事，不避劳怨，且于地方情形实为谙熟，人地洵属相宜"②。同治七年（1868）四月，巡视西城御史玉英因西城拣发候补副指挥谢蓉溪"一切公事不避劳怨，且于地方情形实为谙熟，人地洵属相宜"，于是奏请将他留于西城任职。③ 玉英奏请被议驳后，五月二十四日，巡视西城掌浙江道御史锡恩再次奏请："西、北二城各缺非久经在城、熟悉地方情形、精明干练人员，不足以资胜任。今副指挥谢蓉溪拣发西城差委在城九年之久，熟悉地方情形，精明干练，劳绩叠著，屡经团防大臣、巡城科道保奏。并于同治元年拿获斩枭盗犯刘顺儿等六名，盘获假冒职官，拐骗妇女尹连等六名，尚未奖叙，均由臣城存记在案。该员以之留补西城，人地实在相宜，于地方公事大有裨益。"④ 最终，清政府批准所请，谢蓉溪留任西城副指挥。⑤

直到同治年间，五城才将这种根据各城繁简进行轮调的机制固定下

---

① 《署理巡视北城给事中承继、巡视北城给事中孙楫奏为北城副指挥人地不宜请开缺另补事》（同治四年十月二十三日），录副奏折：03-4618-126。

② 《巡视北城御史隆光、巡视北城给事中洪昌燕奏请朱森留城坐补事》（同治六年十月十八日），录副奏折：03-4633-110。

③ 《巡视西城御史玉英、巡视西城给事中刘秉厚奏为西城拣发候补副指挥谢蓉溪熟悉地方拟请坐补事》（同治七年四月二十八日），录副奏折：03-4734-064。

④ 《巡视西城掌浙江道御史锡恩等奏请准候补副指挥谢蓉溪即行留补西城副指挥事》（同治七年五月二十四日），录副奏片：03-5057-041。

⑤ 《清穆宗实录》卷234，同治七年五月庚子。

来。先确定的是副指挥。同治四年（1865），巡视北城御史承继奏请将五城副指挥区分繁简之缺："东、南、西、北四城皆有外坊，各设副指挥一员，责任綦重，而西、北两城外坊地面附近御园，尤关紧要，初任人员断难办理裕如，所有四城副指挥员缺似应分别繁简，量为变通。"① 后经吏部议准，西、北两城副指挥作为繁缺，东、南两城及中城副指挥作为简缺。西、北两城副指挥缺出时，于现任副指挥内遴员调补，如无堪调之员，准以拣发、候补副指挥拣补。②

次年，又确定五城正指挥、吏目繁简之缺，亦照各城副指挥办理。同治五年（1866）三月，吏部议准广东道御史刘庆奏："请将西、北两城正指挥及吏目援照副指挥之例，改为繁缺，其东、南两城及中城正指挥、吏目，均与副指挥一律作为简缺。"③ 清政府准其所奏。

此后，列为繁缺的西、北两城坊官人选，先从现有的五城司坊官中选补，以避免因吏部铨选的初任人员缺乏办事经验。列为简缺的东、南、中三城司坊官则依然归部选，因其事务稍简，尚可容吏部铨选的初任人员逐渐熟悉五城事务。这些变化，实际上反映了都城地方性特征对国家官制的一种塑造。

其七，五城司坊官互不统属、各自为政。

五城司坊官在实际上承担了城市政府的行政职能，但还不是完整形态的城市政府，其中一个突出问题就是，五城司坊官体制本身，尤其是兵马司正指挥、副指挥、吏目之间分事分地管辖且互不统属的职能分工，在很大程度上制约了这些官员实施城市管理的有效性。自乾隆朝始，陆续有御史提出一些改进建议，意图在一定范围内统一事权，但往往被驳回者多，采纳者少。

正指挥、副指挥、吏目这三者虽品级不同，但却是"分地而理，分事而治"的平行关系，乾隆二十三年（1758）二月，京畿道监察御史史茂建议仿照州县体制，重新配置五城司坊官。在他看来，正指挥即州县之正印官，副指挥、吏目即州县之佐贰杂职。在外省州县，无论大小事件均由正印官专责，"佐贰杂职不过供差遣，偶有一二无关紧要事件批令代办，既不许擅受民词，亦不许擅理民事"。在京城这样的辇毂重地，"人烟稠密，商贾辐辏"，作为一城的正指挥官除了专管"人命相验"外，其余逃盗、

---

① 《巡视北城御史承继奏请饬部兵妥议四城副指挥员缺拣发章程事》（同治四年），录副奏片：03-4618-128。
② 《清穆宗实录》卷158，同治四年十月甲寅。
③ 《清穆宗实录》卷172，同治五年三月丙子。

斗殴、赌博、账债、户婚等项却由"佐杂等官专司经理",造成的结果是,"无论器小易盈,贪婪败检,参案累累,势所不免,而轻重失宜,揆之国家体制,亦属未协"。如果说"以各城几务丛积,冲繁疲难,非一正指挥所能胜任",那么就应当"划疆分界",各负其责。因此,史茂建议:"嗣后每城设立正指挥二员,将所管地方划疆分界,其人命、逃盗、户婚、斗殴、赌博等项责令专管,将吏目裁汰,仍留副指挥一员以供差遣,巡逻官毋庸增,衙署、书役人等毋庸更张,一转移间而办理似属妥协。"简而言之,就是以"分地而理"为主要原则,取消"分事而治",以正指挥为正印官,每城在原有基础上添设一名正指挥,以副指挥为佐贰,裁撤吏目,建立隶属关系。与此同时,重视正指挥官员的候选,"必资老成历练之员"。同时,增设司坊官养廉银,"酌给养廉,以资日用,仍照从前旧例,三年无过,准予即升"。① 对于御史史茂的奏请,乾隆帝朱批"该部议奏"。但经都察院会议,并未通过。

尽管五城兵马司正指挥、副指挥、吏目之间互不统属,但各城只颁发一个印信,掌握在正指挥手中,副指挥、吏目各有衙署,且不在一处,如果要使用印信,必须事先行文至正指挥衙门,然后才能钤盖。如此周折的过程,导致办事人员往返周折,事务多有延迟。乾隆二十七年(1762)九月十九日,巡视中城掌云南道监察御史王启绪奏请为五城兵马司正、副指挥、吏目分别给予关防条记。"查五城兵马司设有正副指挥、吏目,虽同在一城,而各有专任,正指挥独管命盗重案,副指挥、吏目则划地分管匪窃以及相验活伤、承办夫役等项,所居衙署各在分管境内,实与外省分驻佐杂情形无二。向来每城兵马司正颁印信一颗,掌于正指挥,其副指挥、吏目承行文移,必送至正指挥署中钤印。或遇其带印公出,虽要件往往稽迟,在中城所辖不甚辽阔,尚可即日回署,若东、西、南、北四城地方,离城各有七八十里不等,公出往返,动至两三日。其时副指挥、吏目倘遇有缉拿匪逃机密要件,刻不容缓者,若俟公回钤印,势必迟误。若赍文送钤,又恐至于露泄,且副指挥常有经手钱粮之事,如平粜领米、批解粜价文移,皆须钤印。诚恐防闲未周,胥役于送印之隙,乘间舞弊,于钱粮尤有关碍。"② 按照惯例,外省州县凡是有管理地方之责的分驻佐贰人员,一般会颁给关防条记。但御史王启绪此奏,也未获批准。

---

① 《京畿道监察御史史茂奏为五城司坊官宜酌量添设事》(乾隆二十三年二月初九日),朱批奏折:04-01-01-0219-001。
② 《巡视中城掌云南道监察御史王启绪奏为五城兵马司正副指挥吏目应分别给予关防条记敬陈管见事》(乾隆二十七年九月十九日),朱批奏折:04-01-01-0252-081。

至乾隆二十八年（1763）七月，御史邵树本再次奏请各给印信，并建议将五城吏目改为副指挥。结果，再次遭到乾隆帝否决，斥其"所奏殊属不达事理"。乾隆帝逐一驳斥了邵树本的理由，认为司坊官员如果能够洁己奉法，"原不在乎职分之崇卑"，而且吏目之于副指挥"相去无几，安见吏目之皆不肖、副指挥不必称职乎？"至于设官给印，"原期大小相维，以慎职守"，但如果五城司坊官"必人予一印"，则"人各有印，取携尤便，设遇贪墨之辈，其弊更将不可究诘"。① 其实，乾隆帝的批驳看似有理，其实是师心自用，根本没有考虑到基层官员在行政官僚体系中经常遭遇的各种官场潜规则，职位尊卑固然与是否勤于职守没有关系，但却直接关系到行政秩序；五城司坊官各给官印，有可能带来滥用的弊端，但在封建行政公文流转离不开关防印信的情形下，各城司坊官又各有衙门，互不统属，没有印信必然影响各衙门办理公文的效率。

直到乾隆三十七年（1772）九月，这一问题才得以解决。当月，左副都御史高朴奏称："中城副指挥及五城吏目均非正指挥所辖，各有呈报、关移、领解文批，皆须印信。其副指挥经理米厂，领解钱粮，尤关紧要。且俱分设衙署，一切专办事件，不由正指挥核详。向来一城止给一印，系正指挥掌管，相隔数里，往来用印，实多未便。请各按品级，均给关防，以专职守。"② 最终经吏部议覆，乾隆帝批准五城副指挥、吏目分别颁发印信。

然而，颁给副指挥、吏目印信，只是在一定程度上简化了五城司坊各衙门办理行政公文事务的程序，至于吏目职低位卑、"不足以弹压"的问题依然被搁置不问。

早在乾隆三十一年（1766）时，经巡视北城御史素尔纳条奏，以吏目额员不足弹压，改将副指挥移驻关外（即城外），关内（即城内）地方归吏目与正指挥分管，但后来都察院又以关内地方归并各城吏目专管，正指挥照旧专管一城命案。因此，吏目虽然管辖区域从关外换到了关内，但其独自专管一坊之事务的性质并没有改变。至乾隆三十四年（1769）十一月，又经升吏目给事中袁鉴、升任巡视中城给事中喀尔宗义等条奏，因"关内旗民、官员、商贾辐辏，词讼纷纷"，而吏目微员"不足以弹压"，奏请将各城吏目改为副指挥，"以稽查弹压"。吏部以"稽察弹压总归御史，吏目微员，毋庸徒事更张"，将其奏请议驳。

---

① 《清高宗实录》卷691，乾隆二十八年七月壬申。
② 《清高宗实录》卷916，乾隆三十七年九月甲辰。

至乾隆三十八年（1773）三月十三日，掌云南道监察御史范宜宾再次奏请将五城吏目之缺改为关内副指挥。范宜宾认为吏目与副指挥所承担的责任完全一样，"分管关内一切缉捕词讼，并都察院衙门之差委，甚为纷繁，实与外省繁剧州县无异"。而且他根据自己巡视西城两年以来的体察经验，认为关外（即城外）地方虽属辽阔，但实际上的事务"实少于关内"。关内（即城内）地方各处情形更加复杂，"皆京城以内官员、旗民、商贾杂处，事务纷繁，并承办承缉之案比关外尤为烦剧"。如果命正指挥与吏目同时兼管，正指挥"不能分身，必有遗误"，但现实的情形是，"吏目承办公务，实有呼应不灵、不能弹压掣肘之处"。范宜宾在奏折中还举出西城参革吏目周达承办镶蓝旗营房陈吉祥被鲁兴基殴落牙齿一案为例进行佐证。吏目所遇到的困难，不能简单归结为能力大小和是否勤于职守的问题，关键是"吏目系未入流，职品最微"，如果以此等之人"即令承办地方一切词讼缉捕之案"，每有不能妥善应对之虞。因此，他建议"将五城吏目之职改为关内副指挥，其衙署吏役仍请吏目之旧设，毋庸增添"，如此一来，"关内地方足资弹压，承办一切词讼缉捕案件，可无掣肘、呼应不灵之处"。①

御史范宜宾的以上建议也被否决。该年闰三月初十日，吏部议覆后，认为"办理公务，如果得人，无难胜任。倘有阘茸不职之员，即应随时参办，未便将员缺遽议更改"。乾隆帝同意吏部所议御史范宜宾条奏"五城吏目请改为关内副指挥"一本，"所驳甚是，依议"。联想到此前袁鉴、喀尔宗义等人先后奏请，吏部都是依样驳回，乾隆帝斥责范宜宾："其事之不便更张，显然可见，范宜宾何得复为此喋喋渎奏耶？且办理地方事务，惟在其人之称职与否，初不系乎品秩之加增，所谓有治人、无治法，乃一定不易之理。若以吏目官职较卑，必待改为副指挥，始足以资弹压，试问现在副指挥内果能尽职者又有何人？而各城吏目于应办之事，岂皆束手无措乎？"② 在乾隆帝看来，范宜宾此奏并非心存公事，而是借此"以博微员感悦，显属意存沽誉"，并下令将范宜宾交部议处。至此，终乾隆一朝，便再也无人奏及此事。

直到嘉庆四年（1799）三月初六日，太仆寺卿阎泰和又一次提及此事，但他的建议不再是将吏目提升为副指挥，而是建议将五城吏目改归正指挥管辖。五城正指挥、副指挥、吏目互不统属，而且因各自负责的事务

---

① 《掌云南道监察御史范宜宾奏请将五城吏目之缺改为关内副指挥事》（乾隆三十八年三月十三日），录副奏折：03-0053-008。

② 《清高宗实录》卷930，乾隆三十八年闰三月己巳。

不同，以至于对上负责的对象也不同，正指挥"只管相验录供，由本城移送刑部审办，此外别无承办紧要之事"；副指挥、吏目则分地管理窃盗词讼等事，"径自详报本城御史，与正指挥不相关会"。阎泰和又举饭厂管理为例，"每城于冬春分设饭厂二处，城外饭厂系副指挥就近管理，城内饭厂仅系吏目专管，全与正指挥无涉"。而各城饭厂关系钱粮，事关赈恤事宜，尤属重大，如果"仅令微末之员专司其事，更不足以昭慎重"。多数情况下，又因吏目所办案件"不能妥协"，往往经该管御史驳饬，"另委正指挥代办"。阎泰和以为，与其遇事代办，不如"将吏目归于正指挥管辖，一切事件悉由正指挥核转"。① 然而，阎泰和此奏再次搁浅。

既然将吏目改归正指挥管辖的建议屡次遭到否决，进入道光朝后，御史们又被迫另寻出路，开始从调整吏目、正指挥的职责范围着手。道光四年（1824）七月二十六日，福建道监察御史王赠芳上折"奏为五城吏目积弊请加剔厘以请吏治等事"。王赠芳在梳理乾隆三十一年（1766）以来有关吏目改为副指挥的各次奏请的基础上，总结"事虽未经准行，可见吏目积弊已非一日"，加之嘉庆朝以来吏目的种种积弊，断定改革吏目职权已是燃眉之急。王赠芳的理由是：

> 此项人员流品太杂，则罔知检闲，身家太轻，则不自爱惜，防维之制稍有未周，则侮法之谋百出，而黩货之心无厌也。何者？五城斗殴、赌博等件，固准吏目随到随审，即一切词讼皆由传集序供，然后送城。夫既得传集序供，则行贿者可以消弭，无钱者从而羁禁，以有为无，以小为大，何所不可？无擅受之名而有审理之实，则事权太重也。吏目虽未入流，与六七品之正、副指挥系属同官，毫无统辖，其考成举劾归之都察院，究之都察院堂官与吏目尊卑悬绝，惟每月堂见二次，未易察其能否。是亲临钤制者，惟该城御史，而巡城究系每年更换之差，与久任地方者仍自有间。既鲜大小相维之法，必启上下相蒙之渐，则责任太专也。夫以身家之轻而寄之以事权之重，以流品之杂而畀之以责任之专，欲其束躬奉法，励操不渝，安可得耶？虽人臣名检自持，原不系乎所居之品秩，即此微员中，岂无一二洁清自好、克称其职者？第朝廷之立法，非所以绳正士而实以律中材，故法立而人不犯，非不欲犯也，法有以制之也。

归纳起来，王赠芳认为五城吏目的弊端主要表现为三点：一是"人员

---

① 《太仆寺卿阎泰和奏请五城巡查缉捕事宜变通办理事》（嘉庆四年三月初六日），录副奏折：03-1476-020。

流品太杂",二是"事权太重",三是"责任太专"。其结果是"以身家之轻而寄之以事权之重,以流品之杂而畀之以责任之专"。因此,王赠芳建议将吏目统归正指挥管辖:

>　　伏查各城正指挥秩正六品,于司坊官中为正印,又进士出身,曾任知县者,得以借补,与州县之印官无异。州县所辖地方,往往较五城为尤广,仍事事责成专管,未尝假手佐杂。今正指挥除专司相验外,无管理地方之责,与吏目繁简迥殊,名为正印,实则闲曹,似于官制未协。臣愚以为,地方之事宜责成正指挥管理,以副指挥贰之,吏目当受其辖制,则彼此联属,得以不时查察,而吏目无所藉手,其宿弊不剔而自清矣。若因正指挥已管相验,难以兼顾地方,则相验之事究非时有,即外省州县,亦未尝不理命案也。又查例载,如五城相验案件,一时坌集,正指挥不能分身者,即委副指挥、吏目代验,仍归本官办理。似此,则管理地方仍司相验,坌集之际,例得转委,亦可无虞积冗也。

在王赠芳看来,五城正指挥统辖吏目,不仅于官制相副,而且也并没有加重正指挥的职责,相反,目前的五城正指挥只是专管命案相验,没有管理地方的责任,名义上是正印官,实际上是个闲差。按照他的建议,吏目归正指挥统辖后,重新分配两者之间的职能分工,"令吏目专司逃人、盗案,其地方案件俱归正指挥,传集序供仍送城审断"。与此同时,各城副指挥"所管关外事务,亦即归并办理,如州县佐贰分防之例,并令副指挥、吏目比照佐贰杂职仪注,以符体制,则官秩之名实相副,地方之贪蠹消,于五城政务似有裨益"。①

当天,道光帝便命将王赠芳此奏交与吏部、都察院会议具奏,其原折内容分别抄送吏部和都察院。在双方正式交换意见之前,都察院先"札行五城御史公同会议,以凭核办",而巡城御史武尔通阿等人反馈的意见是部分地同意了王赠芳的主张,即"嗣后吏目除逃人、窃盗等事,仍令照旧专办外,其余关内喊票事件向归吏目管理者,均归正指挥衙门",如果正指挥办理案件时"不能分身,例准委副指挥、吏目代验"。至于副指挥衙门的词讼职能保持不变,因为东、南、西、北四城均驻扎关外,"其所属地面有距城数十里者,若归并正指挥办理,则传讯往返,转至迟延,并恐拖累"。以上五城御史的意见,由都察院转送给了吏部,吏部也倾向于同

---

①　《福建道监察御史王赠芳奏为五城吏目积弊请加剔厘以请吏治等事》(道光四年七月二十六日),录副奏折:03-2550-063。

意王赠芳的奏请，并将自己的意见移送都察院会议。与此同时，都察院又先后征求了五城正指挥和吏目的意见，并将结果移咨吏部，此时都察院态度反转，开始准备驳回王赠芳所奏。如此一来，吏部与都察院意见相左，最后据都察院咨称，"意见不符，自应两议陈奏"。①

八月十六日，都察院左都御史松筠覆奏，基本意见是认为王赠芳的奏请"格碍难行"。主要理由是，将吏目负责的词讼案件归正指挥管理，而正指挥专司之命案反而委托他员代验，这是轻重倒置。因为，"地方公事，命案为重"。正指挥负责城内外命案验证，如果是关外地方有远至数十里者，"须隔宿始能回署"，而且还有刑部、步军统领衙门所委托的相验案件。以道光四年（1824）为例，自正月至七月止，半年之内五城相验之案已有二千二百余件之多，因此正指挥"事已极繁"。如果再添管吏目所司事务，势必顾此失彼。至于吏目本身的职责，"本不准理词讼，其斗殴赌博等事，不过据禀详城，或奉本城批发，则录叙供词，仍由巡城科道亲审断结。重者，则咨送刑部"。因此，吏目所承担的"叙供之责，比之相验，实为较轻"。如果按照王赠芳所奏办理，"欲以喊禀叙供之事，归正指挥办理，而于命案之积压愈甚，代验愈多，俱未虑及，是欲重其所轻，转致轻其所重"。再者，将吏目作为正指挥属员，由正指挥考察其贤否，难收实效。因为，现任的正指挥五人，除了一名是举人出身外，其余都与吏目一样，是捐纳出身，"以之稽察吏目，岂能贤于巡城科道？"②

也或许考虑到以上驳斥的理由还不够充分，都察院左都御史松筠又在奏折附片中进一步反驳王赠芳关于吏目"权重"而五城正指挥实际为"闲曹"的判断并不正确。"查得五城吏目系同正指挥一体引见补放人员，所有正指挥、吏目均归巡城科道考察，由来已久，是吏目不得谓之权重，而御史王赠芳所奏吏目权重之言，未免失实。"都察院认为王赠芳之所以有这种认识，是因为他"引见补放御史未久，不知五城实在情形"。而实际上，五城正指挥除了负责各城相验命案等事之外，"尚有专办五城估报米粮、麦豆、麦麸、谷草及市卖钱价，专管官铺地租银钱，并奉吏部查传投供、候选、传验未到各员"。另外，户、工二部饬传解运员弁，虽然由中城指挥专办，但向来与各城指挥一起"办理栖流所、贫病流民棺木银两、给发贫民口粮以及四季孤贫钱粮"等事务。在这种情形下，如果再把"事务

---

① 《吏部尚书文孚等奏为会议王赠芳条陈吏目应归正指挥统辖事》（道光四年八月十六日），录副奏折：03-2552-032。
② 《都察院左都御史松筠等奏为御史王赠芳条奏五城吏目积弊请加剔厘事与吏部会议意见不合另折具奏事》（道光四年八月十六日），录副奏折：03-2552-029。

亦繁"的吏目应办职能归并正指挥办理,则正指挥必然"一时难以分身,致有顾此失彼之虞"。因此,"正指挥所管事务繁多,不得谓之闲曹"。① 总而言之,在都察院看来,王赠芳的理由和建议都不成立。

同一天,吏部尚书文孚也覆奏,其基本意见则是支持王赠芳的奏请,即"应请照该御史王赠芳所奏及五城御史所议,将五城吏目所管该城斗殴、赌博、窃盗等一切喊禀事件,均归正指挥传讯叙供、送城审断";吏目作为正指挥属员,由正指挥管辖并加以考核;至于副指挥的职权仍令照旧管理。其理由是:"五城分管地面不能广于外省繁要州县,外省命案皆归州县验讯,其余词讼一并审办,从无顾此失彼之虞,何独至正指挥即虑其不能兼顾? 外省杂职,不准擅理词讼,定例綦严。五城吏目同系杂职,独准其擅词讼,于事理本未平允。"而且在吏部的这份覆奏中,还进一步透露了五城御史和吏目对于王赠芳奏请的态度。"今五城吏目赃案累累,经御史条奏奉旨交吏部、都察院堂官会议具奏,乃该吏目等不静候议奏,辄敢具呈,以为不准其审理词讼即不能承办差使,殊乖政体。巡城御史与司坊官最为切近,五城御史公同商酌,佥称事属可行,并无窒碍。臣等据以定议,岂能因吏目之言听其阻格?"可见,五城御史是赞同王赠芳的,而五城吏目则强烈反对,甚至认为"不准其审理词讼即不能承办差使"。②

面对吏部和都察院的分歧,道光帝采纳了都察院的覆奏意见。当天,道光帝谕内阁:"前因御史王赠芳条陈五城吏目归正指挥统辖,当交吏部、都察院会议。兹据吏部议准,而松筠等另折奏称,正指挥专司命案事已极繁,若再添管吏目所司事务,势必顾此失彼。吏目本不准理词讼,其斗殴赌博等事,不过详城叙供。该御史欲以叙供之事,归正指挥办理,而命案转委代验,未免轻重倒置。且拣发各员并无印信,书差又非本管,稽察难周,弊端滋甚。至吏目向归巡城御史考察,今作为正指挥属员,令其考察,岂能贤于巡城科道? 必启瞻徇之弊。所奏较为明晰。著即照都察院堂官所议,仍循照旧章办理。惟在该堂官及五城御史破除情面,随时实力稽查。如有不称职及贪婪情事,立即严参惩办,不在纷更官制,转滋流弊也。所有吏部议准该御史所奏及调剂吏目铨选之

---

① 《都察院左都御史松筠奏为王赠芳所奏因不知五城实情未免失实适准吏部来咨另议事》(道光四年八月),录副奏片:03-2552-030。
② 《吏部尚书文孚等奏为会议王赠芳条陈吏目应归正指挥统辖事》(道光四年八月十六日),录副奏折:03-2552-032。

处，均无庸议。"①

此次道光帝采信都察院建议，所导致的后果是将问题继续留置，其弊端继续延宕。

至道光十八年（1838），河南道监察御史章炜再次奏请将吏目涉及户婚、田土的诉讼事务转归正指挥管辖。当年二月十三日，章炜条奏三条有关五城事宜的建议，其中第二条即"城内事件宜改归正指挥"："向来正指挥专司命案事宜，其批发叙供之事较少，城外讼案则由副指挥报城，城内讼案则由吏目报城，间或批发传人叙供，带城审办。查正副指挥职分较大，升途较优，能自爱者尚多，惟吏目一官职分既卑，升途又窄，当其报捐伊始，即为谋利而来，往往遇事诈赃。近年如吏目沈为璋、曹汝舟等俱以贪污败检，是其明验。应请嗣后城外案件仍归副指挥报城，城内案件除窃盗、斗殴、赌博，一切缉捕事宜，照旧例归吏目分管外，其余户婚、田土等项讼案俱由正指挥报城，有应传人叙供者，亦批发正指挥衙门，该指挥系正印官员，或可少存顾忌，罔干法纪矣。"② 章炜条陈的建议一共三条，其余两条分别是关于严拿五城讼师以及添设栖流所，但道光帝在将该奏折谕令内阁办理时，指明要求吏部会同都察院讨论涉及五城正指挥职责范围的第二条。

二月十五日，接到任务后，都察院咨行吏部，吏部则翻出旧案，将道光四年（1824）八月御史王赠芳当年的条陈结果回复都察院。双方依旧"会议意见不同，另折具奏请旨"。四月二十六日，都察院左都御史奎照奏覆，其基本意见与道光四年时几无变化，理由也大致相同，主张"所有该御史所奏应毋庸议"。③

同一天，吏部尚书奕经将吏部意见奏呈道光帝，与道光四年时一样，依旧同意将吏目部分职能改归五城正指挥。在吏部看来，官制固然"不宜纷更"，但也要"时宜在乎通变"，既然吏目与正指挥为同一司坊的官员，此前将吏目作为正指挥属员的做法已经行不通，不过"职分既有崇卑"，那么其所管理之事"自应分别繁简，以昭慎重"。吏目"职居微末"，在办理窃盗、斗殴、赌博等缉捕事宜时"尚恐才有不逮"，如果将地方户婚、田土词讼案件仍继续归吏目专管，必然导致"管辖之内欺诈愚民，遇事生

---

① 《清宣宗实录》卷72，道光四年八月丙子。
② 《河南道监察御史章炜奏为条陈五城事宜事》（道光十八年二月十三日），录副奏折：03-3787-034。
③ 《都察院左都御史奎照等奏为遵旨会议御史章炜条陈五城吏目统辖意见不同事》（道光十八年四月二十六日），录副奏折：03-4079-013。

风，多方扰累，甚且散帖敛分，科索银钱，无所不至"。吏部为证明吏目办理诉讼事务的弊端，还举出了大量例证进行佐证。吏部又强调吏目虽然归巡城御史"稽查钤制"，但吏目"皆久于其任"，而巡城御史"系每年更换之差"，难以真正发挥监督稽查的作用。因此，将城内诉讼案件改归正指挥是有必要的。①

时隔14年，当道光帝再一次面对都察院和吏部就同一问题的不同意见时，此次道光帝选择了吏部的建议，同意将吏目的部分职权转归正指挥管理。道光帝谕内阁："前因御史章炜条陈五城事宜，当交吏部会同都察院议奏。兹据吏部奏称，吏目本系杂职，向例不准擅受民词，若令其于户婚田土词讼案件，传人叙供，即与擅受无异。再查吏目专系捐纳出身，流品既杂，且久于其任，虽有巡城御史稽查钤制，而御史每年更换，防范恐有未周。该御史请将城内案件改归正指挥管理之处，不为无见等语，所议甚是。嗣后城外案件仍归副指挥报城，城内案件除窃盗、斗殴、赌博，一切缉捕事宜，仍归吏目分管外，其余户婚田土词讼案件、向归吏目管理者，均著改归正指挥衙门详城，听各该城御史批发核办。即斗殴因户婚田土起者，一切传人叙供，仍归正指挥管理，毋许吏目干预，以符体制而专责成。"② 至此，自乾隆三十一年（1766）开始的关于吏目是否改为副指挥、是否改由正指挥统辖，再到后来可否将吏目部分职责改归正指挥的漫长争议，终于以调整吏目部分职权而结束。

从乾隆年间的袁鉴、喀尔宗义、范宜宾，以及嘉庆年间的阎泰和等人的奏请来看，御史们最初意图调整的是五城正指挥、副指挥和吏目之间的隶属关系，同时欲改善司坊官的地位、待遇、出路和素质，从而使五城行政体系在一定程度上实现统一事权、权责分明的良性运转。这在本质上反映了清代北京城市管理需要建立一个类似统一城市政府的内在趋势。但由于屡遭乾隆帝、嘉庆帝的驳斥，道光朝王赠芳、章炜等人退而求其次，只得奏请压缩吏目的部分职责，好在御史们长期坚持，最终在道光朝实现了部分目标。但实际上，小幅度职责调整后的正指挥，只不过是承担了原本属于吏目的受理户婚、田土等词讼的部分职责，并没有真正改变正指挥、副指挥和吏目之间互不统属的关系，也就是说，这迈出的一小步没有从根本上改善五城行政体系的运转状态。在权责不够明晰、监督难以发挥作用、五城司坊官积极性和主动性难以合理调动的诸多掣肘下，部分职能的

---

① 《吏部尚书奕经等奏为遵旨议奏御史章炜条陈五城户婚田土等项讼案应归正指挥管辖事》（道光十八年四月二十六日），录副奏折：03-4079-014。

② 《清宣宗实录》卷308，道光十八年四月丁卯、戊辰。

调整只能带来新的弊端。由于正指挥增加了新的任务,道光十九年(1839)二月,河南道监察御史万启心便奏请由拣发正指挥分担正指挥的一些职责:"嗣后五城地面如有道路倒毙案件,酌改归拣发正指挥相验。"① 委托拣发人员办理,成为正指挥推脱责任的新手段。至光绪二十八年(1902),五城御史等奏请合办缉捕,经政务处议准,将五城吏目裁撤,捕役裁汰。② 清末北京城市管理随着五城行政体系的瓦解,才逐渐迎来了新的契机。

---

① 《河南道监察御史万启心奏请五城地面道路例毙案归拣发正指挥相验事》(道光十九年二月二十四日),录副奏折:03-2809-012。

② 《掌山东道监察御史英奎等奏为五城各司坊窃盗案件延不呈报请申明定章据实详报以重捕务事》(光绪三十年十二月二十三日),录副奏折:03-7227-061。

第四章 人口管理

在任何社会发展阶段，人口都是一个事关国家政治稳定、经济发展、社会秩序等的重大问题。适量的人口是支撑国家政治、经济、社会等运转的基本要素，相应地，人口的结构、素质等方面也会塑造一个国家的政治体系、经济发展和社会结构。我国历史上的人口管理，或以身份世袭为目的（如皇室玉牒），或以赋役征收为目的（如人丁编审），或以社会治安为目的（如保甲编查），或以宗族认同为目的（如家谱），并没有单纯以人口数量为统计目的的全覆盖户籍登记制度。清代北京作为都城，其人员构成，上自皇室宗亲、在京文武官员，下至普通旗民、士绅、商贾、僧道、贩夫走卒，乃至流民乞丐、外来人员等，所在皆有。面对如此复杂的人员构成，清统治者以人的政治社会等级为标准，确定人口管理对象与相应政策，即皇室、旗籍、民籍、僧道以及流动人口等。这种分层而设的人口管理体系，既是清代政治体系的需要，也是清代社会阶层的反映。都城人口管理的最终目的是维护统治秩序，而非经济发展与城市公共服务，其在清代的变化和所面临的问题，实际上也构成了清代北京城市社会结构的内部演化。

一、皇室

作为掌握政治权力的核心群体，历代统治者都很重视对皇室人口的管理。清承明制，专门设立宗人府管理皇室人口。清代皇室人口集中居住在两个地方，一处是都城北京，另一处是陪都盛京，而又以北京的皇室人口为最多，而且只能居住在皇城内，不得随意迁居城外，遑论外地。其人口绝对数量虽然不是很多[1]，但作为统治阶层的核心，在清代北京城市社会

---

[1] 李中清、卡梅伦·坎贝尔、王丰：《清代皇族人口统计初探》，《中国人口科学》1992年第1期。

结构中仍占据着重要地位。因此，清代皇室人口管理是清代北京城市人口管理体系中的重要组成部分，也是人口登记制度最为严格、完备并包括男女性别的一类人口管理。

据乾隆朝《钦定大清会典》，宗人府设宗令、左右宗正、左右宗人各一名。清初，往往以亲王、郡王为宗令，贝勒、贝子为宗正，镇国公、辅国公为宗人，后来不拘一格，唯择贤能者任之，其职责是"掌皇族之属籍，以时修辑玉牒，辨昭穆，序爵禄，均其惠养，而布之教令，凡亲疏之属，胥受治焉"。下设府丞一人，负责校理汉文册籍。左右二司，每司理事官二人、副理官二人、主事二人，分掌左右翼宗室、觉罗之籍，稽查承袭次序、秩俸等差，以及养给贫幼、优恤婚丧之事，记录其子女适庶、生卒、婚嫁、官爵、名谥，以备玉牒纪载。经历二人，掌出纳文书。堂主事二人，掌奏疏稿案。汉主事二人，掌汉文册籍。笔帖式二十四人，掌翻译清汉文书。① 作为管理皇室人口的专门机构，宗人府制度之谨严，绝非其他社会阶层人口管理所能相比。

登载皇室人口的专门册籍，即皇室家谱，称为玉牒，自明代以来就保持着十年一修的惯例，清代沿袭了这一传统。顺治十二年（1655），清廷确定玉牒每十年由宗人府会同礼部纂修一次，"纂修玉牒，应照会典开载，论世次，各派所出子孙递书于各派之下，以帝系为统，其余各照次序胪列"②。每次纂修，由宗人府题请，以宗令、宗正充总裁官，以帝系为统，以长幼为序，存者朱书，殁者墨书。每修成一次，于皇史宬、盛京各藏一部。至于平时，宗室及觉罗生子年月日时，仍照旧于每年正月初十日内送宗人府、礼部记档，以便下次纂修玉牒时采用。

由于皇室人口日渐繁衍，为加强管理，雍正七年（1729）十二月，监察御史觉罗莫礼博条奏："宗室、觉罗等每年所生之子，系宗室之子则宗室族长查送宗人府，觉罗之子则觉罗稽查子女头目查送宗人府，宗人府即据造入册，恐无可以为凭之处。请将宗室族长、觉罗稽查子女头目每人给与印记一方，以为凭据。"经宗人府及满洲大学士尚书等议准，给宗室族长和觉罗稽查头目颁发印记，作为上报皇室人口的法律凭证，"嗣后若宗室觉罗等日渐蕃昌，至有增添族长人等之处，即照此例铸给"③。

至乾隆时期，由于宗室、觉罗人口每年增加甚多，如果玉牒必待十年

---

① （乾隆朝）《钦定大清会典》卷1《宗人府》，文渊阁《四库全书》影印本第619册，第28－29页。
② 《清世祖实录》卷94，顺治十二年十月乙亥。
③ 《清世宗实录》卷89，雍正七年十二月己未。

一修，似乎间隔过长。于是，宗人府在乾隆十一年（1746）奏请是否可以每五年增修一次，"请除照例十年一次修纂外，仍于五年增修一次，不必全修，止将应换之篇抽出换易增入，以此为例"。乾隆帝准其所请，同意"今玉牒内舛错处既多，著照所奏，于来年修辑"，但一事一办，不得更改定例，"嗣后仍十年一修为是"。①

每十年一次纂修玉牒，有时在实际操作中则成为每九年一次，后来乾隆帝明确规定，十年之数不得包括上次玉牒纂修启动之年。乾隆十五年（1750）五月，乾隆帝谕："宗人府纂修玉牒，每十年一次开馆，此定例也。乃历来俱连上上届纂修之年计算，是以每次递减一年，实止九年，岁月转致参差。查从前既有十年一次纂修成例，自应扣准年月，如现在乾隆十五年纂修告成，下届即当乾隆二十五年（1760）重修，嗣后俱照此办理，不必接算上届纂修年分。"② 至于纂修过程，短则一年，长则二三年，乾隆帝则要求一年之内完成。乾隆三十一年（1766）十一月，宗人府奏："请恭修玉牒，限三年告成。"乾隆帝批复："修办玉牒，视其所有旧档案，应改者即改，应添者即添，何需三年？务于一年内即行告竣，著派满大学士一员催办。"③

宗人府专门管理皇室人口的户籍，具有非常重要的政治意义，它不仅关乎皇室内部的宗法等级秩序，而且关于皇权体系的构建，甚至清廷政治的稳定与维系。

第一，辨昭穆，别亲疏。早在入关之前的皇太极时期，清廷就对皇室人口进行了亲疏区分，以显祖宣皇帝即塔克世的本支直系子孙为"宗室"，其伯叔兄弟之支则为"觉罗"。这种区别在服饰上就有明显的标志，凡是宗室，腰间束金黄带，觉罗则腰间束红带。

凡是皇室所生子女周岁时，书其年月、日时、母某氏，是嫡出还是庶出，及其排行次第等信息，一律具册送宗人府，宗室子女载入黄册，觉罗子女载入红册。不论男女，严禁隐匿不报。嘉庆二十五年（1820）七月，因绵勤之第五子奕繁病故，被查出奕繁有未经呈报之子，又查出成亲王府第匿报孙曾三人。此前，怡亲王奕勋身故后"亦曾查出匿报子女多名"。由此可见，"各王公家所生子女，未经报出者恐尚不少"。得知这一情形的嘉庆帝质问宗人府："宗室枝叶繁衍，最为盛事，该王公等匿不呈报，不知是何意见"。并命管理宗人府的王公及各族长严加稽查，将该王公指名

---

① 《清高宗实录》卷280，乾隆十一年十二月己巳。
② 《清高宗实录》卷365，乾隆十五年五月癸亥。
③ 《清高宗实录》卷773，乾隆三十一年十一月乙未。

参处。① 不过，宗室、觉罗的身份待遇，也并非一成不变，如果是宗室，以罪黜为庶人者束红带，如果是觉罗，以罪黜为庶人者束紫带。至于其所生子女，依旧备录所有信息送宗人府，"如前法各附黄红册后"。另外，宗室子女的名字也不能随意取，近支宗室和远支宗室都有各自的取名规则。

第二，序爵禄，均其惠养。皇室人口登记的另一个重要作用是作为分封爵位的依据。最大的区别是宗室与觉罗之别，虽然两者都是皇室人口，但"亲疏攸别，爵秩亦殊"②。宗室是皇室直系子孙，在封爵上地位要高很多，而觉罗是旁系子孙，其封爵则小很多。据乾隆朝《钦定大清会典》，封爵共有十四等：和硕亲王、世子、多罗郡王、长子、多罗贝勒、固山贝子、镇国公、辅国公、不入八分镇国公、不入八分辅国公、镇国将军、辅国将军、奉国将军、奉恩将军。③ 其中，镇国将军、辅国将军、奉国将军、奉恩将军又各有一、二、三等。皇室人口不仅登记男性，还登记女性，女性的爵位有固伦公主、和硕公主、郡主、县主、郡君、县君、乡君、六品格格等。此外，袭爵也有明确规定，有世袭罔替和降等承袭两种。世袭罔替只有俗称的八大铁帽子王，即睿亲王、礼亲王、郑亲王、豫亲王、肃亲王、庄亲王、克勤郡王、顺承郡王，世代相传，爵位不变。其余则都是降等承袭，每传一代，则自动降低一级。所有以上封爵、袭爵、考封等过程中，给谁授予何等爵位、谁来继承爵位等等情形，都需要有玉牒档册作为依据。因此，负责皇室人口管理的宗人府，是清代统治者构建内部等级秩序的重要机构。

第三，"布之教令"。宗人府的皇室人口管理还承担着清代政治统治核心群体的教育管理等功能。清廷将京城皇室人口所设立的宗室佐领和觉罗佐领分为左、右两翼，进行教育管理。左、右翼各设一宗学，择宗室子弟聪秀者入学，每学以王公一人总其事，宗室总管二人、副管八人，率教习翻译十四人、教习骑射六人，稽查课程。京堂官四人，"岁一校试，别优劣，定去留，以劝学兴行"。同时，左、右翼各设觉罗学四处，"择觉罗子弟聪秀者入学，每学以王公一人总其事，觉罗副管二人、教习清书一人、教习骑射一人"。骑射一直被清统治者视为立国之本，皇室的教育对其尤其重视，"凡习射，每月左右翼各三次，自王公至闲散宗室，皆会射于镶黄旗教场，由府稽其勤惰、优劣，注于册，劣者给限学习，仍怠惰者参

---

① 《清仁宗实录》卷373，嘉庆二十五年七月己未。
② 《清史稿》卷161《表一·皇子世表一》，北京：中华书局1977年，第17册，第4701页。
③ (乾隆朝)《钦定大清会典》卷1《宗人府》，文渊阁《四库全书》影印本第619册，第30页。

处"。可以说，皇室人口的教育在很大程度上左右了清代国家的统治和治理能力。

此外，皇室人口在选授官职、挑差补用、抚恤养赡、违法惩处等方面，都享有很多特权。因此，对于一名皇室人口而言，自其出生开始，其在玉牒中的位置，直接决定了其在衣食田宅、婚丧嫁娶、教养挑补、赏罚黜陟等各个方面的权利。

在清代政治体系中，统治者始终维护满洲权贵在政治上的绝对支配地位，无论内官、中央各部院衙门，还是外官，如督抚、驻防等，都是满官居主导地位。而在这种政治体系中，皇室又居于主导和支配地位，皇室人员众多，至于何人授何爵、授何官，在权力体系中的优先权如何安排，都有赖于玉牒的记录。因此，玉牒不只是一种档册记录，也不只是简单的皇室人员统计，而是支撑政治统治的法律依据。

二、旗籍

清代统治者虽然声称满汉一家，但在政治、经济、社会秩序的构建中，统治者始终奉行首崇满洲、旗民分治的政策，将八旗作为立国之本。对于京城八旗人口，清政府实行单独管理，纳入旗籍，世代豢养。京城八旗旗籍管理，不仅是清代北京人口管理的重要组成部分，而且是城市管理的重要基础。

1. 八旗户口编审与旗籍管理

清代实行旗民分治，旗人户口以满、蒙、汉各旗分编入八旗档册，属于八旗制度；民人户口编入民册，由各州县衙门管理。关于八旗户口，大致而言，人系于户，户系于佐领，佐领系于固山（旗）。据乾隆朝《钦定大清会典》记载，与民人五年一次的编审不同，八旗户口的编审，"以三年为率"①，"凡已成丁者，皆入册；病故者，开除"②。届期移文八旗满洲、蒙古、汉军都统及盛京将军、各省驻防将军、都统、副都统，"饬所属佐领简稽丁壮，登名于籍，达部汇疏以闻，以周知八旗繁衍之数"。每次编审户口，各佐领编制户口清册二本，一份呈送户部，一份存本旗。

---

① （乾隆朝）《钦定大清会典》卷9《户部·户口》，文渊阁《四库全书》影印本第619册，第113页。

② （乾隆朝）《钦定大清会典则例》卷32《户部·户口上·编八旗壮丁》，文渊阁《四库全书》影印本第621册，第2页。

八旗户口的登记对象是旗丁。编审注册时，每户书某氏某官，未仕者书"闲散"二字，旗丁名上方写其父兄及官职名，姓氏旁书子、弟、兄弟之子以及户下所属若干人，"或在籍，或他往，皆备书"。①

清初规定，"旗员子弟俟十八岁登记部册后，方许分居，如未及岁，擅自分居者议罚"。顺治十七年（1660）题准，"凡官员子弟有职任者，不拘定限岁数，准其分户"。②雍正五年（1727）覆准，八旗人丁以身高为标准，"凡身及五尺者，皆入册"③。雍正七年（1729）又以年龄为标准，规定岁满十五，方准入册。④乾隆四年（1739）覆准，"八旗遇比丁之年，将至十八岁以上者核明入册"。乾隆六年（1741）又议准，"八旗编丁，有以身及五尺造入丁册者，有年至十八造入丁册者，事不画一，今酌定身及五尺皆造入丁册，以杜规避隐漏之弊"。⑤至乾隆四十一年（1776）又议准，八旗壮丁"统以十六岁造入丁册"。至于已食钱粮之养育兵，仍准不俟岁满，"即行入册"。⑥

一定数量的八旗壮丁编为一个佐领，起初规定"每壮丁三百名编为一佐领"，后来调整为"每佐领编壮丁二百名"。康熙四年（1665）题准，如果满洲、蒙古佐领内有多出的壮丁达到百名以上，可自愿分立佐领。⑦康熙十三年（1674）又覆准，八旗每佐领编壮丁一百三四十名，每佐领多余的旗丁则"汇集别编佐领"；如果余丁仅百名以上不及定额者，该旗都统、副都统、佐领"酌量无误充伍当差，出结移送到部，亦准编为佐领"。康熙二十三年（1684），谕八旗满洲、蒙古每旗，"均设佐领百员"。雍正四年（1726），谕上三旗定设汉军四十佐领，下五旗定设汉军三十佐领。

八旗户口有正户、另户、另册、开户、户下之分。"正户"指正身旗

---

① （乾隆朝）《钦定大清会典》卷9《户部·户口》，文渊阁《四库全书》影印本第619册，第113页。
② （乾隆朝）《钦定大清会典则例》卷172《八旗都统·户口·编审丁册》，文渊阁《四库全书》影印本第625册，第441页。
③ （乾隆朝）《钦定大清会典则例》卷172《八旗都统·户口·编审丁册》，文渊阁《四库全书》影印本第625册，第442页。
④ （乾隆朝）《钦定大清会典则例》卷32《户部·户口上·编八旗壮丁》，文渊阁《四库全书》影印本第621册，第2页。
⑤ （乾隆朝）《钦定大清会典则例》卷172《八旗都统·户口·编审丁册》，文渊阁《四库全书》影印本第625册，第444页。
⑥ （光绪朝）《钦定大清会典事例》卷154《户部三·户口一·编八旗壮丁》，《续修四库全书》第800册，第516页。
⑦ （乾隆朝）《钦定大清会典则例》卷32《户部·户口上·编八旗壮丁》，文渊阁《四库全书》影印本第621册，第1页。

第四章 人口管理

人，包含宗室贵戚、自由民，是八旗的主体。所谓"正户"，"凡八旗氏族载在册籍者曰正户"①。又，"凡分晰户丁，八旗氏族，册籍可稽，及以军功劳绩奉旨入册者曰正户"②。即，凡有档册可查，确凿属于八旗氏族的成员，都属于正户。另外，"凡户下人随主出征、有先登得城者，准其出户，其亲伯、叔、兄弟亦准随出，编入正户册"。即清开国之初"龙从凤附之众"也可以编入正户。"另户"指八旗正户子弟长大后分家所立之户，与正户待遇相同。"另册"即另立档案人，该类来源较为复杂，如入关后有八旗旗人认养民人为子、有民人冒认入旗籍等，该类人后均打入另册，地位比正身旗人低。"开户"是"僮仆而本主听出户者"，由所隶佐领"别宗支，核真伪，稽远近，考其谱系"。在清朝的官方文书中，开户与正户在八旗组织中的身份地位截然有别，开户指旗下奴仆因军功、或因主人许可而脱离奴籍者，地位介于正身旗人与奴仆之间。"户下"即奴仆，多为战争中的俘虏及旗人购买之奴仆，地位最为低下。以上旗人户籍身份的差别，既是八旗统治阶层从核心到边缘的结构顺序，也是旗人按照身份享有不同政治、经济利益的依据。

另外，旗人家谱也是清代管理旗籍人口中值得重视的现象。家谱是古代父系宗法制度的产物，也可以视为古代中国以血缘为纽带的特殊人口管理制度。旗人家谱自清初以来就受到统治者重视，其目的除了家族认同之外，更重要的作用是维护旗人尤其是满族世袭等级制度。旗人家谱在旗人世职承袭、考试、挑差等诸多权益的分配中，往往起着验明正身的作用。③ 例如，八旗都统衙门奏请应袭佐领人员时，一般都要将拟承袭人员的家谱呈送皇帝，嘉庆二年（1797）正月，嘉庆帝还要求"凡进呈承袭佐领家谱时，于原立佐领下贴黄签，于分管佐领下贴别色签，方能了然"④。可见，家谱在旗人人口管理中发挥着与旗册同等重要的作用。

八旗作为清朝统治的根基，历任皇帝通过户籍制度对旗人实行严格的控制，从而维护"满洲为根本"的统治政策。主要措施如下：

严禁旗人隐匿人口。嘉庆二十三年（1818）十一月，正蓝旗马甲伊兴都

---

① （乾隆朝）《钦定大清会典》卷9《户部·户口》，文渊阁《四库全书》影印本第619册，第113页。
② （乾隆朝）《钦定大清会典》卷95《八旗都统·户口》，文渊阁《四库全书》影印本第619册，第919页。
③ 可参见潘洪钢《驻防八旗满族家谱述论》（《地域文化研究》2021年第4期）、杜家骥《清代满族家谱的史料价值及其利用》[《吉林师范大学学报（人文社会科学版）》2016年第9期]等文。
④ 《清仁宗实录》卷13，嘉庆二年正月辛未。

"生女隐匿不报，辄令披剃为尼"，定案后，伊兴都同眷属俱被发外省驻防，失察漏报之历任参领、佐领、骁骑校、族长等人也分别严加议处。①

严格维护不同旗人的身份之别。例如，开户养子册内户口不得滥入正户。雍正十二年（1734）奏准，八旗开户养子人等、已补前锋护军领催者，别载册籍。其子弟及从前察核之时未得前锋护军、领催已造入正户册内之开户养子，要求各旗"再加察核，分晰族支，注明何人之子孙"。以上所有开户养子，每佐领下造册二本，一份存贮该旗，一份送户部备案，并将总数交给值月旗汇奏。此后，"如复有夤缘入正户册内者，除治罪外，仍载入开户养子册内"。② 另外，王公宗室自行买入的旗下家奴，"原系户下"，也不得因其主人贵重，"窜入正户册内，以贱为良"。③

严格禁止民人冒入旗籍。雍正十三年（1735）奏准，"八旗有民人冒入旗籍者，照过继民人为嗣例，入于别载册籍内。嗣后永不许民人冒入旗籍，违者除本人治罪外，保报之该管官一并交部议处"④。

对于清初八旗入关时所带来的奴仆后人，以及直隶地区投充旗下之人，允许开户，但不得"放出为民"。乾隆三年（1738）议准："盛京带来奴仆，原属满洲、蒙古，直省本无籍贯，带地投充人等虽有籍贯，年远难以稽察，均准开户，不得放出为民。"⑤

对于在京八旗户口的身份管理，采用发给"印票执照"的方式，类似于身份证。以"印票执照"认定旗人身份的做法，始于雍正年间。雍正十三年（1735）规定，凡是八旗在京官员、兵丁、闲散、另住、户下人等，都需要所属佐领"给予印票"，上面写明年貌、家口等内容，"以备街道步军尉查验"。住在京师城外乡村的候选及革职官员、闲散、另住、户下人等，每户也要给予执照，同样写明年貌、住址、所从事职业等内容，"以备地方官查验"。凡是各佐领所发给印票，需要先送所属参领"挂号"，"押用钤缝关防"，每年年底封印后，"呈送都统备考"。⑥

---

① 《清仁宗实录》卷349，嘉庆二十三年十一月丁酉。
② （乾隆朝）《钦定大清会典则例》卷172《八旗都统·户口·分晰户口》，文渊阁《四库全书》影印本第625册，第446页。
③ （乾隆朝）《钦定大清会典则例》卷172《八旗都统·户口·分晰户口》，文渊阁《四库全书》影印本第625册，第449页。
④ （乾隆朝）《钦定大清会典则例》卷172《八旗都统·户口·分晰户口》，文渊阁《四库全书》影印本第625册，第446－447页。
⑤ （乾隆朝）《钦定大清会典则例》卷172《八旗都统·户口·分晰户口》，文渊阁《四库全书》影印本第625册，第447页。
⑥ （光绪朝）《钦定大清会典事例》卷155《户部四·户口二·给印票执照》，《续修四库全书》第800册，第526页。

对于旗人离开京城外出也有严格的规定，八旗兵丁及拜唐阿、闲散人等，如果有告假前往各省以及口外者，需要禀明所属佐领官员，申明"系何事前往何处及告假限期，详晰声明存档"，然后由佐领官员发给印票，申请者返回后当天缴销印票。如果告假逾限不回，或者回京后不及时交纳原领印票，甚至不领印票、私行前往，以及领有印票却私自前往别处者，一经发现，都要照例惩治。①

道光五年（1825），又进一步规定八旗闲散人员离京的告假管理办法，无论前往何处，均须报明佐领，告知参领注册，由佐领给予图记，"即准外出营生"。参领将具体情况报明都察院存案，年终汇总后咨户、兵二部。八旗闲散人员离京后的回京时间"不必勒定限期"，如果在外有事逗留，则报明地方官后行文该旗即可。回京之后，仍然可以备选当差。但如果在外停留超过一年，且并无地方官要求延期的报告申请到京，就要予以惩处，销除旗档。如果在外滋事，即按照民人例问罪。如果投往亲族任所住所，"挟诈需索"，允许地方官加以究办。如果在外年久，而且愿意改为民籍，则呈明地方官，"准其改入民籍"。至于私自出京的八旗闲散人员，"以逃走论"。凡是八旗在京降革休致官员、已退钱粮兵丁、未食钱粮之举贡生监，均按照这一方法办理。②

晚清，由于京城八旗生计愈加艰难，清政府逐步放宽了旗人离京外出谋生的管控。同治三年（1864）规定，凡是在京旗人有愿外出营生者，无论降革、休致文武官员，还是未食钱粮、本食钱粮举贡生监，乃至兵丁闲散人等，如果愿意离京外出谋生，则"将愿往省分呈明该参、佐领，出具图结"，报明该都统后发给执照，"填写三代、年貌、家口，盖用印信，注明册档"后，即准其外出营生，"或一人前往，或携眷前往"，均听其便。旗人申请离京时，参、佐领不得借口阻拦。对于这些离京谋生的八旗人员，不再规定任何返回期限，如果有愿意在外落业者，即在所在地，将在京城领取的外出执照向该管州县上缴，由该省督抚分咨部旗后，即可"编为该地方旗籍"，而且"准其与民人互相婚娶"，所生子呈报地方官，年终由督抚汇报部旗存案即可。如果有愿意在所在地改入民籍者，"即编入该地方民籍"，所有涉及的田土、户婚、词讼等案件事务，也一并统归该地方官管理。如果有愿意迁往其他地方者，向所在地州县官报明，经督抚批

---

① （光绪朝）《钦定大清会典事例》卷155《户部四·户口二·给印票执照》，《续修四库全书》第800册，第527页。
② （光绪朝）《钦定大清会典事例》卷155《户部四·户口二·给印票执照》，《续修四库全书》第800册，第527页。

准后，即可前往。尽管清政府鼓励外出谋生的旗人在各处落地生根，但没有完全禁止他们返回京城，而是根据情况加以区别对待。对于那些已经编入所在地旗籍者，如果有不服水土、仍然愿意回京旗者，"准其呈明该州县，详请督抚给咨回旗"，并且"到京仍准挑差"。但对于那些已改入民籍者，"不在此例"。如有不安本分、滋生事端者，则无论是否入籍，按照民人例，一律惩治。对于那些在外省做官之降革休致文武各员，以及病故人员的子孙亲族人等，如果无力回京，而且愿意在所在地落业者，"亦准一体办理"。①

2. 京城旗人抱养

《孟子》曰："不孝有三，无后为大。"在传统中国社会中，抱养继嗣既是宗族观念问题，也是经济利益问题。在清代八旗制度之下，旗人未必痴迷于传宗接代的思想，但为了维护"八旗世仆"的核心利益，清廷允许没有子嗣的旗人通过抱养继嗣的方式，稳定和巩固"满洲为根本"的立国基础。在清廷"豢养"旗人的优待政策下，旗人不乏违例抱养以冒领钱粮者，尤其自乾隆朝至嘉庆朝，清廷不断推行以救济贫困旗人为目的的养育兵制度，导致旗人抱养日趋泛滥。为维护正身旗人的利益，嘉庆、道光朝曾大力清查八旗抱养问题，但由于不曾触及根源，因此效果不著，始终未能解决这一八旗弊政。

其一，清前期旗人继嗣与养育兵政策下的抱养泛滥。

旗人抱养在清初就存在而且被允许，只不过抱养主要是为了解决旗人无嗣及其财产继承的问题，而且有严格的限制，过继子嗣的对象限定在同宗同族，至少是旗人；如果实在没有同宗同族之人，也只能将正户旗人亲属情愿过继者过继，而且还要有两姓族长以及所属参领、佐领的印结保证。②

至于抱养民人（往往也是汉人）之子为嗣，虽然屡有禁令，但在现实中未曾杜绝。入关之初就有八旗旗人认养民人为子的情形，直至雍正七年（1729）严控八旗开户时禁止"将养为子嗣之汉人载入满洲册内"③。这说明抱养民人之子为嗣的情形是存在的。此外，禁止抱养民人为嗣的规定往往针对八旗正户。至于正户旗人之外，家人、奴仆等抱养民人之子的限制

---

① （光绪朝）《钦定大清会典事例》卷155《户部四·户口二·给印票执照》，《续修四库全书》第800册，第527－528页。
② （光绪朝）《钦定大清会典事例》卷156《户部五·户口三·旗人抚养嗣子》，《续修四库全书》第800册，第537页。
③ （乾隆朝）《钦定大清会典则例》卷172《八旗都统二·户口·分晰户口》，文渊阁《四库全书》影印本第625册，第446页。

则没有那么严格。乾隆二年（1737）规定："八旗家下马甲及家人抱养之子，既在军营效力多年，着加恩照开户兵丁例均准作为另户。"① 四年（1739）又规定："旗下家奴将民人之子抱养，既经继与家人为嗣，即与家人无异，应造入伊主户下，以便稽察。"② 六年（1741）又允许"正户抱养民人、别载册籍者，本系良民，应准其考试"③。十三年（1748）奏准，"八旗有民人冒入旗籍者，照过继民人为嗣例，入于别载册籍内"④。这些都从侧面佐证了旗人抱养民人之子的事实。

八旗抱养民人之子为嗣的情形，长期以来不仅存在，而且在旗档中均有记录。例如，昭陵镶黄旗托托和原是希兰泰在康熙年间所抱养的民人刘进义之子，该旗乾隆三十年（1765）丁册内在其名下注有"养子"字样。⑤ 在清前期八旗人口尚不十分充盈且军事征战频繁、八旗需要大量壮丁人口不断补充的情形下，虽然也需要维护"满洲为根本"的国策，但清理旗籍的动力尚不充分。这种情势在康熙朝中期以后逐渐发生变化。由于八旗人口滋生及其所带来的生计问题，为维护八旗满洲、蒙古正身旗人的利益，清廷开始着手清理抱养民人问题。雍正年间就已经开始着手管控八旗开户。乾隆四年（1739），清廷命八旗清查旗籍档册，结果查出正红旗汉军旗分户口不清人员共七百四十六名。其中，骁骑校马国玺等一百三十四名，"原系民人之子继养旗人为嗣"，"依前奏另户万应通等事例，将马国玺等开入另户册，另行记档"。骁骑校王梦魁等二十六名本系民人，"因亲戚入旗年久"，照养子准作另户之例，另行记档。闲散何忠等三十二名，"内有原系民人继与旗人，因不知来由，从前查办时或以抱养报，或以未入丁册，俱应作为养子"。闲散林士显等八名，"原系民人因亲戚入旗，或继与开户旗人"。⑥ 虽然这次所查出的抱养民人之子准许另记档册，但清廷严控抱养民人入旗并成为正户旗人的意图非常明显。类似的旗籍档册清

---

① （光绪朝）《钦定大清会典事例》卷600《兵部五九·处分通例四·军功议叙》，《续修四库全书》第807册，第359页。
② （乾隆朝）《钦定大清会典则例》卷172《八旗都统二·户口·分晰户口》，文渊阁《四库全书》第625册，第448页。
③ （乾隆朝）《钦定大清会典则例》卷176《八旗都统·教养》，文渊阁《四库全书》第625册，第573页。
④ （乾隆朝）《钦定大清会典则例》卷172《八旗都统二·户口·分晰户口》，文渊阁《四库全书》第625册，第446-447页。
⑤ 《盛京将军永玮、侍郎兼管奉天府府尹事务宜兴奏为奎春之祖系抱养民人之子照例应归民籍承办清查户口大臣请旨交部查议事》（乾隆五十二年八月二十四日），录副奏折：04-01-01-0423-001。
⑥ 《清高宗实录》卷106，乾隆四年十二月癸未。

理，在乾隆朝进行过多次。

乾隆朝以后，抱养主要发生在八旗满洲和蒙古旗分，引发旗人抱养泛滥的因素则是养育兵制的推行。养育兵制成形于雍正年间。雍正二年（1724）开始推行"养育兵"，规定"今将旗下满洲、蒙古、汉军共选四千八百人为教养兵，训练艺业。每人各给三两钱粮，每年共需钱粮十有七万二千八百两"①。乾隆朝初年继续推行养育兵，"各旗闲散幼丁其并无产业，家中亦无马甲、拜唐阿之人，年逾十岁者，令该管之参佐领等切实保送，补为养育兵"②。为扩大养育兵额，使更多的贫困八旗幼丁得到救济，清廷又降低了养育兵每月发放饷银的标准，将养育兵每月饷银由三两改为二两，"其余银增缺另补"③。乾隆三年（1738），进一步增加了养育兵额，在共计八百八十二个满洲、蒙古佐领中，共计添加护军、领催、马甲四千三百三十余名，养育兵一万七百七十余名，每年需银四十三万九千余两，需米九万六千三百余石。④ 后经王大臣等遵旨议覆，又强调"增添之养育兵缺，将鳏寡孤独等子嗣不拘年岁挑补"⑤。如此一来，八旗满洲、蒙古旗人幼丁便可挑补养育兵，而且每月可以领取二两的"月支钱粮"。这一原本救助贫困孤苦旗人的政策，却成为一些旗人捏名抱养以谋取私利的途径。例如，镶蓝旗甲兵全恒本是出旗民人赵权之子，原名赵添禄，自幼便出继与甲兵和全为嗣。原来，和全之妻王氏与赵权之妻吴氏为姨亲姊妹，平素多有往来，乾隆五十八年（1793）十一月赵权之妻吴氏生子赵添禄，和全之妻王氏遂与赵权之妻吴氏商议将此子过继给和全为嗣，"希图长成挑差，均分钱粮，养赡家口"。赵添禄过继给和全后，取名全恒，"捏报入档"⑥。别说普通的旗人，就连日益艰困的闲散宗室也会出此下策，"宗室内闲散之户，或本无子嗣，捏名抱养，以无作有，冀图冒领钱粮"⑦。

大幅度增加养育兵是在嘉庆朝。嘉庆帝与乾隆帝解决八旗生计的思路略有不同，没有同时采取诸如将京旗人口向外迁移等措施，而是一味增加养育兵额，以解决八旗贫困人口的生活出路。"前因旗人内有无力养赡者，

---

① （乾隆朝）《钦定大清会典则例》第174《八旗都统·兵制》，文渊阁《四库全书》第625册，第468页。
② 《清高宗实录》卷12，乾隆元年二月壬申。
③ 《清高宗实录》卷51，乾隆二年九月辛丑。
④ 《清高宗实录》卷78，乾隆三年十月癸未。
⑤ 《清高宗实录》卷80，乾隆三年十一月癸丑。
⑥ 《广州将军本智、广州满洲副都统萧昌奏为审明甲兵和全抱养民子为嗣入档冒食钱粮案按律定拟事》（嘉庆十八年八月十四日），朱批奏折：04-01-01-0544-025。
⑦ （光绪朝）《钦定大清会典事例》卷1《宗人府一·天潢宗派·宗室觉罗册籍》，《续修四库全书》第798册，第115页。

特增养育兵额,俾资糊口"①。嘉庆十年(1805)十一月,嘉庆帝命裁撤京营马匹,利用每月节省下来的银两增添养育兵,"将巡捕营酌省马干银两,除现议新增养育兵二千名外,其余每月所余银二千两",再行酌添养育兵,"以资旗人生计"。二十五日,军机大臣庆桂等奏请拟于满洲八旗每佐领下增设养育兵四名,共二千七百十八名,蒙古八旗每佐领下增设养育兵三名,共六百十二名。嘉庆帝批准"所议一切均属可行"。② 二十八日,嘉庆帝谕内阁:"添设此项养育兵额,以旗人生齿日繁,生计拮据。朕心再三筹画,始行降旨,将京营五营马匹裁汰二千匹,每月节省银五千余两,分赏八旗满洲蒙古,共添设养育兵三千余名,俾旗人均沾实惠,以纾生计。"③ 为解决八旗生计,嘉庆帝甚至不惜裁减八旗军事力量所赖以为生的马匹。

嘉庆帝屡次增添养育兵额,原是鉴于"八旗满洲、蒙古生齿日繁,家计不无拮据",为解决八旗贫困人口而特设养育兵,但这却进一步助长了旗人抱养民人之子以冒领钱粮的现象。嘉庆十二年(1807)八月初十日,镶白旗佐领那敏控告富兴阿冒挑钱粮。该案于九月初二日奉旨交刑部审讯,管理刑部事务的大学士董浩等"查阅该旗档册,富兴阿名下注有长子兴保现年七岁,已挑充养育兵,次子兴贵现年六岁,系属闲散,业俱开载明晰"。但是那敏控告时却说富兴阿没有子嗣,"如那敏毫无见闻,何敢以无子冒挑等情妄行呈控?"更蹊跷的是,那敏于八月初十日在佐领处控告,两天后富兴阿即报其长子病故,"显有捏报掩饰情弊"。经审讯,富兴阿系镶白旗满洲永和佐领下领催,原于嘉庆六年(1801)正月及八年(1803)十一月先后生有二子,长名兴保,次名兴贵,俱报明族长并转报该佐领,填入户口档册。不幸,兴保、兴贵于嘉庆九年、十年相继病故,富兴阿因家道穷苦,"希图抱养过继,可以冒挑钱粮,遂俱隐匿未报"。至嘉庆十二年四月间,镶白旗挑选养育兵,富兴阿知道平时交好的李四瞎有个叫二格的儿子,与自己病故的长子兴保年岁相仿,便与李四瞎商量,让二格顶认兴保之名,并带赴该旗挑作养育兵。二格先后领过四个月的钱粮,共计得银六两,富兴阿分给李四瞎银一两、京钱六百文。④ 九月二十七日,刑部将审讯结果奏报朝廷。嘉庆帝颇为恼火,于是谕内阁:"朕以八旗户口生

---

① 《清仁宗实录》卷96,嘉庆七年三月丁亥。
② 《清仁宗实录》卷153,嘉庆十年十一月甲戌。
③ 《清仁宗实录》卷153,嘉庆十年十一月丁丑。
④ 《大学士管理刑部事务董浩等奏为旗人富兴阿抱养民人为嗣冒领钱粮按律定拟事》(嘉庆十二年九月二十七日),录副奏折:03-2448-047。

齿日繁，本身钱粮不敷赡养，廑念殷切，连年筹拨款项，命添养育兵额。所以鞠谋而保聚之者，无所不至，原以惠养旗人正身，恐其失所。乃旗人内竟有本无子嗣而抱养民人之子为子，亦有子嗣本少，复增抱养之子为子，混行载入册档，冒领钱粮。此等恶习朕所素知，八旗皆有而内务府三旗为尤甚，不惟滥邀恩泽，抑且旗民混淆，最为可恨。"刑部原拟将富兴阿革去领催，杖一百徒三年，折枷鞭责，嘉庆帝认为"所办尚轻"，命将富兴阿发往乌鲁木齐充当苦差。同时，下令八旗都统副都统及内务府通行详查，"将各旗内有似此抱养民间子弟为嗣、紊乱旗籍、冒挑钱粮者，俱即奏明照此严办"。①

事实上，正是由于清廷所奉行的八旗优待政策，导致了旗人抱养的泛滥。"缘向来各旗挑甲及养育兵，总重本佐领之缺挑本佐领之人，且不论年纪长幼、技艺优劣，惟计户口多寡挑取。故无赖之人每岁必抱一口，甚有一年抱两口，即有死者，贪图户口众多，不肯报出。挑养育兵时本无子嗣，每借民人或将他人之子抱去应补，其小儿尚未能话，即可论户口挑补，积习久矣。"针对旗人私自抱养源自挑取养育兵的漏洞，嘉庆十二年（1807）十月二十四日，大理寺少卿福泰上奏《修改挑取养育兵章程》，建议调整养育兵挑补办法："挑取时无论户口，无论本佐领，总以本甲喇为度。每甲喇十数佐领之童，皆可挑取，务于十五岁以上者，或论步箭，或试国语，或取满汉字能当旗差者充补。每年春季养育兵之米，亦照所食钱粮办给，仍分别各佐领额缺食粮，其该佐领出缺之时再行撤还本佐领。如不得人，仍于本甲喇照前挑取。"福泰建议挑取养育兵时不要再按照佐领分配名额，而是以更大范围的甲喇为单位，同时将年龄限制在15岁以上。若如此办理，"则无赖之旗人断不肯过继他人之子，白养十数年，而民人亦断不愿将子嗣出继旗人。况考论技艺不论人口，则妄报之端自绝。至有志之旗人必用心调教子弟，以图进取。大约十数年间旗人子弟共知鼓励，互相劝勉，皆成有用之材。其过继抱养冒食钱粮、妄抱乱籍之弊不待禁而自绝，则旗籍可清，旗俗可正"。②福泰的建议虽然指出抱养弊端缘于挑取养育兵这一政策漏洞，但所提出的建议仍着眼于挑取养育兵的具体办法，而没有直接提出废止养育兵这一政策，仍是隔靴搔痒，治标不治本，而且提高年龄门槛等措施也不大符合清统治者针对困贫八旗人口的初衷。"挑养育兵之例，是生而未成丁者，即名为兵而养之育之，以储其用。"

---

① 《清仁宗实录》卷185，嘉庆十二年九月乙丑。
② 《大理寺少卿福泰奏为清理旗籍修改挑取养育兵章程事》（嘉庆十二年十月二十四日），录副奏折：03-1666-096。

"细绎挑养育兵之意,自为穷苦旗人生子、不能养育者,挑而代为养育之,而穷苦中寡妇之孤儿尤宜挑之所必先也。"① 因此,嘉庆帝并没有同意福泰的建议。

按照惯例,挑取养育兵往往以户口多寡为标准,后来清政府逐渐改变了这一做法,更多地以户为单位,尤其倾向于孤儿寡母的贫困户。但为了获取养育兵额缺,八旗又出现互相过继的现象。"过继一节,原为承续宗祧,若同胞兄弟中有未娶妻而故者,其父尚有余子,非大宗绝嗣可比。若竟指称兄弟无嗣,愿将己身幼子过继与之为嗣,意在作为孤子,易得养育兵缺,亦属取巧。"② 对于抱养冒领的现象,清廷加大了惩处力度。例如,嘉庆十四年(1809)三月,查出镶蓝旗蒙古马甲卓哩克图、托克托逊"身系民人,自幼冒给旗人为嗣"。结果,所有含混具报之原管佐领骁骑校、领催、族长均交部严加议处;失察之都统、副都统、参领及现管之佐领、骁骑校、领催族长也被交部议处。嘉庆帝认为,"此等抱养民人为嗣之事,大约各旗皆有,该佐领等若能于具报生子时立即查验明确,都统等复加查核,何至日后有此弊端",下令"嗣后各旗都统务当严饬所属,认真稽查,以辨真伪,断不可任听旗人抱养过继"。③ 惩处的力度虽大,但并未触及酿成弊端的政策根源。

其二,嘉庆、道光两朝对八旗抱养人口的清查。

至嘉庆朝,八旗抱养人口冒领钱粮的情形已经非常严重。嘉庆二十四年(1819)五月,御史希宁奏请清厘户口:"八旗生齿日繁,近日竟有希图冒领钱粮,抱养民人之子,或以户下人之子为嗣者,不可不严行清厘。"嘉庆帝命八旗都统、副都统"通饬参佐领等详加查察,不可姑息,不可畏难"。④ 嘉庆二十四、二十五(1820)两年,在京八旗奉旨清查抱养民人幼子,所清查裁汰的幼丁不在少数。例如,正黄旗满洲在嘉庆二十四年至道光元年,清查裁汰幼丁六千余名。⑤ 镶黄旗满洲自都统英和于嘉庆二十四年五月调任后,先后裁汰过虚捏假冒幼丁三千四百三十九名。⑥ 正白旗

---

① 《掌山东道监察御史张元模奏为各旗挑养育兵务期秉公事》(嘉庆二十四年十二月初九日),录副奏折:03-1641-049。

② 《浙江道监察御史恒定奏为杜绝八旗挑缺取巧冒滥之端敬陈管见事》(嘉庆二十三年十一月初八日),朱批奏折:04-01-01-0577-063。

③ 《清仁宗实录》卷208,嘉庆十四年三月戊寅。

④ 《清仁宗实录》卷358,嘉庆二十四年五月辛未。

⑤ (光绪朝)《钦定大清会典事例》卷1115《八旗都统五·户口三·旗人抚养嗣子》,《续修四库全书》第813册,第421页。

⑥ 《镶黄旗满洲都统英和等奏为遵查旗人抱养民人之子冒入旗籍事》(道光元年十月十一日),录副奏折:03-2843-009。

满洲,"查出幼丁每佐领自三四口至数十口不等",共查出裁汰幼丁贰千陆百拾捌名。①镶白旗满洲"陆续裁汰过虚报子女名数冒充者二千八百三十名口"②。正红旗满洲"于嘉庆二十四五两年及道光元年历次清查、陆续裁汰"③。镶蓝旗满洲"连年叠次清查,业经裁汰幼丁二千余名"④。正蓝旗蒙古"此一二年间已经裁汰幼丁三百余名"⑤。据以上不完整统计,通过清查户口档册,所裁汰的冒充幼丁就已经达到1.5万名左右。

嘉庆朝末年,朝廷清查八旗抱养人口的主要对象是幼丁,主要手段是核查各旗分的户口档册,成果颇为明显,但仍存在盲点,即已经编入档册的抱养人口无法通过简单的户口核对来发现。为此,进入道光朝以后,清理对象扩展到"食饷入仕者"。道光帝即位伊始,大学士伯麟便上奏建议清查各旗抱养民人之子:"此事若立时行查,彻底究办,恐操之过急,则该佐领以及骁骑校、领催、族长等回护前咎,通同欺隐朦蔽,该管参领不能得其实情,而都统、副都统更无从稽核,转得遂其巧诈之私。仰恳皇上密饬八旗满洲蒙古都统严饬所属,确切严密察访,令抱养人子之家,据实自首,并恳皇上格外天恩,念其初犯,姑免治罪,即将查出抱养之子革去钱粮,销除旗档,慎选兵丁中实有子嗣者挑补,所出各缺,以昭核实。倘有抱养冒饷者匿不自首,或再有似此私自抱养者,查出从重惩办。如此则穷兵均沾实惠,而流品亦不致混淆矣。"对于伯麟的建议,道光帝朱批:"八旗都统妥议具奏,如有意见不同者,著自行具奏,要在无伤国体,于旗人实有裨益,且能经久无弊,方为至善,不可敷衍成文,终无实济,徒费一番周章也。"⑥道光帝希望听取八旗各都统的看法。道光元年(1821)七月十四日,八旗都统会议奏覆关于伯麟所奏的建议:"八旗满洲蒙古因添养育兵缺,抱养他人之子,冒充挑补,滥入旗籍。臣等自嘉庆二十四、五两年及道光元年因八旗子女户口不清,严密稽查其虚捏人口,希图冒滥

---

① 《署理正白旗满洲都统事务绵恩等奏为遵察本旗并无抱养民人之子冒入旗籍事》(道光元年十月十五日),录副奏折:03-2843-022。
② 《管理镶白旗满洲都统事务绵恩等奏为遵旨本旗抱养民人之子冒入旗籍事》(道光元年十月十五日),录副奏折:03-2843-025。
③ 《正红旗满洲都统赛冲阿等奏为遵旨查办抱养民人之子冒入旗籍事》(道光元年十月十五日),录副奏折:03-2843-023。
④ 《署镶蓝旗满洲都统事务伯麟等奏为遵旨查明本旗抱养民人之子冒入旗籍事》(道光元年十月十六日),录副奏折:03-2843-029。
⑤ 《正蓝旗蒙古都统穆克登布等奏为遵查抱养民人之子冒入旗籍事》(道光元年十月十八日),录副奏折:03-2843-032。
⑥ 《大学士伯麟奏为敬陈八旗情形议除弊端调剂生计事》(道光元年六月初十日),朱批奏折:04-01-12-0352-063。

者，陆续已经裁汰，弊端较前稍轻。惟现食钱粮及已经入仕者，尚未详查，诚不能保其必无。应如大学士伯麟所奏，旗人抱养民人之子、冒入旗籍者，臣等严密查访，立定期限，并许其自行呈出。如在限内自呈者，仰恳天恩，免其治罪，只将本人削去旗籍；如冒名之人逾期尚不呈明，一经查出，即照例治以应得之罪。"① 英和等八旗都统同意伯麟关于彻底清查各旗旗档的建议。

有了八旗各都统的支持，道光帝遂谕令各旗彻查抱养问题，"立限三个月，责令自行呈报，一概免其治罪。其现食钱粮及已经入仕者，准照乾隆二十一年之例，另册注明，及身而止"②。此即道光元年颁布的《清查八旗抱养章程》，也是道光朝清理旗人抱养问题的正式开始。

就清查途径而言，有本人自行呈报者，有父母兄弟呈出者，也有族人呈报者。无论哪种情形，"俱系各该族长等画押加结，由各该参佐领等呈递前来"③。即使是查无抱养，"仍取具按户连名互保甘结"④。也有被他人控告的，如道光元年（1821）七月，镶红旗伊昌阿佐领下马甲兴安被镶红旗包衣闲散菩提保揭发为抱养之子。此事缘于兴安与镶红旗包衣闲散菩提保的斗殴案件，由提督衙门拿送刑部审办时，"菩提保供出兴安系抱养之子"，刑部咨查镶红旗满洲此事是否属实，该佐领及合族人声明兴安并非抱养之子。都统乌尔恭阿当即移咨刑部，经刑部复讯，"兴安实系抱养包衣闲散徐二之子，而兴安亦自供认不讳"⑤。

在清查过程中，也不乏因家族利益冲突而出现被人诬告的情形。例如，镶蓝旗满洲族长刚安等人联名呈控护军参领莫尔根额系养善堂抱养，护军崇祥和养育兵成祥的父亲、已故护军讷楞额系蓝靛厂下村抱养，护军存升的父亲、已故护军德楞额是看坟人石姓之子。事后查明，刚安与莫尔根额、讷楞额为同曾祖兄弟，德楞额则是刚安堂侄。作为族长的刚安本人与他所控告的对象之间不仅同族，而且存在较为亲近的血缘关系，之所以诬告的动机在于家族坟地的争执。原来，在嘉庆十四年（1809）冬，刚安

---

① 《镶黄旗满洲都统英和等奏为会议伯麟条奏调剂旗人生计事》（道光元年七月十四日），录副奏折：03-2842-024。
② 《清宣宗实录》卷21，道光元年七月壬戌。
③ 《正蓝旗满洲都统那彦成等奏为遵查抱养民人之子冒入旗籍事》（道光元年十月二十日），录副奏折：03-2843-039。
④ 《署理正蓝旗汉军都统事务禧恩等奏为遵旨查明本旗抱养民人之子冒入旗籍事》（道光元年十月十七日），录副奏折：03-2843-030。
⑤ 《管理镶红旗满洲都统事务乌尔恭阿等奏为特参本旗三甲喇佐领伊昌阿等在刑部咨查兴安为抱养子时率行出结请分别审办议处事》（道光元年七月十一日），录副奏折：03-2842-023。

胞兄刚亮身故,想在其族中公共祖坟安葬,而刚安的同祖堂兄刚志因刚亮家另有坟茔,"不准在祖坟安葬"。难以解决之下,刚志想让莫尔根额弟兄从中调处,莫尔根额推脱不管,刚志遂心生嫌隙,与莫尔根额不和。后来,刚志"以莫尔根额弟兄不是伊家祖宗血脉,所以将祖坟之事置之不管,并以德楞额从前触犯父母、被扎身死,亦不是伊家子孙之言,向刚安诉说"。当时刚安听了这些话后,虽然"心疑莫尔根额等系属抱养",但"彼时亦未及究问"。适逢道光元年清查八旗抱养民人之际,刚安遂串通族中二十余人,联名呈报莫尔根额等人为民人之子。经刑部审讯后,莫尔根额等人归旗,"照旧当差"。① 但这一错案真实反映了当时清查八旗抱养问题所带来的弊端。

就清查范围而言,此次"限期三个月"的清查只限于驻京八旗的满洲、蒙古、汉军旗分,至于内务府包衣三旗则不在此列。这一区分并非遗漏,而是清廷有意为之,其根本考虑还在于保护王公的利益。因为内务府包衣三旗多为民人投充,而且自清初以来抱养者颇多,就连嘉庆帝都承认抱养问题"八旗皆有,而内务府三旗为尤甚"②。也正因如此,当次年二月包衣汉军文举人嵩山主动"呈明伊系其母抱养,自行首报,请交部议处"时,所得到的答复是"不准出户为民,以为各王公属下人等警戒"。③ 嵩山原系大兴县民人徐姓之子,在三岁时过继于包衣汉军已故马甲阮姓佛尔卿额为嗣,自称去年清查抱养时原本就想自首,不巧的是,"缘七月间偶染瘟疫,转成内伤,不能动履,今已渐痊,不敢隐匿,为此自行呈首"。对于嵩山的说法,佐领双禄面询嵩山"有无确据"。嵩山自己的母亲张氏是已故马甲阮姓佛尔卿额之妻,曾亲口告知他是民人徐姓之子。"徐、阮两姓现无近族,止我一人,今因得母告知,又逢恩旨,是以不敢违背。"按说,嵩山自首为抱养民人之子,是符合朝廷此次清查八旗抱养目的的,但却遭到冷遇,其原因正是朝廷并不想清理内务府三旗,因为这不符合清统治者的主体利益。正如奏报这一案件的正蓝旗满洲都统那彦成所言:"今包衣嵩山呈称伊系抱养,实系藉口遵旨,希冀邀恩及身而止,将来可以免为该贝勒属官,由此出户,殊属有意取巧。若不参办,恐各王公所属包衣人等均皆纷纷效尤,各王公更难以约束,应请旨将嵩山交部议处,仍

---

① 《大学士管理刑部事务戴均元奏为审明委护军参领莫尔根额等并非抱养并请将有心妄报之族长鸿胪寺鸣赞刚安革职事》(道光二年正月初五日),录副奏折:03-2867-004。
② 《清仁宗实录》卷185,嘉庆十二年九月乙丑。
③ 《清宣宗实录》卷29,道光二年二月戊子。

不准出户为民,以为各王公属下人等警戒。"①

就清查结果而言,自道光元年(1821)十月初四至二十一日,正黄旗满洲等20个旗分共清查出包括官、兵在内的抱养人口共计2347人。其中,满洲、蒙古旗分的抱养情形最为严重,相比之下,汉军旗分基本没有。形成这一现象的主要原因,还在于清廷所奉行的"汉军旗分毋庸添设养育兵"②政策。正如奕绍在奏报镶黄旗汉军情形时所言,汉军"各佐领下实系缺少人多,况并无增添养育兵缺额,遇有缺出应挑之闲散,每排不止二三十名,势不能稍容抱养民人之子冒入旗丁"③。由于"缺少人多",再加上没有额外的养育兵额,因此抱养者冒充的空间很小。

自道光元年(1821)七月十四日,道光帝下令各旗在三个月内将抱养问题清查完毕后,截至十月二十一日,"予限三月"的期限已满,各旗也都基本按照要求奏报了清查的结果。十月二十一日,道光帝总结三个月以来各旗清查状况:"兹据各旗都统等先后覆奏,朕一一披阅,其中多寡不一,亦有并无抱养之旗分,均著遵照乾隆二十一年办过章程办理。"但由于各旗清查出来的具体问题不一,具体处理办法除了可以参照乾隆二十一年(1756)办理章程之外,对于难以抉择的问题,尚需道光帝朱批下一步解决措施。为此,道光帝令将各旗奏折汇交八旗都统副都统,"将另有别项情形者公同会议,务臻妥善,再行覆奏"。为了"日后弊绝风清,勿任仍习故辙",道光帝命八旗各都统"务将嗣后如何定立章程,永绝此弊,勿为纸上空谈,一并悉心会议具奏"。④

十一月十四日,经八旗都统会议,"将各旗奏折会同详细汇察",并统计八旗满蒙汉共查出抱养为嗣者官员四十一员、兵丁二千三百六十九名。⑤ 同时,针对所查出的抱养为嗣者,提出了十条具体处理办法,即《清查八旗抱养民人为子现办另册章程》。归纳而言,如果抱养的是旗人,则拨回本旗;如果是民人,除已经入仕做官者"另册注明,照常当差,及身而止"外,其余无论是举贡生监、现食饷者、现食养育兵钱粮者,还是

---

① 《正蓝旗满洲都统那彦成等奏请议处正蓝旗满洲绵誉属下抱养包衣嵩山并不准出户为民事》(道光二年二月十二日),录副奏折:03-2844-014。
② 《清仁宗实录》卷171,嘉庆十一年十一月壬申。
③ 《镶黄旗汉军都统奕绍等奏为遵查本旗并无抱养民人之子冒入旗籍事》(道光元年十月十四日),录副奏折:03-2843-014。
④ 《清宣宗实录》卷25,道光元年十月戊戌。
⑤ 《镶黄旗满洲都统英和、镶黄旗满洲副都统哈郎阿奏为遵旨会议具奏办理八旗抱养民人之子官员兵丁情形事》(道光元年十一月十四日),朱批奏折:04-01-16-0116-087。另,该档案所记载的统计数字与笔者根据所见档案资料所做统计结果大致相当。

未食饷者，则一律改入民籍，甚至销除旗档。由此可见，清廷分别旗民并加以区别对待的政策非常明显。为预防抱养的再次泛滥，清廷又制定了《嗣后办理章程》四条：第一条即是针对挑取养育兵的办法，建议先尽本佐领内十岁以上者挑取，不得其人，准于参领内及通旗挑取。如仍不敷，再将本佐领下、九岁以下六岁以上者挑取。"惟实在鳏寡及贫苦无依者，取具该旗族长及佐领图结，方准不论年岁挑取。"第二条是防范旗人在户籍档册上的冒名顶替，规定旗人新生子女包括夭亡者，限十日内报明族长。族长亲验加结，并本旗近支连名保结，限十日内具报佐领。佐领委领催查明，限五日内转报参领。参领于每月十五日加结呈报该旗都统查核。年终汇造户口册时，都统拣派参领二员进行覆查。三年比丁时，再专派人员详查。第三条是在挑取各项钱粮时，"俱于前期令参领佐领等公同看视，令同挑之人当堂按名画押，出具并无抱养虚捏情弊甘结"。如无人承保，则不准挑取。第四条是再次收紧旗人过继的门槛，取消了此前"如同姓无人，请继另户异姓亲属者"的通融措施。道光帝同意八旗都统所议章程，"均属妥协，著即照所议办理，各该旗务当实力奉行，以期经久无弊"。①

驻京八旗虽然限定在三个月内清查完毕，但实际上此后各旗仍陆续查出有抱养民人之子为嗣者。例如，镶蓝旗蒙古都统文孚奏报续行查出马甲莫沁多尔济、护军德通为旗人抱养民人之子。尽管已超出了三个月的时限，但文孚建议将此二人"革退钱粮，出旗为民"即可，而不必交部治罪。道光帝同意所言，也未议处负有失察责任的文孚及该参领、佐领、族长等相关人员。② 道光四年（1824）十一月三十日，镶黄旗满洲查出东安泰抱养异姓之子为嗣。道光六年（1826）四月，正蓝旗满洲查出养育兵存亮为抱养民人之子。③ 也大多照此办理。六月二十一日，正红旗满洲都统奕绍奏报"各佐领陆续呈出抱养为嗣，官一员、兵十一名、闲散一名，内有旗人抱养民人之子者，有旗人过继旗人为嗣者"④。但在道光六年九月刑部办理胡寿儿奸拐三姐一案时，又曝出胡寿儿为镶黄旗满洲抱养之子的隐情。⑤ 而在此前，镶黄旗满洲各参佐领、族长等曾"陆续出具切实甘

---

① 《清宣宗实录》卷26，道光元年十一月辛酉。
② 《清宣宗实录》卷26，道光元年十一月己巳。
③ 《正蓝旗满洲都统玉麟等奏为查出本旗养育兵存亮系抱养民人之子冒入旗籍请革退勒归民籍等事》（道光六年四月二十三日），录副奏折：03-4033-038。
④ 《管理正红旗满洲都统事务奕绍等奏为遵旨查办抱养民人之子为嗣事》（道光六年六月二十一日），录副奏折：03-2849-029。
⑤ 《管理镶红旗满洲都统事务乌尔恭阿等奏为特参参领兴福等失察喜福抱养民人之子充当养育兵请旨分别议处事》（道光六年九月三十日），录副奏折：03-2881-083。

结",保证各族长等所管族内并无抱养民人之子冒入旗籍之人。道光十四年（1834）七月初四日，查出新挑马甲百福保即董祥寿"系大兴县民人，并非马甲成安亲生之子，顶名冒挑钱粮"①。可见，道光朝初年虽然清查了旗人抱养民人之子的问题，但此问题并未消失，依然有旗人利用抱养民人之子冒领钱粮。

除了清查京城八旗之外，道光二年（1822）以后，各地驻防八旗也奉旨进行了清查，而且被查出来的人数也不少。二年三月二十一日，驻防将军绵龄奏报荆州驻防八旗查出镶黄旗满洲协领图塔布等官十员，"自行呈首，本身系民人之子"，防御克星额等官六员，"自行呈首，伊等祖父系民人之子"，另有旗人抱养民人之子为嗣兵丁三百九十四名，共计官兵四百一十名。其中，除了旗人过继旗人为嗣官四员、兵三十七名外，其余绝大多数被抱养者是民人之子。② 五月二十日，普恭、文泰奏报了江宁驻防八旗的清查结果，"自首抱养民人为嗣者，有佐领一员，领催、前锋、大小甲兵一百十五名，共一百六户，连家口通计五百五十名口"。另外，京口驻防"自首抱养民人为嗣者，现有佐领一员，拟陪佐领、曾记名之防御一员，领催前锋大小甲兵二百六十七名，共二百七户，连家口通计一千二百九十五名"③。十月初八日，杭州将军萨秉阿奏报杭州、乍浦驻防八旗的清查结果，共计查出抱养民人之子为嗣者二十一户九十九口，其中领催三名、甲兵二十四名、养育兵一名、退甲闲散一名。④ 对于以上所查，清廷的处理措施与驻京八旗的处理办法基本相同，即基本遵循着"不独旗人生计调剂极周，即此项抱养之人亦得终身养赡，而其子嗣又可从容谋生"的原则。

其三，八旗豢养政策对清查措施的消解。

嘉庆、道光时期抱养问题的泛滥直接源于养育兵额的大量增加，而这也反映了嘉庆、道光时期清廷在解决旗人生计方面的失策。康熙朝中期以后，由于八旗人口的逐步增加，加之清政府自始至终严禁旗人从事士、农、工、商各业，旗人除了披甲当差外没有任何额外收入，八旗生计问题逐步开始显现，很多贫困旗人陷入了"无钱粮，又无产业，实无糊口之

---

① 《清宣宗实录》卷254，道光十四年七月丁卯。
② 《荆州将军绵龄等奏为查办抱养民人之子冒入旗籍事》（道光二年三月二十一日），录副奏折：03-2844-032。
③ 《江宁将军普恭、江宁副都统文泰奏为清查江宁京口八旗抱养民人为嗣情形事》（道光二年五月二十日），朱批奏折：04-01-01-0627-003。
④ 《杭州将军萨秉阿奏为遵旨查明本属八旗抱养民人冒入旗籍等各情分别办理事》（道光二年十月初八日），朱批奏折：04-01-30-0175-048。

资"的地步。为解决旗人生计和出路,康熙、雍正、乾隆朝时期分别采取过扩大兵额官缺、增加粮饷、回赎旗地、京旗外迁与汉军出旗等诸多措施。为维护八旗满洲、蒙古的特权利益,嘉庆帝更倾向于依赖养育兵等途径,而对于京旗人口外迁的积极性不高。嘉庆四年(1799)十二月,当国子监祭酒法式善条奏"亲政维新",针对疏解旗人人口问题时建议:"口外西北一带地广田肥,八旗闲散户丁情愿耕种者,许报官自往耕种。"嘉庆帝驳斥:"若如所奏,岂非令京城一空,尤为荒谬之极!"① 嘉庆十三年(1808)十月,宜兴奏请将宗室移住盛京,又被嘉庆帝驳斥"所奏断不可行"。理由是:"宗室移住盛京,一切车辆房屋、资装器具所费不赀。国家帑项有常,岂能于经制之外增此重费?""无如宗室等现住京师,切近辇毂,有宗人府王公及各族长分管,尚不能恪遵化导。若移赴盛京,专责成该将军一人管束,伊等岂遂能安分守法乎?是搬移徒滋烦费,而于事仍属有名无实。"结果宜兴原折被"掷还"。②

尤其是在嘉庆八年(1803)京城发生陈德闯入紫禁城刺杀嘉庆帝事件后,更坚定了嘉庆帝坚决维护满洲、蒙古旗人利益的决心。于是,嘉庆十年(1805)后不惜多次削减京营马匹保有量,以所节省的银两来增加养育兵额。但事实证明,这种通过增加养育兵额以解决八旗生计的办法,并不能奏效,就连嘉庆帝自己也承认,"虽经添设养育兵额,而养赡仍未能周普"③。不仅没有解决问题,反过来还引起了旗人抱养的泛滥。

事实上,造成抱养问题泛滥且将其推波助澜的根源,还在于清代统治者引以为傲的"立国之本",即清代统治者奉行的八旗"恩养"政策。"八旗满洲、蒙古、汉军人等仰沐国家深仁厚泽,休养生息已历百七十余年,养欲给求,无微不至,又复因生齿日繁,满洲、蒙古则加添养育兵额并准入步营食粮,凡所以裕其资生之计者至周且备,八旗世仆渥荷固已沦肌浃髓矣。"④ 在"首崇满洲"的政策下,旗人要以骑射为本,而不能以耕织为生。因此,当嘉庆十七年(1812)十一月御史李培元奏请调剂八旗闲散人生计、请酌令下乡种地时,嘉庆帝予以驳斥:"八旗生计固应调剂,但近畿入官旗地,民人佃种已久,今若逐户查拨,不特纷纷滋扰,且夺其世业,亦非朕一视同仁之意。况旗人下乡,一时栖止无所,又不谙耕种,既

---

① 《清仁宗实录》卷56,嘉庆四年十二月甲申。
② 《清仁宗实录》卷202,嘉庆十三年十月甲辰。
③ 《清仁宗实录》卷256,嘉庆十七年四月甲辰。
④ 《大学士伯麟奏为敬陈八旗情形议除弊端调剂生计事》(道光元年六月初十日),朱批奏折:04-01-12-0352-063。

纳官租，复令自赡身家，恐亦力有不给。该御史所奏多格碍难行之处，著无庸议。"① 又，嘉庆二十一年（1816）十一月，御史罗家彦条奏筹划旗民生计章程时，"以为旗民生计艰难，欲令八旗老幼男妇皆以纺织为业"。嘉庆帝览奏"即觉其事不可行"，把问题交由八旗都统议奏，结果"众论俱以为事多窒碍，公同议驳"。十一月初九日，嘉庆帝特召见诸皇子、军机大臣等宣谕："我八旗满洲首以清语骑射为本务，其次则诵读经书，以为明理治事之用，若文艺即非所重，不学亦可。是以皇子等在内廷读书，从不令学作制艺，恐类于文士之所为，凡以端本务实，示所趋向。我朝列圣垂训，命后嗣无改衣冠，以清语骑射为重，圣谟深远，我子孙所当万世遵守。若如该御史所奏，八旗男妇皆以纺织为务，则骑射将置之不讲，且营谋小利，势必至渐以贸易为生，纷纷四出，于国家赡养八旗劲旅、屯住京师本计，岂不大相刺谬乎？"② "无事不恪遵成宪"③ 的嘉庆帝自信并坚守"祖宗旧制"，宁可不断增加养育兵名额，也不愿推行更改旗人依靠国家养赡的传统政策。如果认识不改变，养育兵这种专门针对正户旗人的特殊政策就不会消失，从而也就很难杜绝抱养冒领的现象。

看到问题根源的朝臣并不缺乏，道光帝即位伊始，大学士伯麟就再次在提出清查八旗抱养问题的同时上折《敬陈八旗情形议除弊端调剂生计事》。他所提出的重要建议就是允许旗人出外自谋生计。在伯麟看来，不断扩大兵额的做法不可持续，"八旗满洲、蒙古、汉军户口人丁孳息繁衍，日增月盛，而挑补兵缺本有定额，每月兵饷已应支饬项四十余万两，此外又有官员俸廉以及动支各款，需用实属浩繁，国家经费有常，岂能再议添兵加饷？"他没有直接否定清廷恩养八旗的国家政策，但还是明确地把造成八旗生计问题的根本原因提了出来。"伊等总以身系旗人，全赖国家豢养而不耕不织，又不自谋生理，且以满洲在京作小买卖为耻，一切度日皆仰给于官，我朝亿万斯年，户口繁增，安能源源接济？"伯麟在奏折中称，他自己还实地征询了旗人的想法，"奴才往往面讯以尔等既不能习武挑差，何不另谋生理？"得到的回答是，"率皆以旗人定例，不许离京四十里为词"。伯麟认为满洲、蒙古等旗人不准离京的规定，"当国初之时人数无多、生计充裕"的时候还能理解，但如今"生齿日增而挑差食饷限于定额"，就需要变通，"不能不于生聚之中稍筹通变之法"。况且八旗条例中，"亦无不许离京四十里之说"。因此，伯麟建议，"如有旗人情愿出京、投

---

① 《清仁宗实录》卷263，嘉庆十七年十一月癸巳。
② 《清仁宗实录》卷324，嘉庆二十一年十一月甲寅。
③ 《清仁宗实录》卷221，嘉庆十四年十一月甲戌。

奔外任亲眷者，令其报明该管上司咨准其前往。其在外所生子女由该亲眷加具印结，造报京旗，入于比丁册内办理。又有情愿出外、自谋生理者，亦准其报明前往何处，限出京五百里以内，给予路票，登注姓名，准其前往，行知各该地方官稽查。其在外所生子女，亦令其报明该地方官查明，加具印结，造报京旗，方准入册比丁"。如此办理，"其肄习文武有志上进者，安土重迁，断不肯轻离京城也"。至于"素无依靠之辈，及意存牟利之徒，自必甘心愿往，如此则京中满蒙闲丁，或可渐减"。①

对于伯麟允许在京旗人外投亲眷以谋生的建议，道光帝交由八旗都统会议讨论，结果各旗的反应还是不赞同。"八旗聚处京师，生齿日众，不能不为之调剂，但许其往投亲眷，公私诸多不便，所有旗人外投亲眷之处，应无庸议。至旗人外出谋生一节，臣等再四思维，八旗圈占及置买地亩，历来虽多典卖，而每年告假去租者各旗尚多，惟限于假期，不能久住。佃户知其如此，或揑租霸地，或私相典卖，现在部旗因地控诉者络绎不绝，是以旗人祖产转为刁佃侵渔之地。"② 当变革触动自身一贯的优越利益时，阻力之大，可想而知！有了八旗都统意见的支持，道光帝自然不同意旗人离京投奔外任亲眷的建议："今若令旗员亲族出京告助，此中淑慝不齐，在外招摇生事势所必然。且求助者接踵而来，本员安能复为廉吏，于吏治尤有关碍，此事断不可行！"③ 既然旗人在享受国家钱粮乃至仕途等方面的特殊优待政策继续得以维护，那么旗人不惜甘冒违禁风险而抱养民人之子的弊端就无法消除。这也是道光帝自即位伊始就开始清查抱养弊政而始终未能解决问题的关键所在。

综上，旗人抱养继嗣一开始是为了维护八旗制度，因为其最初是为了解决没有子嗣的旗人家产或世职的继承等问题。其中虽然未必像儒家传统社会那样有浓厚的传宗接代的宗族思想，但其维护八旗族群利益的最终目的，与汉文化中的家族制度观念如出一辙。清廷将八旗抱养门槛严格限定在同宗同族至少是旗人子嗣，严禁抱养民人之子，取决于统治者"首崇满洲"，以维护满洲、蒙古旗人核心利益的最终目的。另外，从引发旗人抱养问题泛滥的养育兵制度来看，清统治者推行养育兵以救济贫困旗人时，也是将满洲、蒙古旗人与汉军旗人区别对待。在清查各旗抱养问题时，同

---

① 《大学士伯麟奏为敬陈八旗情形议除弊端调剂生计事》（道光元年六月初十日），朱批奏折：04－01－12－0352－063。

② 《镶黄旗满洲都统英和等奏为会议伯麟条奏调剂旗人生计事》（道光元年七月十四日），录副奏折：03－2842－024。

③ 《清宣宗实录》卷21，道光元年七月壬戌。

样采取了区别对待的态度，凡是被抱养者为旗人时，处理办法是"拨回本旗"，而如果是民人，则撤销旗档，出旗为民。

八旗抱养的泛滥，看似是清统治者解决八旗生计问题的失策所导致的，但从根本上来说，是"豢养八旗"的"祖宗旧制"所造成的。无论是乾隆帝还是嘉庆帝、道光帝都屡次慨叹八旗风气日下，也都痛恨旗人"往往恣意肥甘，不思节省"，"惟图目前一饱，不复顾及身家"。虽然都对八旗生计"筹划备至"，所采取的措施"凡所以体恤八旗代谋生计者极为周渥"①，但囿于"祖宗成宪"，更担心"以百数十年豢养之旗人无故屏之故土，朕何忍焉？"皇帝宁可相信这些"恩养"百年、优加体恤之下旗人世仆的"忠爱固结之忱"②，也不愿意将旗民同等看待，因此清代最高统治者没有人意识到，也没人敢于改变这一日益弊大于利的"立国之本"。这种执着于"祖宗旧制"的顽固保守性恐怕也是统治者在清代中后期面对内外大变局时逐步丧失历史变革机遇期，最终进退失据、退出历史舞台的一个重要因素。

3. 旗人出旗与迁居

其一，旗人出旗。

在清初，为维护旗人地位，壮大立国之本，清政府重视八旗对人口的吸纳，而对出旗、逃人这类削弱旗人数量和利益的事件防范甚严。只有在极为特殊的情形下，才允许出旗为民。例如，亳州民李殿机于康熙二十三年（1684）卖身给镶红旗护军厄尔库为奴，厄尔库将婢萧氏给他为妻，但李殿机幼时曾聘妻王氏，在籍未娶。康熙二十八年（1689），王氏年三十四岁时，得知李殿机在京城的消息，遂千里寻夫，誓图完聚。厄尔库见此情形，推重王氏节义，便同意将李殿机并萧氏放出为民。经礼部议准，虽然"旗人无断出为民之例"，但考虑到王氏"矢心守节，冒死寻夫，有关风化"，便批准了此案。③ 像这种个案，并不多见。

在清前期八旗人口尚不十分充盈且军事征战频繁、八旗需要大量壮丁人口不断补充的情形下，虽然也需要维护满洲为根本的国策，但在顺治朝、康熙朝，清政府清理八旗户籍的动力尚不充分。不仅如此，清初对于各种形式进入八旗户籍的现象还持比较开放的态度，原因很简单，就是这时候国家的统一战争还比较频繁，需要通过"开户""另户"等途径吸纳壮丁，以补充军事力量。但到了雍正朝、乾隆朝以后，这个情况变了，因

---

① 《清仁宗实录》卷64，嘉庆五年四月戊申。
② 《清宣宗实录》卷26，道光元年十一月辛酉。
③ 《清圣祖实录》卷140，康熙二十八年四月乙未。

为八旗人口滋生，足以支撑军队需要，而且旗人人口的增加还带来了很多生计问题，有很多旗人想当兵当不上，生活困难。因此，这个时候，一方面清政府严格清查八旗户口的措施越来越多，另一方面对于出旗为民的政策开始放宽，总的原则是开始限制八旗人口的增加。

随着八旗人口滋生、生计日趋艰困，自乾隆朝始，清政府逐步放松了对"出旗为民"的管控。首先，对"别载册籍"旗人出旗为民的管控逐步放松。乾隆二十一年（1756），谕："见今八旗户口日繁，与其拘于成例，致生计日益艰窘，不若听从其便，俾得自谋生计。著加恩将见今在京八旗、在外驻防内别载册籍及养子开户人等，均准其出旗为民。其情愿入籍何处，各听其便，所有本身田产并许其带往。"按照乾隆帝这一谕令，"此内不食钱粮者，即令出旗"，至于食钱粮之人，则分别情形及个人意愿进行处理。①

其次，停止将宗室王公府下所属户口拨附旗下佐领。"宗室王公等府属户口，如仍旧准其拨附，则旗人众多，不能遽得钱粮，生计未免艰窘，彼此均无裨益。嗣后宗室王公等府属户口拨附旗下佐领之处著停止。"事实上，王公府属佐领下户口的来源也非常复杂，就满洲人而言，有分给之满洲、盛京随来满洲、乌喇满洲、辛者库满洲（即包衣管领下食口粮人）；就旗下汉人而言，有北京蒙古分给之汉人、辛者库汉人、旧汉人、旗鼓佐领（即包衣汉军佐领）下汉人、别载册籍汉人、匠役汉人、校尉汉人、投充汉人、抚顺汉人，各名色不同。对此，经王公大臣会议议准，将分给之满洲、盛京随来满洲、乌喇满洲、辛者库满洲等仍留府属佐领外，其余府属佐领下各项人等，"酌计人数、生息多寡"，经该王公等同意情愿放出后，"皆令出旗为民，咨送户部注册"，而且规定"自放出为民之后，不得仍指伊主名色，滋事扰累地方，违者各按所犯，严行治罪"。②

再次，允许八旗汉军出旗，自谋生路。相比于满、蒙旗分的旗人，汉军旗人能享受的优待政策较少，其生计问题也更加突出。"八旗汉军自从龙定鼎以来，国家休养生息，户口日繁，其出仕当差者原有俸饷，足资养赡，第闲散人多，生计未免艰窘。又因限于成例，外任人员既不能置产别居，而闲散人即有外任亲友可依及手艺工作，可以别去营生者，皆为定例所拘，不得前往，以致袖手坐食，困守一隅，深堪轸念。"在八旗人口繁

---

① （乾隆朝）《大清会典则例》卷172《八旗都统二·户口一·分晰户口》，文渊阁《四库全书》影印本第625册，第450页。
② （乾隆朝）《大清会典则例》卷172《八旗都统二·户口一·分晰户口》，文渊阁《四库全书》影印本第625册，第452－453页。

衍众多、国家财力紧张的情况下，乾隆朝对汉军改归民籍的政策重新进行了调整。"八旗奴仆受国家之恩，百有余年，迩来生齿甚繁，不得不为酌量办理，是以经朕降旨，将京城八旗汉军人等听其散处，愿为民者，准其为民。"①

八旗汉军"其初本系汉人"，来源多有不同，有随清军入关者，有投诚入旗者，有因罪被充入旗下者，也有因平定三藩后而归入内务府者，也有从王公府属拨出者，还有招募之炮手、过继之异姓，以及随母姻亲等类先后归旗，情节不一。对于这些汉军旗人，在乾隆帝眼中，"惟从龙人员子孙皆系旧有功勋，阅世既久，自无庸再议更张"，不必出旗为民。至于其余各项人等，或有庐墓产业在籍，或有族党姻属在他省者，乾隆帝认为可以"稍为变通，以广其谋生之路"。但也不必强求，而是根据自愿，如有愿改回原籍者，"准其与该处民人一例编入保甲"；有不愿改入原籍而希望到外省居住者，"不拘道路远近，准其前往入籍居住"；如果虽有原籍但已经没有可以倚赖之处，也很难到外省寄居而且不愿出旗，仍旧愿意当差者，则"听之"，可以不出旗为民。乾隆帝还特意说明，如此办理，"原为汉军人等生齿日繁，筹久远安全之计，出自特恩，后不为例，此朕格外施仁，原情体恤之意，并非逐伊等使之出旗为民，亦非国家粮饷有所不给，可令八旗汉军都统等详细晓谕，仍询问伊等有无情愿之处"。② 至于愿改归民籍与愿意移居外省者，则限期一年内，呈报各旗后办理。乾隆八年（1743）又补充规定"文官自同知等官以上、武官自守备等官以上，皆不必改归民籍"。同意八旗汉军改归民籍主要是针对没有任职的闲散人员，"原指未经出仕及微末之员而言"，至于那些"服官既久、世受国恩之人"则不在此列，"伊等本身及子弟自不应呈请改籍，而朕亦不忍令其出旗"。

其实，乾隆朝八旗汉军改归民籍，只是对当时大量汉军旗人脱离八旗户籍管制这一事实的认可。乾隆十二年（1747），乾隆帝就发现"汉军人等或祖父曾经外任，置立房产，或有亲族在外，依倚资生，及以手艺潜往直隶各省居住者颇自不少。而按之功令，究属违例，伊等潜居于外，于心亦自不安。朕思与其违例潜居，孰若听从其便，亦可各自谋生"。八旗汉军如果愿意到外省居住，则只需"在京报明该旗，在外呈明督抚，不拘远近，任其随便散处"，各地督抚将移居外省的八旗汉军每年汇奏一次，"以便稽察，务令安静营生，无得强横生事。如此则于功令不相妨碍，伊等亦

---

① 《清高宗实录》卷459，乾隆十九年三月丁丑。
② （乾隆朝）《钦定大清会典则例》卷172《八旗都统二·户口·分晰户口》，文渊阁《四库全书》影印本第625册，第455-456页。

得安居乐业，生计有资矣"。① 众多在京的八旗汉军"出旗为民"、移居外省，不仅减轻了清政府供奉旗人的粮饷负担，也疏解了日益滋生的京城人口。

至乾隆二十六年（1761），清政府定汉军为民之例，对汉军出旗为民的条件进行了详细规定。凡是现任外省同知、守备以上，京员自主事以上，旗员自五品以上的八旗汉军都不准改归民籍；其父在旗而子愿为民、子在旗而父愿为民者，也不准改籍。除此之外，愿改归民籍者，在京报明该旗咨部，在外呈明督抚，咨报部旗，编入民籍，并准许参加科举考试。凡出旗为民、年已成丁者，由所在地州县给予印票，自京入省入籍者，由原所在旗给照前往入籍地方换给印票，愿意入籍顺天府州县者，由原所在旗交送顺天府。② 乾隆五十五年（1790），六品以下的八旗汉军职官也不再被允许出旗为民。至于兵丁闲散人等"情愿改入民籍者，仍照旧例，准其为民"。③ 对于清政府而言，虽然乾隆朝以后八旗人口大量滋生，旗人生计艰困，希望通过"出旗为民"的政策减轻越来越重的国家财政负担，但其考虑主要是经济层面而非民族政策，因此对于"出旗为民"也有较多限制条件，并非无条件开放。

对于汉军旗人而言，如果留在八旗体制内，难以享受更多的八旗优待政策，不足以维持生计，且外出谋生更加有利时，就会倾向于出旗，因此其出旗与否，主要的衡量标准也是政治、经济利益，而非民族差别。甚至有人在出旗之后又愿意回旗的。例如，朱宾、朱宝原系正白旗汉军，曾在巡捕营当兵，后经该旗同意，"俱令出旗为民"。至乾隆四十年（1775）十月，因二人为前明宗室朱橉嫡派子孙，有承袭侯爵的资格，于是又呈请回旗。经部议，虽然准许朱宾、朱宝回旗当差，但因其"明系觊觎承袭"，规定二人及其子孙"遇有应袭时，不准列名拣选"。④ 这一事例说明：汉军旗人是否选择出旗，主要考虑的还是政治与经济利益。

对于出旗为民之后又恢复旗籍的情形，乾隆帝要求严厉禁止："遇已经出旗复贿求入者，该大臣自应不时稽察，官员亦当随时拒斥，禀明重

---

① （乾隆朝）《钦定大清会典则例》卷172《八旗都统二·户口·分晰户口》，文渊阁《四库全书》影印本第625册，第456页。

② 《钦定皇朝文献通考》卷20《户口·八旗户口》，文渊阁《四库全书》影印本第632册，第432页。

③ （光绪朝）《钦定大清会典事例》卷155《户部四·户口二·汉军改归民籍及外省居住》，《续修四库全书》第800册，第535页。

④ 《清高宗实录》卷993，乾隆四十年十月辛丑。

惩。"① 乾隆二十七年（1762）闰五月，查旗王大臣在稽查八旗另记档案开户人后，发现"镶蓝旗蒙古有业经为民之另记档案人等，复入旗籍挑补马甲、拜唐阿，冒食粮饷者三百余人"；正白旗蒙古查出开户人也存在类似的情形。② 可见，出旗之后又有恢复旗籍者并不鲜见。

此外，对于各省驻防满洲因各种原因回京者，乾隆朝也开始进行更严格的限制。此前，驻防外地的八旗兵丁是可以回京的。对于八旗户口的籍贯而言，除了盛京是龙兴之地外，就是京师，正如雍正帝所言："京师乃其乡土。"③ 因此，派八旗兵驻守全国要镇的称"驻防"或"出差"，外任旗员来京的称"归旗"或"回京"。雍正元年（1723）十一月规定，外省驻防八旗弁兵如果"其宗族俱在京师，若令于驻防处造坟立业，年久旗民混淆，难于分别"，因此规定嗣后除盛京等处外，其余各省驻防弁兵身故，"仍令送柩回京"。④ 如果没有子弟在外当差，其寡妇及家口，按照规定要解送来京。雍正十年（1732），雍正帝又强调，"国家驻防之设"，不得作为驻防兵丁在当地的"入籍之由"。⑤

自乾隆朝始，八旗人口回京"归旗"的限制条件逐渐增多。乾隆元年（1736）覆准，"驻防休致、革退官员因一时路费不敷，本身先行归旗者，其妻子家口限一年内回京。如逾限未回，即令其子在该处充兵，造入丁册，不得于当差数年之后又请归旗。至寡妇家口，从前在彼处倚子弟充兵度日，京中充兵、居官之子弟呈请，接取寡妇情愿回京者，准将寡妇接取养赡。其兄弟等家口，不得一同归旗。再，八旗官兵如年五十，并无子嗣在京，在外又无的属承祧，呈请将亲兄弟之子孙调回者，准其调回。又，驻防兵丁内从前拨往时，原有父母、兄弟在京后，因年久户绝，无人祭扫，呈请回京承祀坟墓者，行文该旗，察明京中果系绝嗣，准令一丁带领家口归旗承祀"⑥。至乾隆四十六年（1781），清政府明确表明态度："向来各省驻防满洲已安居百有余年，京城并无伊等近族，而京城满洲生齿日繁，若准其进京，无以为生，反为无益，是以概不准其来京。"⑦ 即在外

---

① 《清高宗实录》卷662，乾隆二十七年闰五月己巳。
② 《清高宗实录》卷663，乾隆二十七年闰五月戊寅。
③ 《清世宗实录》卷121，雍正十年七月乙酉。
④ 《清世宗实录》卷13，雍正元年十一月辛巳。
⑤ 《清世宗实录》卷121，雍正十年七月乙酉。
⑥ （乾隆朝）《钦定大清会典则例》卷172《八旗都统·户口·编审丁册》，文渊阁《四库全书》影印本第632册，第443页。
⑦ 《钦定皇朝文献通考》卷20《户口·八旗户口》，文渊阁《四库全书》影印本第632册，第435页。

地驻防旗人，如果在京已经没有近亲，则不得回京"归旗"。

其二，京旗人口外迁。

京城八旗人口逐渐增多，城内居住空间有限，这种人地矛盾在康熙朝后期就已经开始显现。康熙三十四年（1695），"京城内无房舍者七千有余人"，而且贫乏兵丁"僦屋以居，节省所食钱粮以偿房租，度日必至艰难"。为了解决人口拥挤的居住问题，八旗都统建议："今可于城之外，按各旗方位，每旗各造屋二千间，无屋兵丁每名给以二间，于生计良有所益。此屋令毋得擅鬻，兵丁亡退者则收入官。"① 该建议得到康熙帝批准后实行。

进入雍正朝后，京城大量旗人游手好闲，甚至违法犯罪者逐日增多，清政府开始着手将一部分旗人外迁。雍正元年（1723）六月，鉴于"边外地方辽阔，开垦田亩甚多，将京城无产业兵丁移驻于彼，殊为有益"。雍正命直隶古北口提督董象纬筹划具体办法，经总理事务王大臣会同兵部议准，从京城八旗满、蒙旗分马甲内"择其无产业、情愿前去"者八百名，派驻热河、喀喇和屯、桦榆沟三处。② 雍正五年（1727），清政府又组织无业旗人在京畿附近开荒种地，每户给地三十亩，每五户给牛三只。③

乾隆初年，"八旗生齿日渐繁庶，而生计渐不及前"④，压力进一步凸显。面对这种情形，清政府所采取的措施是将八旗贫困人口向"京畿有空闲地面"疏解，首先解决的是住房问题。"现在查明空地共四百八十二块，约计可容房四千五百余间，此次修造，若待全行查明空地，且俟冬月得租，再行兴工，则迫于严寒，碍难修造。况一年之租，亦不能修造若干。臣等将现在空地查明数目，移咨工部，量定地面尺丈，情愿售卖者，照官价给与外。其圆明园旧有之英秀、懦弱二营空房，派员拆毁，运京备用，尚余空地可盖房屋者，亦即豫备应用之物，入秋兴工。"⑤ 与此同时，舒赫德、赫泰等人上疏，提议将京旗人口外迁至东北："伏思盛京、黑龙江、宁古塔三处，为我朝兴隆之地，土地沃美，地气肥厚，闻其闲旷处甚多，概可开垦。虽与八旗满洲不可散在地方，而于此根本之地，似不妨迁移居住。"⑥

---

① 《清圣祖实录》卷167，康熙三十四年五月辛未。
② 《清世宗实录》卷8，雍正元年六月辛酉。
③ 《清世宗实录》卷55，雍正五年闰三月丁未。
④ 《清高宗实录》卷19，乾隆元年五月辛酉。
⑤ 《清高宗实录》卷41，乾隆二年四月癸未。
⑥ （清）舒赫德：《敬筹八旗生计疏》（乾隆二年），见（清）琴川居士辑：《皇清奏议》卷34，《续修四库全书》第473册，第286页。

于是，乾隆帝自六年（1741）起就开始筹划将京旗人口外迁。当年，乾隆帝派遣大学士查郎阿勘察东北可耕之地。查郎阿奏报："宁古塔将军所属吉林乌喇东北三百余里，拉林、阿勒楚喀周围八百余里……此地段平畴沃壤，五谷皆宜耕种，江绕其外，河贯其中，而山木丛茂，取资不尽。"① 随后，乾隆帝派户部侍郎与副都统前往设置村屯，建盖房舍。至乾隆九年（1744），移驻的准备工作基本就绪。首批京旗回屯初步确定为1000名，首选那些"务必选派平素守分、持家勤俭之人"及"挑选有妻及独户之人"②，当年到达拉林750名，第二年又到250名。为便于移驻京旗的管理，于京旗移驻当年设副都统衙署。然而移驻的情况并不理想，乾隆十年（1745）十二月，拉林副都统巴尔品向乾隆帝报告了移驻拉林京旗的情况说："孤寡、年老及十五岁以下不能力作者百余户，年力虽强，耕耘未谙，不能尽地利者十六七，力胜耕耘兼有协助之人者十二三。大约以五口计之，种一顷者日用外，所余不过三四十石，种五六十、六七十亩者，所余不过一二十石，再下仅堪糊口。缘初学耕种，且无协助之人，安家银两渐次用完，不能多种，牛只等项毙坏，无力置买，不免拮据。"③ 乾隆初年的这次京旗人口外迁虽然规模不大，但毕竟探索了一条缓解京师人口压力的出路。

至乾隆十九年（1754），移居垦种的效果初现，"前移驻拉林满洲一千名，近年生计渐裕。现在阿勒楚喀附近，肥饶地亩，可凿井者共荒地六处，计三千余顷，可设村落四十八处，足空三千户"。吉林将军傅森向朝廷奏报，建议"再派驻三千名"。军机大臣议奏："所派三千满洲，请分六起，自丙子年起至辛巳年止，次第安置。令八旗大臣择其族众、有眷属者拣派，应派年分，该将军咨到办理，其自京起程及到彼安置，悉照前例。"④ 京旗人口对于这种迁移并不热心，为此，乾隆不断强调："念现在京中满洲生齿日繁，额缺有定，恃一人钱粮，供赡多口，终恐拮据。是以于拉林开垦地亩，建造房屋，挑取八旗满洲前往屯种，此欲我满洲世仆仍归故土，生计充裕之意，非如不肖犯法发往拉林者可比。"为避免迁移后有人潜逃回京，乾隆帝要求各旗都统"详悉晓谕"，如果有"不愿彼处安生、潜逃来京者"，一旦查获，即行奏闻，"于彼处正法示众，决不姑

---

① 中国科学院地理科学与资源研究所、中国第一历史档案馆编：《清代奏折汇编——农业·环境》，北京：商务印书馆2005年，第65页。
② 魏影、王小红：《乾隆朝京旗回屯述略》，《历史档案》2007年第1期。
③ 《清高宗实录》卷225，乾隆十年十二月丁巳。
④ 《清高宗实录》卷475，乾隆十九年十月辛未。

息"。① 拉林地方，除了派遣京旗人员耕种之外，还一直是清廷发遣罪犯之地。为避免"莠良杂处，不惟彼处风俗渐染日坏，亦于兵丁生计大有攸关"，乾隆帝命以后由京发遣人犯"不必发往拉林、阿勒楚喀"。②

尽管有禁令，但移居拉林的京旗人员仍有私自返回京城者，"年来逃回者甚众"，乾隆二十年（1755）十一月，逃回京城的六雅图被拿获，为警戒他人，"即行正法"。③

乾隆四十二年（1777）十二月十七日，清政府又将京城闲散宗室移往大凌河。据盛京将军弘晌奏称，大凌河马厂西北杏山、松山地方，有泽田万亩，土地肥美。此次，京师闲散宗室愿移往该处者有一百十五户，大小共二百零三名。清政府向移往者每人给银二百八十两，先给八十两，治装起程，到达目的地后，再给二百两。每人给土地三顷，一半官为开垦，一半自行开垦，或令家人耕种，或募民耕种，但不得私行典卖；每人资助耕种器械，到该处提供一年口粮。清政府将迁往的闲散宗室分为四屯居住，每屯拣选二名老成者，赏戴金顶，协同将军办事。④

嘉庆帝对于京旗人口外迁的积极性不高。嘉庆四年（1799）十二月，当国子监祭酒法式善条奏"亲政维新"，针对疏解旗人人口问题时建议："口外西北一带地广田肥，八旗闲散户丁情愿耕种者，许报官自往耕种。"嘉庆帝驳斥："若如所奏，岂非令京城一空，尤为荒谬之极。"⑤ 批评法式善所论旗人出外屯田一节"是其大咎"。对于"因无自置住房，于各处浮居"的宗室觉罗，嘉庆帝命八旗满洲都统"查明委系无力之宗室觉罗，或择地另建房屋，或酌量归入八旗城外营房，通融居住"。⑥ 在嘉庆帝看来，生计困难的宗室觉罗可以迁居至城外营房，不能远离京城。不久，管理宗人府王公奏报，查得八旗宗室觉罗内"实系无力、愿住官房者"共186人，现有城外官房计1122间半，"足敷拨用"，其中零星房间500余间，"按翼酌拨，核其家口多寡，酌量分给居住，每人拨给二间或一间半"。⑦

对于如何缓解八旗滋生人口的压力，嘉庆帝更愿意回到以前的老路上，"即如添设此项养育兵额，以旗人生齿日繁，生计拮据，朕心再三筹画，始行降旨，将京营五营马匹裁汰二千匹，每月节省银五千余两，分赏

---

① 《清高宗实录》卷504，乾隆二十一年正月甲戌。
② 《清高宗实录》卷551，乾隆二十二年十一月丙辰。
③ 《清高宗实录》卷600，乾隆二十年十一月庚申。
④ 《清高宗实录》卷1047，乾隆四十二年十二月己酉。
⑤ 《清仁宗实录》卷56，嘉庆四年十二月甲申。
⑥ 《清仁宗实录》卷113，嘉庆八年五月乙未。
⑦ 《清仁宗实录》卷121，嘉庆八年九月庚申。

八旗满洲蒙古共添设养育兵三千余名，俾旗人均沾实惠，以纾生计"①。随后，在八旗满洲蒙古、圆明园、内外火器营健锐营共增设养育兵4076名，在内务府三旗及圆明园包衣三旗共增设养育兵324名。② 又命令在顺义、宝坻、天津等处增设满营，"俾八旗人等分驻，食粮当差，不至坐食家居"③。

但实际上，这种通过增加财政支出以缓解八旗人口压力的办法，并不能真正解决人口滋生所带来的八旗生计问题。嘉庆十三年（1808）十月，宜兴奏请将宗室移住盛京，被嘉庆帝驳斥"所奏断不可行"。理由是："宗室移住盛京，一切车辆房屋资装器具所费不赀。国家帑项有常，岂能于经制之外增此重费？""无如宗室等现住京师，切近辇毂，有宗人府王公及各族长分管，尚不能恪遵化导。若移赴盛京，专责成该将军一人管束，伊等岂遂能安分守法乎？是搬移徒滋烦费，而于事仍属有名无实。"结果宜兴被"原折掷还"。④

嘉庆帝虽然一再否决外迁京旗人口的建议，但他也逐渐认识到自己原有政策的局限，"八旗生齿日繁，京城各佐领下户口日增，生计拮据，虽经添设养育兵额，而养赡仍未能周普，朕宵旰筹思，无时或释"。嘉庆帝多次增设养育兵额，希望缓解人口激增所带来的压力，但"旧设甲额现已无可复增，各旗闲散人等为额缺所限，不获挑食名粮，其中年轻可造之材或闲居坐废，其或血气方刚，游荡滋事，尤为可惜"。困局之下，嘉庆帝开始认可乾隆帝当年将"八旗人众分拨拉林地方，给与田亩，俾资垦种，迄今该旗等甚享其利"的做法。"今若仰循成宪，斟酌办理，将在京闲散旗人陆续资送前往吉林，以闲旷地亩拨给管业，或自行耕种，或招佃取租，均足以资养赡。将来地利日兴，家计日裕，该旗人等在彼尽可练习骑射，其材艺优娴者仍可备挑京中差使，于教养之道实为两得。"于是，嘉庆帝命赛冲阿、松宁查明吉林地方，"先派旗人数百户前往试行，俟办有成效，将来即可永资乐利"。⑤ 嘉庆十七年（1812）七月，管理宗人府的王贝勒奏称，现在应行移往者共有五十五户，每户人丁多者不过八口。所建房屋，仿照京中八旗健锐等营房规制，"比户鳞次，缭以垣墙，安设总门，稽查出入"。⑥

---

① 《清仁宗实录》卷153，嘉庆十年十一月丁丑。
② 《清仁宗实录》卷171，嘉庆十一年十一月壬申。
③ 《清仁宗实录》卷171，嘉庆十一年十一月壬申。
④ 《清仁宗实录》卷202，嘉庆十三年十月甲辰。
⑤ 《清仁宗实录》卷256，嘉庆十七年四月癸卯。
⑥ 《清仁宗实录》卷259，嘉庆十七年七月戊寅。

嘉庆十七年（1812）八月，负责筹办移驻宗室事务的松筠与和宁会勘大凌河牧厂余地并柳河沟一带，奏称"均可陆续移驻旗人垦种"。嘉庆帝指示"此事计关久远，必须筹度周备，或十年或五年移驻一次，从容调剂，逐渐疏通，方为有益"。不过，嘉庆帝对京旗人迁移外省的担忧并没有消失："岂不思在京旗人移驻外省，断无将平素安分有志上进者先行挑往之理。若择素不安分者，聚集多户，移之无人管辖之所，岂能日久相安？即使该将军派委旗员前往稽查，而相距遥远，终有鞭长莫及之势。"①

与此同时，嘉庆帝也没有放弃通过增加兵额以缓解八旗人口压力的解决方式。嘉庆十七年（1812）十二月，据奏称，步军营步甲内可拨出额缺二千名，巡捕营可拨出无马马兵额缺二千名，统计两营共添补旗缺四千名。嘉庆帝要求："八旗正身旗人得添有此项额缺，均匀挑补，伊等按月关支钱粮，生计既可宽裕，而操演当差有该管官常时约束，亦不致壮岁旷闲，于教养均有裨益。"②

随着宗室生齿日繁，"其中不安本分者酗酒斗殴，时有其事"③。嘉庆十八年（1813）四月，宗人府奏称此次移居盛京宗室七十户，"分为三起陆续前往"，由直隶总督派同知守备各一员，护送至山海关。除分给车价盘费之外，每人各再赏银十五两，"俾制行装"。④ 为动员宗室移居，嘉庆帝还特意御制《训移居盛京诸宗室》一文，强调宗室移居盛京，不是"徒流军遣"，而是"衣锦还乡之乐事"。⑤ 京城宗室抗议移居盛京，于是编造流言，说这是"徒流军遣"之事，这也从侧面说明了当时疏解京师人口之困难重重。

进入道光朝，道光帝明确了"甲饷设有定额，屡经筹议加增，于旗人生计仍未能大有裨补"，因此继位伊始就延续了向吉林移驻京旗闲散旗人的办法。道光元年（1821）正月，吉林将军富俊奏《双城堡章程》，"筹办开垦阿勒楚喀双城堡、三屯地亩九万数千晌"，其地可移驻在京旗人三千户，"酌议自道光四年为始，每年移驻二百户，分为四起送屯"。⑥ 该奏得到清廷允准。

至道光二年（1822），"愿移者仅二十八户"，"人情不甚踊跃"，此时如果还按照原计划同时开垦伯都讷屯田，"为计太早，且经费亦恐不敷"，

---

① 《清仁宗实录》卷260，嘉庆十七年八月壬子。
② 《清仁宗实录》卷264，嘉庆十七年十二月乙丑。
③ 《清仁宗实录》卷269，嘉庆十八年四月癸酉。
④ 《清仁宗实录》卷270，嘉庆十八年四月甲辰。
⑤ 《清仁宗实录》卷277，嘉庆十八年十月丙辰。
⑥ 《清宣宗实录》卷12，道光元年正月戊午。

于是道光帝令富俊即行停止筹办伯都讷屯田一事。按照原来计划，自道光三年（1823）始，"修盖住房八百间"，以后每年增盖房屋八百间，"今旗人既观望不前，其多盖房屋，诚恐徒滋糜费"，道光帝亦命"酌量情形"，暂缓办理。① 道光三年（1823）十二月时，"已届移驻之期"，然而汇总各旗报名愿往者，"通计五十三户"，计划于来年正月初五日以后起程。② 道光四年（1824），再次担任吉林将军的富俊又提出《双城堡移驻京旗闲散章程》，建议嗣后京旗闲散有愿赴双城堡者，各旗于每年十月内报齐户部具奏，十一月初即知照顺天府尹、直隶总督、盛京吉林将军等处，定期于每年正月初五日以后、初十日以前启行。③ 为了让移居者安定，富俊在双城堡中、左、右三屯公所"各建义学三间"，足资课读。④ 双城堡移驻京旗，原定每年二百户，而"现在每年移驻总未及一百户"。为了动员更多的京旗人员放弃后顾之忧，八旗都统英和等建议"应饬参佐领等将利害明白宣示，逐户谕知，俾各乐移驻，以期足二百户之数"⑤。

起初，京旗移驻双城堡章程规定，"只身不准算户"，如果单身移居双城堡，不能按照一户给予所有待遇。道光五年（1825），清政府则规定："嗣后凡满洲蒙古只身闲散有愿移驻者，亦一体准其移驻。"不仅如此，原先按照一户配给的地亩、房间、器具、治装、公帮、车辆等项，"均照旧全分给与"。⑥ 以此来吸引京旗户口移居双城堡。

这些政策调整也的确起到了一些作用。至道光五年（1825）十月，经户部查明，"愿往者共一百八十九户"，较之道光四、五年，"倍形踊跃，来年愿往者自必更多"。⑦ 至道光六年（1826）五月，京旗陆续移驻共计二百七十户，分拨中屯两翼四十屯居住。⑧ 但仍没有完成当初的移居任务，初议移驻双城堡之京旗每岁二百户，然而至道光九年（1829）才移驻三百七十六户，远未达到预期目的。其至道光十年（1830）十二月时，据各旗咨报，次年愿意移居者仅只正黄旗满洲五户，"人数过少"。⑨

在这种情形下，道光十一年（1831）十二月，御史恒青向朝廷上奏，

---

① 《清宣宗实录》卷28，道光二年正月癸酉。
② 《清宣宗实录》卷63，道光三年十二月丁巳。
③ 《清宣宗实录》卷69，道光四年六月壬寅。
④ 《清宣宗实录》卷69，道光四年六月壬子。
⑤ 《清宣宗实录》卷81，道光五年四月癸未。
⑥ 《清宣宗实录》卷85，道光五年七月丙申。
⑦ 《清宣宗实录》卷90，道光五年十月庚辰。
⑧ 《清宣宗实录》卷98，道光六年五月乙丑。
⑨ 《清宣宗实录》卷182，道光十年十二月壬寅。

建议重新评估双城堡移驻京旗是否还需要继续维持。"移驻京旗,俾令栖止,并开垦地亩,按户授田,以资养赡"这一做法,自嘉庆年间创议,至道光十一年,"历有年所,一切章程,经富俊办理妥善,其京旗已经移驻者皆乐业安居"。对此,御史恒青予以质疑,他说:"风闻该处地半沙漠,既无城郭又少村庄,商贾无利可图,不往贸易。且井泉稀少,汲饮维艰,兼之旗人不谙耕作,易被人欺,所种地亩入不敷出,不如在京可谋生理。是以本年愿往者甚属寥寥。"尽管道光帝以恒青所言"均系得之风闻,并无确切证据",未予理会,但其言的确反映了京旗人口向外迁移的效果不彰,且推行困难。①

清末,京旗外迁基本上难以推动,光绪四年(1878)六月,崇厚便奏称:"在京宗室难以再议移居,著即毋庸办理。"② 至此,北京旗人外迁彻底停止。

三、民籍

清代实行旗民分治,民户与旗户各自单列。对于民人户籍,清初入关即沿袭明朝办法,行编审之法。顺治五年(1648)定三年编审一次,顺治十三年(1656)又改为五年编审一次。编审民户时,由州县官照旧例造册,以一百一十户为里,其中推举丁多者十人为长,其余一百户分为十甲,城中曰坊,近城曰厢,在乡曰里。所有造册人户,分别登记丁口之数,甲长汇总各户人丁,再汇总于坊、厢、里长,然后逐级汇总到州县、府、布政司,著录于黄册。各直省督抚根据布政司所上各属之册,呈户部,户部"汇疏以闻,以周知天下生民之数"。统计人丁的标准是年满十六岁的男性,六十以上则从丁册中开除。民户共分四类,即军、民、匠、灶,各分上、中、下三等;丁则有民丁、站丁、土军丁、卫丁、屯丁之别。③

以上,只是清初州县编查赋役户籍在政策上的一般性规定,随着明末至清前期赋役制度的转变,北京城的民户人口管理也发生了变化。以往,民户丁册编审的重要目的是赋税徭役的征收,"户口之制,所以验生民之

---

① 《清宣宗实录》卷203,道光十一年十二月戊戌。
② 《清德宗实录》卷75,光绪四年六月辛巳。
③ 《钦定皇朝通典》卷9《食货九·户口丁中》,文渊阁《四库全书》影印本第642册,第109页。

聚散，以征治理之得失，而夫布口算之则，亦国家维正之供与田赋并重者也"①。在封建社会中，民籍丁口统计至关重要，它直接关系到国家田赋之征收、丁徭之多寡，而这些是支撑国家官僚政治、行政体系乃至军队力量强弱的重要经济基础。

康熙五十一年（1712），清政府议准"滋生人丁，永不加赋"，即人丁的统计与赋役的征收开始脱钩。至雍正七年（1729）前后，清政府在全国范围实行"摊丁入亩"，原有的人丁编审制度基本失去了其功能和作用。康熙末年后，人丁统计往往流于形式，已不能反映人丁的实际状况。为此，乾隆元年（1736）议准，"滋生户口，每逢五年，务须据实造报，实力奉行，不得视为具文，脱户漏口"②。至乾隆三十七年（1772），清政府宣布"嗣后编审之例，著永行停止"，编审制度最终被废止。代之而起的民户管理开始以人口统计、社会治安为目标，保甲制自然受到统治者的重视。

正是在这种转变下，加之清代京畿人地关系的大变局，以及北京城市的快速发展，推动清代北京的民籍管理从传统以土著为对象的"人丁编审"转变为以居住为主"民数编查"的保甲制。一方面，北京内外城实行旗民分城居住以后，依然在各城之下设坊，坊下设铺，而铺的划分就是按照赋役人丁数为依据的，但由于入清以后五城区域人丁赋役作用的减弱，以至于沿袭明代之旧的户口编查在京城乃至关厢区域执行得并不严格，从而清人多有城内外并未设立户籍的说法。另一方面，自清初以来，城内虽然实行八旗驻防，但依然延续明代保甲制遗意，有所谓"什家户"（或"十家户"）法，"京师城内八旗各地面居住旗民，向由步军统领衙门所属官兵稽察，立有户口册籍，名曰'十家户'，遇有迁移，随时查报"。与此同时，内城"铺户亦按季出具年貌、籍贯保结呈报"。至于外城，反而付之阙如，"城外关厢一带地面居住军民，虽有营汛、司坊官员兵役稽查，向来并未设立户籍，而铺户亦不按季出具保结"。③

乾隆朝以后，清政府愈加重视保甲制对于社会治安管理的作用。乾隆帝曾明确指出："州县编查保甲，本比间什伍遗法，地方官果能实力奉行，不时留心稽查。民间户口生计，人类良莠，平时举可周知。惰游匪类，自

---

① 《钦定皇朝通典》卷9《食货九·户口丁中》，文渊阁《四库全书》影印本第642册，第108页。
② （光绪朝）《钦定大清会典事例》卷157《户部六·户口四·编审》，《续修四库全书》第800册，第547页。
③ 《云南道监察御史佟保奏请增添京师城外关厢等处居民户口册籍事》（嘉庆十七年七月初六日），录副奏折：03-1603-006。

无所容，外来奸宄更无从托迹，于治理最为切要。"① 嘉庆帝言："诘暴安良，最为善政。"② 乾隆二十一年（1756），乾隆帝首次要求顺天府、五城所属村庄暨直省各州县城市乡村编制保甲，"每户由该地方官发给门牌，书家长姓名、生业，附注丁男名数，出注所往，入稽所来。有不遵照编挂者，治罪。十户为牌，立牌长。十牌为甲，立甲长。十甲为保，立保长。限年更代，以均劳逸"。无论是牌长、甲长，还是保长，均由"士民公举诚实识字及有身家者报官点充"，而不得由地方官"派办别差"，以专责成。其职责是监控所属各户是否存在盗窃、邪教、赌博、窝逃、奸拐、私铸、私销、私盐、贩卖硝黄等违禁现象，"责令专司查报"。③ 乾隆二十二年（1757），清政府在全国范围内整顿保甲。三十一年（1766）议准，五城所属各村庄，照直省州县之例，编连保甲，责成副指挥等不时稽查。④这是清代在北京关厢区域推行保甲制的开始。

嘉庆年间，尤其是在林清事件后，嘉庆帝更加重视"设立保甲，以缉奸宄而靖地方"的作用，开始在京师内外城大力推行保甲制度。嘉庆十七年（1812）七月初六日，云南道监察御史佟保奏请加强京师城外关厢等处居民户口册籍之管理："伏思城外关厢地面五方聚集，军民杂处，至前三门外人烟更盛，稽查之法尤当周密，请敕下步军统领衙门、五城，令九门外关厢一带各营城所属地面居住军民，亦如城内一体于春秋二季开写籍贯户口，分报营城，互相察查，军则注明何处当差，民则注明作何生理，遇有迁移，随时报明，载入册内，铺户亦按季将伙人等籍贯年貌姓名开列，出具保结呈报，以便稽查。"⑤ 十八年（1813）九月十五日，天理教教徒在清宫太监的接应下，分别攻入东华门和西华门。教民袭击紫禁城虽然很快被清军镇压，但这一突发事件却震动了嘉庆帝。随后，嘉庆帝开始在京城内外全面推行保甲制，进行户口编查。

除了"缉盗安民"之外，京城编查户籍又用于筹办赈灾时便于核查受灾民众。嘉庆六年（1801）十月，署任直隶总督的熊枚奏称"抚恤灾民，

---

① （光绪朝）《钦定大清会典事例》卷158《户部七·户口五·保甲》，《续修四库全书》第800册，第558页。
② 《清仁宗实录》卷298，嘉庆十九年十月辛巳。
③ （光绪朝）《钦定大清会典事例》卷158《户部七·户口五·保甲》，《续修四库全书》第800册，第558页。
④ （光绪朝）《钦定大清会典事例》卷158《户部七·户口五·保甲》，《续修四库全书》第800册，第560页。
⑤ 《云南道监察御史佟保奏请增添京师城外关厢等处居民户口册籍事》（嘉庆十七年七月初六日），录副奏折：03-1603-006。

仿照保甲旧例，责成地保造册存记，大赈时可省查造之繁，并杜滥邀之弊"。嘉庆帝赞其"所见甚是"。此前直隶地区受灾、查勘灾赈时，经常发生吏胥"多开花户，任意侵渔冒滥"的现象，熊枚则要求严格按照所编审户籍，"按户实开，不可稍有遗漏，亦不可听其虚报"。① 清政府逐步认识到，妥善赈济受灾民众的前提便是可靠的户口册籍。

"办赈以户口册籍为凭，而户口尤须挨查得实"。道光十一年（1831）八月，御史裘元俊奏请朝廷令各州县在城乡绅士中选择那些"素行公正为众所推服者，率同里保，认真挨查，出具甘结，造册存案"。对于这些户口册，州县官再亲自查核后，"由府分写榜文，载清户口，注明应给银钱数目，即饬所委城乡绅士分领张贴，令民共知共见"。准确无误的户口册籍，不仅能够保证赈济时精准到位，而且也可以防范地方官员在藩库领赈时滥自"克扣赈银，删减户口"。②

另外，道光年间，京城也通过户籍编制以查禁吸食鸦片。道光二十七年（1847）十二月，巡视中城河南道御史志魁拿获吸食鸦片的逃犯杜焜等人，得到道光帝嘉奖。其成功办案的关键就在于"督查保甲"认真负责，当"按册逐户点查"时，"竟能将前经降旨饬拿逸犯杜焜访获，并查出人数姓名不符及形迹可疑多起"。道光帝认为，"该匪等即无驻足之处"，在很大程度上要归功于御史志魁"认真稽查门牌，大有实效"。③

此外，编审户籍，还用于科举考试资格与官员任职、升迁中的籍贯认定。首先是资格认定。在明清时期，并不是所有人都有资格参加科举考试，像匠户、乐户、贱户、娼户等子弟便没有资格参加科举考试。其次是有没有资格在顺天府参加科举考试。乾隆十六年（1751），经吏部议准，严格管控在顺天府的寄籍问题，"请敕直隶督臣及顺天府尹，严饬大、宛二县及近京州县，无论正印、佐杂，如非实系土著并无房产亲族可凭，即属诡寄混冒之人。应令改正的实籍贯，不得滥行结送，庶诡冒可除"④。只有户籍隶属顺天府，才有资格参加本地的科举考试。相比于其他地方，清政府给予顺天府的学额颇为宽裕，这也是当时顺天府户籍吸引外地人寄籍的主要优势所在。

外地人入籍顺天府并不容易，政策层面的规定条件是需要居住二十年以上，且有亲属坟墓者，才可申请。道光二十四年（1844）六月，原任都

---

① 《清仁宗实录》卷85，嘉庆六年七月庚辰。
② 《清宣宗实录》卷195，道光十一年八月戊申。
③ 《清宣宗实录》卷450，道光二十七年十二月辛酉。
④ 《清高宗实录》卷403，乾隆十六年十一月丙午。

察院左副都御史帅承瀚遗孀桂氏即申请入籍顺天府宛平县。帅承瀚曾任都察院左副都御史，在任病故，其遗孀桂氏因原籍路远，无力扶榇回里，即在阜成门外宛平县属五里坨买地安葬。西城御史帅承瀚曾在京居官三十七年，如今又在京置地安葬，"与入籍之例相符"，清廷遂同意桂氏及其子帅惺入籍宛平。① 桂氏子帅惺是附贡生，拥有了宛平籍，自然也拥有了在顺天府参加科考的资格。

　　清代科举考试按照应试者的户籍所在地进行管理，"冒籍跨考，例禁綦严"，禁止生童冒籍参加考试。顺治二年（1645），清廷规定应试生童如有籍贯假冒、姓系伪谬者，不论是否已入学，"尽行褫革"。只有入籍在二十年以上、家族坟墓田宅"俱有的据"，且"取同乡官保结"，方可以"寄籍"的名义应试。② 康熙三十五年（1696）还规定乡试如有冒籍中式者，要将失察的正副主考官"交与吏部察议"。

　　清代，在京冒籍举人的现象颇为普遍，由于"顺天大、宛二县土著甚少，各省人民来京居住，积久遂尔占籍"③。因此，关于冒籍和寄籍的问题，"顺天乡试惟大兴、宛平二县最多"。例如，乾隆五年（1740）七月，钱陈群考试通州，"多取冒籍"，在取中的23名贡监生员中，实属通州本地籍贯的只有3名，其余20名"俱系江浙各省之人顶冒"。④ 乾隆十年（1745），工部右侍郎励宗万奏称顺天大、宛两县学、一府学"共取进七十五名，本地力学者少，外籍视为捷径，顶冒愈多"⑤。乾隆二十二年（1757）正月，顺天学政庄存与奏称："直隶冒籍生员自首改正，每学多至五六十名，少者十五六名，尚有未经查出者。"⑥

　　鉴此情形，清政府多次强调，"官员不得在现任地方令其子弟冒籍，违者革职"⑦。嘉庆十三年（1808）议准，在大兴、宛平两县凡是寄籍未满二十年者，限期在一年之内，"令其自行呈明，汇册报部备查"。如果是"遵例入籍者"，由顺天府派员"查明室庐、田亩，取具族邻保结"之后，

———

① 《巡视西城御史常喜、巡视西城御史胡元博呈抄录原任都察院左副都御史帅承瀚遗孀桂氏原呈单》（道光二十四年六月初十日），录副奏折附单：03-2746-028。
② （光绪朝）《钦定大清会典事例》卷340《礼部五一·贡举一二·申严禁令》，《续修四库全书》第803册，第373页。
③ （光绪朝）《钦定大清会典事例》卷84《吏部六八·处分例七·官员回避》，《续修四库全书》第799册，第402页。
④ 《清高宗实录》卷123，乾隆五年七月戊子。
⑤ 《清高宗实录》卷255，乾隆十年十二月癸丑。
⑥ 《清高宗实录》卷530，乾隆二十二年正月壬寅。
⑦ （光绪朝）《钦定大清会典事例》卷340《礼部五一·贡举一二·申严禁令》，《续修四库全书》第803册，第374页。

"准其入籍,报部立案",方准本身子弟应试。同时,还要"声明原籍地方",以防止"复回跨考"。如果情愿改归原籍参加考试者,"即归原籍收考,永不许复冒寄籍"。① 整个清代虽然禁令常有,但大兴、宛平两县童试冒籍较多的情形始终没有根本改变。"京师大、宛两县为四方人文萃聚之区,向来多有南省士子希图幸进、冒籍应试者,历经科道等条奏清查,而此弊相沿已久,仍未肃清。"②

四、流动人口

流动人口是一座城市活力的重要支撑,在这一点上,古今略有不同,但概莫能外。清代北京是五方辐辏之地,流动人口众多,涉及层面广泛。作为政治文化中心的首善之区,北京有大量服务于中央部院和京城各级衙门来自全国各地的官绅吏役,或进出京城觐见皇帝,或就职赴任,或候补待班,络绎不绝;又有众多应考的士子,常例每逢三年一次的礼部会试,仅进京举人就有六七千人,加上仆从随行,不下二三万人,还有很多士子常年僦居京城,佣笔墨为生。京城又是"五方物产、九土财货,莫不聚集于斯"的"天下总汇之区",各地商人行旅云集北京,"晴云旭日拥城闉,对面交言听不真;谁向正阳门上坐?数清来去几多人。"③ 此外,北京因较为完善的赈济体系,也是大量流民、灾民蚁聚蜂屯的向往之地,同时还有不少域外人员。这些流动人口是清代北京活力和发展的重要基础,也是清政府进行京城人口管理的重要对象。④ "生齿日繁"虽是皇帝向往"太平盛世"的应有之义,但在传统社会的统治者眼中,除了"徙富室以实京师"之外,总是不乐意看到人口(无论是士绅商贾还是无业游民)的大规

---

① (光绪朝)《钦定大清会典事例》卷340《礼部五一·贡举一二·申严禁令》,《续修四库全书》第803册,第383页。
② 《清仁宗实录》卷188,嘉庆十二年十一月癸亥。
③ (清)杨米人:《都门竹枝词》,见路工编选:《清代北京竹枝词》(十三种),北京:北京古籍出版社1982年,第18页。
④ 对于清代北京流动人口的研究,王跃生《清代北京流动人口初探》(《人口与经济》1989年第6期)一文多有创见。关于流动人口的来源和种类,王跃生将其概括为四方逃难的贫民,商人,手工业者,科举士子,游学求职者,奴婢、佣人、胥吏,各种艺人,算命占卜者,游丐和罪犯,共十类;关于清政府对北京流动人口的态度,该文从救济政策、设置栖流所、遣送回原籍、加强京城坊保管理、限制所谓有伤风化的职业等方面进行了分析;至于流动人口对北京社会的影响,该文认为流动人口促进了京城商业的繁荣和发展,促进了京师文化事业的发展,同时流动人口过多过杂也影响了京师的社会文化风气。

模流动，尤其是在都城集聚逗留，有时甚至还会视之为社会稳定和统治秩序的威胁。

1. 休致官员、役满书吏不得逗留京师

清政府规定"休致人员例应回籍，不准在京留住"①，因此清代在京城部院衙门中任职的大小京官虽然多如过江之鲫，但绝大多数都是京城过客，很少有人在京城买房置地，落地生根。即便有寄籍者，人数也是寥寥可数。

即便是被革职或者因其他原因结束京城任职，也要限期离开北京。康熙二十八年（1689）十月，左都御史郭琇被革职后，因未能及时离京，便被参以"违旨不行回籍，潜藏京城"。经吏部议准后，规定被革职解任的汉官，"勒限五个月起程回籍，如不即行回籍，仍在做官地方或在别处居住，俱照旗员逾限例处分"。② 三十年（1691）二月，经刑科给事中郑昱奏准，"凡内外文武官寄寓他省，除革职提问者，仍照例勒限、驱逐回籍"③。乾隆十八年（1753），又规定武职官员"不许在任所置产入籍"④。即便是为父母丁忧，也必须限期离开京师。嘉庆十三年（1808）十二月，吏部新定章程，"所有内外一应丁忧人员有逾限不即回籍及到籍迟延者，统行严予处分"。特殊情况下，在京官员"闻讣丁忧"或因"盘费缺乏"，"偶致回籍迟延，亦属情事所有"。清政府对此稍予宽限，在京汉官丁忧人员"如有不得已事故，许呈明报部"，而且外省佐杂人员"不能依限起程回籍"者，可以"再展限六个月"。⑤

清政府严禁京官休致后逗留京师，虽然在客观上起到了控制京城人口的作用，但其初始目的并非在于此，而是要防范官员"串通朋党，夤缘生事"⑥。除了文武官员，对于熟悉行政运转程序的书吏及其头目"缺主"，清政府更是严格禁止其役满后在京逗留。雍正元年（1723）二月，雍正帝谕都察院："各衙门募设书办，不过令其缮写文书、收贮档案。但书办五年方满，为日既久，熟于作弊，甚至已经考满，复改换姓名，窜入别部，奸弊丛生。更有一等缺主名色，掌握一司之事，盘踞其中，交通贿赂，上下朋奸。书办尚有更换，缺主总无改移，子孙世业，遂成积蠹。"雍正帝认为各衙门中的书役人员熟悉衙门事务，如果逗留京师，极易造成相互串

---

① 《清宣宗实录》卷59，道光三年九月庚寅。
② 《清圣祖实录》卷148，康熙二十九年八月丙戌。
③ 《清圣祖实录》卷150，康熙三十年二月丁丑。
④ 《清高宗实录》卷450，乾隆十八年十一月庚申。
⑤ 《清仁宗实录》卷204，嘉庆十三年十二月丁酉。
⑥ 《清圣祖实录》卷148，康熙二十九年八月丙戌。

通、请托贿赂和朋比为奸的各种弊端。因此，规定此后在京城各衙门办事的书办任职五年期满之后，由各部院堂司官查明，"勒令回籍听选"。如有逗留京城不归者，"饬令五城司坊官稽察遣逐"。对于"抗违潜匿"的"缺主"，立即参究，押解回籍。①

按说，书吏"役满不准逗留在京，立法至为严密"，但在清后期很难得到执行。道光十年（1830）五月，御史吴清鹏奏报涉案逃匿且役满五年的户部捐纳房书吏蔡绳祖等人，"公然安住京师，觑法营私，各处负贩小商代人捐监，该犯等辄逐年包揽，给与假照。总因役满后，恃无本管衙门可以查禁，肆行无忌，各地面该管衙门因循容隐"②。可见，役满书吏不仅留住京师，而且各衙门也熟视无睹。

各部院衙门中的役满书吏，还经常改姓易名，在京逗留。道光十一年（1831）三月，据户部奏报，已革捐纳房额外贴写桑培元、蔡士法等人"改易姓名，出入衙门"。道光帝令顺天府五城"确切查明，即行押令回籍"。③ 为便于监管这些书吏，给事中王玮庆建议将所有各衙门役满或告退、革退的书吏住址、三代姓名、籍贯等信息登记在案，以便稽查。道光十一年（1831）三月，给事中王玮庆奏："此项役满书吏及告退革退者，各衙门行咨都察院原文内并未注明住址地方。其承充书吏时，例应将现在住址地方及三代姓名籍贯，详悉声明，而于役满时转不报明，殊属疏漏。至该吏等刁猾性成，其在外姓名与承充本衙门姓名往往不符，难保无豫为更改、藉端朦混情弊。"④ 道光十四年（1834）八月，御史伊克精额又奏"役满书吏久踞京城"，例如前充吏部文选司经承之鲁佑人虽然"久经考满"，但一直"潜住京师"，虽曾命拣发指挥顾文光严密传案，但"该指挥逾越多日，杳无回覆"。可见，整治效果并不如预期。⑤

2. 稽查无业游民

清代北京并不排斥非本地户籍的人口，但始终强调对无业游民的稽查和遣散，即"驱逐游惰"，主要包括游民、乞丐、游僧乃至行医占卜者等。康熙五年（1666）覆准，"五城司坊官及巡捕三营官察各该管地方，有无业游手来历不明之人，即送该城递回原籍，仍察明犯事离籍情由拟罪。如该管官不行拿送，别经察出者，议处；总甲等并容留居住之房主，皆责三

---

① 《清世宗实录》卷4，雍正元年二月丙寅。
② 《清宣宗实录》卷169，道光十年五月辛酉。
③ 《清宣宗实录》卷185，道光十一年三月丙寅。
④ 《清宣宗实录》卷186，道光十一年三月乙亥。
⑤ 《清宣宗实录》卷255，道光十四年八月丁酉。

十板"①。在清政府眼中,这些无业游民中"往往有各省游手奸伪之徒,潜来居住,招摇生事,或呼朋引类,讹诈钱财,或捕风捉影,指称纤路,或打探消息,嘱托衙门,或捏造浮言,煽惑众听,以至开场局赌、诱人为非者,难以悉数"。至于那些有本业营生者,例如候补候选之"必有仕籍可稽",读书之人"或应试到监,或处馆作幕",贸易生理之人"或行商坐贾,或工匠手艺",即便是医卜梨园、肩挑负贩,"皆必实有本业营生,方可听其在京居住"。总之,有营生者便允许在京居住,否则闲散游荡,出入诡秘,托名糊口四方者,大多"系奸伪之徒,立宜摈逐"。② 为了维护京城社会治安稳定,这种以有无本业营生为判断标准的做法显然过于简单。有时甚至不免杯弓蛇影,闹出笑话。例如,晚清京城乞食穷民尤其多,咸丰年间"京城街市穷民,多有外省口音,各城外有用小车推载行李,沿途乞食者"③。有些乞食者挨家挨户乞讨,为避免重复,在各家各户门外进行标记,"夜间有人写字者甚多,所写字样不一,并有不能认识者,大小街巷皆然"。发现这一情形的山东道监察御史载馨怀疑这是"奸匪暗布可疑,更恐有不安本分之人藉此煽惑人心,若不从严查拿,设致人情浮动,大有关系"。于是,便上折咸丰帝,请求饬下步军统领衙门、顺天府、五城"无分昼夜,一体严密查拿,按律惩办"。④ 就是这一现象,一度引起京城防卫紧张,待查明真相后才释然。⑤

对于如何稽查无业游民,早在雍正时期,雍正帝在加大对京城外来人口整顿力度时,就确定了以稽查流动人员临时居住地为突破口的方法。"京城内外,远人聚集者虽多,皆有容留居住之处,或在客店寺庙,或倚亲友居停,或租赁房屋,但就其住处稽察,自可得其踪迹。"雍正帝令步军统领、巡城御史、顺天府督率属员,于九门、五城地方严加察访内外城

---

① (乾隆朝)《钦定大清会典则例》卷150《都察院六·驱逐游惰》,文渊阁《四库全书》影印本第624册,第694页。
② 《世宗宪皇帝上谕内阁》卷54,雍正五年三月二十六日,文渊阁《四库全书》影印本第414册,第568—569页。
③ 《清文宗实录》卷87,咸丰三年三月甲子。
④ 《山东道监察御史载馨奏为京城住户人家门首夜间有人写字请饬下步军统领衙门顺天府五城严密查拿事》(咸丰三年三月二十八日),朱批奏折:04-01-01-0848-003。
⑤ 关于乞丐向商家乞讨时的这一现象,美国传教士何天爵在《本色中国人》(初版于1895年)中也有类似描述:"在中国的很多大城市,对于乞丐,商人和店家都要支付一定的补助金。至于给多少钱,可以与乞丐们进行商量。双方达成协议之后,商家和店家就会在自己的门上,画上一个神秘符号。这种符号只有乞丐的同行才能明白。它的含义是,只有专门负责收钱的乞丐才能来这里,其他的人一律不得来骚扰。"此外,"在北京,乞丐都有固定的组织","在北京城内,丐帮划分了很多小区域,每个区域,都有专门的人负责。不管是谁,不能随意侵犯别人所在的区域"。([美]何天爵:《本色中国人》,冯岩译,南京:译林出版社2016年,第232—233页)

客店、寺庙以及官民人等，"凡有容留居住栖止之人，果知其行踪来历，可以深信，方许容留栖止"；"倘系面生可疑，踪迹莫定，或人虽熟识而生事妄行者，概不许容留居住"。① 此后，为稽查无业人员，步军统领衙门、五城御史和五城司坊官重点稽查的地点就是客店、寺庙、租房、火房以及会馆等处。

清代京城客店主要位于外城，大体类似于后来的旅店，供旅居京师者临时居住。其管理办法是，每月置店簿一本，兵马司署"押讫"，作为凭证，客店逐日登记歇店客商姓名、人数、起程月日，然后各赴所司察照备案。② 内城虽然也有客店，但由于统治者强调"京城为天下人民朝会之区，理宜肃清，而城内尤应严肃"，加之外城民人不得居住内城、城门晨启暮闭等因素的影响，因此内城专门开设的客店并不多，而且大多改头换面，甚至表面借售卖杂货而实际上充当客店，以暗度陈仓。乾隆二十一年（1756）十一月，步军统领曾经查得城内开设猪、酒等项店座72处，其中有44处店座白天售卖杂货，夜间则"容留闲杂人等居住"，又有专门供租人居住店座15处。步军统领衙门认为这些城内开设店座，"宵小匪徒易于藏匿"，于是奏请"除将猪、酒等项店座应准其开设外，其指称卖物、容留人居住店座四十四处、专租人居住店座十五处，均饬令移于城外"，而且规定"嗣后城内地面永不许开设"，自此禁止之后，"如再有开设店座、容人住宿，一经查出，即将开店之人治罪，并将失察之步军校等官从严参办"。③

除了客店，寺庙也是供流动人口居住的一类重要场所④，因此也是步军统领衙门和五城司坊稽查的重点。

历来寺庙分为官管和民间两种，清代京城官管寺庙众多，按照规定禁

---

① （乾隆朝）《钦定大清会典则例》卷150《都察院六·驱逐游惰》，文渊阁《四库全书》影印本第624册，第695页。
② （乾隆朝）《钦定大清会典则例》卷150《都察院六·客店》，文渊阁《四库全书》影印本第624册，第705页。
③ 《金吾事例》"章程"卷3"京城内外禁止开设店座"，"故宫珍本丛刊"第330册，第240页。
④ 清代北京城中，寺庙、会馆与客店都具有为流动人口提供临时住宿的旅店功能，就设施、环境而言，客店往往非常简陋，寺庙与会馆的条件略好，而会馆又主要服务于进京的同乡士子和官员，因此寺庙便成为更多人的选择。对此，乾隆末年随马戛尔尼使团访华的英国人约翰·巴罗就曾经这样说："这个庞大帝国的任何地方都没有旅店。更准确地说，如果指的是旅行者付一笔钱便可以买到一阵甜美的歇息，平息饥饿的呼唤，那么这个国家根本没有这种居住和带家具的所在。""他们所住的旅店不过是陋屋寒舍，由几堵墙拼凑。在那里，人们也许花上一个铜板可以得到一杯茶，过上一夜。""由于庙宇比这个国家能够提供的其他休息场所条件要好，朝廷官员毫不例外地利用庙宇提供的方便。"（[英]约翰·巴罗：《我看乾隆盛世》，李国庆、欧阳少春译，北京：北京图书馆出版社2007年，第307页）

止私自租赁，但事实上并非如此。例如，朝阳门内之三官庙，"其中闲房多有赁给商民居住者"，乾隆三十五年（1770）三月，因三官庙"现已糟旧"，乾隆帝才命交内务府、提督衙门会同礼部查办清理，"其京城内所有官管各庙，如有似此者，著一并查明办理"。① 后来，清政府确定由礼部在每年年终汇报京城官庙自查有无私租情形的报告制度。嘉庆四年（1799）十二月，礼部按照惯例奏称"京城内外官管庙宇并无私行租赁"。嘉庆帝颇不以为然："朕从前在藩邸时，蒙皇考派令祈雨及于各庙拈香，每见有外来官员在庙作寓，可见该部所奏只属具文。"徒具形式的年终汇报，不可能真正起到作用，于是嘉庆帝允许"嗣后京城内外官管庙宇，如外省赴京引见官员及候补候选人员等，原可任其租住，不必官为禁止，俾僧道等亦得香火之资"。至于外来游方僧道及面生可疑、来历不明之人，仍"当实力稽查，断不准容留"。②

尽管有此禁令，但官庙的租赁并没有停止过。嘉庆六年（1801）四月，明安奏称："西四牌楼九天庙内，有居住之山东挑水民人刁珍等十四人，锁门潜逃，后经看街官兵查出殿后有浮土一堆，当即刨出尸身，认系刁珍伙计林聪。"可见，西四九天庙不仅将庙宇闲房赁住刁珍等十四人之众，此外同住庙中的还有张广林二十五人，"似此任意租给多人，安保无盗贼匪徒潜踪其内？"③ 嘉庆十八年（1813），清廷在京城内外大力推行保甲制时，又重点强调了对寺庙的编查。"所有京城内外大小庵观寺院，尤应稽察严密，勿令宵小潜踪。其距京稍远各庙宇，更恐耳目难周，礼部等衙门司员不能常川前往，著交步军统领、顺天府、五城不时派员密防抽查。如有形迹可疑者，随时究办，并将容留匪类之僧道从重惩处。"④

终嘉庆一朝，礼部等衙门年终汇奏稽查官管庙宇，"京城内外官管庙宇，礼部等衙门每届年终，俱以并无容留来历不明之人，并声明殿庑亦无私行租赁等事，汇奏一次，几成具文"。其实，"各庙宇将空闲房屋租与来京官员人等暂住，事所常有"。所应查者，"恐有游方僧道及来历不明之人，溷迹其中"。尽管如此，礼部等衙门的例行稽查，仍旧是"虚应故事，只以一奏塞责"。⑤

在内忧外患的动荡时期，寺庙更是稽查的重点区域。咸丰三年（1853）十二月，御史启文奏称"闻西便门外白云观等处庙宇，颇有外来

---

① 《清高宗实录》卷854，乾隆三十五年三月辛巳。
② 《清仁宗实录》卷56，嘉庆四年十二月丙申。
③ 《清仁宗实录》卷82，嘉庆六年四月丁巳。
④ 《清仁宗实录》卷281，嘉庆十八年十二月壬子。
⑤ 《清仁宗实录》卷342，嘉庆二十三年十二月壬午。

形迹可疑之人潜踪隐匿"。咸丰帝遂命步军统领衙门"按照所奏，密派干员，严查究办。五城地面庵观綦多，难保无奸民藏匿，潜相勾结。并著联顺等督饬所属，不动声色，严密访察"。① 同治初年，陕甘爆发回民起义，同治元年（1862）七月，清政府谕令议政王军机大臣等："现在陕西回民滋事，该教人数众多，处处暗通消息，其散布京师内外城者尤属不少。风闻该教人出有传单，约期议事，恐有外来奸回，意图构衅，宜就稽察门牌之时明查暗访。"遂命步军统领衙门严密稽查寺观、客店、杂院居住者。②

来京人员居住的另一类处所是众多的在京会馆，居住者主要是官员和应试的举子。会馆相对来说管理较为规范，对于临时居住人员皆登记有账簿，而且会馆登记账簿在京城流动人口的管理中确实发挥了作用。例如，乾隆五十五年（1790）九月，有人控告山东滨州人薛对元在当年正月"夺犯殴差"，而薛对元称上年十二月二十七日起身，前往北京参加会试。后经步军统领衙门调查薛对元所住会馆账簿，"月日相符"。并询之籍隶山东京官，"佥称正月二十内曾见过薛对元，实系正月十五到京，证据确凿"。山东滨州距京千有余里，即便驰驿前往，"亦不能于二十日在籍滋事"。③ 薛对元的冤情得雪，在这一过程中，薛对元在京所住的会馆账簿起了非常重要的证据作用。

"火房"（或"伙房"）则往往是下层贫困流动人口的栖身之所。雍正十二年（1734）议准，五城及顺天府转饬各司坊官，大、宛二县，"令各处火房设立循环簿，将逐日投宿之人，详开姓名住址行业，十日一报"。如果发现行止可疑之人，立即呈报所属司坊官，"询知住址，递回原籍安插"。如果不据实呈报，则将开设火房之人"照不应律责处"。乾隆朝以前，凡是京城火房"不许容留刺字之人"，结果导致"此辈无处容身"，乾隆二年（1737）做出调整，"嗣后各处火房许前项孤身无业之人宿歇，仍照例设循环簿稽察"。④ 乾隆七年（1742）四月，顺天府府尹蒋炳奏称："京城失业游民栖宿火房，原有稽察之例，第恐开设觅利之徒，容留匪类，请敕下五城御史及顺天府，转饬大、宛两县，各司坊官遵照雍正十二年、乾隆二年定例实力稽查。"⑤

京城"火房"亦是乞丐流民的容身之处。乾隆三十四年（1769）八月，副指挥宋振德曾饬令书办稽查在火房中住宿的乞丐年貌、籍贯等情形，但办

---

① 《清文宗实录》卷115，咸丰三年十二月乙酉。
② 《清穆宗实录》卷35，同治元年七月己酉。
③ 《清高宗实录》卷1363，乾隆五十五年九月庚子。
④ （乾隆朝）《钦定大清会典则例》卷150《都察院六·火房》，文渊阁《四库全书》影印本第624册，第702—703页。
⑤ 《清高宗实录》卷164，乾隆七年四月戊戌。

理此事的宋振德"一切听之书役,致滋事端",致使"开伙房人等遂将店关闭,不留穷民"。结果无处可去的"众乞丐相聚,至坊署喊禀",甚至闹到了"刑部查审"。乾隆帝谕令:"开伙房人等因坊官查取住宿乞丐年貌,辄将店关闭,激令穷民群聚喊禀,自应审究确情,惩其刁恶。至司坊官稽查匪类,固属分所应为,但办理亦当妥定章程,使店户等易于遵守。乃宋振德一切听之书役,致滋事端,难保无书役等从中需索情弊。"① 京城乞丐固然是影响城市治安的不稳定性因素,但清统治者并没有像对待无业"游惰"者那样将之一概驱逐,而是将其置于"稽查"和"容留"之间。维持"火房"开放从某种意义上说不失为稳定乞丐生活的一种手段。

3. 遣散流动灾民

中国大部分地区属于北半球温带大陆性季风气候,加之内陆纵深的特殊地理位置,以至于降水分布极不均匀,极端性天气颇为常见,旱涝频发。而在中国传统农业社会中,农业收成极易受到旱涝等灾害天气的影响,一旦遭遇自然灾害,灾民常有。对于中国这片广阔的土地而言,各种灾害虽然每年都会发生,但由于疆土的广阔与纵深,旱涝等自然灾害很少同时出现在大江南北,乃至长城内外,虽然总有遭灾的地方,但在清代中国广阔的疆域中,也总有遭灾甚微,甚至风调雨顺、五谷丰登的地域。加之,清代以全国之力维护运营的漕粮转运,以及采买粮食的制度,也总能采取截漕赈灾等措施,救助灾民。这在某种意义上也反映了疆域广阔所带来的物资协调空间和国家治理能力的腾挪空间。对于首善之区的北京而言,因其较为完备的赈灾救济体系,往往成为灾民谋食的目的地。② 这些

---

① 《清高宗实录》卷840,乾隆三十四年八月己未。
② 以嘉庆七年三月十四日,五城饭厂领赈男妇数目籍贯清单为例:中城正厂每日领粥男妇约二千三百余名口,俱系文安、霸州、永清、东安、河间、大兴、宛平等处民人。中城副厂,每日领粥男妇约二千二百余名口,俱系良乡、涿州、保定、文安、霸州、固安、武清、东安、大兴、宛平等处民人。东城正厂每日领粥男妇约一千余名口,俱系顺义、通州、三河、武清、东安、大兴等处民人。东城副厂,每日领粥男妇约二千余名口,俱系通州、文安、三河、大兴等处民人。南城正厂每日领粥男妇约二千三百余名口,俱系蓟州、霸州、新城、蠡县、香河、大兴、宛平等处民人。南城副厂,每日领粥男妇约二千二百余名口,俱系宝坻、东安、安平、武清、文安、新城、永清、霸州、大兴、宛平等处民人。西城正厂每日领粥男妇约二千七百余名口,俱系保定、新城、安肃、高阳、雄县、文安、霸州、固安、昌平、宛平等处民人。西城副厂,每日领粥男妇约一千七百余名口,俱系保定、新城、文安、霸州等处民人。北城正厂,每日领粥男妇约二千二百余名口,俱系昌平、文安、霸州等处民人。北城副厂,每日领粥男妇约二钱四百余名口,俱系河间、固安、涿州、香河、枣强、大兴、宛平等处民人。东坝饭厂,三月初六日领粥男妇七千五百余名口,初七日领粥男妇八千三百余名口,初八日领粥男妇八千二百余名口,初九日领粥男妇八千三百余名口,初十日领粥男妇八千二百余名口,十一日领粥男妇八千五百余名口。大井村饭厂,三月初六日领粥男妇四千余名口,初七日领粥男妇四千七百余名口,初八日领粥男妇五千七百余名口,初九日领粥男妇三千五百余名口,初十日领粥男妇四千一百余名口,十一日领粥男妇三千九百余名口。[《巡视中城兵科给事中景庆等呈五城饭厂领赈男妇数目籍贯清单》(嘉庆七年三月十四日),录副奏折附单:03-1619-014]

灾民，甚至有从湖北远道而来。例如，道光十三年（1833）直隶总督琦善奏称，上年九月十一月间，有湖北沔阳州民求乞到境。① 可以这么说，在清代的大多数时候，鹄面鸠形的灾民前往北京谋食，几乎常年可见，未曾间断过。不论是京畿本地遭遇旱涝等自然灾害，还是邻近省份遭灾，甚或江南各省遭灾，灾民亦源源不断，扶老携幼，奔赴京城。

统治者重视饥民赈济、安置，一方面，是因为"京师重地，如有难民纷至，人心必致惊惶，自应随时安抚，俾不至流离失所，而奸宄亦无从溷迹"②。另一方面，抚恤穷黎，自然也是天子圣德的一项仁政。

自清初以来，清政府应对京城流动灾民的措施是秋冬季节开放粥厂赈济，次年春季遣散回籍，即所谓"留养资送"制度。康熙十八年（1679）七月京畿大地震，造成年底"流民就食京城甚多"③。康熙帝命五城煮粥，赈济流移饥民，并按照惯例时限外，再延长两个月。④ 冬季"留养"京城、春季"资送"回籍，是清代京城处置逃荒流民的主要措施，所区别者，主要是留养的时间长短与资送的具体办法而已。当然，在经费捉襟见肘或者内忧外患加剧的情形下，清政府中止"留养"而径直将流民遣送回籍的情形也并不鲜见。

康熙十九年（1680）三月，巡视中城御史洪之杰疏言："饥民自去冬流集京师，五城赈粥全活，且复屡宽赈限，至三月终停止。"鉴于粥厂赈济"为期已满"，洪之杰建议将五城赈济所剩余的银米，酌量发给流民，然后将其遣回原籍。康熙帝认为"若资遣还乡，仍恐失所"，命在五城关厢外添设赈厂"再行赈粥两月"，等到麦收之时，再"听其各回乡里"。⑤ 康熙三十五年（1696）后，京城冬季粥厂赈济流民的时间逐渐固定，"隆冬煮粥赈贫，定例自十月朔起，至岁终止"⑥。粥厂所需米豆，由官仓调拨，如果流民众多，或增设粥厂，或展延期限。

清代京城"于数十处立粥厂，日煮粥赈济，务使流移之人得所，酌量赈给数月"。不仅如此，"凡粥厂所饲之民，病则医治，殁则棺殓"。京城这种固定且有保障的粥厂赈济制度，吸引了周边大量的流民，"此辈因京城地方大，俱来就食"，尤其山东、直隶等处饥民"流至京城者甚多"，以至于"此等饥民弃其家业，聚集京城，以糊其口，实非长策"。康熙四十

---

① 《清宣宗实录》卷247，道光十三年十二月癸亥。
② 《清文宗实录》卷95，咸丰三年五月戊辰。
③ 《清圣祖实录》卷85，康熙十八年十月辛巳。
④ 《清圣祖实录》卷88，康熙十九年二月乙亥。
⑤ 《清圣祖实录》卷89，康熙十九年三月己未。
⑥ 《清圣祖实录》卷178，康熙三十五年十二月辛丑。

三年（1704），康熙帝就针对这一问题"应作何料理，始复旧籍，得安生计"，命令大学士会同九卿、詹事、科道等商议解决办法。针对当年流动到京城灾民的特点，官员建议：山东饥民在京师者，选各部贤能司官分送回籍；其直隶河间等处饥民，令巡抚李光地设法领回。康熙帝允准。① 为缓解灾民向京城流动的压力，康熙帝将受灾地区康熙四十四年应征地丁银米"通行蠲免"。又派遣官员，在"比年歉收、民生饥馑"的山东各地"截漕平粜，发帑赈施"，以缓解当地灾民外出迁移。对于已经"就食京城者"，除了"复设厂煮赈"之外，命官员"资送回籍，给以籽粒之需，然后民间渐有起色"。②

雍正朝，京师粥厂基本固定在"每年自十月初一日起，至三月二十日止"，五城设立粥厂，由巡视五城御史管理，"煮粥赈饥"，"四方穷民就食来京者颇多"。③ 雍正元年（1723）三月，经查五城有直隶、山东、河南流民共1296名，为"资送回籍，毋致失所"，根据这些流民回籍之远近，"每口每程给银六分，老病者加给三分"，专门派人送回原籍。如果沿途有患病者，令地方官"留养医治"，病愈后"再行转送"。④ 因此，考虑到"逐日散赈，究非长策"的情况，雍正帝也往往在"春气渐暖，正宜播种"之时，劝慰流民"早还故土"。且由官方出资，"设法资送"，或由陆路，或由水路，"俾得各回原籍，复其本业"。⑤ 不仅如此，对于那些无田可耕的流民，雍正帝还要求各地方官晓谕灾民："各处皆有工程，或修堤岸，或开水利，正需人力以修土功。伊等回籍，就近佣工度日，不致离弃乡井、转徙外方，实为谋生善策。"⑥

至乾隆朝初期，面对前赴京城的流动灾民，所采取的措施依然是以劝返"资送"为主。乾隆八年（1743）七月，当年"河间、天津二府得雨少迟，秋成歉薄"，广宁、右安二门"自七月初七以后，每日进城有三四十起约男妇大小二三百人不等，其余各门谅亦如是"⑦。经步军统领衙门、顺天府和五城查办，老病羸弱无依者，"即收普济堂、养济院留养"，年力强壮可力作者则"听自谋生理"。然而，随着天气渐寒，"工作渐少，一至

---

① 《清圣祖实录》卷215，康熙四十三年三月庚戌、辛酉。
② 《清圣祖实录》卷217，康熙四十三年十月甲戌。
③ 《清世宗实录》卷4，雍正元年二月丙寅。
④ 《清世宗实录》卷5，雍正元年三月丁酉。
⑤ 《清世宗实录》卷41，雍正四年二月庚午。
⑥ 《清世宗实录》卷41，雍正四年二月甲戌。
⑦ 《巡视西城云南道监察御史王兴吾奏为京师外省流民不少请旨照例恩恤事》（乾隆八年七月十三日），朱批奏折：04-01-01-0092-011。

八月下旬，即恐冻馁，不可不豫为料理"。鉴此，七月十三日，巡城御史王兴吾奏请朝廷应尽早谋划抚恤外来流民事宜。二十一日，经军机大臣议准，清政府当年提前开设饭厂，还在饭厂附近"搭盖席棚或收拾空闲庙宇，听其栖宿"。同时，将情愿回籍之人资遣回籍。由大兴、宛平两县和五城司坊官将所有流民"询明各籍贯造册，于八月望后起，至九月三十日止，乘天气不甚寒冷之时，差妥役押送"。至于不愿回籍者，"听于五城饭厂存养"，等到来年春天，再设法遣送。① 对于以上措施，乾隆帝颇为满意。

至十一月二十二日，左都御史刘统勋奏请应提早遣送尚在五城饭厂的流民，令五城御史转饬司坊官，劝谕流民，务令人人共知，"与其坐食而废业，不如归里以谋生"。如果有情愿回籍者，"即行资遣回籍，入册给赈，沿途无得留滞"。如果有老幼单弱不能即行回籍者，"仍于各厂收养过冬，以明年二月初一日为始，至二月底止，统于一月内将饭厂流民概行资送，交沿途州县管送回籍，仍交该地方官扶绥，安插无误春耕"。当月二十八日，巡视东城兵科给事中杨二酉又奏请自二月始逐渐将粥厂用米减少，以便劝谕流民尽早归乡。他认为，"流民贪多领一月之饭，或观望未肯径行，转恐咨送，亦无休期。臣拟自二月初一日起，将臣等五城续奏每厂所加米石，先行减去"。而且要将这一政策早日公布，"流民知米数既减，虽在京无可希冀而去者自多，知资送有停，恐逾期致无途费而去者自速"。② 乾隆帝批准了两人的奏请，仍令官员将在京流民"概行资送回籍，交地方官安插，无误春耕，并谕各安室家，勿复外出"。

无奈"贫民接迹而来"的情势，不仅"州县岂能概阻"，乾隆帝自己也感觉颇为矛盾，"不可不于近京州县妥协抚绥"。为避免流民全部集中到京城来，乾隆帝命直隶总督在京东之通州、京西之良乡，"分设饭厂二处，搭盖棚舍，俾续来流民得就食宿"，以缓解流民所带来的压力。直隶总督高斌在遵旨照办时，也非常明确：" 来京就食灾民，已遵旨饬各州县沿途劝阻回籍，领赈安业。远者照例留养，俟明春资送本籍安插，总不得令入京师。"面对前来京城就食的嗷嗷灾民，乾隆帝颇为顾虑，十一月三十日，他在给直隶总督高斌的谕旨中说："有人奏流民多，恐薰蒸成疫，故有此谕。又有人奏今年流民亦只三四千之数，较之雍正二三年数至盈万者，尚为减少，朕反悔前谕之失斟酌矣。夫民不幸而遇灾，幸有京师就食糊口之

---

① 《清高宗实录》卷197，乾隆八年七月辛丑。
② 《巡视东城兵科给事中杨二酉奏请酌减饭厂米石等事》（乾隆八年十一月二十八日），录副奏折：03-0311-039。

一路，又复邀之途而使空返焉，赤子其可以堪，卿其体贴前后所降谕旨，酌中行之。"① 乾隆帝向不折不扣执行阻止流民进入京城命令的直隶总督高斌解释了自己的顾虑，一方面担心流民大量入城，可能会形成瘟疫传染，另一方面他也清楚，京城饭厂是很多流民活下来的唯一指望，如果一味拦阻，有损"圣德"。尽管如此，乾隆帝并没有谕令高斌应该怎么办，只是希望他"酌中行之"，自己掌握分寸。

毫无疑问，对于灾民而言，如果被径直遣送回籍，一样是走投无路，甚至有些灾民被遣送回籍后又再次返回。对此，常年经办粥厂的五城御史知之甚悉。巡视北城御史、工科给事中吴炜就不赞成刘统勋、杨二酉等人的主张，于是在乾隆九年二月初五日上折奏请京师五城资送流民不便勒逼归籍。因为愿归者尚属寥寥。其故有二："五城流民多系河间、天津两府，而两府中惟河间府属之河间县、献县又居其大半，理应将此两县流民照原议送良乡饭厂收养。乃良乡则自五城送者随到即多递回原籍，而此收养者仅老弱残疾二三百人，以致两县流民风闻阻气，不愿前往，甚有已送而仍逃回京师者。此则地方官不照原奏办理，以致流民不愿归也。又因冬春以来雨雪稀少，民归无麦苗可望，延留京师，少缓须臾，待恩幸泽，此又天时之不即降雨泽，以致流民不愿归也。"② 鉴于吴炜所奏，乾隆帝命原议之大臣就流民处置办法"再议具奏"。

在此过程中，二月十二日，御史钱度建议朝廷强化地方官安置流民的职责要求，请求敕下各直省督抚严谕所隶州县，一有偏灾，"如办理稍迟，致民人四散者，立即纠参"。乾隆帝批评钱度所言"似是而实非"。他认为，如果地方遭遇水旱之灾，"使有司一面具报，一面办理，务使得所，不致流离"，这一要求是"久定之功令，朕亦不啻三令而五申矣"。但实际上行不通，以乾隆八年（1743）为例，"去岁天津、河间之灾民来京者诚多，亦以离京路近而京师赈恤厚也"，但地方州县"安能如京师五城御史之多，办理就近而得宜乎？"如果出现民人四散，就对地方官"立即纠参"，实际上是"使穷黎饿死沟壑而阻其谋生之路矣"。乾隆帝头脑还是清醒的，地方官如果没有拦住本地灾民前往京城，便加以惩治，这种简单粗暴的拦阻手段，固然可以在一定程度上减少前往京城粥厂觅食的饥民数量，但问题是，各地方的赈济力量都没有京城那样强，结果必然导致灾民走投无路，流离转徙，葬身沟壑。更重要的是，这有损于皇帝的圣德和仁

---

① 《清高宗实录》卷205，乾隆八年十一月己酉。
② 《工科给事中巡视北城吴炜奏为京师五城资送流民不便勒逼归籍令杂入贫民一体散赈及请照前数散赈等事》（乾隆九年二月初五日），朱批奏折：04-01-02-0039-002。

政。这一点,乾隆帝只是未能明言而已。乾隆帝批示:"钱度所奏不准行,该部知道。"但同时也提醒:"然督抚办理,又不可泥于遵朕此旨,以为卸责,而使民轻去其乡也。"① 不能因为朝廷拒绝这种惩治地方官的做法,而导致地方官不作为,也不得任凭流民涌入京城。

五月二十八日,大学士议覆左副都御史励宗万条奏意见。与前任左副都御史刘统勋的主张不同,励宗万倾向于采取以工代赈的积极应对策略,"直省灾民到境,或栖寺庙,或设席棚,或劝谕殷实之家随力周给,或该地方有旷土可耕、工程可作,随宜处置,务遂其生"。大学士等议奏,认为励宗万所奏"悉属安顿良法",并建议各地督抚"遵照办理"。大学士鄂尔泰认为:"近来资送流民之例,原以保聚流离,但果有业可归,自能回籍。若无可归,姑就资送,是途中暂有糊口之资,而归后转无可生之路。倘故土丰登,情愿复业,官与路引,听其自归,毋庸差役押送。"鄂尔泰建议应遵照旧例,如果流民入境,即加意赈抚,等到春季,有愿意回籍者,"始行给资护送",而不能"灾黎甫集,即行押回,不容逗遛"。② 对于励宗万、鄂尔泰等人以工代赈而非简单遣送流民的做法,乾隆帝准其所请。

乾隆中期以后,人口激增,无地无产的赤贫流民大量增加,乾隆帝认识到"遣送回籍",冀望流民归其故土、复其故业的做法已经于事无补。乾隆二十八年(1763)二月,御史顾光旭再次就资送贫民回籍一事条奏,认为如果一味加大赈济而不予以遣送,则"此例一开,恐致无业之徒,混冒虚糜,于灾黎无益"。也就是说,"留养"的成本越来越大,而且助长了无业流民涌入京城的趋势。乾隆帝认为这种顾虑"是仅推其流弊,而未深究夫有名无实之本源",从而造成"无识者将未免仍疑为节省帑项起见",有损皇帝之圣德。再者,救荒的最终目的是体恤民隐为要,"即费正供钜万,无所靳固,又何有于区区资送之一节?"至于从前朝臣奏请咨送回籍时,曾经降旨允行的原因是,"此等灾民如果本籍自有田庐,固不当听其播迁失业"。但是,"今经日久,体验流民中远出谋生者,悉系故土并无田庐依倚之人,而必抑令复还,即还其故乡,仍一无业之人耳"。即便这些流民领取了遣散费用,也是"潜移别处,去而复来,有何查验?"而地方官"实力奉行"的结果"则必押解,滥及无辜,亦非政体"。因此,乾隆帝认为"与其资送无实际,不如加赈济之期,俾民获实惠之为愈"。而且,乾

---

① 《清高宗实录》卷210,乾隆九年二月庚申。
② 《清高宗实录》卷217,乾隆九年五月乙巳。

隆帝特意声明政府为赈济灾民并不怕花钱，"设令被灾至重，甚至有田之户亦概远徙，则所以筹抚绥，必更有大设施者，又岂特此资送虚文，所能济其万一哉？"① 为了让各级官员了解这一想法，乾隆帝命"将此通谕中外，使明知朕意"。显然，乾隆帝并不想因压缩或者取消"留养"而有损天子之仁政的名声。

尽管如此，终乾隆一朝，乾隆帝虽然重视在京城赈济，但始终没有放弃将流民向周边疏解的努力。乾隆五十七年（1792），"于五城例设各厂外，在离城三四十里镇集处所添设五厂，照旧定章程，一体妥办"②。与此同时，乾隆帝强调以工代赈，通过解决流民的生计困难，以缓解京城流民的压力。"此等领赈贫民，并非俱藉粥赈度活，其稍有力者即分赴他处手艺佣工，各自谋生。"③

嘉庆帝一味守成，然其思虑却难比其父。当有御史提出收养灾民的建议时，其直接的反应是断然拒绝。嘉庆六年（1801）六月，京城遭遇百年难遇的大水灾，清政府除了蠲免钱粮、截漕赈济之外，"于京城附近地方拨发银钱米石，设厂分给，又令兴工代赈，以期安抚穷黎"。七月，御史胡钧璜、和静分别条奏救济灾民事宜。胡钧璜"请令在京王大臣官员及各庙宇铺户等分养灾民"，和静则"奏请京师限定赈期，晓谕灾民早回乡里"。二人"虽主见不同，均以各州县灾黎来京就食者多，鳃鳃过虑"。嘉庆帝认为二人所奏均不可行，"各州县被灾百姓如果纷纷赴京就赈，必因州县散赈，或侵肥入己，或假手吏胥，从中冒滥，有名无实，致百姓不能存活，弃家觅食。否则，人情莫不系恋乡土，孰肯舍近图远？"嘉庆帝尤其批评胡钧璜请求动员京城内外庙宇、王公大臣官员、殷实有力铺户通过雇工之例，收养灾民、各处分养的建议是"荒唐已甚"。如果这些被灾男妇"令其入庙居住，必至男女混淆；若责令王公大臣官员等分拨豢养，视如雇工，灾民必不乐从，难保无别滋事端"。况且"以待赈之民，下侪厮仆，与犯属发给大臣之家为奴何异？试问前代救荒之策有如此办理者乎？"结果，胡钧璜被斥退御史之任。④ 应该说，清政府在应对嘉庆六年京畿水灾时采取了诸多有效的应对措施，尤其是以工代赈的方式，较好地统筹了赈济灾民与灾后重建劳动力需求的问题，但对于胡钧璜请求动员社会力量参与救助灾民的方式却未能予以采纳。

---

① 《清高宗实录》卷680，乾隆二十八年二月己亥。
② 《清高宗实录》卷1407，乾隆五十七年六月丙申。
③ 《清高宗实录》卷1408，乾隆五十七年七月辛丑。
④ 《清仁宗实录》卷85，嘉庆六年七月癸巳。

为了尽可能地减少饥民向京城聚集，嘉庆二十二年（1817）七月，经直隶总督刘镮之奏准，加大了直隶所属州县处置饥民的力度，"即分饬四路厅员，或设局留养，或资送回籍"。尤其对于直隶被旱较重州县，"先行分设粥厂，善为抚恤，并先期出示晓谕，俾贫民等安心待赈"，如此"自不致远涉北来也"。①

由于清政府出资遣送灾民的惯例已经为人所周知，以致出现了大量外来流民主动索要遣散盘费的情形。道光三年（1823）十月，据顺天府参奏怀柔县知县李廷禨称，该县有外来流民"求给盘费，纷纷喧聚县署"。道光帝谕令直隶总督蒋攸铦"迅速派委妥员，分投有赈各处，严密稽查。如有流民聚集，即饬该地方官妥为安置核办。此等流民，去住靡定，必须查明确数，计口授食，俾奸胥猾吏，无从虚冒，乃为办理得宜"。②道光十三年（1833）十二月，据御史朱逵吉奏，附近京城之采育村及河西务、武清、东安、宝坻等县城市村庄，"有外省游民，什百为群，往来络绎，聚散不常，率有数百人之多，沿途沍乞，口称欲往口外及京城内觅食。内有携带家属者，亦有空身游手，并无锅具者。其中良莠不齐，屡有攘夺偷窃之事。地方正印及巡检等官弹压不止，劝令各铺户敛钱，助给盘费，送出本境，又往他处索扰"。清政府由于担心这些游民未必"实系外省猝被灾歉之食贫民"，其中"抑或有土棍匪徒夹杂其内"，因此一方面严查，另一方面予以遣散。③

晚清，随着内忧外患的日益加剧，尤其是在两次鸦片战争、太平天国起义、捻军起义、义和团等事件期间，清统治者将防范流民等同于防范"贼匪"，视为维护京师稳定、皇权安危的重要内容。因此，此时对京城流民、灾民的防范更加严格，或加紧盘查，或遣送驱逐。甚至，风声鹤唳，动辄将京城流民视为奸匪。咸丰三年（1853）正月，有人奏："风闻年内地安门外有异服者六七人，沿街唱曲讨钱，经该地方盘诘，斥为汉奸。"又，西直门内北城根庙内，"流寓十余人，以卖粗点心为名，举动颇觉可疑，并时有飞马之人，至庙内共语，行踪诡秘"。又闻东安门外，"有卖鱼者，其鱼腹内藏有利刃，经官兵看破，未知曾否拿获"。咸丰帝甚至谕令步军统领等衙门，"傥有似此行踪诡秘之人，即行密拿惩办"。④咸丰四年（1854）三月，御史载馨奏称，"近见街市往来，多有长发及寸之人，衣服

---

① 《清仁宗实录》卷332，嘉庆二十二年七月辛未。
② 《清宣宗实录》卷60，道光三年十月甲子。
③ 《清宣宗实录》卷247，道光十三年十二月癸亥。
④ 《清文宗实录》卷81，咸丰三年正月乙卯。

长短不一，口音又非本地，难保非奸细溷迹，意图窥伺"。咸丰帝命步军统领衙门、顺天府、五城严查改装易服、行踪诡秘者。① 通过以上诸多事例可见，清政府在京城防范流民，已经到了风声鹤唳的地步。在清晚期，固然不能一概否认进入京城的流民中没有类似参与捻军等抗清起义的成员，但总体而言，此时的流民与清中期的京城流民在本质上并无区别，问题在于，清统治者对于这一群体的判断发生了变化，大有以"奸民"取代"流民"称谓的趋势，在这种情形下，清政府自然难以在京城采取更多的保障措施以"留养"流民。

为防范流民进入京城，清廷甚至谕令直隶总督，"应设法抚绥，早为资遣，若任其转徙无归，人数众多，即恐有奸徒溷迹其中，别生事端。畿辅重地，尤宜整肃，不可不严加查察，以诘奸慝而恤穷黎。嗣后外省流民一入直隶省交界，即著该督饬令地方官，随时资遣，令回本籍"②。

到了光绪年间，涌向京城的外来饥民如同潮水，出现直隶、山东流民"纷至京都，或数百人或数十人，齐至官宅乞食"③ 的现象。"各路饥民来京就食人数既众"，还经常引起"市价日增，加以市井挑钱诸多窒碍，贫民重困，得食维艰"。④ "饥民来京就食，良莠不齐，兼之匪徒引诱为非，以致京城内外叠有抢劫之案"⑤，甚至有游民铤而走险，"攫取食物"⑥。

此时清廷的策略更倾向于直接遣散回籍。光绪四年（1878）四月，"京师外来饥民甚多，糊口维艰，未能及时归耕"。朝廷遂令步军统领衙门、顺天府、五城御史"会同确查各省来京灾民，分别给资，均即遣令回籍，毋任流离失所"。⑦ 五月初十日，荣禄等奏呈《资遣外来饥民章程》，将来自顺天、直隶、山东、陕西等省的在京灾民，"查明愿回籍者，一并资遣，给予路费等项钱文，并分别加给银两，以为回里资本"。与此同时，又经彭祖贤奏准，为让在外流民资遣回籍后，能够"及时耕作"，由官办银两出资筹备籽种，让灾民及时恢复耕作。⑧ 不过，后来在遣散灾民时，也进行了区分，即有田耕种者，资助口粮，遣散回籍；无田耕种者，则仍

---

① 《清文宗实录》卷125，咸丰四年三月丁卯。
② 《清文宗实录》卷87，咸丰三年三月甲子。
③ 《清德宗实录》卷159，光绪九年二月甲寅。
④ 《都察院左都御史奎润等奏为各路饥民进京众多恳请饬部酌拨米石发给五城分设各局平粜事》（光绪十三年正月二十七日），录副奏折：03-5594-075。
⑤ 《清德宗实录》卷335，光绪二十年二月甲子。
⑥ 《清德宗实录》卷275，光绪十七年三月丁卯。
⑦ 《清德宗实录》卷72，光绪四年四月丙午。
⑧ 《清德宗实录》卷73，光绪四年五月己未、庚申。

允许其在京粥厂觅食。光绪二十一年（1895）四月，清政府饬令京城粥厂官绅"详询灾民，如有情愿回籍者，发给票据，限次日在距京数十里之集镇换给米谷面饼钱文"；不愿遣归者，"仍由各粥厂照数开放"。①

由于饥民大量入京，远远超出了京城粥厂、暖厂、栖留所乃至各善堂所能提供的救助能力，大量饥民无处落脚，只得流散京城街头，加之瘟疫流行，不少人陈尸沟壑。光绪二十一年七月，陕西道监察御史熙麟就描述了这一情景："本年疫疠流行以来，五城月报路毙已三千余人，其内城归步军衙门、顺天府经理者，尚不在此数。询其来历，多顺、直频年流徙之民。闻京师放赈，又闻富家大室优施钱米，愚贱无知，既迫于无可如何，又妄冀可安坐得食，而不肖州县又复而迫之，以为饥民就赈四出，可以卸责避嚣，于是民无老稚，背负提携，离乡弃业，相率而来。既至，则所领之粥不足供一饱，优施之钱米亦非羸病饥民，而少知羞耻者所能争先倖获，不得已，馁卧路隅，待死沟壑者有之，沿门行乞、随车拜跪者有之，其拜跪行乞，或疑非真饥民，其待死馁卧亦丐之黠者所能伪，因而真伪混淆，当事者疲于辨认。而粥厂所赈，暖厂、栖流、育婴所收，真者不过十之三四，以致城垣之下、衢路之旁，男女老稚，枕藉露处，所在皆有，饥不得食，惫不得眠，风日昼烁，雾露夜犯，道殣相望，疫气流传，有自来矣。"② 清末大量饥民的出现及其遭遇，除了社会动荡、自然灾害的影响之外，还有两个因素不可忽视，一方面是地方州县听任流民四出，推卸责任，正如御史熙麟所言："夫父母之于子，不为谋生理，摽之门外，而听其自灭。此州县之不肖，亦课吏者之忽视民瘼也。"另一方面是清政府"一律妥为资遣"的政策，虽然看似合理，但无形中也让不少无依无靠又无土地、产业的流民置身于走投无路的境地之中。

直到清末，官方对待流民的态度才略有转变，即不再单纯地将流民视为京城治安需要防范的"奸匪"来源，而是作为一种劳动力资源。光绪二十七年（1901）十月，由直隶布政使周馥代奏、已革翰林院侍读学士黄思永奏请在京师琉璃厂废窑设立工艺厂③，"收养游民，创立工艺局，招股试办"。经顺天府府尹陈璧等查看，"京师游民甚繁，以教工为收养，实于生计有益"。于是，准其所请，在京师内城外城各设工艺局一所，"招集公正绅士妥筹创办，由顺天府府尹督率鼓励，切实举行"。而且强调朝廷准

---

① 《清德宗实录》卷365，光绪二十一年四月己酉。
② 《陕西道监察御史熙麟奏为轸恤京城内外流民请饬顺天府五城御史及时资遣安置事》（光绪二十一年七月二十九日），录副奏折：03-5601-077。
③ 《清德宗实录》卷488，光绪二十七年十月丙午。

立工艺局,"意在养民,不同谋利","使工有所劝,民有所归"。① 光绪二十九年(1903),清政府设立商部后,工艺局归入商部办理。光绪三十年(1904)四月,御史夏敦复"以京师游民太多,请推广工艺局厂"。经商部议准,"查公家帑项支绌,只可就目前原有之款,竭力整顿,俟经费充裕,即当添设局厂"。不久,商部又奏请"筹办实业学堂,选派监督教务长"。② 与此同时,粥厂也大多改为教养局,收留轻罪人犯和青壮流民学习技艺。以上这些"工艺局厂""实业学堂",基本上都招募游民,既解决了流民生计,稳定了社会秩序,又扩大了社会生产,从而积极、有效地利用了剩余劳动力。

需要说明的是,尽管清政府对于京城流民实行严格的遣送制度,加之东北三省、口外等地实行封禁措施,但我们不能以此就认为清政府自始至终限制人口的自然流动。乾隆帝就曾经对人口的合理流动给予过认可。乾隆二十五年(1760)正月,周人骥奏请严禁湖广、江西等省人口入川。乾隆帝批评周人骥所奏"知其一,不知其二"。在乾隆帝看来,"国家承平日久,生齿繁庶,小民自量本籍生计难以自资",加之"今日户口日增,而各省田土不过如此,不能增益,正宜思所以流通,以养无藉贫民"。在这种情势下,各省贫民"不得不就他处营生糊口",而这种人口流动"乃情理之常,岂有自舍其乡里田庐而乐为远徙者?"因此,乾隆帝要求地方官"无庸强为限制"。至于"其中遇有生事为匪之人",则"随时严行查禁"即可,"不得以一二败类潜踪,遂尔因噎废食"。乾隆帝不仅对于湖广填四川的人口流动做如此观察,对内地民人向古北口外流动、向新疆地区迁移,乾隆帝同样如此看待。"即如现在古北口外,内地民人前往耕种者不下数十万户,此孰非去其故土者?然口外种地者衣食渐多饶裕。""西陲平定,疆宇式廓,辟展、乌噜木齐等处在在屯田,而客民之力作贸易于彼者,日渐加增。将来地利愈开,各省之人将不招自集,其于惠养生民,甚为有益。"③ 因此,乾隆帝这种"顺民情所便安"的观念,在客观上有利于正确转化清代中期的人口红利。

4. 严禁拐卖人口

人口贩卖从未在封建时代绝迹过,进入清代,加之旗下家奴、圈地投充、旗民不平等诸多因素的影响,京城人口贩卖和诱拐等现象呈现出新的特征。

---

① 《清德宗实录》卷490,光绪二十七年十一月庚辰。
② 《清德宗实录》卷529,光绪三十年四月庚申。
③ 《清高宗实录》卷604,乾隆二十五年正月庚申。

首先是旗下家奴的人口买卖。清军入关后，上至满洲宗室王公贵族，下至普通旗兵，都拥有数量不等的旗下家奴，而且是合法的。乾隆朝《钦定大清会典则例》卷32《户部·户口上》有"旗人买卖奴仆"专条，对奴仆买卖进行规定。这些旗下家奴或来自入关前后的投充，或是被圈地民户，或是战争中的掳掠，或是购买的奴仆。直到清末光绪三十二年（1906），经两江总督周馥奏准，才"永禁买卖人口，所有律例内关涉奴婢诸条，悉予删除"①。这一合法化的奴仆买卖，在相当程度上对清代的人口贩卖起到了推波助澜的作用。

关于旗人买卖奴仆，清入关之初即规定，"旗下买卖人口，赴各该旗市交易"，不得"越至他旗市"。顺治五年（1648）覆准，投充人即系奴仆，愿卖者听。十年（1653）题准，八旗买卖人口，"均令该领催注册备考，民人令亲邻中证立契，赴本管衙门挂号钤印，均免输税。如不注册、无印契者，即治以私买私卖之罪"。十八年（1661）覆准，"旗下赴市买卖人注册时，该翼核明给印照"。康熙二年（1663）题准，"八旗买卖人口，两家赴市纳税注册，令领催保结列名，若系汉人，令五城司坊官验有该管官印票，准买"。八年（1669）题准，"旗人买民为仆，令本管官用印，若隔属官用印，照拿解良民例议处，所买之人释放为民，买者卖者各责惩有差"。②

为限制旗人买卖人口，康熙年间清政府加大了对京城八旗贩卖人口的惩治力度。以往，如果发现旗人私自买卖人口，只是处分所在旗管官，至于佐领、骁骑校、小拨什库、犯人家主作何处分，并没有规定。康熙二十二年（1683）三月，经山西道御史蒋鸣龙奏准，清政府规定以后城内旗人私自买卖人口，如果所属佐领、骁骑校"知而不首"，则予以革职；如果"失于觉察"，则予以罚俸。对于小拨什库也规定了相应的处罚措施。③ 清政府如此限制，并非取消合法买卖奴仆，至于"旗下官兵须用奴仆"，依旧允许，按照规定"仍可照旧买人"。④

其次是外出征战的八旗军队回京时，官兵也往往携带幼儿，名为收养，实则充当家奴。"军营凯撤官兵，沿途携带良民子女，本有治罪专条。"⑤ 康熙八年（1669）谕，"差遣官员并督抚提镇大小各官，不许买良民为奴，

---

① 《清德宗实录》卷557，光绪三十二年三月戊辰。
② （乾隆朝）《钦定大清会典则例》卷32《户部·户口上·旗人买卖奴仆》，文渊阁《四库全书》影印本第621册，第13页。
③ 《清圣祖实录》卷108，康熙二十二年三月丙辰。
④ 《清圣祖实录》卷113，康熙二十二年十一月庚辰。
⑤ 《清文宗实录》卷163，咸丰五年三月癸未。

及转相馈送，永行禁饬。违者，照略卖良民例治罪"①。但这一禁令往往沦为虚文。以嘉庆十八年（1813）镇压天理教起义为例。各处官兵撤回时，都有携带幼孩的情形，其中，京师火器营、健锐营官兵携带俘获的幼孩回京，经军机大臣查办，火器、健锐二营所带子女中籍隶滑、浚二县者18名，其余103名则多系顺德、广平、彰德等府所属，"讯系该官兵等于凯彻时沿途携带"。② 这些孩童，"有掳掠强行携回者，亦有贫困情愿相随者，今事后多以收养无依为辞"③。嘉庆十九年（1814）三月，嘉庆帝谕："至克捷蒇功之日，逆匪家属例应查明缘坐，其被难民人无依子女亦当由地方官抚恤收养。若征兵凯彻之时，任其纷纷携带，在贼匪遗孽既因此漏网，而良民子女竟至远离乡土，沦于婢仆，此与俘获何异？"④ 显然，官兵借口收养所带回的幼孩，本质上就是掳掠，甚至都谈不上是人口贩卖。

咸丰朝清军镇压太平天国起义期间，"军营撤回官兵"时，依然有不少官兵"携带幼孩"，"随从来京"。"惟此项幼孩，或故乡被扰，或亲属无存，若概行递回原籍，恐其中无家可归者，转致流离失所。"不得已，清政府只得命令在京各旗营衙门逐个查明，除主动交出的三名外，"凡有携回幼孩，均饬该官兵等按名呈出"，如果有亲属可以投靠或者力能自还本籍者，便"准其回籍"，实在不愿回籍者，则"准其在京自谋生理"。⑤

再次是迷拐幼童。除了旗人买卖奴仆之外，京城旗民幼童也往往成为人口贩卖的受害者，经常出现幼童被迷诱拐卖的现象。早在康熙六年（1667）就规定，由五城御史严行查拿抢夺妇女、拐骗幼子的奸恶之徒，从重治罪。至乾隆朝，京城旗人幼童被迷拐的案件仍屡有发生，而且绝大多数案件未能破获。对此，乾隆二十五年（1760）十月，巡视西城掌陕西道监察御史陈大化奏称：

> 臣于本年三月奉命巡城数月之中，计内城旗人报明迷失幼童、通行饬拿者五案。再检查四五年以来，内城旗人报明迷失幼童通行饬拿者不下二十余案，其年远案繁，不在此数。试思人自十岁以后、十五六以前偶出户庭，不过探望姻亲，购买什物，远不出数里，近不越比邻，即倏尔迷途，而父母姓氏住居里名素所熟记，何难跟寻？而况京

---

① （乾隆朝）《钦定大清会典则例》卷32《户部·户口上·出差官驻防官兵买仆》，文渊阁《四库全书》影印本第621册，第14-15页。
② 《清仁宗实录》卷287，嘉庆十九年三月辛丑。
③ 《清仁宗实录》卷293，嘉庆十九年七月己亥。
④ 《清仁宗实录》卷287，嘉庆十九年三月辛丑。
⑤ 《清文宗实录》卷163，咸丰五年三月癸未。

师城垣周匝堆汛森严，果有迷路之幼童，亦必指引归家，岂容有本地匪人引诱勾留，待至经年累月之久，毫无发觉者？此必有一种异端邪术潜处肘腋之地，窥伺出入，计诱药迷。且承访查未及之时，即先携走出城，闭藏异地，大则戕其性命，小亦断其形骸，残忍痛心，莫此为甚。不然迷失之后，总不出内外城耳，昭著之间，非比深林旷野渺茫难寻，生固有人，死亦有尸，何至消灭于无何有之乡也？即如昔年江浙迷拐之案，奏请严查，其风始息。又如乾隆二十四年主事张孝泉之子年十五岁，为道人招手迷惑，行至西直门醒觉声喊，道人逸去，其子为兵役送回，奉饬拿其名验也。惟是此等迷失案件，计本人呈报该管官，再行知内外各衙门通饬查拿，文移辗转，约在十余日之后，奸人乘间远飏，已不知遁归何所，是以积案相仍，从无一获。

迷拐案件层出不穷，且鲜有破获，其根本原因在于：一旦出现相关案情，负责缉拿的有关衙门则往往精疲力竭于文移辗转而错失时机。为了打击迷拐幼童的现象，陈大化建议："嗣后如有迷失之案，在内城者即日报知步军统领及顺天府衙门，外城则报明五城。该各衙门于报到之日，一面径行知内外看守城门官兵，于面生可疑之人层层盘诘，不令漏网，即一面飞饬所属该管员弁选差踩缉，并通饬内外城附近地方官弁一体稽查，严立限期，务在必获。"① 如果逾期不获，则严加惩处。御史陈大化所奏，得到清政俯批准。乾隆帝谕令："应如所奏。"②

儿童往往是人口贩卖的受害者。乾隆四十一年（1776）三月，东城盘获王刘氏拐卖幼童一案，经审讯，住前门外长巷头条胡同、三十八岁的大兴县妇女王刘氏，自乾隆四十年（1775）九月起，用药先后迷拐十六名旗民幼女。第一次是在乾隆四十年九月间，王刘氏从西直门走过时，诱拐一名叫二格的九岁旗装小女孩，在所认识的季媒婆牵线下，卖给了通政司告病知事黄绍家，得银十七两。第二日，人贩子陈连联系王刘氏，给了她几个去皮栗子、几个枣儿，"说诓小孩时与他吃，你不可吃，那枣儿、栗子上像有些黄颜色的面子药"。王刘氏又到西直门内拐骗一名七八岁、叫长得儿的小女孩，通过季媒婆卖与布巷胡运逢带往了山西，得钱十六吊。第三次是在顺城门外歪脖子树拐的一名叫凤儿的七岁女孩，又经季媒婆卖与何上达，得钱十三吊。第四次是十月份在西便门内旧营房地方拐的六岁幼

---

① 《巡视西城掌陕西道监察御史陈大化奏为请严缉迷拐幼童之例律事》（乾隆二十五年十月初九日）,朱批奏折：04-01-01-0238-015。

② 《清高宗实录》卷625，乾隆二十五年十一月己未。

女名妞儿,卖给沈老婆子家,得钱十三吊。第五次是闰十月里,在渣子桥拐的七岁女名妞儿,"因这孩子说出拐来的话",季媒婆随后送还本家张李氏。第六次是十一月里在西河沿拐的女名伶儿,年十岁,交给刘姓媒婆转卖,刘媒婆因伶儿"告知本家住处,遂将伶儿送交伊父赵大"。第七次是十一月里在都城隍庙地方拐的女名掌儿,年七岁,后卖给一位韩姓人,得钱十七吊五百。第八次是十二月里在内城双塔寺拐的女名妞儿,年六岁,卖与何上达,得钱十四吊。第九次是在安定门内拐的女名四妞儿,年十岁。第十次是在西直门内大土坡地方拐的女名妞儿,年九岁。第十一次是在安定门内拐的女名桂姐,年十一岁。以上三名都是乾隆四十一年(1776)正月里拐的,王刘氏先后卖给黄绍,带往江西,共得了二十二两银子。第十二次是正月里在报恩寺地方拐的女名二妞,年九岁,王刘氏自己将这名女孩留在家中做女儿,未卖。第十三次是二月里在西城段家炕拐的女名二妞,年十岁,王刘氏将其卖与陈四,"不想这女孩说出被拐的话,陈四将这女孩送还本家刘长庚"。第十四次是二月里在左安门内三义庙地方拐的女名好姐,年九岁,经王二引卖与一位宋姓人,得钱十五吊五百。第十五次是在安定门外桥头拐卖一名叫麻妞儿的女孩,年十二岁,交与季媒婆后跑出不见。最后一次是三月初五日,在广渠门内板厂地方拐的女名招弟儿,年九岁,经王二引卖与一位傅姓人,未卖出便被抓获。①

由上可见,这位王刘氏拐卖的全是十二岁以下的旗民幼女,其中卖出十名,两名未卖,三名因说出自己被拐而送还,一名自己逃跑。每次贩卖都有人贩子如"季媒""刘媒""陈连""王二引"之类,与其合作。买主既有京城本地人,也有远在山西、江西者。不足半年时间,王刘氏共诱拐了十六名,可见当时京城贩卖幼女现象之猖獗。

清中期后,京城拐卖幼女案层出不穷。例如,嘉庆六年(1801)二月,西城拿获诱拐幼童的徐韩氏及主使谭德一案。谭德系直隶枣强县人,长期在京说媒度日,嘉庆五年(1800)认识徐韩氏,遂同院居住。六年正月初八日,谭德主使徐韩氏赴各处诱拐幼孩,卖钱分用,还教徐韩氏如何使用迷拐之药。徐韩氏听从,即于正月十一日一同出街寻拐。十三日至琉璃厂地方,谭德拐得六岁幼女薛龄儿,后托孟姓媒婆说合,卖给郭姓家为婢,得钱十六千。二月初八日,谭德在所住之盆儿胡同房后,迷拐九岁幼

---

① 《巡视东城给事中阿那布、巡视东城给事中王猷奏报拿获拐卖幼女贩事》(乾隆四十一年三月二十日),录副奏折:03-1420-045。

女孙瑞儿，正通过孟媒婆找主卖钱时，被坊役盘获。① 又如，道光元年（1821）八月，步军统领衙门拿获贩卖人口匪犯三名。② 道光四年（1824）五月，东城兵马司吏目施立人又拿获拐卖幼女刘妞儿的案犯宋幅。③ 道光二十年（1840）六月，御史万超奏请申禁贩卖幼童。据万超奏称，戏班寓所藏奸纳污，旗民子弟宴饮赌博，吸食鸦片，都在不同程度上助长了幼童的拐卖，并称"正阳门外五道庙、名贵堂、保贵堂客寓为贩卖幼童住歇之所"，尤其是戏班寓所经常发生"幼童身死"案。④ 可见，当时被贩卖的幼童，有相当一部分被卖进了戏班中。

还有一些被拐卖的幼童，则成为娼妓，甚至卖到了外地。道光二十三年（1843）十二月，东城查获贩卖人口的安徽人吴棚子。据东城吏目陶桂森禀称，安徽怀宁县人吴棚子从前来京在各处佣工，与中城猪毛胡同以窝娼为生的余春晓、余程氏认识。道光二十年（1840），余春晓托吴棚子到南方买个女孩，添做买卖。吴棚子回到原籍，买得十四岁方姓幼女，即张黑毛儿，又买得亲戚江姓男孩江长久。道光二十一年（1841）二月间同吴二将带两幼孩进京，将黑毛儿卖与余程氏家，又托唱戏为生的陈春喜将江长久卖给贾姓人，带往山西。⑤ 道光二十六年（1846）六月，东城正指挥张鸿在东便门外盘查，发现胡和升等携带男女幼孩五人，神情慌张，语言支吾。经审讯，直隶遵化州人胡和升为贩卖幼孩获利，年初托媒人王升从口外买得男孩一名、女孩八名，均不知姓名住址，六月间携带来京，至朝阳门外先将幼孩等安置客店进城，随后准备雇车将幼孩拉至东便门外时，被差役盘获。⑥

至清末，京城贩卖幼孩更加猖獗。同治三年（1864）五月，"京师地方竟有施用邪术，迷拐幼小子女，展转售卖，为害闾阎"⑦。七月，步军统领衙门拿获诱拐子女人犯张任氏、夏段氏、夏常亮、夏承瑞、德富氏、田杨氏、焦富氏、路高氏、富得顺、窦关氏、连常奎、瑞段氏等多人，

---

① 《巡视西城给事中文通、巡视西城御史游光绎奏为拿获徐韩氏等人诱拐幼童事》（嘉庆六年二月二十七日），录副奏折：03-2431-007。
② 《清宣宗实录》卷22，道光元年八月癸未。
③ 《巡视东城兵科给事中托明、巡视东城掌福建道监察御史赵柄奏为拿获略拐幼女束鹿县民宋幅请交刑部事》（道光四年五月十五日），录副奏折：03-3722-010。
④ 《清宣宗实录》卷335，道光二十年六月壬戌。
⑤ 《巡视东城兵科掌印给事中双寿、巡视东城掌广西道监察御史徐嘉瑞奏为访获安徽民人吴棚子贩卖人口等犯交部严审事》（道光二十三年十二月初五日），录副奏折：03-3817-020。
⑥ 《巡视东城礼科给事中常绩、巡视东城户科给事中胡元博奏为拿获胡和升等拐带幼孩案请交刑部审办事》（道光二十六年七月初五日），录副奏折：03-4072-032。
⑦ 《清穆宗实录》卷103，同治三年五月丙辰。

"用药迷拐子女"。其中，甚至还有宗室觉罗松连、松陈氏。① 清政府多次谕令步军统领衙门、顺天府、五城一体严拿，但直到同治九年（1870）六月，"京城地面屡有匪徒迷拐幼孩之事"。当月初九日，崇文门外巾帽胡同有高姓之子二格被匪徒迷拐，走至兴隆街地方，经旁人看出截住，匪徒当即逃逸。② 直到光绪初年，京城依然不时出现"迷拐子女"之案。③

5. 对域外人员的管理

"非我族类，其心必异"（《左传·成公四年》），域外人员更是被清统治者长期视为危及政治稳定的危险因素而予以严格管控。清代京城域外人员主要包括：传教士、朝贡使臣、外籍属人安插、驻华使节等。清代外国来京人数虽然不多，但依然构成了一个独特的群体，因清政府不同的对外政策，清代对域外人员的管理也发生了巨大的变化。

第一阶段是清前期对传教士等域外人员的管理。对于在京传教士，清初以来即允许建造西洋堂，并许其居住其中，但不得向民间传教。"京师设立西洋堂，原因推算天文，参用西法。凡西洋人等，情愿来京学艺者，均得在堂栖止。"清政府虽然规定在京传教士不得与外人交接，但实际上并未能禁绝，"乃各堂西洋人每与内地民人往来讲习，并有刊刻书籍、私自流传之事"。嘉庆十年（1805）四月，御史蔡维钰奏请严禁西洋人刻书传教，一旦发现，即行查出销毁。④

此外，清前期为接待来自朝鲜、安南、琉球、缅甸、苏禄、南掌、暹罗等地的使臣，清政府在礼部下属的主客清吏司设有专门的会同四译馆⑤，专门负责接待、安置外国贡使。清政府对各国使节的来京期限、人数、待遇、筵宴、货物购买、赏赐等诸多方面都有严格规定。

第二阶段是道咸时期畏惧西洋人，害怕西洋人进城，反对驻华通商。清代中国由于不了解世界，向来自视为"天下"中心，自奉为"天朝上国"，而视域外各国为"蛮夷"，为"蕞尔小邦"。因此，无论是和平时期，还是冲突时期，清代中国都以此"礼仪"处理中外之交往，乾隆朝英使马

---

① 《清穆宗实录》卷110，同治三年七月癸亥。
② 《清穆宗实录》卷285，同治九年六月辛亥。
③ 《清德宗实录》卷46，光绪三年正月癸酉。
④ 《清仁宗实录》卷142，嘉庆十年四月辛未。
⑤ 清初四译馆、会同馆分设，乾隆十三年四译馆并入，改为会同四译馆。据乾隆朝《钦定大清会典》卷56记载，馆舍有三处，一在御河桥，一在宣武门内，一在正阳门外。清初会同馆沿用明代会同馆南馆旧址，位于东江米巷玉河桥西街北。后来，此处成为专门供俄罗斯人居住的俄罗斯馆。嘉庆朝后，会同馆主要使用的馆舍是御河桥一处。该处与俄罗斯馆，均位于正阳门内东江米巷。参见王静：《清代会同四译馆论考》，《西北大学学报（哲学社会科学版）》2006年第5期。清末，外国驻京使馆区设于东交民巷，与此一脉相承。

戛尔尼访华、嘉庆朝阿美士德访华的遭遇,即是如此。

咸丰朝第二次鸦片战争之际,英、法、俄等国不断侵略中国,或攫取贸易特权,或掠夺土地,同时要求向北京派驻使节。面对这一情形,清政府在畏惧的情绪中,依然用"华夷之辨"的思维,坚决抵制外国人进京。咸丰八年(1858)四月,英法联军代表要求进京谈判时,咸丰帝谕:"至外国人进京,皆系朝贡陪臣,若通商各国原因获利起见,近年海口事宜,均在广东定议。即康熙年间,与俄夷会议互市,亦均在边界定议,从无在京商办之例。该夷来京,无论人数多寡,中国有何畏惧?实因与体制不合。""何况唤唎两夷,称兵犯顺,尤非恭顺之国可比。此次准其接见大臣,已属格外,岂能再准进京?"对于英法递交国书、派驻使节的要求,咸丰帝命直隶总督谭廷襄,"告以天朝体制,凡非朝贡之国,偶有国书往来,均有定式,从不加以傲慢。况今咪国,彼以礼来,我以礼往,尽可无庸疑惑"。"盖昔时住京洋人,因学算法,操纵由我,无虑为患。今则来去自伊,贪得无厌。"①咸丰八年五月,再次谕军机大臣:"至进京一节,他国所议,但言有事进京。而唤夷必欲在京久驻,且自居钦差名目,其窒碍之处,尤不胜言。当告以有事进京,既经允许,则遇有大事,尽可来京面诉,何必留人远驻京师。"如果非要驻京,则需仿照俄罗斯之例,只能派学生留驻,而且必须穿中国服装,以技艺服务,不得涉及公务。"若必欲驻京,则俄夷成例具在,但能派学生留驻,不能有钦差名目,须改中国衣冠,听中国约束,专命学习技艺,不得与闻公事。"②咸丰十年(1860)闰三月,面对英法呈递照会等要求,咸丰帝认为英法等国的其他要求"如无大窒碍之事,即不妨略予通融",唯有外国人驻京一事,坚决不同意,"夷人驻京,则中国为外夷所监守,自古无此体制,万不可行"。③

直到咸丰十年(1860)七月,面对英法军事入侵的逼迫,清政府的坚持略有松动,"如万难阻止,亦可允其驻京,但不得多带从人"④。八月,英法联军入掠北京城后,清政府与之订立城下之盟,割地赔款,屈辱求和,只得同意外国派使节驻京。

第三阶段是总理各国事务衙门设立后,清政府对西方驻华人员的态度发生了重大变化。在咸丰朝,往往用"夷人""夷商""夷官""夷货""外夷"以及"唤夷""俄夷"等词汇指称西方人。进入同治朝后,官方使用

---

① 《清文宗实录》卷250,咸丰八年四月戊申。
② 《清文宗实录》卷253,咸丰八年五月甲申。
③ 《清文宗实录》卷313,咸丰十年闰三月壬子。
④ 《清文宗实录》卷325,咸丰十年七月丙午。

"夷"的字眼大为减少，而是改用"洋人""西洋各国"或者"英""法"等，而不再与"夷"字连用。其中虽不乏西方国家的外交压力，但也的确反映了当时国人对西方认识态度的重大变化。

更重要的是，集中居住在东交民巷区域的外国驻华使馆和外交人员，对北京城市管理也产生了重要影响。例如，因保护洋人特权而导致城市治安问题不断。光绪二十四年（1898）八月十六日，有人奏："前门外天桥一带十五日午后，有外国人数起，乘坐车轿入城，无知之徒聚众哄逐，情形颇重。"清政府命步军统领、左右翼总兵拣派参游一员，率领弁兵百余名在马家堡铁路车站，并永定门内外天桥一带地方分段巡逻，认真弹压，"遇有洋人经过，一律妥为保护"。① 八月二十四日，慈禧太后懿旨，命步军统领等专派妥员，"于各国使馆一带地方昼夜巡逻，认真保护，并弹压一切"。② 此外，清末街道的改扩建，沟渠整治，以及对道路卫生的重视，在某种程度上都与改善使馆区外国驻华人员的管理有一定的关联。

另外，清政府在京城八旗中还曾经安置俄罗斯、安南等来华人员。顺治、康熙两朝，从俄罗斯而来的逃人和降人在康熙时期被编为镶黄旗满洲第四参领第十七佐领，史称"俄罗斯佐领"，属地在东直门内胡家圈胡同。③ 乾隆五十五年（1790），清政府在京师汉军旗安置了因内乱而降清的安南黎氏。当年正月，福康安奏称，黎维祁及属下百余人来京，乾隆帝命"归入汉军旗下，编一佐领"，"于京城隙地起盖房屋，查明汉军旗分内人户较少者，将黎维祁等编入，并简派大臣管理该旗以资约束"。次日，乾隆又谕令："将黎氏支属亲戚及曾任官职者，约在八十户以内，分起送京。但各户人口，多寡不一，现在查明京城隙地起盖房屋，约可盖二百二三十间。自应就房间数目，定人数之多少。著传谕福康安等，即酌核各户人口，以每人住房三间而论，此二百余间可容若干人口，即行按数送京，不必拘定八十户，致滋拥挤。"④ 五十八年（1793）十月，黎维祁病逝于北京，乾隆帝命以公爵礼葬于东直门外。

综上，清政府在京城的人口管理政策，其目的首先是服务于政治体系，即维护皇室血统，首崇满洲和旗人特权。除了前文所涉及的查禁旗人私自抱养民人幼子之外，另一个体现就是通过皇室玉牒、旗人户籍，维护

---

① 《清德宗实录》卷 427，光绪二十四年八月丁酉。
② 《清德宗实录》卷 428，光绪二十四年八月乙巳。
③ 参见（清）俞正燮《癸巳类稿》卷 9《俄罗斯佐领考》《俄罗斯事辑》（沈阳：辽宁教育出版社 2001 年），以及吴洋《清代"俄罗斯佐领"考略》《历史研究》1987 年第 5 期）等论文。
④ 《清高宗实录》卷 1346，乾隆五十五年正月庚寅。

皇室以及旗人群体的内部婚姻，禁止旗民通婚，从而达到维护皇室和八旗利益的目的。即便是清代对域外人员的管理政策，也真实反映了清代统治者所构建的"天朝上国"政治体系的理念。其次是凸显身份的阶级性。自古以来，中国政治社会体系奉行"礼有等差"，从来不以推动人的身份平等为目的，墨子式的"爱无等差"甚至会被斥责为"无君无父，无异禽兽"，人们更喜欢"贵贱有等、亲疏有别"，而视"兼相爱"为社会动乱的根源。清代也是如此，除了帝王庶民之别，还有满汉之别；同样是旗人，也分为满洲、蒙古和汉军旗人，三者地位、待遇也不相同；即便是民户，也有民籍、匠户之类的区分。再者是以社会秩序管理（而非经济）作为人口管理政策的主要目的，皇室、旗籍人口原则上都在内城，或按照血统亲属分封爵位，或挑差当兵，禁止旗人从事社会生产和经营性活动，禁止旗民通婚；民籍则居住在外城、关厢，这与城市管理的物理空间布局基本是一致的。

这种京城人口管理的特征，导致北京在清代的绝大部分时间里并未能建立统一的人口管理体系，直到光绪三十二年（1906），经巡警部奏准，才开始推行具有普查意义的"京城户籍办法。"① 人口管理的政治性强于经济社会性，也就是说"人的身份地位的悬殊，大于财产上的悬殊"②，过于强化身份的人口政策，在一定程度上延缓了社会的整合、文化的融合乃至社会阶层的流动。清代北京人口管理在客观上起到了控制人口规模的效果，但同时也加剧了城市吸纳人口能力不强的缺陷。尽管统治者不乏"多兴土功，亦所以养穷民"③ 的思想，但没有建立起解决非农业人口（流民）的经济社会机制，时人的观念还是"驱游惰以归本业"④，农、工、商业的发展形态和水平还没有能力消化快速增长的人口问题，尤其是城市的发展和繁荣，没有为源源不断的流民（往往也是剩余劳动力）提供就业机会，以至于清代大量增长的人口红利未能体现在经济社会发展和推进城市化发展上，反而加剧了城市的贫富分化，造成了社会阶层的对立。进入城市的无业人口，除少量得以就业，成为杂役、工役、奴仆之外，绝大多数沦为统治者眼中威胁社会安定的"流民""乞丐"甚至"盗贼"，清政府为体现"皇恩浩荡"，还不得不常年投入赈济物资，予以救助，结果仍是收效甚微。直到晚清，伴随着兴办实业、振兴农工商以救国的思潮兴

---

① 《清德宗实录》卷558，光绪三十二年四月己亥。
② ［英］斯当东：《英使谒见乾隆纪实》，第364页。
③ 《清高宗实录》卷672，乾隆二十七年十月丙申。
④ （清）周祚显：《驱游惰以归本业疏》，见《皇清奏议》卷24，《续修四库全书》第473册。

起，清政府才逐渐认识到解决"游民"问题的根本途径。这里，不妨以光绪末年曾积极兴办京城工艺局的顺天府尹陈璧的一段话为例："游民众多，正坐农工各务概未讲求之。故西人研究农工不遗余力，新理日辟，获利极丰。中国视为故常，有志之士不屑措意，业农者仅遵故老指授而已，广肥料、选嘉种诸法未闻也。业工者守高曾矩矱而已，制机器、精格致诸学未闻也。以此窳败之农工，奈之何不贫且困乎？是以小民终岁勤动，往往事畜不完，无籍之民习睹其法，遂安于游手偷闲，不事生产。今欲振兴农工，创办之初，既可以游民充工作，迨利益显著，趋者日众，游民自稀。"① 正是在这种认知下，清末北京的城市治理和人口管理措施才发生了巨大的变化。而在城市创办"工艺"，也预示着近代城市发展模式开始发生重要转向。

最后，还有必要对清代北京城（包括内外城和城属）的人口规模做一点说明。前辈学者在这方面已经做出很多难以超越的成绩。例如，韩光辉对清代不同历史时期的北京城市人口做过统计，认为清初约55.6万人，乾隆末年约74万人，清末约76.1万人。② 高寿仙在综合前人研究的基础上推算北京城市人口，顺治四年（1647）为68.1万人，顺治十四年（1657）为70.4万人，康熙二十年（1681）为82.9万人，康熙五十年（1711）为98.9万人，乾隆四十六年（1781）为104.8万人，宣统二年（1910）为120.5万人。③ 晚清游历北京的西人对北京城市人口也有一番揣测。1849年，被俄国外交部任命为俄国东正教第13届驻北京传教士团的监护官科瓦列夫斯基，利用扎哈罗夫从户部搜集的材料，结合自己在京期间的实地测算，认为："1845年至1846年间北京的人口为1648814，而1849年这个数字增为1700500。如果算上京城兵马司所辖的郊区，全北京的人口接近300万。"④ 据1886年德国银行家恩司诺的观察，"因为缺少可靠的统计数据，很难准确估算出北京的居民人数，我们的地理著作大多估计其人口数量在一百万到二百万之间。根据现今的北京居民情况，我认为这一数字估计过高，合理的数字应该是略高于五十万。尽管北京城方圆有二十英里之大，但不应忽略，城墙之内还有空旷而没有任何建筑物的空地。另外，北京的住房很少例外地都是单层平房，只有地面一

---

① （清）陈璧：《望岩堂奏稿》卷3《遵旨设立工艺局暨农工学堂大概情形折》，第294页。
② 韩光辉：《北京历史人口地理》，第126页。
③ 高寿仙：《北京人口史》，北京：中国人民大学出版社2014年，第254页。
④ [俄]科瓦列夫斯基：《窥视紫禁城》，阎国栋等译，北京：北京图书馆出版社2004年，第125页。

层可以住人"①。清代北京城市人口到底有多少，由于估算方法和对统计对象的范围界定不同，导致各种估算数字差别较大，大致而言，在高峰时北京城市人口超过百万，应当比较合理。

准确估算不同历史阶段清代北京城市人口总量、内外城人口、旗人人口以及所属州县人口数字，毫无疑问非常重要，但如果从城市治理的角度来看，依据清代人口社会分层，分别探讨北京城市的人口构成、行为模式，进而分析皇室、旗籍、民户、流动人口各自规模及其在清代政治经济和社会文化发展中的作用，似乎更能反映清代北京人口管理中所面临的相关问题。例如，流动人口始终是清代京城管理中所面临的一个棘手问题。据王跃生估算，与清中期京城常住的 100 万左右人口相比，流动人口也当在 50 万上下②，清代京城流动人口之多，不仅其他任何地方难以比拟，而且相对于常住人口的这一高比例，也为清代北京城市管理带来了巨大挑战。比如，保甲制在清代北京城中始终难以推行，就是人口结构中流动人口占比大幅度提升的结果。统治者在清初就曾推行保甲制，"然而，这种管理体制适用于安土重迁、户籍严明、士农工商各安其业的社会格局，而对于经常性的社会流动，传统管理体制就显得束手无策"③。这也是会馆、行会以及善会、水会等民间自发组织形式得以在北京城市不同领域中充当管理角色的重要原因。据此，也就不难理解清代京城城市治理所面临的困境与新事物。

---

① ［德］艾林波、巴兰德等：《德语文献中晚清的北京》，王维江、吕澍辑译，福州：福建教育出版社 2012 年，第 187 页。
② 王跃生：《清代北京流动人口初探》，《人口与经济》1989 年第 6 期。
③ 周执前：《国家与社会：清代城市管理机构与法律制度变迁研究》，第 196 页。

第五章　社会治安

　　维护政治安全与秩序稳定是清代北京城市管理的优先考虑，也是贯穿首善之区各项事务的重要原则。"帝王统御天下，必先巩固皇居，壮万国之观瞻，严九重之警卫。"① 北京城自元大都奠基以来，历经明、清，逐步形成了从内到外（宫城、皇城、内城、外城）四重城郭、"内九外七皇城四"城门的防卫和政治礼仪秩序的空间布局。八旗驻防、旗民分治，除了拱卫皇城，保障朝廷安全之外，另一重要责任就是京城治安，尤其是步军统领衙门，"追缉盗贼，系步军专责"②。五城也不例外，"凡一切窃盗案件缉捕，是其专责"③。五城设官及其职掌，无不以秩序安全、缉捕巡防为重，正所谓"京师为辇毂重地，除莠安良，缉捕尤关紧要"④。社会安全、秩序稳定是清政府赋予京城管理的首要职责。

一、缉拿盗窃

　　清初北京内外城巡防各有分工，内城街道巡防设有堆拨，由八旗步军营的看守街道兵丁负责，外城则由巡捕营兵、司坊衙署的甲捕负责。康熙三十年（1691）后，步军统领衙门统辖步军营和巡捕营。无论京城内外，如有"强窃横恶、负罪潜逃、私铸私销、赌博斗殴，一切违禁不法之事"，均责成步军统领衙门所管辖的步军营和巡捕营"督率兵役，随时缉获"。⑤

---

①《清世祖实录》卷102，顺治十三年七月癸丑。
②《清圣祖实录》卷128，康熙二十五年十一月甲午。
③《理藩院尚书博兴等奏请将北城兵马司吏目杨立千革职事》（嘉庆七年五月十一日），录副奏折：03-1464-034。
④《清宣宗实录》卷61，道光三年十一月戊子。
⑤《钦定八旗通志》卷34《兵制志三·禁卫二·八旗步军营》，文渊阁《四库全书》影印本第664册，第825页。

专门负责外城的巡捕营在清初分设南、北二营，顺治十四年（1657）增设中营，称巡捕三营，共十九汛。乾隆四十六年（1781）七月，调整京营，将原来属于南营的圆明园等汛改设为中营，列各营之首，又增设左、右营，形成中、南、北、左、右五营，共二十三汛。分别是中营的圆明园、畅春园、静宜园、树村、乐善园五汛，南营的东河沿、东珠市口、花儿市、西河沿、西珠市口、菜市口六汛，北营的德胜、安定、东直、朝阳四汛，左营的河阳、东便、广渠、左安四汛，右营的阜成、西便、广宁、永定四汛。五营兵额共计一万名，各按所管地界，分汛驻守。①

五城司坊各官"为弹压巡缉而设"，后来"以命案归司，窃盗归坊，则巡查缉捕，坊官更责无旁贷"。②为避免互相推诿，外城司坊官与巡捕营还有定期会哨的制度。定例，每月逢五、逢十为文武会哨之期，中城查夜司坊营汛在正阳桥官厅会哨，东、南两城查夜司坊营汛在花儿市官厅会哨，西、北两城查夜司坊营汛在菜市口官厅会哨。③

从责任主体来看，京城有步军统领、顺天府、五城，京畿又有顺天府所辖四路捕盗同知，"额设各路官兵，责成分投躧缉"④。清末，京城又有团防、练勇、水局等名目，亦参与到城市的治安巡防体系中。清末新政以后，北京设立内外城巡警厅，近代城市警察制度开始出现。

尽管北京城的巡防体系完备，"内外城缉捕官弁兵役，视外省府州县为密"，投入的人力物力不胜其烦，但清代京城的盗窃案件之多，远远超过一般的地方州县，"且有在他处犯案潜来京师避匿者"。⑤嘉庆帝曾哀叹京师"不若外省之整肃"⑥。的确，相对于地方州县，都城占地虽然不广，但五方云集，户密人稠，稽查不易。加之，王公百官来往街衢，朝暮络绎，民众司空见惯，"转不如一郡一邑简而易制"⑦。但更重要的是，清代京城治安管理的责任主体过于多元，奖惩失序，加之防务日趋松懈，吏治日益败坏，一有风吹草动，便草木皆兵，捕风捉影，以至于缉捕巡防一直被清政府视为头等大事。

---

① 《清高宗实录》卷1136，乾隆四十六年七月丁未。
② 《御史李擢英奏请饬下步军统领衙门并巡城御史督率所属遵间巡查京师地区盗匪事》（光绪二十二年），录副奏片：03-7369-061。
③ 《巡视中城御史额图洪额等奏为遵议五城捕务章程事》（光绪元年三月初五日），录副奏折：03-7226-001。
④ 《清宣宗实录》卷61，道光三年十一月戊子。
⑤ 《清仁宗实录》卷370，嘉庆二十五年五月辛酉。
⑥ 《清仁宗实录》卷254，嘉庆十七年二月癸亥。
⑦ 《清仁宗实录》卷370，嘉庆二十五年五月辛酉。

1. 京城治安问题的主要表现与特征

其一，小案频发，盗窃问题严重。

作为"首善之区"，清代京城防卫力量和城市治理体系最为完备，除极少数特殊时期以外，团伙式的黑恶势力、明火强劫、杀人放火之类的恶性案件并不多见①，但由于京城人口众多，"五方杂处"，流动性强，因此三五成群、狗偷鼠窃之类的盗窃案件却时常发生，禁而不绝。"五城所属，皆在辇毂之下，自不至有明火持械大伙横行之事，不过三五成群，狗偷鼠窃，此辈潜踪有所出入，有时与捕役声息相通，线索最密，若肯上心踩缉，自可不至漏网。"② 这可以说是清代京城治安问题中的常态。

清前期，京城不乏棍徒"挟诈官民，肆行扰害"③ 的现象，而且"盗窃公行，居民不得安静"④。为加大整治力度，乾隆三年（1738）十二月，经御史陈治滋奏准，规定五城窃案"赃至五两以上"者，"照命、盗重案例，一体通缉"，即由该城御史通报其余四城，"并九门提督、顺天府通缉"，五两以下者，"饬本城兵捕"。⑤ 相比较而言，虽然清前期盗窃案也时有发生，而且破获率也不高，但京城的社会治安相对较好。

道光朝以后，公然偷盗、明火抢劫者开始屡见不鲜，"各城地面有匪徒结伴游行，挨近过往车辆，割破围子，钩取车中衣物，官民胥受其害；或遇肩挑背负，挤倒便抢其物，此递彼接，到手如飞，两旁铺户行人目击情形，畏其仇害，不敢言语"⑥。道光十九年（1839）上半年，五城窃案层见迭出，即便是部院京官也不能幸免，比如刑部员外郎章镐、刑部主事王德固、兵部主事安诗、礼部郎中黄富民、工部主事江鸿升、给事中沈镕各寓内，"俱曾被窃多赃"，御史高枚寓内甚至被窃两次。至于居民铺内报窃之案尚有二十余起。⑦ 咸丰九年（1859）十一月，刑部侍郎灵桂家被贼

---

① 乾隆五十八年七月，英国马戛尔尼访华使团成员斯当东曾记述当时北京城的治安状况："北京人口虽然这样多，但秩序良好，犯法事件很少。同英国古代十家联保制度差不多，在北京每十家中有一家必须对其余九家的行为负责，实际上也就是九家归一家管。城内打更守夜制度严格执行，全城好似一个兵营，人们住在里面享受安全。"（［英］斯当东：《英使谒见乾隆纪实》，第367页）斯当东一行虽然走马观花，但真实反映了乾隆朝末期北京城的治安状况。

② 《协理山东道监察御史吴文焕奏请敕部严考五城司坊官缉盗事》（乾隆八年三月初四日），朱批奏折：04-01-01-0090-053。

③ 《清圣祖实录》卷1，顺治十八年二月戊戌。

④ 《清圣祖实录》卷118，康熙二十三年十二月。

⑤ 《清高宗实录》卷82，乾隆三年十二月己卯。

⑥ 《掌湖广道监察御史陶廷杰奏请严饬五城整肃捕务事》（道光三年八月初四日），录副奏折：03-2801-018。

⑦ 《掌山东道监察御史汪于泗奏请旨饬下步军统领顺天府五城查拿京师五城窃盗窝家豢贼事》（道光十九年六月二十三日），录副奏折：03-3944-033。

伙多人劫窃银物，刑部尚书赵光家也被窃。咸丰十一年（1861）十月，工部尚书爱仁家内竟有大伙贼人不下六七十名，撞门入室，窃贼将尚书爱仁绑缚，抢去崇文门公项银六千余两之多。① 面对此情此景，山西道监察御史徐启文不禁哀叹："以大司寇、少司寇大员尚不能禁寇贼之攘窃，以下官民复何顾忌？"②

同治年间，内外城大街小巷中时常发生白日抢劫之事，"匪徒麇集，往往白昼攫人财物，大而衣服银钱，小而零星物件，稍不留意，即被匪徒窃去，官绅士庶受累纷纷。其尤甚者，乡间穷民或来城典当衣物，或负钱来城置买器用，该匪徒等每借争道口角，故与扭结，而其伙党硬将其衣物分夺过手，飞奔而去。乡民路径生疏，且身孤力弱，莫可如何"③。受害者即便向各衙门哭诉，司坊官也往往是"置若罔闻，付之不理"。

京城盗窃案频发，但破获率却很低。而且乾隆初年就已如此，"数年以来，竟积至百有余案，都察院衙门每月提捕严比犯案，究无一获"④。乾隆八年（1743）三月，协理山东道监察御史吴文焕奏称，"臣其受事以来，翻阅循环档册，五城窃案申报累累，而捕获十无一二，至有压经五六年之久，尚未注销者"⑤。嘉庆四年（1799），五城呈报窃案共一百零九件，破获二十案，"未获者尚有八十九案之多"⑥。嘉庆二十三年（1818），五城共报窃案七十三件，仅获十案。二十四年（1819），共报窃案五十八件，仅获十八案。二十五年（1820），共报窃案五十四件，仅获五案。道光元年（1821），共报窃案六十八件，仅获十案。"每年获案不过十分之二三，且有命盗重案，日久逋诛者。"⑦ 道光二年（1822），五城地面报窃五十八案，仅获五案，报盗五案，仅获四案。道光三年（1823）四月至七

---

① 《山东道监察御史瑞亨奏请修复京城八旗地面栅栏事》（咸丰十一年十月二十七日），录副奏折：03-4331-041。
② 《山西道监察御史徐启文奏请饬下步军统领顺天府五城各衙门整顿捕务实力缉拿窃贼事》（咸丰九年十一月二十二日），录副奏折：03-4147-092。
③ 《浙江道监察御史袁方城奏为特参司坊官纵盗贻害请饬查究办事》（同治八年七月十八日），录副奏折：03-4671-022。
④ 《广西道试监察御史王纲振奏为京师五城窃盗应会同一体缉拿事》（乾隆六年十二月初三日），朱批奏折：04-01-13-0007-006。
⑤ 《协理山东道监察御史吴文焕奏请敕部严考五城司坊官缉盗事》（乾隆八年三月初四日），朱批奏折：04-01-01-0090-053。
⑥ 《副都御史赓音布奏为将五城缉捕不力之御史文通交部议处事》（嘉庆五年正月十四日），录副奏折：03-2347-003。
⑦ 《掌山东道监察御史许乃济奏请酌筹五城缉捕事宜事》（道光二年二月初七日），录副奏折：03-3913-018。

月，五城共报窃三十二案，仅获一案。①

盗窃案频发的背后是缉捕巡防废弛。例如，前三门外地方，虽然司坊捕役额设无多，但是南营弁兵星罗棋布，然而道光初年"报窃之案几无虚日，移营会缉，视同具文，甚至街巷堆拨仅存空屋"②。道光十六年（1836）十二月，御史黄乐之奏称，"近日官民住宅窃案叠出，时届岁暮，正阳门外及菜市口一带地方多有沿街抢夺之事，即东城内之大市街隆福寺等处，买卖商民，亦多被掠，其附近之堆拨弁兵并不过问"③。道光十七年（1837）二月，山东道监察御史万超奏称，"贼匪惟平日潜居五城地面，夜聚朝散，该营官不行察访，夜间栅栏不闭，行人往来，堆拨兵役不行盘诘，街巷相通，窃盗漫无限制"④。咸丰年间，京营捕务废弛，步甲营内"老弱充数""虚悬额粮"的现象非常严重。⑤ 同治初年，各处堆拨大半坍塌，即便存在，也几乎形同虚设，"多半锁闭无人，其有人者率皆酣卧不起，及叫醒诘问，非年老龙钟，即残废有疾，责以打梆夜巡，茫然不解，甚或并梆而无之"⑥。甚至京营官兵"瓜分粮饷，临期募兵逻缉"⑦。同治八年（1869），有人奏报外城"平时巷口市面宵小溷迹窥伺，于行人来往猝然抢夺，几无虚日，甚至偏僻处所竟有推跌倒地，将身上零件及手中携带各物掏摸掠取搜索一空"⑧。即便看到这种情形，地面巡役弁兵也是不管不问。至清末，五城营汛基本上已名存实亡。光绪十九年（1893）十二月，巡视北城御史恩溥称自己查夜时，"竟未见一弁一兵随同巡逻，而堆拨之中甚至门户倒锁，并无一人看守，似此旷误废弛，殊堪诧异"⑨。

大量案件往往终年无果，民间甚至畏惧报官。乾隆三年（1738）三月十二日，汉军监察御史周绍儒奏称，五城司坊各官，原本其职责是"首重缉捕盗贼"，但却"一任鼠窃，肆行无忌"，结果"民间畏惧报官"。一方

---

① 《掌湖广道监察御史陶廷杰奏请严饬五城整肃捕务事》（道光三年八月初四日），录副奏折：03-2801-018。
② 《清宣宗实录》卷80，道光五年三月丙申。
③ 《清宣宗实录》卷292，道光十六年十二月乙亥。
④ 《山东道监察御史万超奏请旨饬下步军统领衙门暨顺天府五城各饬地面官弁认真巡察事》（道光十七年二月十七日），录副奏折：03-3939-010。
⑤ 《清文宗实录》卷227，咸丰七年闰五月乙酉。
⑥ 《华祝三奏请饬下步军统领于所辖各营堆拨破除情面认真整顿事》（同治元年十一月二十五日），录副奏片：03-4670-029。
⑦ 《清穆宗实录》卷181，同治五年七月庚辰。
⑧ 《奏为外城地面抢夺日甚请饬下步军统领衙门五城御史严饬所属营汛认真巡防事》（同治八年），录副奏片：03-4671-017。
⑨ 《巡视北城御史恩溥等奏为特参京城外营都司曾崇荫等员视捕务为儿戏请旨交部议处事》（光绪十九年十二月十一日），录副奏片：03-6029-049。

面,"缘捕役专以养盗为事,全不缉拿赃贼"。更可异者,司坊官在接到失窃报案后,不是亲赴失主家中查看失窃情形,而是"竟听信捕役私禀,反向失主究诘,以为相验情形,似系熟贼,令将失主家内人等带赴追讯,致遭拖累",结果导致"正贼任听远飏,案悬莫结"。另一方面,甚至有司坊官还"恐吓失主,逼令自认妄偷窃,以免缉捕者"。如此情形下,即便"民间偶遭失窃",也是"恒甘隐忍,畏惧报官"。① 加之,清政府对五城司坊官因盗窃案未获的惩处较多,也使得司坊官讳盗讳窃,"往往失主呈报司坊,司坊官希免处议,或转求失主息事,或纵令胥吏捕役故意耽延"②。

其二,从地点上来看,盗窃案易发于流动人口密集之地、物资集散之处。从时间上来看,易发于岁末年初。

京城盗窃案易发生于各城门内外人口稠密之地,如"正阳门外系辇毂重地,商贾云集,最关紧要"③。光绪二年(1876)二月,前门外西帽巷永陞斋鞋铺被贼窃去银钱等物。④ 又如,朝阳门外向来是京仓粮食进出必经之地,因而盗窃等案件始终层出不穷。光绪三年(1877)六月,东坝地方天利粮店铺伙赵喜亮从西单牌楼悦来钱铺取出银五百两用驴驼回铺,行至朝阳门外四路居村地方,"突有五人将伊拦阻,说伊驼着烟土私货,硬行查看,随将伊所驼钱褡子拿下,将伊银五百两抢走"⑤。又如永定门外马家铺,"自火车开行,为行旅辐辏之地,城内则天桥一带游民杂沓,往往借端生事,一遇无关紧要之件,辄即多人麇聚结队成群"⑥。

京师又是各种官办物资集中之地,针对这类物资的盗窃案较为普遍。例如粮仓,"东城地方辽阔,京城各仓皆在境内,夏秋二季通漕运京,漕

---

① 《汉军监察御史周绍儒奏为五城地方窃贼颇多民间畏惧报官请专委五城御史督饬实力缉捕究拟事》(乾隆三年三月十二日),朱批奏折:04-01-01-0024-037。
② 《副都御史赓音布奏为将五城缉捕不力之御史文通交部议处事》(嘉庆五年正月十四日),录副奏折:03-2347-003。
③ 《巡视中城户科给事中勒尔逊、江南道监察御史刘坤奏报拿获扰害铺户混骂营城司坊之匪徒李三李四请交部惩办事》(乾隆五十二年五月十七日),录副奏折:03-1277-024。
④ 《巡视中城御史庆寿、吴鸿恩奏为特参坊官疏防讳盗请旨先行交部议处并饬步军统领等衙门严拿以肃法纪事》(光绪二年四月初二日),录副奏折:03-5508-018。
⑤ 《署理巡视东城河南道监察御史景维、署理巡视东城江南道监察御史邓华熙奏为特参城外坊副指挥杨右之捕务废驰天利粮店店伙被抢请旨摘顶限缉贼事》(光绪三年六月初九日),录副奏折:03-7341-016。
⑥ 《奏为永定门外马家铺天桥德胜门外游民杂还请旨巡城御史拣得力兵役逡巡弹压事》(光绪二十四年),录副奏片:03-5516-096。

舻云集，向有奸民伙窃米石，窝藏售卖"①。运粮水手顺手偷米，也屡见不鲜。嘉庆六年（1801）十一月二十日，东城副指挥张瑞云在庆丰闸南河沿地方拿获偷盗漕米人犯王二、马大、杨大三名，起获现赃米计仓斛七石有零。而且据王二等人供称，他们作为官船雇觅水手，"每日装送米石，至大通桥交卸，于夜间将米袋打开，每带偷出米二三升或一二升不等"②。京仓中的太平、万安二仓，因西侧都靠着城墙，更是盗窃案不断发生。又如官铜，"向来官铜被窃，解员例有处分，而一经到部，该员及管押家丁人等又须听候传讯，部中胥吏，转得便宜，而解员未免需费畏累。是以偷窃之后，往往私自赔补，不肯即行禀报，以致日久贼犯无踪，致稽捕获"③。

从时间上来看，京城盗窃案，易发于岁末年初，即各衙门封印之后。"京师内外每届岁暮封印后，各地方均以不理公事为辞，以致匪徒藉以混杂，肆行抢掠，纵报知地面弁兵，亦不理论。每年自封印日起，至开印日止，街市虽有禁止抢掠告示，皆视为具文。如实系冻馁，尚在可原，其中竟有饱食暖衣之人亦多混迹抢掠。"④ 岁末年初，五城衙门休假，平时就较为懒散的缉捕，此时更是形同虚设。

其三，假冒官员、宗室乃至差役的勒索诈骗案件频发。

京城是政治权力的集中之地，是权力网络关系的密集之处，也是权力寻租、依仗政治权势徇私舞弊的多发区域。加之，宗室贵族高人一等、独享特权，以及旗民在政治社会上的不平等关系，假冒官员、假冒宗室、假冒旗人进行招摇诈骗、为非作歹的各类案件在京城层出不穷。例如，嘉庆十四年（1809）十二月，巡视中城御史皂麟即拿获假官诓骗的案犯陈焕文。⑤

开局赌博等不法之事，其假冒的背后实则是有宗室旗人充当保护伞。"至赌博及一切不法情事，皆系无业匪徒栖身王府及宗室户下，或番役名下，为庇护之所，倚强仗势，无恶不作，或假冒宗室，或指称宗室交接，

---

① 《巡视东城御史富兆、巡视东城御史汪琳奏为拿获偷盗官粮匪犯郑五等人请饬部严讯事》（道光七年九月十六日），朱批奏折：04-01-02-0008-005。
② 《巡视东城御史书兴、秦维岳奏为南河沿地方拿获偷盗漕米人犯王二等审办事》（嘉庆六年十一月二十三日），录副奏折：03-2348-030。
③ 《清高宗实录》卷1491，乾隆六十年十一月壬申。
④ 《国子监祭酒奎章奏请五城等认真稽察严禁岁暮街市抢掠事》（咸丰二年十二月初九日），录副奏折：03-4170-068。
⑤ 《清仁宗实录》卷223，嘉庆十四年十二月癸卯。

或指称王府仆役，设局诱赌，讹诈拐骗，无所避忌。"① 有些假冒案件的确是为了诈骗，但有些假冒现象实际上是背后的权势在作祟。

还有假冒差役的现象。咸丰三年（1853）九月，"因兵差络绎"，朝廷下发谕旨，"嗣后雇备车辆驼只照例发价，不准任听吏役强拉私押，以致苦累商民"。十二月十六日，巡视北城掌山东道监察御史志文奏称："近日五城内外地方仍有藉称差役及左右翼海巡名目串通匪徒，假借差票任意封扣车辆，查拿骡马，讹诈各商民钱文，实属扰害地方。"② 像这种假冒差役等名目，勒索来往商民车辆的现象实际上在京畿地区常年存在。

其四，"土棍"猖獗。

这在晚清的京城尤其普遍。道光元年（1821）八月，正阳门、宣武门外"竟有把棍会名目，十百为群，殊属大干例禁"③。咸丰六年（1856）冬天，巡视中城御史臣保恒等拿获土棍十二名，次年七月巡视中城御史英喜、巡视中城御史毛昶熙"访闻外城地面著名有绰号土棍半头砖齐二等二十五名"，"其中有久经指拿者，有曾经犯案送部审办者，该犯等聚众斗殴乘间滋事，视为故常，且犷悍性成，善能熬刑，虽经拿获送部，犹以质证无人，坚不吐实"。④ 咸丰七年（1857）十一月初六日，巡视中城御史英喜抓获土棍六名，如骆驼冯八、半头砖齐二、瞎福子刘老、大太保李大、单刀马三、燕三太爷即燕三。⑤ 还有未捕获的土棍二十名，如小霸王富老三、小罗成潘老、短辫子李六、刘大汉、霸道金三、凤凰张七、独霸李纱帽胡同娄春、小太岁孟四、活阎王闫大、拦路虎林马儿、铁胳膊李八、燕二太爷燕平、铁拐张拐子、独霸西河沿齐三大王、独霸观音寺铁胳膊刘十、独霸观音寺刘四虎、独霸宴家胡同赛金刚脱十、无毛虎小张美之张二、黄天霸黄三、快马王熊等。⑥

这些"土棍"不仅各自称霸于某个街道区域，甚至拜盟设会，"煽诱

---

① 《山东道监察御史万超奏请旨饬下步军统领衙门暨顺天府五城各饬地面官弁认真巡察事》（道光十七年二月十七日），录副奏折：03-3939-010。
② 《巡视北城掌山东道监察御史志文奏为五城内外地方有藉称差役名目串通匪徒讹诈钱文请饬谕各管官力加整顿结束事》（咸丰三年十二月十六日），朱批奏折附片：04-01-01-0848-029。
③ 《清宣宗实录》卷22，道光元年八月。
④ 《巡视中城御史英喜、巡视中城御史毛昶熙奏为拿获著名土棍冯八请饬交刑部审办事》（咸丰七年十一月初六日），录副奏折：03-4546-033。
⑤ 《巡视中城御史英喜、巡视中城御史毛昶熙呈已获土棍六名清单》（咸丰七年十一月初六日），录副单：03-4546-035。
⑥ 《巡视中城御史英喜、巡视中城御史毛昶熙呈未获土棍二十名清单》（咸丰七年十一月初六日），录副单：03-4546-036。

乡愚，近今旗人亦胁从结党，设立老伙会，或霸道棍会，各立名目，纠约三五十人不等，互相助恶。或一言不合，甚至群殴械斗，动用火器，或数人成群，白昼抛掷石锁，以为演习掷砖抛瓦打人之技俩，夜晚敲打手鼓，以为诓哄幼童幼女拐骗之诡计。或有好事之徒，唆使僧人敛钱，在街巷演放花盒，黑夜之间招聚男女混淆，致滋事端。或匪徒影射主使妇女在街市讹诈，肆意横行，积久成习，目无法纪"①。

  清末，兴起于天津的"锅伙"②组织也开始蔓延至京城。光绪十七年（1891）三月据巡视北城御史讷清阿奏称，前门外中、北二城有著名匪棍设立锅伙，"张贴堂号，结党成群，久为地方隐患"。经查访，其中很多人都是惯犯，例如为首者"双刀大王洪三""铁胳膊胡四"是光绪十四年（1888）殴毙宗室焕章及韩滩案的人犯，"滚地雷赵幅"是光绪十三年（1887）殴毙王五案的人犯，"显道神大陈"也是刑部案内人犯。还有，同伙李老即李邋遢、李二永即铁头李、夹把刀龚九、洋枪王三、小太岁辛三、双枪将耿二、飞毛骰杨聚、五花马猴侯二等人在中城双五道庙、北城燕家胡同地面设立锅伙数处，名曰"天津锅伙"。此外，中城地面还有珏卿堂花枪孟五、喜顺堂赛太岁刘得海、老玉米刘沛云、连海堂小军师刘芳鞠、香堂坐山虎王晕头、义顺堂大刀李中三、和堂活阎王王海山等等。③

  很快，"锅伙"组织"散处各城地面，啸聚为非"，以至于"抢劫人命暨诬告讹诈等案，层见叠出"，甚至勾结内城居住之土棍，"互相容留，昼则为匪，夜则为盗"。光绪十八年（1892）五月，巡视北城御史讷清阿奏称京城各处"锅伙"：崇文门内黄土炕有绰号"显道神王平""走狗王大恩"，东城龙凤口外有天津人贩子李文霖即李柱真，正阳门外兴隆街有"大刀崔七"，鞭子巷头巷有"讼棍蒋占鳌即蒋春山"，西河沿有冒充宗室的"老西儿"，玉子沟沿有"神枪手斜眼李三"，朝阳门外二巷有"黑面大王奎昌""小霸王陈荣"，禄米仓有"白脸军师薛三""黑面判官田二"，西直门内曹老公观后宫苑有"逃军杨八"。④可见，"锅伙"已经在京城遍地开花。

---

  ①《巡视西城浙江道监察御史奎英奏为除莠安良绥靖地方敬陈管见四条事》（同治三年十二月十七日），录副奏折：03-9526-007。
  ②咸丰三年三月，天津府城内外"械斗棍徒会聚之所，名曰锅伙，时有抢夺讹诈等事"。见《清文宗实录》卷87，咸丰三年三月丁未。
  ③《巡视北城御史讷清阿奏为风闻前门等处有著名匪棍洪三等设立锅伙张贴堂号请饬下严拿惩治等事》（光绪十七年），录副奏片：03-7360-075。
  ④《巡视北城御史讷清阿奏为天津匪徒王平等在京城内外开设锅伙扰害闾阎请饬下查获治罪事》（光绪十八年五月十一日），录副奏片：03-7361-044。

这些"锅伙"成员,不仅"窝聚盗贼,掳买妇女",而且在所立锅伙附近,对大小铺户及居民进行勒索,每家每日敛收钱文,如果不给,"锅伙"人员便"自作伤痕,赴司坊诬控",进行讹诈。至于各坊皂吏、捕役人等,要么与其勾结,要么也惧怕被讹诈,听之任之,结果导致"小民受害,诉告无方"。①

还有一个不可忽视的问题,就是贫困化往往会加剧盗窃案频发,以至于清代京城不少贫饥之民沦为盗匪。这在清末表现得尤为突出。同治初年,"京城贫苦者十之八九"②。这些五城内外穷苦饥民,往往"数十成群,白昼抢夺衣食等物,平民商贾均受其累,并有假装厮仆,撞入官宅,意图窃骗财物"③。还有不少乞丐"昼则随地觅食,夜则随地安身,偷窃在所不免",对于这些因赤贫而走向盗窃的乞丐,惩治往往并不奏效。光绪元年(1875)三月,巡视中城御史额图洪额在奏请中就希望朝廷饬令五城司坊官将这些乞丐"设法安置,其或年力精壮,可以佣工之人",即便以后再有盗窃之事,"止究乞丐行窃,不得连累雇主,庶雇主无此顾忌,皆为雇佣,则收养乞丐一名,即地方可少一窃匪"。④ 相比于很多御史一味奏请严惩盗窃犯的空洞主张而言,御史额图洪额此奏不失抓住了京城盗窃案频发的一个主要症结。

以上弊端的存在并不能彻底否定清代京城社会治安的效果,事实上,除了一些兵荒马乱的特殊时期,北京城的社会秩序颇为安定。即便是对中国充满挑剔眼光的英国人约翰·巴罗也说:"京城的治安管理非常好,居民的安全和宁静很少受打扰。在每一条横街的尽头,以及街上一定的距离之内,都有一种横栏,带有岗亭,其中有一个兵丁。很少有不设岗亭的街道。另外,每一个第十户居民或业主,就像英格兰古时候的十户联保组长一样,轮流负责治安,保证他的九位邻居遵纪守法。要是他的辖区有聚众斗殴或骚乱发生,他要立即向最近的岗亭报告。兵丁四处巡逻,不像我们的更夫那样大声报时,而是敲一根竹筒,发出一种沉闷而空洞的声响。这

---

① 《巡视北城御史讷清阿奏为风闻前门等处有著名匪棍洪三等设立锅伙张贴堂号请饬下严拿惩治等事》(光绪十七年),录副奏片:03-7360-075。
② 《巡视西城浙江道监察御史奎英奏为除莠安良绥靖地方敬陈管见四条事》(同治三年十二月十七日),录副奏片:03-9526-007。
③ 《董文焕奏请饬京师五城御史顺天府会议章程弹压京师地面无赖并抚恤老弱等事》(同治五年),录副奏片:03-4678-054。
④ 《巡视中城御史额图洪额等奏为遵议五城捕务章程事》(光绪元年三月初五日),录副奏折:03-7226-001。

种声响曾让我们好几夜睡不着，直至习惯到充耳不闻。"① 在巴罗的描述中，不仅涉及街道胡同的栅栏（"横栏"）、堆拨（"岗亭"）和巡街兵丁，而且涉及什家户法和更夫。

2. 京城治安问题背后的原因

五城行政体系的弊端是造成清代大量盗窃案未能破获的重要原因。清代京城治安问题背后的原因，主要有以下几方面。

其一，黑恶势力勾结政治权势作为保护伞。

例如，顺治初年的"元凶巨盗"李应试和潘文学，此二人"盘踞都下，多历年所，官民震慑，莫敢撄锋"。李应试，别名黄膘李三，原本是明朝重犯，逃出牢狱后，召集匪类，形成团伙，"专一豢养强盗，勾聚奸宄"，而且通过各种手段"交结官司，役使衙蠹，远近盗贼竞输重赀"。另外，还控制商铺，"南城铺行尽纳常例，明作威福，暗操生杀。所喜者，即有邪党代为市恩。所憎者，即有凶徒力为倾害"。甚至控制了国家财税来源的崇文门，"一应税务，自立规则，擅抽课钱"。其侄子杀人，"死者之家不敢申诉"。诸如此类，罪不胜数。潘文学，本是一个马贩子，"潜通贼线，挑聚膘健马骡，接济远近盗贼，每次多或一二百匹头，少或数十匹头。群盗得骑，如虎生翼。且交通官吏，打点衙门，包揽不公不法之事，任意兴灭。甚至文武官员，多与投刺会饮，道路侧目，莫敢谁何"。顺治九年（1652）十二月，经和硕郑亲王查办，将李应试、潘文学及其子侄"俱行枭斩"，团伙中的高思敬、高三、王国祯、顾麟、槐启樟、李之栋、李东明、刘文登等人也一并正法。与李应试侄李天凤联宗、"认为兄弟"的兵科都给事中李运长等人也被诛杀。② 经过清政府的严厉打击，自明末以来形成的京城黑恶势力有所收敛。

其二，旗民分治及其不平等的政治社会地位，也在相当程度上加剧了京城社会矛盾，导致各类案件频发，乃至影响了案件处理的效率。

清初，京城旗民分治之下，京城平民百姓往往受到旗人的欺凌。顺治十七年（1660）六月，内大臣伯索尼奏称，"五城审事各官遇满洲家人与穷民构讼，必罪穷民，或富强之人与穷民构讼，亦罪穷民，不思执法，曲意徇情，是朝廷设官，反为豪强者傅虎翼也"③。京城周边盗贼猖狂，在一定程度上也与旗民不平等的政治社会地位有关。康熙二十五年（1686）三月，直隶巡抚于成龙觐见康熙帝时，奏称"直隶地方以弭盗为第一要

---

① [英]约翰·巴罗：《我看乾隆盛世》，第73-74页。
② 《清世祖实录》卷70，顺治九年十二月壬戌。
③ 《清世祖实录》卷137，顺治十七年六月壬子。

务",其原因就在于,"为盗者倚仗旗下名色,或吓诈或劫掠,无所不为,有司明知而不敢深究"。为此,于成龙不得不当面向康熙帝请示,"嗣后旗下有如前不法者,臣当执法究治"。① 由此可见,京畿附近旗下庄户人等倚仗旗主为非作歹之情形也非常普遍。

旗民分治造成地方官在面对涉及旗人的案件时,要么无权管辖,要么不敢管束。康熙二十五年(1686)四月,直隶巡抚于成龙奏称,顺天、永平、保定、河间四府"旗民杂处,盗警时闻,非力行保甲,不能宁谧"。其根本还在于,"地方各官无管辖屯拨什库之例,各旗都统等官又远在京城,窃恐屯拨什库不能严束旗丁及本身窝盗为盗不法等项,难以稽查"。经于成龙奏准,"将各庄屯旗丁同民户共编保甲,令屯拨什库与保甲、乡长互相稽查。如旗丁居民犯法,许地方各官一体申报该抚、该都统究治"。②

按照规定,"五城呈控事件,凡有交涉八旗内务府人证之案",向来由巡视中城御史"行文各该旗参、佐领等官传唤到城备质"。③但在实际执行中,这一规定却难以落实。这同样致使一些案件难以审办。

一旦宗室涉案,更难处理。嘉庆二十四年(1819),嘉庆帝曾规定,"宗室犯事到官,无论承审者何官,俱先将该宗室摘去顶戴,与平人一律长跪听审"。但实际操作过程中,这很难实现。光绪二十一年(1895)十月,镶黄旗满洲闲散宗室魁茂与刘祥瑞等人发生口角,巡视东城御史审理此案,传令魁茂上堂后,"既不肯遵旨长跪,又不服臣等审问,站立咆哮,强横已极"。④ 嘉庆十三年(1808)闰五月,正蓝旗宗室敏学在赴大街剃头后,与卖白薯的吉祥争殴,看街兵立儿见人揪殴,上前拦阻劝解,敏学因其拉劝,竟率领家人将立儿殴伤,并将堆拨门窗枪架扳坏。⑤

其三,捕役与盗贼勾结。

清代京城不乏吏役"豢贼分赃"的情形,尤其是各司坊衙门中的捕役人员往往出身于社会闲杂人员。康熙年间任东城御史的吴震方到任后就发现:"院司两坊皂役、班头皆京城积蠹巨憝,签票入手,即是居奇。一正

---

① 《清圣祖实录》卷124,康熙二十五年三月乙卯。
② 《清圣祖实录》卷125,康熙二十五年四月辛亥。屯拨什库,满语音译,即村屯的催办人。
③ 《巡视中城兵科给事中爱崇阿等奏为旗员被控抗不听传请饬遵从请案事》(道光二十一年二月十六日),录副奏折:03-4067-012。
④ 《巡视东城御史文博、御史张仲炘奏为镶黄旗满洲头甲喇铁山佐领下闲散宗室魁茂咆哮公堂不能审讯请旨惩办事》(光绪二十一年十月二十四日),录副奏折:03-5331-084。
⑤ 《清仁宗实录》卷190,嘉庆十三年闰五月庚辰。

役奉差，多至数白役相助，登门拘犯，声势泼天，蜂涌虎嚼，百计恐吓，拿至隐僻之处，不异强盗，劫人讲饷。其差役之钱多至百千，少亦五六十千。"① 这些司坊捕役以各种案件为牟利之机，导致告发案件者"未经审断，而骨肉已糜"。

为禁绝这一现象，清政府曾专门订立明条，命步军统领衙门"实力查禁，有犯必惩"②。道光十一年（1831）四月，巡视中城给事中明奎在分析五城窃案愈积愈多、讫无弋获的原因时，就指出："总由该捕役等纵容包庇，平日利其赃物，临时得钱卖放，此等情弊，实为可恶。"③ 道光十五年（1835）九月，鸿胪寺卿黄爵滋也称："近来京营各堆拨兵役，日久偷懈，百弊丛生，兵役名为捕贼，潜且豢贼，而番子为尤甚。"④ 坊捕营兵与盗贼勾结牟利，在坊间被俗称为"吃贼饭"，"兵役等唯利是图，罔顾法纪，平日取给于贼，谓之吃贼饭，或利贼赃物，或收贼分金"⑤。各种社会治安案件层出不穷，百姓受害不浅，但对于司坊官而言却不是坏事，有时往往成为底层官员牟利的契机。

除了兵丁捕役"养贼"之外，官差借办案之机进行勒索，亦属常见。康熙二十四年（1685）九月，有朝阳坊呈报赵良璧之妻缢死一案，案件尚未审理，总甲孙魁便收取了大钱六百六十六文，交给东城御史衙门。嘉庆九年（1804）六月，南城民人蔡德旺、匡廷等曾在土娼俞老儿、王玉儿家奸宿，案发后，南城书吏吴珍从中关说，收取蔡德旺"京钱壹百陆拾吊、钱票陆拾吊，私自完结"⑥。诸如此类，向原告收取费用，已是司空见惯，"如此则司坊官等处，以至胥役之婪吞者，不知几何，而庭讯之时、结案之后，所费又不知几何矣"⑦。报案时勒索原告，审讯时勒索被告，几乎是司坊吏役的常态。

借盗窃案牟利还有一种方式，就是通过窃贼认赃的方式勒索店铺。京城窃盗案件难以将赃贼一起抓获的一个原因就是销赃太快。一是"京城地

---

① （清）吴震方：《巡城条约》，"原告自拘"。
② 《清仁宗实录》卷255，嘉庆十七年二月甲戌。
③ 《巡视中城给事中明奎等奏报道光十年十月至本年三月底五城承缉各案已获未获事》（道光十一年四月二十二日），录副奏折：03-3932-023。
④ 《清宣宗实录》卷271，道光十五年九月丙申。
⑤ 《巡视西城工科掌印给事中况澄奏为近京地方捕务不力请饬查兵役包庇盗犯敬陈管见事》（道光十九年正月二十九日），录副奏折：03-2908-016。
⑥ 《巡视南城掌四川道监察御史德敏、巡视南城浙江道监察御史倪思淳奏为南城吏目高福业受赃违例结案请将其革职并一应人犯交刑部审拟事》（嘉庆九年六月初五日），录副奏折：03-2389-050。
⑦ （清）吴震方：《巡城条约》，"查革陋规"。

方向有黑市，为窃贼之渊薮，市贪其价贱，贼利于速售，一经交易，无从拿获"。二是"由杂衣换钱等辈广收贼赃，一经过手，便行拆毁改造，更难认识"。① 在这种情形下，各衙门兵役人员"每遇拿获盗案，必先究其物买何处，银换何家，随即带领多贼招摇街巷"，而这些贼犯也心领神会，"随意报指，则各差役即随意传呼"，至于各钱铺、当铺往往"畏法情深，恐受株连之累，即勿论其赃之果否买过，必多方贿求差役，但期以无事为安"。② 也正因如此，御史戈靖痛斥"京师地面各衙门设立官差，原所以供缉捕"，但结果却是"在官差役往往与贼相通，容隐分肥，辄以起赃为名，转相诬陷"。③

步军统领衙门书吏甚至向各营收取"窃案费"。按照规定，如果京师巡捕营以及步军营各营所承担的缉捕案件已经到期限满，却没有查获案犯，那么步军统领衙门"例应咨参"，给予承缉任务者以相应的惩处。但在步军统领衙门经办此事的经承书吏，"专司其事，每月收受各营规礼，名曰窃案费"，即如果向衙门书吏交纳了"窃案费"，即便"遇有限满之案"，也可以"代为压阁消弭"，不予处理。④ 这实际上变相纵容了盗窃案的积压。由此可见，在清后期吏治败坏的情形下，出现官匪一家的现象，绝非偶然。

其四，奖惩失灵。

清政府为调动五城司坊官的积极性，在严惩失职的同时，也进行奖励。但在缉捕盗窃案方面，所采取的措施始终存在奖惩失灵、进退失据的弊端。在清政府看来，五城司坊官完成本地缉捕盗窃案是其本职，因此往往重视惩罚，至于奖励则大多是针对司坊官拿获境外盗窃案犯。例如，嘉庆七年（1802）二月，当巡城御史明伦、茅豫等奏请对在拿获贼犯一案中出力的吏目杨立干予以奖励时，嘉庆帝认为："此等缉捕事件原系五城司坊官专责，如有拿贼多名并缉获紧要之犯，办理果能迅速，经朕加恩，或将该员量予议叙，或赏给缎匹，皆非可援以为例。乃自上年以来，步军统领、五城多有拿获寻常案犯，辄即奏请恩叙者，殊觉过滥。"嘉庆帝强调，"若似此拿获一二寻常案犯，乃职分应办之事，遽尔纷纷渎请，恐启侥幸之渐"。因此，杨立干"不必给予议叙"，而且"嗣后遇有拿获寻常案犯

---

① 《巡视北城工科给事中吴炜奏请弭息窃贼源流分别惩劝以靖地方以鼓吏治事》（乾隆八年七月初二日），朱批奏折：04-01-01-0090-031。

② 《巡视北城吏科掌印给事中征麟奏请严定盗案起赃章程事》（同治元年），录副奏折：03-5006-004。

③ 《清德宗实录》卷84，光绪四年十二月辛丑。

④ 《清德宗实录》卷153，光绪八年十月乙卯。

者，俱不准奏请议叙"。①

由于对五城司坊官缉捕盗窃案的奖惩失当，结果造成司坊官更愿意把精力放在抓捕邻境逃犯上，至于辖区内的盗窃案件则基本不上心。道光九年（1829）二月，王琦庆奏称，近来"各该坊官拿获邻境逃犯，奏请引见者颇不乏人，皆由该坊官等以本任窃案逾限不获，不过罚俸而止，即偶有弋获，亦属分内之事，不能格外邀恩，遂任捕役纵容包庇，且遇地方报窃，往往设法讳饰。而于邻境逃犯，则多方购求，希图甄叙，是以本任窃案，愈积愈多"。此后，道光帝也通谕五城御史，以后司坊官拿获邻境逃犯、奏请议叙的前提是，"必须确查本任有无承缉窃案"，如果任内"无承缉未获之案，方准送部引见"，"如有承缉未获之案"，则不准议叙奖励。②但由于针对司坊官的奖惩措施没有大的改变，这些约束往往形同虚设。

司坊官通过拿获境外发生的盗窃案犯，以邀功获赏，进而谋求升迁，其目的已是昭然若揭，其危害也是路人皆知，正如道光十三年（1833）七月御史周开麒所言："各坊官本任缉捕疏纵甚多，岂有才优于事、越境留心之理？即使果能越境留心，而职任废弛，即不得称为能事。似此本任之案不能弋获，而拿获邻境要犯数名，即可侥幸保举，滥邀甄叙。若司坊各官相率效尤，舍己芸人，于本任职司转多旷废，殊非整饬捕务之道。"③咸丰元年（1851）九月，清政府再次强调："嗣后各城指挥等官如能查拿邻境要犯，方准请旨，量予鼓励。若仅于该管地面访获寻常案犯，仍不得滥行请奖。"④但清政府除了不断重复强调五城司坊各官"务当严饬所属，不分畛域，一体查拿"，且不得"有取巧之心，置本任捕务于不顾"⑤之外，似乎已黔驴技穷，拿不出有效的解决办法。至清末，司坊官一味倾心于抓捕邻境盗贼，以至于清廷不得不规定，"司坊官员拿获斩枭盗犯三名以上者，准照章请奖，不及三名者，先行存记，至绅士拿获盗犯斩枭，每案无论获盗多寡，准照寻常劳绩请奖"⑥。由此可见，清后期政府对五城司坊官的奖惩措施已经严重失灵，陷入了进退两难的困境。

---

① 《清仁宗实录》卷94，嘉庆七年二月癸亥。
② 《清宣宗实录》卷152，道光九年二月丁亥。
③ 《清宣宗实录》卷240，道光十三年七月丁丑。
④ 《清文宗实录》卷43，咸丰元年九月丙寅。
⑤ 《清文宗实录》卷84，咸丰三年二月己卯。
⑥ 《钦命巡视北城察院崇高奏请将拿获持枪抢劫临境盗犯出力之司坊绅董分别奖励事折（附请奖衔名清单）》（光绪二十九年九月初三日），抄奏（抄单）：05-00758，原局号：051-001。

二、夜禁制度

中国历代王朝的都城大多施行夜禁（或称"宵禁"）制度，清代北京城也不例外。"北京所有的城门在傍晚八点钟关闭，即使是夏季，城门的钥匙也被送由都督保管，八点后不管什么情况都不得打开城门。"① 清制，实行夜禁的区域范围是内外城，"内外城夜禁，均于启关后关闭栅栏"②。具体时间是，"凡一更三点钟声已静之后，五更三点钟声未动之前"③，禁止人通行。

顺治初年即规定，京城内起更后，各胡同街道关闭栅栏，直到次日开启之前，"王以下官民人等不许任意行走"。城内各处街道，由步军统领衙门所管辖的步军尉等"分定街道界址，轮班直宿，步军协尉往来巡逻"。另外，还"设立更鼓传筹，所以联声势而儆宵小"。④ 即由更夫分别在一更、二更、三更、四更、五更时敲梆鸣锣。如果有不关闭栅栏及不传筹击柝者，察明议处。

夜禁时段内，也并非禁止所有人出行，诸如"奉旨差遣及各部院差遣"者，以及"因丧事、生产、问疾、请医、祭祀、嫁娶、燕会者"，只要向直宿官兵详细备案，"记其旗分、佐领、姓名、住址"，便可"开栅放行，按汛递交，不得羁留"。除此之外，如果无故夜行，均询记姓名，通知其家人或者是其左邻右舍，对于民人则拘禁，于次日呈报步军协尉，再转报步军统领；无故违例夜行的王公、官员，则送交宗人府和部院议罪，"旗人鞭五十，民人笞五十"；如果直宿兵丁隐瞒不报，或者受贿纵放，一旦被发现或被举报，则鞭一百，同时罚银三两给举报者。另外，相应负有管辖之责的步军协尉也要给以处分。⑤ 乾隆八年（1743）又定，"除延医觅稳等事不究外"，其余夜行者如果没有步军统领衙门和五城许可的"印牌"，"即行查究"。⑥

---

① ［英］约翰·巴罗：《我看乾隆盛世》，第 306 页。
② 《钦定八旗通志》卷 34《兵制志三·禁卫二·八旗步军营》，文渊阁《四库全书》影印本第 664 册，第 826 页。
③ 《大清律例》卷 19《兵律·军政·夜禁》，文渊阁《四库全书》影印本第 672 册，第 669 页。
④ 《金吾事例》"缉捕"上，"整顿捕务酌议条款章程"，"故宫珍本丛刊"第 330 册，第 62 页。
⑤ （乾隆朝）《钦定大清会典则例》卷 108《兵部·武选清吏司·夜禁》，文渊阁《四库全书》影印本第 623 册，第 213 页。
⑥ 《清高宗实录》卷 196，乾隆八年七月庚寅。

总体而言，清代京城夜禁制度的执行，在清前期较为整齐严格，嘉庆、道光朝以后则日渐废弛。另外，一年之中，夜禁的执行也会因某些特殊时期而有宽松之别。一般来说，皇帝出巡、回京之际较为严格，每年的除夕等节庆期间，夜禁则会网开一面。"向来岁暮十二月三十日夜间，京城内外官员军民人等均有辞岁之说，竟夜往来，车马不断，并有各铺户索欠者，均各持灯火来往，此皆相沿成风，原属不禁。"在内忧外患之际，比如咸丰初年，内有太平天国起义、捻军起义，外有英法联军的入侵威胁，也会特别规定除夕不得拜年，"官员军民人等统于正月初一日白昼方准拜年"。①

清代京城夜禁的规定虽然严格，但执行中弊端百出。对于高官显贵而言，夜禁几乎形同虚设，看守栅栏的步军看街兵、巡逻街道的步军协尉往往只敢严查普通旗民、负贩挑夫之人，卑劣者甚至百般刁难，勒索财物。例如，康熙二十三年（1684）间，"步兵看守街道、司更巡警，原以防闲匪类，近见凡系贵显之人多带仆从夜行，并不缉拿。惟微贱单身行走，即行缉拿，勒索财物，甚而向负贩者索取所卖薪炭等物，以致民人嗟怨"②。

自清中期始，京城堆拨、栅栏废弃严重，夜禁管理也日趋涣散。嘉庆十一年（1806）三月，御史杨昭奏称："近来京师南城七门以内，惟初更传梆，更尽收梆，其一更以至五更，堆卡间既不巡更敲梆，栅门不掩，夜行不禁，城外亦复如是。""京城内外设有堆卡，专司巡防，该兵丁等自应各就地面，彻夜往来，按更击柝，互相联络，栅门必扃，夜行必禁，稽查方能得力。从前左右翼总兵轮流在南城外驻扎，尚可就近督察，近年来自因总兵移驻城内，该处营汛将弁未免渐形怠弛，兵丁等巡逻亦相率疏懈，是以窃盗频闻。"③ 嘉庆十二年（1807）十二月，给事中周廷森奏："近年来渐就废弛，每于定更后击柝两三次，旋各闭门安寝，寂不闻声，甚或灯烛不设，内外城一律如是。"④ 承平日久，管理松懈，几乎是清王朝的普遍现象。

清后期，随着营汛体系败坏，八旗绿营官兵涣散，京城内外堆拨、栅栏大多废弃糟朽，夜禁制度也基本上名存实亡。道光十五年（1835）九月，给事中周开麒奏称京城前三门外，"近来营汛堆拨夜间寂无梆锣，暗

---

① 《国子监祭酒奎章奏请严禁五城铺户夜间持灯火来往索欠以防奸宄混迹事》（咸丰三年十二月初九日），录副奏片：03-4170-069。
② 《清圣祖实录》卷114，康熙二十三年二月乙巳。
③ 《清仁宗实录》卷158，嘉庆十一年三月戊午。
④ 《清仁宗实录》卷190，嘉庆十二年十二月乙酉。

无灯火,竟有仅存空屋,并无兵丁守夜之处"①。道光二十八年(1848)九月,步军统领衙门条陈,"近来地面更鼓,自夜达旦,寥寥罕闻,屡经谆切告诫,不啻至再至三,无如地面各官疲玩性成,毫无整顿"②。为加强监督,步军统领衙门派副翼尉二员,"专管督催更鼓,巡查街道"。咸丰四年(1854)十一月,据御史杨重雅亲身体验,"每遇夜间进城时,并未见有兵役在街巡缉,仅在厅内击柝,似此疏懈,各处营汛几同虚设"③。可见,整顿措施并未见效。

三、堆拨与栅栏

堆拨与栅栏是清代北京城用于城市治安和社会控制的新手段。栅栏起源于明末,由于明代以来坊铺、里甲制度的涣散,"四方游民潜居京师者日众,朝廷不得不向历史妥协,采取街巷设障碍限定自由往来的方式达到管理的目的"④。明亡清兴,清代继承了这一办法,在北京内外城中的主要胡同、街道皆设堆拨(意为驻兵之房)、栅栏,由额设步军营或巡捕营兵驻守,白天打扫街道,巡查来往行人,夜晚则看守栅栏,晨开暮闭,"凡乘夜出入者必须向该兵丁叫令开门,该兵丁即从而盘诘"⑤。乾隆五十八年(1793)七月,随英使马戛尔尼使团到访北京的斯当东就曾记述:"有些街道很狭,街头入口处安设街门,附近住着维持秩序的警卫。街门白天开着,夜里关起来,非遇紧急事故不开街门。"⑥另外,在皇帝前往郊坛、巡行外地出入京城,以及刑部在菜市口监斩人犯时,为避免"街市闲人拥挤",也会由营城文武地方官提前"清理街道,严闭栅栏,不许闲人往来"。⑦

关于内外城堆拨、栅栏的数量,并无固定统一的数字。据《金吾事例》,八旗额设堆拨七百三十五座、计房一千五百间,更房一千一百零二

---

① 《清宣宗实录》卷271,道光十五年九月甲寅。
② 《金吾事例》"缉捕"上,"整顿捕务酌议条款章程","故宫珍本丛刊"第330册,第62页。
③ 《清文宗实录》卷148,咸丰四年十一月癸丑。
④ 李宝臣:《北京城市发展史·明代卷》,第156页。
⑤ 《福建道监察御史杨腾达奏请稽查京都内外城各胡同口栅栏以安民居事》(嘉庆二十四年十一月十九日),录副奏折:03-1605-040。
⑥ [英]斯当东:《英使谒见乾隆纪实》,第349—350页。
⑦ 《清仁宗实录》卷75,嘉庆五年十月癸亥。

间，栅栏一千二百十九座。① 乾隆五十九年（1794）十二月，京城内共设有栅栏一千二百十五座、堆房一千零四十三座。② 据乾隆朝《钦定大清会典则例》，乾隆十五年（1750）时外城栅栏四百四十座。十八年时，内城栅栏一千一百九十九座，皇城栅栏一百十六座。③ 同治元年（1862），户部尚书兼步军统领瑞常在一份奏折中称，"京城八旗地面堆拨共七百三十三座，栅栏计一千一百四道"④。栅栏基本位于胡同街道口处，堆拨则散布于城门、城墙、城内外街道、衙署府库以及园庭苑囿等各处。加之不同历史时期栅栏、堆拨之兴废，统计数字互有差异，实属正常。同治元年（1862）的一份奏折中称："旧例，皇城额设堆拨九十，内城堆拨六百二十六，每汛满蒙汉步军各十二人，以步军校统之。外城堆拨九百五十，每堆拨马步兵二人，以哨司之千、把总统之。每堆拨俱设更筹，往来传送，竟夜逡巡，棋布星罗，极为周密。"⑤ 该统计数字，不仅针对内外城，而且包括了皇城，堆拨总数达到了1666处。结合各种材料，大略而言，内城栅栏一千余道，外城栅栏近五百道，内城堆拨七百余座，外城堆拨九百余座。

栅栏主要安设于内外城各胡同口处，用于社会治安的管理，始于明代。据《明熹宗实录》记载，天启五年（1625）六月，巡城御史余城条陈，"备防御之要，于一街一巷择其扼要处，各设栅栏，以为屏障，申夜巡之法"⑥。入清以后，清政府对内外城的街巷管理，延续了明代设立栅栏的做法。康熙九年（1670）三月，鉴于"京城内外恶棍肆行无忌，或借端挟诈、勒骗钱财，或公然剽夺、侵扰市肆，或纠伙横行、凶殴良民"，康熙帝命兵部等部门商议解决办法。⑦ 四月十一日，兵部、都察院遵旨议覆，建议"城外各巷口，照城内设立栅栏，定更后官员军民等不许行走"⑧。可见，康熙九年之前外城街巷并没有栅栏，此后才仿照内城开始

---

① 《金吾事例》"章程"卷4，"八旗官厅堆拨更房栅栏数目"，"故宫珍本丛刊"第330册，第271页。
② 《金吾事例》"章程"卷1，"岁修堆拨栅栏"，"故宫珍本丛刊"第330册，第159页。
③ （乾隆朝）《钦定大清会典则例》卷135《工部·都水清吏司·栅栏》，文渊阁《四库全书》影印本第624册，第255—256页。
④ 《户部尚书兼步军统领瑞常等奏为遵旨会议京城八旗地面修理栅栏请饬正蓝旗满洲都统移交捐输官号钱粟事》（同治元年正月初八日），录副奏折：03-4768-003。
⑤ 《巡视中城御史承继等奏请饬下步军统领会同五城循照旧章申明夜禁事》（同治元年），录副奏片：03-4670-038。
⑥ 《明熹宗实录》卷60，天启五年六月戊寅。
⑦ 《清圣祖实录》卷32，康熙九年三月辛未。
⑧ 《清圣祖实录》卷33，康熙九年四月丁酉。

设立。

堆拨为土木结构的房屋，栅栏则基本上是木制构造，也有少量的铁制栅栏。栅栏的做法，一般而言，"栅身均用松木，走扇枨用榆木，上安披水，旁立直柱，下护戗木，管脚顶、套顶、戗顶、将军石、轮毂石等各石工，戗斗、挺钩、曲须、裹页、寿福海、招拌、耐磨桶等各铁工，并余塞墙、余塞栅栏等工，长短、宽窄、大小、厚薄，均有定式"①。

这种构造的栅栏以及土木堆房，例有保固时限，都需要经常维护。以乾隆朝为例，乾隆二十九年（1764）十月，河南道监察御史曹学闵曾经奏请修整外城栅栏，当时乾隆帝虽然谕令派兆惠、阿里衮、英廉、钱汝诚等人"相度办理"，但此后三年并未动工。三十二年（1767）十月，曹学闵再次奏称修整外城栅栏已经刻不容缓，"各处栅栏不但不能启闭，并植木亦多无存，似未便再行延缓"。② 这才得以整修。乾隆四十八年（1783），再次进行大修，至乾隆五十九年（1794）十二月，步军统领衙门又奏请"现应修理"。大致而言，乾隆朝整修京城栅栏和堆拨的频率是十年一次。

堆拨、栅栏的管理和维护，归属于步军统领衙门。其修缮费用，来自八旗步甲饷银内每两扣存的贰分平余银两，"每岁可存银捌千余两，以为岁修之用"③。嘉庆二十四年（1819）十月，步军统领英和奏称，八旗步甲扣留的平余银，每年可得银三千七百两，五营朋扣（从官兵俸饷中扣除一部分银两作为官养马匹的经费来源）每年可得银七千余两。可见，步军统领衙门所扣存的八旗步甲平余银也并非定数，这些费用的开支主要用于八旗、五营岁修官厅、栅栏、堆拨、军装、器械之用，每年也基本没有多少剩余。对于各项维护，步军统领衙门根据紧急与否，大致分为急修和缓修二项，凡是"坍塌倒坏过甚，难以栖止者，作为急修，立予粘补修理"；至于"仅止渗漏、闪裂尚可居住者，自应作为缓修，暂令栖止"。④

清中后期，随着太平日久，京城防务懈怠，很多堆拨、栅栏难以得到及时修缮。乾隆二十四年（1759）十一月，乾隆帝祭坛，经过午门时，见"两旁堆拨多有污秽不洁之处"⑤，其他地方可想而知。嘉庆四年（1799）

---

① 《巡视西城给事中皂麟等奏报遵旨查勘京城前三门等处栅栏情形事》（嘉庆十八年十二月二十日），录副奏折：03-1603-035。
② 《河南道监察御史曹学闵奏为修整外城栅栏未便再行延缓事》（乾隆三十二年十月二十七日），录副奏折：03-1125-034。
③ 《金吾事例》"章程"卷1，"岁修堆拨栅栏"，"故宫珍本丛刊"第330册，第159页。
④ 《步军统领英和等奏为修理官厅栅栏堆拨房间请借生息款项事》（嘉庆二十四年十月二十九日），录副奏折：03-2103-089。
⑤ 《清高宗实录》卷600，乾隆二十四年十一月庚戌。

三月，太仆寺卿阎泰和奏称："各处栅栏年久，渐就倾坏，甚有木植损失不全者，应请旨交该管衙门勘估修理。"①嘉庆十二年（1807）七月，掌江南道监察御史福兴额奏称："现在各处巷口栅栏，每夜多不关闭，此内竟有伤损倒坏、泥土壅塞、不能关闭之处，以致整夜各巷俱通，闲杂人等任意往来，往往贪夜酗酒滋事，且使不法匪徒更易乘间行窃，扰害良民，毫无拦阻。"②嘉庆十四年（1809）十二月，御史陈中孚奏称，"各街栅栏近有朽腐损折之处，毫无关拦"③。在各处栅栏朽烂、倒坏的情形下，步军统领衙门"以栅栏、更房坍塌甚多，现存步甲贰分平余银两不敷修理"④，于嘉庆十五年（1810）九月奏请交工部整修，次年完工，这是一次内外城堆拨、栅栏的大修，共用工料银十二万九千余两。

与很多官修工程一样，承修者往往偷工减料，损公肥私。以往的堆拨、栅栏整修未见相关验收资料，但嘉庆十六年（1811）的这次栅栏整修效果，在三年后被查验。嘉庆十八年（1813），京城遭遇天理教起义事件，嘉庆帝要求彻查京城堆拨、栅栏的情形。也正是在这次勘察中，完工于嘉庆十六年的此次栅栏整修质量得以验证。嘉庆十八年十二月，经五城查勘后奏报，此项栅栏发帑修理未逾三载，便出现各处"糟朽脱落"，为查明十六年承修时是否存在"工料或有不实，抑或本有遗漏未经普修"的情形，嘉庆帝令都察院派遣满汉科道各二员，"提取工部原报座落地方木料做法，将五城所属栅栏二百八十九座详细检查"。按照五城详报原册档案，有关人员对旧存栅栏三座以及新修栅栏二百八十九座进行了逐座查验，结果发现，"临街处所栅身虽较完具而材植单薄，半多杂木，以致栅扇倾斜，有碍启闭。余或尺寸不敷，不能合扇，或旧料截凑，糟朽失形，或披水不全，或戗木短少，或走扇石轮间有残缺，或余塞墙栅渐多坍塌，铁石等料均不齐全，而座落偏远处所，竟有全扇脱落者"。"各栅座柱脚石轮，半为泥水淤塞，积久浸透，尤易损坏。其钉锔、曲须等项，以备关锁之用者十无二三，或系原修时本无此件，抑系既修后间被偷窃，均未可知。"⑤无疑，新整修未及三年、近三百座栅栏的质量大多不过关。嘉庆十九年

---

① 《太仆寺卿阎泰和奏请五城巡查缉捕事宜变通办理事》（嘉庆四年三月初六日），录副奏折：03-1476-020。
② 《掌江南道监察御史福兴额奏为严查京城各处巷口栅栏启闭以重地方事》（嘉庆十二年七月初八日），录副奏折：03-1600-033。
③ 《清仁宗实录》卷222，嘉庆十四年十二月戊子。
④ 《金吾事例》"章程"第1，"岁修堆拨栅栏"，"故宫珍本丛刊"第330册，第159页。
⑤ 《巡视西城给事中皂麟等奏报遵旨查勘京城前三门等处栅栏情形事》（嘉庆十八年十二月二十日），录副奏折：03-1603-035。

(1814)的这次补修,主要是修理内城栅栏,共用工料银六万六千余两。

内城很多栅栏甚至因年久失修而被撤除。例如,地安门外关帝庙前,"原设红木栅栏一道,庙垣内外得以扫除洁净",至嘉庆二十四年(1819)时,"栅栏朽缺,近年不记月日,忽将木栅全行撤去,致令闲杂人众作践喧哗,庙门咫尺之地,不免垢浊"。当年九月,各处祠庙奉旨修整,这才由江南道监察御史保盛提出"应仍前修建,以复旧观"。重修补建的毕竟是极少数,大多数情况下,"境内各处胡同口均有栅栏,原系官为修理,例有保固年限,近日亦损失不全者居多"。①十一月十九日,福建道监察御史杨腾达奏称:"自近来栅栏坍塌者多,其栅栏坍塌之处既无栅栏为之阻止,凡乘夜出入者,即不须向该兵丁叫令开门,该兵丁亦直置而不问,难保无宵小溷迹其中。"② 大量栅栏的倒坏,自然也为堆拨兵丁推卸盘查之责提供了借口。鉴于保盛等人所反映的情形,嘉庆帝命工部会同步军统领衙门重修了地安门关帝庙前的栅栏,又命步军统领衙门、五城对京城内外各巷口栅栏再次进行彻查,"如有保固限内坍损者,著落原修之员赔补"③。

道光元年(1821),步军统领英和奏请修缮堆拨。相对于栅栏而言,堆拨房的保固期要长久一些,修整没有那么频繁,"溯自(嘉庆)十五年大修堆拨后,迄今已逾十年",经步军衙门调查,"现经本年七月以来连次大雨之后,又据旗营呈报坍塌官厅衙署堆拨房,共二千八百七十四间,八旗损坏栅栏七百余座,此内有从前修理保固限内损坏,应承修各员赔修者二百八十座"。其中,原派监督、现任工部主事伊积芬应赔一百二十三座,大臣福庆、桂芳及监督内务府郎中英宝、户部员外郎玉符应赔一百五十七座。④

因八旗厅堆拨、栅栏损坏甚多,道光十四年(1834)清政府责令八旗协、副尉自行捐修,奏请奖励。道光二十三年(1843),据左、右两翼翼尉禀报,八旗堆拨损坏一千三百六十五间、栅栏损坏八百四十七座,可见当时损坏的堆拨、栅栏已是绝大多数。鉴于经费拮据,只是计划"择其紧

---

① 《江南道监察御史保盛奏请修理地安门外关帝庙门外栅栏等事》(嘉庆二十四年九月初五日),录副奏折:03-1641-012。
② 《福建道监察御史杨腾达奏请稽查京都内外城各胡同口栅栏以安民居事》(嘉庆二十四年十一月十九日),录副奏折:03-1605-040。
③ 《步军统领英和等奏为修理官厅栅栏堆拨房间请借生息款项事》(嘉庆二十四年十月二十九日),录副奏折:03-2103-089。
④ 《步军统领英和等奏为旗营官厅堆拨坍塌亟须修理事》(道光元年九月十九日),录副奏折:03-3622-009。

要处所",拟整修各巷口栅栏二百九十四座、堆拨房四百三十一间,共需用银伍万捌千玖百余两。但这次整修计划并未付诸实施,"时因停工,未经修理"。直到道光三十年(1850)九月,经步军统领衙门重加查勘,统计损坏坍塌、亟应修理的栅栏是一千一百四十座、更房五十二间,共用银二万二千余两。① 由以上并不完全的资料可见,嘉庆、道光时期京城的堆拨、栅栏不仅损毁严重,而且很难得到及时修缮。

进入咸丰朝,随着清后期京城巡防懈弛,堆拨兵丁玩视公事,各巷口的栅栏疏于管理,损伤倒坏,几无幸存。咸丰元年(1851),查出镶黄旗所属地面堆拨、更房空误兵丁"竟有九十余名之多"②。"各胡同栅栏因雨淋日炙,年久圮坏,其甚者板片无存,稍存者亦倾颓过甚。经费不充,未经修理,启闭无凭,地界莫辨,闲街僻巷,几若通衢,昏夜深更,宵小伺便。兵役来则暂为退避,兵役去则任意往来,虽缉捕勤奋者,势难逐处而时时逻察之。累年窃盗各案层见叠出,甚至积月经年,莫能跟从而破获者,因其来也无所拦截,其去也无所遮留,不尽捕务之不力,抑栅栏之先弛其防也。"③ 很多巷口的栅栏消失不见,即便择要处添加一二,由于堆拨、栅栏体系已经被严重破坏,以至于当五城御史奏请"大街添设栅栏"时,咸丰帝都认为该建议"窒碍难行",而只是例行公事地要求步军统领会同五城"实力稽查弹压"。④ 看来,修修补补已经无济于事。

咸丰朝以后清政府内忧外患,国帑捉襟见肘,官修堆拨、栅栏几乎无暇顾及,也力不从心。在这种情形下,京城内的堆拨、栅栏重修,主要靠捐资兴办。咸丰五年(1855)五月,北城羊肉胡同一带首事候选知州桑煃、候选府经历胡天佑筹资修建栅栏,又添置水龙、水桶。在香炉营一带,宛平县廪贡生候补教习高敬燨"因约内大小胡同十四处,地段空阔,栅栏不齐,独力捐添大小栅栏九处,砌墙三段"。⑤ 在政府力量缺失的情形下,绅商捐办成为清末北京城市管理的救命稻草。

咸丰朝是多事之秋,京城巡防任务加剧,所谓"奸宄贼道"层出不穷,虽然自嘉庆朝推行的"户口门牌之法"时好时坏,但有识之士普遍认为通过稽查户口以巡防缉盗,要想发挥作用,宜与胡同栅栏结合起来。咸

---

① 《金吾事例》"章程"卷1,"岁修堆拨栅栏","故宫珍本丛刊"第330册,第159页。
② 《清文宗实录》卷37,咸丰元年七月丙戌。
③ 《掌贵州道监察御史贺寿慈奏请饬议捐修京都内外城栅栏并严定启闭章程事》(咸丰十年四月二十九日),录副奏折:03-4520-051。
④ 《清文宗实录》卷105,咸丰三年九月戊申。
⑤ 《户部右侍郎王茂荫等奏请奖励候选知州桑煃等捐添京城北城等处栅栏等事》(咸丰五年五月初四日),录副奏片:03-4170-107。

丰十年（1860）四月二十九日，掌贵州道监察御史贺寿慈在奏请倡议捐修京城内外城栅栏时，就力持此议："盖奸宄贼道多假僻地为幽居，便于昼伏而夜动，户口门牌第可稽其白昼之窝藏而不能禁其贪夜之踪迹，惟栅栏之启闭有以扼其来往之途而钳制之，纵具矫捷之能事者亦将怯步而生畏，无事则静谧有余，有事则兜拿亦易，可以知段落所由分，即可补缉捕所不足。"贺寿慈认为："欲境内之肃清，莫要于稽察奸宄，欲奸宄之敛迹，莫先于修理栅栏。"尽管整修"工程动用需费必多"，但"整顿地方众擎易举"，而且不必依靠官办经费，可以倡议民间捐资筹办，因为"栅栏之足以防制盗贼，绅商士民群焉知之，栅栏不修而盗贼滋甚亦群焉知之"，既然"因众所共知之事，图众所称便之工"，只要"一经朝廷之谆劝，未有不踊跃乐从者"。因此，他建议朝廷"饬下管理栅栏工程之衙门，详细履勘内外城各胡同"，弄清楚"应行另造者若干处，应行补葺者若干处"，然后各就地段情形劝谕住户，"无论官民，一体出赀，无力者听其酌量代凑，或令量力捐赀，为数较钜者，照捐修城垣之例，给予奖叙，因地兴修。仍听官为经理，予工人以保固期限，其经费宜广为筹备，俾料实工坚，倘捐有余数，妥筹生息，作递年修理之用"。①应该说，在当时的情形下，贺寿慈这种发动京城官绅商民、集资捐办的建议也是亡羊补牢的无奈之举。

这项建议得到了朝廷的支持，步军统领端华首先奉旨"令各官捐输修理堆拨栅栏之款"，"令大小各员捐赀修葺"，但在清代的官僚体系下，好的政策往往未必能得到好的结果，这一点再次被验证。虽然"所捐之钱大半缴齐"，"钱文暂存正蓝旗满洲都统衙门"，但直到次年底，栅栏工程"竟无着落，并未见修，且废弃日甚"。风闻此事的山东道监察御史瑞亨于咸丰十一年（1861）十月二十七日上折请旨"饬下步军统领衙门，咨提次款，派委妥员，仍按旧式赶紧将各巷口损坏堆拨、栅栏一律修理整齐"。同治元年（1862），浙江道监察御史梅启照又奏请"可否饬下步军统领及各衙门查明已缴捐修栅栏钱文，责成赶紧修理，其续有捐赀者即令各胡同住宅及铺户居民人等自行酌商添建修葺"。②

当时统计，"京城八旗地面堆拨共七百三十三座，栅栏计一千一百四道，其堆拨坍塌者固亦不少，而栅栏完整者实属无多"，如果"遽议兴修，

---

① 《掌贵州道监察御史贺寿慈奏请饬议捐修京都内外城栅栏并严定启闭章程事》（咸丰十年四月二十九日），录副奏折：03-4520-051。
② 《山东道监察御史瑞亨奏请修复京城八旗地面栅栏事》（咸丰十一年十月二十七日），录副奏折：03-4331-041。又，《浙江道监察御史梅启照奏请饬步军统领及各衙门查明已缴捐修栅栏钱文责成赶紧修理栅栏事》（同治元年），录副奏片：03-4768-094。

所需工价银两,约在数万余两之多"。面对大量"损坏栅栏及坍塌较重之堆拨,若概行修复,所费不赀,自应权益办理,择要兴修,惟无款可筹,殊觉棘手"的局面,户部尚书兼步军统领瑞常也建议先利用正蓝旗满洲都统衙门所存的"捐输之项"共计官号票二万四百九吊,"即以此项钱文先行择要兴修"。其余应修栅栏,"倘此项捐款不敷,如各胡同居住殷实之家有情愿各出赀财,不经吏胥之手,自行雇觅人夫、购备物料、捐修本胡同栅栏者,所费工价无多,自必乐从,以资保卫而易稽查"。① 此后,京城栅栏基本上是寄望于"就近商民随时修补"②。

一边是百般筹集资金兴建堆拨、栅栏,另一边却是"城上直班旗兵,偷拆堆拨木料"③。同治二年(1863)正月初三日五更时,南城团防绅董带勇夜巡时,在晓市地面突遇二人扛一檩子私售,经讯问,一名是正蓝蒙古葛浑佐领下马甲海全,另一名是厢白满洲富成佐领下养育兵吉升,二人"所买木料乃私拆正阳门迤东城上空闲堆拨",吉升还交代其父领催定福"伙同行窃,或檩或椽,每于夜静更深,从城缒下,乘间运至城外售卖,前后计十二次"。堆拨旗兵不能尽职尽责,"已属不成事体","乃以防奸之兵,竟为行窃之人"。④ 京城防务之败坏,于此可见!

进入光绪朝,"各堆拨直班官兵率皆空额,或雇老幼顶替,或任妇女杂居"⑤。甚至,东安门内外、西长安门前三座门一带的堆拨所在地"竟有晒晾马粪情事"。"京城内外街道栅栏,岁久失修,旧制废弛,甚至有朽烂不堪、遗址无存者。"⑥ 与此同时,诸如诨号"滚地雷松保""蹶嘴惠林""矮金刚李浚泉""大刀李兰轩""大太岁纪二回回""小太岁""小军师古香臣""金刀赵四"等名目的地痞无赖横行街道。⑦

五城栅栏"现均残缺糟朽,工程浩大,碍难饬令商民修补"。因此,当光绪十二年(1886)十一月,御史魏乃勷奏请"饬下五城御史劝捐集

---

① 《户部尚书兼步军统领瑞常等奏为遵旨会议京城八旗地面修理栅栏请饬正蓝旗满洲都统移交捐输官号钱票事》(同治元年正月初八日),录副奏折:03-4768-003。
② 《山东道监察御史夏献馨奏请申明旧例安设栅栏以靖奸宄事》(同治四年八月初四日),录副奏折:03-4769-082。
③ 《清穆宗实录》卷55,同治二年正月乙丑。
④ 《巡视南城刑科掌印给事中志文、巡视南城掌广东道监华视三奏为拿获马甲海全等盗卖堆拨木料请饬严讯事》(同治二年正月十八日),录副奏折:03-5052-005。
⑤ 《清德宗实录》卷92,光绪五年闰三月乙未。
⑥ 《御史吴协中奏为请饬步军统领衙门五城御史迅将京城内外栅栏照旧修整事》(光绪十一年),录副奏片:03-5685-038。
⑦ 《清德宗实录》卷144,光绪八年三月庚戌。

赀"①，陆续修复五城栅栏时，掌广西道监察御史祥祐上奏表示，这一办法根本不可行，因为"都门现在情形街市生意淡薄，小民谋食维艰，若令捐赀实恐力有未逮，而且僻静巷隘居多，皆系零星住户，此项工程浩大，更难责令捐修。且向系官修之工，一旦派办民间，必启惊疑，尤恐吏胥纷扰，滋生事端，是安民而反以扰民，不惟无益于事，抑且有伤政体"。民间捐办不可行，则只能官办，因此祥祐建议仍由工部会商户部，"能否筹款兴修"。②光绪十五年（1889），御史本贵也认为栅栏的修建应由工部筹款兴修而非民间捐资自建，因为如果"仍责令商民修补，微特工费浩繁，力有未逮，且恐官役等藉公勒索扰累市廛，致滋流弊"③。尽管奏请者不断，然而，千疮百孔、岁久颓圮的京师内外城栅栏，最终也没能排上议程，亡羊补牢，为时已晚。

四、保甲与什家户

保甲是宋代开始出现的一种通过户口编制以进行社会管理的制度。推行保甲制的重要基础是户口编制，但不等于户籍管理本身，因为，"从来编查保甲，为缉奸要务"④。

入清以后，清政府亦在地方城市和乡村，包括京畿顺天府，推行保甲制，但主要针对民人。至于旗人，虽然也在康熙中期以后，仿照保甲制施行屯目、乡长制度，但基本上旗人隶属八旗，旗人户籍与一切事务，地方官员基本无权过问。

京师内外城，自清初以来，依然保留着明代以来的"什家户"法。康熙年间曾任东城御史的吴震方就曾经在任内推行保甲，所撰《巡城条约》曾述其大致情形："今时近寒冬，窃盗易生，尤宜戒备，但各坊虽有番役、兵丁巡缉，而街巷人居错杂，未能联络。欲使家自为卫，人共为守，莫善于十家牌之法，挨户轮流守栅救护，且按籍而稽，易于觉察。为此牌仰该司坊官吏照禀事理，令两坊甲役立将本城内外人户，逐一查明，按单填注

---

① 《御史魏乃勷奏请旨饬下五城御史劝捐集赀修复旧有栅栏事》（光绪十二年），录副奏片：03-5512-097。

② 《掌广西道监察御史祥祐奏为修复五城栅栏碍难捐办请旨饬工部勘查会商户部筹款兴建事》（光绪十二年十二月十三日），录副奏折：03-5512-105。

③ 《御史本贵等奏为外城各街巷口旧设栅栏年久失修请旨饬下工部查勘筹款兴修事》（光绪十五年），录副奏片：03-5513-084。

④ 《清宣宗实录》卷450，道光二十七年十二月辛酉。

姓名艺业、男女丁口，有无附居，印粘木牌，悬之户首。无论士庶，挨轮守栅，昼夜警护，互察奸宄。"① 乾隆末年，随英使马戛尔尼访华到访京城的斯当东也记述了内城"什家户"法："北京人口虽然这样多，但秩序良好，犯法事件很少。同英国古代十家联保制度差不多，在北京每十家中有一家必须对其余九家的行为负责，实际上也就是九家归一家管。城内打更守夜制度严格执行，全城好似一个兵营，人们住在里面享受安全，但也受一点限制。"② 斯当东对十户之间联保连坐关系的描述虽然有所偏差，但也说明当时的内城的确实行着"什家户"制度。后来，内外城保甲几乎荒废。究其原因，推行不力可能只是其中的表象，更重要的因素是保甲法原本所依赖的宗族血缘体系在城市中的维系能力已经大为弱化，"保甲一法，原系比闾族党之遗制"③，而京师人口流动性强，"邻佑人等亦因漠不关心，不能互相觉察"④，加之京城旗民分治，内城有八旗驻防，外城有坊捕营汛，因此"五城所属各村庄向来并未照州县之例，编联保甲"⑤。

随着清代赋役制度的变化，以及京城社会治安的需要，编查保甲自乾隆朝又重新受到重视。乾隆八年（1743）七月初二日，巡视北城工科给事中吴炜奏请加强各坊对各铺居民的清查："现在五城地方每铺俱设有捕役，又各铺俱设有总甲。臣请于各铺居民人等，每月令该坊官清查壹次，如无生理而踪迹可疑者，令总甲预行查报，严加驱逐。如总甲稽查不实而该坊有失事者，除将该坊官照例处分外，仍将总甲惩治。其各铺该管地方，令五城坊官会同三营武弁并督率坊役兵丁，一并巡逻，未事则互相防护，失事则协力缉拿。"⑥ 吴炜的建议是重新重视明代以来的坊铺总甲制，由各坊铺的总甲对各铺中居民进行清查。这虽然不是保甲制，但其意相仿佛。

乾隆二十二年（1757），清政府更定保甲之法，在全国范围内整顿推行保甲制。其中，顺天府、五城所属村庄暨直省各州县乡村，每户由地方官岁给门牌，门牌上写明家长姓名、生业，附注男丁名数，"出注所往，入稽所来，有不遵照编挂者治罪"。十户为牌，立牌长，十牌为甲，立甲

---

① （清）吴震方：《巡城条约》，"严行保甲"。
② [英] 斯当东：《英使谒见乾隆纪实》，第367页。
③ 《清仁宗实录》卷58，嘉庆五年正月己卯。
④ 《巡视中城御史嵩安等奏为遵旨编查京师保甲事》（嘉庆十八年十月二十六日），录副奏折：03-1603-029。
⑤ 《钦定台规》卷20《五城四·保甲》（道光朝四十卷本），"故宫珍本丛刊"第315册，第237—240页。
⑥ 《巡视北城工科给事中吴炜奏请弭息窃贼源流分别惩劝以靖地方以鼓吏治事》（乾隆八年七月初二日），朱批奏折：04-01-01-0090-031。

长，三年更代，十甲为保，立保长，一年更代。"士民公举诚实识字及有身家之人，报官点充，地方官不得派办别差。凡甲内有盗窃、邪教、赌博、赌具、窝逃、奸拐、私铸、私销、私盐、踩曲、贩卖硝磺，并私立名色敛财、聚会等事，及面生可疑、形迹诡秘之徒，责令专司查报。户口迁移登耗，责令随时报明，于门牌内改换填给。"与此同时，"绅衿之家与齐民一体编列"，"旗民杂处村庄一体编列"。但这次编查保甲，仍然针对的是"五城所属村庄"以及大兴、宛平二京县管辖范围内的村庄，还没有真正将北京内外城全部纳入其中。

乾隆三十一年（1766），清政府再次谕令五城所属各村庄编联保甲，"按其居民户口，照例酌编，责成副指挥等不时查察，如有容留不肖之徒藉端生事者，一经查出，将各该保甲一并严究"。乾隆四十年（1775），清政府明确"大、宛两县亦不得竟置户籍于不问"，要求对五城所属村庄编查保甲时，所有五城管辖地方，由司坊各官会同大兴、宛平两县会同办理。

至嘉庆朝，在全国范围内进一步强化编查保甲的形势下，将京城全范围纳入保甲体系的需求也日益凸显。六年（1801），嘉庆帝在一次谕旨中称："各省俱有设立保甲以缉奸宄而靖地方，节经饬令各该督抚实力奉行。至京师为辇毂重地，五方杂处，尤易藏奸，自应加意整饬，以收实效。"①此次谕令中，嘉庆帝虽然没有明确指示京师内外城开始编查保甲，但已经透露了这种倾向。

促使嘉庆帝下决心要求京城内外编查保甲的契机，是嘉庆十八年（1813）九月十五日发生的天理教徒林清起义闯入紫禁城的事件。九月三十日，经御史程赞宁奏准，京城内外编查保甲，"查顺天府、五城所辖地面甚广，应令分别旗民，造册编排"②。十月二十日，嘉庆帝谕内阁："本年九月十五日，贼匪突入禁城一案，为从来未有之事。虽渠魁业已就获，明正典刑，而助逆从犯在逃者尚多。"在严厉斥责步军统领、顺天府、五城"堕因循疲玩恶习，殊堪切齿愤恨"之后，命令"现在京城内外，交顺天府、五城分别旗民编查保甲，即刻奉行"。③

一开始，京师外城是重点，主要由五城、顺天府负责。十月二十六日，经巡视中城御史嵩安奏准，进一步明确了五城添设门牌等措施。"惟

---

① 《钦定台规》卷20《五城四·保甲》（道光朝四十卷本），"故宫珍本丛刊"第315册，第237—240页。
② 《清仁宗实录》卷275，嘉庆十八年九月癸巳。
③ 《清仁宗实录》卷277，嘉庆十八年十月癸丑。

查牌长、甲长、保长，向例只行于村庄，而京城以内则系责成房主、邻佑，诚以万方辐辏，商民杂处，往往僦屋而居，迁移靡定，非同村庄世守厥业，出入与偕者可比，故于稽查之中仍寓不致纷扰之意。但向未设有门牌，该居民丁男名数作何生理，无凭查核，自应添设门牌，以便稽查。遇有迁徙，均究明来踪去路，随时换给。其绅衿之家，及兵丁书役，及客民贸易，置有房产，并庵观寺院，均一体编次，注明口数，责令邻佑互相觉察。凡有面生可疑、行迹诡秘之徒，立即盘诘，据实举报。凡客民投住铺店、寺庙，俱令该店主、主持询明来历、伙伴数目及去来日期，填注循环号簿，送官查验。"① 这样，外城常驻人口和流动人口基本上都被涵盖在内。

鉴于"都城为缙绅萃集之区"，嘉庆帝谕令京城编查保甲"视外省城乡，略为变通"，主要通融的对象是，放宽对所有五城地方王公及大小文武官员宅第的编查，"令该本家自行严查"，实际上是将其排除在了京城编制保甲的范围之外。不过，十一月初十日，经巡视中城御史嵩安、巡视中城御史甘家斌奏准，又对大小文武官员进行了区别对待："除现任职官遵旨自行稽察外，其浮寓土著之员，本与现任有别。如其职分较崇，尚可无虞诈冒，若文职佐贰、佐杂及武职五六品以下并只捐虚衔等类，倘其无所稽考，诚恐不法匪徒，即得诈冒。此等官职顶带混迹藏踪亦未可定，似应仿照乡村绅衿一体编次之例。此项浮寓土著、文武微员编列稽查，暨旅寓铺店、寺庙，均令注明来历，查验执照。若例应在籍候选及已捐分发、应赴本省当差而无故逗留，显违体制，即非善良之辈，往往勾通吏胥，招摇撞骗，设局诈欺，无所不至，并宜勒令回籍，以清积弊。若查出别情，仍当从重究办。其举贡生监亦仿照办理，庶流品不至混淆，可使不法匪徒无从诈冒，于肃清之道较为周密。"② 即所有在京各部院衙门任职的佐贰、佐杂、武职五六品的文武微员，以及举人、贡生、监生等士人，也一律被纳入了保甲编查的范围。

至于其余的军民、商贾、杂役人等，"均令一体编次，添设门牌，注明人口数目，责令互相稽察"。对于流动性的客民投住铺店、寺庙者，"令该屋主询明来历，填注循环号簿，送官查验，倘有隐饰，别经发觉，从重

---

① 《巡视中城御史嵩安等奏为遵旨编查京师保甲事》（嘉庆十八年十月二十六日），录副奏折：03-1603-029。
② 《巡视中城御史嵩安、巡视中城御史甘家斌奏为编查土著及浮寓微员事》（嘉庆十八年十一月初十日），录副奏折：03-1696-027。

治罪"。①

针对京城居民流动性强的特点,十一月二十日,又规定编查保甲应针对不同人群分别建立循环簿和清册制度,"除居民铺户应造循环簿按年更换外,其客店、车行、庵观、寺院著另立清册,两月更换一次。园馆居楼、优伶寓所,著另立专册,一月更换一次"②。即常住的普通居民、铺户,建立循环簿,一年更换一次;人员流动频繁的客店、车行、庵观、寺院单独建册,两个月更换一次;园馆居楼、优伶寓所也另立专册,一个月更换一次。

外城如此,内城如何进行编查保甲,尚无明令。为解决这一问题,十一月初三日,巡视中城御史嵩安奏称:"除外城及城外关厢,业经臣等督饬司坊,挨户编查,并将酌办缘由奏蒙圣鉴外,其内城地面作何办理,未据顺天府主稿行知。"嵩安认为内城在原有什家户法基础上编查保甲,倒是简而易行,"查九门以内原系步军统领及八旗骁骑营专辖,向有册档可凭,并无分旗民,设立'十家户'名目,报明稽察,若即就便发给门牌,实属事简易行,不致烦扰,并于稽察之道名实相符"。③ 问题是,五城司坊官没有能力编查内城保甲,顺天府属大兴、宛平二京县衙门虽然在内城,但无权力编查。

次日,嘉庆帝谕令由步军统领衙门负责内城的保甲编查。经步军统领衙门遵旨议准,内城保甲编查,又称"什家户章程",具体办法如下:

> 按照各该旗看街兵丁段落,每段发给印册二本,各该旗协副尉、步军校等督率看街兵丁,将所管段落内人户,挨户排列,逐一注明。除王公府邸、三品以上文武官员第宅,俱令注明某王府、某官宅。其仆从人等遵旨令其自行查察外,其四品以下、有顶带人员以上眷属人口,若与商民一律开写年貌,似于体制未合。且遇有第宅宏深、厮役众多之家,亦看街兵力能查察,应令开注家主、旗分、佐领、籍贯、姓名、亲丁若干名口、奴婢若干名口,后注并无容留来历不明之人字样,一月令该家主于印册内画押一次。如有匪徒,惟该家主是问,其余居民、铺户,俱令注明姓名、籍贯、年岁、行业、家口,奴婢除妇女、幼孩,其余俱令注明面貌,寺院注明僧道法名,后注并无容留

---

① 《钦定台规》卷20《五城四·保甲》(道光朝四十卷本),"故宫珍本丛刊"第315册,第237-240页。
② 《清仁宗实录》卷279,嘉庆十八年十一月癸未。
③ 《巡视中城御史嵩安等奏为遵旨筹酌京师内城编查保甲事》(嘉庆十八年十一月初三日),录副奏折:03-1603-019。

历不明之人字样。铺户、寺院亦令一月出具甘结一张。所有印册二本，开注明确，一本送衙门存查，一本交该管厅收存。遇有搬移、嫁娶事故、更换奴婢、铺伙，俱随时告知看街兵丁，回明该管官，于册内添注更改，仍令看街兵丁五日一查，报明该管官，该管官半月具呈汇报，本衙门据呈，将存册添注更改，其印册于二、八月一换，仍由本衙门发给。其庵观、寺院向来许人赁住，京师五方杂处，势难概行禁止，应责令庙主出具甘结，准其赁住，如查有来历不明之人，将出结之人一并治罪，仍责成该管协、副尉、步军校等逐户稽查，倘查与看街兵所报不符，或有面生可疑、行迹诡秘者，立即盘诘，解送衙门究办，务使奸匪无所容身。①

这样，京城编查保甲便形成了"城外设立门牌保甲，城内设立什家户"②的格局，城外门牌保甲归于五城管理，城内什家户归于步军统领衙门稽查。

当然，京城内外编查保甲之初，在以上变通的政策下，实际上重点关注的区域还是五城所管辖的外城区域，即"前三门外各街巷办理颇为严密"。

与此同时，还启动了对京西御园一带的门牌编查。"其附近圆明园一带地方仅立门牌，至今并未清查编次，该御史等家在都城办公，即以自卫，于稍远之处即意存玩视，岂实心任事之道？"于是，嘉庆帝命都察院堂官即传知该巡城御史，"限十日内将圆明园附近之南海淀、陈府、水磨、萧家河、树村、清河一带地方逐户挨查，详审编排"。具体而言，西城所属之南海淀等处、北城所属之陈府等处，"所有居民、铺户、庙宇、客店均照京城关厢，各按坊铺街巷，逐户编查，散给门牌，登载册档在案"。为加强这些区域的编查力度，在圆明园附近的挂甲屯，由北城分驻拣发司坊官一员驻扎；在南海淀地方，由西城分驻司坊官一员，专司稽查。"将已编之居民铺户，遇有迁移，即由该员随时更换，如查有行踪诡异之徒，潜藏乡镇，立即会营拿解。庙宇僧道责令按月点卯，客店寓所抽查循环号簿。"以上两处分驻拣发人员"系自备资斧当差"，"一年更代"。③ 十二月二十六日，巡视西城御史德恒等奉命"分界前往住宿各处，将南海淀、陈

---

① 《金吾事例》"章程"卷2，"编查内城什家户"，"故宫珍本丛刊"第330册，第216页。
② 《金吾事例》"缉捕"上，"议覆御史福昌奏请整顿捕务查拿土棍"，"故宫珍本丛刊"第330册，第65页。
③ 《钦定台规》卷20《五城四·保甲》（道光朝四十卷本），"故宫珍本丛刊"第315册，第237-240页。

府、水磨、萧家河、树村以及三里河、马圈、挂角屯、大有庄、青龙桥等处"，"责令街坊邻佑，互相稽查，总甲、铺头据实首报。其路旁之茶棚孤庙、零星民居，俱归近村甲保管理"。① 嘉庆二十一年（1816），经给事中贾声槐奏准，在圆明园住园稽查之北城御史，于分驻司坊官外添派一员帮办。西城御史所辖地方，只有分驻司坊官一员，而香山一带向系西城副指挥稽查，该衙门相距较远，不能常住。因此，参照北城办法，于西城拣发司坊官三员，其中二员在园居住，香山一带即由该员稽查。由于香山一带地方开阔，进行分界管理，"御园与香山适中分界之蓝靛厂地方，归原驻南海淀之司坊官稽察；其南坞、中坞、北坞等处归入添派香山之司坊官，在门头村分驻稽察"。

除此之外，五城还管辖着城外大片区域，为编查保甲、加强管理，也分别责令相关副指挥专司稽查。南城自永定门外，南面至北红门、南顶等处六十余村，责成南城副指挥专司稽查。左安门外，东南至小红门、前后街等处六十余村，派司坊官一员，驻扎十八里店，专司稽查。右安门外，西南至西红门、潘家庙等处六十余村，派拣发司坊官一员，驻扎纪家庙，专司稽查。东城自朝阳门、东直门、东便门外关厢地方，南至五座坟，北至太平庄，共村庄八十余处，责成东城副指挥稽查。朝阳门外，新桥之东南，头、二、四铺一带村庄七十余处，派拨拣发官一员，驻扎慈云寺，专司稽查。朝阳门外，草厂之东北，三铺、五铺一带村庄七十余处，派拨拣发官一员，驻东坝，专司稽查。②

同时，又进一步推动了京畿地区旗民一体编制的进程。早在康熙二十五年（1686）四月，直隶巡抚于成龙鉴于"地方各官无管辖屯拨什库之例，各旗都统等官又远在京城，窃恐屯拨什库不能严束旗丁，及本身窝盗为盗不法等项，难以稽察"的症结所在，就奏称，顺、永、保、河四府"旗民杂处，盗警时闻，非力行保甲，不能宁谧"。经于成龙奏准，"将各庄屯旗丁同民户共编保甲，令屯拨什库与保甲、乡长互相稽察。如旗丁居民犯法，许地方各官一体申报该抚、该都统究治"。③ 雍正七年（1729），雍正帝命京畿旗庄"仿保甲之制，设立屯目、乡长"④。

但真正实行旗民一体编查保甲，并纳入制度化的变化，还是发生在嘉

---

① 《巡视西城御史德恒等奏报圆明园一带编查保甲依限完竣事》（嘉庆十八年十二月二十六日），录副奏折：03-1603-045。
② 《钦定台规》卷20《五城四·保甲》（道光朝四十卷本），"故宫珍本丛刊"第315册，第242-243页。
③ 《清圣祖实录》卷125，康熙二十五年四月辛亥。
④ 《清世宗实录》卷85，雍正七年八月癸丑。

庆十八年（1813）京城编查保甲之际。十月二十七日，八旗汉军都统绵亿奏称："八旗汉军在屯居住者，散处于直隶各州县，距京较远，该管佐领等例不准离城远出，势难查察。而该州县官又以汉军等身系旗人，向不归其管辖，遂致此项旗人任其作奸犯科，毫无约束，不可不更定章程，以专责成。"嘉庆帝遂下令："嗣后屯居汉军旗人一切户婚田土事件，俱归所隶州县一体管理。""所属屯居旗人，嗣后均安静守法，听该管州县官约束，设有抗违，从重治罪。现在直隶省编查保甲，即令将屯居汉军，与民人一体编查。"① 以前，直隶各州县官无权管理八旗汉军，而该管佐领不准离城远出，也难以稽查，因此八旗汉军都统绵亿就建议屯居的八旗汉军一律由当地州县官管理，而且此次直隶编查保甲，令将屯居八旗汉军与民人一体编查。十二月十五日，又规定，王贝勒等属下屯居包衣人丁，亦"令地方官一体编入保甲，就近管束"。在京外附近居住的八旗宗室觉罗，也不必"一概勒令移居城内"，由该州县官"一体编查"。② 尽管首先是八旗汉军与地方民人一体编查保甲，归入地方官管辖，但对于清初以来统治者不断坚持的"旗民分治"体系而言，仍然是一个不小的突破。

中国自古以来就不缺乏应对问题的对策和建议，自嘉庆十八年（1813）林清闯入紫禁城行刺嘉庆帝后，在京城乃至全国大力推行的编查保甲，一时间成了"诘暴安良，最为善政"的救命稻草。"京师内外城现行章程，均已周密"③。编查保甲在缉拿逃犯过程中，也的确发挥了作用。如逃犯陈爽之子陈五儿、陈显之子陈四儿两犯，曾经逃往他处藏躲，"近日始回桑垡家中看视，即被拿获"，"可见清查保甲，奸宄自无容足之地，该一带编查门牌户口，尚为认真"。④ 但国人也很容易"因循积习"，"大抵始勤终怠，只为目前涂饰耳目之计，稍阅岁时，又复视为具文，漫不经意"⑤。"阳奉阴违，虚应故事"的毛病很快就会出现，"其昏庸者或具文以塞责，虚矫者或饰词以见长，编查不实，则发奸摘伏即不能收实效，各逆匪奸宄性生，其窝藏之家亦各具有耳目"⑥。

为检验效果，嘉庆帝还经常派员进行暗访。嘉庆十九年（1814）二月，嘉庆帝命那彦成在古北口办完差事后，于沿途所经过的蓟州、三河、通州三州县地方，"各暂驻一二日，途间如三家店、邦均、段家岭、夏店、

---

① 《清仁宗实录》卷277，嘉庆十八年十月庚申。
② 《清仁宗实录》卷280，嘉庆十八年十二月戊申。
③ 《清仁宗实录》卷317，嘉庆二十一年三月戊申。
④ 《清仁宗实录》卷299，嘉庆十九年十一月庚子。
⑤ 《清仁宗实录》卷298，嘉庆十九年十月辛巳。
⑥ 《清仁宗实录》卷299，嘉庆十九年十一月癸卯。

烟郊等大村镇，均留心察看，现在各该处地方情形是否宁谧。其编查保甲一事，该州县办理能否认真，不致有名无实，有无容留奸慝"①。不仅如此，嘉庆帝利用恭谒东陵之机，留心跸路经过地方，"其各村庄编挂门牌甚为整肃，缉拿匪犯、悬贴赏格亦极详备"，"看来口内查办保甲一事，尚为认真"。②

但尽管如此，京城编查保甲仍多有松懈之处。嘉庆十九年（1814）十一月，嘉庆帝风闻圆明园附近一带"于编查保甲一事，春夏之间尚为整肃，秋冬来日就废弛，不但稽查不力，并门牌亦多遗失"。嘉庆帝于是传旨申斥负责管理圆明园编查保甲事宜的所有巡视北城御史，"勒限一个月，责令将该一带保甲事宜认真整顿"。一月后，自己要亲自"派员往查"，如果办理不能严整，"必当重治其罪"。③

十二月，禧恩奉命抽查圆明园附近各村门牌，发现"自上月换齐后，仍有不符"的情况。圆明园作为"每年驻跸之日最久"的御园理政之所，"稽察尤当严密，乃如此草率从事"，嘉庆帝命巡视西城、北城御史"即赴御园一带，将各村庄门牌覆行查对明析，逐一更正"。又申明，待次年正月"朕临莅御园后"，再派员详察，如果还有不符之处，"必将该御史等从重惩处"。又，命西、北两城御史，于每年正月至十月，轮班在御园附近居住，"半月更替，专司稽察牌甲"。④

进入道光朝，京城编查保甲懈怠松弛的现象更加普遍，主要表现为户册、门牌更换不及时。道光元年（1821），就有御史提醒"京城内外居民稠密，设立门牌户册，原以稽查奸宄，勿使溷迹，但恐该管官日久视为具文，渐就废弛，行之有名无实"⑤。二年（1822）六月，御史祥镛反映保甲懈弛，"户口早已迁移，门牌仍袭其旧"⑥。三年（1823）八月，掌湖广道监察御史陶廷杰奏称，"各司坊官奉行日久，未免视为具文，户册门牌每年春秋更换二次，照旧填写，往往有张冠李戴、屋是人非者"⑦。八年（1828）二月，给事中李逢辰奏称，"五城地方设立保甲，并不按照章程稽查填注，以致贼匪潜匿，捕役纵容。而杂院茶馆，尤为藏垢纳污之所，查

---

① 《清仁宗实录》卷284，嘉庆十九年二月戊戌。
② 《清仁宗实录》卷296，嘉庆十九年九月己丑。
③ 《清仁宗实录》卷299，嘉庆十九年十一月庚子。
④ 《清仁宗实录》卷301，嘉庆十九年十二月乙亥。
⑤ 《清宣宗实录》卷24，道光元年十月壬午。
⑥ 《清宣宗实录》卷37，道光二年六月己巳。
⑦ 《掌湖广道监察御史陶廷杰奏请严饬五城整肃捕务事》（道光三年八月初四日），录副奏折：03-2801-018。

验率多挂漏"①。九年（1829）二月，李逢辰再次反映，"无如司坊各员奉行日久，视为具文，户册门牌每年春秋更换二次，非照旧开写，即约略填注，往往有张冠李戴，屋是人非者。至所设簿册，并不恪遵定例，确切查验，以致贼匪混迹潜留，捕役得赃纵庇而案犯叠出，虽欲踩缉而无从也"②。十九年（1839）十月初四日，工科给事中张秉德奏称："近来地方官视为具文，不肯亲自巡查，多诿诸书役，挨户散给门牌，一帖而已。即间有亲自稽察者，房主不肯见官，多令妇女出来答应，随口支吾，是其人已不可见，则其人之邪正更不可知。甚至捏饰姓名。在当时希图蒙混，及犯事便于脱逃，地方官懒于根究，遂致含糊了事，此所以有保甲之虚文，而无保甲之实效也。"③

尽管"五城编查保甲渐不如前，竟至视为具文"④，但道光时期，京城编制保甲也还有一些变化。

变化之一，是内城户册开始分类登记。内城自清初以来就存在什家户之法，只是在嘉庆十八年（1813）编查保甲之前，没有各家各户贴门牌的做法。因此，当嘉庆朝推行编查保甲时，由于原先什家户的基础，反而推行较为简便。道光九年（1829）五月，耆英等奏呈"整顿什家户章程"。"京师稽查什家户，向系由步军统领衙门造具印册，分交各该旗，令看街兵逐户问明姓氏，于册内注明。惟各胡同所住兵民之家，并庵观寺院以及大小铺户，均归一册登注，并不分晰造报，难以稽考所有兵民之家。"由于各胡同所住兵民与庵观寺庙、大小铺户一并登记在一册之中，难以分类稽查。因此，耆英建议，应分门别类，各立一册，"将旗民姓氏、籍贯详载册内"。如果有兵民迁居者，"责令该旗官兵随时查明，将其迁移之处及原住处所，均登记于册，以便查其来往踪迹"。至于庵观寺院，其中"闲房出租，其各住持僧道有度牒者，尚知小心查考"，难以稽查的是"其无度牒住持僧道，只知以房租为生，并不查其来历，易致藏奸"。因此，"此项人等应专立一册"，将租房之人姓氏、籍贯备载册中，同时"取具该庙住持不敢容留匪人甘结，黏连册后"。所有稽查，由左右翼正副尉专门负责，督率各旗协副尉及步军校，按其所属胡同，亲自稽查，每月编查清

---

① 《清宣宗实录》卷152，道光八年二月庚寅。
② 《刑科掌印给事中李逢辰奏为申严五城保甲事》（道光九年二月二十五日），录副奏折：03-2803-027。
③ 《工科给事中张秉德奏请饬下五城顺天府所属实办奉行保甲事》（道光十九年十月初四日），录副奏折：03-2810-026。
④ 《清宣宗实录》卷448，道光二十七年十月己酉。

册，报送步军统领衙门查验。①

自嘉庆十八年（1813）十一月以来实施的内城"什家户章程"，所编制户册要制作两份，一份送交步军统领衙门存收，一份存于各旗官厅备查。每年春秋两季一换，更换时由步军统领衙门发给原册，再办理新册。但事实上，这种做法执行得并不好。道光二十五年（1845）二月，步军统领衙门调查两翼所属满洲、蒙古、汉军及皇城内各旗官厅存收册本时，发现"多有参差不齐"，又"因篇数不敷"，往往"将两分纸张合并，办成一分，呈交衙门存收"。也就是说，长期以来，什家户册分作两份的要求并没有落实。

为此，道光二十五年（1845）二月，步军统领衙门奏请："当将本衙门存收印册一分，照数发给各旗领去，详细注明，作为底册。嗣后每年春秋两季，将新造印册增添纸张，按照底册数目发给各旗办理一分，存收各旗官厅，其旧册一分即缴回本衙门存收，以备查核。如此循环更换，以旧易新，本衙门既有旧册可查，各该旗办理新册，亦不至草率从事。仍照旧章饬令各旗固山达责成承办什家户外郎，每于五日将有无更改之处，赴署注写旧册，以免遗漏，而昭核实，相应将酌量变通办理什家户册缘由呈堂存案等因。"② 按照新的办法，步军统领衙门将最新的统计档册返还给各旗，作为底册，每年春秋两季各旗在此基础上造新册一份，新册完成后，直接存留于各旗，而将同样反映最新情况的底册上缴步军统领衙门。

变化之二，是开始将居住在内城之外的宗室纳入编查对象。此前，宗室是不列入编查对象的。道光二十一年（1841）十二月，给事中和丰等奏请将"居城外之宗室人等一体编查保甲"，道光帝命宗人府核议。载铨等奏称："应如该给事中等所奏，一体由该城坊编查，列入甲册，随时察核。其有复移入城居住者，自行呈明，该城坊将甲册之名裁撤。"道光帝同意此议，认为"宗室觉罗向例原不应在城外居住，所有现在暂居城外各户不可漫无稽核，自应一体编查保甲"。③ 宗室人员向来享有特权，即便是闲散、贫穷宗室，也往往自视高人一等，不服管束，而负责编查保甲的"司坊官员职分较小"，甚至是不入流的微末小官。在地位尊卑如此悬殊的情形下，极易造成"意存容隐，不敢认真稽查，转致有名无实"的情形。鉴于此，宗人府又建议编查时，由宗人府委派司员，"传知该族学长，先行

---

① 《清宣宗实录》卷156，道光九年五月丙午。
② 《金吾事例》"章程"卷3，"查对什家户册"，"故宫珍本丛刊"第330册，第222页。
③ 《清宣宗实录》卷363，道光二十一年十二月癸巳。

按户晓谕，俾令静听编查，毋稍违抗"。① 如有不遵编查者，由巡城御史奏报都察院惩治。

道光十六年（1836），清政府将南苑也纳入保甲编查。南苑地界辽阔，"官房民居、农户村庄错杂其间，人数众多，良莠不一"，多年来盗窃案频发。清政府规定，除了南苑内的八旗、内务府、上驷院、庆丰司当差人役，由各自所属衙门督率稽核外，其余人员，无论旗民，由南苑各门章京、三旗苑丞、苑副等"严行访查，比户晓谕，毋许容隐"。至于海户，以及武甸等处、东红等三门内村庄居民佃户、八圈草夫"均系民籍人役"，除了南苑各门衙门稽查出入外，由顺天府大、宛二县，"各按地界查明造册，按户悬挂门牌，一体编查保甲"。②

咸丰朝以后，编查保甲与堆拨、栅栏一样，尽管依然被视为京城"除暴安良之善法"③，但实际情形依旧是日趋败坏，不孚众望。如果说还有所整顿，则往往是"申明旧例"，而且大多"只于城内，而于城外未经议及"④。咸丰三年（1853）七月，御史花沙纳奏请"巷长稽查总甲互保章程"，提出"设巷长、总甲"，建议"九城以内，拟立十家总牌，联名互保，添设巷长，按册稽查"。兼任步军统领的定郡王载铨等核议，认为"十家总牌联名互保并置立巷长，就近稽查"，虽然"均属可行"，但增设巷长，很可能会与原先负责什家户稽查的地面官职能重复，造成互相推诿，"惟旧例地面官查什家户，逐户登记，若竟归巷长办理，恐地面官转得藉词推诿，殊于地方无益"。⑤ 鉴于此，咸丰帝否决了他的建议。但是花沙纳建议中的协防、联防思想成为接下来京城举办团防的主要考虑方向。

在古代中国社会中，人与人之间的信任和安全感，往往建立在血缘亲情基础之上，古代城市基层组织虽然历经了从里坊制、坊市制到街巷模式的转变，也未曾改变这一深植于文化理念之上的社群观念。办理团防，必以保甲为基础，而保甲制要发挥作用，重在互保连坐，联防联控，因此它自宋代兴起以来，一直与乡村社会中的宗族邻里关系密不可分。但在城市中，比邻而居的居民之间并没有这样的宗族血缘关系，陌生的邻里之间缺

---

① 《清宣宗实录》卷364，道光二十一年十二月戊戌。
② （光绪朝）《钦定大清会典事例》卷158《户部七·户口五·保甲》，《续修四库全书》第800册，第561－562页。
③ 《清文宗实录》卷33，咸丰元年五月庚寅。
④ 《步军统领联顺等奏请五城御史督饬司坊官遵照城内稽查章程办理官商杂处籍册事》（咸丰六年十月二十五日），录副奏折：03－4171－012。
⑤ 《清文宗实录》卷100，咸丰三年七月丙辰、戊午。

乏信任和安全，互保失去基础，因此其效用迥异。正如咸丰三年（1853）协同办理团防及五城保甲事务的太仆寺卿王茂荫所言："盖外城与内城不同，内城犹多土著，比户相依；外城则五方杂处，有业铺户虽同在一街市者，平素绝不相联。间遇火盗等事，惟该户人自行抢救，邻近街坊非袖手旁观，即闭户不问。盖联络无素，往恐见疑，且盗有器械，民无器械，盗有党与，民无党与，往尤惧害，非人情之不欲救援，实民心之不敢救援，总由素不联络，以至如此。"虽然王茂荫认为"民"不敢互相援助是保甲制难以发挥作用的背后原因，但他显然已经意识到脱离"土著"关系、"素不联络"才是邻近街坊"袖手旁观"的重要因素。而这是原本与宗族血缘相伴而生之保甲制在城市社会推行的重要制约因素。为动员民间力量，增强协防、联防，五城办理保甲章程时，特"令各户各出壮丁一名，无事各安生业，有事互相救援"，对此，太仆寺卿王茂荫认为"用意甚善，惟事属创始，无人为之倡率，恐其罔所遵循"。王茂荫当时居住在宣武门外大街，为倡导此意，"特邀集大铺户十余家，以五城之意告知，察其愿否，各铺户闻臣所言，系令其自相联络，以为保护，咸欣然乐于从事。臣见其并不惊疑，因令大铺户再往劝众铺户，两日之间，通街传遍，无不踊跃愿从，看此情形，守望相助之法，实足以顺民情而安民心"。① 然而，动员民间力量联防联控，随着京城保甲制的废弛，并没有展现出王茂荫所期盼的愿景，不愿意做保、彼此观望的情形依然非常普遍。后来，王茂荫又提出令"礼拜寺老师"保查回民、"行头"保查各行生意之人，"杆上"管理在京乞丐等建议，也无济于事。② 这足以说明，以宗族为基础的传统保甲制已经不能适用于"五方杂处"、街坊邻居之间基本不存在宗族关系的城市社会。在这种情形下，城市基层社会治安必须寻找新的解决途径。同样，"群己之辨"也必然成为国家与社会进行重新组织的前提和基础。

咸丰十年（1860）七月十一日，户科给事中薛书堂又提出京城设立"保甲局"的设想。"五城地广人杂，巡城御史势难周历，司坊亦难专任。拟每城各择适中地方，或官房、庙宇设立保甲局，酌派科道二三员，作为帮办。仍以本城御史总理其事，于该管地面酌分数段，每段中择其殷实明练有德望者，无论绅民、铺户充作保正，各按地段，确切查明各户姓名，作何生业，及户内丁口若干，先填草册，户户开列，不准遗漏。一户户内，人人开列，不准遗漏一人，官民、铺户、僧寺、尼庵，均在其内。帮

---

① 《太仆寺卿王茂荫奏为五城办理保甲章程利于官绅商民守望相助事》（咸丰三年九月十六日），录副奏片：03-4170-051。

② 曹天生点校整理：《王茂荫集》，"团防之法议"，北京：中国档案出版社2005年，第427页。

办御史不时抽查。如有蒙混隐匿，缘饰虚文等弊，即将该保正严行责罚，以专责成。"[1] 按照薛书堂的设想，"保甲局"由绅民、铺户具体负责，分区分地段，对所属片区内的人口，不论身份，一并进行详细登记，但他的建议未得到朝廷的回应。

时至光绪朝，京城保甲编查已经基本停滞，以至于光绪十七年（1891）十一月陕西道监察御史恩溥奏请五城仿行保甲时，称"京师未行保甲，以致漫无稽察"[2]。实则，京城不是没有实行保甲，而是此时京城编查保甲已经荒废许久。

五、团防练勇

缘起于古代的团练，又称乡兵或乡勇，是一种维持社会治安、依靠乡绅运转的民间地方武装力量。在大一统时代，这种游离于皇权独揽之外的民间自卫力量，并不受鼓励，除非火烧眉毛，统治者自身无力应付之际，才会无奈默许。清嘉庆朝镇压白莲教起义期间，就有团练乡勇的建议。嘉庆十八年（1813）九月，给事中陆泌奏请团练乡勇，"自相保卫"。[3] 不过，清代地方团练的快速发展，是在太平天国起义期间的咸丰、同治两朝。咸丰帝在命地方兴办团练以镇压起义的同时，开始在京城试办团练，团练与八旗步兵、京营汛兵、司坊捕役等共同成为晚清维护京城治安的组成部分。相比于侧重于"查"的保甲制，团防练勇则重在"防"。清末京城练勇、巡警的出现，最终打破了以往军、警不分的城市治安模式，并为近代警察制度的形成揭开了序幕。

咸丰三年（1853）四月，太平军北伐，京畿震动，清廷命直隶等地举办团练，力图调动民间自卫能力，以阻击太平军北上。与此同时，京师筹办巡防与团练之议渐起。五月，咸丰帝命恭亲王奕䜣、惠亲王绵愉等办理京城巡防事宜。六月，南城兵马司副指挥吕炤林提议在京城办理团练，起初针对的是附京各村庄。吕炤林建议"附京各乡宜并村为堡"，然后"各村宜预令团练"。他还设计了完整的团练之法：

---

[1] 《户科给事中薛书堂奏请五城实力奉行保甲事》（咸丰十年七月十一日），录副奏折：03-4171-084。

[2] 《陕西道监察御史恩溥奏请专派廉干副都御史督责五城逐捕盗贼并请在五城仿行保甲事》（光绪十七年十一月初六日），录副奏片：03-5514-058。

[3] 《清仁宗实录》卷274，嘉庆十八年九月乙酉。

村落既成，城池足资捍卫，人心有恃而不恐，户口以定而易稽，然必讲习团练，方为万全。但乡民团练，事贵简易不扰，则民乐从用。按户出丁之法，每户出一丁，老幼残疾孤独者免，其绅富之家不能出丁者，止许雇募本村壮丁替代。一村之中，立团长四人，专司壮丁年貌、钱财、出入、功过、赏罚、册籍约束。一村再立团副八人，分司训练，统带稽察所带壮丁勤惰，并帮办团长事务。其团长、团副亦由合村公举，官为察验。果系精明强干、通达事体、诚实可靠、为众所心服者，如系绅监，给札充任，若系耆民，给札并给与顶带。一村所出之丁，除团长、团副及保甲长与不应出丁之户外，一团约得三四百人，分为两班演习，立一公所，限黎明齐集，各认器械，听教师指点。演毕之后，仍事本业，有暇即来操演者听便。先择年三十以上、五十以下者为头班，练鸟枪手二三十名、弓箭手二三十名、长矛手数十名。余皆习短刀、闷棍及农器中之可以卫身者，单日练习。再，择年十八九以上、三十以下者为次班，如头班式，双日练习。缘初立团练，人多则置备器械不易，且分班演戏，有空日可以休息，并可经理私事，日久熟悉器械渐备，再行通演，则一村之中皆劲旅矣。演成之后，每月或五日、十日一演，暇时地方官及绅耆人等即为之宣讲圣谕，并教以忠孝节义、讲信修睦，使之有勇知方。团内之人有武艺高强出众者，团副记功一次，报团长，团长记功一次，报官，官册记功三次者酌赏。其武艺生疏者，团副记过一次，报团长，团长记过一次，报官，官册记过二次者先令团副责罚。①

吕焖林的奏请，直到十二月才得到响应。十二月十六日，巡视北城御史志文和巡视北城给事中吴廷溥联名奏请朝廷任命南城副指挥吕焖林协办外坊村乡团练，两人在奏请中不仅称赞吕焖林"人甚朴实，办事老成"，而且特别肯定其劝办各乡村团练章程妥善周密，"绝不滋扰，实为五城办理团练第一"。咸丰帝朱批："吕焖林著准其协同办理团练。"②

咸丰三年（1853）九月，太平天国北伐军攻至直隶深州，兵锋直指京师。九月初六，协办大学士、吏部尚书贾桢奏请"令各举京员，协办团练"。咸丰帝认为，"京城内外，前已派王大臣等办理巡防，并令五城清查

---

① 《南城兵马司副指挥吕焖林为京城严设守卫以靖人心事呈文》（咸丰三年六月），朱批奏折：04-01-01-0848-022。
② 《巡视北城御史志文、巡视北城给事中吴廷溥奏请南城副指挥吕焖林协办外坊村乡团练事》（咸丰三年十二月十六日），朱批奏折：04-01-18-0045-029。

保甲",如果此时"再添派京员协办团练,恐互相推诿,转致疏懈"。① 尽管没有同意办团练,但随后经巡防王大臣刊发总办团防铃记,并派委通政使司通政使李道生、翰林院侍讲学士冯誉骥、通政使司参议梁同新、稽察西城给事中张祥晋、江南道监察御史黄经、翰林院侍读周寿昌六员,"帮同办理,连日分段劝谕,发给守助条约,与巡防王大臣告示,各处商民尚皆乐从"。因此,当时京城的巡防重点,还是加强编查保甲,凸显"团防"之意,巡防处类似于协调机构,其主要任务是协调京城八旗、绿营兵丁的防务、治安与军事训练。

与此同时,咸丰三年(1853)底,鉴于"五城捐项业已捐有成数",团防经费有了着落,经协同办理团防处的光禄寺卿宋晋、太仆寺卿王茂荫奏准,"五城添设壮勇,以资缉捕"②。但"团防"与"营防"并举的局面尚未成真,举一废百的弊端就已露出了苗头。咸丰帝搁置贾桢建议时的担忧并非没有道理,此时的京城团练重在"团防",招募壮勇并非重点,虽然只是刚刚开始,但已经给步军统领和五城的营防松懈提供了借口。咸丰三年(1853)十月十二日,江西道监察御史蔡征藩就反映:"臣于本月初一日奉派太庙差使,所过城外各胡同并无一人支更,并闻初五六日羊肉胡同有持械劫钱之案,果子巷亦然。推原其故,皆缘营坊各官以现在京员有团防之举,一切支更、捕盗听其自为,兵役遂多旷误。独不思团防之设,不过自卫一身一家,亦只系一时权宜之计,并非裁营坊而不用。若皆彼此推诿,则人自缉捕,人自巡防,又安用此营坊为耶?"③ 同治时期,这种情况更加严重,"虽步营官兵各就本管地面分驻巡夜,无如额设步甲自议改技勇兵以来,所存不过一半,兼之派充各项官差役使,本已不敷,声势即难其联络,顾此失彼,理所必然"④。八旗步兵在清末本来就已经缺额甚多,除了看守堆拨、栅栏之外,还要听任各项官差役使,如今又改练技勇兵,以至于原来作为京城守卫最重要的力量"所存不过一半"。如此大的缺漏,京城"团防"显然无法弥补。

更何况,在咸丰帝心目中,绝非要京城"团防练勇"来承担八旗营兵的防卫责任。"保甲行于无事之时,团练行于有事之日","保甲厘奸,团

---

① 《清文宗实录》卷105,咸丰三年九月己酉。
② 《巡视中城给事中凤宝奏为商民捐输军需经费请敕部议叙事》(咸丰四年正月二十九日),朱批奏折:04-01-35-0684-051。
③ 《江西道监察御史蔡征藩奏请敕步军统领及五城衙门严饬营坊仍照常支更加意捕盗事》(咸丰三年十月十二日),朱批奏折附片:04-01-30-0363-006。
④ 《掌山西道监察御史佛尔国春奏为内城地面贼盗肆行拟请变通巡夜章程事》(同治五年十一月二十六日),录副奏折:03-5055-039。

练御侮"。① 兴办"团防"并不能兼顾当时京城所面临的军事防务和社会治安。也正因为此，咸丰三年（1853）十一月二十九日，巡视中城给事中凤宝等在奏折中力陈："今日之所恃以无恐者，惟巡防、团防耳，然巡防之效至缉获匪犯而止，团防之效至堵拿鼠窃而止，猝有缓急，皆不足深恃也。"军队败坏、纪律松散、防务松弛，才是问题的关键。"京师旗、绿各营素多虚籍，自寇警渐逼，京兵之精壮者大半调驻近京各处，其现存者皆挑选之余，与暂雇充数者耳。臣等于巡查之时，见各铺堆拨不足额者比比皆是，闻有支更守汛者，率多羸弱不堪，经臣等屡次查询，该营弁等置若罔闻。至各城闸门兵丁每日自朝至暮植立于风雪之中，饥冻交加，疲困尤甚，所陈设之枪刀，查验均不可用。臣等又时见有兵弁装束三五成群，骑马进城者，于将到吊桥时，每每策马疾驰入门，臣等严饬追查，多已无及，万一有奸匪假冒官兵，扬鞭直入，该兵弁等猝不及备，殊可寒心。又各城门分驻官兵五十名，亦多老弱充伍，逢查点之时，寻衣觅械，暂立应名，时过则相率曝背嬉游，或入帐拥衾酣卧，该将弁等并不约束。"② 从巡城御史凤宝所言来看，京城八旗、绿营官兵一方面纪律涣散、滥竽充数，另一方面老弱病残，疲困可怜。相比于兴办团防的急救药方，拯救八旗、绿营兵才是关键。凤宝的建议固然切中要害，也为咸丰帝所乐见，但对于陈年顽疾，让八旗、绿营起死回生，清政府早已束手无策。

"绅士等乡居练勇，原以助官兵之不逮。"③ 对于咸丰帝而言，在城外村庄兴办团练、组织乡民自卫尚可，至于五城大量招募壮勇，还是有相当顾虑的，至少没有寄予厚望。因此，当咸丰四年（1854）正月十七日户部右侍郎王茂荫奏请"筹办团防，弹压布置"时，咸丰帝认为"京内精兵数有十万，团练断不能有益，徒觉头绪繁冗，所请之处著不必行"④。出于对非祖宗旧制防卫力量的猜忌，咸丰帝不仅不觉得八旗营兵已是痼疾，而且还自信京城有精兵十万，固若金汤，根本不需要求助于团练。

加之在咸丰帝心目中，团防处和五城壮勇原本就只是急来抱佛脚的临时之举，外部危险一旦解除，其存在的理由便不复存在。咸丰四年（1854）闰七月，"逆匪虽未歼除，而直、顺地方颇属安静"。咸丰帝自觉可以松一口气了，"京师各门所添之兵为日已久，苦状难堪，若不变通留

---

① 《清文宗实录》卷33，咸丰元年五月庚寅。
② 《巡视中城给事中凤宝等奏为京师重地宜严加防范民生维艰亟应抚恤等敬陈管见事》（咸丰三年十一月二十九日），录副奏折：03-4241-125。
③ 《清文宗实录》卷102，咸丰三年八月乙亥。
④ 《清文宗实录》卷118，咸丰四年正月丁巳。

撤，以后更不成事，此时所撤之京师防兵，俟直隶事竣日再行题奏，酌量加恩"。至于"团防处尽可裁撤，惟步军统领、两翼总兵责任最重，稽察缉捕，固难多立章程，反成虚套"。① 朝廷的意见非常明确，团防局可以撤销了。

遵照咸丰帝旨意，咸丰五年（1855）四月，王茂荫、宋晋奏请团防撤局。咸丰帝谕令："现在北路肃清，京城团防局著即裁撤。所有稽察事宜，著该管衙门循照旧章办理，该侍郎等请饬商民仍行守助之处，著无庸议。"② 接着，京城办理巡防事务也随之裁撤。③

然而三年以后，内忧外患再起，京城"饥民甚众，窃盗日多"，而且"夷船近在天津，不免讹言四起"。咸丰八年（1858）四月，御史何璟奏请"藉行保甲，隐寓团防"。④ 不久，咸丰帝又命已经升任兵部侍郎的王茂荫、内阁学士宋晋会同五城御史"办理京城团防事宜"。后又添派吏部尚书周祖培、刑部尚书赵光、工部尚书许乃普"会办五城团防事宜"。⑤ 当"天津夷船停泊城下"时，又紧急谕令武清、东安、通州等各州县"晓谕居民实行团练，以保卫身家"。⑥

五月，清政府与俄、美、英、法等国签订《天津条约》后，"夷船均已起碇出天津海口"⑦。咸丰帝顿时又松了一口气，六月初九日万寿节之际，甚至临幸圆明园同乐园。六月十七日，咸丰帝便谕令："各旗营巡防及五城团防著一并裁撤。"⑧ 周祖培奏请裁撤，不过是仰承旨意而已。

很显然，咸丰帝在对待京城团防的态度上张皇失措，进退失据。然而，紧急之中筹措起来的团防，说废就废，举事者心有不甘。咸丰八年（1858）六月十九日，掌京畿道监察御史邹焌杰奏请保留京城办理团防过程中所建立起来的"民更"制度："现在五城之更棚以千数计，倘空置无用，必相顾生嗔而所雇更夫不下数千人，贫民藉此安插，亦可为谋食计，一旦散去，几同失业，难保其不为非也。"⑨ 一方面，如果团防废止，这些雇佣的数千名更夫就会失业；另一方面，好不容易建立起来的"居民各

---

① 《清文宗实录》卷138，咸丰四年闰七月庚午。
② 《清文宗实录》卷167，咸丰五年四月乙丑。
③ 《清文宗实录》卷167，咸丰五年四月辛未。
④ 《清文宗实录》卷251，咸丰八年四月壬戌。
⑤ 《清文宗实录》卷252，咸丰八年四月丙戌、戊辰。
⑥ 《清文宗实录》卷252，咸丰八年四月甲戌。
⑦ 《清文宗实录》卷256，咸丰八年六月己酉。
⑧ 《清文宗实录》卷256，咸丰八年六月丁巳。
⑨ 《掌京畿道监察御史邹焌杰奏为裁撤团防请各街道勿裁民更事》（咸丰八年六月十九日），录副奏折：03-4246-072。

相保卫"体系瞬间毁于一旦。咸丰帝准其所请,"所有五城现办民更,均准其照旧安设,仍由民间自行经理"①。对于邹焌杰苦心孤诣所表达的"无用裁撤"团练,"庶不使前功尽弃"的呼吁则视而不见。

两年后,英法联军兵临城下之际,咸丰十年(1860)七月,咸丰帝再次命协办大学士户部尚书周祖培、兵部尚书陈孚恩、工部左侍郎潘曾莹、右侍郎宋晋会同五城御史"办理团防"。② 不久,又增加给事中吴焯、薛书堂,御史杨荣绪、徐启文、郭祥瑞、刘有铭、朱潮、薛春黎、任兆坚、白恩佑等人"帮办五城团防"。③ 奉命办理外城事宜的大学士贾桢,"招募练勇五百名,分东、西二局派员管理"④。再一次临阵磨枪的咸丰帝于八月八日逃出京城,最后病死在承德避暑山庄。

《北京条约》签订后,团防大臣、大学士贾桢担心咸丰帝再次裁撤五城团防练勇,遂上折请求保留:"臣等奉命办理外城事宜,即经设立公局,招募练勇,不分昼夜,实力巡防。嗣后抚局已成,各城防兵均经陆续撤退,而时届冬令,匪徒乘机抢劫之案层见叠出,全赖练勇一项联络声势,梭织巡查,市肆间阎得以晏然无事。此时若遽然裁撤,恐游民无赖,转得生其窥伺之心。臣等博采舆论,公同商酌,请仍留此项练勇,俾之缉拿奸宄,居民有恃无恐,不致全行迁就避实,于合城大局有裨。"⑤ 从后来咸丰帝赏京师外城练勇"每月口粮银三千两"⑥ 的谕令来看,团防练勇得以留存。

然而,要维持练勇,经费是关键。早在咸丰十年(1860)八月贾桢奉命办理时,练勇经费来源于各京员共捐银五千余两,后因经费难以持久,贾桢奏准在户部按月支领银三千两。咸丰十一年(1861)二月,经贾桢奏请,裁减各费,每月只领银二千两。同治元年(1862)三月,贾桢又奏裁勇丁一半,仅留二百五十名练勇,每月领银一千两。至十一月,仅有的一千两户部领银也难以为继。但毕竟,"外城练勇昼夜巡缉弹压,深资得力,两年来盗劫稀少,间阎藉以保卫安谧",贾桢不得不求助外城官商暨各直

---

① 《清文宗实录》卷257,咸丰八年六月癸亥。
② 《清文宗实录》卷324,咸丰十年七月丁酉。
③ 《清文宗实录》卷324,咸丰十年七月丙午。
④ 《团防大臣贾桢、周祖培等奏为外城练勇口粮暂行设法劝捐事》(同治元年十一月二十四日),录副奏折:03-4791-028。
⑤ 《大学士管理兵部事务贾桢等奏请留练勇弹压地方并请奖励出力人员事》(咸丰十年十一月初三日),录副奏折:03-4226-087。
⑥ 《清文宗实录》卷335,咸丰十年十一月丙申。

省印结局"设法劝捐",勉强维持。①

当时反对裁撤练勇者不在少数。同治元年（1862），巡视西城御史甚至奏请将外城所裁撤的练勇补充到巡捕五营之中。之所以反对裁撤，主要原因，一是外城练勇自裁撤以后，巡防力度便大不如前，"未几而御史许其光家竟有明火持械刃伤事主之案"；二是练勇所招募的人员，"练则为勇，散则为贼"，如果裁撤之后未能妥为安插，这些人"既无恒业"，便很可能"宵小从而纠结，相率为匪，驯至酿成巨案，与地方大有关系"。因此，这位西城御史认为贾桢裁撤练勇，"不知安插办理，殊属草率"，鉴于"现在巡捕五营兵役不无老弱充数之弊"，遂建议将此项散勇分拨五营，"既可藉资约束其老弱裁汰之缺，亦可随时充补以安良善而靖闾阎"。② 也算是一举两得。

此后，"团防事宜归于五城专办"，其经费完全由五城民间自筹。同治元年（1862）十二月二十日，署理巡视中城御史崇泰等称："臣等督饬该司坊官及首事人等认真经理，不敢稍懈。秋间叠奉谕旨，申明旧章，再行整顿，或添雇更夫，或召募巡勇，守望之意益加详密。"③ 这一说法虽然过于乐观，但团防与保甲相辅相成，总体而言，为京城社会治安提供了一份积极的力量。例如，元年闰八月，练勇局带勇司员吴承恩带领练勇五六十人，"均白布蒙头，手持鸟枪器械"，从正阳门进入内城查拿土匪杜瞎虎、石报儿等人。④ 对于同治朝以来的京城练勇，清末陈炽说："同治初元，五城增募练勇，饷糈较厚，训练较严，捕盗精能，颇得其力，救火之事，尤奋往直前。政在得人，成效已彰彰若是，惜人数尚少，敷布难周耳。"⑤

同治六年（1867）五月，经御史朱镇奏准"外城团练章程"，设立五城团防局。吏部尚书朱凤标认为，"外城局勇似可归入，以昭简易"，但五城御史认为，"五城科道每年更换，未免屡易生手，司坊官各有地方专责，并现在五城饭厂展限，奔走不遑，势难兼顾。若由绅董管带，则五城分为

---

① 《团防大臣贾桢、周祖培等奏为外城练勇口粮暂行设法劝捐事》（同治元年十一月二十四日），录副奏折：03-4791-028。
② 《巡视西城御史□□□奏请将外城裁撤练勇充补巡捕五营兵役等事》（同治元年），录副奏片：03-4705-148。
③ 《署理巡视中城御史崇泰等奏报数月以来办理团防保甲情形事》（同治元年十二月二十日），录副奏折：03-4670-035。
④ 《清穆宗实录》卷39，同治元年闰八月辛巳。
⑤ （清）陈炽：《庸书·巡捕》，见赵树贵、曾丽雅编：《陈炽集》，北京：中华书局1997年，第99页。《庸书》撰写于1893—1894年。

五局，经费滋多，情形诸多窒碍"。①

由于五城司坊捕役难孚众望，五城又分别各自设局练勇。同治八年（1869）七月，鉴于"京城地面盗贼横行，固由司坊官督捕不力，亦由捕役畏葸无能"，经御史袁方城奏准，"于各城适中之地，设局练勇，严密巡查"。②当月，内阁奉上谕，将外城现有练勇二百五十名，分拨给五城各勇局，每城五十名。八月，经五城会议，"奏定章程及各局诸务，派实缺司坊总理，并专派哨官一员，拣发司坊六员，轮流在局弹压，每日点卯操练，如遇地方有窃劫案件，该司坊官等即带勇会捕务获，晚间则督率勇丁逡巡"③。

由于练勇所招募的大多是无业人员，因此一旦疏于管理，其纪律松弛之弊便会显现，有练勇"在外窝娼包赌，滋扰闾阎"，甚至明火抢劫。御史朱镇认为，"此项勇丁不能卫民，且至害民，而户部仍每月给饷银贰千两，是以有用之饷，养无律之勇，于地方毫无裨益"，但如果"骤议裁撤，则若辈为饥寒所迫，更恐无所不为"。④

两难之际，不知何去何从的练勇又迎来新的契机。同治七年（1868）初，捻军扰掠京畿，清廷命大学士贾桢仍管外城练勇局事。⑤"军情紧急，在在需人"，弊端丛生的外城练勇又有了存在的理由。不仅如此，同治七年初，五城会办团防事宜时，"各城添派官绅，广招练勇"⑥，增募练勇五十名，添拨银四百两。"外城设局练勇，本属一时权宜之计"，在当年八月捻军起义平息后，"自应悉数裁撤"，但由于"五城向有局勇缉捕盗贼，颇称得力而经费不敷，人数无多"，团防大臣贾桢认为"若将此项练勇分属五城，由各该城归入旧有局勇，认真挑选，酌量定额，以供缉捕之用，部拨银两即由五城支领，则经费既无支绌之虞，而捕务必更有起色"。⑦经内阁议准，贾桢的奏请被批准，"外城练勇二百五十名，均著一并裁撤，

---

① 《吏部尚书朱凤标等奏为遵议五城团防事》（同治六年六月二十日），录副奏折：03-4670-107。

② 《清穆宗实录》卷263，同治八年七月戊子。

③ 《巡视中城御史国秀等奏为五城练勇三年期满酌保出力文武员弁请奖励事》（同治十一年十一月二十八日），录副奏折：03-4753-066。

④ 《掌江西道监察御史朱镇奏为外城练勇纪律渐弛请饬派团防大臣大学士贾桢另定章程事》（同治六年五月十九日），录副奏折：03-4764-038。

⑤ 《清穆宗实录》卷223，同治七年正月癸酉。

⑥ 《巡视中城御史恒诚等奏为逆匪荡平请酌给五城团防官绅奖励事》（同治七年九月十四日），录副奏折：03-4766-042。

⑦ 《团防大臣贾桢等奏为外城勇练酌拟改并兵城办理事》（同治八年七月十六日），录副奏折：03-4703-022。

即将此项练勇分属五城，由各该城归并原募局勇，认真挑选，酌量定额，以供缉捕之用。其部拨练勇银每月一千两，即由五城支领"①。

同治朝是五城团防练勇发展的重要时期，但同时团防勇局保奖冒滥的现象也最为严重。为激励官绅在办理五城团防中发挥积极作用，凡有功绩者，朝廷皆予以一定奖励。吏部原来曾议定"五城团防，凡拿获重案要犯者，准保官阶班次；其寻常劳绩只准加衔加级，均俟扣足二年汇案保奏"。同治三年（1864）十一月，吏部又奏定新章，规定"拿获枭盗犯者，随时奏请保举官阶，其余寻常出力二年期满，只准加衔加级"。② 降低了"寻常出力"者的奖励力度。

按理说，"司坊官有地面之责，缉捕皆分所当为，自不得滥邀奖叙"，但司坊官与承办团防的绅董一起分班值夜，给予一定的奖励，也属正常。正如巡视中城给事中瑞亨所言："唯是各城团防首事缉获明火盗案，均会同司坊官协缉，即邻境巨盗亦能不分畛域，弋获多名。且每年冬季下夜，臣等督同绅董严密稽查，查该司坊官亦随同绅董分班值夜，虽风雨严寒，始终不懈，地面赖以肃清，尚属著有微劳。"③ 但这也留下了很多漏洞，以至于五城因团防而保举的人员日益泛滥。咸丰十年（1860）十一月初三日，大学士户部尚书周祖培所奏呈五城出力司坊各员奖励就有近30人。④

五城团防甚至成为五城司坊官、绅商乃至外省人员谋取官阶和利益的干俸之具。"近来各城团局积习相沿，竟有获盗不过三两名，而保举至十数员之多者，竟有以候补、候选之员预保升阶而并请先换顶戴，或并加优衔者，似此倖进之徒，既不必读书成名，又无庸援例报捐，巧莫巧于此矣。"⑤ 团防已经成为捐纳人员钻谋营求的捷径。

由于五城团防经费完全自筹，经费来源又不问出处，于是很多籍隶外省的各部院司员、郎中、员外郎、主事等人员，借捐助经费等名目，以助力五城团防为契机，谋求官位升迁。"今闻五城团防局内竟有籍隶外省之六部司员、郎中、员外郎、主事等纷纷冒充顺天籍贯，朦混入局，希图保

---

① 《清穆宗实录》卷263，同治八年七月丙戌。
② 《巡视北城兵科掌印给事中哲臣、巡视北城江南道监察谭钟麟奏请仍准照旧章酌保团防出力官绅事》（同治四年正月二十七日），录副奏折：03-4762-034。
③ 《巡视中城给事中瑞亨等奏请择优奖励缉查盗犯各司坊官事》（同治四年三月初四日），录副奏片：03-4716-094。
④ 《大学士户部尚书周祖培等呈团防处差委及办理文案并五城出力司坊各员奖励清单》（咸丰十年十一月初三日），录副单：03-4226-092。
⑤ 《掌山西道监察御史贾铎奏为五城团防保举过滥请严定限制事》（同治五年四月初三日），录副奏折：03-4841-017。

举。"鉴于此，同治四年（1865）五月十六日，江西道监察御史汪朝棻就奏请五城团防应专用本籍绅董，严禁外省人员冒混入局。"伏思六部司员各有专司，正宜专心部务，岂可抛荒本务，私自央求巡城御史入局当差，希图后来保举，实属卑鄙躁进，不成政体。相应请旨饬下五城御史查明，如实系籍隶顺天之绅富及寄籍铺户人等，应准其在局办公外，若籍隶外省之京外大小各官，有冒充顺天籍贯，朦混入局，钻谋保举者，即著该御史指名奏参。"①朝廷遂命五城御史清查，"实系籍隶顺天之绅富及寄籍铺户人等，准其在局办公外。其籍隶外省之京外大小各官如有冒充顺天籍贯蒙混入局钻谋保举者，即著指名奏参"②。

当汪朝棻的奏请被批准实施后，立即在京城官员中引发各种议论，"或言旧定章程本无专用顺天绅董字样者，或言籍隶外省之绅董有已捐经费，宜照数发还，然后令其出局者，或言顺天绅士甚少，五城地面五方杂处，与外省情形不同，断难拘于常例者。种种阻挠，冀图挟制"。而之所以引起如此轩然议论的原因，就在于五城团防经费有相当一部分来自在京各部院衙门司员、郎中等人的捐助，"南北两城团防经费，均系外来绅董捐办，是以利权所属，屏去甚难"。团练经费原本依靠在京的外省大小京官捐助，如果现在令其出局，等于断绝了经费来源。据汪朝棻调查，前任南城御史陈廷经因团防经费不敷，曾许诺不论何项人等，有捐京钱一千吊者，即准其入局保举，于是照数来捐者，竟有数十人。前任北城御史丁绍周当时专令绅董首事捐钱，其余铺户民人并不摊捐。等到御史谭钟麟接任后，"绅董首事力尽筋疲，无由筹垫"，于是又同意不论何省官员，有捐京钱三百吊者，即准其入局。而这些捐钱者大多目的不纯，"不召自来者半系营谋躁进、不堪任事之人"。之所以造成这种局面，从根本上缘于经费难筹。

鉴于此，江西道监察御史汪朝棻在八天后即五月二十四日，再次上折，奏请五城在请奖团防出力人员时，首先要严格区分"捐赀议叙"与"劳绩保举"："伏思捐赀议叙与劳绩保举，向来请奖其事分隶吏、户二部，判若两途，不准牵混。该绅等既系捐赀之人，未必即公正可靠之人，若以其报捐百金或数十金，即令久据局中，以捐赀为营求保举之地。是捐赀与出力牵混办理，未能分析奏明，以至未得保举之绅董反得藉词挟制，似与政体攸关，不可不妥议分析办理，以杜牵混。"其次要进一步明确，"将在

---

① 《江西道监察御史汪朝棻奏为五城团防宜专用本籍绅董外省人员不得冒混入局请旨通饬事》（同治四年五月十六日），录副奏折：03-4670-064。
② 《清穆宗实录》卷139，同治四年五月庚戌。

局办公六部司员，不论外省及顺天籍贯，一体撤回，令其专心部务，以肃政体"。① 杜绝部院官员蒙混其中。

对于汪朝棨的这次奏请，都察院堂官议奏，认为"团防兼用外省京官，本系咸丰年间奏定章程，办理历年，悉臻妥协，并无外省京官冒籍把持各弊，未便骤议更张"。另外，"京师五方杂处，土著较少，必专责本籍绅民办团，反多窒碍"。尽管也认可汪朝棨"所奏自系实在情形"，但清廷还是认为"仍按旧章办理，汪朝棨所奏著毋庸议"。② 事实上，在北京除了八旗官民、本地汉民绅士外，只有外省京官、寄籍铺户、外来商贾这三类人员有经济实力出资捐助，如果将捐办团防者仅仅局限于顺天籍绅士、富商，则团防经费很难持久。无奈之下，清政府也不得不面对现实，维持旧议。

为避免五城团防保举泛滥，同治五年（1866）四月初三日，掌山西道监察御史贾铎又专门就此事奏请予以限制。主要措施有四点：一是不准擅保道府，"嗣后团防出力之四五品实缺人员，勿论获盗几名，只准保加升衔，其候补、候选人员只准保加选补班次，如班次已优，亦只准保给升衔、虚衔，或交部议叙，概不准擅保道府"。二是不准轻保州县。州县职司牧民，民生之安危所系，"即天下之治乱攸关，非读书明理通达政体之员，断难胜任"。而如今各城团防官绅中"不学无术之人正复不少，倘令滥膺民社，其得官不费艰辛，其居官难期勤慎，将来贻害苍生，恐匪浅鲜"。三是不准胪保多人。团防官绅购线拿贼，为首者不过一二人，其余在局各员，或帮京钱数十串，或帮数百串而已，但各城每次所保拿贼之人"往往数倍于贼，无怪乎众议沸腾"。以后应规定各城团防勿论一案拿贼多寡，"其所保者首先俱不准过两员，所保会同俱不准过三员"。四是禁止部院京官兼办团防，杜绝钻营仕途，以及旷废各部事务的现象，"均饬令各回本部安心当差，以绝逢迎"。③

清廷认可御史贾铎"所奏不为无见"，规定："嗣后各城团防出力之四五品实缺人员，无论获盗若干名，止准保加升衔。其候补候选人员，止准保加选补班次，如班次已优，亦止准保给升衔，或交部议叙，概不准擅保道府。至团防绅董，除实系举贡出身者，仍准酌保州县正印官外，其监生

---

① 《江西道监察御史汪朝棨奏请饬都察院堂官妥议五城团防章程事》（同治四年五月二十四日），录副奏折：03-4670-066。
② 《清穆宗实录》卷141，同治四年闰五月己巳。
③ 《掌山西道监察御史贾铎奏为五城团防保举过滥请严定限制事》（同治五年四月初三日），录副奏折：03-4841-017。

俊秀出身各员，无论获盗若干名，止准保举八九品丞倅及五六七品佐贰等官，以示区别。实缺人员，准其保举升阶。其候补候选各员，止准保加班次，如班次已无可加，止准保加升衔，概不准保举选缺补缺后以某官升用。每案无论获盗多寡，所保首先获盗之人，俱不准过二员，会同获盗之人俱不准过三员。除未经分部之候选司员及政事较简之卿寺衙门属员，准其留局办事外，其各部实缺候补学习司员，均著饬令仍回本部当差，概不准留局差委。"① 经过此番整顿，五城团防保举冒滥现象略有改观，并一直维持到光绪三十一年（1905）被改为巡警。

光绪朝之初，五城各勇局延续了同治七年（1868）所制定的章程，即各局由一名实缺司坊官经理，并派哨官、拣发司坊官员轮流值守管理，"每日点卯操练，如遇地方有窃劫案件，该司坊官等即带勇会捕务获，晚间则督率勇丁逡巡"。②

由于八旗步兵、京营汛兵的严重败坏，以及编查保甲和堆拨栅栏体系的废弛，此时的五城练勇已经成为京城维持社会治安的一支重要力量。但各城五十名的练勇数量，在"五城地面辽阔，良莠不齐"面前，也显得捉襟见肘。"虽每城额设练勇五十名，实属不敷分布，瞬交冬令，尤恐宵小乘间滋事。闻近畿一带抢案迭出，难保不潜入京师，肆行劫掠。"③ 光绪十七年（1891）九月，经给事中张廷燎奏准，"五城练勇不敷分布，请每城添勇五十名，口粮由户部支领"④。

另外，内城并无勇局。光绪十二年（1886）十二月十六日，御史瑞霖奏请内城仿照五城设立练勇局。"城内地面宽广，宵小易于潜踪，且兵丁单弱，难期得力。拟请照五城设立练勇局章程，于城内设局，责成稽察，满蒙汉旗务御史分管，各于所查该旗地面夜带练勇三十名，轮流巡查，如此则声势相应，盗贼无藏身之所。按八旗地面，共计用练勇二百四十名，均由五城咨调至局所，亦不须另为创筑，即在左右八旗合中之地，择一庙宇宽阔者设立，分为左右翼练勇局名目。每局须设管局官，亦由五城候补正副指挥吏目各员内派拨，轮流管理，其勇丁口分等项，均由五城发商生

---

① 《清穆宗实录》卷174，同治五年四月辛卯。
② 《巡视中城御史庆寿等奏为五城练勇三年期满择优请旨奖叙事》（光绪二年正月二十六日），录副奏折：03-5990-006。
③ 《巡视中城御史札拉丰阿等奏为申明旧章请旨仍由五城举办团防事》（光绪六年九月初十日），录副奏折：03-5992-074。
④ 《清德宗实录》卷301，光绪十七年九月戊辰。

息银两下拨给。"① 清廷以内城"本系步军统领衙门专责"为由，予以拒绝。②

瑞霖的建议虽然被驳回，但步军统领衙门之下的旗兵汛丁已经难以维持京城社会治安，已属显见。尽管练勇局弊案也多有发生，光绪六年（1880），东城正指挥钟子明侵蚀练勇局经费，"冒销京钱三百余千，遂致局中经费亏绌"③，但五城练勇对于京城治安的作用还是显而易见。"近日五城御史新设练勇精壮足额，缉捕颇能得力，有案则破，有犯则惩，南城外铺户居民恃以无恐，难有盗窃之事，而抢劫之案究属寥寥。"五城额定练勇数量毕竟有限，偌大京城，不足敷用。"惟练勇为数无多，且城内地段邪长举属提督管辖权分薄兼顾为难"。为此，光绪十七年（1891）十一月，陕西道监察御史恩溥奏请，将来可否专门委派一名副都御史，"督责五城逐捕盗贼"，而且"无分内外，一律巡防"，即统一包括京师内外城。如果练勇人数不敷，"饬下户部另筹巨款，续行添募，试办一年，如卓著成效而绝无流弊，则定为程式，专其责成"。至于步军统领衙门所管辖的步军营兵"如果始终不能勤奋，即可量为裁汰，以免虚縻"。④ 至此时，才有人敢于直接提出裁撤早已形同虚设的八旗步兵营。

至光绪二十年（1894）九月，中日甲午战争爆发在即，由于"军务吃紧，京城重地，编查巡缉不容稍有疏虞"，清廷这才谕令添练勇一百五十人，分拨五城。⑤ "五城虽有练勇三百五十人，稽查弹压，尚恐不敷分布。"不久，又奉命添练一百五十人，"每城共计一百名"。⑥ 十月，又谕令"添募团勇一千五百名，合五城练勇一千名，共二千五百人"，所需经费，由户部筹拨。⑦ 临时增募的团勇，在非常时期也发挥了一定的作用。"数月以来，该勇丁等昼则分段扎街，夜则轮班巡查，遇有宵小偷窃及棍徒聚众滋事之案，均即随时拿获送城究治，以故匪类稍知敛戢，城厢内外商民，用得安堵无恐，是此项勇丁之设，尚不无稍有裨益。"

次年，甲午战争结束后，办理团防大臣、兵部尚书敬信即奏请陆续裁

---

① 《掌京畿道监察御史瑞霖奏为城内地面添设练勇以资巡查请旨事》（光绪十二年十二月十六日），录副奏折：03-6022-061。
② 《清德宗实录》卷237，光绪十二年十二月甲戌。
③ 《巡视中城御史札拉丰阿等奏为申明旧章请旨仍由五城举办团防事》（光绪六年九月初十日），录副奏折：03-6087-081。
④ 《陕西道监察御史恩溥奏请专派廉干副都御史督责五城逐捕盗贼并请在五城仿行保甲事》（光绪十七年十一月初六日），录副奏片：03-5514-058。
⑤ 《清德宗实录》卷348，光绪二十年九月己卯。
⑥ 《清德宗实录》卷348，光绪二十年九月乙亥。
⑦ 《清德宗实录》卷351，光绪二十年十月丙辰。

撤所增加的五城团勇,"今值和议粗定,自应尽数遣撤,以节饷需"。但由于"外城地面五方杂处,良莠不齐",如果"遽将此项团勇全行遣散,诚恐宵小生心,或至滋生事端"。为此,敬信建议"五城团勇未能尽撤,拟先遣散一半,余归各城,相度情形,陆续裁撤"。具体步骤是,在闰五月二十日前,先遣散一半团勇,共计七百五十名,其余七百五十名分隶五城,每城各一百五十名。①

临时紧急招募的团勇,大多为无业游民,"团勇扰害地面","一旦勾结为匪,则勇即是贼,贼即是勇",加之需用帑银,光绪二十一年(1895)六月给事中端良奏请将预留的团勇全行裁撤。② 清廷批准端良所请,命五城将所留团勇七百五十名全数裁撤,至于"其额设练勇,仍著认真训练"。③ 具体遣散,由巡视中城河南道监察御史恩顺办理。这七百五十名团勇于六月二十一日一律遣散,"每名酌给遣散之费,以示体恤",同时"器械均已缴齐","其各局军械旗帜残缺破烂外,均交各城练勇局收存,以资应用。惟号衣、皮袄二项,经冬历春,各勇丁昼夜衣被,风雪侵损,烟火熏燎,大半凋敝,变价所值无几,亦交各练勇局存储"。④ 这样,五城共剩团勇一千名,每城二百名。

光绪二十六年(1900),义和团进入京畿,"京城地面情形日亟",清廷派李端遇、王懿荣为京师团练大臣。⑤ 不久,设立团练总局。据章程规定,在五城已有练勇一千名的基础上,再招募一千五百名,分隶五城。团练总局设在前门外琉璃厂义仓公所,颁发木质关防一颗,文曰:钦派督办京师团练大臣关防。五城关内铺户各分段落,互相保卫,每家各设梆锣、器械、灯笼、号旗,并注明某段某铺字样,如有盗贼抢劫情事,鸣锣齐集,一体拿获。城外坊村落地方,则分派勇丁扼要驻扎,同时劝令各村庄自办民团。各城添设分局,其中中城分局二处、东城分局三处、南城分局三处、西城分局六处、北城分局三处。⑥ 然而,此次所设立团练总局维持时间更短,自光绪二十六年(1900)五月二十五日设立,至当年七月二十

---

① 《兵部尚书敬信等奏为陆续裁撤五城团勇请旨事》(光绪二十一年闰五月十五日),录副奏折:03-5757-033。
② 《吏科给事中端良奏为沥陈五城团勇扰害地方请悉数裁撤事》(光绪二十一年六月十六日),录副奏折:03-5757-049。
③ 《清德宗实录》卷371,光绪二十一年六月乙酉。
④ 《巡视中城河南道监察御史恩顺等奏为遵旨裁撤五城团勇事竣事》(光绪二十一年七月初四日),录副奏折:03-5906-009。
⑤ 《清德宗实录》卷464,光绪二十六年五月辛酉。
⑥ 《呈五城拟设立团练局章程清单》,光绪二十六年五月三十日,录副单:03-6160-053。又见(清)陈璧:《望岩堂奏稿》卷1《办理京师团练条列事宜折》,第121-127页。

四日便被裁撤。①

　　光绪三十年（1904），经五城练勇局管理大臣、商部左侍郎陈璧奏准，给五城练勇局颁发木质关防一颗，文曰："钦命会同办理五城练勇局事宜之关防"②。然而，清末新政以后，随着京城巡警的兴办，五城练勇也完成了它最后的使命。光绪三十一年（1905）七月初五日，内阁奉上谕："巡警为当今要政，内城现办工巡局，尚有条理，亟应实力推行。所有五城练勇著改为巡捕，均按内城办理。""原派之巡视五城及街道厅御史，著一并裁撤，陈璧亦著毋庸管理。"③ 五城练勇全部改为巡警，从而开启了近代城市警察制度的先河。

六、火班与水会

　　清代北京内外城为防控火灾，设有专门的防火官兵，即"防范火烛班房"，后简称"火班"。内城最受重视，按照八旗分设火班八处，每处满洲、蒙古、汉军三旗轮流，"官兵各按旗营界址，实时赴救，旷误者论"④。"凡防御火灾，每旗以都统或副都统一人、参领三人、散秩官八人、领催八人、骁骑七十二人，更番轮直，遇旗界内及接壤之地有不戒于火者，直班官兵会步军统领即往扑救，乘火攫物者逮治之"⑤。救火最重要的是应急反应速度。雍正八年（1730）规定，内城东南失火，由正蓝、镶白二旗往救；西南失火，镶蓝、镶红二旗往救；东北失火，镶黄、正白二旗往救；西北失火，正黄、正红二旗往救；"若皇城之内，每翼二旗往救。步军等见失火处即报相近旗分，不可有误"⑥。至于外城地面，由五营负责，额设激桶（又作汲桶、机桶）四十八架，救火器具四十八份。其

---

①《兵部尚书裕德奏请核销京师五城团练光绪二十六年五月二十五日起至七月二十四日止收支各款事》（光绪二十七年四月初七日），朱批奏折：04-01-01-1045-012。

②《御史商部左侍郎陈璧等奏为五城合办缉捕拟刊刻木质关防事》（光绪三十年），录副奏片：03-5518-096。

③《商部左侍郎陈璧等奏为遵旨裁撤五城练勇会同办理移交事》（光绪三十一年七月十二日），录副奏折：03-6001-085。

④（乾隆朝）《钦定大清会典》卷99《步军统领·禁令》，文渊阁《四库全书》影印本第619册，第963页。

⑤（乾隆朝）《钦定大清会典》卷95《八旗都统·防御火灾》，文渊阁《四库全书》影印本第619册，第918页。

⑥（乾隆朝）《钦定大清会典则例》卷108《兵部·武选清吏司》，文渊阁《四库全书》影印本第623册，第214页。

中，中营十八架（圆明园、树村二汛各六架，畅春、静宜、乐善三汛各二架），南营十八架（六汛各三架），北、左、右营各四架（每汛各一架）。①"凡官民房舍火起，不分地方，各司坊督领甲捕，均持器具救火。"② 对于火灾失于防范，也有明确的惩罚措施："定例，五城延烧房屋，吏目、副指挥各以所管地方为该管官，自十一间以上，至三十间，该管官罚俸九个月，巡城御史罚俸三个月，以次递加。至六百间以上者，该管官降三级调用，御史降一级调用而止。"③

火班各处所配备的救火工具为：激桶十二架，毡（帽、衣）十二份，蜈蚣梯四架，大梯四架，大小水桶一百二十六个，灯笼十六个，黄蜡三十九支，火筹四分，时刻牌四分，斧锯等项铁器一百一十三件，绳绊一百五十七根，小罐一百一十四个。④

清代京城防火体系是逐步建立起来的。清初并无类似的消防机关，自康熙朝始出现火班的雏形。康熙帝重视火灾的防范，如遇火灾，不仅"常遣侍卫往救"⑤，而且有时还亲自指挥灭火。康熙二十三年（1684）三月初十日，正阳门外民居失火，康熙帝"幸正阳门楼，遣内大臣、侍卫，扑灭之"。⑥ 二十五年（1686）十二月二十三日，和硕康亲王杰书府失火，康熙帝同样"亲临救视，火遂熄"。⑦ 二十六年（1687）二月，正阳门外再次失火后，康熙帝要求八旗建立"分班轮宿"制度，"若偶遇火，即为扑灭，倘有传集之事，亦易齐聚"。随后，命"两黄旗于地安门，两白旗于东安门，两红旗于西安门，两蓝旗于东西两长安门，更番豫备。如遇何方火灾，即往扑救"。⑧ 这便是清代北京火班组织的缘起。雍正初年，火班开始制度化，至乾隆朝，进一步成熟。

正阳门外，沿街商铺、居民稠密，是火灾险情易发区域。乾隆六年（1741）正月初五日，中城大栅栏等处地方居民"不戒于火，致遭回禄，延烧多家，赀本半失"。但由于街巷稠密，离水较远，每次灭火多有不便，"五城偶有失火，多在阛阓喧嚣之处，临时虽有救火之具，奈该处附近不

---

① 《金吾事例》"章程"卷6，"五营激桶数目"，"故宫珍本丛刊"第330册，第369页。
② （乾隆朝）《钦定大清会典则例》卷149《都察院五·救火》，文渊阁《四库全书》影印本第624册，第686页。
③ 《清高宗实录》卷239，乾隆十年四月己未。
④ 《金吾事例》"章程"卷4，"内火班收存物件"，"故宫珍本丛刊"第330册，第270页。
⑤ 《清圣祖实录》卷12，康熙十二年四月癸卯。
⑥ 《清圣祖实录》卷114，康熙二十三年三月丙子。
⑦ 《清圣祖实录》卷128，康熙二十五年十二月癸酉。
⑧ 《清圣祖实录》卷129，康熙二十六年二月庚申。

皆多井，运水实为竭蹶"。兵科给事中吴元安于是奏请，应"晓谕各该处居民铺户，每家门首设水缸一口或木桶一只，广为贮水，不时查验，毋或亏竭，似此民力不劳，有备无患"。① 该建议经步军统领会同五城御史议奏，认为"至前三门关厢街巷四方商贾，轮蹄络绎，若多设水缸水桶，未免有碍街道，且亦不济实用。设有需水处，自有护城壕河，可以运取"②，未能采纳。

再有就是年节时爆竹燃放也易于引发火灾。"爆竹一项，虽云应节，若无禁约，肆行点放，风高物燥，易致疏虞。近年以来腊底新正，遍处搭棚摆摊，售卖花盒鞭炮，城内尤多，灯节之夜，铺户争胜买放，以为聚观者多，生意必然兴盛，相习成风。"年节时分京城燃放鞭炮烟花之风气，于此可见一斑，而且正月十五前后，商铺为招揽生意，还竞相燃放，进一步加剧了风险。嘉庆十八年（1813）十一月，巡视西城御史德恒就曾奏请限制燃放，"应请敕令步军统领、顺天府、五城一体查禁，并出示晓谕军民铺户，除新岁迎禧、开张铺面外，勿许肆行多放，而长鞭、双响、旗火之类，尤当严禁"③。

清后期，京城防火组织出现了新变化，即"水会"的出现。咸丰十年（1860），五城开始出现由绅商共同捐资筹办的民间"水会"。当年八月，北京内外城办理团防事务，五城"司坊各员劝导九城铺户捐备器械，分段联络，稽查奸究，遇有水火盗贼，彼此防护，不失守望相助之义"④。铺户捐办水局，一方面用于防火，另一方面缉拿盗贼。另外，从咸丰十年（1860）十一月大学士户部尚书周祖培奏呈五城地面倡立水会出力绅董的奖励清单来看，至迟在咸丰十年，五城民间水会就已经成立。⑤

同治元年（1862），拟裁撤团防，吏科掌印给事中那清阿奏请保留水会："查内城两年以来各铺户多有设立水火会，捐置机筒、水龙等具，以备仓猝之需，若因裁撤团防之故，一并裁撤，则从前所捐经费皆属虚掷。且恐民间遇有不戒于火，无从救护，贻害匪浅。臣等公同酌议，拟请旨饬

---

① 《兵科给事中吴元安奏请量为变通修造中城大栅栏等处被烧房屋事》（乾隆六年正月十二日），录副奏折：03-0280-030。
② 《清高宗实录》卷134，乾隆六年正月戊寅。
③ 《巡视西城御史德恒奏请严禁爆竹等事》（嘉庆十八年十一月十六日），录副奏折：03-1696-028。
④ 《吏科掌印给事中那清阿等奏为内城团防公所已经裁撤拟仍留水火会以备不虞事》（同治元年六月初二日），录副奏折：03-4670-009。
⑤ 《大学士户部尚书周祖培等呈五城地面倡立水会办理团防捐资出力绅董奖励清单》（咸丰十年十一月初三日），录副奏折：03-4226-093。

下五城御史，各按内城所管地址，准各该铺户照旧联络，仍留水火会器具，以备不虞，实于地方有裨。"① 五城水会得以保留。同治元年（1862）八月，巡视中城御史承继奏请："各按地段，就近择请公正京员及诚实铺户充当首事，申明水、火会之约，稽查奸慝，彼此防卫，无事则声势联络，有警则协同救援，以期合乎守望相助之意。"②

至光绪元年（1875），五城备案的水局共有 11 局，即中城 4 局（同善、公义、公议、治平），东城 2 局（崇东、坎济），南城 2 局（普善、同义），西城 1 局（同心），北城 2 局（成善、与善）。其实，西城除了同心水局之外，还有同仁水局。"西城本有同仁水局，曾于同治二年（1863）九月奏请择优保奖，奉旨允准在案。十年经五城会议，始将各水局定为三年请奖一次。迨十三年，届期奖励而同仁局绅董以未领官项，且值器具待整之时，不敢滥邀议叙，遂未经开列。"后经巡视西城御史臣景隆奏准，亦报部备案。"该局创建已十余年，不特在西城同心水局之先，系与各城同时创立。且自行捐资，始终出力，尤为好义急公。当此荒旱异常，该绅董于设厂赈饥、巡更募勇、缉匪编甲等事，与各城水局同一，不辞劳瘁，更历严冬。"③ 光绪四年（1878）后，同仁水局也正式纳入了五城"备案"的水局之中。

五城水局历经同治朝的兴办，其功能开始兼具消防和巡防治安，甚至"设厂赈饥、巡更募勇、缉匪编甲"。由于救火毕竟是偶发事件，街道巡防反而逐渐成了水局的一项重要功能。"水局原为救火之需，本无巡缉之责"，最先承担巡防任务的只是中城水局，光绪元年（1875）三月据巡视中城御史额图洪额奏称："惟中城水局各绅董历年自行提出本局公项，每逢十月至二月，自雇局丁，为绅董轮次带领局丁下夜，所有各街巷更夫，每月两次传局，由城点卯，章程颇为周密。"因中城办理颇有成效，后来"北城踵而行之"，因此中城御史额图洪额奏请"拟将各城水局饬绅董一体仿照办理，除冬十月至春二月由局绅雇丁外，其八、九月及三、四月，由各城察看情形，酌拨经费办理，仍以三年为期"。④

---

① 《吏科掌印给事中那清阿等奏为内城团防公所已经裁撤拟仍留水火会以备不虞事》（同治元年六月初二日），录副奏折：03-4670-009。
② 《巡视中城御史承继等奏为筹议团防保甲章程事》（同治元年八月初八日），录副奏折：03-4670-018。
③ 《巡视西城兵部掌印给事中克什布、巡视西城江南道监察御史林拱枢奏为西城同仁水局绅董办事多年卓有成效请旨一律保奖事》（光绪四年二月二十五日），录副奏折：03-5509-041。
④ 《巡视中城御史额图洪额等呈五城水会绅董请奖清单》（光绪元年正月二十六日），录副单：03-5507-010。

与此同时,水局绅董甚至开始承担编查保甲的任务,光绪三年(1877)十月初六日,巡视中城御史纳隆阿奏请:"现拟责令各城水局绅董分认地段,按照从前编列门牌户册章程,逐一清查,务臻严密。其有抗不服查者,准协同司坊官立即拿办,每夜仍带领局丁轮班巡逻,遇有盗警,会同营坊兵役,一体协拿。其有应需经费,照旧由局绅设法筹办。"① 按照纳隆阿的办法,水局绅董不仅承担了与五城司坊官一样的职责,而且夜晚轮班巡逻的任务也是由水局的"局丁"负责,甚至连所需经费,也由局绅筹办。可见,原本是救火消防组织的水局,已经成为帮衬五城捕役和练勇等治安力量的有益补充,而且效果还不错,"除暴安良,深为得力,又不费朝廷帑项,法良意美"②。

也正是由于水局的这种城市自组织特征,清政府对五城水局的数量自同治年间就有限制,"同治十年吏部会奏,各城水会局数每城以四局为限,不得加至四局以外"。直到光绪初年,除中城设立四局,其东、南、西、北城各立两局。光绪七年(1881)六月,巡视西城掌湖广道监察御史嵩林奏请添设水局,西城、北城分别在原来的两局之外,"另行各添一局",即西城的资善水局和北城的安平水局。据查,西城绅士李厚庵自光绪三年(1877)就开办有资善水局,"制造激筒一架,养婺恤孤,助赈各善举,试办三年,各项经费由该绅等自行捐办"。北城则有琉璃厂安平水局绅商刘应奎,"于咸丰八年设立从善水会,未经呈报,旋因重整水会,捐资建房,置造激筒器具,设施种牛痘局,每夜添雇更夫巡逻,改为安平公所"。③ 从后来的资料来看,西城添设资善水局、北城添设安平水局,得到批准。但西城资善水局因经费不敷,曾数次呈请停止。光绪十一年(1885),西城外坊地面绅士、铺商又"措资捐办水会",成立普义水局,"所有汲桶两架,系绅士花翎二品顶戴候选道王海独力捐助,其余一切器具系铺商首事等捐办"。④ 至光绪二十二年(1896)六月,五城共有18局,其中中城5局(同善、公议、治平、公义、义善),东城3局(崇东、坎济、崇东东局),南城3局(同义、普善、保安),西城4局(同心、普义、同仁、普

---

① 《巡视中城御史纳隆阿奏请遵旨筹办保甲整饬捕务酌奖绅董事》(光绪三年十月初六日),录副奏折:03-5123-016。
② 《掌广西道监察御史祥祐奏为五城水会绅董获盗保举请饬部核议规复旧章事》(光绪十二年八月二十五日),录副奏折:03-5512-092。
③ 《巡视西城掌湖广道监察御史嵩林等奏为西北两城绅商捐资添设水局援案请奖事》(光绪七年六月十五日),录副奏折:03-5591-002。
④ 《巡视西城御史文海奏为普善水局系地方绅商捐办请予立案并照章酌量保奖事》(光绪十一年),录副奏片:03-5512-060。

义东局），北城3局（与善、安平、成善）。① 后来，西城同心水局绅士薛德祥"以年老无力，自行告退"后，西城绅士王鸿钧于光绪二十二年（1896）四月，又在广安门内增寿寺添设三善水局。② 至此，五城水会共计19局，皆由绅商捐办。这些只是清政府批准有保奖员绅资格的五城水局，此外还有一些不具备保奖资格的水局。例如，光绪二十四年（1898）正月，北城外坊地面海甸一带"添设海晏水局"。③ 光绪二十八年（1902）五月十六日，东城绅商袁世澎等在东四牌楼设立永济水会，"由日本购置水龙激桶二架"。④

光绪十四年（1888）十二月，紫禁城内发生火灾，"贞度门不戒于火，延烧太和门及库房等处"，由于紫禁城火班官兵"备豫不虞，近年以来日就废弛，器具等项亦不全备"，幸亏有五城水会扑救及时，事后，清政府赏赐"扑救出力之水会十五处"银一万两。⑤ 可见，五城水会已经成为当时京城消防的主要力量。此后，五城水会"进内轮值"便成为常态。光绪十五年筹备光绪帝大婚之际，为防备不虞，"每日派水会两处，携带汲桶等具，各备旗帜帐棚号衣腰牌，以便稽查，在午门前驻扎伺候。并派栋发司坊二员、绅士二名，小心弹压，勿令别滋事端，两日一行更换，五城分班轮值"⑥。

对于五城水局，清政府拿不出官项经费资助兴办，只能采取议叙绅董的办法予以鼓励，"向来水局每届三年，每局保奖绅董七名"，奖励的办法是，"或虚衔，或加级，以示鼓励"。与此同时，还有五城司坊出力人员的请奖。授衔、加级，也是清朝末年清政府在财政紧张的情形下所经常采用的鼓励手段，但不少绅商为了一官半职，往往滥竽充数。为了杜绝此弊，光绪元年（1875）三月，中城御史额图洪额奏请提高"保奖"的门槛："如局绅有拿获窃案五件以上及满贯窃案、盗案、明火强劫重案，每案审实，由刑部定案，敕覆到城，拟请旨经查，其首先防获、尤为出力者，保奖升阶班次，并请饬下吏部，不得援撤防后不准绅董升阶之例议驳。仍定

---

① 《巡视中城兵科掌印给事中桂年等呈五城水会请奖衔名清单》（光绪二十二年六月二十二日），录副单：03-5342-111。
② 《巡视西城给事中庆绵奏为三善水局尚在每城四局数之内与奏定章程相符请奖事》（光绪二十五年四月二十六日），录副奏片：03-5517-036。
③ 《清德宗实录》卷414，光绪二十四年正月壬子。
④ 《步军统领善耆奏为水会绅商情殷报效愿将新置水龙激桶呈进请准赏收事》（光绪二十八年五月十六日），录副奏折：03-5568-052。
⑤ 《清德宗实录》卷263，光绪十四年十二月甲午、己亥。
⑥ 《巡视东城户科掌印给事中文纲、巡视东城掌江南道监察御史周天霖奏为五城水会绅士叠荷殊恩情殷报效事》（光绪十四年十二月二十八日），录副奏折：03-5549-071。

限制，寻常窃案五件以上保奖，不得逾二名，贯满窃案、盗案，保奖不得逾三名，明火强劫重案，每案保奖首先不得逾越二名，协同不得逾三名。"① 至光绪九年（1883），清政府一度取消了针对五城水局的保奖政策。

清政府完全取消水局保奖，虽然未必会打击那些真心捐资兴办的绅士的积极性，但对于水局维护街区治安功能的发挥，还是产生了一定的影响。"自光绪九年严核保举，吏部议裁减各项保案，将五城绅董获盗出力一条一并删去，自此以后，凡在局者率皆引去，未入局者找之不来，局内只专办水会一事，不惟不肯帮拿盗贼，即巡夜亦系勉强奉行，人情无以鼓励之则不动，有功不赏，志士灰心，亦理有必然，势所必致者矣。"受清政府政策的影响，水局帮办缉拿盗贼和巡夜的积极性大为降低。因为"五城捕役、练勇人数无多，势难遍行访察"，而相比之下，五城"绅董散处关厢内外，伺察盗踪，较为周密，觅眼线较为阙真"。因此，"五城捕务必藉资绅董，为今日急务之实在情形"。②因此，光绪十二年（1886）八月，掌广西道监察御史祥祐又奏请恢复五城水会绅董保举条例。

不过，恢复之后的保奖很快又陷入了贿买的境地。光绪十九年（1893）五月，江南道监察御史张仲炘就奏称"五城保举之员绅，则无不由贿买而得"。由于保举水局员绅的条件是拿获盗窃案或者重大人命案的案犯，因此"每遇一案，即有不肖书吏四处招徕，计较官阶，评论价值，或数十金，或数百金"。那些未入水局者，"则于入局之册倒填年月"，人不在本城者，"则于此城之案叙入协擒"。结果，五城水局所列保者，"不惟无一获盗之人，且有并未到京而托人买办者"。不仅如此，为了达到保举的条件，拿获盗窃案的人数也可以凑出来，经常是"混拿寻常小窃及无知乡愚，私行拷打，诓逼画供。送部之后，犯人或怵于前刑，照旧供认，而斩枭之罪以定，而保举之案以成"。真可谓"杀人以求财，尤为可恨"。③ 后来，清政府虽然采取了将水局员绅名册备案的方式，但仍难以杜绝。名器不尊的弊端最终也让水局这种原本带有城市自组织形态的新事物陷入困境。

综上，清代北京围绕都城功能的社会治安，往往以建立封闭空间进而

---

① 《巡视中城御史额图洪额等奏为遵议五城捕务章程事》（光绪元年三月初五日），录副奏折：03-7226-001。

② 《掌广西道监察御史祥祐奏为五城水会绅董获盗保举请饬部核议规复旧章事》（光绪十二年八月二十五日），录副奏折：03-5512-092。

③ 《江南道监察御史张仲炘奏为五城水局员绅贿买获盗保举请旨饬部严定章程以昭核实事》（光绪十九年五月十五日），录副奏折：03-5717-124。

限制人的自由活动为手段,通过作为城市社会治安设施的城墙、城门、护城河等,将整个北京城划分为外城、内城、宫城、皇城等不同的物理空间,按照人群的政治身份差别,由外到内,保护最高统治者和中央政权的安全。同时,又以街巷胡同、堆拨栅栏划分内部空间,施行巡街、夜禁制度,从而实现城市治安的日常管理。在治安力量的组织上,军警合一是其最大特点,无论是步军统领衙门,还是清后期的团防练勇,都是警政一体。民间形态的社会治安形式(如保甲制等),虽然在清代北京城中有所推行,但由于城市人口流动性的特征,使得这种以血缘亲情为基础的治理措施始终名存实亡。团防练勇这种带有民间自组织性质的保卫力量,在承平之日,一般并不受国家权力的认可,除非到了皇权体系捉襟见肘甚至存亡危急的时候,才会允许。即便如此,一旦国家权力体系缓过神来,便会极力将这种民间自组织进行收编。同样,"水会"这种半官方半民间的组织形式,在晚清北京城市公共空间或公共服务中虽然发挥了作用,但其民间性往往不够纯粹,不够彻底,带有很强的政治功利性,导致其效能大打折扣。这多半是传统时代中国社会民间组织的特征或者弱点[①],不过像团防练勇、水会水局这类组织,依然反映了晚清北京城市社会从传统都城管理走向近代"市政"过程中的迹象。

---

① 参见丁小珊主编:《中国城市与社会史专题研究》,青岛:中国海洋大学出版社2013年,第一篇"清代城市消防管理研究"。

第六章 道路卫生

街道、沟渠之政，自古以来就是中国历代王朝京城治理的重要内容。"经途九轨，国有常经，古昔建都规模，类以衢路四通为原则。"① 在传统社会中，都城道路是天子居中治理天下的重要礼制设施，是统治者规范社会秩序的重要手段，街道虽然是城市民众不分贵贱都能参与的公共空间，但对于街道格局的规划、使用道路的规定，甚至是在道路上通行的方式等方面都有明显的政治身份差异。城市离不开街道，街道几乎就是城市的象征，街道不仅是供人们通行的物理空间，它还涉及两旁的建筑、商铺、沟渠、卫生以及社会治安等诸多内容，因此它是都城实现城市治理的空间基础，街道治理也堪称古代社会城市公共事务的主要内容。

清代北京城以各城门内外主干道为经纬，城内外分布着大量街道胡同，共同构成了八方辐辏、辇毂天下的治理格局。正如雍正帝所言："平治道路，王道所先，是以周礼有野庐合方之职，自四畿达之天下，掌其修治，俾车马所至，咸荡平坦易，津梁辐辏，行李通达，无雨雪羁滞之累。"② 然而，由于北京所处的水土气候环境，以及传统交通工具和出行方式，乃至生态卫生观念的影响，京城道路始终以土路为主，"无风三尺土，有雨一街泥"是京城街道的真实写照。直到晚清，西方街道修筑方式和交通工具传入中国，清末新政后京城街道才逐渐改修马路。巡查街道的巡警也成为近代城市管理逐渐兴起的标志。

一、街道衙门

"宛平人呼经行往来之路，曰街曰道，或合呼曰街道，或以市廛为街，

---

① 瞿兑之：《杗庐所闻录·故都闻见录》，太原：山西古籍出版社1995年，第221－226页。
② （乾隆朝）《钦定大清会典则例》卷135《工部·都水清吏司·桥道》，文渊阁《四库全书》影印本第624册，第250页。

以村庄为道。故设官有街道厅、街道房，不可胜纪。"① 京城向来"重管理街道事权"②，明代以来，凡属街道、沟渠、城壕之管理事务，诸如疏浚河渠、平治道路、严禁侵占街道等，都隶属工部，专设工部街道厅，铸有专门的工部管理街道关防。③

清初沿袭明朝旧制④，在工部设立专门的街道厅（又称街道衙门），管理京城街道、沟渠。然而，街道厅虽然隶属工部，但其管理人员的遴选来自都察院，称为街道御史。正如乾隆年间曾任工部都水司郎中的汪启淑所言："街道厅专司五城街道，虽隶工部，然在都察院钦点御史满汉二员，一年一换。"⑤ 其人员来自都察院、工部和步军统领衙门三个机构，类似于一个联合办事机构。据《金吾事例》，管理街道厅员，"例应于工部、步军统领衙门各选派司员二员、都察院保送满汉御史各二员，带领引见，恭候钦点。工部、步军统领衙门司员各一员，都察院满汉御史各一员，管理一年期满，由工部奏请交替，咨行本衙门拣选司员二员，拟订正陪，出具考语，并该员等履历姓名，咨送工部办理"⑥。又据《清朝通志》，"工部街道厅"御史满洲、汉人各一人，本部司员一人，步军统领衙门司员一人，"掌平治道途、修理沟洫"。在乾隆五十年（1785）之前，街道御史只有一人，参用满、汉。由于人少，每难兼顾，乾隆五十年定制，派满洲、汉人各一人，"俾住居城外之汉御史更得就近不时稽察"。街道厅向系一年为满，由于任期过短，乾隆五十年后照巡城之例，统以两年为满，再请更换。⑦ 乾隆五十六年（1791）六月，因巡城御史改回一年一任，管理街道御史也照巡城例，再次改为"一年更换"。⑧ 从当时都察院的奏请来看，巡城御史和街道御史任期都从二年改回一年的根本考虑是，"巡城既恐在任日久，吏役等易于窥伺交结；管理街道衙门事务殷繁，亦恐日久不免有

---

① （明）沈榜：《宛署杂记》卷5《街道》，第34页。
② 《明神宗实录》卷100，万历八年五月庚寅。
③ 《明神宗实录》卷125，万历十年六月己亥。
④ 专门负责都城街道沟渠整治的街道衙门，最早设置于宋代。参见王战扬：《宋代街道司研究》，《安阳师范学院学报》2015年第1期。辽金时期，形成定制，辽南京设街道司，隶都水外监，贞元二年罢归京城所。金代在都水监下设有街道司，掌洒扫街道、修治沟渠。参见《金史》卷56《志三十七·百官志二》，第4册，第1277页。
⑤ （清）汪启淑：《水曹清暇录》卷16《街道厅》，北京：北京古籍出版社1998年，第253页。
⑥ 《金吾事例》"设官"上，"保送街道厅员"，故宫珍本丛刊"第330册，第91页。
⑦ 《钦定台规》卷26《五城十·街道》（道光朝四十卷本），"故宫珍本丛刊"第315册，第321-323页。
⑧ 《清高宗实录》卷1380，乾隆五十六年六月丙午。

上下串通，抑勒兴修，纵容侵占之弊"①。光绪三十一年（1905）七月，清政府裁撤五城及街道厅御史，同时设立巡警部，京城街道治理随后归内外城巡警厅负责。

起初，街道厅并没有固定的衙署，乾隆三十一年（1766），经督理街道沟渠御史素儿讷奏准，街道厅利用南城副指挥原先坐落于正阳门大街偏东的旧署，作为固定的办公地点。衙门有常设皂隶十六名。在嘉庆十二年（1807）之前，"街道厅印信相沿存贮管理街道满洲御史私宅"，后因"殊于体制未协"，经管理街道御史庆元奏准，街道厅印信在此后"交存都察院公署，遇有钤印事件随时取用"。②

街道厅的主要职责是审批五城户民修造。清制，凡是五城户民如有修缮或者原地新建房屋的需求，"例于三、六、九日赴街道衙门呈报该衙门批坊验明，给以执照，方准修理"。对于呈报请求，街道衙门应该何时颁发执照"向无定限"，以至于街道厅衙门胥吏经常借审批进行勒索。为此，乾隆五十年（1785）规定："嗣后初三日批坊之呈，近者限初六日即覆，远者初九日必覆。"即路近者三天内予以办理，路远者六天内完成办理。如果确实有需要转委实地勘察，不能在限期内办理者，应由所在坊巷街道衙门申明期限，予以办理。街道衙门官员"务须按三、六、九呈明，全行到署，令户民当堂呈领，无庸胥役经手"。同时，要将收发呈请的日期每月向工部、都察院、提督衙门汇报一次，以便稽查。至于城外村庄，除了石道两旁建造或修理坟茔，仍需要赴街道衙门呈报之外，其余村庄房屋修造，则一律在所在地营汛衙门呈报，"就近验明准修"。③

街道厅另一职责是监管街面房屋修建，禁止拆卖住房。"京师重地，房舍屋庐自应联络整齐，方足壮观瞻而资防范。"出于维护京城街道整齐的需要，清代定制，"京师内外旗民拆改、移修临街房屋，内城系步军统领衙门，外城系街道衙门管理"。④对旗民私自拆卖房屋的限制，至乾隆朝以后禁令尤多。但是，如果采取一刀切，"临街房屋一概不许拆卖"，也有不妥。"兵民人等临街房屋，皆其恒产，非有急故，谁肯轻

---

① 《都察院左都御史舒常、都察院左都御史纪昀、都察院左副都御史巴彦学奏请更定巡城御史管理街道衙门御史派出条例事》（乾隆五十六年五月初八日），录副奏折：03-0241-013。
② 《清仁宗实录》卷183，嘉庆十二年七月丁卯。
③ 《钦定台规》卷26《五城十·街道》（道光朝四十卷本），"故宫珍本丛刊"第315册，第321-323页。
④ 《管理街道掌云南道监察御史扎拉芬、管理街道掌浙江道监察御史刘有铭奏报本年京师外城旗民拆改移修房间数目事》（咸丰十一年十二月十八日），朱批奏折：04-01-01-0872-053。

弃？或因年久倾圮，修整无力，欲行转卖，苦无售主，始行拆卖，亏折已多，又碍于禁令，不敢违例拆卖，势必日就坍倒，砖瓦木植尽归破烂，置之无用"①。作为个人房产，既无力维护，又限于禁令不能拆卖，结果很可能就是任其破败倒塌。因此，政府又补充规定，旗民如有渗漏朽烂房间，报经步军统领衙门或街道厅衙门官员派员确查后，可以拆毁修缮。

后来，由于业主串通奸商私行拆卖的事件屡有发生，乾隆朝、嘉庆朝先后有多人奏请严行禁止。例如，嘉庆十五年（1810）二月二十八日，礼科给事中庆明奏称："近岁以来，偶因雨水稍大，不无坍塌。旗人一时无力修理，而奸商因之谋买，串通业主，假托拆旧盖新之词，呈递步军统领衙门，委员勘验原情，准其拆修。而奸商等遂公然以贱价买拆木料，从中渔利，以为得计。始而拆后犹盖数间，继而拆毁荡然，仅遗空地，间有街通巷连，来往不由巷口而栅栏徒为虚设之处。况隙地既多，难保匪徒不无潜踪滋事等弊。"② 又如，嘉庆十六年（1811）五月，御史景德奏请禁止都城擅拆房舍："近年以来，竟有私拆房间将砖瓦、木植零星售卖者，积日既久，衢巷之间渐多隙地，皇都四民辐辏，何以壮肃观瞻？甚至巷宇毗连之处，来往成蹊，而栅门之启闭转同虚设，于击柝禁暴之义，必致防检多疏。"③ 以上庆明、景德的奏请，都得到了嘉庆帝的肯定。

清政府严禁京城旗民私自拆卖房屋，不得留存空地，保证临街衢巷无隙地，其目的原本是维护街巷完整，使街巷胡同在两端堆拨栅栏的管控下能够形成封闭的空间，以便于缉拿盗贼。这与隋唐以前里坊制下的坊墙功能颇有异曲同工之妙。当然，严禁奸商串通业主拆卖房屋的措施，在客观上也对京城街巷风貌的保护和延续起到了非常重要的作用。

此外，平治外城街道和挑挖沟渠，禁止旗民修建房屋时侵占官街，禁止居民临街倾倒煤渣、堆弃砖土，禁止在城墙根建造房屋等等，也是街道衙门的职责（相关内容详见本章"街道与沟渠"部分）。

---

① 《刑部尚书来保、刑部尚书张照奏为京师五城本人产业房万不得已拆卖报明司坊存案准其拆卖请旨事》（乾隆八年闰四月十九日），朱批奏折：04-01-01-0103-011。
② 《礼科给事中庆明奏为城内住房不准拆卖事》（嘉庆十五年二月二十八日），录副奏折：03-1632-012。
③ 《清仁宗实录》卷243，嘉庆十六年五月壬辰。

二、石路与大道

京城石路、城门内外大路及近京大道是北京城的骨干道路，其修建与整治一般属于官办工程，采取以工代赈的形式，雇佣民夫进行施工。城门内外石路、大路由工部、步军统领衙门负责；近京大道则由直隶总督、顺天府负责。

入清之初，百废待兴，京城道路主要以维护为主，自康熙朝始，道路整修始渐次开展。康熙二十四年（1685）十月，工部进呈修治京城道途册，康熙帝谕令："工价支给尚少，宜稍增加。至修治小路，若责之居民，则贫人苦累矣。其令如大路估算，亦以钱粮给之。"① 可见，康熙朝已经开始雇佣民夫修治道路。之后的雍正朝和乾隆朝，对京城内外道路也进行了大规模整修，整修的重点包括京城九门内外石路、御道以及进京道路。

一是整修各城门内外的石路（往往也是御道）。石路一般位于内外城门之间，或者是城门通向圆明园等御园或行宫的主干道。清代京城石路，除了正阳门外石路，以西直门外直抵海淀圆明园的石路，巨石方整，最为伟观。雍正二年（1724）谕，"九门石路损坏，行走维艰，交工部、步军统领公同详勘，将应修补之处确估，以次修理"。又，"西直门外石路，修至高梁桥，畅春园石路有损坏者，亦着修理，此工着动内库银"。雍正三年（1725），修广宁门外石路，"广宁门外大路低洼，大雨时行，则积水处，车辆行李往来甚难，着步军统领支部库银，修理石路"。次年（1726），新修石路又发现"有被重车压陷者"，雍正帝又命"着即修理"，规定"嗣后日久再有车压塌陷处，步军统领由部支领钱粮修理"。六年（1728）奏准，察勘自广宁门外至小井村石路，自右安门外至草桥南土道，悉令平坦坚固。七年（1729），雍正帝谕："正阳门外天桥至永定门一路，甚是低洼，此乃人马往来通衢，若不修理，一遇大雨，必难行走。至广渠门内之路，亦着一并察勘具奏。"经过察勘，"左安门道路微洼，交街道厅，将刨挖街道附近所起之土运往铺垫"。天桥起至永定门外吊桥一带道路，"改建石路，以图经久"。经过雍正朝的大力整修，京城各城门内外的大道，无论是石道还是土路，颇为改观，"广宁门外已修石道，通州运粮之处，亦修整高爽，往来行人颇为便利"。

---

① 《清圣祖实录》卷122，康熙二十四年十月癸卯。

乾隆朝也曾对京城内外道路进行过一番修治。乾隆三年（1738）七月，清政府对崇文、宣武、安定、德胜、东直、阜成等门"向未修有石路"之处"增修石路，以惠行旅"。外城广渠门至广宁门，东西十余里，"系商货丛集之要路"，亦增修石路。① 二十二年（1757）十月，再修朝阳、西直、广宁诸门外"旧有石道"。② 二十七年（1762）十月，修治德胜门外至清河道路。③ 三十一年（1766）议准，正阳门大街石道两旁土路，"各定车路一丈，饬令营汛堆兵及城坊、铺头、捕役严加查管"④。清代中期，国家稳定，经济繁荣，财力充足，是当时京城道路工程得以次第开展的重要保障。

进入清后期，内忧外患不断，社会动荡，清政府财政日益拮据，除了保证急需的道路修缮之外，难以再进行大规模的道路整治。从西直门通往圆明园的石路，是皇帝往返御园和紫禁城之间的重要道路，道光年间进行过一次整修。道光八年（1828）十二月，道光帝命卢荫溥、那清安、王宗诚、王引之、贵庆、裕恩、白镕、耆英、达三等受罚官员"阄分段落"，分别赔修"所有西直门至圆明园及阜成门、西便门、福园门、西南门、扇子河南岸并佟府栅栏内外石道、桥座、涵洞等项工程"，并指示步军统领衙门官员"于石道甫经修竣、灰浆未干时，严切稽察，不准车马践踏，以致压损"。⑤ 道光十年（1830）十一月，西直门至圆明园及阜成门、西便门等处石道工程完工后，经查明各段工程出现"道板石及护牙土经车辆碾轧，间有不平，及各段均有牙石不齐，并道板石长出、抵作牙石之处"。于是，道光帝又命承修司员于次年春重新补修。⑥ 道光二十年（1840）十二月，又修通州内外城石路。⑦

另外，就是皇帝每次前往天坛祭天、求雨等活动时，所要使用的正阳门外石路。"正阳门为辇路所经，万方瞻仰，人烟辐辏，轮毂交驰，尤宜先为修治坦平，方足以壮观瞻而利行旅。"正阳门一处在嘉庆十一年（1806）经钦派大臣修过石道一千三百余丈之外，前三门石路自雍正初年修建后，至光绪十一年（1885），一直没有修整过。"前三门石道段落绵

---

① 《清高宗实录》卷73，乾隆三年七月戊寅。
② 《清高宗实录》卷549，乾隆二十二年十月甲申。
③ 《清高宗实录》卷672，乾隆二十七年十月丙申。
④ 《钦定台规》卷26《五城十·街道》（道光朝四十卷本），"故宫珍本丛刊"第315册，第321－323页。
⑤ 《清宣宗实录》卷148，道光八年十二月戊寅。
⑥ 《清宣宗实录》卷179，道光十年十一月癸亥。
⑦ 《清宣宗实录》卷342，道光二十年十二月丁巳。

长，统计一千八百余丈，其中石料残缺，石隙裂陷，情形轻重不同，而崎岖不平之势逐段皆然。"① 直到光绪十一年（1885）八月，经御史汪鉴奏准，再次修缮前三门石路。但实际上，此次修整进展缓慢，直到光绪十六年（1890）才修完棋盘街至正阳桥一段石路。

一般而言，京城内外并没有单纯的石道（或者是御路），所谓石道御路只是某些大街或道路的中间铺石板的部分，两侧稍低，仍是土路。"旧制大街划分为三个部分，中间最宽之部分称甬道，约比两侧的路面高三尺左右。天子行幸等在甬道上撒黄土，作为御道。车马多行于甬道。两侧道路的宽度不足甬道的一半，两边商铺栉比。"② 乾隆五十八年（1793），随马戛尔尼使团访华来到北京的使团成员斯当东描述了通州通向朝阳门的石道："这是行人和货物由东和东南往北京去的大道，非常平坦，当中二十尺宽铺的都是每块约四尺宽、六到十六尺长的花岗石。花岗石两旁土道可容马车来往并行。路边许多地方栽种了大柳树。"③ 他还描述了北京与承德避暑山庄之间的道路："在特使停留在热河期间，北京、热河之间的公路修得更加整齐，可以加速行程。其中一条公路是专门为皇帝准备的御道，两旁由老百姓随时洒水去尘、修补平整。同御道平行的一条路是专门为跟随皇帝晋京的中国大官们所走的路，这条路不如御道宽阔，也没有那样勤于打扫，但绝对够用和安全。英国使节被允许走这条路。其他所有人都只能在上述两条大路之外，各抄小道走。"④ 道路的使用具有身份的限制，按规定，中间石道平日只允许行人、肩舆、骑马通行，如果是重载车，则走两旁土路。规定虽然如此，但遵守者少。石道虽然是御路，但在平时也允许普通百姓通行。有一例为证。康熙三十三年（1694）四月，因天坛一带道路刚刚完成，步军统领凯音布奏请："新修之路听人照常行走，不久又坏，应派绿旗兵看守，令往来之人止走两旁，勿行中路。"康熙帝不同意，说："如此禁约，殊于朕意不合，盖修葺道路者专以便民也，派兵看守，不许行走，则修之何用？若云禁行中路，则看守之人必并禁及两旁，殊于行人不便，仍听人照常行走。后若毁坏，令步兵稍稍葺治。"⑤ 按照康熙帝的意见，不仅御路平时可以供百姓通行，就算是中间的石道也

---

① 《工部尚书福锟等奏为遵议御史汪鉴片奏修整正阳等门石路工程事》（光绪十一年八月二十二日），录副奏折：03-7169-013。
② [日]服部宇之吉：《清末北京志资料》，张宗平、吕永和译，北京：北京燕山出版社1994年，第20页。
③ [英]斯当东：《英使谒见乾隆纪实》，第343页。
④ [英]斯当东：《英使谒见乾隆纪实》，第436页。
⑤ 《清圣祖实录》卷163，康熙三十三年四月。

应该允许百姓行走。

石道保固期并不长，尤其是在传统硬轱辘大车的碾压下，加之外城人流、车流量大，石道的损坏往往比较严重。乾隆五十年（1785）十二月，巡视中城工科给事中孟生蕙奏称，正阳门外石道，"近见石块间有损坏，高低不平，自正阳桥至猪市口一带，坏者约十之三四，自猪市口至天桥往南一带，坏者约十之一二"。为保护石道，孟生蕙建议规范车辆行走，"补修之后，饬令看街兵丁用绳拦阻，中道毋许大车行走，则石路可垂久远"。至于猪市口、蒜市口"系十字通衢，两旁铺有石路一段，损坏过甚，每遇雨雪之后，刷去泥土，覆辙相寻，一车覆辙，众车俱不能行走，或重为修理，或竟去石块，垫成土路，以利车辆遄行"。① 车辆川流的珠市口大街，由于碾压严重，即便曾铺有一段石路，但却因石路出现车辙或者损坏，更加颠簸，反而不如土路易于平垫，因此这些城内大路在乾隆朝以后仍以土路为主。

关于道路绿化，"列树表道，古制为昭"②，自古以来道路两旁植树除了为行人遮风避雨之外，还具有保护道路、指示方向的重要作用。雍正二年（1724），自西直门、德胜门至畅春园的石道，清政府命"沿途皆着种柳，岔道亦着栽种"。经过绿化，西直门至畅春园共栽柳九千二百九十七株，德胜门至娘娘庙共栽柳三千二百三十四株。"栽完树木，令人看守"，道路沿途所经西、北二城及大兴、宛平二县，全程分为四段看守。三年，雍正帝要求所有种树应保活三年，如果三年之内有枯焦者，令"原种树官补种"。如果是由于各地方官疏于看守，造成树木被人折坏、牲畜啃伤甚至被偷盗，则由负责看管的地方官补种。至六年（1728），雍正帝发现"沿途所植树木，已阅四五年矣，看来不甚茂盛"。相比之下，圆明园、正阳门前树木由于种植认真，"甚觉整齐茂盛"。雍正帝又命令补种。经内务府、工部堂官、五城官员勘察，西直门、德胜门至畅春园"沿途柳树枯焦损失"，由原种树及看守各官限期一月内照数补栽整齐。补种后每五日浇灌一次，如果逾限不能完成，即指名题参。树木种活后，西直门外石路交由西城看管，西直门外西道交大兴县，西直门外东道交宛平县，德胜门外一带交北城看守。平时由五城会同内务府、步军统领、顺天府尹定期巡察。以上种树费用，每株给银一钱。所种柳树，要求树高一丈二尺、径二寸五分，栽深二尺，清明栽完，五日浇灌一次，根下用枣茨围护。直到雍

---

① 《巡视中城工科给事中孟生蕙奏陈京城各官宣讲圣训并修整护城河等事》（乾隆五十年十二月初十日），录副奏折：03-0357-048。

② 《清高宗实录》卷735，乾隆三十年四月。

正十年（1732），圆明园石路两旁树木，仍然细小。雍正帝命内务府负责补种清梵寺至圆明园一带柳树，工部负责补种西直门至清梵寺石道柳树。① 此外，雍正朝在整修长辛店外的江南大道时，也以柳树进行道路两旁的绿化。

二是对周边进京道路进行大修。雍正三年（1725）六月，雨水过多，京畿周边桥梁道路多被淹没，京师作为"四方辐辏之地，士民商贾往来云集"，由于道路大量中断，"近京各处道途积涝，行李维艰"，甚至造成京城"诸物腾贵"。鉴此情形，雍正帝命修缮周边进京道路。其中，通州一路交与通永道副将，古北口一路交与当地驻守提督及该管州县官，宣府一路交与总兵官及该管州县官，近京一带交与大兴、宛平、良乡等县及涿州，"速令相度地势，设法修理，使行旅无阻，不可藉端科派，以便民之政转致累民"。雍正四年（1726）奏准，通州、牛栏山、昌平州道路，"交地方官察看，遇有低洼，随时修整"。乾隆十二年（1747），畿辅低洼道路，"奉旨交地方官随时办理"。进京道路的整修，不仅便于士民商贾进出北京，而且有利于各路商货的流通，对于繁荣京城商贸经济，乃至物价稳定，都有不可忽视的积极意义。

三是修整事关物资输送的重要道路。其中，最重要的是朝阳门外至通州的运粮道。雍正六年（1728），这条土道被改建为石道。该年奏准，"京仓运道一概修整石路，工竣令保固三年"。七年（1729）又谕："自朝阳门至通州京东大路，曾发钱粮修垫土道，今复压坏。此道行人既多，且系京城大小官员支领俸米必由之路，着由朝阳门至通州大道皆铺墁石块，酌量可容二车，两旁土道亦着修理平整。"通州石路完工后，雍正帝又令两侧培土加固，并命地方官每季查勘。乾隆二年（1737）议准，京师朝阳门、广宁门外石道，命地方官三年一次查勘，"如有坍塌，报部修理"。②

道光四年（1824）九月，再修朝阳门内运粮石路。③ 五年（1825）十二月，管理街道御史阿成、王丙又奏请修治朝阳门外石路："朝阳门系东三省通衢总路，现自海墁起至东岳庙止一路石道损坏过甚，又吊桥以南运粮河东石路一道，系裕丰、储济、小万安三仓米车行走之要路，不惟石块损坏，且有临河石岸坍塌数丈之处，若再经雨水浸刷，必至修理匪易"。

---

① （乾隆朝）《钦定大清会典则例》卷135《工部·都水清吏司·御道种树》，文渊阁《四库全书》影印本第624册，第254-255页。

② （乾隆朝）《钦定大清会典则例》卷135《工部·都水清吏司·御道》，文渊阁《四库全书》影印本第624册，第248-252页。

③ 《清宣宗实录》卷73，道光四年九月甲寅。

同时，需要修治的还有崇文门外自吊桥以南至花儿市巷口的石道，"系货物车辆投税之总汇，今石块损坏，坑坎难行"。而且以上各处"皆非可缓之工"，街道御史阿成、王丙建议工部于道光六年（1826）春融后，"赶紧修理，似于城垣、河道、仓储、商旅均有裨益"。①

另外，还有通州张家湾至广渠门的运盐道路，"计程四十七里，系大、宛二县引盐车运通衢"。因"叠遭坍塌，夏秋雨水积聚，车运艰难"，乾隆二十八年（1763）清政府动工修治，当年二月长芦商人沈朝安"情愿捐银二万两，稍勷广渠门土道工程之用"。②

四是对始于长新店（即长辛店）的"江南通衢大道"进行整修。长新店是京城通往江南通衢大道（官道）的咽喉之地。无论官绅士子，还是商贾走卒，往来京城与江南各省的陆路通道，一般都取道于此。在明清时期众多官宦文人的笔记、诗文中也留下了不少关于长新店的记述。例如，康熙朝曾任吏部侍郎兼翰林掌院学士的浙江海盐人彭孙遹，曾在长新店住宿的客店中见有一首署名"维扬女子"的题壁诗，因"甚凄惋可诵"，遂占一律，诗曰："维扬丽色多才调，彤管凄凉寄所思。似向人间伤薄命，却来壁上写新诗。空江孤雁流哀夜，寒岭清猿迸泪时。我向此中肠欲断，天涯沦落尽堪悲。"③ 又，清初著名诗人、浙江海宁人查慎行于康熙二十九年（1690）离京南返，在长新店告别一路送行的孙恺似、王令诒、严宝仍、刘大山及其家兄。④ 又，乾隆年间吏部尚书汪由敦在良乡迎驾乾隆帝回京后，途经长新店，"日已及暮，入广宁门漏下二鼓矣"。当日，撰《接驾宿常新店》诗曰："卢沟西去压长虹，古堞严城落照红。十里惊尘行荦确，一宵孤枕梦惺忪。市嚣未散初灯夜，邻篴徐飘隔卷风。屈指频年几经宿，雪泥何处认飞鸿。"⑤ 小说往往是现实的写照。清代旗人作家文康在小说《儿女英雄传》第三回中也写到，张进宝主仆三人从庄园上起身，两个骡夫跟着，"顺着西南大路奔长新店而来。到了长新店，那天已是日落时分，华忠、刘住儿服侍公子吃了饭，收拾已毕，大家睡下，一宿晚景不

---

① 《管理街道御史阿成、管理街道御史王丙奏请修整正阳门等处石路平垫河岸事》（道光五年十二月十九日），录副奏折：03-3627-052。
② 《清高宗实录》卷680，乾隆二十八年二月辛丑。
③ （清）彭孙遹：《松桂堂全集》卷32《长新店中有维扬女子题壁诗甚凄惋可诵为占一律》，文渊阁《四库全书》影印本第1317册，第240页。
④ （清）查慎行：《敬业堂诗集》卷11《长新店重别孙恺似王令诒严宝仍刘大山家荆州兄三首》，文渊阁《四库全书》影印本第1326册，第150页。
⑤ （清）汪由敦：《松泉集·诗集》卷14《接驾宿常新店》，文渊阁《四库全书》影印本第1328册，第549—550页。

提"。

　　长新店也是明清时期皇帝巡幸江南或西巡五台山的御路官道的必经之地。康熙帝、乾隆帝巡幸畿甸或五台山时，出京和回京一般都是经卢沟桥走长新店这条通衢大道。由于长新店离京城很近，因此皇帝驻跸在此的机会并不多，但也不是没有。如果回京时，天黑前无法返回紫禁城，就会在长新店驻跸。例如，康熙二十二年（1683）九月，康熙帝奉孝庄皇太后巡幸五台山后，返回京城时，于十月初八日驻跸长新店。① 乾隆三十年（1765）正月，乾隆帝第四次南巡，出京时也是走卢沟桥、长新店。路过长新店时，乾隆帝还赋诗一首，诗曰："村亘五里卢沟滨，庐舍比栉复次鳞。借问往来投店者，几不劳劳名利人。"②

　　雍正七年（1729），清政府决定整修"江南大道"。雍正帝谕："今直隶至江南大道，车轮马迹，践压岁久，致通衢竟成沟堑，两旁之土高出如谷，一遇雨水，众流汇归，积涝难退，行人每苦泥泞，或至守候时日。"经勘察直隶、山东、江南三省道路，自宛平县长新店至直隶景州刘智庙，应修道路长五万五百五十丈，修建桥梁四十八座。自刘智庙至山东郯城红花埠驿，应修道路长四万二千十有九丈，修建桥梁九十四座。自宿迁桃源至江苏清河县王家营，应修道路长一万一千八百十有二丈，修建桥梁二十座。③

　　此次道路修治的主要方式是垫土培高、挑沟排水，因为历经数年的车压马踏以及雨水冲刷，这些道路再次"竟成沟堑"。尽管李卫在奏请中也提出所修过的桥梁道路应交各地方官"随时修整，并令新旧交代，永著为例"，但实际的效果并不理想，很少有地方官会主动且持续地维护辖区内的通衢大道。

　　雍正帝在世时，挑选易县太平峪为自己修建万年吉地，而从京师前往易州，也必须经过长新店。雍正十三年（1735）十月甲午，雍正帝卒后，经直隶总督李卫疏言，于长新店"添设腰站一处"④，以增强京师至易州的驿站功能。乾隆元年（1736）六月，直隶总督李卫又奏请乾隆帝，希望仿照卢沟桥街口，将长新店街道全部铺设为石板路，得到批准。"惟长新店街道有五里之远，系南北往来总路，地势低洼，两边民居之后俱多山

---

① 《清圣祖实录》卷112，康熙二十二年十月乙巳。
② 《清高宗御制诗集·三集》卷44，文渊阁《四库全书》影印本第1306册，第14页。
③ （乾隆朝）《钦定大清会典则例》卷135，"工部·都水清吏司·桥道"，文渊阁《四库全书》第624册，第250页。
④ 《清高宗实录》卷5，雍正十三年十月甲午。

岗，为众水所归，一遇阴雨，即加以灰土垫平碾实，仍然跋涉难行，如用石渣拌灰和土筑成，车马践踏，不免碾碎，而街之左右两条土高路窄，又非中道。臣再四筹划，惟有照依卢沟桥街口，铺盖厚石大版，一律坦平。"由于长新店是前往易州清西陵的必经之地，且雍正帝下葬在即，所以乾隆帝立即准其所奏，乾隆帝批示："好！卿即委贤员作速办理，一面报部，一面动项趱修可也。"①

乾隆初年又对出广宁门、经卢沟桥的江南通衢大道进行了分段补修。乾隆九年（1744）七月，经直隶总督高斌奏请，修治了长新店至赵新店董公庵共计七里长的道路，"进京通衢大道，自广宁门至大井及长新店街内，并琉璃河石桥，俱经修理，天下进京之人往来称便"②。乾隆十一年（1746）六月，江南道监察御史沈廷芳奏请修治长新店至涿州共计一百余里的道路："长新店至涿州百里间为辇毂近地，十二省通衢往来，车马毂击肩摩，日以万计，践踏既久，路皆洼下，兼有两旁民地高于官道，一遇雨水，泥深潦积，宛若河渠，以致折辐陷蹄，行路之艰，实堪轸恤。仰请陛下饬直隶总督即令该地方官，各就境内照旧丈尺广袤，乘时悉心修治，低洼之处培土增高，两旁设沟蓄水，补种柳株，其工资于藩库存公银内支给，每岁时加修整，务使一例平坦，则周道如砥，行旅人民益沐皇仁于靡既矣。"③乾隆帝批准沈廷芳所请，将该项任务交由直隶总督那苏图具体办理。当年十二月初七日，经直隶总督那苏图实地查勘，宛平县至涿州大道一百五里内，共应修垫洼地五十一段，计长六千四百九十三丈，"皆系夏月雨水积聚之区，今相度地势，分别加高，自一尺至四尺不等，旁开小沟，取土叠道"。另外，对于积水经由之地，"添设桥梁，以便行旅，其积水或引入拒马、琉璃、牤牛诸河，或归旧存道沟及村庄水道入河，务使各有宣泄，计建大小木桥六座"。④乾隆十五年（1750）五月初三日，直隶总督方观承奏报此次修治工程完工。⑤

---

① 《直隶总督李卫奏为长新店街道拟盖厚石大板请旨事》（乾隆元年六月初八日），朱批奏折：04-01-37-005-2190。
② 《直隶总督高斌奏为遵旨议覆整修长新店至董公庵道路工程事》（乾隆九年七月十二日），朱批奏折：04-01-37-0151-025。
③ 《江南道监察御史沈廷芳奏为长新店至涿州道路失修请旨饬下修整事》（乾隆十一年六月二十八日），朱批奏折：04-01-37-0151-037。
④ 《直隶总督那苏图奏为遵旨议奏动修宛平县长新店至涿州一带大道事》（乾隆十一年十二月初七日），朱批奏折：04-01-01-0135-041。
⑤ 《直隶总督方观承奏为修垫长辛店至涿州道路事》（乾隆十五年五月初三日），朱批奏折：04-01-01-0194-005。

三、街道与沟渠

入清以后，清政府重视北京内外城街道、沟渠的整治。一方面，城市的人口格局、管理体系、城市面貌等不断发生变化，清代帝王的出行巡幸日趋频繁，北京与外部区域的联络更加密切，通过水、陆的人员流动和物资流通规模更大；另一方面，因自然和人为两种因素，街道的损毁严重，沟渠淤塞现象更加频繁。这两方面既加重了京城整治街道、沟渠的任务，也为街道、沟渠的管理模式变化提供了可能。

1. 平治街道

关于内外城街道的管理，清入关之初，基本沿袭明制。顺治元年（1644）议准，京师街道，由工部差一名汉司官专管，再由五城司坊官分理。"凡在京内外街道，若有作践、掘成坑坎、盖房侵占，或傍城使车、撒放牲畜、损坏城脚，及大清门前御道、正阳桥及各门月城等处作践损坏者，交刑部治罪。"① 经过顺治朝旗民分城居住的大规模调整和逐步稳定，内外城街道的管理也开始有所划分。康熙二年（1663）覆准，内城街道归满汉御史街道厅和隶属步军统领衙门的步军翼尉、协尉共同管理；外城街道则归工部街道厅与五城司坊官共同管理。三年（1664），又将街道分为左右两翼，由工部满汉司官各二人管理。康熙十一年（1672），增设工部满郎中二员，汉员外二员，"分巡京城内外及玉泉山等处河道"。② 十四年（1675），又进行调整，内城街道交步军统领，外城交街道厅分理。四十三年（1704），鉴于内城八旗步军营与外城巡捕营（即京营）同归步军统领衙门管辖，内外城街道也统一交由步军统领专管。四十七年（1708）奉旨，着给事中兼管街道。五十二年（1713），监督街道仍由工部差遣满汉司官各一人，任期一年。此后，外城街道基本上由管理街道衙门负责，内城街道则由步军统领衙门负责。

平日街道维护，凡是"街道不平处所"，城内由步军统领衙门督令翼尉等饬派步甲平垫，城外由管理街道衙门严饬五城坊官，"差派铺头、坊

---

① 《钦定台规》卷26《五城十·街道》（道光朝四十卷本），"故宫珍本丛刊"第315册，第321-323页。

② 《清圣祖实录》卷38，康熙十一年四月癸巳。

役修理"①，所需费用出自民间，即"向由额设铺头于附近商民捐赀办理"②。每逢皇帝出城时，所经道路都要进行垫道、洒水，"京城内垫道，交步军统领；城外，令大、宛二县分理"③。

总体而言，皇城一带的街道管理最为严格。雍正二年（1724）规定，"皇城一带地方，禁止当街污秽、晒晾皮张"。三年又议准，紫禁城周围御河街道有堆积处，悉行禁止。嗣后仍令步军统领清理，并于左右两翼内委所属官弁，不时巡察。内城的街道在步军统领衙门的管理下，"设堆兵万余名，随时起垫，遇有辙迹偏陂处所，亦皆摊刷平坦"④，平日的维护比较好。

相比之下，外城街道不仅人车流量大，使用频率高，管理也没有那么严格，平日维护虽然有街道厅负责，但大多数时候是由铺头、坊役督催沿街铺户居民自行修理。沿街居民经常倾倒渣土煤灰，致使街道堆积增高。以往，整修街道时，对高处进行刨挖，低处垫平，所清除的多余泥土，往往拦截出城空车，顺便带出城外。但长此以往，"若拦止空车，赶车之人必怨，怨则进城之车必少，进城之车少，物价必贵，与民生无益"。雍正三年（1725），雍正帝谕令禁止这种做法，"见今京城禁止成造土坯，此土情愿取去，成造土坯，及填垫院基沟渠者，听其取用。余土亦着动正项钱粮，岂可劳众？"⑤ 但此后清理街道积土，除了大修时动用官项经费之外，平时仍是募集空车带出城外。

然而，街道大修毕竟不是常年举行，即便是在民殷财阜的乾隆朝也是如此。时间一久，街道堆积、崎岖不平的现象依然如故。乾隆三十一年（1766）二月山西道监察御史戈涛奏称，"挑除街道，往岁再经举行，迄今不过十年，又复垫积日高"，每逢夏季雨水，"住户多于门外施筑堰堤，犹复不免街水灌注"。甚至一些部院衙门大门内外所堆弃的灰土，"历年竟成岗阜，污秽掩蔽"，尽管如此，这些巨大的垃圾堆竟然被"指为风水所关，不宜轻动"，以至于越大的垃圾堆越难以清理。再有，每次街道修治时，

---

① 《钦定工部则例》卷69，"桥道·修理街道"（光绪本），"故宫珍本丛刊"第298册，第102页。
② 《大学士管理工部事务曹振镛等奏为遵议修理京师外城街道沟渠章程事》（道光正年四月十三日），录副奏折：03-3647-076。
③ （乾隆朝）《钦定大清会典则例》卷135《工部·都水清吏司·除道》，文渊阁《四库全书》影印本第624册，第253页。
④ 《管理街道掌湖广道监察御史王兆琛奏为筹借存款交商生息修理京师外城街道事》（道光九年十月初四日），录副奏折：03-3647-028。
⑤ （乾隆朝）《钦定大清会典则例》卷135《工部·都水清吏司·御道》，文渊阁《四库全书》影印本第624册，第249页。

很少统一行动，导致"有纵横相接胡同，此挑而彼不挑者，以致一高一下，所挑之巷反而为受水之区"。① 因此，当年七月，乾隆帝认为"所谓管理街道徒属有名无实"，命户部"特发帑金，将京城内外街道沟渠概行修整，专派大臣董司其事，期于经久"。②

对于京城街道的乱象，乾隆五十年（1785）八月御史胡翘元分析了五点原因：一是管理不善，街道御史难以兼顾。平日"街道官视同膜外，不行巡查"。外城街道厅及五城坊官设立铺头、坊役督催铺户自雇民夫平治道路，但街道厅内有派满员者，有派汉员者，而满员居住内城，汉员又有所在部院事务，难以兼顾，司坊官各理词讼，并不以街道为其专责，以致铺头与坊役互相推诿。二是街道两旁沟渠排水不畅。很多街道因地势高下不齐，"低洼水集，春时雪融辙深泥泞，七八月间大雨时路心低窖，两边官沟难以渗泻，道上污泥有深二三尺者，崎岖难行，易致辄覆"。三是地痞无赖刻意利用坑坎，勒索来往车辆。"其衢巷所在两旁铺户，于檐前筑高，中留车路来往，共此一辙，往往辇互，致起忿争。附城土道间有惰民于低洼处暗掘坑坎，令车陷入泥淖，及其呼来将助，藉兹勒索钱文。"四是人烟稠密，街面煤土堆积。"虽有煤车回空携带渣土之例，亦不能全资实济"。五是自顾门前，难以统一的平整。"每一街巷之中或官或民或铺户或贫户，住居者非一类，并有空屋隙地并无烟户"，有"其力能兼顾者"，"各就住房门面之街道，随时修理平整"，无力兼顾者，则任其败坏。③

对于御史胡翘元的建议，乾隆五十年（1785）议准，一方面，鼓励官商、居民自发对临街沟渠进行整治，"嗣后大街小巷无论官民商贾即闲居之人，凡其力能兼顾者，俱照旧例责令各就住房门面之街道，随时修理平整"。另一方面，明确看守栅栏兵丁、各坊铺头以及捕役等人员整治街道沟渠的责任。如果临街住户为贫乏小户，或者家中只有妇女幼孩，则门前街道"责令看守栅栏之堆兵及铺头、坊役常川刨垫，务将地形凸凹及车辙较深之处铲筑平坦，不许留有坑洼深沟。并令将堆贮秽土、停蓄积水，随时爬扫疏浚。其有沟面未经篷盖并巷口进路崎岖或穿墙出秽作践者，亦一律收拾平坦洁净。并令该管各官于雨雪初止之后，即亲自巡查，督令刮泥平治"。对于无赖地痞利用低洼处所"暗掘坑坎，令车陷入，以致呼助挽

---

① 《山西道监察御史戈涛奏为清理京城沟渠街道并妥善管理事》（乾隆三十一年二月十四日），录副奏折：03-1145-010。
② 《清高宗实录》卷764，乾隆三十一年七月丙子。
③ 《质亲王永瑢、克勤郡王雅朗阿、大学士阿桂奏为遵旨会议整理外城街道事》（乾隆五十年八月初十日），录副奏折：03-1144-083。

曳、索钱渔利者"，命兵丁、铺头和捕役"留心查察，有犯必惩"。①

乾隆五十年（1785）十月，曾经管理街道两年的工科掌印给事中戈源，针对改善外城街道，又提出数条建议。除了增加巡街人员、街道官员巡察要勤之外，另外两条涉及街道的建设标准。一是确定"街心之丈尺"。清代惯例，凡是大街应有中路一条，旁路两条，轻车走中路，重车走两边旁路，"三轨分驱，斯无阻滞"。但长期以来，无论内外城街道，"铺家摆列浮摊，逐渐外占，街心日瘦，致碍遄行"。戈源建议，应明确规定街心道路丈尺，由管街御史"履行丈限，严切分明，将所限大街面宽丈尺间段立桩，入册交代"。如此一来，"一切浮摊不准越阶檐以下，旁路宽展，中路自宽，扫雪、刮泥皆易措手于时，中路宽者四五丈，窄亦不下二丈有余，分道扬镳，差免拥塞，行走既疾，坑坎自无"。二是街面要留置下水口。大多数街面之坑坎是由于积潦造成，而雨水之所以积潦，则由于水不归沟。戈源根据自己任职街道御史的经验，认为应在雨水以前随时踏勘，就其低处，"每门面十余家酌留一沟眼，一值大雨，督责疏通，水去泥干，经理殊易"，而且所有街道应"一例开通，立桩标识，以利水道"。② 戈源对于街道建设标准化、制度化以及与沟渠排水紧密结合的措施，无疑有助于提升街道修治的水平，可惜其奏请建议，未见乾隆帝回应。

乾隆朝以后，清政府便很少再对京城街道进行大规模的整治，外城街道尤其明显。"自乾隆初年大修以后，至乾隆三十一年又复兴修，迄今五十余年，未行修理，若再因循，恐沟渠日益壅塞，道路日益崎岖。辇毂之下，既不足以肃观瞻，且于商贾居民亦多未便。"③ 嘉庆年间，城外街道填积增高，"有比居民房屋高至数尺者"，而且"各户煤渣及污秽之物尽抛置街中，有加无已"。④ 小胡同如此，诸多"官街"同样不堪行走。

除了失于监管之外，政府投入的力度小，无疑是其中的主要原因。道光元年（1821）二月，署理管理街道御史恒安在分析外城街道失于维护的原因时，就重点指出了管理人员少而且缺乏经费的症结。"至平垫外城街道，虽有额设铺头，乃一人兼管数巷，本属不敷差委。而运土、雇夫又无

---

① 《钦定台规》卷26《五城十·街道》（道光朝四十卷本），"故宫珍本丛刊"第315册，第321-323页。
② 《工科掌印给事中戈源奏陈外城街道情形事》（乾隆五十年十月二十一日），录副奏折：03-1144-084。
③ 《署管理街道掌贵州道监察御史恒安等奏请修理京师外城街道沟渠事》（道光元年二月十一日），录副奏折：03-3647-001。
④ 《掌湖广道监察御史黄中杰奏为京师街道被侵占请旨饬禁事》（嘉庆十九年七月二十九日），录副奏折：03-1603-060。

应支公项,不过附近商民捐赀平垫,督责太甚,又恐胥役藉端勒索,扰害商民。"另外,街道的平垫修治往往各行其是,没有统一的规划,"各巷居人虽有时捐赀请修道路,乃各为其所居之地,则此修而彼不修,毗连地面,反而有因之受累之处"。因此,恒安建议:"欲使街道一律平坦,必须官为经理,因其地势通盘相度,起高垫洼,方为有济。"同时,街道整修要与沟渠疏通相结合,"欲使沟渠一律深通,必先将各门水关清理条达,再将明暗各沟坍塌损坏者修理完整,并将向本无沟之处,酌度地势,量为补修,俾脉络皆通,街中积水由暗沟泻入明沟,由明沟泻入水关,方为有济"①。在这一点上,恒安的建议与乾隆五十年(1785)御史戈源的建议是一致的。

恒安的分析和建议,显然抓住了存在弊端的关键。道光帝将恒安的奏折交与工部、步军统领衙门会议具奏。工部与步军统领衙门首先派员对前三门外明暗沟渠的现状进行查勘。据报称,"正阳、崇文、宣武三门外明暗沟渠共三百八十四段,探量沟内积有淤泥自三四寸至一二尺不等,在铺面檐下者沟内淤水积一二尺至六七尺不等。其沟身坍损、沟帮鼓闪者共一百八十二段,盖石损折者共二百三十四段,各处多系街面,高出沟身,自二尺余寸至四尺余寸不等。查看本年掏挖尚未净尽,而坍损鼓裂处所,应行修理。此外又有废沟八十一段,既与道路无碍,且系历年久远,难以兴修"。关于掏挖沟渠的经费,向来"每年估计银三万数千余两,自嘉庆十八年以后,递次减缓,本年虽估银一万三千余两,外城沟渠之在估者只二千余两,似觉稍少。应请敕下值年河道沟渠大臣,自道光二年起外城各沟每年查勘情形缓急,量为增修,照例保固。其估用银数仍以三万余两为限,似此逐渐修理工费,较为易举,数年后,沟渠可期一律完善。仍责成该管衙门督饬营坊,每年认真掏挖,其掏出之淤泥,随运隙地,不得仍行倾泼沟内,以致随掏随塞"。对于恒安奏请关于外城街道平垫"必须官为经理"的建议,工部和步军统领衙门未予认可,"至平垫街道,向由额设铺头于附近商民捐赀办理,遵行已久,未便轻议更张,应仍责成街道衙门劝谕商民随时起高垫洼"。② 由官办经费统一整修,实际上是恒安建议中的关键所在,一方面是可以保证街道、沟渠的整治有持续的经费支撑,另一方面统一整修有利于"街道一律平坦""沟渠一律深通"。这实际上是解

---

① 《署管理街道掌贵州道监察御史恒安等奏请修理京师外城街道沟渠事》(道光元年二月十一日),录副奏折:03-3647-001。

② 《大学士管理工部事务曹振镛等奏为遵议修理京师外城街道沟渠章程事》(道光正年四月十三日),录副奏折:03-3647-076。

决长期以来街道、沟渠难以治理的关键。只可惜，经工部、步军统领衙门议覆后，这一建议再次被否决，外城街道沟渠尽管有一部分是官办维护，但仍存在大量胡同小巷以及暗沟下水道需要商铺居民自行筹资维护，依旧维持民间筹资的方式进行。而这对于公共设施的统一维护，显然是不利的。

道光九年（1829）十月，管理街道御史王兆琛再次就外城街道经费以及统一官办等问题提出建议。王兆琛认为外城街道平垫经费不能依赖商民捐助。"向来修理外城街道并无应支公项，凡有平垫，不能不雇用民夫，惟藉附近铺户捐资，其贸易充裕者尚可支持，而资本短少者糊口不暇，又焉能捐资修街？"且不说劝谕铺户捐资，胥役经手，容易造成勒索、滋扰商民，就是捐资也很难。如果是通衢大街铺户稠密，"合集众力，尚易措办"，如果是小巷铺户无多，"其居民又皆非土著，不时迁移，如勒令挨户出资，更为贻累"。加之，各街巷居民捐资修理街巷，并不能整齐划一，乃各为其所居之地，此修而彼不修，其毗连地面反受其累。而"欲使街道一律平坦，必须官为经理，地方通盘相度，起高垫洼，方为有济"。

相比于街道，河道沟渠处每年尚有三万两经费。"向例河道沟渠处原有岁修银三万余两，自道光三年（1823）停工未修，四年十一月奏明因节年雨水冲刷，应修处所遇多请暂停缓，俟三五年后，以所积岁修钱粮汇总修理精算，至今约存岁修银二十余万两。"御史王兆琛建议从河道沟渠处借出三万两，发商生息，每年以一半息银用于平垫街道，另一半息银用来还款。直到还完所借款项后，再将三万两原银的一半给河道沟渠处，另一半照旧生息，维持每年的街道平垫费用。每逢平垫街道，核实支用。如果有了这笔街道平垫经费，一方面，"其铺户丛集之区可藉商民捐资修垫者，仍照旧办理"。另一方面，"空阔小巷民力不足之地，既有官项动用，亦可一律平坦矣"。① 同时，还可以解决清运煤灰渣土的费用。

御史王兆琛的建议终于得到清政府批准执行。管理街道衙门随派五城正指挥承领部库银三万两，分交五城各典商，一分生息，每月应得银三百两，每年计银三千六百两，遇闰加增，其一半息银解部归款，一半息银用于修理街道。自道光十年（1830）四月初一日起限，连闰扣至道光二十六年五月底止，借银三万两还清，历时共十六年八个月。②

---

① 《管理街道掌湖广道监察御史王兆琛奏为筹借存款交商生息修理京师外城街道事》（道光九年十月初四日），录副奏折：03-3647-028。
② 《管理街道掌贵州道监察御史韶源等奏为借用部库银两交商生息修街道限提回一半归还事》（道光二十六年五月二十日），录副奏折：03-3324-034。

然而，好的政策后来也变样走形。道光十七年（1837）十月十七日，刑科给事中况澄奏称："无如近年岁修竟成虚应故事，工员则克扣役费，沟夫则勒索市廛。倘勒索不遂，即将污泥拦住各铺门前，使不得出入贸易，往往争闹，滋生事端。其掏挖沟渠，亦皆草率从事，并不疏浚深通，一经雨积雪融，民居有洼淹之患。"① 尽管弊端如此，但外城街道三万两的生息银一直延续到光绪朝。

2. 掏挖沟渠

京城河道沟渠纵横，尤其是内外城中以排水为主的沟渠几乎每个街道都有。沟渠与街道密切相关，"每遇大雨时行，多有积潦难行之处"②，究其原因往往是"沟渠淤塞"，排水不畅。因此，保障河道、沟渠畅通，对于京城交通往来、民众日常生活具有重要意义。

顺治元年（1644）定，由街道厅管理京城内外沟渠，按时疏浚，如有旗民人等堵塞沟道，"送刑部治罪"。康熙四十二年（1703），京城内外沟道统一归步军统领监理。雍正四年（1726）奏准，京城内外大小沟濠，内城交步军统领，分委八旗步军协尉；外城交五城、街道厅，分委司坊各官。雍正五年（1727）议准，刨挖京城内外大小沟濠，"例应募夫，内城照步军修官工之例，每夫日给制钱六十文，外城照奉宸苑刨挖内外河工之例，每夫日给制钱八十文，由部给发"。雍正七年（1729）奏准，内城过街沟道，令司坊官雇夫刨挖；外城沟道，由街道厅令居民自行刨挖，禁止沟头包揽。乾隆十八年（1753），又规定外城沟道有应行刨挖者，令该处司坊官呈报步军统领衙门一并办理。③ 乾隆三十一年（1766），鉴于"所谓管理街道徒属有名无实"④，乾隆帝特派大臣董司其事，统一协调京城内外街道沟渠与河道概行修整等事宜，并规定以后负责管理街道的工部堂官、步军统领衙门司官、都察院保送御史，分别提供两人名单，然后统一由皇帝亲自简派，每年更换一次。此后，朝廷钦派管理河道大臣和管理河道沟渠事务值年大臣成为常态。这两位钦派大员"于每年岁底更替时，将工部堂官并奉宸苑、清漪园、步军统领衙门各大臣职名开单，奏请钦派各

---

① 《刑科给事中况澄奏请修理京城街道事》（道光十七年十月十七日），录副奏折：03-3647-053。

② 《钦定工部则例》卷71，"沟渠·疏修河道沟渠"（光绪本），"故宫珍本丛刊"第298册，第116页。

③ （乾隆朝）《钦定大清会典则例》卷135《工部·都水清吏司·沟道》，文渊阁《四库全书》影印本第624册，第256-257页。

④ 《钦定台规》卷26《五城十·街道》（道光朝四十卷本），"故宫珍本丛刊"第315册，第321-323页。

一员管理，俟一年期满，工部奏请更替"①。乾隆三十二年（1767），清政府拨款十七万两白银，对内外城沟渠进行了一次大规模的整修和掏挖。

按照惯例，每年正月底，步军统领衙门将应掏官沟的淤泥浅深、长宽丈尺，造册咨送工部值年河道沟渠处查核，然后值年河道沟渠处派员前往各营会同承办员弁，逐一查验后，造册呈送工部。与此同时，步军统领衙门行文钦天监，选择开沟日期。开工时间确定以后，行文知照工部街道厅沟渠处，并票饬八旗两翼、巡捕五营兵弁各自开挖所属沟渠。除了官沟之外，还有民沟。每年于开沟之时，由工部与步军统领衙门派出官员，会同街道厅详细查勘，如有淤塞处，交由五城司坊官召集铺户、居民掏挖疏通。无论官沟、民沟，开挖时间一般"自二月初开冻后为始，至三月底止，均须一律完竣"。②有竹枝词曾描绘京城沟渠掏挖时的景象："污泥流到下洼头，积秽初通气上浮。逐臭不须掩鼻过，寻常三月便开沟。"③

掏挖完工以后，工部召集各监督，在街道厅衙门会齐，然后分往查验。如果是暗沟，需要在棚盖之前查验，"由查验各员认真稽查，如查有草率从事，将兵役立予惩处，仍责令重复掏挖"④。查验合格后，方可将暗沟棚盖。

每年的掏挖经费在开工之前，"先行给发九成夫价"，由步军统领衙门出具印领，派员赴户部关支，然后交与各营员弁。完工之日，经河道沟渠处查验合格后，再发放剩余的经费。⑤

外城沟渠从掏挖责任主体来分，有官沟（或称营沟）和民沟（或称街沟），从沟渠形态来看，又有暗沟和明沟之分，"外城暗沟系城坊管理，明沟系各营管理"⑥。官沟一般是主干街道两旁的大沟，往往也是明沟，由隶属步军统领衙门的各营汛利用官办经费进行掏挖，由于管理不善，官沟民掏在清后期成为常态；民沟一般是胡同小巷中的小沟，基本上是暗沟下水道，一般由五城司坊官督率铺户、居民进行掏挖修治。

---

① 《钦定工部则例》卷140，"通例·管理河道大臣"（乾隆本），"故宫珍本丛刊"第294册，第520页。
② 《钦定工部则例》卷98，"沟渠·掏挖官沟限期"（乾隆本），"故宫珍本丛刊"第294册，第375页。
③ （清）佚名：《燕台口号一百首》，见路工编选：《清代北京竹枝词》（十三种），第29页。
④ 《钦定工部则例》卷71，"沟渠·掏挖沟渠"（光绪本），"故宫珍本丛刊"第298册，第117页。
⑤ 《钦定工部则例》卷71，"沟渠·查验官沟"（光绪本），"故宫珍本丛刊"第298册，第118页。
⑥ 《署管理街道掌贵州道监察御史恒安等奏请修理京师外城街道沟渠事》（道光元年二月十一日），录副奏折：03-3647-001。

除了每年定期掏挖城内各街巷的沟渠之外，清政府还重视对北京整个水系的整治。北京城的城市水系奠定于元大都时期，历经元、明两朝，至清代仍发挥着重要作用。"元、明建北京时，沟渠之制本至精伟。计东有玉河，西有大明濠，皆自北而南，以泄东、西城之水。金水河自禁城西北引入，横天安门而过，以会于玉河，以泄大内之水。其他地之以河名者，皆沟渠之类，若臭水河、泡子河是。都城以内，有此点缀，以时启闸，源泉滚滚，萦拂市街，亦犹古意也。"① 但由于岁远年久，加之人口众多，侵占、淤积、堵塞乃至最后干涸、废弃的现象多有发生。

乾隆帝比较重视京城水系的整治，七年（1742）谕："京城内外水道甚有关系，年来但值雨水稍骤，街道便至积水，消泄迟缓，此水道淤垫之故也。向来，城内原有泡子河等水匦数处，以资容纳，而城外各护城河道，原以疏达众流，使不停蓄，今日久未经修浚，皆多淤垫，而街道沟渠亦多阻塞，以致偶逢霖雨，便不畅流。"命户部尚书、工部尚书、步军统领带同钦天监官，逐一查看，制定疏浚办法。经过调查，确定："京城内外护城河并城内各河，及青龙桥至高梁桥一带河道，应按旧址疏浚。至于众水经由各闸口，及蓄水四库、泡子河、太平湖等处，应以次疏浚。城内象房桥、大石桥，并朝阳门等处露明沟渠，应行估修。城外天桥东、西，及牛街轿子胡同等处板沟，应改砌砖沟。九门大街沟渠甚多，应详细注册，分年修理。小街沟渠照旧例开浚，倍加深通。至各仓水道并各部院泄水沟渠，应一并疏浚。"② 乾隆二十五年（1760）八月，又开挖积水潭。③ 乾隆帝将京城河流、内外护城河、大小湖泊、蓄水库以及城内外大小明暗沟渠全部视为一个整体进行疏治的思路，显然对于解决城内沟渠排水具有重要意义。

乾隆帝多次强调："沟渠，即河道之脉络也，应联为一气，方得宣泻之宜。"④ 城内街巷沟渠的掏挖疏通固然重要，但如果大小沟渠之间不能畅通连接，上通下堵，仍然不能解决问题。早在乾隆七年（1742），乾隆帝就曾专派海望、舒赫德、哈达哈督率司员"修浚京城沟洫桥道，虽陆续竣工，但从前修浚者，今又不无淤塞，而欲使积潦通流，必先由河道疏畅"。因此，乾隆十六年（1751）六月，乾隆帝又"特派人管理河道，随

---

① 瞿兑之：《杶庐所闻录·故都闻见录》，第225页。
② （乾隆朝）《钦定大清会典则例》卷135《工部·都水清吏司·沟道》，文渊阁《四库全书》影印本第624册，第256－257页。
③ 《清高宗实录》卷619，乾隆二十五年八月丁亥。
④ 《清高宗实录》卷687，乾隆二十八年五月辛巳。

时指示",渐收成效,而且,乾隆帝认为"此事专交工部办理,未必妥协"。① 这也是后来乾隆帝提升管理者品级、特派管理河道大臣和管理河道沟渠事务值年大臣居间调度的初衷。

内外城的护城河是京城排水体系的重要组成,它不仅是连接内外城大小沟渠的枢纽性循环水道,而且是沟通、连接京城主要河道以及京通漕运畅通的关键所在。因此,对护城河的维护和管理,在清代备受重视。康熙八年(1669)二月,因"京师护城河淤泥填塞,以致城内水不通流",经工部奏准,第一次挑浚护城河,计河广十五度、深二三四尺不等、长一万五千九百二十六庹,并重修滚水坝六座。② 道光十二年(1832)七月,又疏浚九门之护城河,"就河路分中,将河面挑宽七丈,河底挑宽五丈"。③ 自道光年间兴修后五十余年,"未经挑挖,河身日淤,河面日窄,每逢大雨,水无所归"。光绪十一年(1885)五月,经御史方汝绍奏准,始得"及时修浚,以资宣泻"。④

京城水系与漕运关系密切,整治城内外水系,保障漕运,也是疏治京城水系的重要任务。尤其是通惠河以及朝阳门至大通桥一段的护城河,事关漕粮上岸入仓,几乎每年都需要进行挑挖。乾隆五十四年(1789)八月,经刘秉恬奏准"淤积日久"的通惠河及朝阳门外护城河得以"及时挑浚"。"临河泊岸,约六十余丈,为卸漕要区"的朝阳门外西石道,"向系用土培岸,每当夏雨,多有坍卸,以致淤积河身"。此次也一并照桥闸东石道,"一体改砌石岸"。⑤

京西水系也是整治的重点,一旦荒废,逢雨便涝。例如,旱河自乾隆三十六年(1771)以后"总未疏浚,渐致淤塞"。乾隆朝后期,在"夏令大雨时行之际",乾隆帝往往驻跸热河避暑山庄,而管理圆明园大臣等"未办及此事"。即便宫门内外偶有积水,也不奏闻。嘉庆四、五年间,因嘉庆帝守孝期间,"未莅园居",管园大臣也无人奏闻,"以致淤垫日增,骤雨连朝,水无去路"。直到嘉庆六年(1801)嘉庆帝驻跸圆明园,六月"京师连日雨势甚大,圆明园宫门内外顿有积水,自因水道下游淤塞所致"。嘉庆帝命步军统领派出兵丁,"将附近旧有旱河壅滞之处迅速开挖,积水立时消退"。⑥

---

① 《清高宗实录》卷392,乾隆十六年六月己亥。
② 《清圣祖实录》卷28,康熙八年二月辛未。
③ 《清宣宗实录》卷215,道光十二年七月丙辰。
④ 《清德宗实录》卷208,光绪十一年五月丁卯。
⑤ 《清高宗实录》卷1336,乾隆五十四年八月甲子。
⑥ 《清仁宗实录》卷84,嘉庆六年六月己酉。

除了掏挖沟渠之外，城区还有河道与护城河的河岸维护任务，内城由部委官修筑，外城由顺天府及五城官修筑。① 与街道沟渠的掏挖不同，京城护城河、河道等主干水系的疏浚整治一般由值年河道大臣、工部、步军统领等衙门负责。

3. 严禁侵占

严禁街道、沟渠被破坏、侵占，是步军统领衙门和街道厅同时负有的监管职责。"向来京城内外，遇有修建墙垣房屋等事，各该旗民俱系报明步军统领及街道衙门，方准兴修，原以杜侵占官街之弊。"② 早在顺治十七年（1660）时，工部就题准，"城外民居地方有侵占搭盖并街中立牌，难以行走通行、拆卸，如违，该城题参治罪"。十八年（1661），都察院题定京城内平治街道，如有侵占者，五城御史、兵马司分各城地方，同步军总尉、副尉等清理。如果侵占发生在护城河，则立即勒令拆移。"护城河道两旁如有铺户居民私造房间，即勒令拆移，务符界限"。③ 在重点区域，如正阳门外东西两边房屋以及猪市口（即珠市口）民房，明确规定街面房屋或搭建棚屋以沟为界，"以新沟为限，准其修理盖造。至小街有沟者，以沟为限，无沟及街道原系参差不整或一面系空地者，均以左右邻房不占官街者为准，仍将该户碍道尺寸报部备案，日后更造，清出还官"。④ 雍正二年（1724），因"前三门外沟渠壅塞，人家存水，街道泥泞，行路艰难"，雍正帝命步军统领会同各城御史、街道厅、营弁进行整修，对于"骑沟大房，著拆毁，赏银以偿其费"。⑤

乾隆四十一年（1776）十二月，经管理街道御史玉麟奏准，凡是五城大街地方有骑沟门面房屋，则查明注册，"俟日后毁坏时，即令清出还官"。但在实际操作中，这一规定也有行不通之处。例如，乾隆四十二年（1777）二月二十日，鲜鱼口大街失火，被烧毁的铺面房间内，就有骑沟房数处。如果按照规定，"若即令清出还官，则街道参次不齐于观瞻有碍"，但如果"仍令其照旧基修盖，又与新例不符"。经管理街道衙门员外

---

① 《钦定工部则例》卷4，"城垣·修筑护城河岸"（光绪本），"故宫珍本丛刊"第297册，第76页。
② 《清仁宗实录》卷83，嘉庆六年五月壬子。
③ 《钦定台规》卷26《五城十·街道》（道光朝四十卷本），"故宫珍本丛刊"第315册，第321-323页。
④ （乾隆朝）《钦定大清会典则例》卷150《都察院六·民房》，文渊阁《四库全书》影印本第624册，第704页。
⑤ 《钦定台规》卷26《五城十·街道》（道光朝四十卷本），"故宫珍本丛刊"第315册，第321-323页。

郎倬令阿奏准，为避免"概令清出还官，则两边街道参次不齐，转于观瞻有碍"，允许该处所烧毁房屋仍照旧根基补盖，将街道一律取齐。①

外城护城河也往往被侵占。乾隆五十年（1785）十二月初十日，巡视中城工科给事中孟生蕙奏称：正阳门外护城河桥之两旁，河身狭窄，甚至不及原来的三分之一，俱为铺家侵占，其中侵占面积最大的，东有天锦号，西有晋泰号，不仅房屋侵占，而且将所占地面筑成院落，圈起围墙，所侵占的石栏杆有六七段之多。②

在很多时候，街道被侵占，反映了城市商业发展与街道空间的矛盾问题。这一点在正阳门大街的表现尤其突出。乾隆朝末年随马戛尔尼使团访华的英国人约翰·巴罗就描写了这一景象："流动的匠作如补锅匠、剃头匠、鞋匠和铁匠，卖茶、水果、米饭和其他吃食的摊贩，以及商铺门前展示的货物，把一条宽阔的大路挤得只剩中央一线。"③ 嘉庆十七年（1812）四月，江西道监察御史杨怿曾奏称："自嘉庆十二年颁发帑项鸠工重修石道，两旁土道一归平坦，原令重载车辆悉由土道行走，不开市肆填塞之渐，自无车马壅滞之虞，而石道不受践踏，亦可以历久不坏。近来日久禁驰，两旁土道竟为各色市侩人等任意盘占，或则揢棚架屋，或则围箔排摊，箱柜填途，筐笼匝地，自正阳桥以至珠市口夹道，牵连如同比屋。而沿街铺户又公然于门面外罗列幌杆货样，以致两旁土道填塞，所有重载车辆争趋石道，毂击肩摩，来往时形壅阻。惟当舆跸经过之日暂行挪去，余皆摆设如常。""且各棚肆昼开夜收，其物皆重席包盖，露积盈街，接连左右。大栅栏、鲜鱼口两街多系当街悬立招牌，对面棚搭相连，人烟稠密。"④ 在城市管理者眼中，正阳门大街两侧繁华的商业完全是占道经营。

中国自古以来重农轻商，即便在城市中，商业发展的需求也基本上从属于被视为头等大事的政治秩序和社会治安。"京师首善之区，商贾云集，正阳门大街两旁，向有负贩人等列肆贸赐，势难一律查禁，但毋许侵占轨辙，以便车马往来。"面对城市商业发展的内在需求，嘉庆帝也只好命步军统领及督理街道衙门"随时稽查，如沿街铺户及市侩等有揢棚露积、致

---

① 《金吾事例》"章程"卷3，"正阳门外天桥一带房舍照旧基修盖"，"故宫珍本丛刊"第330册，第243页。
② 《巡视中城工科给事中孟生蕙奏陈京城各官宣讲圣训并修整护城河等事》（乾隆五十年十二月初十日），录副奏折：03-0357-048。
③ [英]约翰·巴罗：《我看乾隆盛世》，第71页。
④ 《江西道监察御史杨怿曾奏请敕令步军统领衙门并督理衙门肃清正阳门大街街道事》（嘉庆十七年四月二十二日），录副奏折：03-2175-040。

碍官街者，即押令移徙，以利经途"。①

嘉庆十九年（1814）七月，掌湖广道监察御史黄中杰再次奏请清理正阳门大街两旁席棚、货摊。"查正阳门外大街，近日复被商贾搭盖席棚摆摊成市，其各铺户门首又或各摊货物，以致两旁轨辙壅塞，往来重车俱由中道行走，难免压损石块。"②黄中杰建议将侵占官街的席棚及各铺门首所摊货物，全部迁移整顿，目标是使御道整肃。对于这一问题，尽管"科道等屡形奏牍"，但清政府能做的，似乎除了"传旨申饬"之外，也没有采取行之有效的具体措施。③

街道厅负责监管街道不被商铺侵占，但清理铺商事宜并非其职权所在，"京城铺商贸易，如有应行查办之事，向由巡城御史核办"。光绪七年（1881）六月，管理街道御史孔宪珏"拟定章程，谕令炉房商人遵办"，结果被都察院参奏，称其"实属任意干预"④，结果孔宪珏被撤去管理街道差使。

然而，很多时候街道被侵占难以治理的主要原因还是管理人员的谋取私利。道光十七年（1837）十月十七日，刑科给事中况澄奏称："京城街道如前三门内外及各城大街两旁，向有商贾人等，列肆贸易，例不准市侩等搭棚露积，致碍官街。近来总未申禁，无以示惩，一任开设棚摊，纷纭杂沓，侵占官道，轨辙不通。"况澄发现了其中的奥妙："该市侩等每日私给地面兵役钱文，遂居然将公地据为私屈，设立木石，倘遇车马偶尔碰触，辄起争端，此市侩侵占之弊也。"⑤地面兵役向商铺、棚摊私收钱文，默许商贩侵占经营，这种违规滥收私费的做法，在客观上反而保留了前三门外的商业经营。

4. 弊端及其原因

清政府关于平治街道、掏挖沟渠的制度安排，虽然谈不上周详细密，但也并非空白，只是从实际执行情况来看，弊端甚多。

其一，制度定例往往流于一纸空文。虽然规定于每年开春时掏挖沟渠，但很少能够得到真正执行。乾隆三十一年（1766）二月，山西道监察御史戈涛奏称："查自乾隆初年大修之后，迄今二十余年，其内城犹自坚

---

① 《清仁宗实录》卷256，嘉庆十七年四月甲子。
② 《掌湖广道监察御史黄中杰奏为京师街道被侵占请旨饬禁事》（嘉庆十九年七月二十九日），录副奏折：03-1603-060。
③ 《清仁宗实录》卷293，嘉庆十九年七月丁巳。
④ 《清德宗实录》卷131，光绪七年六月己未。
⑤ 《刑科给事中况澄奏请修理京城街道事》（道光十七年十月十七日），录副奏折：03-3647-053。

完整齐，外城一带沟帮多有坍塌，沟盖半皆朽坏，并闻有沟底全无，以至淤塞断绝而不通者。"造成这一局面的原因，是"其每岁掏挖，不过草草了事，甫经篷盖，辄有塌陷。至于大雨时，处处梗塞，潢潦满街，浊污流溢，车马往来，深为苦累"。① 嘉庆十七年（1812）六月，御史荣椿也奏称："京城街巷沟渠，每年循例疏治，以利经途，若虚应故事，致有壅塞。值大雨时行，必致停潦，有碍往来。"② 无人担责，虚应故事，管理涣散，再好的政策设计，最后往往"行之日久，渐成故事"，这可以说是清代各个方面废弛败坏的重要原因。自始至终，呼吁加强街道沟渠整治的奏折层出不穷，除了一些尸位素餐、依样画葫芦的例行陈情之外，也依然有像戈涛、戈源、恒安、黄中杰等御史提出不乏直指要害的主张和建议。无奈在皇权独揽的垂直行政管理体系下，统治者除了"申明旧例"之外，别无良策。

其二，外城街道沟渠的维护，缺乏官办经费的支撑。街道衙门每年有生息银一千八百两，这些经费修垫街道尚捉襟见肘，掏挖沟渠更是无从奢望。即便是平垫外城街道，"运土、雇夫又无应支公项，不过附近商民捐赀平垫，督责太甚，又恐胥役藉端勒索，扰害商民"。再者，"各巷居人虽有时捐赀请修道路，乃各为其所居之地，则此修而彼不修，毗连地面，反而有因之受累之处"。沟渠面临的问题同样如此，"外城暗沟系城坊管理，明沟系各营管理"，"营管明沟，支领官项，城管暗沟，责令商民每年照例掏挖一次，其坍塌损坏者亦责令坊官查报修理，然皆有名无实，未能完善"。③ 京城街道密集，沟渠纵横，其修治、维护需要常年坚持，每年需要投入维修的人力、物力不菲。即便是民捐民掏的办法，也往往因力量有限，只能就商铺居民最关切的地方掏挖，居民较少的地方则力有不逮。而且是此处疏通，彼处堵塞，难以贯通。归根结底，在清代城市观念和财政经费条件下，街道厅缺乏修理京城街道、沟渠的经费，始终是制约清代京城街道、沟渠修治状况的重要因素。这一情形也使得西方人在目睹此情此景后这样说："从中国的道路状况完全可以看出政府对公务及百姓的关心程度。在中国，每个城市都有石子铺成的公路，道路四通八达，连接很多城市。保养道路并不用花很多钱，但政府和百姓却从来不去维护保养，最

---

① 《山西道监察御史戈涛奏为清理京城沟渠街道并妥善管理事》（乾隆三十一年二月十四日），录副奏折：03-1145-010。
② 《清仁宗实录》卷258，嘉庆十七年六月己酉。
③ 《署管理街道掌贵州道监察御史恒安等奏请修理京师外城街道沟渠事》（道光元年二月十一日），录副奏折：03-3647-001。

后导致很多城市的道路早已经损坏,这些破败的道路不但没有为大家提供便利,反而成了出门时的障碍。"① 从直接原因来看,管理不善、经费不足、技术手段落后等等,都是其中的应有之义。不过从根本上来看,观念才是主要的,不仅没有成熟的城市政府,也没有将此类事务视为政府职能。因而,举凡有识之士提出增加投入维护道路时,大都会被质疑为"靡费帑项",其结果正如清末启蒙思想家郑观应所批评的,"腐儒只知崇尚节俭,拘牵文法,未能深思远虑,以致百事废弛"②,"其因循粉饰,畏难苟安"之弊随处可见。

其三,各自为政,缺乏协调一致。名义上,街道厅衙门既负责平治街道,也负责掏挖沟渠,但实际上街道厅并不能单独负责,内外城之事,街道厅都参与,但都没有决策权和主导权,在衙门众多、权贵云集、皇帝乾纲独揽的行政体制下,街道衙门显得极其弱小和被动。在内城,街道厅要协助步军统领衙门,在外城要配合工部,还有五城司坊官,以及同样隶属于步军统领的各营汛。街道厅在整治街道时,很难调度营汛兵丁。"惟铺头、坊役旧归该厅管束,至堆兵则向隶营汛,不与该厅相涉,每逢该厅履勘街道,见有应行督饬之处,向堆拨呼唤兵丁,讫无应者,否则窃行躲避,否则冒为局外之人,即票饬该管营,亦因素无交涉,卒成有名无实之举,欲其一律振作,无误公事也难矣。"③ 即便同在一个街道衙门中,既有满御史,又有汉御史,还有来自工部、步军统领衙门的司员。

按理说,自乾隆朝形成的街道管理体系,"京城内外街道既有各该司员管理,复添派御史两员,会同查办,原为五城街道繁多,必须协为共济,乃为有益"④。但这些来自不同衙署的官员之间往往缺乏配合。道光九年(1829)七月,御史常恒昌奏称:"近来外城街道,每遇雨雪,泥淖不除,随处皆成坎窞。且派出司员往往遇事推卸,一切户民呈词等件,从不到署与御史会商,殊非核实办公之道。"⑤ 即便同样是掏挖沟渠,还有官沟与民沟、明沟与暗沟之分,有的是官办经费经理,有的则完全依靠商民捐助自筹。另外,"街道沟渠本相表里,若沟渠壅塞,则水不归沟,仍

---

① [美]阿瑟·史密斯:《中国人的德行》,朱建国译,南京:译林出版社2016年,第68页。
② (清)郑观应:《盛世危言·治河》,见夏东元编:《郑观应集》上册,上海:上海人民出版社1982年,第753页。
③ 《管理街道御史步际桐奏为酌拟整治街道章程事》(道光十八年十二月二十七日),录副奏折:03-2677-079。
④ 《掌广东道监察御史常恒昌奏为外城街道日久因循请饬管理各员照章程认真查办事》(道光九年七月二十日),录副奏折:03-2588-056。
⑤ 《清宣宗实录》卷158,道光九年七月癸丑。

不免有停潦之患"①。然而大多数时候，平治街道与掏挖沟渠不在同时进行，即便有工部或者是步军统领衙门司员的查勘，但往往缺乏统一规划。此外，挑挖沟渠还缺乏针对性，"每年春令开沟，既不见积水之处，至夏秋积水，又非当修理之时"②。结果，沟渠虽然修治，但往往是例行公事，敷衍塞责。对此，晚清的陈炽也指出："承平之时，步营街道，岁縻国帑数十万金。领以提督、总兵，管以御史、部属，重以府尹、京县、正副指挥诸官，棋布星罗，十羊九牧，其责不可谓不重，其虑不可谓不周。而百弊丛生，徒縻帑项，无一能举其职者，则事无专属，废弛已久，经理之不得其人也。"③ 叠床架屋、事无专属是导致清代京城街道、沟渠修治弊端的重要原因。

其四，街道衙门往往以罚款充当官项办公经费，其官员及吏役则以勒索受贿进行牟利。例如，道光九年（1829）四月间，崇文门外住户监生李时轩报修房屋，拟将院墙改为临街房二间半，原本已得到前任管理街道御史明奎、王赠芳的批准。然而，到四月十九日安明、沈巍接管街道御史后，满御史安明曾向书吏谢宣查问街道有无官项办公，该吏回答并无官项，"只有住户人家修盖房屋侵占官街，向有罚钱充公之事"。四月二十九日，安明派遣家人丁三赴崇文门外三条胡同，查看街道，丁三回来后告知，"户人李时轩所盖房屋有侵占情形"。安明遂于五月初三日亲自前往查看，确认李时轩所盖房屋侵占街道四五尺，遂回到街道厅衙门，于十七日向李时轩发出票传。当时汉御史沈巍"亦以如果侵占，自应查办，未经阻止"。李时轩接到街道厅票传后，畏事不敢见官，便与素来相识的谢宣行贿京钱五十千，嘱其代为打点。安明得知后，"意欲罚钱一百千"。后来因与汉御史沈巍意见相左而闹至都察院。④ 结果，虽然安明、沈巍两位街道御史都被罚俸甚至革职⑤，但这件因满汉御史意见不同而得以暴露的案件，足以说明街道衙门的日常运转竟然是依靠罚款在维持办公。

---

① 《署管理街道掌贵州道监察御史恒安等奏请修理京师外城街道沟渠事》（道光元年二月十一日），录副奏折：03－3647－001。
② 《清宣宗实录》卷255，道光十四年八月庚戌。
③ （清）陈炽：《庸书·巡捕》，见赵树贵、曾丽雅编：《陈炽集》，第99页。
④ 《军机大臣曹振镛等奏为遵旨会审管理街道御史安明沈巍皆互相奏揭等情一案事》（道光九年七月初五日），录副奏折：03－4036－010。
⑤ 《清宣宗实录》卷158，道光九年七月丁酉。

四、街面与卫生

街道面貌是一座城市的形象，它是城市居住者，无论贵贱还是贫穷，都有机会共同参与的公共空间，也是一座城市社会结构、生活状况最真实和直接的表现。前文叙述对清代京城街面状况已经有所揭示，但或许是官方档案特点和司空见惯的因素，往往缺乏体验性的描述。相比之下，西人在清代不同历史时期，尤其是晚清游历京城时的观感颇能反映当时京城街面路况与城市卫生面貌。

1868年9月，德国地理学家李希霍芬眼中的北京虽然是"一座破败而且贫困的城市"，但"从残留的一些宏伟的建筑，特别是一些桥梁、城墙和庙宇，可以看出这座城市昔日的辉煌"，而且"城里的设施十分发达，令人惊叹。宽阔的街道、沟渠和排水无不显示出伟大的建筑灵魂"。① 北京城的街道也不总是给西人留下坏的印象，1868年德国丝绸商人克莱尔在游记中就称赞北京的宽阔街道："相对而言，在我去过的所有中国城市中，北京给予外国人的最好印象，是它宽阔的街道。主街有两百多英尺宽，街道中间的路是凸起的，凸起的部分贯穿着整条街，宽得也足以通行两辆普通的大车。"② 记者海司称赞北京街道的整齐："让人惊异的是街道分布的均匀。我在新旧大陆上几乎没有见到过如同北京这样精确划分的城市。"③ 1900年在北京短暂居住的英国立德夫人虽然描述"路上讨厌的车辙和迷人眼睛、让人窒息的尘土"，但也称赞"中国城市的特色之一就是从远处俯瞰，都像隐在茂林之中，北京尤其如此"。④ "北京到处是树木，根本不像人口众多的城市，而像一个大公园，尤其是站在城墙上面看，感觉更是如此。每个宫殿的院子里都至少有一棵树，庭院大一些的地方更是被树占满，就连宫殿外面也耸立着一排排苍翠茂盛的树木。"⑤

不仅如此，"街两边的房屋装饰精美，有的还是镀金的木刻。房子都

---

① ［德］费迪南德·冯·李希霍芬：《李希霍芬中国旅行日记》，［德］E·蒂森选编，李岩、王彦会译，华林甫、于景涛审校，北京：商务印书馆2016年，第18页。
② ［德］艾林波、巴兰德等：《德语文献中晚清的北京》，第133—134页。
③ ［德］艾林波、巴兰德等：《德语文献中晚清的北京》，第318页。
④ ［英］立德夫人：《我的北京花园》，李国庆、陆瑾译，北京：北京图书馆出版社2004年，第30页。
⑤ ［英］阿绮波德·立德：《穿蓝色长袍的国度》，陈美锦译，南京：译林出版社2016年，第5页。

是平房，前面完全敞开，后面有睡觉的地方。树枝从有钱人的花园里伸展出来，花园的围墙被前面的小房子遮住，所以整个城市看起来像都在一个花园里一样"[1]。宽阔笔直的街道，繁忙的交通，热闹的景象，大街两旁装饰华丽的商铺门面，都给外国人留下了深刻的印象。

内外城对比鲜明的街面景象，也是西人观察的重点。外城繁忙，"在北京，繁忙的交通只限于主要街道。外城有三条南北向及一条与之交叉的大街，也就是连接东门和西门的大街。最中间的那条，就是通往前门的大街，特别热闹，从早到晚都拥挤着各式各样的人和车，蚂蚁般的繁忙给人以大城市商业生活的清晰印象。实际上，北京的大宗生意都集中在外城，尽管他们的商店远远及不上内城的华丽。外城三条大街上的房子大多数又暗又脏，摇摇欲坠，在这儿见不到财富"。"主街上熙熙攘攘，更显出夹在其间的狭窄胡同的安静。很多胡同根本就没有商店，只有工匠的住处。"内城街道更加整齐，街面房屋更加整洁，装饰精美，"（内城）从南向北，或由东往西，所有大街都是笔直的，所有主街上的房子都是商店，房子的门面都非常考究，常常华丽得令人目眩"[2]。只是街道状况与外城并无两样，"街道很宽，大多数路面都没有铺设，路中间突起一条宽而高的土埂，街道要么泡在泥浆里，要么就扬起令人窒息的灰尘"[3]。

但同时，由于道路铺设方式、交通工具，尤其是缺乏持续有效的维护等各种因素，京城街面交通与卫生的整治不尽如人意。每逢雨季，街面污水横流，车辙陷落，以至于京城街道之污秽成为一种常态。清初来自江南安徽桐城的戴名世就有如下的描述："街道之不治，莫甚于燕京。粪皆堆积道上，深且丈余，雨则泥淖没胫，泥淖皆粪也，晴则尘灰满面，尘灰皆粪也。满眼皆浊恶之物，满鼻皆污秽之气，人全身浸在粪秽中，饮食寝处其间，又何必笑蜣螂之转丸，蝍蛆之甘带乎？"[4] 在戴名世眼中，京城街面泥土粪溺遍地，毫无整洁可言。

康熙朝中期来到中国的俄国使团成员亚当·勃兰德记述："我们排场十足地进入早已向往的博克达汗的首都北京。按照惯例我们被安置在俄罗斯馆。我们所经过的街道人群比肩接踵，尘土飞扬，几乎什么也看不

---

[1] ［德］艾林波、巴兰德等：《德语文献中晚清的北京》，第78页。
[2] ［德］艾林波、巴兰德等：《德语文献中晚清的北京》，第30—31、32、34页。
[3] ［德］艾林波、巴兰德等：《德语文献中晚清的北京》，第78页。
[4] （清）戴名世：《戴名世遗文集》，王树民、韩明祥、韩自强编校，北京：中华书局2002年，第103页。

见。"① 后来在介绍北京的生活风景时又做了细致描述:"这座美丽城市的街道并不好,因为用鹅卵石和砖铺设的街道极少。其原因绝非缺乏石头,而是由于某种意义重大的其他情况。这些没有路面的街道很有损市容。无论晴天或雨天,特别是当北风呼啸的日子,给行人带来许多不愉快和不方便。在炎夏酷暑和久旱不雨(由于雨水稀少这在北京是常有的)的时候,含大量硝和其他轻物质的土壤往往变成微尘,即使微风轻拂也能把尘土刮得满城飞扬。浓云似的尘土迷住眼睛,钻进人的嘴、鼻和衣服,落满房屋的各个角落,弄得哪里都很脏。"② 乾隆五十八年(1793)七月,英国马戛尔尼访华使团成员斯当东进入北京城时也记述:"北京街道都是土路,需要经常洒水以免尘土飞扬。"③

至晚清,国力衰退,京城街道疏于维护,污秽状况日甚一日。1865年担任英国驻华使馆参赞的密福特描述:"北京的街道宽阔,大都是泥路,年久失修。街道两边是商店和低矮的房屋。形形色色的摊棚摊架,不计其数,常常多达四排,大大缩减了街面。这个地区充满灰尘。无论冬夏,街道都是一样肮脏。"④ 1898年,德国记者高德满在报道中也说:"北京的标志,象征中国首都本性的符号——就是脏。它是所有表象的真实,所有图景的精髓,所有生命的基础。若想描绘北京的真实画面,就要给这个城市加以点睛——脏。"⑤ 后来成为德国著名汉学家的福兰阁初到北京时也因街道卫生而极度失望,"从强烈的惊异感中回过神来之后,就是极度的失望:没有铺设的路面,无人管理的街道,尘土和烂泥深及脚踝,到处弥漫着路边阴沟的气味"⑥。"在那些没有铺石头的街道上游逛,没脚的灰尘、同样深的泥浆、闻起来像臭水沟味道的大街、喧闹的交通,他就会带着痛苦的失望,将自己的存在看作流放。"⑦ 记者海司也记述了自己的失望心情,"地球上可能没有一个城市像北京这样名声很大、却名不副实的了。抵达那里的第一天,所有的幻想就被令人窒息的黑色尘土埋葬了,或者

---

① [荷]伊兹勃兰特·伊台斯、[德]亚当·勃兰德:《俄国使团使华笔记:1692—1695》,北京师范学院俄语翻译组译,北京:商务印书馆1980年,第204页。
② [荷]伊兹勃兰特·伊台斯、[德]亚当·勃兰德:《俄国使团使华笔记:1692—1695》,第236页。
③ [英]斯当东:《英使谒见乾隆纪实》,第345页。
④ [英]密福特:《清末驻京英使信件》,第五封信,温时幸、陆瑾译,李国庆校订,北京:国家图书馆出版社2010年,第42页。
⑤ [德]艾林波、巴兰德等:《德语文献中晚清的北京》,第284页。
⑥ [德]艾林波、巴兰德等:《德语文献中晚清的北京》,第293页。
⑦ [德]福兰阁:《两个世界的回忆:个人生命的旁白》,欧阳甦译,北京:社会科学文献出版社2014年,第47页。

说，被臭水塘淹没了"。"踏进北京的那一刻，也就是失望的开始，每走一步，失望就越大，每过一小时，失望就越多。城市究竟在哪儿啊？只有望不到尽头的尘土和泥浆。"①

对于北京街道的污秽状况，凡是亲历过北京的西人几乎都有描述，我们不妨以德国记者高德满的报道为例："连续多日的干燥天气会把垃圾变成灰尘——煤灰似的尘土，给街道覆盖上厚厚的一层，厚度可以埋到脚踝。风把尘土卷起，灰沙如云。每一次呼吸就会将尘土吸进体内，如果想到这灰尘的组成的话，那就更爽了。下雨的时候，这层厚土就变成泥浆的海洋。马路上的烂泥浆，有的地方流动不居，大多数情况下，却凝结成块，浓稠而坚硬。马车的车轴以下时常陷入黑泥浆中，完全无法预料水坑之深浅。街道要么根本没有铺设路面，要么曾铺过一次，后来就再也不铺了。沉重的车轮在上面滚了几百年，早把街面弄得面目全非了。如果铺设的石头还在，也是一块石头高一块石头低，还有一块不知去向，就变成了一个洞，似在提醒人们，这里曾经有过一块石头。而没有铺设路面的地方，简直就无法形容了，有的地方高高拱起，有的地方如同深渊。深坑遍布、泥浆横行，再谨慎小心也没用，鞋会陷进泥浆，无法拔出，只好时刻牢记，过街之时，双脚踩地才是上策。"② 街道污秽，不仅存在于外城，管理更加严格的内城同样如此。"内城是满族人居住的，周长有十四英里。商店十分简陋，街道尽管十分宽敞，却异常肮脏。"③

北京街道卫生的实际状况，并非只是西人的观感如此，国人的感受同样是不堪忍受，前引戴名世所言即是例证。光绪七年（1881），曾留学美国耶鲁大学、时任幼童出洋肄业局副委员的容闳也描述了他对北京街道和坐车的感受："往来代步惟骡车，既重且笨。车中坐处，状类衣箱，其底即轮轴。轮与箱间无弹簧，故行时震动极烈，行亦甚缓。街衢复不平，车辙深至数寸。行路之难，可想而知。道中浊尘扑衣，秽气刺鼻。漫空涨天者，初非泥砂，乃骡马粪为车轮马蹄捣研而成细末，陈陈相因，变为黑色，似尘土也。飞入耳鼻毛孔中，一时不易擦净。行人皆戴眼纱，头及两手，亦有风帽手套等物，以为抵御。水含盐质，洗濯尤不易去秽。"④ 另外，民国初年学者瞿兑之在回忆故都街道时也说："往时惟城外有石道。

---

① ［德］艾林波、巴兰德等：《德语文献中晚清的北京》，第 316－317 页。
② ［德］艾林波、巴兰德等：《德语文献中晚清的北京》，第 285 页。
③ ［美］丁韪良：《花甲记忆：一位美国传教士眼中的晚清》，沈弘等译，桂林：广西师范大学出版社 2004 年，第 134 页。
④ （清）容闳：《西学东渐记》，钟叔河编《走向世界丛书》第一辑（Ⅱ），长沙：岳麓书社 1985 年，第 146 页。

而城内通衢仅中央御道稍坚，余皆泥土。久晴之日，车轮一过，尘起涨天，塞人耳鼻，尘中又杂马矢，秽恶令人欲呕不得，若遇大雨，则足底尽为泥泞。北人不惯徒跣，虽途泥满其履屦，仍复蹒跚而前，此状尤令人不耐。昔人'无风三尺土，有雨一街泥'之句，真写实也。南人至北，无不厌苦之。"① 观感不佳，气味同样难闻，"对路人来说，弥漫着怎样的空气。无法想象，只能亲闻之后才知道，空气究竟是什么味儿"②。每年春季开挖沟渠，其恶臭更是令人掩鼻，"当开掘之时，泥土翻腾，恶臭四达，行人必佩苍术、大黄以辟之，或有中恶而毙者"③。诸如此类的描述，不胜枚举。

造成京城街道"污秽"的原因，有诸多因素。一是道路形制。以土路为主，加上华北区域的自然气候条件下多风沙，晴天干燥土大，"街上的黑色尘土积有一英尺厚"④，"所有的街道看上去都差不多，路面没有铺设，尘土飞扬"⑤。下雨时则泥泞不堪，"夏天，只要下了雨，城里就变成烂泥塘，道路几乎无法通行"⑥。

北京街道的铺设方式是中间高，两侧低，垫高的路面两侧都是路沟，街道两侧紧依着路沟的就是各种商铺和房屋。"北京的道路，中间走车马和轿子的道路是高于街面的，而旁边沿着住家围墙的人行道却是低矮的。由于踩踏过多，车道和人行道混淆在一起，因取用方便，中国人又把石板路面当作建筑材料的来源，中间的路段由此多处甚至更低于两旁的了。几百年来，成千上万的车马骆驼碾乱了路基，除了夏季多雨的几个月，街上总是覆盖着厚厚一层深至脚踝的黑色尘土。而繁忙的车来人往，又将厚厚的尘土卷扬起来，弥漫在空气中，落到房顶，吹入店家，在货物、食品和售货员身上留下一层厚土，把原本镀金的漂亮房子的正面染成了黑色。"⑦

平时浮土深厚，雨天则泥泞无比。"如果下了雨，就会出现另外一幅画面：到处都是水坑，厚厚的泥浆覆盖住整个大街，几星期内无法通行。降雨几天之后，还会出现这样的情形：抬轿子的轿夫陷在没膝深的泥浆

---

① 瞿兑之：《杶庐所闻录·故都闻见录》，第 221－226 页。
② ［德］艾林波、巴兰德等：《德语文献中晚清的北京》，第 285 页。
③ 瞿兑之：《杶庐所闻录·故都闻见录》，第 221－226 页。
④ ［德］艾林波、巴兰德等：《德语文献中晚清的北京》，第 188 页。
⑤ ［德］艾林波、巴兰德等：《德语文献中晚清的北京》，第 227－228 页。
⑥ ［英］苏珊·汤丽：《英国公使夫人清宫回忆录》，曹磊译，南京：江苏凤凰文艺出版社 2018 年，第 152 页。
⑦ ［德］艾林波、巴兰德等：《德语文献中晚清的北京》，第 320－321 页。

里，坐轿子的人不得不从轿子里出来，去蹚那黑水和泥浆。"① 路两旁虽然有排水沟渠，但基本不起作用。"这条路中之路大多比旁边的路——或者街边房子的门槛——高出六到八英尺。路中之路一直是干，路况也不错，相比之下，两边的路就惨不忍睹了，尤其是雨天，简直成了小河和池塘。步行的人，只好吃力地从一家门槛跳到下一家门槛，让那些在高突路面上舒服享受的观众乐不可支。""所有的大车——交通是很繁忙的——都得蹚水而过，当凉水浸到拉车牲口的肚子时，就会造成特殊的效果，不能不影响到水的质量和数量。路两边通常是些售货摊或帐篷，跟房子面对面，中间形成一条步行的路。马车和大车在路中间逐渐跑出了轨道，上行的靠左，下行的靠右。而在这种街道低矮的部分没有高凸的路面，我们自己就是从水塘中蹚过来的，水都漫到了大车里面！"②

北京城的主要街道并不狭窄，甚至很宽，"但是并没有铺上石子，由于破坏严重，街面上甚至形成了好几道沟壑，高度经常相差5～6英尺。原来的排水渠现在甚至比街面还高，也起不了什么作用了"③。"一般七八月份都有强暴雨，北京由此成了一个大泥水潭，只有房子和街道中间某些路段还露在外面。步行是绝对不可能了，骑马坐轿子甚至会有生命危险。很多深坑被泥浆遮住，牲口被绊倒，轿夫陷入没到膝盖的泥浆中，身着贵重衣衫的官员也会栽进臭粪水里。两害相权取其轻，跟泥浆相比，还是尘土好一点。"④ 坑坑洼洼的路面不仅不便于行人，而且也给来往车辆带来诸多困难。"车夫经常光着膀子坐在车上，想尽各种办法驱赶牲口前进。万一某个车轮不幸陷进泥坑，车夫也得跳下车，用后背和肩膀把车推出来。"⑤

二是交通工具和出行方式。普通人多步行，或骑乘马匹、驴骡，或乘坐肩舆、骡车等。尤其是车辆都是木制硬轮毂，没有弹簧，或以马、驴、骡、牛等牲畜为牵引力，或以人力为牵引力，以拉车、推车、独轮车等为主。这种交通工具和出行方式，不仅容易破坏土质路面，而且以骡车为主的乘坐体验往往并不舒适。1816年，随英国阿美士德访华使团来到北京的亨利·埃利斯在日记中记述了在北京街道上乘坐马车的经历："马车的颠簸一开始还能受得了，但当我们走到铺砌的道路上以后，就开始颠簸得让人难以忍受了。马车的每一个部分都不停地在颠簸着，每一次颠簸似乎

---

① ［德］艾林波、巴兰德等：《德语文献中晚清的北京》，第188页。
② ［德］艾林波、巴兰德等：《德语文献中晚清的北京》，第133-134页。
③ ［德］费迪南德·冯·李希霍芬：《李希霍芬中国旅行日记》，第18-19页。
④ ［德］艾林波、巴兰德等：《德语文献中晚清的北京》，第321页。
⑤ ［英］苏珊·汤丽：《英国公使夫人清宫回忆录》，第160页。

足以毁掉你的生命，而你还要忍受着接下来可怕的连续不断的颠簸。"①1861年，德国牧师柯艾雅前往外城，看到"街道上十分之一的石头都不见了，其余的石头渐渐被压沉，陷进了深深的车辙里。原本坐在大车上就不够舒服，现在简直就是一种折磨"②。李希霍芬记述，"开始我们走的是城里狭窄的用长方形石块铺就的已经被压坏的巷子，路面上不时出现深深的坑和大块儿的石头。还好我们没有骨折，不过这种危险继续存在着"③。即便是北京最好的御路也是如此。1869 年 8 月 8 日，李希霍芬从大钟寺前往圆明园，"可经一条方形石板铺成的路前往。这样的路对车辆和坐车的人来说很是受罪，如果可能，尽量不要走这条路。由于路面上的车辙很深，所以所有的车只好一辆接一辆地前行"④。

再以一位英国公使夫人苏珊·汤丽的经历为例："我们当时走的路是由 2 到 3 英尺见方的石板铺成的，石板跟石板间存在缝隙，石板上头还有很多大大小小的坑洞，车子在上头跑，能把车厢里的人骨头都颠散架了。就这样，我坐在车厢里被颠得滚来滚去。突然，车轮遇到特别深的车辙，我的帽子直接被颠飞了！我尝试着调整自己的身体，可无济于事，这样的感觉真让人抓狂。屋漏偏逢连阴雨，一阵风沙灌进车厢，我吃了个满嘴，不但衣服上、头发上落了沙子，就连眼睛也进了沙子，搞得眼泪汪汪。我想做点儿什么把自己拯救出来，又什么都做不了，就连嚷嚷也没用，因为轿车颠簸的声音完全把我的声音给压了下去。从那以后，我就发誓再也不坐北京的轿车！"⑤

三是公共卫生设施缺乏。当时的北京城普遍缺乏公共厕所。"这里没有冲水厕所，也没有固定的方便之地；厕所设施都暴露无遗，粪便不断被清走，所经之处都是臭气冲天。"⑥ 由于粪肥是农田、菜园施肥的主要来源，因此居民家中的粪水乃至路面上的动物粪便常有粪夫收集⑦，正所谓

---

① [英] 亨利·埃利斯：《阿美士德使团出使中国日志》，刘天路、刘甜甜译，刘海岩审校，北京：商务印书馆 2013 年，第 125-126 页。
② [德] 艾林波、巴兰德等：《德语文献中晚清的北京》，第 105 页。
③ [德] 费迪南德·冯·李希霍芬：《李希霍芬中国旅行日记》，第 17 页。
④ [德] 费迪南德·冯·李希霍芬：《李希霍芬中国旅行日记》，第 214 页。
⑤ [英] 苏珊·汤丽：《英国公使夫人清宫回忆录》，第 161-162 页。
⑥ [英] 马戛尔尼：《出使中国》，见 [英] 约·罗伯茨编著：《十九世纪西方人眼中的中国》，蒋重跃，刘林海译，北京：时事出版社 1999 年，第 99 页。
⑦ 对于清代北京城周边菜园利用粪肥，进而推动垃圾再利用的现象，乾隆末年来到北京的英国人约翰·巴罗曾说："这一种洁净或许更应归功于肥料的珍贵，而不是警察的监管。每家都有一口大缸，一切可用作肥料的东西都被收集在内。缸满之后，可以毫不费力地用它们换钱或蔬菜。同一辆为城里供菜的独轮小斗车会毫不费力地带着一车这样的水肥返回菜园。在圆明园和北京城之间，我遇见过成百辆这种车。"（[英] 约翰·巴罗：《我看乾隆盛世》，第 73 页）

"马勃牛溲与竹头,从无弃物委渠沟。提筐在背沿街走,更有人来拾厕筹"①。但仍有各种难以捡拾或不能直接用作粪肥的生活垃圾被倾倒在街面上。1886 年,德国人恩司诺记述他在北京的观察:"北京的市政管理机构想出了自以为绝妙的主意,用简单易行的方式来处理人类的垃圾,所有家里或院子里的排泄物都收集在特殊的容器或者粪坑里,每天在固定时间倒进大桶,与其他脏水一起泼到街上,混入与鞋一样高的尘土里。"路上行人甚至直接在路面上排泄。"我注意到,除了那便宜的喷洒法之外,数以千计的苦力也在街上完成他们的消化过程,这就不难理解这地狱一般的恶臭从何而来了。"②"所有动物和人类的粪便被泼洒在街上,成千上万的挑夫、赶车的、赶骆驼的,每天都在大街上排泄。太阳下山时,城门口敲响了锣声,作为关城门的信号,这时每家门前就出现了收粪的人,他们用一种新奇的作业方式,在业已混着粪便的尘土中加入新的粪便。北京当然没有水管,水是值钱的东西。沿街叫卖的卖水人,一桶水要几个铜板。再加上很少有人家铺设下水道,所以帝国首都的居民想出了一箭双雕的好办法,把每家的液体垃圾用来浇灌街道。收粪的人用大铲子把粪桶里的粪便舀起,远远地甩到大街上,如同农民给田地施肥一样。灰尘一时半会飞扬不起来,多好呀,配合着凉爽的夜晚,不过这时候在北京的每个人都因显而易见的原因而不愿出门。"③ 除此之外,街面上"黑色的猪和数不清的狗在街上窜来窜去"④。街道两边的店铺摊贩也是街面垃圾的制造者。"来自各地的商人将衣服、家什、蔬菜摆在路边,高声叫卖,聒噪嘈杂;摆着摊子的小贩在锅里烹炸着各式各样的吃食,发出怪异的气味;理发师便在路边为客人理发、修面,一阵风吹过,须发四处飞扬;有的甚至把摊子摆到大路中间。你还能看到流浪的猫、狗、家禽,甚至猪也会赶来凑热闹,在人群中拱来拱去,地面上到处都是脏水、垃圾,空气中散发着令人作呕的气味。总之,这种景象实在令人抓狂。"⑤ 美国人阿瑟·史密斯(又译"明恩溥")在《中国人的德行》中也说:"城市道路却因为街边杂七杂八的货摊而变得十分拥挤。除非皇帝驾临,否则小贩们不会将货摊移开。而在皇帝离开后,小贩们又会回到原来的地方吆喝叫卖。中国的很多城市街道两旁都摆满了东西,各种手工艺人都在路边支起临时店铺,杀猪

---

① (清)杨米人:《都门竹枝词》,见路工编选:《清代北京竹枝词》(十三种),第 21 页。
② [德] 艾林波、巴兰德等:《德语文献中晚清的北京》,第 188 页。
③ [德] 艾林波、巴兰德等:《德语文献中晚清的北京》,第 320-321 页。
④ [德] 艾林波、巴兰德等:《德语文献中晚清的北京》,第 227-228 页。
⑤ [美] 凯瑟琳·卡尔:《美国女画师的清宫回忆》,王和平译,北京:故宫出版社 2011 年,第 152 页。

的、理发的、做木工的、卖小吃的、箍水桶的，甚至有些女人因为自家院子太小把被褥挂到大街上晾晒。"①

从前述内容来看，清政府对于严禁侵占街道、街面清洁有制度性的规定，对住户随意倾倒垃圾渣土有明确禁令，对于清运垃圾也有要求，但现实的情形不容乐观。在德国记者高德满看来，"无论如何，北京是个几百年没有清洗过的城市。打扫街道的任务交给了风，冲洗街道则让雨来完成。风和雨清除不掉的东西，就只好原地留存。好几代人把垃圾堆在了街上，新一代还继续往上堆。在这个崇拜祖先的国度，这也是与祖先保持联系的一种方式。生命来了又走了，越来越大的垃圾堆留下来了，这是他们曾来世上一遭的唯一成果。在欧洲社会，街道清洁是公民的一项主要任务，而在北京，大家集体做着反清洁的工作。街道就是各家的下水道，是每个人的公共厕所。每时每刻都会有窄窄的木门打开，走出一个涂脂抹粉的妇人倒垃圾桶，有可能是厨房垃圾，也可能是别的地方产生的垃圾"②。虽然我们不能排除晚清内忧外患，国力贫弱，京城屡次遭受外来侵略扰动的因素，但看到这些颇有嘲讽意味的描述和分析，无不再次印证了清代京城街道沟渠的整治效果的确令人堪忧，很多制度规定在软弱无力的治理能力和颓废腐败的吏治氛围下变得一文不值。

在传统社会的城市治理过程中，对道路、卫生等公共设施的投入力度、建设方式，未能适应城市发展的公共需求，这是毋庸讳言的。清末，在外国来华人员的刺激下，尤其是随着国人西游，亲眼看到西方城市的街道情形，不少有识之士，如康有为、陈炽、宋伯鲁等维新派，呼吁改革城市管理，提出仿照西方改造马路。例如，康有为批评京城街道沟渠的污秽："若夫京师沟渠，开自元代郭守敬，今历岁久，塞淤不通，又无排泄，疏其秽恶。故道路高于人家，尘沙眯于衢巷，臭秽郁蒸，积为疾疫，兆民之卫生大碍，外人之非笑难堪，他日干预，尤可忧危。若欲洗荡扫除，疏通变易，则或神圣之庙坛严重，或王侯之第宅崇高，非一吏奉命所能骤易。"③ 康有为甚至主张中国应另设首都。戊戌变法期间，维新派纷纷就改造京城街道提出建议。然而，历史的每一次变革都不会那么顺利，即便是改修马路也不例外，保守派反对变法，甚至将修马路也妖魔化为向西方投降。例如徐桐，曾是同治帝的师傅，19世纪末官至大学士，"以言论和

---

① [美] 阿瑟·史密斯：《中国人的德行》，第68-69页。
② [德] 艾林波、巴兰德等：《德语文献中晚清的北京》，第284页。
③ （清）康有为：《请设新京折》，见《康有为全集》第4册，北京：中国人民大学出版社2007年，第443页。

行动强烈排外而著称,多次大声说要用洋鬼子的皮来做轿子。他宁愿走侧门,经过城墙下后街,也不踏上可恨的洋鬼子用碎石铺的马路"①。

历史的车轮虽然坎坷,但前进的趋势始终未曾中止,历经戊戌维新的变革启蒙,直到清末新政,清政府开始推动北京城市街道卫生的改造。②例如,一些大型化粪池的设立。1900年,英国人立德夫人看到:"北京公共卫生的管理糟糕到令人吃惊的程度,前几天城门外那几个新弄的化粪池是仅有的卫生设施,下水道就更没有了。我闻着令人作呕的气味,心想,北京到底是大都市还是小乡村呢?真令人疑惑。不过化粪池的出现,已经让我们心里觉得有些安慰了,毕竟这是改变城市面貌的新举措。"③ 庚子事变后,京城新设工巡局,重视修整道路,"翻修道路的方法,即将原有甬道翻起,使中间及两侧均成同一高度,中间为人行道及轻便车道,左右两侧为重车道,中间左右设沟以便于排水,只有中间路面用条石及水泥,以固地面,左右种植杨柳,设路灯,撤销全部小摊,每隔一二百米配备巡捕,以维持交通和保障安全"④。按照这种方法修整后的大街,东部有崇文门大街、王府大街至安定门内大街,与这两条街交叉相连的东长安街、灯市口大街、朝阳门大街、鼓楼大街等;西部有西安门至西直门的大街、宣武门至德胜门的大街;外城有前门大街、骡马市大街和大栅栏等。除了整修道路之外,街面的管理也出现了局部的新气象。无论是工巡局时期,还是巡警厅时期,各局都设有街道所,负责清扫街道,清除垃圾堆,禁止行人在路上丢弃垃圾等等。虽然公共卫生的习惯尚未形成,大量胡同尚未整修,但以上主要大街的街面卫生已经有了巨大的变化。所以,1908年当德国人福兰阁再次来到北京时,景象迥然不同,新式马路已经大量增加。"当我看到变化的城市时,简直不敢相信自己的眼睛。以前这里是恶臭难闻的肮脏街道,1895年还有一头骡子和拉车掉进街坑里淹死。19世纪末,当冬季皇家祭祀车辆起驾去大的祭祀场所时,所到之处,人们还常用大铁板盖住洞坑,撒上泥土,天气好的时候,街道看上去才是平整的。然而现在,这些街道完全变成了真正的、好好维护过的平整街道,两匹马的维克多利亚式欧洲马车和不计其数的人力车在马路上飞驰,街上有大量的电报线、电话线、电灯线。"⑤ 可以说,清末新政期间的京城道路改造

---

① [美] 刘易斯·查尔斯·阿灵顿:《古都旧景:65年前外国人眼中的老北京》,赵晓阳译,北京:经济科学出版社1999年,第7页。
② 杨剑利:《清末北京街道改造的兴起:论争与实践》,《近代史研究》2023年第4期。
③ [英] 阿绮波德·立德:《穿蓝色长袍的国度》,第1页。
④ [日] 服部宇之吉:《清末北京志资料》,第21页。
⑤ [德] 福兰阁:《两个世界的回忆:个人生命的旁白》,第134页。

是北京城市道路的重要转折点。

清末竹枝词也描述了这一变化："大街拥挤记当年，高在中间低两边。一自维新修马路，眼前王道始平平。改良街道名称好，各把牌楼树两头。新式百般竞华美，都从阛巷集钱修。"作者在诗下自注："从前大街，中高数尺，左右两路，既形逼仄，又随意排列货摊，车马行人，拥挤尤甚。今一律改修马路，书所谓'王道平平'一语，竟得见之目中。"硬化路面备受人们的欢迎："人传海墁路竖平，石用桃花浆水倾。更喜京师诸马路，都将锯子活修成。"这种新式马路是用碎石填平，灌以石灰水，名为桃花浆，再用碾子轧坚实，对于这种修法，时人称之为"锯子活"，"报纸人口，交赞不休，以后各处马路，均仿此法"。正阳门外道路是清末北京最早改修的马路之一，"正阳门外最堪夸，王道平平不少斜。点缀两边好风景，绿杨垂柳马缨花"。新修的马路不仅宽阔平坦，两旁绿化也是红绿相间，行人往来其中，乐而忘倦。不仅如此，道路交通管理规则（如中心线）的制定，也改善了人们的出行感受："小巷难行窄且斜，订章出进口无差。条条路线分明甚，日后何愁再插车。"① 除此之外，公共厕所也开始出现在街道两旁，"厕所已修容便溺，摇铃又见秽车来"，不仅"各街遍修厕所，不准随意便溺"，而且"街巷禁止倾倒秽物，备有车辆，装载居民粪土，以摇铃为号，人皆便之"。竹枝词善于记录风俗之转移、人情好恶之潮流。就以上所言，不难看出，清末新政以后北京城市道路和卫生的改造，不仅使城市的面貌一新，而且获得了普通民众的好评。

---

① （清）兰陵忧患生：《京华百二竹枝词》，见路工选编：《清代北京竹枝词》（十三种），第126—127页。

第七章 民生经济

　　清代中国（至少在清末以前）仍旧延续着以"重农"为特征的传统经济发展模式，城市本身并非没有经济生产，但与乡村社会所提供的经济生产量相比，所占比重很小。城市的生存发展，尤其是行政官僚体系的运转与维护，依然建立在传统农业赋税制度基础之上，而非城市自身的经济生产和工商业贸易之上，而且政府对重要的经济资源和市场实行垄断性控制，进行计划性调配。因而，清代北京尽管有繁荣甚至发达的城市消费和商业贸易，但总是以服从于政治和军事需要而存在。与此同时，自明代以来商品经济的日益发展，尤其是清代实现大一统之后多元经济区之间的联系进一步加强，大江南北乃至长城内外的贸易经济，以及海外商业贸易的发展，也对清代北京城的民生经济产生了重要影响。作为都城所在，清代北京因"拱卫京师"的需要，使得其城市治理也必然在区域协调等方面具有很强的联动特征。就经济资源而言，清代北京虽然地处物产丰富的华北，但庞大的经济消费和需求，致使清政府在经济政策和京师经济民生治理方面，对区域协调具有更强烈的诉求，主要表现在政府对以漕粮为主的物资控制和供应、八方辐辏的商货流通、以茶酒为大宗的榷关税收，以及钱法金融等方面。

一、粮食供应

　　民以食为天，粮食是封建王朝政府最为重视、投入力量最大并进行管控的经济资源。清代北京是中央政府所在地，也是皇室聚居、八旗驻防的核心所在，为了向大量内廷人员、宗室觉罗、各部院衙门官员、八旗绿营兵丁供应粮食，清政府延续了自元、明以来实物征收，通过大运河从南方粮食产区向首都北京运送粮食的漕粮制度。当然，漕粮除了主要供奉清廷、驻京八旗绿营军队以及文武官员之外，还通过出售余米、米厂粜米、赈济、施粥等多种形式，供应京城百姓的粮食需求。在漕粮之外，北京本地依旧存在着商业化的粮食市场，两者互相补充，共同构成了清代北京民生经济的基础。清末，随着交通方式的变革，尤其是铁路运输的出现和海运的恢复，以实物征收为主的漕粮逐渐为商品化的粮食商业所取代。整个清代，京城固然多次遭遇天灾人祸，始终不乏贫困和饥馑之民，但总体而言，清政府为解决粮食问题，从运河航道的维护、水利的兴修，到京城粮仓制度的运转，投入了大量人力、物力和财力，而且比较好地实现了京城粮食稳定供应这一目标。

1. 京仓与俸米的发放

"京师根本重地，不可一日缺粮，第以正粮为主，而以杂粮辅之，每岁共需正粮约计肆百万石上下。"① 通过大运河北上的漕粮全部分存于京通粮仓中。清制，京师共有十三仓。② 据乾隆朝《钦定大清会典》及《则例》记载，这十三仓是：禄米仓57廒283间，南新仓76廒382间，旧太仓89廒448间，富新仓64廒320间，兴平仓81廒405间，均在朝阳门内。海运仓100廒504间，北新仓85廒425间，在东直门内。太平仓86廒430间，在朝阳门外（清初建）。本裕仓30廒150间，在德胜门外清河（康熙四十五年建）。万安东西仓93廒465间，在朝阳门外（雍正元年建）。储济仓108廒540间，裕丰仓63廒315间，在东便门外（雍正六年建）。丰益仓30廒150间，隶属内务府，在德胜门外安河桥（雍正七年建）。通州有二仓：西仓203廒1016间，在新城；中仓119廒596间，在旧城南门内。③ 每一间的标准是广一丈四尺、纵五丈三尺、檐高一丈五尺余，"下藉青砖，上加木版，墙址留下孔，以泄其湿。廒顶建气楼，以散其蒸，门用栈版。联五间或四间、六间为一廒"④。各仓廒以千字文编列

---

① 《掌山东道监察御史彭庆钟奏为劝捐米石兼筹采买以实京仓而济急需事》（咸丰三年二月初七日），录副奏折：03-4457-015。

② 据《金吾事例》，各仓地点如下：北新仓坐落镶黄旗汉军所属东直门内南小街口内北新仓胡同路南，富新仓坐落正白旗满洲所属八条胡同东口外路东，兴平仓坐落正白旗满洲所属十一条胡同东口外路南，海运仓坐落正白旗满洲所属扁担胡同北口路北，旧太仓坐落正白旗汉军所属弓匠营北口外路北，禄米仓坐落镶白旗满洲所属朝阳门内南小街禄米仓胡同内路北，丰益仓坐落中营树村汛所属安河桥东边地方，本裕仓坐落北营德胜汛所属上清河地方，大万安仓坐落北营朝阳汛所属朝阳门外北城根地方，太平仓坐落营朝阳门外南城根地方，万安东仓坐落左营所属朝日坛后身地方，储济仓坐落左营所属石路道嘴南边地方，裕丰仓坐落左营所属东便门外横桥地方。参见《金吾事例》"章程"卷4，"各仓坐落地方"，"故宫珍本丛刊"第330册，第277页。

③ （乾隆朝）《钦定大清会典则例》卷39《户部·仓庚一》，文渊阁《四库全书》影印本第621册，第193页。

④ （乾隆朝）《钦定大清会典》卷72《工部·营缮清吏司·仓廒》，文渊阁《四库全书》影印本第619册，第669页。

顺序，诸如天字廒、地字廒之类。

京通各仓除了储存正粮米、麦之外，还有豆、芝麻等各种杂粮。至于每个仓是储存正粮还是杂粮，由于各仓廒数量不同，新、陈粮食腾空的时间不一，因此一般而言并没有严格的限定。例如南新、旧太、海运、富新、兴平、北新六仓会轮流储存来自山东、河南的黑豆。但为便于管理，也会相对集中，如乾隆十六年（1751）二月经总督仓场侍郎鹤年奏准，"请自本年始，将廒座最多之储济、万安、旧太、海运四仓派贮豆，余匀贮米"①。

京通各仓隶属户部，其管理专设总督仓场户部右侍郎满汉各一人，实权操于满员，驻扎通州新城，总理京通各仓粮务。下设管理机构和官员有：一是坐粮厅：满汉各一人，管理北河浚浅、修筑堤岸闸坝、催趱漕船、抵坝回空、督令经纪车户转运交仓、兼管通济库银出纳及抽收通州税课等事务。坐粮厅属员有：通济库大使一人，通流、庆丰闸官各一人，经管石坝军粮经纪百名，白粮经纪二十五名，土坝车户二十名，普济闸、平下闸军粮水脚各二十六名，平上闸、庆丰闸各十三名，白粮水脚每闸二名。以上各役十年更换一次，由通州知州挑选殷实良民承充，不许旗人充役，也不许父子兄弟同充。二是大通桥监督：满汉各一人，管理从通州石坝运到东便门外运河之大通桥的漕、白二粮的抽验较量，然后按照固定程序，督催车户分运至各京仓，经管军粮车户三十二名、水脚十三名。衙署即位于大通桥，晚清其验米公厅上曾悬挂有毕道远任监督时所书楹联一对，曰："惠济本无私，愿抱此心同此水；大通期勿滞，莫将斯事负斯桥。"② 三是各仓监督：除丰益仓由内务府委官管理外，在京十二仓、通州二仓，每仓设满汉监督各一人，管理漕、白二粮交纳、上仓及收贮支放等事。

各仓还有一类地位很低但却非常重要的杂役人员，即花户，具体负责各仓廒的管理，经手各仓米粮收发，约束夫役等职责。定例，每仓花户十人或八人不等，但往往当值的只有一二人，其余大多是挂名。花户职位虽然低微，与吏役相当，但因其经手米粮收发，往往上下其手，其重要性不容小觑，仓场弊端丛生，也大多与花户有关。

清政府还设有巡仓御史，每仓设都统或副都统一人，不论满汉，专任稽查之责。雍正帝曾谕内阁："仓场米石乃国家第一要务。试思此项米石，

---

① 《清高宗实录》卷382，乾隆十六年二月壬午。
② 旧吾：《旧都回想录·三十年前京仓社会》，《晨报》1927年9月14日。

民间输纳何等辛苦，官员征解何等烦劳，粮艘运送京师何等繁难，一颗一粒皆当爱惜，不忍轻忽。"雍正五年（1727）六月，雍正帝特遣大臣查看京通各处仓廒，发现"屋瓦渗漏，墙壁损坏者十居八九"，更甚者，所贮米石"渐至潮湿霉烂"。雍正帝痛斥仓场的管理者："以如珠如玉之米粮，而视为泥沙弃掷，忍心害理，莫此为甚！"为严行稽查，雍正帝命在京十仓，"每仓派都统或副都统各一员，御史中不论满汉，每仓各派一员，专任稽察之责"。①

关于俸米（王公及京官俸禄）和甲米（八旗兵丁禄米）的发放，据同治朝《钦定户部则例》，宗室王公与公、侯、伯世职人员，文职三品以上、武职二品以上人员的俸米，在通州中仓、西仓领取。文职四品以下、武职三品以下、世职自子男以下，笔帖式、骁骑校、护军校、亲军校、前锋校的俸米，以及兵丁饷米，则在京禄米、南新、旧太、海运、北新、富新、兴平、太平、万安、裕丰、储济等十一仓，分季轮流就近领取。春季俸米自二月起发放，秋季俸米自八月起发放，旗员限两个月内领完，汉员限四十天内领完。官员领取俸米时发放米票，由家人持票赴仓支领。②

八旗甲米，以乾隆五十二年（1787）为例，每月二十万石，无闰之年每年共计二百四十万石，有闰之年每年二百六十万石；八旗王公官员俸米每年约共三十余万石。八旗俸、甲二米在城内禄米、海运等仓"关领者十之二三"，其余都在通州中、西两仓及朝阳门储济、万安等仓汇总领取。③外火器营官兵坐落在蓝靛厂，其米粮一向在海运、北新二仓支领，因距离较远，乾隆五十九年（1794）六月进行调整，与圆明园八旗暨健锐营一并在本裕、丰益二仓支领。④ 各仓存贮米粮，因管理看护等各种原因，米色参差，为避免各旗领米时挑剔，或者勾串仓廒管理人员等弊端，一般采取"到仓阄廒"的方式。

八旗甲米，分春夏秋冬四季发放，于二、五、八、十一等月支给，如果遇有闰之年，或值米价昂贵，后季米不能接济前季，或南米抵通，需廒盛贮，则会根据情况提前发放。开仓领米时，以旗为单位，每旗派委押旗参领在发米前一日，将应领米数及领米人数开单，交与监督，按数起票三张，于领米后一日，一张交满监督，一张交汉监督，一张交监放。

---

① 《清世宗实录》卷58，雍正五年六月癸巳。
② 《钦定户部则例》卷24《仓庚一·开放》，同治十三年校刊本，"故宫珍本丛刊"第284册，第203-204页。
③ 《左副都御史刘权之奏明请照旧例设局平粜缘由事》（乾隆五十二年五月十八日），录副奏折：03-0765-069。
④ 《清高宗实录》卷1454，乾隆五十九年六月戊辰。

2. 出售俸米与俸票

在清代，无论王公贵族、文武官员，还是旗兵营丁，售卖俸米的现象非常普遍，有的尚未赴仓支领，便将支领米粮的"俸票"加以出售，或卖给米局、米铺，甚至卖给各仓花户。① 尽管清政府屡次强调严禁售卖俸票，打击花户私相勾结，但实际上"旗员价卖俸票，相习成风"②，基本没有停止过。

相比普通旗人，宗室王公将俸米或俸票在通州售卖，更是司空见惯。嘉庆十四年（1809）六月，郑亲王乌尔恭阿、怡亲王奕勋、礼亲王昭梿、顺承郡王伦柱、贝勒绵誉"在通卖票"，经宗人府参奏后，或被革职，或被降俸。嘉庆帝申斥："试思兵丁内贫乏者多，以米易银尚为饬禁，何况等而上之诏粻受禄，至于亲王、郡王、贝勒、贝子等，皆坐享丰饶，非赖售米以资日用，又岂可惟利是务而不顾国家储备之经乎？假如亲王、郡王、贝勒、贝子以有余之米只在城内变卖，犹可使市价平减，民食藉资充裕。今乃节省车价，只图容易，将所领俸米即在通州卖去。甚至将米票在彼卖给奸民，以致米不入城，都市腾贵。而奸民乘机盗弄，冒领重支，囤积回漕，无弊不作。现在仓贮亏缺，职此之由。亲王等皆天潢一派，休戚相关，其于国计民生，尚漠然罔顾如此，又何况大小臣工等之遇事膜置、毫不动心乎？"根据宗人府所开王、贝勒、贝子卖米卖票清单，嘉庆帝也只是"分别等差，酌量惩办"。并规定："嗣后王、贝勒、贝子、公等俸米，自本年秋季为始，届赴通关领之时，著先期具报都察院，奏派满汉御史，在朝阳门按数确查，每月具奏一次。均责令运米入城，无得在城外售卖。如违，必当永革俸米。"③ 嘉庆帝痛心疾首之余，除了重申旧例之外，并没能触及王公贵族、文武官员售卖俸米的症结所在。即便在朝阳门设有人员查核，有些官员仍将俸米在通州出售后，却用同等数量的"糠秕充数"，运回城内。

在清政府"首崇满洲"的豢养优待政策下，在清政府没有对国家俸禄体系做根本改革的情形下，京城粮食供应的结构性失衡长期存在，享受国家俸米、甲米的权贵、官员、旗丁营兵常年出售余粮，而大量城市贫民，包括后来逐渐贫困化的普通旗人，却长期嗷嗷待哺。更重要的是，在清代

---

① 俸米寄存米店的现象也非常普遍。据《华学澜日记》（茹静、马忠文整理，北京：中华书局2021年，第81页）记述，（光绪二十五年十一月二十三日）"日夕，通仓送一叔俸米来，两处共四十四袋。同申祥到广源米店过秤，即存其处，至暮始毕"。
② 《清宣宗实录》卷195，道光十一年八月。
③ 《清仁宗实录》卷214，嘉庆十四年六月乙卯。

国家的俸禄体系中，俸禄发放标准基本以身份地位、政治等级为依据，而忽视领取俸禄者的社会贡献和实际需求，从而导致"朱门酒肉臭，路有冻死骨"的现象一直未能改变。在这种情形下，在客观上充当粮食流通功能的"私自售卖""铺户囤积"乃至"运米出城"的现象只会禁而不绝。究其原因，大致有以下几点：

其一，俸米优厚，多有剩余。清政府对王公贵族、文武高官的俸米待遇颇为优厚，以至于俸米经常剩余，即便是八旗兵丁的甲米也非常充足。康熙帝就已发现了这一情形。康熙四十九年（1710），康熙帝谕八旗都统等："八旗兵丁每人所得四十斛之米，人口多者适足养赡，人口少者食之不尽，必至售卖。与其自仓运出，费脚价而复行转卖，不若计口支放，余者照时价给银于兵丁有益。"① 又比如后来的外火器营，该营甲米分四季支领，每季领米一万六千余石，除了兵丁食用约消耗七千余石外，每季剩余八千余石，将近一半。② 清代王公官员、旗人兵丁俸米之优厚，于此可见。

其二，节省运费。京通仓支发各旗米，向来由各旗佐领或领米人持总票前往粮仓支领，远的甚至要到通州粮仓自行载运，为了节省运费，"并图简便"，领米人会将领米票"卖于官局"，然后官局在各旗领完后赴仓支领，再卖于民局。在此过程中，串通书役、花户、甲斗人等"拣择好米，斛面满足，遂致仓储有阙无盈"的弊端时有发生。为禁止小票支领，乾隆十七年（1752），清政府规定："嗣后监督发米，务照总票数目，令该旗全运出仓，听其自行售卖。"如果各旗领催及领米之人私自从总票中分出小票，由稽查御史指名题参。同时，晓谕官民米局，如果持私分小票赴仓支领，一旦经护军统领等衙门察出，将卖米之人、仓役、米局一并惩处，所卖之米全数留仓。③

其三，各仓发米时水土掺杂的弊端，也是造成王公贵族、官员乃至八旗兵丁出售俸米、俸票的一个不可忽视的原因。在很多情况下，如果不贿赂仓廒管理人员，就领不到好米。康熙二十年（1681）三月，"各仓发米，多杂土尘，有贿赂者给好米，经管之人种种作弊，上下串通，侵欺盗取者甚多"④。由于领不到好米，很多官员根本就不去领米，而是将领米的俸

---

① 《清圣祖实录》卷241，康熙四十九年正月乙未。
② 《巡视西城掌广西道监察御史常喜等奏请饬下管理大臣妥议兵食余米粜卖章程事》（道光二十四年七月二十八日），录副奏折：03-3035-024。
③ （乾隆朝）《钦定大清会典则例》卷39《户部·仓庾一·发米出仓》，文渊阁《四库全书》影印本第621册，第211页。
④ 《清圣祖实录》卷95，康熙二十年三月庚午。

票出售，另外从米铺购买好米。"京仓之花户，巧于弄法，领官米者，水土掺和，必使之不中食，而米肆所私售则上色米也。故凡得券者，亦不愿自领，米肆遂得与花户辈操其奇赢，共渔厚利，此固法之所无如何者也。"①

其四，八旗兵丁不习惯吃米。中国幅员辽阔，各地民情风俗不同，饮食习惯也有较大差异，相对而言，南方人爱吃米，北方人爱吃面食，虽然没有那么绝对，但大致如此。运往京城的漕粮以米为主，而八旗兵丁甲米支放又占居多半，以至于很多旗人往往将俸米售卖，转而从商铺中购买麦、豆等杂粮。"究之南人食米，北人食麦，定于天，亦定于地也。米至京仓，岂能尽归实用哉？查京仓支用以甲米为大宗，官俸仅十之一。八旗兵丁不惯食米，往往由牛录章京领米易钱，折给兵丁，转买杂粮。"② 对此，清人震钧也说："京师贵人家以紫色米为尚，无肯食白粳者，惟南人居京者始食白米。而百官领俸米，券入手，以贱价售之米肆，而别籴肆米以给用。"③ 即便不是纯粹的饮食习惯，至少从调整主食多样化上来看，售卖俸米也是难以避免的。

由于以上各种原因，每逢粮仓放米时，都有不少俸米、俸票被出售，于是很多商铺便借机收购、囤积所卖之米，等到价格高昂时再售卖。雍正元年（1723）五月，给事中巴图奏请查禁收购米粮之处，雍正帝认为，"铺户贾人虽买米积贮，而米仍在京师，且居民俱仰给于仓米。若概不准卖，恐价值反致昂贵"，没有准其所请，至于兵丁米石如果确实有赢余者，"听其粜卖"。④ 清政府尽管"不禁其余米出售，而京城民食藉以流通，但愿鬻者缓急有时，愿购者复旗民相左"⑤，出于稳定粮价和禁止仓米出城的考虑，清政府一度专门成立官办米局，收购这些官兵售卖的多余粮食。

3. 八旗米局与五城米厂

其一，八旗米局。

八旗米局为官设，其设立目的就是用以收购原本发给王公贵族、文武大臣和八旗兵丁的余剩俸米与甲米。八旗米局由各旗官员经办，随时籴粜，以平市价。雍正六年（1728），按满、蒙、汉旗分，各设米局，共二

---

① （清）震钧：《天咫偶闻》卷3，第68页。
② （清）郑观应：《盛世危言·停漕》，见夏东元编：《郑观应集》上册，第568页。
③ （清）震钧：《天咫偶闻》卷3，第68页。
④ 《清世宗实录》卷7，雍正元年五月丙戌。
⑤ 《左副都御史刘权之奏明请照旧例设局平粜缘由事》（乾隆五十二年五月十八日），录副奏折：03-0765-069。

十四处，内务府米局三处，又于通州设左、右翼二局。① 各局都有官给银八千两作为收购资本，由八旗大臣内钦派官员经管，每季收买俸米，以备平价之需。

按理说，八旗米局设立之初，其考虑是照顾旗人生计。"八旗不善营生之人不计口粮能否接继，贱价粜卖于前，贵价籴买于后，官为调剂，不使囤贩持其缓急，俾得生计宽然而官价既平，市价自不能骤为增长，用意至为深厚"。但后来由于弊端丛生，"经理之人不能尽期妥办，是以中间奏请停止，迨复经开设，仍未久远通行"。②

乾隆元年（1736），经总理王大臣议准，将八旗二十四局归并为八局，内务府三局归并为一局，通州二局亦归并为一局。乾隆二年（1737），经总理王大臣议覆步军统领鄂善奏请，将八旗并内务府米局全部停止。次年（1738）三月，御史舒赫德、朱凤英又先后奏请恢复，"自裁革米局以来，奸民冀图重利，任意收买旗人米石，以致米价昂贵，请复设立米局"。经办理军机处议覆，认为"八旗官弁食余米必粜卖，商人囤米特为渔利垄断，奸民彼此齐行，兵民兼受其累。若官为设局收买，米贵时平价发粜，则市价自减，应如该御史等所奏"。随后，八旗又恢复设立二十四局、内务府仍设三局。通州二局暂时没有恢复。③ 四月，乾隆帝谕："八旗设立米局，原以惠济旗人，从前请裁米局者系八旗大臣，现在议覆米局者亦系八旗大臣。从来朝廷立政，有治人无治法，必须办理得宜，方为有利无弊。若米局既设，而奉行不善，有失初设之美意，则虽属良法，终何益之有？"④ 可见，乾隆帝本人对八旗米局重新恢复后的效果并未抱太大的信心。

至乾隆九年（1744），通州米局也恢复设立。据调查，"每季通仓约放王公大臣官员俸米计十九万余石，关米人员每季在通所卖之米不下十万石"，但除了官设一局"尽所有之本银六千两收买俸米"之外，其余俸米"俱系民局四五十处分买"。以至于每逢开仓之后，"民局所收之米齐行增长价值，以图重利，虽有官局欲平市价，其如所收米石无多，实有寡不敌众之势"。而通州作为"收买俸米总汇之地"，只有一处官办米局，而且收购资本只有银六千两，"既不能多收俸米，何能望其平价？是徒有官局之

---

① 《清世宗实录》卷66，雍正六年二月甲午。
② 《奏为遵旨妥议刘权之条奏请照旧例设局平粜缘由事》（乾隆五十二年），录副奏折：03-0765-070。
③ 《清高宗实录》卷64，乾隆三年三月壬戌。
④ 《清高宗实录》卷66，乾隆三年四月壬辰。

名，究无平价之益矣"。为此，乾隆九年（1744）永兴奏请在通州新城现有官局外，再于旧城内拣取官房一所，添设一局，每局发给本银一万两，收购俸米。同时，规定"务先尽两处官局收买足数，再准各民局收买"。①

八旗米局恢复设立后，不过是与民间米局、商民铺户"争相采买"，但强制之下，"旗人支领米石，不准卖于民人，准其卖于官局"，并没有达到"禁止民人囤积居奇之弊，以平市价"② 的目的。不仅如此，当年八月甚至发现内务府及正蓝旗汉军都统米局"俱用车载米，卖与米铺商人"。乾隆帝斥责负责监管的都统"漫不经心，并不以此为事之所致"，并将内务府所属米局事务令和亲王统一管理，正蓝旗汉军都统米局事务则令弘曕管理。③ 但实际上，此后的八旗米局仍然不能起到平抑米价的作用，反而在与商民争夺囤积的过程中，在一定程度上助长了米价的波动起伏。

面对如此情形，乾隆帝在十六年（1751）八月意欲裁并八旗米局。"八旗米局原因铺户乘贱收买，居奇抬价，有妨民食起见。但现设二十四局，不能尽得妥协之人经理其事，以致办理多有未善。或任听奸民赴局私买，囤积渔利，转滋弊窦。"乾隆帝认为应将现在米局"酌量裁并，或八旗共立八局，分为左右二翼，特派大臣总理，其在局办事人员，亦俱慎为遴选。所有一切收支数目，俱由该处自行销算"。至于具体如何裁并，乾隆帝命八旗大臣详议具奏。对于八旗管理者而言，米局乃其利益所在，显然并不会主动要求撤销，因此便顺着乾隆帝的旨意，建议"分为左、右二翼，特派大臣总理，其旧设之局仍存，惟按该局坐落地方，需米多少，不必拘定原额"。至于管理人员，"令专司米局，不必更兼旗务"。④

然而，换汤不换药，变身为左、右翼米局的八旗米局，不足一年便宣告结束。至乾隆十七年（1752），原任大学士傅恒等"以维时米价增长"，奏请暂行停止。乾隆帝当机立断："米局之设，原为有益于旗民，看得自立米局以来，并未能平减米价，是不但无益，且籴勒巢之米反累旗人，此后米局着停止。"⑤ 通州米局亦于当年经管局大臣丰安奏准，一并裁汰。

时至乾隆五十二年（1787）五月，左副都御史刘权之再次奏请恢复设

---

① 《永兴奏请于通州再复设一官米局事》（乾隆九年六月十二日），朱批奏折：04-01-35-1130-032。
② 《清高宗实录》卷74，乾隆三年八月丙戌。
③ 《清高宗实录》卷75，乾隆三年八月戊申。
④ 《清高宗实录》卷397，乾隆十六年八月癸亥。
⑤ 《奏为遵旨妥议刘权之条奏请照旧例设局平粜缘由事》（乾隆五十二年），录副奏折：03-0765-070。

立八旗米局。刘权之认为，京城米价不断上涨的根本原因在于私设米局把持与哄抬粮价，"每闻有桀黠囤户又潜匿京外各仓左近，勾串领催及在仓斗级人等，非以米色低潮，即以车脚昂贵，多方哄诱，务令贱值售典，或密行囤积，或四出获利，奸商内外把持，京师米价日贵，职此之由"。相比之下，在原来有八旗官办米局时，则没有这种情况，"顾推原立法之意，借帑存公，随时酌定价值，旗米有愿行出售者赴局交纳，较之粜于市集，得价稍赢，旗人既获多沾余润。迨官为粜卖计，该局吏役丁夫口食及斗斛席板碾碓等项，量加经费，亦不过敷用而止，官无私利于其间，而局价则视市价较平。纵有囤户厚拥私积，欲求售卖，必将比附官价，不相上下，始得行销，是无待官为查禁，自不能任意抬高，实本《周官》敛散之遗，参用直省常平之法"。为此，刘权之奏请"仍复八旗官局"，鼓励王公官员和八旗兵丁将余剩俸米出售给城内的八旗米局，从而保证城内米粮有充足的供应。

由于王公官员和八旗兵丁的俸米有七八成的比例是在通州中、西两仓和朝阳门外的万安仓、东便门外的储济仓等处支领，为了防范这些俸米在城外售卖，刘权之还提出应对之策："各该旗在通领米，均由朝阳门入城，请于该门简派专员，轮流查核，令各旗按月按季，各照官员、披甲应支米数填给门单，注明旗分仓名及领催姓名，先于朝阳门验明记档，米车入门时将口袋照单查点，以次销号，亦毋得任意留难。其有米数短少及不赴门上号，显有盗卖情弊者，分别送部咨旗，彻底根究。是八旗官米无人敢于京外售卖，每年二百七八十万额给粮石，尽数入城，则官厂之米有余而囤户之弊自绝矣。"即统一规定所有米粮入城均走朝阳门，然后在朝阳门派驻核查人员，按照各官员、兵丁应当支领俸米数进行入城核查，如果出现短少，即予以追责。

对于刘权之希望恢复设立八旗米局的奏请，乾隆帝未予认可。在乾隆帝看来，"米粮盈绌，民食攸关，总在转运流通，源源接济，方不至市价腾踊，商民两受其益"。如果出现"奸商牙贩囤积居奇，抬价病民"的现象，"自应严加查察，随时惩治"，而不必一切官为经理。况且，从前雍正年间设立八旗、内务府官局，收买旗米，原本"系一时调剂之法"，而且行之日久，不免滋生弊端，"是以仍行归并停止"。更重要的是，在乾隆帝看来，京城粮食价格上涨，并不是由于私设米局、米铺所造成的，而是由于人口增加。"况国家重熙累洽，生齿日繁，百物价值，势不能不较前增贵。即如从前一人之食，今且将二十人食之，其土地所产仍不能有加。是以市集价值，不能不随时增长。"乾隆帝将刘权之奏折交留京王大臣会同大学士、九卿、八旗都统"妥议具奏"。①

经留京王大臣与大学士议覆，认为"该副都御史请复八旗官局之处应毋庸议"。至于刘权之所提出的各城门查核入城米数的建议，留京王大臣也认为不妥，"于城门设派专员稽查入城米数，验单销号，事近纷繁，兼恐启弁兵胥役任意稽延、借端勒索诸弊"。②

此后，八旗官办米局就基本再也无人提起。官员、兵丁售卖余剩俸米，基本由民间米铺、商铺收买。在京通各仓周边的私办米局越来越多。例如，"朝阳门外向设有太平、储济、裕丰、大万安、小万安五仓，坐落北左二营地方，其附近仓廒河沿等处向来开设米局甚多，左营地方开有米局二十九座，北营地方开有米局三十七座"③。

其二，五城米厂。

漕粮除了供支放俸米之外，还有满足"都城人民食用之需"④的功能。雍正三年（1725），清政府在京城东、南二城立厂一处，西、北二城立厂一处，通州立厂二处，清河立厂一处，发京仓之米，照时价减粜。雍正八年（1730），又于每城各增设一厂，规定"只许零星籴买，每人不过三斗"。至此，五城共有10处米厂，其中6厂在城内，4厂在城外。乾隆三年（1738），因"粜米加多，籴米人众"，将原设六厂移于城外关厢。关于五城粜米收入，乾隆七年（1742）题准，五城兵马司粜卖成色米，"定例年终报销，须以十二月三十日为止"，"嗣后五城兵马司粜米，奏销造册，以次年开印之日为始，定限两月汇齐送部"。⑤

据《钦定大清会典则例》，乾隆朝五城米厂分别位于：中城（正阳门外鹞儿胡同内，正指挥管理；正阳门外粮食店，副指挥管理），东城（崇文门外小市口东，正指挥管理；朝阳门外会芳楼之东，副指挥管理），南城（崇文门外蒜市口香串胡同内，正指挥管理；广渠门内阑杆市街，副指挥管理），西城（宣武门外轿子胡同内，正指挥管理；阜成门外关厢内，副指挥管理），北城（宣武门外观音堂路东地方，正指挥管理；德胜门外

---

① 《左副都御史刘权之奏明请照旧例设局平粜缘由事》（乾隆五十二年五月十八日），录副奏折：03-0765-069。

② 《奏为遵旨妥议刘权之条奏请照旧例设局平粜缘由事》（乾隆五十二年），录副奏折：03-0765-070。

③ 《金吾事例》"章程"卷1，"近仓米局全行挪移"，"故宫珍本丛刊"第330册，第183页。

④ 《清圣祖实录》卷153，康熙三十年十二月壬午。

⑤ （乾隆朝）《钦定大清会典则例》卷149《都察院五·米厂》，文渊阁《四库全书》影印本第624册，第682页。

酱房胡同地方，副指挥管理）。①

以上五城米厂是乾隆朝的情形，其实，五城米厂并非一成不变，每次设厂平粜时，往往会根据需要，临时选择地点进行粜米，或在城外增设米厂。例如，乾隆朝常年在京外乡村地区，如东坝、卢沟桥、黄村、清河、树村等处设米厂平粜。起初，五城米厂多位于城内胡同深处，颇为不便，后来逐渐以靠近城门处的寺庙为主。例如，道光三年（1823）八月，都察院为五城平粜临时选择的地点分别位于：中城的慈源寺（正阳门外东小市）和给孤寺（正阳门外西珠市口）；东城的法华院（左安门内）和南海会寺（朝阳门外）；南城的海会寺（永定门外）和宏济院（正阳门外天桥东）；西城的报国寺（广宁门内）和万明寺（阜成门外）；北城的普贤寺（东直门外）和功德林（德胜门外）。②

鉴于前三门外有七处米厂而东直门、安定门、西直门外没有一处的情形，道光十二年（1832）七月，福建道监察御史恒青奏请调整五城米厂分布格局："从前平粜各按五城分设十厂，前三门外七处，朝阳门外一处，阜成门外一处，德胜门外一处，其余东直、西直、安定等三门外并无厂座，后虽稍加变通，仍系南城居多。原因南城外人烟辐辏，住户众多，是以多设厂座，以便分投领买。但附城迤北村庄虽云寥廓，然乏食贫民亦复不少。若使仅就德胜门一处赴粜，既恐人多米少，又复拥挤堪虞。若令分赴南城承买，在强壮者尚可奔驰，而老弱病废之人，断难前往，不免向隅。"他建议或从南城调拨一二处至东、北二城，或者仿照嘉庆七年（1802）放赈章程，在十厂之外添设新厂，在东直、西直、安定三门外各设一厂。③

与此同时，御史瞿溶则奏称："外来穷民平粜则囊橐空空，不能沾颗粒之恩；饭厂则饥肠辘辘，岂能为数月之待？"他认为无论是调整米厂的分布，还是增设新的米厂，都无法真正让贫民受惠，因而建议加大收留与安抚的力度。

道光帝命将御史恒青的奏折与瞿溶的奏折一同交由都察院议奏。对于恒青的奏折，都察院认为所奏涉及"平粜厂座量为变通"一事，请示道光帝"再行悉心妥议具奏"。对于瞿溶"饬下顺天府、五城设法或收入栖流

---

① （乾隆朝）《钦定大清会典则例》卷149《都察院五·米厂》，文渊阁《四库全书》影印本第624册，第683页。
② 《都察院为五城平粜地方坐落各处事致军机处片行》（道光三年八月），片行：02-9855-011。
③ 《福建道监察御史恒青奏请变通五城平粜厂座事档》（道光十二年七月初四日），录副奏折：03-3369-049。

所，或收入空闲庙宇内，官为安置"的建议，都察院认为："减价平粜，足以济次贫之民，不足以济极贫之民。现在穷黎来京觅食，扶老携幼，待哺嗷嗷，情甚可悯，总计极贫之民多于次贫之民。"按照惯例，"若俟闰九月开厂煮赈，尚觉缓不及时"，因此主张仿照道光三年（1823）的先例，增加贮米五万石，交五城减价平粜，同时先期于八月初五日令各城开厂煮饭散放。① 从后来的情形来看，恒青建议增设米厂的建议未能实行。至于瞿溶所言，则超出了米厂平粜的功能，因此都察院建议五城当年提前开放饭厂施赈。

平抑米价，接济贫民所需，是五城米厂粜米的主要目的。雍正四年（1726）五月，"京城近日米价腾贵"，雍正帝谕令"将京仓好米发五万石分给五城，每城领米一万石，照例立厂，委员平粜。俟市价平减，即行停止"。② 乾隆三年（1738）七月，"发仓米拾捌万石，派给五城平粜。又令八旗复设米局，每局给稉米贰千石平价粜卖，京城米价大减，于旗民甚有裨益"。米厂开放时，甚至"乡村之人因耕种田地，至京买米者甚多"。③ 嘉庆十一年（1806）三月，"近日京城米价较昂，昨虽得有透雨，而青黄不接之时，市值尚未能骤减，贫民口食维艰"。嘉庆帝命于五城发给米麦各四万石，"平价粜卖，以便民食"。④

五城米厂粜卖仓米，是为了平减市价，惠及百姓。因此，米厂平粜之米的价格，在粜卖时会略低于当时的市场价格。例如，乾隆八年（1743）十二月的米价，据各城指挥呈报，老米每仓石卖库平银一两五钱八分，稉米每仓石卖库平银一两三钱七分四厘，仓米每仓石卖库平银一两八分二厘。米厂粜卖的价格也不能过低于市场价格，否则会引起不法商贩的囤积，"粜卖价值若酌减过多，恐启囤户图利之心，以滋贩积居奇之弊"。经过"比照市价酌减"，户部确定此次米厂粜卖的价格，"老米每石定价银壹两贰钱、稉米每石定价银壹两壹钱、仓米每石定价银捌钱"，随后行令各衙门"作速发粜，以资民食，并卖与零星肩贩之人"。⑤

---

① 《都察院左都御史升寅等奏请给米交五城设厂自本年七月十一日起先期放赈事》（道光十二年七月初六日），录副奏折：03-3369-053。
② 《清世宗实录》卷44，雍正四年五月庚申。
③ 《户部尚书海望奏议拨给五城及八旗米局仓米粜卖事》（乾隆三年七月初八日），朱批奏折：04-01-35-1108-011。
④ 《谕内阁近日京城米价较昂著于五城分设厂座并拨米石平价粜卖》（嘉庆十一年三月二十三日），上谕档：825-391。
⑤ 《管理户部尚书事务徐本奏请拨京仓米石给五城米厂减价平粜等事》（乾隆八年十二月初七日），朱批奏折：04-01-35-1128-017。

但有的时候，五城米厂粜卖仓米则是为了尽快销售京通各仓不堪支放的"气头廒底"，以及为收贮新一年漕粮而必须腾空的仓中的陈米旧粮。为避免损失，这时五城米厂所粜卖米石的价格一般会根据米石的成色确定。例如乾隆十年（1745）六月五城粜卖之米，按照惯例米石每一成色的定价是大制钱八十五文五毫，如果是往年，米价昂贵，粜卖殊易。但当年，由于米价平减，即便是十成老米，每石也仅能卖大制钱七百六七十文，最多八百文。当年五城所领出的成色老米，被定为"以十成计算"，按照每成大制钱八十五文五毫，则"必须大制钱捌百伍拾文"，与时价相比，"实属昂贵"，结果导致"五城各厂粜卖无人"，"堆贮在厂者，各厂俱不下千余石，不能粜卖，而各仓又以须贮新漕节次催领，而五城又无空闲房屋可以多贮"的窘境。五城米厂往往不具备仓廒储存粮食的条件，"各城米厂非如仓廒，上有气楼，下有地板，可以久贮，惟恐大雨时行，湿气上蒸，朽腐不免"。① 因此，五城米仓所粜卖之米，经常面临着要么成色不好，要么官方定价过高，卖不出去而加速腐败变质的困境。

五城米厂粜卖过程中，也有很多弊端。按照惯例，五城十厂"各以正副指挥分司其事"，如果需要粜米，"其米由仓场总督檄行各仓监督，分发各城粜卖"。然后，各仓监督将应粜成色米石数量，行文告知五城御史。各城御史"酌量某厂内粜过米石无多堆积，即檄令赴领"。如果管辖的米厂内堆积太多，即暂令停运，避免霉烂。而且各厂所领米石数目，都由该城御史与各仓监督联系，"其数了如指掌，日可稽查"。但例行日久，便会失去监管。乾隆六年（1741）四月，前后有三年任职巡城御史经历的吴元安发现，有些城在粜米时，"该仓监督直檄正副指挥，并不移会五城御史"，以至于所粜卖之米"既不由五城转行，则实数何由周知，虽日有报单而随卖随领，首尾纠杂"。另外，更严重的是，各城所领取的粜米成色好坏，完全取决于正副指挥与各仓监督的个人关系。"访得五城正副指挥必与各仓监督交好，方得好米，而该仓监督即以情意之厚薄分米色之低昂，径行该厂，以示分别。有多领易粜者，即有多领难粜者，易粜者固为流通，而难粜者势必泛滥。"② 尽管吴元安强调应恢复惯例，各城米厂粜米，应由五城御史行文仓场监督领取，但并未针对仓场监督发米时滥用职权甚至索取贿赂的弊端。

---

① 《巡视中城监察御史立柱、巡视中城给事中王兴吾、巡视东城给事中傅参奏请按时价减价平粜仓米事》（乾隆十年六月二十一日），录副奏折：03-0745-026。
② 《巡视东城兵科掌印给事中吴元安奏报酌定五城粜卖米石钱文章程事》（乾隆六年四月二十八日），朱批奏折：04-01-35-1116-005。

五城米厂所粜卖之米豆，偶尔会有足色好米好豆，但大多是各仓成色不足的"气头廒底"。"五城领卖成色米石，原以仓场每岁开放甲米所余气头廒底，不堪支放而又占住仓廒，新漕无地收贮，故发五城按成减价卖与贫民，使红朽无弃地之虞，小民沾贱米之益，法至善也。"① 但不论是哪种质量的米豆，由五城兵马司所管理的米厂粜米时，也仍然经常发生以次充好的现象。乾隆八年（1743）七月，巡城御史就发现西城兵马司副指挥杜玺所粜卖的所谓十成米石，其实米色并不纯，"竟用夹杂土米"。② 这种情形在清代五城米厂粜卖过程中经常发生。

　　米厂粜米往往也会成为别有用心者囤积牟利的契机。"五城平粜米石，原以周济小民，乃有奸民图利串通胥役，转相贩卖"。这些从米厂中购买的米"甚至运往通州，售为烧锅之用"，有时候真正需要粮食的贫民却得不到实惠，"离厂稍远之贫民奔赴稍迟，即不得升斗，且有守候终日，忽然停止粜卖，贫民含怨，空回殊负"。乾隆二年（1737）四月，乾隆帝发现这种现象后，命五城御史督率司坊官在粜米时，"约束稽查"。③

　　米厂粜卖时，因人多拥挤，还多次发生踩踏甚至伤亡事件。例如，嘉庆十四年（1809）四月五城米厂放粜时，二十六日"领粜男妇俱系先期一日黄昏时候即在厂外街前住宿"，"街前围聚妇女老幼不计其数，并有男人在彼安放小车一辆"。二十七日丑正时分，监粜人员"将各胡同内领粜妇女等陆续鱼贯放入，共计一千九百二十余口，饬令挨次排坐，直至卯刻，均经放入开粜。而该妇女等见有放过空隙，即不时向前拥挤，一人领头起立，余众千数多人争先前拥，间有胆小妇女闻闹害怕，又复向后奔驰。该城捕役及雇觅穷人头目，在彼弹压，仅止四十余人，难于拦禁，又不敢过为责处"。"自卯刻至申刻，连计妇女等喧挤八九次"。"又闻得北城永光寺厂内，是日踏倒妇女二口，均经救活"。由于担心"将来再有踹毙人口之事"，都察院左副都御史润祥奏请以后停止米厂平粜，而改由五城铺户承领，按照官定价格售卖。④

4. 铺户承办，招商平粜

　　由于官办八旗米局和五城米厂的各种弊端，自乾隆朝开始，清政府便

---

① 《巡视中城监察御史立柱、巡视中城给事中王兴吾、巡视东城给事中傅参奏请按时价减价平粜仓米事》（乾隆十年六月二十一日），录副奏折：03-0745-026。
② 《巡视西城兵科给事中增寿保奏参西城兵马司副指挥粜粮掺土事》（乾隆八年七月二十日），朱批奏折：04-01-35-1126-020。
③ 《谕总理事务王大臣五城平粜奸民串通胥役转相贩卖著将该城御史及监粜官等交部议处》（乾隆二年四月十九日），上谕档：0548（1）-169。
④ 《都察院左副都御史润祥奏为粜厂秩序混乱请停平粜再定价值交五城铺户承领事》（嘉庆十四年四月二十八日），录副奏折：03-1844-022。

更多地利用并调动民间殷实铺户商人的力量，或由殷实商铺承领仓米以及从外地采买运京之米豆，按照官定价格出售，同时给予承办商铺一定的利润空间，或由商人出资直接从外地购买米麦，然后运京粜卖。这种铺商承卖的市场化方式，不仅避免了官办平粜过程中的人力、物力投入及其弊端，而且在一定程度上调动了民间资本的力量，对稳定京城粮食供应和流通，起到了非常重要的作用。

招商从外地采购米粮，乾隆朝初年就已经实行。乾隆三年（1738）九月，经户部议准，商人范毓馪承领出口买米一事，"自行采买，回京领价，较官买更为便易"，按照市价购买后，"陆续运京，分给八旗米局平粜"。①但这种招商采买的形式，在当时还只是偶尔为之，并未形成惯例。

与城内铺户合作，起初缘于米厂粜卖小麦的需要。五城米厂所粜卖的粮食，不只是米，还有麦。一般当五城粜卖小麦时，"买者甚少"，因为"小民买麦到手，必须磨面，方可食用"，绝大多数的情况下，"贫民小户大半无磨者多，是以各厂中粜米者日不下数百石，而粜麦者竟属无几"。②同时，官办米厂平粜，不仅需要投入经费、人力进行管理，而且具体操办的胥役人员上下其手，弊端甚多。"若仍照旧例，每城设立官厂，既不免经费之繁，而经管之大臣官员耳目难周，势不能不透之司坊官、家人、吏胥等承办，难保无暗中串通滋弊情事，仍属有名无实。"为此，乾隆帝在五十二年（1787）六月决定实行商办，"朕意不若于五城各派大臣一员，在城内城外，公同拣择殷实大铺户各一处，将官米交给该铺户，自行粜卖。仍官为酌定价值，令其稍沾余润，俾资赡给。所有卖出价值，即随时缴纳"。"如该铺户不遵官定价值，仍私行抬高牟利者，一经查出，不但将官米彻回，另选殷实大铺承粜，并将其铺内自买米石一并入官，为平粜之用。"③遵照乾隆帝旨意，当年六月京城拨仓米平粜时，便开始与城中民间殷实铺户合作，"将麦石发交殷实铺户磨面"，磨成面后，"官为定价"，然后再出粜。

当年六月留京办事王大臣永琅等人所议奏的"平粜章程"规定，"拟将领出之米，即交该铺户舂细，令其按八折交出细米，每细米八斗，仍照粗米一石，比市价酌减平粜"。至于"所余碎米糠秕，尽可抵给舂碾工费"，这便是铺户承办的利润和报酬。各承办铺户"五日一领，每次领米

---

① 《清高宗实录》卷77，乾隆三年九月。
② 《通政使司副使阎泰和奏请妥议章程变通平粜麦石事》（嘉庆十二年五月十三日），录副奏折：03-2447-022。
③ 《清高宗实录》卷1282，乾隆五十二年六月乙巳。

二千五百石,于本月二十日开粜"。粜米地点一般选在铺户附近开阔地方。为加强管理,特派出监粜大臣、步军统领、顺天府、五城官员,"或五日或十日,轮流亲往各该处抽查"。① 对于此次招商平粜官米的效果,当年八月,军机大臣奏:"京城因有官米平粜,粮价日减。"② 乾隆帝非常满意。乾隆朝后期五城粜卖官米,基本都是"照前次章程"的商办方法进行办理。

进入嘉庆朝以后,虽然五城米厂官粜的方式依然在使用,但这种商办的模式逐渐成为主流。嘉庆十二年(1807)五月,五城开厂平粜,"米麦兼放,连日各厂买米男妇无不踊跃欢呼,感戴圣恩"。但同时也出现"麦石难于出粜"的情形。如果将小麦"再减价值,并准多买斗数",又"恐贫民不能多措钱文,势必至渔利,铺户从中影射,难保无广收囤积之弊,而于民食仍未能充裕"。为此,经通政使司副使阎泰和奏准,仿照乾隆五十二年(1787)的方法,将小麦"分派铺户磨面",然后"定价出粜"。③

嘉庆十四年(1809),五城粜卖小麦,"平粜时所定官价,较之市价减至二千余文一石,所定限制,每人每日许自一升起买至五斗止,贫民领买者尚且始而踊跃,继渐减少,开厂几至四旬,方得竣事。官价虽减,市价仍未能平,商贩虽严,民食仍未能裕。所以然者,总由民间用麦,不如食米为便。米可随买随食,麦则必须磨面。贫民家无磨具,既不肯出钱碾磨,又不甘以多麦换少面,零星买去,仍不过随时卖给铺户。而中间多一层转手,即多一层沾润,故官价即十分就减,市价仍未能一律普平"。不仅如此,"铺户收买数日后,渐见囤积",由于担心囤积过多,"恐干犯例禁,即不敢多买",结果"贫民销售无路,观望不前,四乡闻有平粜之名,粮石皆停滞不进,则宁藏货待时,俟平粜一过,市价仍然渐长"。鉴于此,嘉庆十五年(1810)四月,五城米厂粜卖时,巡视五城御史海洪阿便再次奏请仿照乾隆五十二年办法,"饬下原派之监粜大臣会同五城御史公同访择殷实铺户,每城各十余家,令其具领,自备车辆赴各仓关运。仍官为酌定领价卖价,所有卖出价值随时依限缴纳。如此量为变通,既可省经费运脚之烦,又可免混杂拥挤之患,粜卖少一层转手,则官价不必大减,而市价易平,铺户多一层卖面,则贫民不必承买而民食自便,官为定值,商贩

---

① 《清高宗实录》卷1282,乾隆五十二年六月辛亥。
② 《清高宗实录》卷1286,乾隆五十二年八月辛丑。
③ 《通政使司副使阎泰和奏请妥议章程变通平粜麦石事》(嘉庆十二年五月十三日),录副奏折:03-2447-022。

既不能居奇，吏不经手，胥役亦无从滋弊"。① 与民间铺户的合作，既反映了官办米厂的弊端，也反映了京城粮食流通的多元化方式。这种觅卖方式，直到清末，经常使用。

5. 严禁囤积，扩大供应

京城米麦，民食攸关，京城粮食供应与价格波动，几乎是清代历任皇帝最为关心的话题。乾隆四年（1739）三月，经协办户部事务讷亲奏准，还曾经建立了"确访粮价，五日一次报部"② 的制度。但由于京城人口众多，流动量大，旱涝灾害频仍，随着清代人口逐年增长，晚清钱法日坏，因此京城粮食价格不仅波动大，而且日益飞涨。"年来米价，在在昂贵"③ 之类的话，在统治者谕旨中屡见不鲜。为稳定京城粮食价格，清政府在京城采取了诸多措施。

其一，严禁米铺囤积。

为防止米铺哄抬物价，清政府一般严厉限制铺户囤积米石，例如乾隆朝规定"米铺不许堆积米过五十石"，其目的就是"使市米流通，价值平稳，兵民均益之至意"。但是铺户也有变通对策，"往往多赁房屋，分头任买，虽系一铺，散作数家，或数十家不等。一铺如此，家家可知，将所买之米散而分贮"。因此，如果仅从单个米铺来看，并不违背禁令，"挨家看去，原不过五十石之数"，但是如果"合而计之，其堆积之米自不下五七百石，明为不敢违例堆积，实是照旧堆积矣"。

米铺这种化整为零的方式，的确难以稽查。为打击米铺奸商囤积，乾隆三年（1738）二月，正蓝旗满洲都统永兴提出两条建议：一是"京师之米不可远去"，即严禁京城中之米运往城外，"凡来贩卖京中者，不必禁止，若车载马驼，贩卖于外州县者，当一概禁止"；"米不致外贩，皆聚京中，米多而价贱，一定之理也"。二是支借官兵一月之米，即提前给官兵多发一个月的米。此前，曾经"借与一月之米，以资养赡。彼时米价原觉稍昂，及一月之米骤下，其价即减"。除了八旗武员三品以上、文员四品以上者，毋庸借给外，"其余官员概于四月初间，每人支与两个月之俸米，兵丁支给一个月之甲米，以资接济。俟秋收之后，酌量扣补，一转移间，

---

① 《巡视五城御史海洪阿等奏为各仓旧存麦石不耐久贮筹办觅卖缘由事》（嘉庆十五年四月初四日），录副奏折：03-1846-023。
② 《协办户部事务讷亲奏请令五城并八旗米局照依时价发觅米石事》（乾隆四年三月二十八日），朱批奏折：04-01-35-1110-035。
③ 《清高宗实录》卷418，乾隆十七年七月丙寅。

国储既无所亏而米得流通,价必平稳,而官员兵民无不均沾皇恩于无既矣"。① 永兴认为官兵手中有粮,便不会去买高价粮,米铺囤积自然也失去了动力。

打击米铺奸商囤积之外,米厂粜卖,对于个人购买数量也有限制。哪怕粜卖的是各仓厂即将过期甚至变质霉烂的"气头廒底",经仓场确估成色,然后交各城正副指挥变价售卖,"虽非十成平粜米石可比",但也规定个人"买至拾石以上者,亦必查拿"。乾隆八年(1743)八月,巡视西城兵科给事中增寿保、云南道监察御史王兴君即"访闻得车头孙三串通书办魏鉴,于七月二十六日买米十九石,当即拿获"。后经审讯,孙三供:自己买了三石,替耿士奇买了肆石,刘大买了叁石,冯二买了壹石,本庙道士徐来臣买了陆石,寡妇刘氏买了贰石。最后,孙三照多买十成米石新例枷责治罪,书办魏鉴亦被枷示责革。② 当然,每次粜卖的限购数量会有变化,乾隆八年(1743)十二月五城粜卖,就限制"每人以数斗为率,不得过壹石之数"③。大致而言,如果是成色高的好米,限购更加严格一些。

有时,普通民众也会把五城米厂买来的米粮,转手卖给铺户。例如,嘉庆十四年(1809)四月,五城米厂粜米过程中,铺户乔大等偷粜囤积六十一石,"确有领粜男妇等,每斗三百京钱,粜出转卖与该铺户四百京钱,冀图微利,不顾性命"④。甚至,"向有各铺户计诱贫民,雇令代买,以遂其囤积之私"⑤;"平粜之时,奸商雇觅男妇老幼,令其代为零买,积少成多,把持垄断"⑥。除了内外城,通州也是严厉查禁囤积米粮的重点区域。乾隆三十九年(1774)九月,"于通州马驹桥、沙河等处,查有居民李大等囤积各项杂粮至数千石之多"⑦。

京城民间米铺经营者不乏奸商,也不乏囤积牟利者,但从平衡京城粮食供应的客观效果来看,铺户是官办米局、五城米厂的重要补充,其粮食

---

① 《永兴奏陈严禁京师铺户巧为囤积米石三条事宜事》(乾隆三年二月三十日),朱批奏折:04-01-35-1380-012。

② 《巡视西城兵科给事中增寿保、云南道监察御史王兴君奏为特参仓场正指挥王文瑾失察衙役等犯赃请交部议处事》(乾隆八年八月初二日),朱批奏折:04-01-01-0102-027。

③ 《管理户部尚书事务徐本奏请拨京仓米石给五城米厂减价平粜等事》(乾隆八年十二月初七日),朱批奏折:04-01-35-1128-017。

④ 《都察院左副都御史润祥奏为粜厂秩序混乱请停平粜再定价值交五城铺户承领事》(嘉庆十四年四月二十八日),录副奏折:03-1844-022。

⑤ 《谕内阁五城设厂平粜著严拿究办铺户囤积》(道光四年二月十一日),上谕档:0929-2。

⑥ 《谕内阁五城平粜著承办官员认真稽查以杜弊端》(道光十二年六月二十六日),上谕档:0974-2。

⑦ 《清高宗实录》卷967,乾隆三十九年九月丙寅。

买卖起到了疏通京城粮食流通和调节供应的重要作用。尤其是乾隆朝对八旗米局压缩调整，复而又废，其背后的关键，除了官办米局的各种弊端之外，就是乾隆帝看到了民间铺户所发挥的积极作用。

乾隆时期对米铺囤积的限额是五十石，后来予以调整，"定例每种不得过八十石"。但即便如此，每次查访京城内外各处米局所存米石往往"自数百石至千余石不等"，如果"照定数只准存贮八十石，违例罹法者必多"。因此，嘉庆六年（1801）清政府再次调高标准，规定嗣后各米铺存贮各种米麦杂粮，俱准存贮一百六十石，以便流通粜卖。① 至嘉庆二十二年（1817）六月，违例囤积的限额又放宽为五百石。② 道光五年（1825）五月，给事中郭泰成甚至提出"勿限囤积数目"③ 的建议，尽管被道光帝驳回，但从后来日益放宽的限额，也可以看出清政府对京城米铺的容忍度在逐渐提升。

另外，对于被查出的囤积米粮，一般也不会查封入官，"恐市中缺此粮石流通，转于民食有碍"，而是令囤积米铺或碓房，参照当前市场价格，适当减价后，"勒令即行出粜，俾民间得以贱价籴粮，而奸商不但无利可觅，且较常时平价更减二钱，又复身受枷责"。④ 嘉庆十一年（1806）十一月，步军统领衙门将抓获的违例囤积铺户以及拉运米粮者，交于刑部审讯。嘉庆帝虽然予以了表扬，但也明确地说："今若不问是否流通，一经逾额，即以囤积拘拿，必致铺户畏累、商贩不前，于民食商情转有妨碍。"为此，嘉庆帝命步军统领衙门申明定例，公开出示晓谕，"毋许番役人等妄拿铺户，藉端滋扰"。⑤ 对于清政府而言，严禁囤积的最终目的是京城之米不许出境。

其二，严禁运米出城。

"城内之米勿许出城，城外之米勿许出境"⑥，在嘉庆朝、道光朝，被清政府视为稳定京城米价、保证京城粮食供应而奉行的一项重要措施。而实际上，"城外八旗营房兵丁及外营口粮、汉官俸米以至各门外喇嘛等应领米石，出城者实繁"，这些应领米粮均须由城内载运出城散给，是客观需要，也是清政府所允许的，所防范的是，"私贩之米乘间出城"。嘉庆五

---

① 《清仁宗实录》卷91，嘉庆六年十一月壬寅。
② 《清仁宗实录》卷331，嘉庆二十二年六月辛丑。
③ 《清宣宗实录》卷82，道光五年五月甲辰。
④ 《清高宗实录》卷967，乾隆三十九年九月丙寅。
⑤ 《清仁宗实录》卷170，嘉庆十一年十一月丁巳。
⑥ 《金吾事例》"章程"卷1，"申禁城内米石不许出城城外米石不许出境"，"故宫珍本丛刊"第330册，第185页。

年（1800）三月，巡视东城监察御史德新、巡视东城监察御史汪镛奏请："敕下所有城内城外八旗应领米石之处，着该旗参佐领、领催按册查明户口人数及应领米石若干，俟开仓之期，即派该旗领催押送运卸。又于未领之前三日，先用本旗印文咨覆所出之门，该门章京即照原文知会步军统领衙门并本城御史，分派番役，在各城门内外不时稽察。"至于在城外仓内领米的城外绿旗口粮、汉官俸米及各门外喇嘛等"亦着该旗按册查明城外营房兵丁户口人数应留米石若干、应进城米石若干，亦用印文知照该门并各衙门查办"。① 这与乾隆五十二年（1787）左副都御史刘权之奏请在朝阳门根据领米门单核查俸米出入的建议几乎一致。

除了在城外的营房兵丁、汉人官员以及官庙中的喇嘛所应领取的米石需要出城之外，其实还有很多官员因觐见皇帝、钦办差务等在城外寓居时的米粮需求，乃至城外兴办的各处工程粮食消耗等等，都需要运米出城。为保障这些正常的需求，嘉庆九年（1804）八月，步军统领衙门又酌定章程："凡各旗出米之先，须将城外该营房实驻兵丁花名数目，每名应领米石若干以及屯居旗人户口应领米石数目，详细分晰造册，钤用都统印信，咨送本衙门核发各门验放等因通行，八旗都统查照施行。"重点是两部分人群，一是各部院衙门及王公大臣在城外寓居期间所需食用的出城米石，"随时知照本衙门，由本衙门办给米对牌一分，每分三段，中间一段令领米之人收执，其余两段分交门汛核对放行，俟出米完竣之日，将对牌缴销"。二是城外兴办各工程处的出城米石，也同样"办给照票，令领米之人收执一张，发给门官一张，照验放行，俟出米完竣之日，将照票缴销，以杜冒混之弊"。②

为了稽查汉大臣官员俸米以及外城兵丁甲米，嘉庆十四年（1809）七月规定，"令其一体由朝阳门出崇文门，不得由别门出入，以便查察"③。甚至于，"西山一带庙宇来京募化月米"，需要运出城时，"间有以驴驮运门上"，也要"有对牌可稽"。④ 嘉庆十六年（1811），还在朝阳门外路西专门设立了"查米处所"，设查米吏役五名，由五城司坊各派一人按月轮换。⑤

---

① 《巡视东城监察御史德新、巡视东城监察御史汪镛奏请中严私贩京城米粮出京鬻卖以平米价事》（嘉庆五年三月初一日），录副奏折：03-1905-010。
② 《金吾事例》"章程"卷1，"出城米册对牌照票"，"故宫珍本丛刊"第330册，第186页。
③ 《金吾事例》"章程"卷1，"稽查俸甲米进城"，"故宫珍本丛刊"第330册，第167页。
④ 《金吾事例》"章程"卷1，"申禁城内米石不许出城城外米石不许出境"，"故宫珍本丛刊"第330册，第185页。
⑤ 《清仁宗实录》卷238，嘉庆十六年正月己卯。

米贱则运米出城，米贵则运米入城销售，这本是市场经济的客观规律。但清政府一味查禁运米出城，在多数情况下，实际上限制了粮食的正常流通。例如，嘉庆五年（1800）三月，顺天府衙门快役刘永祥在广渠门外羊房地方拿获装运车辆贩米的曹大、张大、高大等人。据供，曹大在左安门外李万网米铺买米十六石，张大在左安门外贺大米铺买米十一石二斗，高大在广渠门外王兴贵关八米铺买米十五石，俱"为农工口食，并不是城内卖出"。① 即便被抓获者所供是掩饰托词，这种在米铺的购买行为也是粮食流通的正常现象。

然而，嘉庆、道光两朝投入极大力量严防死守"运米出城"，从根本上缘于时人对京城米价昂贵且出现季节性波动之背后原因的不当判断。例如，嘉庆十年（1805）十二月，巡视南城礼科给事中明舒在奏折中称："本年春夏间米价尚属中平，自秋冬以来渐渐昂贵，较之春夏，其价倍增，现在老米每石京钱伍千肆伍百文，稉米每石肆千余文，仓米每石叁千陆柒百文，推原其故，若非奸商囤积居奇，即系兴贩出境，不然何致增昂？"② 嘉庆十五年（1810）二月，巡视西城礼科给事中庆明、巡视西城江南道监察御史周钺奏称："乃年来进城之米加多而粮价依然昂贵，推原其故，总由奸商囤积贩运所致。"③ 道光十一年（1831）八月，"都城近日米价腾贵，较两月以前几增一倍"，亦归咎于"恐有奸商囤积，私贩出城情事"。④

在嘉庆、道光两朝严查"运米出城"、禁止城内王公官员将俸米在城外售卖但却可以在城内售卖给米铺的情形下，无法消化的多余粮食只能在城内售卖。因此，自嘉庆朝始，京城内涌现出了更多的米铺。"不准城外售卖，是以城内多有开设米铺，现在查得各门及东、西两市各米铺，共存老米、稉米约计九万余石。"嘉庆十五年（1810），御史哈丰额在一次查办任务中还发现，"西直门内自新街口起至西直门止，共有米铺三十二座，各铺共存之米自千余石至数百石、数十石不等；西直门外共有米铺二十

---

① 《兼管顺天府府尹张若淳、顺天府府尹阎泰和奏为京城严禁铺户居民私贩米石出城事》（嘉庆五年三月二十九日），录副奏折：03-1905-012。
② 《巡视南城礼科给事中明舒奏请杜奸商囤贩以平米价事》（嘉庆十年十二月二十三日），录副奏折：03-2143-014。
③ 《巡视西城礼科给事中庆明、巡视西城江南道监察御史周钺奏为拿获囤贩米石奸商陈永等人事》（嘉庆十五年二月十八日），录副奏折：03-2143-022。
④ 《巡视西城御史琦琛、给事中刘光三奏为拿获史大等奸商囤积私贩出城请交刑部审办事》（道光十一年八月二十八日），录副奏折：03-4043-068。

座,各铺共存之米自百余石至十数石不等,其余俱系陆续开设之铺"。①

城内米铺售卖米粮的对象,除了城内普通旗民之外,还有大量来自城外的民众,"至各门外村庄附近居民进城买米者甚多",但数量上有严格限制,即"如肩挑背负细米数升者,例不禁止"②,也就是说,"细米一石以内,实系乡民买食者,准其出城",至于"粗米颗粒不准出城,城外之米无论粗细,概不准其出境"。③ 然而,内外城铺户所收买的大量米粮,也不可能完全依靠城内普通旗民的购买以及入城居民的肩挑背负,过剩的粮食还会以超出例禁的各种形式销往城外。

例如,嘉庆十四年(1809)七月,西城副指挥乔明扬就在西直门查获有五辆大车装载稉米四十石拉运出城。经询问,铺户冯大籍隶山西,在安定门内开设米铺生理,于本月初二日有素识之木匠路四到其铺内说有稉米四十石,欲行售卖,冯大即与路四讲定每石价值京钱二千六百文。次日,冯大到西直门米市,将此米又转卖与在蓝靛厂开设集粮店之张二,言定价值,每石京钱三千二百文。当同经纪写立发帖,冯大许与张二拉送。"是日午刻冯大回伊铺内,路四将稉米四十石与冯大送去。冯大即向路四说,此米我已转卖与蓝靛厂之张二,何以设法出城?路四说现有宛平县门票十张,保管可以出城。冯大遂于初四日雇张大等车五辆,同张二拉送,将发帖一纸并路四所给与门票十张,交该车夫张大等持去。"④ 又如,嘉庆十五年(1810)二月,巡视西城御史在右安门内义成粮店,查获现存粳稉米约计六七百石,而且追出账簿二本,"内开交易字号,多系京汛以外洪门、黄村、庞各庄、固安县等处,一年之内约出粳、稉米数千石,更为贩运出境确据,且讯据该商供认现在黄村地方开设义盛粮店,内外串通,囤积贩运,已非一日"⑤。嘉庆十六年(1811)三月,东城捕役在永定门内及左安门内共拿获小车六辆,"荆筐内暗藏米袋,上面覆以粪土","据供俱系

---

① 《金吾事例》"章程"卷1,"申禁城内米石不许出城城外米石不许出境","故宫珍本丛刊"第330册,第185页。

② 《金吾事例》"章程"卷1,"申禁城内米石不许出城城外米石不许出境","故宫珍本丛刊"第330册,第185页。

③ 《金吾事例》"章程"卷1,"米石例禁循照旧章办理","故宫珍本丛刊"第330册,第182页。

④ 《巡视西城礼科给事中庆明、巡视西城刑科掌印给事中叶绍桂奏为西直门查获私运未出城请交刑部严审事》(嘉庆十四年七月初八日),录副奏折:03-1819-084。

⑤ 《巡视西城礼科给事中庆明、巡视西城江南道监察御史周钺奏为拿获囤贩米石奸商陈永等人事》(嘉庆十五年二月十八日),录副奏折:03-2143-022。

投贩出城,零星售卖"。①

道光朝查禁运米出城同样严格。道光二年(1822)十一月,巡视西城御史马步蟾与吏目王垂方在彰义门查获"有驴驮米石五只,一连飞奔出城"。经搜查,这些老米均出自内城米铺,又查获"该铺出米账簿核对,多者一日卖钱二千九百余串,并查勘铺内老米现存有大小二十三囤"。②道光二十一年(1841)四月,巡视西城副指挥邹培经、吏目糜宗彝在西直门外高梁桥地方拿获驴驼私载米石出城的大小车辆以及支大、赵大、钱朝言、王中和、蔡文德、董五、高玉、刘四等八人。据供,支大系宛平县人,在西直门外白祥庵地方居住,平日替已退休的太监郭燕喜赶车为生。四月二十日,进城在西直门内广丰米铺替郭燕喜先后买了稉米九大斗,共二百三十余斤,并借广丰米铺口袋三条装载。因怕官人查拿,将米口袋放平,藏在车褥底下出城。赵大也是宛平县人,居住在西直门外骆驼庵,四月二十日在西直门内广丰米铺赊了供自己食用的稉米九大斗,共二百三十一斤,也是借广丰米铺口袋装载,怕人查看,设法放平口袋,藏在车褥底下,私运出城。③

由上可见,被五城御史和司坊官所查获的这些违例的"运米出城",绝大部分是购买者从城内米铺购买的粗米或细米,用以自己食用。同样也可见,清政府投入大量精力予以维护的严禁"运米出城"并无法真正达到目的,这种人为遏制粮食流通的方式只能加剧京城粮食供应的结构性失衡与粮价的不断上涨。甚至,因查禁运米出城而带来很多管理上的弊端,原本不在禁止之列的一石以内的细米,经常遇到门军的勒索,如果未遂,往往被阻留。

其三,外地采买,扩大京城粮食的其他来源与渠道。

漕粮是京城粮食的重要来源,但并非唯一,除此之外,京畿周边乃至其他区域的粮食也通过采买或商贩的形式源源不断进入京城。康熙四十八年(1709)十一月,"大都京城之米自口外来者甚多,口外米价虽极贵之时,秫米一石不过值银二钱,小米一石不过值银三钱,京师亦常赖之"④。

清政府也会从江浙额外采买大米。雍正元年(1723)六月,雍正帝曾

---

① 《巡视东城给事中龄椿、何学林奏报拿获私运米石出城人犯事》(嘉庆十六年三月二十三日),录副奏折:03-2218-035。
② 《巡视西城给事中赛英额、御史马步蟾奏为拿获违例囤积私贩出城奸商张九等请交刑部审办事》(道光二年十一月二十日),录副奏折:03-9495-063。
③ 《巡视西城福建道监察御史巡视西城礼科给事中宜崇奏为拿获支大等私运米石出城人犯请交刑部审办事》(道光二十一年四月二十九日),录副奏折:03-4067-047。
④ 《清圣祖实录》卷240,康熙四十八年十一月庚寅。

经"亲阅京通各仓",发现"虽有积贮,但京师人民聚集,食指浩繁,米粮储备不可不裕"。雍正帝下令从"产米最广"的湖广、江西,以及近年"年岁丰收,米价亦贱"的盛京,"酌量动正项钱粮,采买数十万石,雇募民船,运送京师"①。

山东、河南是清政府采买粮食的重要粮食产区。乾隆二十四年（1759）,"因京师麦价稍昂",乾隆帝命河南巡抚胡宝瑔"于河南麦收丰稔之处购运来京平粜","此项麦石到京之日,即分派五城平粜米厂内,源源出粜,以平市价,以裕民食"。② 乾隆三十五年（1770）五月,鉴于"山东今年雨泽沾足,二麦可望丰收",于是降旨山东巡抚富明安采买二三十万石,并先期采买旧麦四五万石,"饬员运京",交五城平粜。③ 至七月,"前后起运麦已有二十万石"④。

清政府也从东北奉天（辽宁）采买麦豆。清代康熙朝以后,盛京等地的农业生产恢复迅速,加之乾隆朝人口的不断迁移和开发,盛京区域的粮食生产常年丰收。因此,清政府也经常从盛京采买小麦和豆类杂粮。奉天是向京城供应黑豆的重要地区。乾隆四年（1739）,曾经任奉天府尹的吕耀,了解到当地亦多有黑豆,而且每年存仓颇丰,于是建议调拨奉天存仓黑豆入京。"奉天各州县存仓黑豆颇多,每年支用甚少,可否仰请敕下奉天将军会同奉天府尹,将沿海州县存仓黑豆拣选堪用者,遴委干员,动用盛京户部库银,雇觅船只,由海运至天津,交与天津道,转运抵通,运进京仓收贮。再近年以来盛京年岁丰收,产豆甚多,沿海州县存仓豆石或不敷运用。请照雍正元年奉天采买米石之例,酌量各州县产豆多寡,委员采买,由海运京,共足拾捌万石之数,庶马驼豆石足敷支放,而市价亦不致高昂矣。"⑤ 自乾隆四年（1739）后,前往奉天采买黑豆的情况逐年增多。乾隆十六年（1751）,乾隆帝命"于奉属附近海口州县内,将此项征收多余豆石,各按地方情形,酌定数目,每岁派拨一二万石。照乾隆四年海运之例,由奉天海口运至通州,交仓存贮","于官兵喂养马匹。实为有益"。⑥

除了黑豆之外,清政府也从东北采买米麦,供应京城。例如,乾隆三

---

① 《清世宗实录》卷8,雍正元年六月丁丑。
② 《谕内阁豫抚购运京师用米传谕方观承严饬地方官沿途催趱来京分派五城平粜》（乾隆二十四年四月初三日）,上谕档：0582（1-64）。
③ 《清高宗实录》卷859,乾隆三十五年五月戊戌。
④ 《清高宗实录》卷864,乾隆三十五年七月丙辰。
⑤ 《仓场侍郎塞尔赫奏请将奉天各州县存仓黑豆运进京仓收贮折》（乾隆四年八月十九日）,朱批奏折：1111-045。
⑥ 《清高宗实录》卷389,乾隆十六年五月癸亥。

十四年（1769），乾隆帝命于盛京各属"采买麦石二三十万，由海道运至天津，再行接运至京，以供平粜之用"①。

再有，就是从长城以北的口外地区购买。乾隆三年（1738）九月，"口外年谷顺成，颇称丰稔"，乾隆帝一方面"准商人出口往来贩运，以资接济"。另一方面派出户部司员赫赫、那尔善，内务府官员王常保、王慎德"于张家口、古北口二处，每处各二员，携带内库帑银前往，会同地方官，将米豆杂粮等项照时价采买，运送来京，交八旗米局平粜，使都门兵民得资外来之米，以供饔飧"。②十一月，从古北口等处所购买的米豆杂粮，"已交八旗米局存贮者，令各该米局在内城发粜"。后来运到的杂粮"俱交五城，于城外关厢存贮，来春开改平粜"。③根据后来户部郎中赫赫奏报，此次所采买米豆、高粱等项，"共捌万柒千肆百陆拾余石，除改拨大、宛两县赈米柒千捌百石外，现贮八旗官局米豆共叁万壹千陆百壹拾叁石零。五城关厢小米、高粱共肆万捌千肆百陆拾石零"④。

清政府甚至从关中地区调运小麦。乾隆四十三年（1778）四月，陕甘总督毕沅奉命，"先于附近水次州县常平仓内酌拨麦十万石，由渭入河，运往河南"。然后，"由河南水程，转运京城，以备平粜之用"⑤。

京畿区域的粮食生产和供给虽然也同样重要，"京师民食固藉南漕，尤赖丰润、玉田之新米及近京各州县之杂粮源源接济"，但清政府一般不在近京地区采买粮食，"采买之法必往年所未能运京者方为有益，若仅以近京各州县之新米杂粮入仓充数，是仓中多一可放之米，京中先少一可食之粮"⑥。不仅如此，由于近京区域的粮食短缺往往会影响到京城米粮价格的波动，因此对于直隶地区的粮食价格，清政府也往往会给予特别的关注。若遭遇大的自然灾害，粮食歉收严重，清政府会通过异地采购或者截留漕粮的方式予以平粜接济，此外一般情况下的措施是"听民多多贩载"，而不是"官为办运"。⑦

商贾贩运，是京城粮食的重要来源渠道。尤其是小麦，"京师百万户，

---

① 《清高宗实录》卷1054，乾隆四十三年四月癸巳。
② 《清高宗实录》卷76，乾隆三年九月丙寅。
③ 《清高宗实录》卷81，乾隆三年十一月戊辰。
④ 《协办户部事务讷亲奏请令五城并八旗米局照依时价发粜米石事》（乾隆四年三月二十八日），朱批奏折：04-01-35-1110-035。
⑤ 《清高宗实录》卷1055，乾隆四十三年四月丁未。
⑥ 《工科掌印给事中汪元方奏请敕米局停止采买近京米粮事》（咸丰四年六月初四日），朱批奏折：04-01-35-1214-024。
⑦ 《清高宗实录》卷885，乾隆三十六年五月戊辰。

食麦者多,即市肆日售饼饵,亦取资麦面",而"京城之麦,全藉山东、河南商贩运售"。① 乾隆帝甚至称:"京城米麦全藉各处商贩,源源运赴,接济粜售。"② 因此,清政府对商人贩卖米粮至京,往往加以鼓励和保护,这在乾隆朝表现得最为显著。乾隆帝认为:"懋迁有无,亦须商贩流通,民间更得源源接济。"山东、河南两省的粮食贩卖,是清代京城市场上粮食的重要来源。"向来京师市肆麦石,大半由豫、东二省商贩前来,以资民食。"③ 清政府历来重视这两个省的商人贩卖情形。乾隆二十四年(1759)六月,当乾隆帝得知"该二省地方有司因欲豫备官办,而于往来商贾不免意存节制"时,遂命河南、山东两省巡抚"即饬谕所属留心体察,遇有商贩到豫、东采运,务令加意照看,勿任胥役阻遏,俾通商裕民,两有裨益"。而且要求两地巡抚将"所有该二省商人贩麦北来者,近日多寡情形",随时查明奏闻。④ 乾隆二十七年(1762)十月,乾隆帝又指示沿途地方官员保护贩卖米粮的商船,"南北运河,贩麦商船,多赴张家湾起卸,由京商转运至京,足资民食"⑤。

另外,还有招商采买的方式,主要出现在清末。光绪十七年(1891)、十八年(1892)时,京城"米价昂贵","北洋大臣筹款招商,购运南米,赴京平粜,粮价因而平减,民情因之安定,成效昭彰"。清光绪二十七年(1901),清政府令有漕各省改征折色,"惟留江浙一百四十余万",改折之后京城粮食供应发生了很大的变化,"市廛少此数十万石漕米,而间阎之购食维艰"。加之,"勇营驻扎畿辅,食口增多,居民日食益形竭蹶"。出现的粮食缺口,此时主要由"商民贩运"至京,但"沿途厘卡层叠胶削过甚,胥役需索,百种刁难,率多裹足不前",结果导致京城"薪贵米珠,民生日蹙"。⑥ 为解决京城粮食供应,招商设局,从南方各地采买粮食,运京平粜,成为重要的补充方式。

无论是每年的漕粮转运,还是异地采买,鼓励商贾贩运,也无论是官办米局、米厂的粜卖,还是严禁铺户囤积、运米出城,清政府所采取各种措施的重点始终是加大城内粮食供应,而限制粮食流向城外。正如乾隆帝

---

① 《清高宗实录》卷1058,乾隆四十三年六月庚子。
② 《清高宗实录》卷1301,乾隆五十三年三月乙酉。
③ 《清高宗实录》卷1054,乾隆四十三年四月癸巳。
④ 《清高宗实录》卷588,乾隆二十四年六月戊午。
⑤ 《清高宗实录》卷672,乾隆二十七年十月丙申。
⑥ 《巡视西城掌浙江道监察御史瑞璐奏为京师粮价昂贵贫民粒食维艰请由南省运米平粜以代漕运事》(光绪二十九年十二月初五日),录副奏折:03-6322-017。

所言:"米粮盈绌,民食攸关,总在转运流通、源源接济,方不至市价腾踊。"① 其最终、唯一的目的就是竭力保障上自皇室、王公贵族、大小文武官员、八旗兵丁,下至京城普通旗民的粮食供应,从而通过对经济物资的管控,实现政治稳定的目标。以米、麦、豆为主的粮食价格,自清初至清末,日趋上涨,物价腾贵,贫民艰于觅食的呼声不绝于耳。但总体而言,清政府一般不干预市场上的米粮价格。例如,乾隆二十四年(1759)十二月,当御史罗典奏请限定市肆米价时,乾隆帝斥其"于事理俱未明晓","若该御史所奏,市肆贸易米面定以升斗,限以价值,无论市价不贰,早为子舆所讥,物理断不可行。即专为撙减厂价而论,亦恐贩卖居奇者,愈得因缘为奸,而贫民何从得济?国家令行禁止,固无所不可,至以米价强勒市人,则初无此政体"。② 在任何时代,农业和粮食都是经济发展和转型的基础,清代北京也并不缺乏商贸经济的市场氛围和经济条件,但由于清政府官员俸米供应下的体制性缺陷,以及城内粮食供应往往过剩而近京周边又经常处于粮食短缺的结构性矛盾,加之自然灾害、人口增加、内忧外患以及钱法败坏等各种因素的影响,因此清代京城粮食问题始终凸显,城市贫困化现象日趋严重,不仅未能在粮食流通的基础上促进商品市场经济的发展与提升,而且耗费了国家的大量人力、物力和财力。这恐怕也是政府垄断经济资源并限制市场经济行为而带来的结果。

二、市场与税收

商贾云集,八方辐辏,百物流通,天下富庶,这几乎是历代统治者追求太平盛世景象的应有之义,但在以农立国的封建时代,商业基本上是彰显富庶之治的点缀之物。清政府对京城管理的措施中,商业发展同样从属于政治安全与社会秩序。在清代的大部分时间里,清政府也基本上没有国家层面一揽子的商业经济政策,具体到京城事务的管理上,同样也几乎没有相应的设计与考虑。即便是税收和钱法,也常常因不适应商业经济要求而弊端丛生。在崇本抑末、重农抑商的情形下,商业市场与经济发展基本上被视为"末业",看似任其自由发展,实则处于边缘且缺乏应有的管理和政策环境。在城市商业中,那些颇有头脑的经商者,也往往被视为"奸

---

① 《清高宗实录》卷1281,乾隆五十二年五月甲申。
② 《清高宗实录》卷603,乾隆二十四年十二月壬辰。

商""市侩"而遭受压制、禁止。正如清末郑观应所言:"中国不乏聪明才智之士,惜士大夫积习太深,不肯讲求技艺,深求格致,总以为工商为谋利之事,初不屑与之为伍。其不贪肥者,则遇事必遏抑之,唯利是图者,必借端而朘削之。于是但有困商之虐政,并无护商之良法,虽有商务之兴,安可得哉?"① 郑观应所批评的"困商之虐政"在清代京城管理中也并不鲜见。到晚清国门大开,有了总税务司之设,但管理者却基本上是外国人。光绪三十年(1904)五月,经商部奏准,才仿照上海商会,"劝办京城商会"②。

1. 内外城商业

与明代相比,在清代实行旗民分城居住的政策下,北京城市商业布局发生了较大的变化。最突出的一点就是内城商业设施,例如戏院、茶楼等,大多随着汉民从业者的外迁而移往外城。这样原本在明代以东四、西四牌楼一带为中心的发达的内城商业一度衰落。清初学人谈迁记述了这一变化:"北方待期而市曰集,京师大明门两旁曰朝前市,不论日;东华门外灯市,则元节前后十日;东华门内曰内市,则每月三日;正阳门之桥上曰穷汉市,则每日晡刻;刑部街西都城隍庙市,则每月朔望及念五日。今庙市移外城报国寺,期如前。甲午冬,增市灵佑宫,则每月八日,灯市亦移正阳门外,闻之人曰,皆不如昔日之盛。"③ 可见,受旗民分治的影响,原本在内城的很多集市大都挪至外城。旗民分城居住、内外城分区管理,不仅强化了身份区别,而且使明代原本已经突破城坊限制的城市经济生活再次被人为地进行空间区隔,经济视野下的北京城市空间再次发生变化。

然而,政策总是统治者主观意图的反映,现实的社会生活虽然会受到政策的塑造,但当政策不能顺应经济社会发展时,变通与变化就会成为社会的常态。内城毕竟居住着大量旗民、宗室觉罗以及赐居的汉人官员等人口,各种日常生活物资和用品的购买需求,并不会因为这种旗民分居而消失,加之旗人被禁止从事做官、当兵之外的行业,内城又不允许城外人居住过夜,因而每日肩挑背负的往来贩卖开始成为内城商业的主要形式。至康熙、雍正朝,各种搭棚支摊式的沿街商业店铺也逐渐悄然兴起,以至于

---

① (清)郑观应:《盛世危言·商务二》,见夏东元编:《郑观应集》上册,第609页。
② 《清德宗实录》卷530,光绪三十年五月庚寅。
③ (清)谈迁:《北游录·纪闻录上·都市》,北京:中华书局1960年,第334页。

清政府对"城内开设店座，原无例禁"①。

至乾隆年间，内城商业店铺已是各式各样，以乾隆二十一年（1756）十一月步军统领衙门的一次调查为例。经查，城内共开设猪酒等项店座七十二处。大致分布如下：镶黄旗地方（方家胡同酒店一座、铃铛胡同烟梗店一座、草厂胡同小猪店一座），正黄旗地方（德胜门内果子市鲜果店一座），正白旗地方（东四牌楼鸡鹅店二座、猪市大街猪店二十七座、酒店一座），正红旗地方（西四牌楼猪店二十一座），镶白旗地方（灯市口酒店一座），正蓝旗地方（栖凤楼胡同小猪店二座、东江米巷烟店一座、酒店一座），镶蓝旗地方（乾石桥猪店三座），以上共有店七十二座，准许继续在内城开设。

又查出表面上"指称售卖杂货"，但实际上在"夜间容留闲杂人等居住"的店座四十四处，甚至还有"专租人居住"的店座十五处。大致分布如下：镶黄旗地方（安定门内姑姑寺胡同永兴车店一座、仁义席店一座，方家胡同瑞升酒店一座、长盛酒店一座，鼓楼北湾兴隆沙锅店一座，鼓楼东大街大顺店一座，鼓楼东大街兴盛车店一座、万通沙锅店一座、三合车店一座、关东店一座、信义车店一座、三义关东店一座，帽儿胡同仁和店一座，方砖厂胡同广信号沙锅店一座，鼓楼后顺义席店一座，交道口东大街三合店一座，鼓楼西湾人和店一座、沙锅店一座，交道口东大街天顺蒜店一座，车辇店胡同酒店一座、草店一座、酒店一座、永恒线店一座，新桥鸡鱼店一座、义和店一座，东直门内小街口四合店一座、瓦盆店一座），正黄旗地方（果子市野鸡店一座、草铺野鸡店一座、酒车店一座，乾石桥车店一座、酒车店一座、酒车店一座、酒车店一座，西涤儿胡同车店一座、酒车店一座、酒车店一座，德胜门内南大街酒车店一座、草铺车店一座，三不老胡同酒车店一座，糖房胡同野鸡店一座，四眼井酒车店一座，地安门外姜店一座、脚驴店一座，百米斜街瓷器店一座，地安桥蜜桃店一座，鼓楼前笸箩店一座、关东店一座），正白旗地方（东四牌楼鸡鹅市万和鸡鹅店一座，四条胡同席店一座），镶白旗地方（灯市口东大街席店一座、席店一座，王府大街鹁鸽市关东店一座，东单牌楼三条胡同席店一座），镶红旗地方（正阳门内箭市赶脚驴店一座），正蓝旗地方（长安街车脚柳罐店一座，东单牌楼席店一座，船板胡同柳罐店一座），镶蓝旗地方（兵马司胡同席柳器店一座、鸡鸭店一座）。以上违例的店座共五十九座。

---

① 《金吾事例》"章程"卷3，"京城内外禁止开设店座"，"故宫珍本丛刊"第330册，第240页。

经步军统领衙门奏准,乾隆帝命将这五十九处"饬令移于城外,嗣后城内地面永不许开设"。① 以上店铺,涵盖酒店、烟店、猪店、鲜果店、鸡鹅店、车店、酒车店、席店、沙锅店、关东店、蒜店、草店、线店、鸡鱼店、瓦盆店、野鸡店、姜店、驴店、瓷器店、蜜桃店、笸箩店、鸡鹅店、柳罐店、柳器店、鸡鸭店等。从这些店铺名称,大致也能看出乾隆时期内城商业店铺的种类。由此可见,清前期内城商业虽然因旗民分治一度受到影响,但很快也得到了恢复与发展②,不过主要是以肩挑背负、搭棚支摊的流动式、临时性和分散性的商业形式为主,虽然东四隆福寺、西四护国寺等处商业庙市有所恢复,但已非明代之盛。

清政府对内城商业的管理,其出发点主要是政治因素与社会安全,即维护八旗的淳朴风俗,担心旗人沾染所谓的"汉人习气"。在统治者心目中,"满洲乃国家根本"③,以学习清语骑射为本,素尚淳朴之风,严禁旗人"纵肆奢靡、歌场戏馆、饮酒、赌博等事"④。为避免旗人受这些习气的影响,"内城不许开设戏馆,亦恐旗人花费银钱,是以特加禁止"⑤,甚至官员侍卫等也不得"轻入市廛"⑥。尽管这些防范措施对于维护旗人风气毫无用处,但对于内城商业的发展还是多有限制。

与此同时,则是外城商业的快速发展,以正阳门外最为兴盛。正阳门外"大街石道之旁,搭盖棚房为肆,其来久矣"⑦。自明末以来正阳门外大街就是商户云集之处,明末崇祯七年(1634),甚至造成成国公朱纯臣家失火,为避免火灾再次发生,有司命将正阳门外大街两旁搭造的棚房全部拆除。侍御金光辰上言阻止:"京师穷民,僦舍无资,藉片席以栖身,假贸易以糊口,其业甚薄,其情可哀。皇城原因火变,恐延烧以伤民,今所司奉行之过,概行拆卸,是未罹焚烈之惨,而先受离析之苦也。且棚房半设中途,非尽接栋连楹,若以火延棚房,即毁棚房,则火延内室,亦将并毁内室乎?"⑧崇祯帝采纳其言,命令停止。入清以后,在内城汉民迁居外城的情形下,正阳门外大街两侧商户进一步增加。

---

① 《金吾事例》"章程"卷3,"京城内外禁止开设店座","故宫珍本丛刊"第330册,第240页。
② 可参郭松义:《清代社会变动和京师居住格局的演变》,《清史研究》2012年第1期。
③ 《清圣祖实录》卷44,康熙十二年十二月辛丑。
④ 《清世宗实录》卷18,雍正元年四月戊申。
⑤ 《清仁宗实录》卷100,嘉庆七年七月癸未。
⑥ 《清仁宗实录》卷244,嘉庆十六年六月辛酉。
⑦ (清)吴长元:《宸垣识略》卷9《外城一·东》,第163页。
⑧ 《日下旧闻考》卷55《城市·外城·中城》,第2册,第887页。

商业市场的形成、发展，与交通和人口流动的关系密不可分。由于北京城的空间结构特征，各城门内外大街，尤其是前三门外是人员流动、物资进出的孔道。各城门内外大街两侧是京城商业的重要依托空间，是商民开办店铺、支搭棚摊的首选位置，从而逐渐形成各具行业特色的商业市场中心。为避免商铺、棚摊侵占街道，清政府对此有较为严格的管理。"石道两旁及各城大街开设棚摊，城内由步军统领衙门，城外由管理街道衙门详细稽查。如有侵占官街列肆贸易之处，即押令挪移收窄，不准有碍辙道。倘胥役藉端滋扰，或得钱包庇及将公地据为私界，一并从重惩办。九门内外各管地面之员，每年将并无棚摊侵占官街之处，结报各该管衙门一次。"① 在正常情况下，只要不侵占官街、官沟，便可正常开展商业贸易。直到乾隆年间，正阳门外大街以其得天独厚的地理位置一直是京师商业最为繁华之处，正如补修《日下旧闻》的四库馆臣所言："今正阳门前，棚房比栉，百货云集，较前代尤盛，足征皇都景物殷繁既庶且富。"②

2. 牙行经纪

牙行，又称经纪，是清代政府对商业市场进行管理和控制的代理人。清制，"京城各项贸易，俱设立官牙、经纪，领帖平价"③。牙行最主要的作用是评定货物价格，居间促成交易，还具有沟通商民、代理货物收购与分销的作用，即外地货商进入京城售卖时，须通过牙行经办，然后才能进入市场，再向肩挑背负的小商贩进行分销。在这一点上，牙行经纪类似于中间代理商或分包商的角色。牙行有时还会包揽税收，因为在清代税收无外乎"差胥役征收，或令牙行总缴"。充当税收代理人，是牙行经纪的主要功能。

正是由于牙行经纪在清代北京市场管理中的重要作用，清政府向来重视对牙行经纪的管理。"牙，即古互字，书如牙，古称驵侩，亦谓互市郎。盖通知交易，所以便商，故帖不可阙，而盘踞滋弊，亦即以累商，故禁不可不严。我国家利民阜物，凡厥懋迁之规，罔弗厘正，而于牙行尤为法制详备。革除私设，以杜捎勒，严惩侵噬，以安商旅，核定额数，以免滥增，禁止冒充，以防垄断，其给帖则有藩司以稽州县之弊，复有部册以权

---

① 《钦定工部则例》卷69，"桥道·禁止侵占官街"（光绪本），"故宫珍本丛刊"第298册，第103页。
② 《日下旧闻考》卷55《城市·外城·中城》，第2册，第887页。
③ 《钦定皇朝文献通考》卷32《市籴考一》，文渊阁《四库全书》影印本第632册，第681页。牙行与经纪虽然可以互称，但在清代京城，两者之间似仍有区别，牙行侧重于讲说价值、催讨账目，而经纪则主要设于崇文门税关，侧重于进城货物税，一经过税，即无余事。

各省之宜。其交货则铺户不得累及商人互保,亦不得徇庇行户,上下相纠,主客相制,用以抑强扶弱,通百货而康兆民。"① 清政府对京城牙行经纪的管理主要表现在牙行给帖、定期编审、核定额数等方面。

牙行资格是由官方政府认定,由各直省布政使管理,京城牙行经纪归顺天府通判管理,五年进行一次编审。牙行经纪人由"家道果系殷实,品行素为商贾所信服者"担任,由官方给予牙贴,才能合法从事经营。清政府禁止私牙,同时也禁止胥吏充当牙行经纪。胥吏不仅熟悉衙门事务,而且与官员熟络,"衙门情熟",如果充任牙行经纪,不但很容易"倚势作奸,垄断取利,必致鱼肉商民",而且一旦发生纠纷,受害人"莫敢伸诉",这与"民间懋迁有无,官立牙行,以评物价,便商贾"② 的目的背道而驰,因此,乾隆五年(1740)九月乾隆帝谕令以后禁止胥吏充当牙行经纪。

任何一种事务管理,一旦处于垄断地位时,其利益与腐败都成正比例状态,由官方授权的牙行经常操纵买卖、居间盘剥,进而成为京城官商利益争夺的觊觎之地。《清稗类钞》曾抄录一则逸闻,形象反映了京城人争夺牙行的情形:"京师有甲乙二人,以争牙行之利,讼数年不得决。最后,彼此遣人相谓曰:请置一锅于室,满贮沸油,两家及亲族分立左右,敢以幼儿投锅者得永占其利。甲之幼子方五龄,即举手投入,遂得胜。于是甲得占牙行之利,而供子尸于神龛。后有与争者,辄指子腊曰:吾家以是乃得此,果欲得者,须仿此为之。见者莫不惨然而退。"③ 现实中未必真有其事,但官商阶层对于牙行经纪的争夺激烈程度当不亚于此。也难怪,清代京城中的牙行经纪五花八门,其乱象很可能是行政权力和利益阶层四处瓜分、百般取利剥削的结果。

清前期,各地牙行经纪并没有固定的名额,至雍正初年,渐有泛滥之势,众多牙行把持货物,勒索商民,严重扰乱了商业市场秩序。雍正十一年(1733)十月,雍正帝谕:"近闻各省牙帖岁有增添,即如各集场中,有杂货小贩向来无藉牙行者,今概行给帖,而市井奸牙遂恃此把持,抽分利息。是集场多一牙户,商民即多一苦累,甚非平价通商之本意。"原本并不需要牙行经办的杂货小贩也开始遭受牙行的抽份勒索,清政府遂命直

---

① 《钦定皇朝文献通考》卷32《市籴考一》,文渊阁《四库全书》影印本第632册,第679页。
② 《清高宗实录》卷126,乾隆五年九月戊寅。
③ 徐珂:《清稗类钞·农商类》,"京人争牙行",北京:商务印书馆1920年,第17册,第62页。

省"著为定额，报部存案，不许有司任意增添"。① 乾隆四年（1739）六月，清政府再次谕令各州县禁止增设牙行。② 六年（1741）十一月，经直隶总督孙嘉淦奏准，清政府制定牙行裁留办法。对于现存牙行，"凡系远商总货、到地发卖以及各项货物必须经纪评卖者，原有牙帖应照旧存留"。如果是杂货小贩、零星土产，而且已规定不准再收落地税的，以及本地铺户坐卖商货，"牙帖应一例删除"。另外，顺天府等地原有额外余牙一项，名曰"盈余牙税"，予以裁汰。③ 牙行裁减方案虽然被批准，但此后十余年间，顺天府仍按照原额定的1072名牙行在征税。

但随着乾隆朝京城商品经济的发展和变化，牙行税收管理面临着有行无货、有货无行以及一牙兼数行或一行分设若干牙等情形。例如，斗行之外又有囤斗、店斗、起卸斗，车行之外又有麦车、油车、烟车、起卸车之类。甚至出现私牙，"坐地奸贾另行立店，凡遇客货将到，串通客人，先途邀截，借名自置自卖，暗取牙钱，实属扰乱行市，有累商民"④。面对这一情形，乾隆二十年（1755）经直隶总督方观承奏准，命顺天府尹对京城地区各行业重新摸底调查，以确定牙行额定人数。

乾隆二十三年（1758）五月，经顺天府尹刘纶奏准，顺天府通判所属牙行原有额设1072名，除节次裁去158名外，实存891名（包括崇文门过货经纪42名），着为定额。⑤ 所有牙行分为三则，上则509名，征银二两，中则262名，征银一两五钱，下则120名，征银一两。

此次牙行调整，几乎涉及当时北京城的所有货物种类。其中，被裁汰或改名者，略举例如下：山西毛头纸行一名、硝磺行一名、牛皮行三名、打饼行九名、送牛行二名、车牛行一名改为牛行一名、椀目行一名改为土碱发脚行一名、京米行二名改为当铺估衣行二名、潞绸行一名改为当铺估衣行一名、榆树皮行一名改为药材行一名、炭行三名改为卸车行三名、杂粮麦子行四名改为卸车行四名、南路竹货行一名改为关东货行一名、獭皮行一名改为关东货行一名、棉花行一名改为关东货行一名、姜行一名改为关东药材行一名、鲜藕行四名改为斗行四名、鞍板行一名改为苏子油行一名、绍兴茶行二名改为苏子油行二名、杂木行一名改为苏子油行一名、麻行一名改为卸船行一名、狐皮行一名改为粮食下车行一名、纱罗楼选行三

---

① 《清世宗实录》卷136，雍正十一年十月甲寅。
② 《清高宗实录》卷95，乾隆四年六月丁酉。
③ 《清高宗实录》卷154，乾隆六年十一月壬申。
④ 《户部左侍郎兼管顺天府尹事刘纶、顺天府府尹熊学鹏题为遵议顺天府所属牙行裁留员额及额征牙课银两数目事》（乾隆二十三年二月十八日），户科题本：02-01-04-15134-007。
⑤ 《清高宗实录》卷563，乾隆二十三年五月己酉。

名改为船行三名、靛行三名改为草行三名、箭杆行一名改为草行一名、夏布行一名改为甘子土行一名、凉暖帽里行一名改为烟叶行一名、猪行四名改为烟叶行四名、牛羊油行一名改为猪肉行一名、粉子行十名改为猪肉行十名、串布行二名改为果行二名等。

有一些重复的牙行进行了归并。例如，柴秤行与木柴行，名异实同，于是裁去柴秤行，统一改为木柴行。又如，单白归行，即烟叶行之别名，统改为烟叶行。牛羊皮行与牛皮行、血牛羊皮行、干羊皮行、退毛羊皮行互相重复，实际上牛羊皮行为血皮、干皮之总会，因此将牛皮行并入了牛羊皮行，裁去退毛羊皮行，其余则保留。再如，保留腌鱼螃蟹行，裁去腌鱼行。

有一些牙行，户部虽然建议归并，但经过顺天府尹的解释，予以了保留。例如会米行、粗米行、江米行等有关各类粮食的牙行，户部认为有重复，顺天府则解释称：会米行伍名，系专评各色粮石，以齐市价，"最为紧要"；粗米、江米各行则"专司各行斗斛，各有专司，不同掺越"。另外，江米即糯米，每年到京约三四千石不等，"向不归粗米、会米等行评价，故另有咨部准添江米过货专行一名。过货既有专行，评价亦应专设经纪"。

也有一些新增牙行，例如绸缎过货行三名、江米过货行一名、夏布过货行一名、席箔过货行一名等。

至于瓜茄蔬菜等牙行，不仅予以了保留，而且数量还比较多。顺天府的理由是："小民日用常供，价值本所易晓，似可毋庸设立牙行。但治圃生理均系愚氓，自行艺蒔，不能自行货卖，全赖商人贩运，归于牙行，商人即得现钱而去。牙行总汇货物，然后零星发于小贩，自行讨账归本，小贩始行肩挑至各巷内，零星卖于民间食用。查此等小贩多系贱隶，安有现钱先买，俱系赊来卖去，然后还钱。若无牙行为之转运流通，恐大商贩上市既难立时出售，又不信任小贩，货物必致拥滞。且官牙一退，私牙必起，其间情伪百出，争讼易滋，均有未便。其自出资本之小贩亲赴园圃，与园户交易买来，自行货卖，历来并不归行，牙行不取用钱，定例遵行已久。其余归行商贩，实在必须牙评正。惟系民间琐屑必用之物，更不可无官牙料理，为之杜塞争端，疏通无滞。"由此来看，官牙对于瓜果蔬菜等商货的收发、零售具有重要的中间商作用。按照惯例，瓜果蔬菜等牙行向来按照五城地面评价，于是"瓜茄青菜行，每城酌留十六名，五城共留八十名，方足敷用"。[①] 此外，绒毛皮、卸船、皮毡、毡袜、鸡蛋、钱串、

[①] 《大学士兼管户部事务傅恒、署理户部尚书李元亮题为核查顺天府册报酌留牙行各数及应征牙课银两数目事》（乾隆二十三年五月二十一日），户科题本：02-01-04-15134-012。

蒜、葱、烧酒等牙行也保留了较多的名额。

很显然，京城内外，"在在均有经纪"①。几乎每一种商货都有官设牙行经纪。因此，牙行的管理与京城市场商货供应、价格涨跌有着非常密切的关系。例如钱牙，受理钱文交易，领贴平价，"向设经纪十二名"。乾隆三年（1738），经御史陶正靖奏准，钱文交易经纪被裁革。此后，因"囤钱各铺无人说合，转致居奇"。乾隆七年（1742），经步军统领舒赫德奏准，又恢复设立钱牙，"请照旧设立官牙十二名，领帖充当，责成该牙等议平钱价"。舒赫德的这一建议，经大学士等议准实行，"交与顺天府尹，令大、宛二县召募老成殷实之人，照旧领帖充当。如有铺户居奇，高抬价值等弊，责成官牙等严切晓谕，务令平减。该牙等倘敢从中垄断，或别生事端，该管官立即查拿，并令五城御史一体稽查"。② 在大多数情形下，钱牙的作用是为双方提供交易需求信息和信誉保障，至于"议平钱价"的作用则不明显。

清政府对京城各行业设立牙行经纪，也是保证各项目交易税收的重要途径，但如果设立不当，则会引起市场铺户的抗议。例如屠行经纪。京城猪肉市场一般有屠户和杠户组成。屠户即屠宰生猪的铺户，杠户即售卖猪肉的铺户，大多数的情况下，两者难以区分，屠户宰杀后即进行售卖。在嘉庆六年（1801）之前，外城设有屠行经纪，内城则没有。嘉庆六年九月，为保障为即将到来的会试供应猪肉，顺天府奏请拟在内城设立杠户经纪，结果引发屠户停止宰杀、拒绝杠户上市。

按照惯例，京城每逢乡会试，所需要的食物供给，"均系各行经纪领价承办"，各经纪承办时"领取牙贴，零星收取用钱例价之外津贴"。每逢会试之际，需要备办的猪肉，就有九千余斤。当年会试之际，南城外屠行经纪步洪亮等呈称："近来各屠户多赴内城东、西两市，设杠卖肉，城外杠户稀少，请于内城一体设立经纪承领，例价供应闱差，以均劳逸。"屠行经纪步洪亮奏请设立经纪，显然是为了经纪行业的利益考虑。顺天府当即委派治中，会同通判，以及大兴、宛平二县，进行调查。发现"外城肉价较减而肉杠稀疏，内城肉价较增而肉杠甚众"，其原因是"内城向无经纪，市价任意昂贵"，而且"每遇闱差，不敷供给"。因此同意"添设内城经纪领帖承办"，以便"市价均平而闱差亦无贻误"。

顺天府认为"京城大小行户均立经纪，而内城屠户既不归属外城一同

---

① 《兵部尚书汪承沛、顺天府尹阎泰和奏为奉旨京内城不必设立肉行经纪供给乡试会试生肉事》（嘉庆六年十一月二十八日），录副奏折：03-2164-060
② 《钦定皇朝文献通考》卷32《市籴考一》，文渊阁《四库全书》影印本第632册，第681页。

办公,自应添设,以归画一"。于是,"批准于内城东、西两市各设经纪",同时知会步军统领及左、右两翼监督。然而这一决定"一经出示",立即引起众多屠户的不满,"各屠户即抗违不遵,仅于店内屠宰售卖,并无杠户上市",而且"将市价每斤陡长京钱二十文"。对此,顺天府认为其中的原因,无外乎屠户"图射利阻挠税务",另外"系办理冒昧所致"。于是,将东、西两市屠户经纪"枷示市集,谕令照常开市"。过了三天之后,"各屠户仍不赴市"。甚至,屠户"情愿东、西两市每逢会试,帮贴经纪京钱一百千",也不同意。为惩治"市侩营私垄断把持挟制",顺天府遂奏明兵部会同步军统领衙门查拿为首抗违之人,准备"按例惩究"。① 奏请上呈后,十一月二十八日,嘉庆帝谕令"内城不必设立肉行经纪"。② 可见,设立屠行经纪,杠户入市,由政府设立的经纪管理猪肉市场,不仅增加了政府管理负担,而且也会加重税收,从而助长京城猪肉价格的上涨。

再比如油行经纪。光绪七年(1881),"因油行经纪在崇文门税务之外私设行局,抽收行用",结果被各蜡铺在崇文门税务衙门控告。崇文门税务衙门"令各循旧章生业,将经纪发交粮厅管束"。但不久,该油行经纪"复勾结匪人,开设油店,遇有油斤进城,妄行勒索"。经御史世泰奏交刑部审理,"令粮厅严定该行章程"。然而,粮厅所定油行经纪新章程,将京城油行统归油行经纪管辖,并没有对油行经纪随意勒索油行的行为进行限制,而是默许油行经纪借口充补官用,继续罔利营私,纵其所为。

事实上,各行经纪在承办部院衙门采购时,"每向大、宛两县领取官价,先以买通门丁,勾串书吏,蒙混浮冒,货物之值止有昂过于民间者,绝无该经纪借用充补之事"。而且"从前私抽行用,该经纪尚不敢公然把持"。如今按照新定章程,"令远贩、自置合并,一律取用,则凡油行统归掌握,进城之货税课,必经其呈报,数目多寡,隐漏包庇,是为崇文门添一舞弊之人。行商、坐贾俱归统辖,任意需索,是借一官差之名,坐享无穷之利。一行如此,各行效尤,其扰累于市廛者匪浅鲜也"。为此,吏科给事中戈靖奏请饬下顺天府将该粮厅新章"收回涂销,另立章程"。同时,禁止崇文门税务衙门包税之弊。③

牙行经纪例行抽取份子,经常多收、滥收,甚至勒索。对此,清政府

---

① 《兵部尚书汪承沛、顺天府尹阎泰和奏为市内屠户拒绝杠户上市供给会试猪肉事》(嘉庆六年九月二十一日),录副奏折:03-2164-030。
② 《兵部尚书汪承沛、顺天府尹阎泰和奏为奉旨京内城不必设立肉行经纪供给乡试会试生肉事》(嘉庆六年十一月二十八日),录副奏折:03-2164-060。
③ 《吏科给事中戈靖奏为油行经纪假公勒用请饬另立章程等事》(光绪七年),录副奏片:03-7426-009。

也有限制，例如乾隆五年（1740）规定酒行经纪抽份子，每两不能超过三分，"嗣后京城酒行经纪，除每两应得用银三分外，不得丝毫多取，朘削商民。违者，司坊官察拿治罪"①。

当然，牙行经纪有时也会受到地方管理者的勒索，尤其是当牙行不能及时向管理者输送利益时，这种情形极易发生。例如，道光十二年（1832），有通州官牙米凤山从事牛只买卖的经纪，平时在杨各庄报税，每头牛税钱二百四十文。同时，还负责每年向顺天府供应黑牛十三只，二八月间向通州衙门供应祭祀牛七只，"均有回票可证，并无偷漏之弊"。但在道光十二年十月三十日，突然有步军统领衙门番役张文兴带领多人，并不协同通州官人，亦无传票，蜂拥来至燕郊，哄散市集，将牛牙米凤山并贩牛客人一共九人锁押来京。崇文门验货之戴三居间说和，如果凑银三千两，送与番役张文兴，便可放回无事。"如若不听，将来作为硬办漏税，罚银不少"。米凤山等人商议，自己并"无偷漏情事，无辜受罚，情难隐忍"，没有同意。于是，张文兴将米凤山等人带至崇文门税务衙门门口，后押至东河汛衙门，勒令交银三千二百两。②走投无路之下，米凤山不得不控告步军统领衙门番役张文兴。这一事例反映了牙行经纪遭受步军统领衙门番役的勒索，也再次印证了牙行经纪作为清政府管理货物交易税收代理人这一重要事实。

有时，某些牙行甚至沦落为内廷或者部院衙门的采购商。早在乾隆二年（1737），户部就曾经奏请"嗣后各衙门应用货物并日用猪、鸡等项，俱照市价公买公卖，禁止充用牙行私取货物"③，但这种现象一直未能禁止。例如，光禄寺肉行、鸡鹅行，"皆顺天府大、宛两县强行硬派"，及至充当后，"复有管事人役刁难，伊等苦于赔累"。乾隆二十一年（1756）七月，经步军统领衙门查访，访得原来"光禄寺猪肉、鸡鹅二行系自行召募"。后因召募不得其人，交顺天府转饬大、宛两县，"于京城内外殷实民人内挑选送寺充补"。但顺天府在挑取此项行户时，"不无高下其手"。"现在充当行户之刘俊英即系身染痰症之人，乃指名送寺充当，此等富户类皆贸易之人，不安理法，凡遇内庭差使，实不能自应，复行雇托向日应差之人代办工食等项，日有所费，而交肉斤、鸡鸭又被刁难，人皆畏惧"。因

---

① （乾隆朝）《钦定大清会典则例》卷150《都察院六·经纪》，文渊阁《四库全书》影印本第624册，第702页。

② 《通州燕郊官牙米凤山为提督衙门香役张文兴诈赃不遂私押身等诬漏国课指官勒赎事呈状》（道光十二年十一月），呈状：03-3771-026。

③ 《大学士管户部尚书事张廷玉、户部尚书海望题为遵旨会议饬禁牙行蠹役以靖地方事》（乾隆二年三月二十一日），户科题本：02-01-04-12997-002。

此，"召募之时，裹足不前，而应募之后苦于赔累，二行每年约赔银贰叁千两、叁肆千两不等"。步军统领衙门认为，"内庭一切经费均有额规，何致赔累？缘从前该寺系自行召商办理，近因顺天府召有富户，此项买卖人既不能身应其差，假手于人，适致浮费而查收肉斤、鸡鸭之人又不无拣择勒掯，则耽搁迟滞，始有耗费之累，实非官定价值，不能充足。及究其被勒之处，又系零星受授而人数众多，不能指出，确难查究"。至于"鸡鸭、肉斤价值一年之内虽有盈绌不一，通融办理，本自充裕"，如果"此项供应系膳房人自办，且有节省"，现如今，"买卖人在京坐办，何致竟有赔累之苦，此其办理不善之明征也"。为此，步军统领衙门奏请："将此肉斤、鸡鹅二行均行裁革，凡内庭支用，拣派膳房人自行领银采办。"① 牙行充当部院衙门的采买代理，一直是京城乃至各地方难以革除的痼疾，这种现象不仅说明了行政管理者热衷发放牙帖的利益动机所在，而且也纵容了牙行垄断货物、勒索商贩的行为，置商民于鱼肉之境，哭诉无路，最终扰乱了正常的市场经济秩序，政府权力的公平合理性也荡然无存。

作为政府管理商货市场的中间代理人，牙行经纪也并非对市场发展毫无贡献，乾隆朝在长辛店一带出现的由斗行与铺商发起的杂粮"买空卖空"现象就是一种顺应商品市场的经济行为。乾隆五十一年（1786）十一月，西路同知黄碧海、宛平县知县蒋云师在宛平县长辛店查禁囤积时，发现了"买空卖空"的粮食期货交易行为。"访得各铺户于六七月间即将新粮做定价值，先给定钱，写立批帖，预为收买，至十月内按照时价清算，名曰买空卖空。"具体来说，长辛店诸多商铺买空卖空主要是针对高粱、黑豆二项，"各铺户本钱充裕者于六七月梁豆未熟时，即定虚价招买，又有斗级从中串合，写立批帖，每石先付定钱一千文。卖空者利其先得钱用，群相批卖。至秋成时，若年岁十分丰稔，即按照批帖买粮交兑，如年岁中平，梁豆稍稀，即按时价将买空应赚之钱照数贴找"。面对这种市场交易的新现象，清政府采取了严厉禁止的态度，户部斥之"是何居心？"认为"似此空中交易，不独中平年岁获利倍蓰，即丰收价平之年，粮尽入于买空之家，亦必深藏不市，昂值居奇，于民食大有关系。若不严行惩创，无以警戒奸利之徒"。后经户部和直隶总督奏准，将买空卖空之李义、贾仁等商人，并该镇斗级米芝琴、王太元、刘忠、康来等人，"均照不应重律杖八十，折责三十板，仍于该镇枷号一月示众，其斗级四名并行革

---

① 《金吾事例》"章程"卷3，"裁革肉斤鸡鹅二行"，"故宫珍本丛刊"第330册，第249页。

役"。所有给过买空定钱以及应贴赚钱,"一并勒限追出入官"。① 以上,长辛店铺户与斗级人员所推动的粮食买空卖空的期货交易,无疑有利于京城粮食流通的市场化发展,其中,带有官方吏役身份的斗级人员,在一定程度上充当了"买空卖空"交易的经纪人角色。但由于清政府昧于市场经济的发展规律,同样也忧惧自身失去对事关民生的重要经济物资的控制能力,而将此类现象予以禁绝。

3. 崇文门税关

崇文门税关是清代户部下属全国30个榷关之一。向来,"国家经费所入,以钱、漕、关税、盐、茶为大宗"②。清代京城九门课税,皆统于崇文门监督,先后历经户部、顺天府管辖,自雍正二年(1724)起专属内务府管理③,是清皇室收入的重要来源。为了避免漏税,除了崇文门总税关之外,在城外卢沟桥、板桥、东坝以及海淀设有四处稽查税口。道光十三年(1833)、二十三年(1843),又先后增加密云的穆家峪、石匣,顺义板桥、半壁店以及昌平南口等数处税口。另外,京城还有左、右翼税局(分别位于东四牌楼之西大街、西四牌楼之东大街),分别负责所属区域城门的税收,亦属崇文门税关管辖。④

清初,清政府取消了货物出城税,康熙五年(1666)六月,停收出京货物税。⑤ 进城货物税,则取消了外国贡使携带货物税,规定"外国进贡之人带来贸易物件,止记册报部,不必收税"⑥。因此,崇文门税关主要征收进城货物的落地税,每年大约额征十余万两。举例如下:

其一,茶、酒税。

茶、酒税为崇文门税课之大宗。茶叶主要由南方而来,除了京城本地消费之外,更多的是销往口外,如果这些过路货物被京城税关收税,无疑会增加商贩的成本和负担。为逃避税收,销往口外的茶贩"半从穆家峪等处绕越出口"⑦。

---

① 《户部尚书曹文埴、直隶总督刘峨奏为查出宛平县长新店一代囤积杂粮及买空卖空酌拟办理事》(乾隆五十一年十一月初六日),朱批奏折:04-01-01-0419-037。
② 《巡视西城御史奎斌奏请援案征收煤厂课税事》(咸丰六年十二月二十四日),录副奏折:03-4396-016。
③ 关于崇文门税关之设官管理、征税货物种类及税则,可参夸大利:《清代京城崇文门税务总局初探》,《清史研究》2001年第1期。
④ 关于崇文门税关的沿革、税则等内容,可参祁美琴《清代榷关制度研究》(内蒙古大学出版社2004年)以及邓亦兵《清代前期关税制度研究》(北京燕山出版社2008年)等专门研究。
⑤ 《清圣祖实录》卷19,康熙五年六月辛未。
⑥ 《清圣祖实录》卷10,康熙二年十一月乙丑。
⑦ 《清文宗实录》卷41,咸丰元年闰八月甲申。

酒在京城的消费量很大，乾隆五年（1740），御史齐轼奏称，"京师九门每日酒车衔尾而进"①。清前期，京城酒税"向由崇文门南酒行经纪报税给票"②。由于贩运私酒严重，在嘉庆二十二年（1817），奏定章程，禁止酒税由外局报税，只能在崇文门报税。但尽管如此，私酒贩卖依然严重。道光十一年（1831）十月，据给事中寅德奏，"附京之双桥、于家卫、羊坊、马房、看丹村、三间房等处地方，每有酒局截卸进京大车烧酒，叉运漏税，并有不服查拿之事"③。顺天府本地酿酒多半来自顺义，因此道光二十三年（1843），崇文门税关委员荣玉德特别颁发顺义半壁店等处酒税谕帖，即允许在半壁店上酒税，但弊端随之而来，"遂开借单影射之渐"，以后历年整顿，效果不佳。据御史吴廷溥奏称，在没有半壁店酒税局之前，崇文门所收酒税每年约有八九千车，合计征银十万两以上。但是自设半壁店外局以来，崇文门所收酒税逐年减少，每年大约只有四千余车，征银几乎减半。而且酒局向城内私贩，还串通崇文门差役，内外呼应。"双桥、余家围、羊坊、三间房各有私酒局十余处，城外包私，王玉奶奶、马五妞儿等聚集二百余人，串通崇文门差役筛子刘海巡、秧歌张四、傻李混名圆扁子，俱以包揽护送私酒为业。城内则南小街福海号，山西宋姓绰号宋王，勾栏胡同姚二、杨大，八大人胡同炭场李绰号庆隆李，虎坊桥隆泰泉张大混名桥张，煤市桥松茂号潘三绰号潘三虎，眼药胡同聂林，府学胡同李十，闹市口宝瑞源郭监生四处，丁章胡同汇泉号五处，锦什坊街汇有号二处，均著名贩私漏税之所。"④绕道分装、私运私背、躲避经纪抽税，崇文门税关几乎形同虚设。与此同时，自道光、咸丰朝后，崇文门"包税"现象迭出，商贩"串通崇文门差役海巡人等，设立私局，包揽偷漏，以致税银减少"⑤。结果导致道光、咸丰时期崇文门茶税每年亏一二万两不等，酒税每年亏二三万两不等。⑥

其二，牲口税。

凡是贩卖到京城的牛、马、驼、羊、猪等都要上税，京城所设左右两

---

① 《清高宗实录》卷127，乾隆五年九月丙申。
② 《掌四川道监察御史吴廷溥奏请严查京城酒铺私漏税课并仍遵例统归崇文门报税事》（咸丰元年闰八月初一日），录副奏片：03-4535-033。
③ 《清宣宗实录》卷199，道光十一年十月乙巳。
④ 《掌四川道监察御史吴廷溥奏请严查京城酒铺私漏税课并仍遵例统归崇文门报税事》（咸丰元年闰八月初一日），录副奏片：03-4535-033。
⑤ 《清文宗实录》卷41，咸丰元年闰八月甲申。
⑥ 《掌四川道监察御史吴廷溥奏请严查京城酒铺私漏税课并仍遵例统归崇文门报税事》（咸丰元年闰八月初一日），录副奏片：03-4535-033。

翼"专收牛、马、猪、羊各牲畜税课，内又以猪、羊为大宗"。为避免绕道偷漏，道光二十二年（1842）经户部议准，在密云县所属穆家峪地方特立税局，专司稽查牛、马、驼只等畜，"在该税局纳税起票"。羊只一项"亦在该处查明数目给票，赴土城关纳税"。密云穆家峪分税口设立后，很多贩卖牛、马、驼、羊的商贩为避税"绕越偷漏，两翼各口税课日见亏短"。道光三十年（1850）八月甚至发生了羊贩拆毁税局的事件。当月十八日，在该县所属之朝都庄回民穆十羊店内"聚集百有余人，头缠蓝白布，手持木棍、枪刀，竟至税局，将门窗拆毁，牌匾打碎，并将该员用枪戳伤，赶护羊十八群闯关而过"。① 商民拆毁税局，固属暴行，但显然也是对税收重负的不满。对于此，咸丰十年（1860）十月掌浙江道监察御史刘有铭奏称："密云县属有穆家峪旧设税局，归崇文门左右翼管辖，征收牲畜进口税务，而牛其大宗也。其先旧设崇文门税局，后乃复设左右翼一局，两收其税。臣思国家立制，断无一处两征之理，或者一为正局，一为稽查，而吏胥借此影射以肥其私。然其数较正局过重，旧局使牛税四分、乳牛税二钱，而新局则加数倍不止，且其照票，则旧局有牛数银数，新局则含糊无名数。"② 可见，重复收税，以及新税过高，都是造成商民暴力拒税的重要原因。

骡、驴在清代京城也非常普遍，一般都是用作运输货物的交通工具，凡购买者都需要纳税后领取印票。例如，崇文门税关在三家店设有崇文门骡马税局。所有骡马各税，从崇文门税课司总局预领印票出来，如有遇买骡马者，当即填写给发，事后将税银呈交崇文门税课司。

印票的作用，一是售卖者确保所卖牲口的来源正当，二是购买者可以凭此票合法持用。私贩者则往往伪造崇文门税课司印票，以逃避税收，或隐瞒非法得来的牲口。例如，嘉庆十七年（1812）九月，大兴县人王世兴控告宛平人韩玉田运煤所用的骡子是其上年丢失的骡子，结果查出韩玉田所持该骡子印票"不但模糊一片，全无篆文，且比对四角大小，俱不符合"。又经三家店充当崇文门骡马税局书手胡德云验看，"韩玉田这张票上的印信没有篆迹，又小又斜，不是崇文门税课司的，至票上字迹，认系魏家骡店魏连所写"。③

---

① 《僧格林沁、阿灵阿奏为密云穆家峪匪徒聚众殴差夺犯拆毁税局请饬顺天府查拿解部审办事》（道光三十年九月初六日），录副奏折：03-4075-035。
② 《掌浙江道监察御史刘有铭奏为剔弊充课请崇文门左右翼监督查办密云县穆家峪新旧税局征收牛税事》（咸丰十年十月二十九日），录副奏片：03-4399-070。
③ 《巡视西城监察御史庆福、巡视西城监察御史潘恭辰奏为查出税票情弊请旨审办事》（嘉庆十七年九月二十三日），录副奏折：03-1788-004。

其三，煤税。

京师西山一带，煤厂甚多。咸丰初年，"因贼氛未靖，商民失业，道路鲜通，以致无款足额，经费愈亏"。在这种情形下，清政府四处开源，扩大收税范围。六年（1856），巡视西城御史奎斌奏请对京师西山煤厂进行收税。"煤之为利，无论公私上下、大家小户，无人不需，无地无时不需，其用既多，其利甚大"。但长期以来，很多煤矿私采，且官商勾结，众多煤商并不报官纳税，因此京西煤矿漏税现象极为严重。"近来殷实之户多于附京产煤处所开设煤厂，其在外州县者名为煤店，均系包买开窑。采出之煤，堆积厂中，或数万斤，或数百万斤。其买煤者车载驼驮，皆自煤场转运，而该商坐而渔利，并不报官纳税。官吏因其私开，从中抑勒，每年得受规钱，相与徇隐不报，此煤斤之漏税由来也。"

相比于酒税，"煤之利，较烧锅奚啻倍蓰"。经御史奎斌初步调查，"京外各州县产煤处所设厂店者甚多，能照烧锅纳税，每年约可数万两"。但长期以来，"烧锅尚有上课之条，而煤厂独无纳税之例"。御史奎斌认为，"利源所在，弃之可惜"，而且"任听官吏从中抑勒，于民生亦无所裨"。加之，当时清政府急需扩大财政收入，因此他建议仿照烧锅之例，对煤进行征税。①

此外，还有顺天府属大兴、宛平两县所征收之税。

例如门面税。京城前三门外大小居民铺户，向来有门面税一项，由大兴、宛平二县征收，共额征银四千五百两有零。乾隆四年（1739）九月，兵科给事中邵锦涛奏请减免前三门各铺户的门面税，认为"居民铺面非系己产，即系租房，其铺中货物各由地头进京，水陆关津，俱已上税。门面一项，似可无庸再行输纳"。况且，"两县给发铺户印照，内开毋许差役包揽代交，该铺户亦毋许倩人代纳。及臣细访，各铺户并非亲身赴县交纳，俱系该县吏役到铺征收，分别填写上、中、下户及银两数目，给发印照，其间难免吏胥浮冒侵蚀"。经军机大臣议准，"两县门面税银业经屡次减免，为数无多，征收已久，且存为经费垫道等需，与出夫者无异，似不必概行蠲免"。至于所称吏胥浮冒侵蚀，则交直隶总督查明办理。②

又如行户、当铺税。按照惯例，由"大、宛两县征收行税银两"，而且对于行户、当铺"向例三年编审一次"，确定为上、中、下三种，上户

---

① 《巡视西城御史奎斌奏请援案征收煤厂课税事》（咸丰六年十二月二十四日），录副奏折：03-4396-016。

② 《清高宗实录》卷100，乾隆四年九月丙辰。

征银5两，中户征银2两5钱，下户例不征收。其中，大兴县每年额征银2170两，宛平县每年额征银2087两5钱。乾隆十七年（1752），经户部会同顺天府尹奏准，"停止三年编审"，改为"每年贰月内委员会同该二县，将各行铺亲身查点一次，分别上户、中户，填给由单，按季造册报部，应征税银，尽收尽解，于岁内全清，不得较历年报解有亏"。

但长期以来，两县所属当铺额征税基本固定不变，无论是关闭还是新开，都没有统计在案，并进行相应税额的增减。在实际情形中，京城行户、当铺数量是呈上升趋势的，两县完成额征的同时，管理者尤其是吏胥人员往往把持税收，带来很多弊端。

乾隆二十一年（1756）七月，直隶布政使奉户部委派，会同大、宛两县，清查两县所属行税。大兴县查出上户179户，中户815户，共征银2732两5钱。宛平县查出上户114户，中户875户，共征银2757两5钱，"较之原额均有多余"。但两县漏税的问题依然比较严重。

大兴县呈报，所属东北城安定门外"民居稠密，铺户亦多，向来并不征税，其因何不征之故，又无案册可稽"。考虑到"此时若不详加查办，恐复启书役侵隐诈骗之端"，于是，奏请"将安定门各行户照例一并征收"。大兴县额征当铺，原额99座，每年税银495两，"遇有开闭私相顶替，并不报明收除"。经查有新开当铺14座，城乡新开小当26座，合之旧额，通共民当139座。王公当铺已报税者9座，俱于乾隆二十一年（1756）为始，"照依行税之例给单办课"。此外尚有王公当铺7座，恩赏并滋生当铺13座，"向不纳税"。

宛平县呈报，所属当税一项，原额当铺126座，每年税银630两，同样是"开闭并不报明收除"。经查有新开当铺9座，城乡新开小当12座，合之原额，通共民当147座。王公当铺已报税者7座，俱于乾隆二十一年（1756）为始交纳税银。续查出王公当铺4座，俱于乾隆二十二年（1757）为始交纳税银。以上各当，共158座，应照依行税之例，散给由单办课。此外，尚有王公当铺9座，又恩赏并滋生当铺13座，向不纳税。

按照定例，直隶所属当税当铺1座，每年例纳税银5两，"如有新开，尽收尽解"。对于大兴县查出的新开当铺并城乡小当共40座、王公当铺9座，共应交纳税银245两。宛平县查出新开当铺并城乡小当共21座、王公当铺7座，共应交纳税银140两，应自乾隆二十一年（1756）为始，"同原额当税一体征收奏报"。至于大、宛二县所有内务府滋生各当，"原系官当，向不纳税，应仍照旧免纳"。其王公当铺36座，除已纳税外，未纳税者计16座，大兴县7座，宛平县9座。①

清代崇文门税关弊端丛生，几乎成为人人惧怕的鬼门关。

一是索贿。道光三年（1823）十二月，浙江武进士杨銮候选进京，崇文门税局吏役"计箱索贿，且以十二两之税，勒罚至数百两之多"。②按理说，"各城门税口应税货物，自有一定则例，此外不准丝毫藉端需索"，但事实上，如果执行管理不严格，加之管理人员借机勒索受贿，导致再好的制度和规定也永远都只是个摆设。道光十七年（1837）六月，据给事中沈鑅奏，"近来各门税口，于寻常行李，任意勒索钱文，更有不肖营兵及无赖匪徒冒充差役，拦阻讹诈，实为行旅之害，而右安门为尤甚"。给事中沈鑅认为严查是应该的，但若仅交由崇文门监督及步军统领衙门查究，然后责成该都司查拿，不过是左手查右手，徒具形式，"恐层层蒙蔽，仍不免有名无实"。③

二是税则不公开，私立名目。清制，户部税则分门逐类，各有定额，而且崇文门还有自己的商税细则。由于"各关口应立之税课木榜并详单小本，均不竖立刊刻"，以至于"商买不知税例多寡，任听家人吏役，额外抑派，多收少报，亏课病商"。④道光二年（1822），经御史许乃济奏准，"各关征税科则"，应由该管官"详刊木榜，竖立关口街市"。而长期以来，崇文门税局"书役恣意婪索，苛及行旅"，"于寻常行李往来，不论有无货物，每衣箱一只勒索银二两、四两至八两之多"。哪怕是偶然携带常用物件，因携带者不了解应税科则，往往被随意处罚。即便有照例开报纳税者，又以输课无多，也是百般刁难，否则押赴官店守候，不准放行。清政府遂命崇文门监督遵照定例，在崇文门及分口巡查之卢沟桥、东坝、板桥、海淀等处"一律添设木榜"。同时，顺天府"刊刷科则定例，每年颁发，俾众咸知"。⑤同治三年（1864）十二月十七日，巡视西城浙江道监察御史奎英再次奏请，令崇文门税局遵照定例，在崇文门及分口巡查之卢沟桥、东坝、海淀、板桥等处，添设木榜，公示税收科则。⑥

私立名目，最为典型的是行李税。对于来京考试的举子，清政府虽然

---

① 《户部尚书蒋溥、署理户部左侍郎吉庆题为遵议直隶大宛两县上年清查行户当铺应征行税事》（乾隆二十二年八月二十八日），户科题本：02-01-04-15056-019。
② 《清宣宗实录》卷63，道光三年十二月丁巳。
③ 《清宣宗实录》卷298，道光十七年六月壬子。
④ 《清仁宗实录》卷293，嘉庆十九年七月丁巳。
⑤ 《清宣宗实录》卷29，道光二年二月甲申。
⑥ 《巡视西城浙江道监察御史奎英奏为除莠安良绥靖地方敬陈管见四条事》（同治三年十二月十七日），录副奏折：03-9526-007。

屡谕崇文门监督"不必查其行李",但巡役人员"未必奉行尽善"。同时,为避免不肖之徒"假冒举子名色,夹带货物",雍正五年(1727)闰三月,雍正帝命于卢沟桥查税之所"设立店房",令举子"即于店内安放行李",如果确系"无应行上税之项","给与照票,令其入城,广宁门不必重查"。① 乾隆二十九年(1764)十二月,御史汪新奏称,自己"携带箱只进城,有巡役要去饭钱三百文"。② 嘉庆五年(1800)二月,有监生进京,过卢沟桥时,先是被管税监督之人等讹索钱文,等到了广宁门,又被拦阻需索。该监生因所携钱文已在卢沟桥用尽,无可给予,结果不准进城,"只得绕至便门",而便门人役"仍将该监生及行李送至崇文门税务厅查验"。经该厅将箱笼开看,并无应行上税之物,始肯放行。这位监生本在广宁门内居住,"因各处婪索,辗转绕道,以致守候两昼夜,方得到寓"。此外,又有前往易州贸易之浙江人进京"被税上索钱十余千,业经放行"。③ 清末,甚至到了"行李往来,不论有无货物,一概留难勒索"④ 的地步。

三是海巡暴力执法,白役胡作非为。崇文门税关设有巡逻稽查人员,称为海巡,其目的"原以访拿偷漏",但是后来"所派海巡并不亲赴稽查",而是"竟以跟役私人为耳目,以致招集市井无赖,讹诈客商,扰害行旅"。海巡甚至私自雇佣白役,而白役大多出身无赖,"难保无多年盘踞愍不畏法之人",而且自恃"卯簿无名",非衙门中正式杂役人员,即便"酿成事端",一时间也难以查获,追究不到自己头上。因此,这些海巡与白役往往"肆行吓诈",招摇影射者层出不穷。⑤ 甚至妄指漏税,随意勒索,乃至酿出人命。例如,道光二十二年(1842)八月,朝阳门外百胜庄居民马大于八月十五日买酒五斤,进城准备送人,结果在朝阳门被海巡钟三等人拿获,"说他售卖私酒,解送税课司,打了八十板子,罚银二十八两",因责打过重,最后马大身亡。⑥

按理说,正常合理的榷关税收是调节经济发展和支撑国家政治社会治理的重要财政来源,适当的税收有利于经济发展,维护政治社会的稳定,

---

① 《清世宗实录》卷55,雍正五年闰三月癸酉。
② 《清高宗实录》卷724,乾隆二十九年十二月丙戌。
③ 《清仁宗实录》卷59,嘉庆五年二月辛卯。
④ 《清德宗实录》卷162,光绪九年四月辛亥。
⑤ 《清宣宗实录》卷323,道光十九年六月甲申。
⑥ 《巡视东城工科掌印给事中萨霖、署巡视东城兵科掌印给事中董宗远奏为验讯民人马大杖责身死供词不符请将韩四等交刑部审讯事》(道光二十二年九月初七日),录副奏折:03-4069-043。

而弊端丛生的税收则会破坏经济发展，成为政治腐败的无底洞。崇文门税关对过往商货的盘剥勒索，成为清代皇权专制滥用政治权力干扰经济发展的典型，严重破坏正常的商货流通，成为"专制国家限制商人自由营运，分割商人财富的有效工具，是抑商政策的一个重要组成部分，是禁锢市场发育的一大绳索"①。

三、钱法与金融

传统中国向来缺乏比较完善且顺应经济发展规律的货币制度，清代也不例外，有时甚至显得颇为混乱。当时实行白银、铜钱并用的双本位货币制度，一般大额交易、国家财政收支都使用银两，而在日常生活中，制钱即铜钱是主要的流通货币。②清代货币铸造由京城和地方共同完成，在京城设有户部宝泉局和工部宝源局铸造制钱，地方各省也设有铸钱局，按照朝廷规定的统一规格铸造，统一由官府发行。就货币供应和流通而言，京城货币铸造是全国货币体系的根基和关键。

由于铸造制钱的材料供应、工艺要求以及发行目的等问题的局限，导致清代私铸私销、铸造数量的控制等问题一直都未能得到很好的解决。银钱比价是清代货币金融的核心问题，清政府所采取的制钱规格、铸造数量、滇铜运京及洋铜采买等诸多措施，也大都围绕着银钱比价在调整，且大多数时候是钱贵银贱。此外，清代货币制度在清中期以后越来越不适应商品经济和国内外贸易经济的发展需要，长期以来适用于小农经济的货币政策弊端丛生，钱价昂贵，私毁私铸泛滥，地下钱会和高利贷层出不穷，更没有统一、适用的货币存贷和结算体系。

清代京城货币流通量大，金融服务需求旺盛，诸如钱庄银号、当铺、印局、账局，在一定程度上都是当时北京经济商贸发展需求下的金融产物，但由于缺乏制度层面的运行机制和理念设计，这些金融机构兴废不一，且始终未能形成走向近现代的金融体系。

1. 制钱与官票

大致而言，清代钱法经历了三个阶段，即清初至雍正朝初期的制钱规

---

① 萧国亮：《皇权与中国社会经济》，北京：新华出版社1991年，第104页。
② 散碎银两的支付主要用于价值较高的商货。据康熙年间俄国使团成员记述："流通的银子是不大的银块。买东西时要付多少，就用铁钳或剪刀剪下多少。因此中国人总是带着小剪刀和戥子，放在膝旁，还带着约半肘尺长的细秤杆，秤杆上挂着放在小木盒里的秤锤。"（[荷]伊兹勃兰特·伊台斯、[德]亚当·勃兰德：《俄国使团使华笔记：1692—1695》，第237页）

格调整时期、乾隆朝至道光朝的钱法稳定时期，以及咸丰朝至清末的币制改革与混乱时期。

第一阶段是顺治朝至雍正朝，主要以调整制钱规格、回收旧钱、严禁私铸为主。

清军入关之初，在沿用明代制钱的同时，开始铸造新钱"顺治通宝"。随着统一进程的推进，除了京师宝泉局之外，陆续开放大同、密云、延绥、荆州等地鼓铸。由于"各省开炉太多，铸钱不精，以致奸民乘机盗铸，钱愈多愈贱，私钱公行，官钱壅滞，官民两受其病"，于是在顺治十四年（1657）清政府谕令"各省铸炉当一概停止，独令宝泉局鼓铸"，同时规定"现行之钱姑准暂用，三年以后止用新铸制钱，旧钱尽行销毁"。①康熙六年（1667）十二月，又命各省复开鼓铸。②

制钱是由铜、铅、锡等金属按照一定比例铸造而成，其中主要原料是黄铜，这也是很多铜器制作的原材料，因此在清代始终存在着货币铸造与铜器制作争夺原材料的矛盾问题。而且制钱的铸造与熔化，并没有多少技术上的门槛，防伪性能差，一旦制钱材料本身的价值高于钱文面值，则私毁者多，反之，当制钱材料本身的价值低于钱文面值时，则易于出现私铸的现象。

康熙十八年（1679）九月，因制钱日少，价值腾贵，在回收旧钱、改铸新钱的同时，命各部院衙门四处搜集"所有废铜器皿、毁坏铜钟及废红衣大小铜炮，并直隶各省所存废红衣大小铜炮"，解送户部鼓铸铜钱。③十月，经户部奏准，颁布钱法十二条。除了规定制钱增加重量至一钱四分、禁止毁钱制铜之外，其主要措施仍是通过各官差买铜、搜集废铜、鼓励开采铜铅等措施，加大铜的供应。④

清初制钱的重量也屡次变化，顺治元年（1644）每文铸重一钱，二年（1645）改铸一钱二分，十四年（1657）加至一钱四分。由于每文制钱的重量较重，以至于民间私毁制钱、制作铜器以牟利的现象日趋严重。于是康熙二十三年（1684），清政府因销毁弊多，再次改定制钱重量为一钱。

康熙二十三年九月，管理钱法侍郎陈廷敬奏称，"定例每钱一串值银一两，今每银一两仅得钱八九百文不等"，并认为"钱日少而贵"的原因是"奸宄不法之徒毁钱作铜，牟利所致"。因为，铜价每斤值银一钱四五

---

① 《清世祖实录》卷111，顺治十四年九月己巳。
② 《清圣祖实录》卷24，康熙六年十二月癸未。
③ 《清圣祖实录》卷84，康熙十八年九月乙巳。
④ 《清圣祖实录》卷85，康熙十八年十月丙寅。

分不等,一两银仅买铜七斤有余,而毁钱一串可以得铜八斤十二两。因此,陈廷敬建议:"欲除毁钱之弊,求制钱之多,莫若鼓铸稍轻之钱,每钱约重一钱。毁钱为铜,既无厚利,则毁钱之弊自绝。"另外,应鼓励产铅铜地方"任民采取,则铜日多而价自平"。康熙帝批准陈廷敬建议,将制钱重量减轻,定为一钱,同时"开采铜斤听民自便"。①

直到康熙二十四年(1685)五月,福建等地方仍有明代旧钱流通,郎中塞楞额奏请应在福建设炉二十座铸钱,"将明代旧钱悉行销毁"。但康熙帝认为"旧钱流布不止福建一省,他省亦皆有之,止可听其从容销去",不宜"骤为禁止"。②

制钱轻则易于引起私铸,自康熙二十三年改定制钱每文重一钱以来,民间私铸现象日趋严重。至康熙四十年(1701)左右,钱价稍贱,民间私铸严重,康熙四十一年(1702)十月经大学士等奏准,"改铸大式,停止鼓铸小钱",以提高私铸制钱的成本,再次要求"铸钱每文重一钱四分,停止旧式小钱鼓铸",三年之内"许大小互用,大钱足用,则小钱可渐次销毁"。③

为提升钱价,大学士等又奏请收买旧钱。康熙四十五年(1706)四月,康熙帝与大学士商议收买民间旧制钱时说:"今钱价贱者,皆私钱多之故也。果欲力禁私钱,何难之有?明代尚能行纸钞,岂有不能禁私钱之理?但与其严行禁止,毋宁和平处置。"虽然康熙帝同意了大学士动用库银十万两"在京收买"旧制钱予以改铸的建议,但也要求"视钱价贵后,不时奏闻"。④ 为了民间使用之便,销毁小制钱,也要避免走向极端。因此,当康熙五十三年(1714)户部题报"禁用小钱限期三年已满,见今大钱不敷用度,请将小钱再展限三年,与大钱兼用"时,康熙帝说:"钱法必期便民,若不计便民而但期法之必行,严加禁止亦有何益?"⑤

"京师钱局每岁鼓铸",按理"制钱应日加增",但进入雍正朝后,实际的情形是"各省未得流布,民用不敷"。在雍正帝看来,其主要原因还在于"必有销毁官钱以为私铸者"。⑥ 雍正四年(1726),清政府再次严查铜器的制作,这是继康熙十八年(1679)、三十年(1691)后的第三次查禁。

---

① 《清圣祖实录》卷116,康熙二十三年九月丙寅。
② 《清圣祖实录》卷121,康熙二十四年五月庚申。
③ 《清圣祖实录》卷210,康熙四十一年十月乙巳。
④ 《清圣祖实录》卷225,康熙四十五年四月己亥。
⑤ 《清圣祖实录》卷258,康熙五十三年正月癸未。
⑥ 《清世宗实录》卷32,雍正三年五月癸丑。

当年正月，御史觉罗勒因特疏奏，"欲杜私毁制钱之弊，必先于铜禁加严"。他认为，在康熙二十三年（1684）时，大制钱改铸重一钱，当时"即有奸民私毁"。可是到了康熙四十一年（1702），即便每文增重为一钱四分，而"钱价益复昂贵"，其原因在于"皆由私毁不绝，制钱日少故也"。而私毁制钱的背后是利益的驱动，因为一两银子可以兑换大钱八百四五十文，约重七斤有余，而将这些铜制成铜器，"可卖银二三两"。例如，烟袋一物，"虽属微小，然用者甚多，毁钱十文，制成烟袋一具，辄值百文有余"。毁钱制成铜制品的利润如此丰厚，"奸民图十倍之利，安得不毁？"雍正帝谕令步军统领、五城、顺天府严禁民间使用黄铜，红白铜器"仍照常行用"；黄铜所铸，"除乐器、军器、天平法马、戥子及五斤以下之圆镜不禁外，其余不论大小器物，俱不得用黄铜铸造。其已成者，俱作废铜交官"。① 清政府希望通过严格限制黄铜的使用，打击民间私毁制钱的现象。

雍正四年（1726）九月，清政府又明确限定使用铜器的身份级别，"除三品以上官员准用铜器外，其余人等不得用黄铜器皿"。同时，定限三年，无论旗民，都要捐出自家的所有黄铜器皿，"官给应得之价"，违者重治其罪。② 五年（1727）四月，谕令京城各处铺户人等，不得制造黄铜新器，违者照例治罪。③ 九月，鉴于"从前曾斟酌三品以上许用黄铜器皿，今觉滥用者多"，于是又提升限制门槛，规定只有一品官员之家器皿许用黄铜，其余一律禁止。④

雍正九年（1731），"京师钱价昂贵"，七月户部制定新规，严禁制钱贩运出京，"有贩运出京及囤积居奇者，即行拿究"。又令五城粜卖仓米所收钱文，尽快流转，"发五城钱铺，照定价九百五十文兑换"后，"即令官钱铺将所换银两，照时价收钱，循环流转"。又规定银钱兑换，定价每市平纹银一两，换大制钱九百五十文，"俟市价渐增，官价亦渐增添，以银一两合大制钱一千文为率，不得因市价而递减"。同时，查禁所谓"长短钱"，即不得"豫发本银，于大小铺户收卖制钱，多藏堆积，俟钱贵始行发卖"。⑤

"铜重则滋销毁，本轻则多私铸"，这是清代经常面临的一个困境。由

---

① 《清世宗实录》卷40，雍正四年正月己未。
② 《清世宗实录》卷48，雍正四年九月丙申。
③ 《清世宗实录》卷56，雍正五年四月壬辰。
④ 《清世宗实录》卷61，雍正五年九月乙卯。
⑤ 《清世宗实录》卷108，雍正九年七月戊辰。

于"钱重铜多，徒滋销毁"，而且民间私毁时"不须重本，便可随时镕化"，成本低，利润大。为此，雍正十一年（1733）十一月，雍正帝又命调整制钱重量为一钱二分。①

第二阶段是乾隆朝至道光朝，主要解决铜的供应，增加制钱的供应量。

乾隆初年，因京城钱价过昂，乾隆帝特命诸臣条奏具体解决办法。乾隆三年（1738）三月，在京城"设立官局以平市价，而钱价近复加昂"②。同月，经御史明德奏准，限制制钱流向外地，尤其是通州"粮船回空，不许多带钱文"。他说："粮船回空并民船南下，竟有在通州张家湾等处装载制钱，以作压空，随遇价昂之处货卖，故沿途各省并不开铸，而钱价反平于京。"对于南下民船，可以携带日用之钱，但不得成捆连包地随船搬运。③ 乾隆九年（1744），大学士九卿在寻求解决京城钱价昂贵的途径时，再次指出"奸商每于出京时，将制钱车载马驮"，"回空漕船亦往往多载钱文，希图兴贩获利"，"京局所铸之钱，岂能供各省之用"④，要求严禁。

此外，更多的建议指向对京城当铺预存和使用制钱的整顿与限制。御史陶正靖则奏请革除钱行经纪，称"钱法之蠹莫如经纪"，"京城经纪或坑陷远客累百盈千，或欺骗乡愚，历时淹月，市侩垄断"。钱行经纪不但未能稳定钱价，反而造成"不惟钱价贵，而物价亦未得其平"的结果。因此，他奏请将钱行经纪"一切革罢，凡银钱交易，概不许经纪干预"。

另外，御史陶正靖认为"铜禁亦未宜遽弛"，而且建议"太常乐器、宫中需用铜器，并民间所需青铜镜等"，统一由"工部开局铸造"。此外，不论什么成色的铜器，"凡可以耗铜者一切禁断，违者准律治罪"。通政使司左通政李世倬则奏称，"白铜、红铜原非禁列，惟黄铜实与制钱表里，莫若照货物交易例，竟用经纪，请嗣后一切黄铜器皿买卖悉凭经纪"。李世倬不建议全然禁止，而是要区分用途，只将黄铜交易进行管控，至于白铜、红铜则不必禁止，增加铜的供应量才是关键。

关于铜禁，掌陕西道事、湖广道监察御史朱凤英则持不同意见，"禁铜以累民，盍若不禁？而思所以裕铜之道，故言钱法，必以铜斤为本，而

---

① 《清世宗实录》卷137，雍正十一年十一月癸巳。
② 《清高宗实录》卷64，乾隆三年三月丁巳。
③ 《户部尚书海望奏议御史明德陈请将京城当铺限当钱文各款事》（乾隆三年三月初六日），朱批奏折：04-01-35-1228-003。
④ 《钦定皇朝文献通考》卷16《钱币考四》，文渊阁《四库全书》影印本第632册，第347-348页。

言铜斤必以足民为先，未有民铜贵而官铜得饶"。因此，建议"除洋人自带铜斤，应照部议平买收贮外，其有商民过洋购来之铜，听其售贸"。

对于以上奏请，乾隆三年（1738）六月十七日，大学士鄂尔泰等奉旨议奏，同意御史陶正靖所请，"嗣后将钱行经纪概行革除，凡银钱交易悉听民间自相买卖，不许经纪干预"。至于陶正靖奏请令工部开局铸镜、禁止民间制造铜器之处，则未予同意。对于左通政李世倬、御史朱凤英所请，则予以认可。①

乾隆四年（1739）十月，广东道监察御史钟衡在上折中认为，关于铜禁、钱行经纪、民间私毁铜钱的讨论，都没有抓住京城钱文短少的关键。"近年来京师钱文短少，议者或以为铜禁未开，乃铜禁开关而仍如故，或以为钱牙未革，乃钱牙革矣而仍如故，或以为囤积居奇，或又以为暗行销毁，臣窃谓未当然也。"在他看来，京师两局所铸造制钱不能满足全国需要，才是问题的根本。"京师之广，五方之人众，仕宦商贾连骑出都者，每日何啻数千百辈？或带制钱五百或一千，每日何啻数千百串？且各省所用钱文俱仰需于户工两局，此京师钱文之缺也。外省如云南则本省鼓铸，贵州现今请添炉鼓铸，广西一省于云南解运抵换，故制钱通行，民资利益。他如江西之南昌、九江、临江、吉安等府俱用小钱，每串纹银八钱六七分不等，广东之三水、清远、番禺、南海等县市行并非制钱，皆唐、宋、元、明及无名年号之钱，称为古老钱，每串纹银八钱五六分不等。湖广行使钱文则用康熙、雍正、乾隆大钱居中，两头用各种杂色铜片碎小轻薄之钱，掺杂成串，每百不满四寸，纹银一两，易制钱七百七八十文，每钱一百掺入薄小钱一二十文。近来浙闽二省钱文不足，甚于往日，此外省钱文之缺也。其故皆由于京师两局不能遍给各省，而各省又未开局鼓铸，以致钱文日益缺少，钱价日益昂贵。"因此，钟衡奏请："莫若于各省之中择其地之居中者设立鼓铸，广布钱文，以济各省之用。"② 归根结底，是要增加制钱的供应量。

乾隆七年（1742）四月，由于前经御史陶正靖奏请，将京城钱行经纪裁革，"以致囤钱铺户无人说合，转致居奇"。经步军统领舒赫德奏准，又恢复设立，"仍设经纪十二名，交该府尹，行令大、宛二县，召募老成殷实者，领帖充当"。同时，规定铺户囤钱"以五十千文为率"。③

---

① 《大学士鄂尔泰奏议陶正靖等陈请革除钱行经纪等事》（乾隆三年六月十七日），朱批奏折：04-01-35-1228-011。
② 《广东道监察御史钟衡奏陈鼓铸钱文事》（乾隆四年十月），录副奏折：03-0768-043。
③ 《清高宗实录》卷165，乾隆七年四月乙巳。

为强化对京城制作铜器铺户的管理，乾隆九年（1744）十月，经大学士鄂尔泰等奏准，对京城内外镕铜打造铜器的铺户，进行统一管理。据查，京城内外、八旗三营地方，现有镕铜大局6处，铜铺432座，其中，只卖现成铜器、不设炉的铺户68座，设炉铺户364座，"逐日镕化打造"。而"京城废铜器无几，崇文门过税之铜每年仅三百万斤，断不敷打造之用，势必出于销钱"。因此，应将炉座铺户，于京城内外、八旗三营地方，专门拨出官房36处计791间，"即令伊等搬住开设，镕铜打造"。所有官房内开设各铺户，交步军统领等衙门派拨官弁稽查，将每日进铺铜斤若干，并镕化打造、出铺铜斤若干，逐日验明。①

为了杜绝私毁制钱，乾隆十四年（1749）五月，瑚宝奏请增加制钱的面值。"仿照以一当二之法，将钱文铸重一钱六分，并于钱文内铸明二厘字样，则每钱百文止重一斤，毁之仅值银二钱，不惟无利，而反折钱四十文。奸棍无利可图，则销毁之弊自除。"乾隆帝予以驳回。因为，面值加倍，反而会引诱私铸泛滥，"欲杜私销而转启私铸之弊，将销毁益甚"。如果按照瑚宝所奏请，"改铸当二钱，谓每钱百文，重止一斤，毁之仅值银二钱"，尽管"毁钱售铜，则铸轻固无从获利"，但"若毁以私铸，则毁钱一千，可铸当二钱七百五十文，抵现钱一千五百文"，其结果是，"欲杜盗销之一弊"，却反而"更滋盗铸、盗销之二弊矣"。②

乾隆四十一年（1776）时，"京师钱价日增，纹银一两止易大制钱八百八十五文，较之四月，少换制钱七十文"③。乾隆四十四年六月，"京师钱价自春间渐至增长，现在旗民换钱，每市平一两，只合制钱八百文有零"。又据称，"市中报价每两换钱九百，而民间兑换，实止八百有余"。④

至乾隆五十九年（1794）六月，京城出现"钱价过贱"的现象，"在小民零星日用，虽不无便益"，但却不利于商人，"商人往来运贩，捆载携带，既多累重且交纳帑课，例用银两，以钱易银，更形折耗，以致成本多亏。是钱价过贱，虽于贫民日用稍便，实于商民有碍"。⑤为此，乾隆帝一面令步军统领衙门、五城、顺天府"查禁小钱"，一面令户、工二局"各减二十卯"，减少鼓铸。其他"各省鼓铸，亦经通饬各督抚酌量停止"。⑥同时，发放兵饷时，改为足额银两，而不再搭放制钱。

---

① 《清高宗实录》卷226，乾隆九年十月壬子。
② 《清高宗实录》卷341，乾隆十四年五月戊辰。
③ 《清高宗实录》卷1009，乾隆四十一年五月丙申。
④ 《清高宗实录》卷1085，乾隆四十四年六月己巳。
⑤ 《清高宗实录》卷1454，乾隆五十九年六月丙寅。
⑥ 《清高宗实录》卷1455，乾隆五十九年六月丙子。

进入嘉庆朝后，鉴于"京局工匠人等旷闲日久，生计维艰"，于是命户部"将从前停铸之三十五卯，先复十七卯，工部停铸之三十卯，先复十五卯"。① 四月，"钱价仍未甚平"，所有户、工二局"全复旧卯鼓铸"。② 至于嘉庆九年（1804），京城又恢复"钱价过昂"的状态。嘉庆帝令"户、工两局按卯鼓铸，毫无短缺"，同时令"各省钱局应铸钱文，务令按卯如数鼓铸，毋许有偷减虚报"。③

京城制钱的供应量往往取决于运京滇铜（还有铅）的数量。自乾隆年间大力开发滇铜以后，每年增至六百余万斤，除了运送京师以后，还准"运员将余铜纳税出售，通商便民"。与此同时，"云南、四川等省厂铜，除抽课外，商人按成售卖，京师市肆收买者为数不少"。因此，乾隆、嘉庆两朝，京城铜矿资源的供应相对以往，较为充足，而且"街市铜器并非出自私销"。④

道光五年（1825）十一月，销毁制钱的现象再次抬头。御史熊遇泰奏称："奸民暗毁制钱，打造铜器，如炭炉一件，自数十斤至百余斤不等，皆以黄铜为之。又有以制钱装入烟煤锅内煎熬成水而化绿色颜料者，有以制钱藏入地窖，盐醋浸烂而成颜料者。"⑤ 但熊遇泰奏请"逐户挨查"的建议未获采纳，道光帝命步军统领、顺天府、五城按照旧例，严禁"私销私铸"之外，"其制造器皿，仍听民间自便，无庸概行查禁"。⑥ 鸦片战争前后，由于白银外流严重，银钱比价矛盾进一步加剧。道光十八年（1838）十一月，由于私铸充斥，梁章钜奏请"改铸大钱"⑦，经户部议奏，未能采纳。

第三阶段是咸丰朝至清末，主要是改革币制，发行宝钞和铜圆。

进入咸丰朝后，面对太平天国起义的压力，清政府军饷紧急，财政困难，加之南方滇铜进京道路阻塞，改革币制的呼声渐起。

首先是钞法之议。此前，嘉庆、道光朝时期，京城乃至各省钱铺开始大量推出钱票，虽然时有钱铺借机诓骗银钱的现象，但钱票有益于商民的客观事实逐渐被人们接受。也正是看到了这一益处，主张发行纸币的意见逐渐增多，但一开始遇到的阻力很大。道光朝的王鎏撰《钞币刍言》，未

---

① 《清仁宗实录》卷38，嘉庆四年正月丁亥。
② 《清仁宗实录》卷49，嘉庆四年四月己卯。
③ 《清仁宗实录》卷143，嘉庆十年五月甲申。
④ 《清宣宗实录》卷91，道光五年十一月壬寅。
⑤ 《清宣宗实录》卷91，道光五年十一月丁亥。
⑥ 《清宣宗实录》卷91，道光五年十一月壬寅。
⑦ 《清宣宗实录》卷316，道光十八年十一月丙午。

被道光帝采纳。咸丰元年（1851），王茂荫上《条议钞法折》，户部以窒碍难行，也没有采纳。咸丰二年（1852）六月，福建巡抚王懿德奏请筹行钞法，以济急需，但是军机大臣会同户部议奏时认为，"民间行用铺户银钱各票，乃取银取钱之据。若用钞，则钞即为银，钞即为钱，与铺户各票之持以取银钱者不同，必致民情不信，滞碍难行"。① 结果王懿德奏请"改行钞法"的建议，也被清政府否决。

尽管一再被拒，但此后向清政府提出实行钞法的奏请并没有停止，甚至京城"有造谣生事，谓须禁止民间钱票及以钞发商、勒令交银"的传言。咸丰三年（1853）初，大学士兼管户部尚书祁寯藻再次奏请咸丰帝考虑发行官钞的问题。咸丰帝这才谕内阁："至钞法由来已久，本朝初年亦行之，近日诸臣纷纷陈请。此事原以济国用之不足，既非废银用钞，亦非责商缴银。部库出入通行，不令稍有畸轻畸重，正当行之久远，俾天下咸知钞为国宝，与银钱并重。部库收发一律，既足示信而祛疑，而民间以渐而通，亦可利用而行远。"咸丰帝命户部妥议速行。与此同时，要求"其各银号钱铺所用私票，仍令照常行用"。对于传谣者，令该旗营地方各官"立即严究造谣之人，拿获惩办"，由步军统领衙门、顺天府、五城晓谕京城居民，"各安本业，贸易如常，毋得听信浮言"。②

咸丰三年（1853）二月，具体承办钞法的左都御史花沙纳、陕西道御史王茂荫会同户部，向朝廷进呈"官票式样"以及拟办章程。咸丰帝允其所请，确定官钞"先于京师行用，俟流通渐广，再行颁发各省"。"官票之行，与银钱并重，部库出入收放相均"。同时，"民间银钱私票行用，仍听其便，商贾交易，亦无抑勒"。③

五月初二日，湖广道监察御史贾世行奏请开设官票局四处，每局添给官银票二十五万两、官钱票二百万吊，"令其借给各帐局、典肆"，利息三四厘，或半年一交，或一年一交。钱票不仅可以准其抵作现钱，而且遇有交官之项，也可以持此票交纳，"此票之珍重，一如现钱"，而且民间便于携带和流通。④

然而，官票推行之初，便因难以兑换、不能流通等障碍而遭遇信任危机。"官银票不准搭解部库"，结果导致"此名一出，官票即恐不行"。而

---

① 《清文宗实录》卷64，咸丰二年六月丁未。
② 《清文宗实录》卷85，咸丰三年二月辛卯。
③ 《清文宗实录》卷86，咸丰三年二月壬寅。
④ 《湖广道监察御史贾世行奏请将官票借给帐局典肆以济民用事》（咸丰三年五月初二日），录副奏折：03-9506-046。

且"官银票不准向官局取银",既然不能取银,票有何用?结果,"官铺多不愿收票,有持票至者,非刁难不收,即抑勒市价,较之现银易钱一两少至数百文"。① 即便能用,也是价值大打折扣。清政府诸多自乱阵脚的措施,很快便导致官票贬值、失信。咸丰五年(1855)九月,票银一两、宝钞一千,都只能兑换制钱四五百文。② 咸丰十一年(1861)六月,"银贵票贱,票多钱少,以致每票一千民间止换现钱四百余文,各行生意视钱票几同废纸"③。

其次是改铸大钱。咸丰三年(1853),清政府在发行官票、宝钞的同时,开始改易制钱,铸造重量轻而面值大的"当十大钱",甚至在福建宝福局,铸造当十、当二十、当五十、当百大钱。④ 铜制钱之外,又铸铁钱。与官票的命运一样,一经问世,新铸大钱便迅速贬值,而且私铸泛滥,层出不穷。无奈之下,咸丰四年(1854)六月,户部奏请停铸当千、当五百大钱,庆惠等奏请停铸当二百、三百、四百大钱。咸丰帝"以折当稍重,恐于民间日用不无妨碍",于是"准其停铸"。⑤ 剩下的当百、当五十、当十大钱,虽然没有停止,但也渐形壅滞。

咸丰朝币制改革,引发了诸多混乱。咸丰七年(1857),京城出现"卖食铺户多有关闭,贫民藉端滋闹,竟有情急自尽者,人情汹汹"⑥。"乃近日以来,都城商民挑剔当十铜钱,愈出愈奇,不但沙眼、毛边、模糊、破损者挑剔不用,即轮廓完好、字画清晰,亦复私造名目,任意刁难。贫民持钱入市,每大钱壹串可用者不过二三百文,以致民生日蹙,争讼繁多。强壮者肆行盗窃,老弱者流为乞丐,旗民贫不聊生,群情不无惶惑。"⑦ 钱法混乱,导致物价飞涨。咸丰八年(1858)四月,山东道监察御史征麟奏称:"自钱法数变而后,商贾狡狯之徒百般诡谲,始则因铜当百当五十大钱,物价为之增长,继则因铁当十大钱,物价又为之增长。自上年春夏改铸铁制钱,朝廷钱法既定,市廛百货,自当皆持其平,讵一年

---

① 《河南道监察御史章嗣衡奏为官银票不准搭解部库不能取信于民等请妥议事》(咸丰三年八月二十二日),朱批奏折:03-9507-016。
② 《清文宗实录》卷177,咸丰五年九月癸酉。
③ 《署巡视中城御史承继奏为京城银价日昂大钱日短请饬户部速议章程事》(咸丰十一年六月十九日),录副奏折:03-9524-049。
④ 《清文宗实录》卷101,咸丰三年七月戊辰。
⑤ 《清文宗实录》卷135,咸丰四年六月癸卯。
⑥ 《巡视中城浙江道监察御史奏为当十铁钱壅滞酌拟疏通办法五条事》(咸丰七年正月十六日),录副奏折:03-9517-004。
⑦ 《巡视中城浙江道监察御史保恒奏为钱法壅滞请旨量为变通事》(咸丰七年七月十六日),录副奏折:03-9518-005。

有余，物价不但不能减落，且更逐日任意增长。即如食米，从前每石止卖十余吊文，今则每石二十余吊不止，猪肉每斤止卖二三百文，今则每斤六七百文不止。至于杂粮杂货零星食物以及一切日用之类，无一不腾贵异常，计自去秋至今增长，几至一倍。"① 同治元年（1862），清廷停止行钞。

无论是发行官票、宝钞，还是改铸大钱、增铸铁钱，咸丰朝的货币改革都未能达到预期的目的，所采取的很多措施缺乏统筹考虑，进退失据，不仅使原本就脆弱的货币金融运转体系雪上加霜，而且严重扰乱了日常经济生活。其失败的原因比较复杂，除了当时内忧外困的政治社会形势之外，清统治者缺乏适应经济社会发展的财政理论和货币思想是不可忽视的重要因素。

同治、光绪时期，清政府力图恢复银钱旧制，多铸制钱，但已经难有起色。光绪十六年（1890），清政府开始鼓铸银圆，并在京师创设银圆局。后来又发行铜圆。光绪二十九年（1903），京师试办银行。②

2. 钱铺与钱票

京城王公贵族、各级官员以及八旗兵丁的俸饷发放都是银两，而市面上的日常交易大多数用制钱，使用时需要兑换。另外，商贾为便于储存所赚取的大量钱文，百姓纳税，也都需要用制钱兑换银两。因此，钱铺是保障金融活动进程的重要设施。③ 钱铺（又称钱庄、钱店或银号）始于明代，有官铺、民铺之分，是传统社会中的专门金融机构，主要提供银钱兑换等业务。清初京城就有钱铺，经康熙、雍正时期陆续开设，至乾隆年间已有三百五十余家之多，钱铺资本或官筹，或商民自筹，或从户部银库和宝泉局库中承领，设立时需要向大兴、宛平两县衙门呈报，取得五家联名保结后，才能挂幌营业。

清前期钱贵银贱，清政府始终重视平抑钱价，其中一个可控的重要途径便是京城钱铺。雍正九年（1731）五月，雍正帝谕八旗都统等："八旗所设钱局，应照民间价值，逐渐减价，至每两换大制钱一千文而止。如此，则钱价自平，于民生实有裨益，其随时减价之处，八旗务须画一办理。"④ 同年七月，经户部奏准，五城十厂粜米"所得钱文，发五城钱铺，

---

① 《山东道监察御史征麟奏请饬步军统领会同顺天府五城出示晓谕严定物价不得任意增长事》（咸丰八年四月十六日），录副奏折：03-9519-037。
② 《清德宗实录》卷522，光绪二十九年十月癸酉。
③ 孙健：《北京古代经济史》，北京：北京燕山出版社1996年，第300页。
④ 《清世宗实录》卷106，雍正九年五月己巳。

照定价九百五十文兑换。俟此项兑完，即令官钱铺将所换银两，照时价收钱，循环流转"①。可见，钱铺不仅提供银钱兑换业务，在稳定京城钱价方面，也起着非常重要的作用。

由于不少钱铺为商民开办，以致钱铺随意关门、携款逃匿的现象屡有发生。嘉庆年间，"京城钱铺与钱市通同一气，兑换钱文，每千多有短少，往往换钱之人向争不理，并有狡猾铺户多出钱票，陡然关铺逃匿，致民人多受欺骗"。为加强监管，清政府要求新开钱铺实行五家联名互保制。嘉庆十五年（1810）二月，给事中何学林奏请，"严立章程，开张钱铺者必令五家互出保结。遇有关铺潜逃之事，即令保结之家照票分赔。其换出钱文，除照向例钱市与铺家准各扣底四文外，如有任意短少，许换钱之人扭禀地方官，随时究治"。②经查，当时京城有各铺"多至三百五十余家"，如果逐一建立互保名单，并不容易。于是，当年五月清政府"将从前旧有钱铺免其取保"，只规定"陆续新开之铺，仍遵前旨，取具五家互保"。③简言之，老店老办法，新店新办法，并未进行统一管理，这也为后来钱铺随意关张的现象愈演愈烈埋下了隐患。

散碎银两或者是几吊制钱，尚可随身携带，但如果量大，携带、保存都非常不便，而且容易发生偷盗现象。因此，在商品经济日益发展的清代中期，尤其是从事商货贸易的商贾进出北京，都对银钱的汇兑、存款乃至借贷业务有日益强烈的需求。因此自乾隆朝始，京城钱铺发放钱票的现象日增。"各铺户因居民人等以钱数有名无实，遂多兑给钱票以便使用，又复出'兑空票'，或另店转交，或约期发给有'日子票''外兑票'各名目，往往一空票付出，流转至十数家，卒不能照票取钱。"随着钱票的日益增多，伪造钱票也开始出现。"无赖匪徒见钱票如此推移，易于弊混，因摹造钱票式样，描印图记，以假混真，市肆掺杂行使。"即便被人认出使用假票，往往"钱无着落，结讼到官，跟究假票由来，已属辗转，售易牵涉多人，不胜究诘"，最后不了了之。

嘉庆十八年（1813）九月，巡视中城副指挥王钧拿获描印假票之郑升一案。据供，郑升曾描过三十余家字号，同伙尚有计四、郑三两人，并搜出油纸摹票四十余张，兼有骨骰十八颗，贯铅骰六颗。不久，又于南城拿获造作赌具之聂三一犯，当起出骨骰及锥锉各器具时，又搜出假钱票三张。据供假钱票也是郑升付给。

---

① 《清世宗实录》卷108，雍正九年七月戊辰。
② 《清仁宗实录》卷225，嘉庆十五年二月壬辰。
③ 《清仁宗实录》卷229，嘉庆十五年五月丁巳。

巡视中城监察御史嵩安等人认为，"假票之作，由于不用钱而用票兑用钱票之故，由于有虚数而无实钱，以致相率为伪，流弊滋纷，于商民均有妨害"。因此，奏请应"毋许钱铺及出兑钱文之各杂货等店行用短数钱文，不惟商民便业，而假票之弊亦可因以渐除"。① 钱票虽然有伪造，但其突破银钱兑换束缚的货币功能，替代携带颇为不便的制钱交易，其作用适应了经济发展的需要。"钱票实便于用，势不能禁"，因此，嘉庆朝以后的钱铺钱票、票号发展，并没有因类似的查禁而停止。

也正因为此，嘉庆二十一年（1816）四月，御史王维钰反映，"京城市廛稠密，钱铺众多，其每日交易钱文短少数目，岂能概令官为查察？"他认为，严禁钱铺以钱票取代"短少数目"的钱文，"此事太涉苛细"，正确的做法是，"如有假票诈骗，经被累之人首告者，著步军统领、顺天府、五城各衙门查拿究办，有犯必惩"即可。②

由于缺乏监管，道光初年，钱铺私自关张、诓骗银钱的现象与日俱增。道光二年（1822）夏秋以来，外城先后有聚成、同盛、永兴、通和、恒通、东来、涌丰、鸿盛、兴茂号等钱铺关闭。北城御史萨斌追讨银钱，只在苏世宰的聚成号查到账簿，追回存钱一千数百串。

萨斌认为，钱铺擅自关门，无异于诓骗财物。"盖钱铺以空纸钱票换人实银，与货物贸易不同，断无亏本之理，凡属闭门逃跑，皆系有心诓骗。查奸商等开设钱铺，徒事修饰门面，愚人耳目，换入银两，除零用现钱外，总皆出票通行。其票祇系片纸写定钱数，记以店号图章，即作为钱文使用。是以入银多而出钱少，将银抽出，别营厚利。内城外城以票易票，辗转兑换，票既流通，银存日广。又有人寄存银两，或托故借人银两，积聚益多，遂萌奸计，藏匿现银，将铺门忽然关闭，其钱票即同废纸，以致市井细民、远方客旅，坐此倾家失业。其中实有孤寡无依、老病穷苦与典卖借贷之项，关系身家性命者。而奸商多藏厚赀，欣然得意，从此一逃，居然富户无从查拿，此奸商诓骗之情形也。"其危害甚于一般的盗窃，"盗窃财物一案只盗一家，若钱铺一闭则受害者千百家，且令人无从防备，是不窃之窃甚于窃，不盗之盗甚于盗，吞骗累千盈万而无罪名可加，揆之情理，实不平允"。

对于钱铺闭门诓骗的行为，惩治亦难，即便当时拿获到案，也是百般抵赖，"有供称亏本，仅以些许钱文抵销数千两之钱票账目者，有诬告强

---

① 《巡视中城监察御史嵩安、巡视中城给事中李鸿宾奏为申明钱禁并拿获假造钱票等犯交部严审事》（嘉庆十八年九月十四日），录副奏折：03-1858-035。
② 《清仁宗实录》卷318，嘉庆二十一年四月丙戌。

抢，谓关闭之时被人抢去器具钱文者，有到案之人推诿在逃之人，自谓不知情者，有取保复逃者。虽有五家互保之例，乃保人先自闭逃，即偶存一二，亦不便舍本铺而严追保人"。加之，没有相应的刑律条文，此类案件刑部例不收审，"向来只作为钱债细故，归于五城办理"。在五城办理时，"例无刑讯，因得任意延抗，既已名为钱债，即不便锁枷，不便羁押，以致获案后仍可潜逃"。在清代京城社会治理观念中，命案、田土、户婚向来受到重视，至于钱债等经济纠纷则被视为"细故"，等同于口角骂街、打架斗殴等细碎事务，因此很难作为案件呈报五城，进入司法解决的途径。显然，这种处理方式，不仅不利于京城经济秩序的维护，反而会助长钱铺擅自关张的恶劣行为。

萨斌并没有从维护经济秩序的角度出发，而是认为钱铺随意关门、卷款逃逸无异于盗窃财物，因此他建议不能再继续把钱铺擅自关闭"仍作钱债细故"，而应比照盗贼例拿办。① 道光帝采纳其言，命刑部核议章程，严禁钱铺诓骗。②

除此之外，钱铺也不乏掺和私钱、暗扣钱文的现象。道光四年（1824）十一月三十日，山西道监察御史杨煊称："近来五城钱铺其钱数本属不足，现复渔利滋弊，每制钱百文内夹杂铅钱、鹅眼钱三五文不等。并查每届岁暮之期，商贾云集，民间以银兑钱，较平日多至数倍，而各钱铺从中暗扣，又于制钱百文内短少四五文不等，此等情形外城钱铺大率皆然，而内城钱铺为尤甚。"③ 商民拿着银两到钱铺兑换制钱时，这些官民钱铺总会夹杂三五个铅钱或鹅眼钱，更恶劣的是直接克扣短少，而且内城钱铺尤为严重。

即便是钱铺五家联名互保的做法，也未能得到认真执行。不但旧有钱铺未经取保，新开之铺取保也是徒具形式，甚至作保的铺商根本不存在，"地方官并不查询真伪。关闭后或有远扬不获，日久案销；或事后被获，托人从中说合包揽；或因骗人钱数过多，自行到官投首。总以因人负累为辞，捏造帐目呈出，以为减罪地步"④。五家联保制度形同虚设，规范钱铺行为和防范随意关张的目的必然难以落到实处。

道光二十年（1840）三月，巡视北城吏科掌印给事中汪报原奏请将五

---

① 《署理北城御史萨斌、巡视北城给事中王云锦奏为京师五城钱铺奸商设局诓骗请旨交部严办事》（道光二年十一月初四日），朱批奏折：04-01-01-0638-012。
② 《清宣宗实录》卷44，道光二年十一月甲戌。
③ 《山西道监察御史杨煊奏为钱铺掺和私钱暗扣钱数请敕顺天府五城晓喻严禁事》（道光四年十一月三十日），录副奏折：03-9496-069。
④ 《清宣宗实录》卷169，道光十年五月己巳。

家联名互保之法在所有京城钱铺中推广。汪报原在调查时发现，京城各钱铺"开歇无常"，其旧设之钱铺，甚至有从雍正、乾隆朝即开设，虽然"彼时即有互保"之例，但"迄今亦十不存一"，而且"新开之铺溯自定例以来，已越十年，其互保之铺闭歇亦复不少，而地方官从不过问"。事关金融流通和稳定的钱铺，竟然像普通商铺一样，开设自由，缺乏监管。汪报原在自己所管辖的北城范围内，自道光十九年（1839）十一月"牌行司坊，令其传谕各钱铺，觅殷实铺户具五家联名互保，造册申报"。但是"数月以来，该钱铺等皆以别城未奉饬行，观望不前"。为此，他再次奏请清廷"饬下顺天府、五城一体实力奉行，造立循环册籍，如互保内有闭歇之铺，则另觅殷实铺户作保，按季造报"。① 希望清政府重申旧例，并督促京城地方管理者将五家联名互保之法落到实处。然而，汪报原的这一奏请，直到道光二十年（1840）四月，才经都察院议奏后"著依议行"，但仍只是规定新开钱铺"于开设之始取保"，城内钱铺由步军统领建册备案，城外由五城御史建册备案，"一切开闭条例"则由顺天府"始终其事"。②

咸丰三年（1853），清政府推行货币改革，为发行官票、官钞和大制钱，户部设立官钱总局，并于京师五城开设官钱铺，初设乾字号四家，即乾豫、乾恒、乾益、乾丰；四年又设宇升、宇谦、宇泰、宇恒、宇丰五家官号，总称为五宇官号。九大官号主要承办兑换票钞业务。因官商勾结，营私舞弊，咸丰十一年（1861）六月，"将四乾字号，撤去官号字样，作为民铺，交顺天府管理"。③ 在清末吏治败坏、政府监管不到位的情况下，民营钱铺反而一直在发挥应有的作用。

3. 京城当铺

当铺大致有皇当、官当、民当之分，区别在于当铺运营的资本来源，皇当资本来自皇族亲贵或内务府，官当资本来自各级官府衙门，民当资本则是来自绅商富宦。其设立与钱铺一样，都需要向大兴、宛平两县申请批准。皇当、官当与民当都是合法的，而且受到朝廷政府的鼓励。当铺不仅是皇室亲贵乃至官宦富商投资盈利、获取丰厚回报的重要渠道，而且也是各级官府衙门赚取生息银，以维持办公经费的重要来源。

一般来讲，当铺收存实物，估其价值，押借现金，抵押期限数月不

---

① 《巡视北城吏科掌印给事中汪报原奏为京师新旧钱铺必须照例互保请饬一律办理事》（道光二十年三月初十日），录副奏折：03-9500-029。
② 《清宣宗实录》卷333，道光二十年四月庚辰。
③ 《清文宗实录》卷355，咸丰十一年六月。

等，物主赎当时须付利息，期满不赎，则由当铺变卖，因此清代京城当铺在很多时候发挥着实物抵押贷款的功能，"在中国普通人的生活中，典当是取得贷款的唯一方式，所以非常重要"①。当铺作为非专门的金融机构，但却具备贷款功能，这也从另一侧面反映了清代货币体系中关于金融信贷服务的缺失。清政府对当铺的管理，重在防范其囤积钱文，至于小额贷款之于经济生活的关系则往往不在考虑之列。

由于在押当、赎当过程中，当铺都会具备一定数量的制钱保有量，为防范制钱在当铺中出现囤积现象，乾隆朝往往限制当铺囤积钱文的数量。一般而言，每年入冬以后，京城旗民开始回赎春季所典当的衣物，而这时也是当铺收取钱文日渐增多的时候。乾隆二年（1737）九月，大学士张廷玉奏请："目下时届寒凉，旗人得银到手取赎衣服者多，钱文悉归典铺。若听其囤积，钱价必致顿昂，应行文步军统领衙门暨顺天府府尹并五城御史，遵照乾隆元年玖月内总理事务王大臣议准，大当只许存钱柒捌百串，小当只许存壹贰百串之例。"②考虑到制钱在市面上的流通，避免制钱在当铺出现囤积、滞留，经总理事务王大臣定议，"大当只许存钱七八百串，小当只许存钱一二百串，其余概令发出市卖，违者照例治罪"。至民间使用钱文，曾经御史萧炘奏准，"伍百文以上俱令使银"。

乾隆三年（1738）三月，御史明德再次奏请对京城当铺使用制钱的数量进行限制。他建议"京城当铺除银陆钱以下，仍准当钱，其余只许当银"。否则，京城大小当铺不下二百余座，如果每个当铺积钱三五百串，总计下来，也有十万余串，这些钱留存在当铺中，必然会影响制钱的市面供应。

对于明德的这一建议，户部讨论认为，京城"冬季民间取赎棉衣，当铺存钱固多，及至春暖，棉衣渐次典当，当铺钱文渐至缺乏，势必预为买贮。京城当铺甚多，需钱不少，一时争买，市价自然增长"。户部认为御史明德请将民间当用钱文限以数目，令当铺不致多为积聚，"亦属因时制宜之一法"。但是"当铺有大小之各别，存钱亦有多寡之不同"，如果"概令陆钱以下准其当钱，则大当存钱过多，不足以济民间流转之资，亦属未

---

① [德]艾林波、巴兰德等：《德语文献中晚清的北京》，第 30 页。对于当铺的金融行功能，美国人 E. A. 罗斯也称："在中国，当铺的功能十分强大，当你经济拮据时，可以把一些值钱的东西拿到当铺换成现金救急，同时，物品又可以安安稳稳地被'寄存'在当铺行。""换个角度来看，当铺既是银行，又是托管中心，还是避难所。"（[美] E. A. 罗斯：《变化中的中国人》，何蕊译，南京：译林出版社 2015 年，第 6 页）

② 《大学士管户部尚书张廷玉奏请行文严禁当铺囤积钱文事》（乾隆二年九月二十二日），朱批奏折：04 - 01 - 35 - 1227 - 017。

便"。因此，户部建议"小当照依该御史所奏，陆钱以下仍准当钱，陆钱以上只许当银"。至于资本充裕的大当，"壹两以下准其当钱，壹两以上只许当银"。至于各当所存钱文数目，"应令大当只许存钱三四百串，小当只许存钱一百串，其余概令发出市卖"，等到将来钱价平减后，"仍听银钱兼当"。①

御史李悰则不认为当铺应当是平抑钱价所应关注的重点。"今欲平钱价，非先令钱多，不可以言钱价之平也。欲令钱多而犹使钱聚，不可以言钱文之多也。今之言聚钱者，不过曰当铺，以当物为利，非以积钱为利，未有舍物不当而以有限之本堆积居奇者。是当铺虽聚钱之所，而犹非聚钱之所也。"此外，"行店交易，用银者十八，用钱者十二，且钱不利行远而出外买货之时，亦必发卖，是行店虽聚钱之所，而犹非聚钱之所也"。

在御史李悰看来，京城当铺、行店中存积、使用制钱，都不足以影响京城制钱的流通，真正的关键是在京城存在的大量印子钱。印子钱作为一种高利贷形式，以往清政府虽曾予以禁止，但实际上禁而不绝，御史李悰所言即为明证。李悰建议，与其禁止，不如加以规范利用。他说：

> 莫若将伊等印转生理之人，悉令于顺天府报名，有敢隐匿者，查出以违禁惩治。即于印行内择其为人忠诚而家道殷实者，作为该行经管，立档二本，一本存官，一本付该经管收执。改业者开除，新增者附入。即令该经管按档轮派，每日百家，家各以钱百串上市发卖，周而复始。如卖钱之人故意勒掯，高抬市价，许该经管指名禀官究治。如该经管徇隐不举，及任意拨派，不循次第，不足家数者，察出一并惩治。此无论别行之钱发卖尚多，而钱市每日见有此万串为椿，则在市之钱已不忧其或乏，再加以别行之钱共相辐辏，而钱文愈多，则钱价安得不减？譬犹年岁既丰而欲谷之不贱，不可得也。如别行之钱来或偶少而价有将昂之势，该经管即多拨数十家，或家多拨数十串，令次日入市发卖。至价平之后，仍照常派拨，则钱价欲昂无由。譬犹水旱偶逢而平粜既多，即欲谷之遽贵，亦不能也。且别行之积钱者，原期于钱少之时发卖，以收厚利，今市有常钱，价难骤贵，又孰肯以有用之钱置无用之地，以俟不可知之贵价而不发卖以别图营生乎？是印

---

① 《户部尚书海望奏议御史明德陈请将京城当铺限当钱文各款事》（乾隆三年三月初六日），朱批奏折：04-01-35-1228-003。

行之卖钱不辍，则别行之聚钱尽散，而钱价之平愈有以见其必然矣。①

李慎此奏，对于促进京城制钱流通，无异更加符合货币流通的需求。只可惜，该奏请未见下文。

在清政府眼中，当铺充当货币流通的功能不容小觑。乾隆九年（1744），经大学士鄂尔泰等奏准，在京城设立钱局，向当铺借放资本银，收钱发市流转。鉴于京城官、民大小当铺共六七百座，钱文出入最多，而各当铺如果"得官借赀本，收钱上市发卖，在当铺既多添赀本，而在市逐日又多添钱文发卖，两有裨益"。其具体办法是：京城各当铺，无论官、民，"每大当赀本丰厚，应派给银三千两，听其营运。将所领银两，存留作本，每一日交制钱二十四串，军送官局，上市发卖。每制钱一串，加钱十文为局费，其卖出银仍交各当铺收回作本"。至于小当，是否情愿借银，听其自便，"所缴钱文并卖钱易回银两，俱照大当一例办理"。统计借给大小当铺资本约银五六十万两，核算每日可收钱数千串，"设公局收贮，派员经理"。并在正阳门外布巷官房、地安门外鼓楼东官房各设钱局一所，"收钱、发银、造册、文票，俱用顺天府治中印信为凭"。② 在这种运营下，当铺颇类似于今天的银行支行。

当铺的收入主要依靠收取当物，然后放钱取利。因此，当铺所存钱文，从根本上并不能影响到京城制钱的流通量。这也是乾隆朝屡次限制当铺囤积钱文，并未真正发挥作用的原因所在。

当铺从本质上讲还是一种高利贷，在清前期，虽然政府严禁私放高利贷，如转子钱、印子钱、长短钱、被局等，但基本不太关注当铺的高利贷行为。直到嘉庆、道光朝以后，京城贫困化现象日趋严重，大量旗民靠典当物品维持度日，即便宗室觉罗也不例外，当铺随之大量增加，此时当铺高利贷的行为才逐渐成为清政府管理的重点。

道光元年（1821）十月，掌河南道监察御史牟惇儒奏请对京城当铺的利银标准进行统一限制。"京城当铺甚多，其每月行利分数，诸铺亦不画一"。一般而言，当铺取利的标准往往参照所当物品的价值大小，"当本多者取利轻，于当本少者取利重"。当然，也有"公平铺户于当本少者取利虽重，不过二分"；"至其不公平者，于当本多者取利一二分，于零星衣物

---

① 《河南道监察御史李慎奏陈平减京城钱价需令当铺到顺天府报名以便考查事》（乾隆三年三月十六日），录副奏折：03-0768-013。

② 《清高宗实录》卷226，乾隆九年十月壬子。

当本仅数百文者，独取利之三分，亦有于零星皮衣毡货当本仅数百文数千文者，独取利三分或二分半"。

牟惇儒认为，往往当本小者大多出自贫民，"零星衣物多出于贫民，零星皮衣尤贫民所赖以御寒者"。如果取利过重，势必严重影响贫民的生活，"今特重其利息，是取利于富家犹轻而取利于贫民犹重，取之于他时犹少而取之于隆冬独多也，殊于情理未协"。在取息的时间计算上，他认为京城当铺也多有不合理的地方。"京城则率六日便加一月利息，谓之月不过五"。如果六天、十一天，便按照满一个月计算利息，"亦未免过重"，建议应统一改为"零十五日方加一月利息，较为公平"。"无论所当何物及当本多寡，每月行利概不得过二分，其畸零日数须满十五日方加一月利息，未满十五日不准计利。"①

咸丰三年（1853）币制改革后，清政府设九大官号，经理官票、官钞、大制钱等的兑换，由于币制混乱，官票迅速贬值且难以通行兑换，导致京城当铺日渐停业，"民间买卖，一切皆用民票，而从前典当之人不肯以民票取赎，以致各铺全行停当"。咸丰十一年（1861）十月十八日，通政司参议倪杰奏请清政府应鼓励当铺恢复旧业。"现在时值严冬，饥寒交迫，贫民无所措手，惟恐别滋事端，且数月以来取赎者甚多，当中所存之物想亦无几，纵使亏本于前，尚可冀利于后，相应请旨饬下顺天府、五城速行出示晓谕，务使照旧典当，不得以停当候赎为辞。"②咸丰十一年（1861）十月，掌浙江道监察御史刘有铭也反映："自官票冗滞之后，城内外当铺不下数百家，皆以赔累而思关闭，有岌岌不可终日之势。数月以来，大抵皆有赎当而无收当，即收当仍给所赎之官票，则民无所用，亦收如不收，而小民日困矣。推原所由，皆缘从前未曾收尽之官票，今皆成千累万，堆积于各当铺中，当铺既无从取钱，资本待尽，故不得不以止当歇业为词，而官亦不能迫令，以现票收当，此目下实在情形也。"③

在清代京城，当铺往往是"贫民有典钱之处"，如果当铺停业乃至关闭，对穷苦贫民的日常生活还是有很大影响的。同治八年（1869）八月，巡视东城兵科给事中王宪成奏称，"京师失业贫民，日见其众"，"虽五城有饭厂之设，有棉衣之颁"，但真正"便民日用者，莫如当铺"。因此，

---

① 《掌河南道监察御史牟惇儒奏请定当铺利银事》（道光元年十月二十八日），录副奏折：03-9986-007。

② 《通政司参议倪杰奏为当铺停当日久亟宜责令照旧典当事》（咸丰十一年十月十七日），录副奏折：03-9524-065。

③ 《掌浙江道监察御史刘有铭奏为当铺歇业请饬户部等衙门速议章程事》（咸丰十一年十月十八日），录副奏折：03-9524-066。

"当铺因亏本歇业,即有开设,亦止给银两,求当钱而不可得,贫民焉有衣物可以当银者? 故困益甚"。① 当铺业的正常运转,对于当时京城贫民赖以维持生活的重要性于此可见一斑。

4. 印局与账局

与当铺的抵押性借贷不同,印局则专门从事小额借贷,所放出的借贷一般称作"印子钱"。而印局一般是民间经营,京城印局经营者尤其以山西人为多。乾隆三年(1738)三月,河南道监察御史李慎在奏折中对京城印局的情形做了如下描述:"惟是京城内外有印子钱文生理一道,多系山西之人携带重本至京营运。其法以钱十千给人,日取钱四十文,至三百日而本利俱完。人因利钱不重,又可日用零挪,故取之者众。彼图现在出放,既有生息,又可典利,故业此者多。"京城从事印子钱者众多,"此项生理竟有四千余家,其中本大者有钱万串,次者亦有七八千串,再次亦不下三四千串,截长补短,每家可有钱五六千串"。然而,积少成多,"以四千余家计之,则此行聚钱竟至二三千万串之多矣"。② 印局虽小,却是京城金融体系的重要组成部分。

印局以其灵活、便利的特点,在京城日常经济生活中发挥重要的作用,是众多小本经营者,尤其是肩挑背负等商贩的重要资金来源。咸丰三年(1853)三月,通政使司副使董瀛山奏称,"京城内外五方杂处,其无业游民不下数万,素皆做小买卖为生,贫窭之人原无资本,惟赖印局挪钱以资生理,如东城之庆祥德,原南城之裕益、泰昌,西城、北城之益泰、公和等号,皆开印局为生"。印局所借贷出去的钱文一般都不多,"有挪京钱二三串者,而挪一串者尤多",而且借贷时"皆有熟人作保",借贷周期往往以天来计算,"朝发夕收,按日取利"。印局由于借贷灵活,成为京城普通经营者获取资本的重要依靠,"游民或携筐或担担,每日所赚之利可供每日所食之资,而僻巷居家远离街市者,凡用物、食物,亦乐其懋迁有无,取携甚便。在印局虽重于取利,而贫民则便于用钱,群然隐隐,各得其所"。

印局资本较少,其生存往往依赖账局。咸丰三年(1853),由于太平天国起义军北上,京城扰动,造成"本年以来铺户关闭者甚多"。尽管在清政府的抚慰和呼吁下,"银号、钱铺闭而复开者十之六七",但由

---

① 《巡视东城兵科给事中王宪成奏为星象垂儆应诏陈言事》(同治八年八月初八日),录副奏折:03-4601-109。
② 《河南道监察御史李慎奏陈平减京城钱价需令当铺到顺天府报名以便考查事》(乾隆三年三月十六日),录副奏折:03-0768-013。

于"城外广裕、日升等号之账局依然关闭,账局不发本",结果导致大量"印局竭其源"。印局无钱可放,又导致了京城大量小本生意经营者的困难,"印局竭其源则游民失其业,饥苦所迫,何事不可为?强壮者为盗贼,懦弱者为小绺,况夫逆匪未平,讹言日起,风声鹤唳入耳警心,设有奸黠之徒诱之以财利,煽之以谣言,其害有不可复问者"。① 陕西道监察御史王茂荫也奏称,"尝细推各行歇业之由,大抵因买卖之日微,借贷之日紧,夫买卖多寡由乎时势,非人所能为也。而借贷日紧,则由银钱帐局各财东自上年冬以来,立意收本,但有还者,只进不出,以致各行生意,不能转动"②。各项店铺歇业居多,加之"典铺多不收当,贫民益难谋生"③。

账局主要为从事小额银钱借贷的印局、当铺、钱铺提供银钱借贷资本,同时也为资金周转量较大的工商业从业者提供存款和放款服务,颇类似于今天的银行。这也是账局不同于印局的主要特征。据资料显示,乾隆元年(1736)在张家口开设的"祥发永账局",是清代最早的账局之一。④ 账局借贷"多以一年为期,将本利全数措齐,送到局中,谓之本利见面。帐局看后,将利收起,令借者更换一券,仍将本银持归"。由于平时每年如此,账局存在的重要性尚不足以显现,"故此时犹不甚显者,各帐未尽届期也"。但如果账局"届期全行收起,更不复借,则街市一旦成空。盖各行店铺自本者十不一二,全恃借贷流通,若竟借不通,即成束手,必致纷纷歇业"。⑤ 咸丰初年,内忧外患之下,京城动荡,很多账局纷纷收回本银而停止向印局、当铺甚至钱铺等发放借贷,结果导致很多商铺关门歇业。

不仅如此,账局还解决了很多人口的生计,一旦停业,则大量人口失业。据王茂荫统计,咸丰初年京城"各行帐局之帮伙,统计不下万人,帐局收而此万人者已成无业之民,各店铺中帮伙少者数人,多者数十人,一店歇业而此数人、数十人亦即成无业之民,是帐局一收而失业之民将不可

---

① 《通政使司副使董瀛山奏为印局关闭游民无以为生请旨晓谕各印局照常开放事》(咸丰三年三月初四日),录副奏折:03-9506-021。
② 《陕西道监察御史王茂荫奏为帐局关闭游民无业请明谕各帐局照章开放事》(咸丰三年三月二十五日),录副奏折:03-9506-024。
③ 《清文宗实录》卷89,咸丰三年三月己巳。
④ 关于清代账局,黄鉴晖认为账局兴起于清雍正、乾隆年间,而且是中国银行形态的起源,参见黄鉴晖:《清代帐局初探》,《历史研究》1987年第4期。
⑤ 《陕西道监察御史王茂荫奏为帐局关闭游民无业请明谕各帐局照章开放事》(咸丰三年三月二十五日),录副奏折:03-9506-024。

数计也。此不可数计之无业闲民既无所事，又不能归，终日游荡于京城之中，又将何以处之？"① 账局、印局不仅解决了京城数万人的就业问题，形成了北京历史上最早的一批金融信贷从业者，而且其正常运转，对于京城商业市场的运行和普通百姓的生活重要性于此可见一斑。

咸丰初年，"京师行帐局共计百十余家，各商本银约有一千数百万两"。由于时局动荡，"各商虽有收银回籍者，闻亦不过十之二三，其余大半仍留京城"。据福建道监察御史宋延春奏报，咸丰三年（1853）时，京城主要账局字号有：聚盛堂、庆元堂、志一堂、承光庆、积山成、未积成、恒益乾、守益成、巨和源、德成永、润生公、庆和堂、庆和公、永义成、纯裕成、敦义裕、锦玉成、昌新号、永泰玉、永顺恒、蔚泰厚、天成亨、日升昌、聚发源、义兴永、隆盛长、蔚丰厚、新泰厚、万成和、汇通圆、昌裕和、蔚昌顺、公盛正、宽裕义、元成信、巨兴和、宝隆堂、敦裕堂、怡源长、复盛恒、发盛亨、德新号、复成永、永锡号、广义恒、源恒涌、聚珍号、德合长、集祥永、恩丰长、占恒、增恒。② 清末，由于经济危机，账局大量倒闭，加之新式银行的兴办，账局在清末民初逐步退出了历史舞台。

清代北京钱法金融的变迁反映了清代经济发展的制度环境，它与当时经济发展的关系，谈不上融洽，有时甚至阻碍了商品经济的发展。"在中国，其他的城市或地区，与北京的银两标准截然不同。而且，它们彼此之间的标准也不一样。实际上，即使是同一个城市或者同一个地区，银两的重量和成色也是不同的。可以说，全国各地根本就没有一条统一的标准。很明显，这种情况极大地阻碍了商业贸易发展，并有可能导致其产生经济风波。"③ 尽管如此，人在商业交易中的灵活性在一定程度上弥补了货币制度的不足，"依然有条不紊地四处做着生意"④。比如，银钱比价经常波动，钱庄各自发行钱票而且钱票的流通范围有限，钱庄甚至私自关张，但人们总能找到变通的办法，而且"汇兑体系像欧洲一样完善"⑤。

综上，在传统中国经济发展体系中，城市所发挥的作用是独特的。著名经济史家傅筑夫曾指出："中国古代城市在整个封建经济结构中所处的

---

① 《陕西道监察御史王茂荫奏为帐局关闭游民无业请明谕各帐局照章开放事》（咸丰三年三月二十五日），录副奏折：03-9506-024。
② 《福建道监察御史宋延春奏陈京师行帐局各字号缮具清单事》（咸丰三年六月二十九日），朱批奏折附片：04-01-35-1386-028。
③ [美]何天爵：《本色中国人》，第238页。
④ [美]阿瑟·史密斯：《中国人的德行》，第88页。
⑤ [美]卫三畏：《中国总论》下册，第641页。

地位，及其对经济发展所起的作用，与欧洲封建时代的城市完全不同。"①
受城市性质和定位的影响，都城的经济政策和治理理念同样服务于政治秩
序的要求，成为支撑政治秩序的基础和维护政治稳定的手段。尽管在农业
时代的中国，"城市主要是以政治行政管理功能为主，未能在社会经济的
发展中起到经济中心的作用"②，但不同于近现代城市发展工商业生产的
经济功能，传统时代中国城市的经济功能主要表现为"重农"。清政府对
北京城市经济层面的治理，自始至终着眼于对小农经济的保护，加大对经
济资源的垄断性控制，以及对市场秩序的管控，这自然很难给工商业市场
经济发展留下充足的自由度和成长空间。

首先，清代中国仍旧延续着"重农轻商"的传统经济发展模式，城市
的生存发展，尤其是都城庞大的军队和行政官僚体系的运转与维护，依然
建立在传统农业赋税制度基础之上。北京城市经济发展的基础是消费性的
商业和宫廷化的服务业，生产型的手工业并不占主导地位，很多手工业产
品实行官方控制的专卖政策，官营手工业主要服务于皇室消费，不少资源
型的物资实行国家专卖，例如盐、铜、铅等等。北京大量的物资供应并非
商品市场经济的结果，而是国家行政命令干预的产物。对于东方城市由政
治地位而带动商业消费的特征，马克思曾经概括地说："在亚洲，城市的
繁荣，或者更确切地说，城市的存在，完全依赖于政府的地方性开支。"③
封建王朝赋予城市特殊的政治地位和政治庇护，可以让城市优先获得各
种宝贵的生产资料，同时，可以刺激城市市场的消费与再生产。马克思
的这一结论同样也适用于清代北京。清代北京商业贸易经济的发展推动
力，显然更多地来自国家为都城赋予的政治军事地位，而非经济政策本
身。都城的政治地位决定了清代北京城市的商业贸易规模与经济再生
产，但这并不意味着对北京城市管理中经济政策的否定，只是其经济政
策带有很强的计划性和资源分配性，像漕粮运输、粮食供应、价格管
控、商业税收、牙行经济、钱法政策等等，都几乎是计划性和资源分配
式经济的表现形式。

其次，北京城的商业活动从事者，以肩挑负贩、沿街叫卖和支棚搭盖
的商贩为主，往往表现为农业产品的销售和贸易，其经营规模小，成本

---

① 傅筑夫：《中国经济史论丛》，北京：生活·读书·新知三联书店1980年，上册，第321页。
② 何一民：《农业时代中国城市的特征》，《社会科学研究》2003年第5期。
③ 《马克思恩格斯全集》第26卷，北京：人民出版社1974年，第442页。

低，利润低，以糊口为生为基本追求，难以形成资本积累。工匠和手工业作坊的生产规模也不大，即便有，也往往由官府甚至内廷所控制，或者依附官方政治势力，其生产和销售受制于一些中央衙门（如内务府、光禄寺、工部和礼部等）的生产资料供应和采购，同样难以进行资本积累和技术更新。规模稍大的商铺，以及众多当铺，要么受控于皇室亲贵，要么是官办经营。清政府又通过大量的牙行、经纪（包括崇文门税关）对北京成百上千种的货物流通进行管理，或包揽税收，或控制交易价格，致使大大小小的商业经营者备受盘剥，从而严重削弱市场经济发育的内生动力和经济环境。

最后，北京城的庞大消费也未能成为市场经济发展的沃土。清代北京人口虽然众多，号称百万级人口的都市，但由皇室、旗人、军队和官员构成的消费主体，以国家配给的方式获取主要生活物资。即便是进入市场消费，也往往是奢侈、扭曲的畸形消费。不计生产成本的官营手工业产品尽管技术高超、工艺精湛，并未能转化为经济效益，能工巧匠往往局限于宫廷御用的范围内，未成为推动生产力的主力。对于北京本地和全国商品市场而言，京城庞大的消费未能促进商品市场规模的扩大和良性循环。相比之下，广大的普通城市居民和流动人口未成为消费市场的主体，在长期存在的城市贫富差距与日趋严重的贫困化之下，其消费层次仅仅以维持生存为主。对于中国传统帝制时代的这种社会消费结构特征，著名史家王家范指出："在消费结构内部，国家军事行政消费大大超过社会个体成员的消费，非生产人口的消费大大超过生产人口的消费，生活性消费大大超过生产性消费，奢侈性消费大大超过正当性消费。"① 清代北京城的消费经济及其治理显然颇为符合这种军事行政消费的特征，而这种消费经济很难为城市的繁荣兴盛提供持续支撑，也难以催生经济社会结构的转型。

由于清政府官方缺乏对工商业发展的保护和鼓励政策，因此商业会馆和同业行会等自治组织承担了更多城市商业的管理功能。"会馆、公所等行会组织承担了经济管理职能，确立了较为稳定的工商业行业经济秩序，对中国传统手工业和商业的运作具有某种规范作用，实际上成为代替官府行使'工商管理权'的社会组织。"② 不过，这种仿家族式的商业会馆和

---

① 王家范：《中国历史通论》（增订本），北京：生活·读书·新知三联书店 2012 年，第 221 页。
② 周执前：《国家与社会：清代城市管理机构与法律制度变迁研究》，第 195 页。

同业行会在北京城市经济发展中的作用也无须夸大，正如研究者所指出的："我们不赞成对行会的一概骂绝，但行会对同业的控制，与封建政权的联系以及乡族意识等严重阻碍着日益发展的商品经济，也是历史事实。"[1] 甚至有批评者将行会制度与榷关制度、牙行制度视为皇权专制"禁锢市场正常发育，控制、干预商品经济和商业活动"的三大绳索。[2]

---

[1] 谭天星、陈关龙：《未能归一的路——中西城市发展的比较》，南昌：江西人民出版社1991年，第214页。
[2] 萧国亮：《皇权与中国社会经济》，第103页。

第八章　城市救助

　　清代疆域广阔，人口众多，清末人口达到了四亿之多，经济发展也达到了封建社会的顶峰，且前有"康乾盛世"、后有"同光中兴"之美誉佳名。然而，伴随这一过程的，并不只是社会稳定和安居乐业。在"盛世""中兴"的表象之下，还时常有大量因自然灾害、社会动荡、战争兵燹等各种各样原因而流离失所、食不果腹的流民、灾民甚至难民。即便是"首善之区"的京城，也常年萦绕着啼饥号寒、衣不蔽体的饥民。

　　为抚恤救助贫困人口和灾民，从设饭厂赈济、平粜米粮，到暖厂、栖流所、育婴堂，再到防疫施药，无论是"振茕独""养幼孤""收羁穷""安节孝""恤薄宦""矜罪囚"，还是掩埋尸骨等等，清政府都有一套既定的救助措施。尽管清代统治者不乏首崇满洲、豢养八旗以及旗民之别的统治利益考量，并且将社会阶层分成了"士农工商"之类的三六九等，加之这些救助措施的实施不能始终如一，有时甚至视为具文，但我们也不能否认，清代的赈济救助措施颇为完善，投入巨大，而且也收到了较好的效果。正如光绪朝《顺天府志》所言："国朝视民如伤，饥寒交恤，视前代尤为切至。京师五城厂局，收养穷民，食之，衣之，岁发银米以为常。"[①]

　　清代京城救助在一定程度上发挥了社会保障作用。从其兴办的主体来看，是以"官"方为主，咸丰朝以后则以官绅合办为主。清代京城救助实际上分为旗人和民人，旗人救助属于八旗体系[②]，本章所述则以五城民人救助为主。

---

① 《光绪顺天府志》，"京师志十二·厂局"，第2册，第315页。
② 关于清代八旗抚恤，可参见王贵文《浅析八旗抚恤制度》（《满族研究》1991年第3期）等文章。

一、五城饭厂

1. 官办饭厂

饭厂，又称粥厂，清初北京五城各设一处饭厂，煮粥赈饥，每城日发米二石、柴薪银一两。"京师设厂煮赈，饥民全活甚众"①，清初京城设立饭厂，对于稳定社会秩序发挥了积极作用。康熙二十九年（1690），增设五处粥厂，每日发米二十石、柴薪银十两，并原设粥厂，均至六月终止。雍正四年（1726），清政府在"向未设饭厂"的东直、西直、安定、右安、广宁五门，临时"增设饭厂五处，每日每厂给米二石"。自乾隆朝以后，京城官办饭厂基本固定，即"五城十厂"②。

饭厂的开放时间，起初并不固定。顺治九年（1652）题准，每年自十一月起至次年三月中止。顺治十二年（1655）煮赈的时间是自十二月十五日起，至次年三月十五日止。十三年，左副都御史魏裔介以为"春暖犹可度日，而严冬凛冽，寒威侵克肌肤，饥民更易瘠亡"，于是奏请"自十一月初五日起煮赈，至明年二月初五日止"。③ 康熙四十九年（1710），经兵科掌印给事中高遐昌奏准，"以京师土脉深厚，地气上升稍迟，故春日天气尚寒"，将每年煮粥时间展至三月二十日。此后，饭厂的开放时间基本固定，即于每年冬季十月初一日开厂，次年春天的三月二十日结束，放粥时长为五个月零二十天。

如果饭厂开放期间，遇到闰月，则往往根据天气、就食人数等情形予以调整。乾隆二年（1737）"定闰年饭厂增半月之例"，即原定例于十月初一日五城饭厂开放，但如果"适值岁闰，天寒较早"，则提前半个月，于闰九月十五日即立冬节令"即行开厂"，不必拘十月初一日之例。④

粥厂还经常展限延长，或一个月，或二个月不等，时间长短视当年收

---

① 《清世祖实录》卷96，顺治十二年十二月癸酉。
② 乾隆时期五城饭厂位置是：中城（正阳门外珠市口给孤寺内，副指挥管理；永定门内佑圣庵内，吏目管理），东城（崇文门外华严寺内，副指挥管理；朝阳门外海会寺内，吏目管理），南城（正阳门外三里河安国寺内，广渠门外关帝庙内，副指挥与吏目每五日轮流散给），西城（广宁门内增寿寺内，副指挥管理；阜成门外万明寺内，吏目管理），北城（宣武门外永光寺内，副指挥管理；德胜门外弘慈寺内，吏目管理）。参见乾隆朝《钦定大清会典则例》卷149《都察院五》，文渊阁《四库全书》影印本第624册，第684页。
③ 《左副都御史魏裔介为京畿冬日饥寒者尚有请于五城设厂煮粥赈济事》（顺治十三年十月三十日），题本；1970-12。
④ 《清高宗实录》卷51，乾隆二年九月丁未。

成、饥民人数多寡而定。乾隆三十七年（1772）二月，因头年"近畿被水之处收成稍歉，今虽时届春和，尚在青黄不接之际，入市米粮未能充裕，贫民生计恐犹未免拮据"，因此所有五城内外各厂额外"展限半月"。① 与此相应，放米、银两也会增加。

除了冬季设饭厂以赈济饥民之外，其他季节也有饥民，但清政府之所以在春季停办饭厂，其考虑是担心流民依赖饭厂为生，滞留京师而不返乡从事耕作谋生。"设立饭厂赈济，在冬月则可，若春间农务方兴，贫民俱至饭厂就食，则无租田耕种之人，岂不误农事乎？"② 康熙帝这段话大致反映了清政府每逢饭厂是否展延期限时颇为踟蹰犹豫的原因。

但在特殊情况下，也有夏季开放饭厂的情形。例如嘉庆六年（1801）六月，京畿发生严重的水灾，"京师自六月以来阴雨兼旬，永定河水泛滥"，因受灾严重，贫民谋食困难，嘉庆帝遂命五城饭厂自七月初一日起，"照每年冬月之例，设立饭厂，煮赈一月"。③ 与此同时，清政府又"节次散放银米办理急赈"，挑浚京师护城河，"以工代赈"。即便如此，到七月底，仍有不少"妇女幼孩及老病残废"因不能佣工谋食而需要救助。嘉庆帝又命在散赈之增寿寺地方，"照五城之例，设立饭厂，煮赈一月，每日给米三石"。④

至道光、咸丰两朝，饥荒频仍，社会动荡，觅食饥民长年不断，五城饭厂不仅往往在头一年提前开放，而且也经常要在次年宽延期限，以至于形成了在次年四月才停止的惯例。咸丰十一年（1861）四月间，"因粮价日昂"，五城粥厂展限两个月，至六月初四日截止。当年冬季粥厂"先期一月，于九月初一日即行开放"。⑤ 在清后期，京城饭厂长年开放，几乎成为常态。

关于五城饭厂的开办数量和地方，清政府也往往根据需要进行调整或增添。在嘉庆七年（1802）之前，除了中城两个饭厂都在内城之外，其余四城饭厂各有"内厂"（正厂）与"外厂"（副厂）之分，所谓"内厂"位

---

① 《谕内阁去年近畿被水歉收今春五城各粥厂著再展限半月》（乾隆三十七年二月初八日），上谕档：643（1）-97。
② 《清圣祖实录》卷224，康熙四十五年三月丁亥。
③ 《为五城地方贫民乏食加恩设立饭厂煮赈并责成该城御史稽查督放等事谕旨》（嘉庆六年六月二十日），谕旨：022-0994。
④ 《谕内阁著于增寿寺照五城之例设厂煮赈》（嘉庆六年七月二十八日），上谕档：798（1278）。
⑤ 《巡视中城御史承继等奏为京师粮食腾贵请先期一月开放五城饭厂事》（咸丰十一年八月初八日），录副奏折：03-4182-046。

于城内,"外厂"位于城外。嘉庆七年(1802)三月,为"俾近郊农民不至每日进城",经巡视中城兵科给事中景庆奏准,将各城一厂移到了永定门外。为了照顾城外贫民就食,嘉庆帝将粥厂主要精力放在了城外,但问题也随之而来,"自并厂以后,较前分设十厂时,人数少至一半"。究其原因,"自因城内老弱贫民又以城外路远,不能前往领赈"。自称"从来不惮改过"的嘉庆帝发现不妥,有顾此失彼之嫌,便谕令"仍于城内改回二厂",恢复了原先的五城十厂模式。①

前往京城饭厂谋食的贫民、饥民,除了来自城内,还有大量的人来自城外四周乡村,为免于长途奔波,清政府还根据需要增设饭厂。例如,雍正时期在东直、西直、安定、右安、广宁五门"增设饭厂,以惠穷民"②。乾隆朝除了在城内增设饭厂之外,重点关注城外,与平粜米厂一起赈济贫民。乾隆三年(1738)十二月,巡视东城御史朱凤英奏请在城外添设饭厂,"每城添设一厂,约于城外人烟稠密往来适中之地,以资赈济,一应薪米、人工增加之数照额办理,则饥民之身命克全,亦将廉耻自顾,而恩施广被,远近均沾矣"③。乾隆二十七年(1762)九月,因"近京收成稍歉,四乡贫民赴厂就食路远,既不无向隅,人众亦易致拥挤",乾隆帝命"于五城例设各厂外,每城各再添设一厂,于东坝、卢沟桥、黄村、清河、树村五处,照旧定章程,一体妥办"。④ 由于就食人数众多,甚至"比城内较多",十月十八日乾隆帝谕令"每厂每日各加米一石"。⑤

五城的十个饭厂,大部分都位于外城及其城外临近地方,这一分布的形成,起初与五城饭厂便于司坊官的管理有关。"向来设立饭厂俱系五城查勘各所管辖地方,又因每日放饭,必须该司坊等带领官人打放,即在附近司坊衙门地面安设,未经奏闻在案。原其设立初意,自系司坊衙署多在城南,恐于办公有误,是以就近安置。"但实际上,前往五城饭厂谋食者,既有从东南方向来的,也有不少是从城北面来的。从城外之北,前往城南,对于徒步而行的饥民而言,还是颇费周折的。饭厂分布不均衡也造成了每天饭厂谋食人数的不均衡。嘉庆十三年(1808)二月,巡视东城江南

---

① 《清仁宗实录》卷96,嘉庆七年三月甲午。
② 《清世宗实录》卷40,雍正四年正月壬戌。
③ 《巡视东城御史朱凤英奏为各城酌设粥厂粜发杂粮接济直省灾民事》(乾隆三年十二月二十七日),朱批奏折:04-01-02-0037-020。
④ 《谕内阁著于五城例设粥厂外每城各再添设一厂并增派官员督率煮赈》(乾隆二十七年九月十九日),上谕档:0590(1)-355。
⑤ 《谕内阁京师五城煮赈著每厂再各加米其中各厂人数不齐由都察院等通融酌剂》(乾隆二十七年十月十八日),上谕档:0590(2)-101。

道监察御史福克精阿就反映自己监放的朝阳门外一厂,"每日领赈者自千余人至七八百人不等,俱系极贫之民";相比之下,花杰所监放的崇文门外一厂,"每日领赈者多系附近居民,妇幼等领后,或三四文一分卖给穷民,实在极贫应赈者不过一二百人"。造成这种状况的原因,"盖由广宁门至广渠门相距十里,饭厂设有七处,朝阳门至阜成门相距三十余里,仅设三厂,厂数远近多寡不均,是以领赈人数不一"。因此,福克精阿奏请予以调剂,建议将东城崇文门外一厂移置东直门,西城内饭厂移置西直门,北城内饭厂移置安定门。①

从嘉庆朝的情形来看,至少增设过东坝饭厂和大井村饭厂。这两个饭厂都位于城外,一经设立,便解决了很多饥民谋食的问题。一份统计某日领赈人数籍贯的名单显示,"东坝领赈男妇八千一百余名口,大井村领赈男妇三千四百余名口,俱系大兴、宛平、文安、大城、深州、东安、密云等处民人"②。嘉庆朝临时增设饭厂大多位于卢沟桥、黄村、东坝、清河、采育和礼贤等距离京城三四十里、地处交通要道的集镇。道光朝则一般选在大兴县属的定福庄、采育、黄村,以及宛平县属的卢沟桥、庞各庄、清河六处设厂煮赈。

清前期,五城粥厂主要解决外城、京畿以及外来饥民的觅食问题,内城旗人在国家豢养的政策下,出现极端贫困人口的现象尚不明显。但在清后期,随着旗人贫困问题的日趋严重,内城增设饭厂的呼声也开始出现。同治元年(1862)闰八月,巡视西城给事中卞宝第奏称:"内城旗民亦多寒苦,相去外城较远,就食维艰,可否仰恳天恩,于内城适中之地酌增数厂,日给粟米一二石,广为赈恤。"③ 清政府遂命在靠近城门的"附近内城处所,酌增数厂"④。九月,每城各添一厂,中城在正阳门外高庙,东城在东直门外普贤寺,南城在崇文门外偏吉三固山公所,西城在西直门外广通寺,北城在安定门外大福院。⑤ 这样,五城饭厂便从原来的十厂增加为十五厂,而饭厂的增加也反映了晚清京畿人口贫困化日益严重。

---

① 《巡视东城江南道监察御史福克精阿奏请将崇文门外等饭厂分别移置东直门等处以便贫民领赈事》(嘉庆十三年二月二十八日),录副奏折:03-1621-001。

② 《呈京师五城五厂并改回二厂每日领赈人数籍贯单》(嘉庆朝),录副奏折附单:03-1625-019。

③ 《巡视西城给事中卞宝第奏请于内城增设粥厂供旗民就近就食事》(同治元年闰八月二十五日),录副奏片:03-4678-007。

④ 《清穆宗实录》卷41,同治元年闰八月乙巳。

⑤ 《署巡视中城监察御史铭恩等奏为遵旨于京师五城内城门外添设粥厂事》(同治元年九月十三日),录副奏片:03-4678-008。

2. 民间粥厂

五城十五厂都是官办饭厂，但其实在清代京城还始终存在着民间粥厂，主要附属于一些寺庙庵观，其中以广宁门外的普济堂、德胜门外的功德林粥厂最为有名。这些民间粥厂自乾隆朝始，便经常接受政府恩赏的粟米，施粥救贫，成为官办饭厂的重要补充。自乾隆元年（1736）始，清政府每岁赏普济堂粟米三百石。乾隆四十七年（1782）十月，"京城广宁门外普济堂冬间贫民较多，所有经费米石恐不敷用，著加恩将京仓内外之小米赏给三百石，以资接济"①。十一月，京城德胜门外功德林"冬间贫民就食，较普济堂人数虽减，但常例赏银一千两，经费尚恐不敷，著加恩将京仓内小米赏给一百五十石，以资接济"②。同治六年（1867）五月，清政府仍规定"所有五城十五厂及普济堂、功德林等处，均著加恩按照前限，再行展限两个月，即著户部赶紧筹款，发交五城御史接办"③。

至同治、光绪两朝，京城饭厂除少量继续支领官米之外，大多已由绅商捐办。中城的朝阳阁"向系愿学堂官绅经理"；东城卧佛寺、五虎庙亦"系愿学堂官绅经理"；南城普善粥厂"系绅董随时劝助，零星集赀"；西城八里庄饭厂"总理衙门助银一千两，其余俱系候选同知王海自行捐办"，白云观饭厂由"通商大臣崇厚助银一千两，其余系王海与内务府六品司库嵩山、内务府笔帖式恒谦三人共捐"，法源寺饭厂"除零星捐户不计外，其中捐数较多者，户部主事黄翰先、兵部主事吴辑各捐银二百五十两，候选同知符镇江捐银三百两，俊秀顾棠捐银四百两"；北城圆通观饭厂、梁家园饭厂"皆系绅董随时劝助，零星集赀"。④另外，光绪元年（1875），江西九江道沈保靖捐助赈银三千两。光绪三年（1877）二月，大兴县监生孙德庆，"凑银一千三百二十六两，施助五城粥厂"⑤。清末，绅商捐银已经成为京城饭厂的主要经费来源。

不仅如此，还有士绅自办粥厂。家居西城罗道庄的花翎候选同知王海，自同治七年（1868），便创立一粥厂。"因各省荒旱，灾民纷纷来京，以致多至五六千人，每日有增无减，拥挤堪虞。"光绪四年（1878）三月，

---

① 《清高宗实录》卷1166，乾隆四十七年十月丁丑。
② 《清高宗实录》卷1169，乾隆四十七年十一月癸丑。
③ 《清穆宗实录》卷203，同治六年五月己巳。
④ 《巡视中城御史恒诚等奏请奖叙京师各城粥厂捐资出力绅董事》（同治七年九月二十九日），录副奏折：03-4678-111。
⑤ 《巡视中城给事中文明等奏为大兴县监生孙德庆捐资助赈如何奖叙请饬部核议事》（光绪三年二月十五日），录副奏折：03-5580-008。

王海又在八里庄添设粥厂施放,"核其历年所捐米石经费银数早逾万两"。① 同年,西、北两城绅耆目睹情形,"自愿捐赀于教子胡同礼拜寺设立粥厂,每日散放竟有二三千人之多,回民赖以存活"②。

同治、光绪年间,除了粥厂之外,还有不少绅商兴办的暖厂、善堂③,功能与粥厂一样,只是增添了取暖等功能,在自筹经费不足时也能定期领取官米。光绪六年(1880)九月,清政府赏中城朝阳阁,东城卧佛寺、育婴堂,南城打磨厂,西城长椿寺、砖塔胡同,北城圆通观、梁家园各粥厂,每月粟米三百三十石。又,赏清化寺街崇善堂、梁家园百善堂、大清观公善堂三处暖厂,以及教子胡同礼拜寺,各小米三百石;朝阳门外南海会寺、崇文门外玉清观各粥厂,暨冈子上兴善暖厂,各小米一百五十石。④ 光绪十三年(1887)后,又有东便门外三忠祠粥厂。光绪十七年(1891),西城奏请宣武门外皮库营西悦生堂领粟米三百石。光绪二十年(1894),东城奏请朝阳门外清真寺粥厂领粟米一百五十石。光绪二十一年(1895),东城奏请小市口暖厂领粟米三百石。以上这些粥厂、暖厂、善堂,基本上都是由官绅捐办,经费不足时,则请领官米以为辅助。

另外,清末还出现了专门的清真粥厂,主要有两处,除了西城教子胡同礼拜寺粥厂之外,还有东城朝阳门中街的清真粥厂。东城朝阳门中街清真粥厂"向系回教饥民就食之所,每年均蒙恩赏粟米一百五十石煮粥散放",光绪二十五年(1899),"因夏秋以来雨泽稀少,被旱成灾,回教饥民来京就食者甚多",又额外加拨一百五十石粟米。⑤

---

① 《署巡视西城山东道监察御史英俊、巡视西城江南道监察御史林拱枢奏为候选运同王海独力捐资设厂赈济请准建坊事》(光绪四年五月二十八日),录副奏折:03-5582-075。
② 《巡视西城掌浙江道监察御史英俊等奏为回民添设粥厂及官绅捐建暖厂栖止贫民经费不敷请拨米石事》(光绪四年九月二十八日),录副奏折:03-5583-068。
③ 据光绪朝《顺天府志》记载,同治、光绪时期设立的粥厂、暖厂、善堂有:关帝高庙粥厂(在正阳门外长巷三条胡同内)、普贤寺粥厂(在东直门外中街)、广通寺粥厂(在西直门外北关)、闻阳庵粥厂(在阜成门外关厢)、白云观粥厂(在西便门外)、宏慈寺粥厂(在德胜门外)、而圣庙粥厂(在东便门外)、关帝庙粥厂(在永定门外)、崇寿寺粥厂(在西直门外竹杆井)、双关帝庙粥厂(在海甸)、培善粥厂(在广渠门内卧佛寺)、益生堂粥厂(在朝阳门外七条胡同观音寺内)、罗道庄粥厂(在西便门外)、法塔寺粥厂(在广渠门内冈子上)、崇效寺粥厂(在宣武门外枣林街)、普善局粥厂(在正阳门外打磨厂普善水局)、种善粥厂(在广渠门育婴堂内)、继德堂粥厂(在朝阳门外神路街南海会寺)、玉清观粥厂(在冈子上)、礼拜寺粥厂(一在朝阳门外南中街,一在宣武门外教子胡同礼拜寺外)、三忠祠粥厂(在东便门外三转桥)、百善堂暖厂(在梁家园)、崇善堂暖厂(在三里河阳清化寺街)、公善堂暖厂(在南下洼太清观)、兴善堂暖厂(在冈子上)、百善善堂(在梁家园)、资善善堂(在广安门大街)、广仁善堂(在广安门内烂面胡同)等(《光绪顺天府志》,"京师志十二·厂局",第2册,第320-325页)。
④ 《清德宗实录》卷119,光绪六年九月乙亥。
⑤ 《巡视东城掌四川道监察御史英善、巡视东城掌江南道监察御史徐道焜奏为东城清真粥厂请加拨米石事》(光绪二十五年十二月十六日),录副奏折:03-5604-116。

3. 从官办到绅办的管理模式

自顺治朝五城设立官办饭厂后，历经康熙、雍正、乾隆朝的不断发展，其管理逐步完善，而且成为清代善始善终、执行较为严格的一项制度。大致而言，清前期京城粥厂以官办为主，辅之以民间寺庙粥厂，晚清同治朝以后，则以绅办为主。

官办饭厂在乾隆朝就已经形成了比较固定的运行模式。乾隆初年，乾隆帝命饭厂煮粥银米必须由五城御史亲身散给。乾隆六年（1741）四月，经御史苏霖渤奏准，规定每年饭厂于煮粥之前，五城各厂先"将每月应领米数早行知会仓场及五城御史，备具文领，径行移会仓场侍郎，按数赴领"，仓场查明数目无误后，"即行给颁"。领取之日，该城御史仍报明都察院，转咨户部。事竣，仓场侍郎将给发米数报明户部。乾隆十五年（1750）十二月，又规定"嗣后五城煮粥米石，俱以十成稉米给发，其扫收土米应于各城平粜成色米石时，一并粜卖报部，并令都察院堂官亲临查察。倘有不肖官吏私自更易成色米石，通同侵蚀等弊，即行指明题参"。乾隆五十九年（1794）八月，经大学士公阿桂等奏准，"五城煮赈事宜，嗣后改于九月中旬具题"。①

清政府重视对京城粥厂的管理，规定各城内厂一般由兵马司副指挥经办，外厂即位于城外的饭厂则由吏目负责经办，同时各城满、汉御史分别负责监放。例如东城外厂设朝阳门外，由满御史监放，内厂设崇文门外，由汉御史监放。②

除了五城司坊官、巡城御史具体经办之外，还往往派遣满、汉大臣官员甚至御前侍卫进行监督。一旦发现监放御史失职，即给予严惩。乾隆五十七年（1792）七月，"直隶省京南被旱，各州县无业贫民至京就食者日众"，京城各厂"领赈者已不下二万人"。如此大量的饥民在粥厂就食，乾隆帝非常重视，派满汉大员分别前往查看。当月初三日，时任都察院左都御史的纪昀奉命查看巡视西城给事中孙家贤所负责的增寿寺粥厂。当天纪昀查至该处时，"见领饭者二千余人，并无人监放，询之坊书，称吏目吴嗣德因押送扛夫，已禀请孙家贤代放"。纪昀见没有御史监管，便"亲身在厂代为监放，孙家贤至竟不来"。③ 随后，纪昀将失责的御史参奏，最

---

① 《大学士管理户部事务托津、户部尚书景安题请于五城地方设立粥厂赈济穷民事》（嘉庆二十年九月十七日），户科题本：02-01-04-19594-020。
② 《巡视东城掌江西道监察御史杨世英奏为参奏同城满御史富尔瑚额挟私滥刑等事》（嘉庆十二年十二月初六日），录副奏折：03-2449-012。
③ 《清高宗实录》卷1408，乾隆五十七年七月辛丑、壬寅。

后巡城御史孙家贤、监赈御史富廉都被革职拿问。

夏季饭厂开放时,则要避免"饭颗蒸变不堪食用"。例如道光十二年(1832)七月十一日起开厂煮赈,为避免饭食变馊,道光帝命五城及派出照料之满汉科道各员,"每日散饭务于清晨以前一律放竣,庶不至有味变之虞"。① 同时,加大监管力度,派联顺、陈嵩庆、奎照、道庆、倭什讷、祝麟、文庆、沈维鐈、潘锡恩、奕泽、何彤然、梁中靖、许邦光、恩桂、卓秉恬、受庆、祝庆蕃、丁杰、全奎、闵受昌等满汉官员"分赴各厂,会同该城御史,妥为经理"。② 监放官员要及时上报"各厂所煮饭颗数日来如何办理,究竟有无味变之虞"③。

至清末同治、光绪两朝,五城饭厂的经办和管理模式发生了很大的改变,大多改由巡城御史督同官绅办理,更有不少新出现的饭厂完全是由士绅捐办并管理的。士绅捐办,京城饭厂固然得以运转,但与清前期相比,在管理上的漏洞也不少。例如,五城米厂的质量堪忧。光绪十八年(1892),五城粥厂"所领粟米,据仓场声称以新、陈粟米搭放,及至领出新粟米,五成尚堪煮食,陈粟米五成霉变朽坏,尽成灰土,实不堪用"④。由于仓场发给的粟米质量很差,不堪食用,以至于当时真心办粥厂的士绅对于领取官给粟米并不积极,只有当自筹经费严重短缺时,才会向官府申请领取。

甚至饥民因贫民争食而发生踩踏伤亡事件。例如,光绪二十年(1894)十二月三十日,北城梁家园粥厂,"该厂向系自行捐办,地面甲捕只在门外弹压,不许喧哗滋事,至厂内事务,皆该绅督同司事厂夫经理"。十二月三十日岁暮,粥厂"加放馒首,举办有年,不意人数过多,较之往年加倍有余,而贫民又皆争先恐后,以致拥挤压毙女大口九名、男小口十五名、女小口十四名,共计大小口三十八名"。⑤

---

① 《谕内阁著五城设厂煮赈严饬照料各员妥办勿使饭粒因天热蒸变》(道光十二年七月初六日),上谕档:0975-1。
② 《谕内阁五城平粜著派员分赴各厂会同御史妥为经理严杜弊端并参奏不力之员》(道光十二年七月初十日),上谕档:0975-1。
③ 《奉旨天时炎热五城煮赈恐有蒸变著派员分投确查具奏》(道光十二年七月十九日),上谕档:0975-1。
④ 《巡视中城山东道监察御史文博奏为京师贫民过多吁请外城粥厂恩赏粟米改放籼米事》(光绪十九年九月十二日),录副奏折:03-5600-080。
⑤ 《巡视北城山西道监察御史齐兰、巡视北城兵科掌印给事中唐椿森奏为梁家园粥厂岁末放粥加放馒首穷民捆挤压毙三十八名事》(光绪二十一年正月初七日),录副奏折:03-7416-004。

二、棉衣发放

　　五城在冬季为贫民发放棉衣，也是清代京师抚恤贫弱的一项善政。据资料记载，雍正八年（1730）所制定的"留养饥民例"中已规定，每年春季，在资送滞留京城的贫民回籍时，凡是"衣不蔽体者，量给棉衣"①。乾隆八年（1743）直隶、河间、天津等处被旱灾民"入冬以来，祁寒可悯"，直隶总督高斌会同盐臣伊拉齐及各司道，劝谕士绅商民等"捐棉衣四万三千六百九十一件"。② 可见，在天气寒冷时发放棉衣，一直是清政府抚恤贫寒饥民的一项赈济措施。

　　京城冬季发放棉衣，始于嘉庆六年（1801）十月。当年夏季，京畿遭受罕见雨灾，被水灾黎"御冬无具"，步军统领明安奉嘉庆帝之命，"置购棉衣，以备赏给"，于当年十月"经各当商等呈交棉衣六万二千件"。此次办理棉衣，由京城当铺承领置办，虽然"系当满旧衣，所值无几"，但嘉庆帝仍令赏给银一万二千四百两，"按各商交出棉衣多寡，均匀给发"。与此同时，宛平县民人蔡永清"凑办棉衣二万件"。蔡永清"向在京城居住，每岁经理收养老病贫民及婴孩等事，今年夏秋曾捐资散给被水灾民，兹又凑办棉衣。种种义举，殊堪嘉尚"。嘉庆帝命顺天府予以表彰，"备办匾额花红，传旨赏给蔡永清"。③ 当年一共置办了八万四千九百五十件棉衣。

　　按照惯例，赈济灾民，"止给发银米，俾资食用，并无散放棉衣之事"。嘉庆六年（1801）京城发放棉衣，属于首创，这在嘉庆帝的谕令中也有明确说明。嘉庆帝强调：此次发放棉衣"恩施格外，并不在常例之内。在贫民等得有絮纩过冬，藉资全活，惟当安静领赈度日，慎勿将官给棉衣付之典卖，仍复号寒无赖，甘为宵小。或衣食粗给，仍不知守分，有鼠窃狗偷之事。转瞬春融，务当各谋生业，勿以特恩为可屡邀，勉为良善"。为此，嘉庆帝又命都察院、顺天府将此旨"刊刻誊黄，令各乡保遍行晓谕，俾众知之"。④ 为避免有人重复领取，令五城十处饭厂以及永定门外之海会寺、右安门外之三官庙，同时在十月二十二日辰刻分赏棉衣。

---

　　① 《清高宗实录》卷105，乾隆四年十一月壬申。
　　② 《清高宗实录》卷207，乾隆八年十二月。
　　③ 《清仁宗实录》卷88，嘉庆六年十月甲寅。
　　④ 《清仁宗实录》卷89，嘉庆六年十月甲子。

此后，又连续数次补发。十月二十三日，补给五城领赈贫民棉衣。①二十九日，命给普济堂、功德林两处领赈贫民棉衣。② 十一月初一日，并给栖流所收养穷民棉衣。③ 初六日，再补给五城领赈贫民棉衣。④ 虽然多日补发棉衣，"尚有赤贫之民因在别处佣工，及老幼残废在屯居住，离城稍远，不及趋领者，未得均沾优渥，至厂呼吁补领"。而且，据巡视西城御史安柱观察，这些贫民"当次朔风凛冽，稍有絮棉蔽体者，断无赤身装点，希冀冒滥求衣之理，似实在极贫"⑤。十一月二十八日，经顺天府尹奏请，又为大兴、宛平二县孤贫发放棉衣二千件。⑥ 历经数次补发，当年置办的八万余件棉衣，共陆续发放出棉袄、棉裤七万九千二百八十八件，尚余棉袄五千五百六十二件、棉裤一百件，由步军统领衙门存储保管。

此后，嘉庆朝虽然没有年年发放棉衣，但也基本上形成了惯例。嘉庆八年（1803）正月，"入春以来，天气尚寒，无业贫民衣褐不完"，嘉庆帝遂记起"前年秋间曾谕令步军统领衙门置办棉衣八万余件，除陆续放给外，尚余数千件，存贮该衙门"。于是，便命步军统领禄康"提取棉袄二千五百六十二件、棉裤一百件，发给五城，交该巡城御史等各就附近贫民内，择其衰老羸病者，酌量赏给，俾免号寒"。⑦ 此后的嘉庆十年（1805）十二月，赏五城贫民棉衣一千件。⑧ 十一年十一月，分赏五城贫民棉衣一千件。⑨ 十二年十月，分赏五城贫民棉衣一千件。⑩ 以上每年发放时，五城各领二百件，同日同时发放。

自嘉庆十二年（1807）以后，五城所发放棉衣，始由内务府备办，其尺寸也有了统一要求，即三尺六寸棉衣一千件。嘉庆二十年，"因大棉衣一千件不敷支放，又因贫民衣不称体"，经内务府奏准，将棉衣尺寸改小，利用生息余利银，"添办二尺六寸棉衣一千件"，这样三尺六寸的大棉衣和二尺六寸的小棉衣共二千件，每年形成定例，由五城粥厂散放。

---

① 《清仁宗实录》卷89，嘉庆六年十月丙寅。
② 《清仁宗实录》卷89，嘉庆六年十月壬申。
③ 《清仁宗实录》卷90，嘉庆六年十一月甲戌。
④ 《清仁宗实录》卷90，嘉庆六年十一月己卯。
⑤ 《巡视西城陕西道监察御史安柱奏请再发棉衣由五城饭厂补赏领赈贫民事》（嘉庆六年十一月初六日），录副奏折：03-1618-055。
⑥ 《兼管顺天府尹汪承需、顺天府尹阎泰和奏请发棉衣散给大兴宛平二县孤贫事》（嘉庆六年十一月二十八日），录副奏折：03-1618-061。
⑦ 《清仁宗实录》卷107，嘉庆八年正月乙酉。
⑧ 《清仁宗实录》卷154，嘉庆十年十二月壬午。
⑨ 《清仁宗实录》卷169，嘉庆十一年十一月辛丑。
⑩ 《清仁宗实录》卷186，嘉庆十二年十月戊子。

相对于每年众多的饥寒贫民而言，这两千件棉衣显然是杯水车薪。嘉庆二十一年（1816）十一月十七日，巡视南城礼科给事中张源长奏称："各厂贫民或八九百人，或千余人不等，待泽者不一而足，将例分棉衣二百件择其尤贫者放给，得大棉衣者既各欢呼挟纩，得小棉衣者亦皆感戴皇仁，是贫民之实惠不在棉衣之大小，而在棉衣之各得也。且二尺六寸棉衣，身短者固可蔽体，身长者亦过半身，贫民大小虽有不齐，但得贴身棉衣，足资御寒，宜化大小之见，而为均沾之施。"对于众多衣不蔽体的贫民而言，棉衣是否合体已经不太重要，为了能使"众人均沾而溥"，张源长建议把棉衣全部做成二尺六寸的小棉衣。此前，内务府制作三尺六寸棉衣，每件用银二两二钱，而二尺六寸的棉衣每件用银一两四钱，棉衣大小二千件，共用银三千六百两。按价银折算，大棉衣一千件，用银二千二百两，如果做成小棉衣，可得一千五百七十余件。若以二尺六寸棉衣一律放散，便可多放贫民五百七十余名。张源长奏请："自二十二年为始，内务府备办棉衣，可否即照二尺六寸之例，一律备办，于定例二千件外多增五百七十余件，分给五城，每城又添一百余件，一转移间，于贫民实有裨益，且于内务府奏定三千六百两之数，亦无不符矣。"① 嘉庆帝采纳了张源长的建议，命内务府备办棉衣全部改为二尺六寸的小棉衣。此后，每年五城发放棉衣基本上是两千件，嘉庆二十二年（1817）十月，则因贫民众多，加赏五城贫民棉衣四千件。②

道光朝以后，五城棉衣发放逐渐由实物改为钱文。道光二年（1822）八月，巡视南城掌河南道监察御史郭泰成奏称，"棉衣尚不敷用，如再添造一千件，则凡残废老病之人皆可御冬有具"③。但同时，吏科掌印给事中王家相则建议五城应当仿照放饭之例，发放制钱，以期人人有得。他说：五城放饭时，"饭厂每日煮米一石，视人之多寡，为饭之多寡，总照现到人数，均匀摊给，一石之米可给三四百人，亦可给千人，故得人人被泽"。而且领饭者即便多至千人，"扶老携幼，蝉联鱼贯，莫不虚往实归，有欢欣喜悦之象，无喧哗争竞之声，意美法良，莫过于此"。相比于放饭，棉衣散放却从来难以满足众多贫民的需求，"无如贫民鹑衣百结，甚至赤身寒战，面目难堪"。五城各厂领取棉衣者平均有千人，西城甚至多至一

---

① 《巡视南城礼科给事中张源长奏为归划年例发放贫民棉衣尺寸事》（嘉庆二十一年十一月十七日），朱批奏折：04-01-01-0564-016。
② 《清仁宗实录》卷335，嘉庆二十二年十月癸酉。
③ 《巡视南城掌河南道监察御史郭泰成奏为赏给贫民棉衣请量为加增事》（道光二年八月二十二日），录副奏折：03-2833-035。

千二三百人，而棉衣总数只有二百五十余件，"散放已尽，势难再添，而鸠形鹄面之徒纷纷环列，禁之不能，驱之不去"。究其原因，不在于各城巡城御史办事不够"尽心经理"，而在于"人多衣少，势处无可如何"。而且，即便是领取了棉衣的贫民，也往往自行售卖，贪图钱文。"每棉袄一件卖制钱五百文，非必以供饮博也，缘贫民所少者，不独棉袄，如衫裤袜履之类，有钱即可添买，或作小本买卖，营趁糊口，是以民情之欲得钱甚于得棉袄。"王政之要，在于顺人之情。为此，王家相建议仿照放饭人人有份之例，将棉衣费用换成钱文，向贫民分发。他还对每年制作棉衣的费用进行了计算，"棉袄由内务府制造，每年动用银三千五百九十八两"，如果把这些银两直接通过五城饭厂发放，"则一厂可得三百五十余两，照赈厂散放折色之例，易钱分赏，大口给制钱四百文，小口减半，可以分给千人"。① 如果人数加多，则钱数减，如人数较少，则钱数增，这样便可以保证人人受惠。九月，王家相的建议，经军机大臣会同户部议奏，"著照所议"②，当年即付诸实施。

次年十一月，五城按照新定章程，从广储司领取纹银三千六百两，通过钱行经纪兑换制钱四千一百七十四千零八十文，每城发给制钱四百十七千四百零八文。十一月二十八日辰刻，五城十厂同时散放。具体到五城各厂如下：中城北厂大口一千六百五十九名，每名给制钱一百九十四文，小口九百八十七名，每名给制钱九十七文，南厂大口一千五百十三名，每名给制钱二百六十一文，小口一百六十八名，每名给制钱一百三十四文，共放制钱八百三十四千九百九十文。东城外厂大口三千一百四十名，每名给制钱一百零六文，小口一千五百九十六名，每名给制钱五十三文，内厂大口一千九百十八名，每名给制钱一百八十文，小口八百零二名，每名给制钱九十文，共放制钱八百三十四千八百四十八文。南城外厂大口二千零六十二名，每名给制钱一百八十六文，小口四百七十五名，每名给制钱七十一文，内厂大口一千四百八十二名，每名给制钱二百三十一文，小口七百四十九名，每名给制钱一百文，共放制钱八百三十四千四百九十九文。西城外厂大口一千一百零二名，每名给制钱三百零五文，小口五百三十名，每名给制钱一百五十三文，内厂大口一千七百名，每名给制钱二百三十五文，小口一百四十九名，每名给制钱一百十八文，共放给制钱八百三十四千二百八十二文。北城外厂大口三百五十名，每名给制钱三百二十二文，

---

① 《吏科掌印给事中王家相奏为酌改五城现行散放棉袄等放赈事例事》（道光二年八月二十九日），朱批奏折：04-01-01-0625-056。
② 《清宣宗实录》卷41，道光二年九月乙酉。

小口一千九百零一名，每名给制钱一百六十一文，内厂大口七百名，每名给制钱三百文，小口一千二百九十七名，每名给制钱一百六十文，共放制钱八百三十六千二百八十一文。① 通过以上烦琐列举可见，钱数总数看似不少，但具体到每人身上，则仅数百文而已。

也正因为此，当年五城棉衣钱文发放完毕后，十二月初七日都察院左都御史穆彰阿上折，奏请自次年起恢复发放棉衣实物的旧例。都察院总结刚刚结束的棉衣钱文发放，"本年十一月二十八日，五城同时并放，臣等分投稽察，人数最多之厂将及五千，所得钱文大口仅百数十文至数百文，小口仅数十文至百余文不等"。钱数不多，而要发放的人数过众，结果，分到每个人身上的钱文寥寥可数，这与五城发放棉衣救助极贫人口的初衷相违。"此项棉衣原为极贫之民而设，其次贫及小口皆不得与，向来领饭之人共知，棉衣自有定数，非极贫者无可希冀。今乃改为放钱，就人口核计，无论极贫、次贫、大口、小口，均有所得。是以赴领者较往年多至四五倍，诚恐将来人数愈多，更难安插弹压。兼之得钱甚少，在次贫之人有衣蔽体，足以御冬，似可无须，而极贫之人即令得此数百钱文过手，花销易尽，仍不能制办棉衣，寒冻如故，致使朝廷良法美意，有名无实。"因此，都察院建议，"应请来年仍旧复旧规，先期制备棉衣，十月底发交各城，于冬至前饭厂放饭时择极贫之人散给"。②

对于这样的情形，具体操办棉衣钱文的巡视五城御史的感受却不同，其在汇报刚刚结束的五城棉衣钱文散放的情况中称："本年按照市价易钱，十厂同时散放，查验实系茕独老弱者，分别大口小口，均匀散给。每厂自一千余名至三四千名不等，穷黎均沾实惠。"道光帝赞赏五城御史"办理甚为妥协"，因此便否决了都察院关于恢复实物发放的建议，仍令"嗣后著仍遵前旨，将生息银两按市价易钱，分别散放"。③ 此后，五城棉衣散放钱文的做法一直维持到光绪八年（1882）。

五城棉衣钱文虽然很少，但对于赤贫流民而言，依然聊胜于无。因此，每年散放时，仍旧吸引了大量贫民争领，以至于拥挤践踏，时有人命之案。而且，以往五城十厂散放，虽然是同一天，但未必是同一时刻。再者，以往每年的发放时间都在冬至前十日为期。为避免重复领取，以及更

---

① 《巡视中城给事中春和等奏为遵旨散给贫民钱文事》（道光三年十二月初七日），录副奏折：03-2834-024。
② 《都察院左都御史穆彰阿等奏为五城棉衣请仍循旧规制备散放事》（道光三年十二月初七日），录副奏折：03-2834-023。
③ 《清宣宗实录》卷62，道光三年十二月辛丑。

早一点让贫民领到钱文以置办棉衣,道光十八年(1838)十二月,御史福珠隆阿奏请五城棉衣钱文的发放应"改期约时"。"五城关内坊与中城关外坊,此六处饭厂地址相离甚近,各城散放钱文,虽系同日,而时刻先后不齐,风闻狡猾之民赶领两处赏项,官吏无从稽查。每年银数有定,如多一重领之奸民,即有一向隅之贫户。五城既已同约日期,似应并约时刻办理,始臻详慎。"另外,福珠隆阿还建议棉衣钱文的发放时间应提前至大雪节气之前,即大约每年的十月底。"至此项钱文本年于十一月十九日散放,节届小寒,天气业已冷甚,恐老稚病馁之躯先期已转沟壑,何如膏泽早降,或可全活多人。"福珠隆阿奏请,"相应请旨饬下巡城各科道,嗣后散放棉衣折价一项定期,总以大雪节气为度,并令五城约定同日同时散给,以杜奸民重领之弊"。① 福珠隆阿的建议经都察院、五城御史会议具奏,得到批准,且时间进一步提前确定以后五城棉衣钱文的发放时间改于小雪节气以前,相应地,内务府在立冬节气之前就应将棉衣钱文发给五城,而且要求五城十厂"务须同日同时"发放。②

咸丰初年,"因内务府棉衣银两未能按期发给",经御史毓禄、保恒等奏请,改由户部"先行拨给制钱七千二百串文,交五城散放"。③ 至同治朝,由于钱价昂贵,以至于每厂"分领京钱一千四百千有零,新设五厂,若即从此项分给,则每厂仅领京钱九百余千"。而每厂领钱贫民"多者三千余人,少亦不下一二千人,目下贫民愈众,人数恐增于前岁,而钱数则少于往年,情形实为可悯"。同治元年(1862),经署巡视中城监察御史铭恩奏准,恢复旧制,继续从内务府生息项下发给五城实银三千六百两。④

光绪八年(1882)以后,五城棉衣发放又恢复了棉衣实物。因为,咸丰、同治朝以来,币制改革混乱,棉衣钱文的发放,不仅受到银钱比价的影响,钱数无多,再分之众人,更加少得可怜,而且在具体发放过程中也极易发生胥吏克扣的现象。光绪八年,御史洪良品在奏请中又反映了这两个问题:"臣每出街衢,见大寒严冬,贫民身无寸缕,冻毙者甚多,怪其所领棉衣何往。及臣监放西城饭厂,留心察访,始知五城所领库银皆换作钱,或经胥吏克扣,每人仅给钱十数文,何足以资棉衣之用?臣窃谓此项

---

① 《山东监察御史福珠隆阿奏请五城改期约时散放贫民棉衣钱文事》(道光十八年十二月二十日),录副奏折:02-2837-046。
② 《清宣宗实录》卷319,道光十九年二月庚辰。
③ 《巡视中城御史扎拉芬泰为年例散给贫民棉衣钱文请饬户部先行拨给以便及时散放事》(咸丰十年十一月二十二日),录副奏折:03-4182-036。
④ 《署巡视中城监察御史铭恩等奏请将棉衣赏项银两照旧发给实银散放给京师内外城贫民事》(同治元年),录副奏片:03-4678-009。又见《清穆宗实录》卷46,同治元年十月辛卯。

系专为济贫民棉衣而设,不以制衣贫民仍未沾实惠。"鉴于此,洪良品奏请恢复发放棉衣实物的旧制:"自后将此项由顺天府尹领出,发交各善堂好义殷富绅董承领,制作棉衣,于天将寒时,先择极贫而身无寸缕者给之,再拣次贫而衣不蔽体者予之。贫民虽众,施有等差,实惠自无难遍及,而冻毙可以差免。事竣仍将制衣数目、价值、散给人口姓名造册申报,顺天府府尹、五城御史查核,会同转奏,以杜浮衍之弊。"① 经军机大臣议奏,同意御史洪良品的建议,规定以后的五城棉衣发放,经费由顺天府府尹领出后,分交各善堂绅董承领,制作棉衣,分别极贫、次贫,予以发放。② 直到清末,五城棉衣基本以实物发放,而且多由绅商置办或捐办。

三、京城慈善

清代京城的慈善事业,既有官方的额定"孤贫"救助,也有提供专门场所、用以救助贫苦的官办、官绅合办乃至民办的各类慈善机构,例如栖流所、育婴堂、普济堂、养济院以及善堂、暖厂等。这是城市民间自治组织或力量参与城市治理的重要领域。

1. 京县额定"孤贫"

对于京城孤贫者,自入清之始,就有相应的抚恤政策。顺治八年(1651)八月,清政府即规定,京城内外有鳏寡孤独、穷苦无依者,由五城御史、兵马司、大宛二县确实察明人数,"酌量周恤"③。乾隆朝《钦定大清会典则例》也有相应的条例:"凡五城疲、癃、残、疾、年老之民,日给银一分、米一升,顺天府檄饬该司指挥,赴户部支领,并委官按季监发,仍按季册报顺天府核销,转咨户部。"④ 这一抚恤政策主要针对的是京城民籍人口,旗人则有相应八旗体系的抚恤待遇。

京城"孤贫"由大兴、宛平二京县与五城司坊官会同清查,在统计时由各甲查明,然后州县亲自验明。乾隆九年(1744)四月,吏科给事中钟衡奏称:"孤贫一项向有定额,各保甲查明实在孤苦无依者,开明里甲、

---

① 《御史洪良品奏为五城所领库银请由顺天府府尹领出发交各善堂富绅制作棉衣以济贫民事》(光绪八年),录副奏片:03-5591-058。
② 《清德宗实录》卷150,光绪八年八月丁丑。
③ 《清世祖实录》卷59,顺治八年八月丙寅。
④ (乾隆朝)《钦定大清会典则例》卷149《都察院五·孤贫银米》,文渊阁《四库全书》影印本第624册,第685页。

年貌，取具邻佑保状呈报，该州县亲身查验，给以口粮。其有浮于额数者，动支公项散给，另行造册报销。至外来流丐，察其声音，讯其住址，即移送本籍收养，此向例也。"限于定额之数，"外来流丐"则一般送回本籍收养。但如果"外来孤贫查系实在老病残废穷民，茕茕无告，较之土著者，其情愈迫，其状更苦。若拘定例，移向本籍，其在都邑数十里以内者咨送尚易，如属隔省远至千里及数千里外，长途跋涉，举步维艰，不但不能就养，势必难免意外之虞，殊非所以仰体皇上一视同仁之意"。① 钟衡不拘本地和外籍、一视同仁的建议未获批准。

清代京师以"疲、癃、残、疾、年老"作为抚恤"孤贫"的标准，所属大兴、宛平两京县的"孤苦"定额是906人。"每名口每月支银三钱、米三斗，每季共应支银捌百拾伍两肆钱、米捌百拾伍石肆斗。"② 为五城孤贫发放银两时，由大、宛两县每季赴户部支领库银，"按照各报名册数目分领去后，逐一称封，公订日期，会同顺天府委员监放，逐名散给"③。如果有余剩银米，"则给发普济、养济、育婴三堂收领"④。

2. 栖流所

清制，京师五城各设有栖流所，用以收养无依无靠的流民及街衢病卧者。顺治十年（1653），五城栖流所始建，"交五城管理，俾穷民得所"。其中，中城栖流所位于永定门内厨子营；东城栖流所位于崇文门外米市口东；南城栖流所位于崇文门外南官园；西城栖流所二处：一设于宣武门外礓儿胡同，一设于西便门内砖儿胡同；北城栖流所位于正阳门外西河沿。由于管理不善，栖流所往往被居民侵占，康熙二十四年（1685）十月，清政府命各城予以清理，"旧址房屋几何，某年侵占，现住何人"⑤，命嗣后各坊总甲将贫苦无依之人报明送所存养。至清代中期，栖流所制度得以完善。清政府规定：五城栖流所每年由各城兵马司指挥负责修葺，如遇辖区内街头有无依流民及街衢病卧者，令总甲扶入栖流所内，报明该司，登记

---

① 《吏科给事中钟衡奏请收养外来孤贫事》（乾隆九年四月二十二日），录副奏折：03-0338-017。
② 《大学士管理户部事务禄康、户部尚书戴衢亨题为遵察大兴宛平二县五城嘉庆十年散给过孤贫钱文米石数目复核无异事》（嘉庆十一年十一月二十三日），户科题本：02-01-04-18712-008。
③ 《巡视南城杨方立奏为五城孤贫银两请给钱文事》（乾隆二十四年十二月十二日），朱批奏折：04-01-01-0229-069。
④ 《吏部尚书兼管顺天府府尹事邹炳泰、顺天府府尹李钧简署为奏销嘉庆十七年京城两县五城支给孤贫口粮银两数目事》（嘉庆十八年七月二十九日），户科题本：02-01-04-19429-007。
⑤ （清）吴震方：《巡城条约》，"清查栖流所"。

循环簿。栖流所内人员每名每天给小米一仓升、制钱十五文。栖流所管理人员从各城民间招募诚实民人一名,每月给工食银五钱,其职责是看守房屋,料理流民。栖流所内如有患病者,即向兵马司报告,拨医药饵调治。冬季,无棉衣者给发布棉衣一件。如有病故及道路倒卧者,由栖流所置备棺材收敛,埋于义冢,棺价定银八钱。①

与饭厂"冬开春停"不同,栖流所是常年开设,因此在饭厂停止后,栖流所往往成为那些无家可归者的栖身之处。也正因为此,一般五城饭厂停止后,剩余的恩赏银米便会分给栖流所。例如,道光四年(1824)五月,御史程矞采奏:"本年京城内外赴厂就食流民甚众,现在顺天府五城饭厂已届停止,除年力强壮、力能佣趁耕作者不准留滞京城外,其实系老弱流民,势难各回乡里,若任其在京觅食,糊口无资,情形殊为可悯。"鉴于此,道光帝命各城"俱于栖流所筹画经费,暂为收养,并派觅空房使之居住"。同时,将五城十厂未领余米一千五百石分给五城栖流所,每城各领三百石,"照放赈之例,大口五合,小口减半,逐日分别散给"。② 由于"春夏收养流民较多",道光四年(1824)闰七月,道光帝又加赏五城栖流所银二千六百两。③ 从这一点来看,常年开设的栖流所是京城饭厂的一个重要补充。

晚清由于京城无家可归的饥民日益增多,在饭厂不能常年开放的情形下,原本五城各有一处且规模不大、经办时紧时松的栖流所,显然不敷使用。道光十八年(1838)二月,河南道监察御史章炜便奏请在五城增设栖流所:"查五城旧有官设栖流所,每处约收养贫民八十名,然栖流所尚有不能尽收者。前臣巡城任内,一交冬令,贫民饥寒交迫,该司详报倒毙在途,每月不下数十名,殊堪心恻。"当时,南城在旧有公捐住房一处,经御史章炜捐助银两,予以修理,多收贫民五十名;西城在栖流所外旧有广仁所一处,此外其余各城都没有额外的收养之处。章炜奏请"于中、东、北三城,各添置住房一处,或五六间,或七八间,收养贫民,以五六十名为率,则五城地方每年共增收二百余人,所需经费无多,由巡城御史自行筹办,收养多一贫民,即道途少一饿殍"。④

---

① (乾隆朝)《钦定大清会典则例》卷149《都察院五·栖流所》,文渊阁《四库全书》影印本第624册,第684页。
② 《清宣宗实录》卷68,道光四年五月庚辰。
③ 《清宣宗实录》卷71,道光四年闰七月癸丑。
④ 《河南道监察御史章炜奏为条陈五城事宜事》(道光十八年二月十三日),录副奏折:03-3787-034。

3. 育婴堂

育婴堂是专门收养遗弃婴幼儿的慈善场所，竹枝词曰："当官旧建育婴堂，京兆番番点簿忙。哺乳有娘师是父，渡人陆地得慈航。"① 所谓"陆地慈航"，即指育婴堂派往各城收养弃婴的牛车。清制，官方禁止旗民遗弃婴孩，但京城因各种原因遗弃婴儿的现象不绝如缕，"育婴堂有车四辆，每日在大城内外拾取遗弃婴孩，活者送堂乳养，听人抱为子女，死者即日瘗埋"②。康熙十二年（1673）题准，如果京城"旗民有贫穷不能抚养其子者，许送育养婴儿之处，听其抚养"，但如果"有轻弃道途、致伤生命及家主逼勒奴仆抛弃者"，令五城司坊官严行禁止。康熙三十六年（1697），又严令禁止溺女，令五城司坊官严查，违者照律治罪。③

清代京城最著名的育婴堂位于广渠门内夕照寺西，康熙元年（1662）由浙江山阴人柴世盛创设，大学士金之俊、学士胡兆龙等人共成其事④，之后多由在京士大夫轮值经管，先后继之者有冯溥、龚鼎孳、姚文然、赵之符、王熙，都是康熙时期的朝中大臣。雍正二年（1724），雍正帝特赐"功深保赤"匾额，又御制《育婴堂碑记》，以示奖励，并敕令各省督抚募劝好善之人，照京师例行之。⑤

京城育婴堂的经费大多来自官绅和普通民众的施舍捐助，其最大的弊端在于管理上难以善始善终，杂役侵蚀。例如，康熙二十四年（1685）东城御史吴震方就发现育婴堂内"赤子数十，嗷嗷待哺，乳母稀少，但有老妪数人在彼看管，日惟糕糜数器，为婴儿糊口，甚觉伤惨"。为规范支出和管理，吴震方在育婴堂建立了簿册登记制度，记录"本堂乳母几十几

---

① （清）佚名：《燕台口号一百首》，见路工编选：《清代北京竹枝词》（十三种），第34页。
② （清）吴震方：《巡城条约》，"求禁卖男点水"。
③ （乾隆朝）《钦定大清会典则例》卷149《都察院五》，文渊阁《四库全书》影印本第624册，第685-686页。
④ 关于广渠门夕照寺京城育婴堂的创立，据康熙年间吴震方的记述，此处育婴堂"创自柴道人襄明，都门诸缙绅老先生共襄盛举"〔（清）吴震方：《巡城条约》，"公选育婴堂司事启"〕。与《钦定日下旧闻考》关于育婴堂由大学士金之俊、学士胡兆龙等人创建的笼统表述不同，康熙二十四年（1685）任职东城御史的吴震方所言更加具体可信。柴世盛字襄明，关于他与育婴堂的关系，张剑华利用收藏于日本京都大谷大学的清传奇孤本《育婴堂新剧》乾隆年间抄本进行了深入研究（张剑华：《〈育婴堂新剧〉与清初北京育婴堂考》，中山大学硕士学位论文，2010年）。又，王洪兵、张松梅也对柴世盛创设广渠门夕照寺育婴堂这一史实进行了研究（王洪兵、张松梅：《从儒生、官绅到国家：清代京师育婴堂的变迁》，《东岳论丛》2016年第3期）。据此，育婴堂由柴世盛创设并具体经管，创立之初，在京官绅则出资捐助，以成其事。另，孤本《育婴堂新剧》，经中山大学黄仕忠教授在日本发现后，整理编校，收录于《明清孤本稀见戏曲汇刊》（桂林：广西师范大学出版社2014年）。
⑤ 《日下旧闻考》卷56《城市·外城·东城》，第2册，第910页。

人，某氏系某人妻，某处人氏，于某年某月到堂，某日收男孩几口、女孩几口，某日抱去男孩几口、女孩几口，某日死男女孩几口，某日收尸几具，于某日焚化讫"①等信息，然后送育婴堂轮值者查验，以杜绝侵蚀。为加强管理，自乾隆朝始，育婴堂由顺天府派人经理，至嘉庆四年（1799），因"其中给发官项，支销用度，胥吏及乡耆等多有侵渔"②，又派满汉御史监放稽查。

4. 普济堂

京师普济堂位于广宁门外、距城二里许之关帝庙，康熙三十六年（1697）秋，由寂容和尚、关成、王廷献等人倡立，专门收养疾病在身的年老之人。③ 普济堂自成立后，因其医治、收养老人的社会救济之功，很快得到了朝廷的认可和褒扬。四十四年（1705），康熙帝御撰《普济堂碑记》，自次年起，清政府每年恩赏普济堂银两和小米。

对于普济堂，雍正帝特赐匾额予以褒扬，而且令全国各地仿照京师之例兴建普济堂。雍正二年（1724）闰四月，谕顺天府府尹曰："京师广宁门外向有普济堂，凡老疾无依之人，每栖息于此，司其事者乐善不倦，殊为可嘉。圣祖仁皇帝曾赐额立碑，以旌好义，尔等均有地方之责，宜时加奖劝，以鼓舞之。但年力尚壮及游手好闲之人，不得借名混入其中，以长浮惰而生事端。又闻广渠门内有育婴堂一区，凡孩稚之不能养育者，收留于此，数十年来，成立者颇众。夫养少存孤，载于月令，与扶衰恤老，同一善举，为世俗之所难。朕心嘉悦，特颁匾额，并赐白金。尔等其宣示朕怀，使之益加鼓励。再行文各省督抚转饬有司，劝募好善之人，于通都大邑人烟稠集之处，照京师例，推而行之。其于存弱恤孤之道，似有裨益，而凡人怵惕恻隐之心，亦可感发而兴起也。"④ 雍正帝每年赏赐千金，四年（1726）又赏给银米。乾隆帝即位之初，亦褒扬普济堂和育婴堂，谕总理事务王大臣曰："京城有普济堂二处、育婴堂一处，收养无依之穷民及抛弃之婴孩，由来已久，其经管之人实心行善，有存孤恤老之风。从前皇考曾两赐帑金，并赐温纶，以旌义举。今朕即位，广沛恩膏，而辇毂之下乐善良民，敦行不怠，朕心嘉悦，三处各赐银五百两，以助其赡养之费。"⑤ 从此处可知，京城普济堂已有两处，而且乾隆元年（1736），乾隆

---

① （清）吴震方：《巡城条约》，"清查育婴堂"。
② 《清仁宗实录》卷56，嘉庆四年十二月己酉。
③ 《光绪顺天府志》，"京师志十二·厂局"，第2册，第317页。
④ 《清世宗实录》卷19，雍正二年闰四月癸未。
⑤ 《清高宗实录》卷9，雍正十三年十二月庚寅。

帝再次谕令各直省仿照京师设立普济堂，养赡无依无靠的老疾之人。乾隆朝每年赏粟米三百石。嘉庆七年（1802），赏银五千两生息。同治五年（1866），加赏小米五百石，著为定例。①

清政府通过给京城普济堂赐匾褒扬、恩赏粟米等方式，一方面利用、整合民间力量，以完善城市救助，另一方面也宣示"皇恩浩荡"，使原本单纯的社会救助行为化身为统治合法性建构的政治仪式。

5. 民间善堂暖厂

善堂暖厂基本上由绅民捐办。例如，勉善堂，位于西城广安门内，由民人蔡永清于嘉庆初年捐资兴办，"并偕众姓募捐建置，嗣后陆续增置产业"。"堂内前设义学六斋，以训寒家子弟，从建六堂，收养茕独老民，又旁建二堂，收养老妇。每年冬季，施舍棉衣煤米，并自十月起至次年三月止，开设粥厂，施济无食贫民。"可见，勉善堂功能颇为全面，不仅有义学，教育寒家子弟，而且收养鳏寡孤独以及老妇，还有粥厂。勉善堂创建者蔡永清，本系原任总督陈辉祖所信任的长随，"向在京城居住，每岁经理收养老病贫民及婴孩等事"。嘉庆六年（1801）十月，五城筹办棉衣时，他曾凑办棉衣二万件，受到嘉庆帝表彰，顺天府堂官奉旨备办匾额、花红，赏给蔡永清。② 道光十六年（1836）后，清政府将勉善堂"现在产业及办理规条，详晰注册，由本城呈送都察院存案，每届年终，造具出入清册，由巡城御史核转，呈明都察院，以备查核"③。

又如西悦生堂，位于宣武门外皮库营地方，嘉庆二十三年（1818）由礼部侍郎吴烜及其子兵部侍郎吴其彦创立。该堂共房屋三十余间，办理养老、恤嫠、义学诸善举。每年十月朔收养年老贫民，至次年四月朔止。同时，还设有义塾，"延师训诲单寒子弟"，其经费由京外官绅捐廉欵助。后来，又试办恤嫠一事，"凡青年守节、无亲族依靠者，凭保结查明，每人月给米十五斤，并盐菜之资，以百名为限"。至光绪年间，因"京外连岁告灾，来堂就食之老民孀妇倍增于前，而官绅捐赈之余力难兼顾，以致筹办为艰"。光绪十七年（1891）九月，经巡视西城御史凤英、御史何福坤

---

① 《光绪顺天府志》，"京师志十二·厂局"，第2册，第317页。

② 《清仁宗实录》卷88，嘉庆六年十月甲寅。又，嘉庆六年十二月，给事中谷际岐参奏蔡永清"藉赈搜饱，冒滥名器"。经过调查，不但蔡永清坚不承认，即谷际岐所引为证据者"亦全系子虚"。嘉庆帝认为："蔡永清凑集捐施，势力有限，其曾经散给者固同声称美，其散给未周者自啧有烦言。况蔡永清本系长随，其流品原不惬人望，或疑其稍有沾润，亦事所恒有。"最后，蔡永清被无罪释放。参见《清仁宗实录》卷92，嘉庆六年十二月乙卯。

③ 《清宣宗实录》卷279，道光十六年二月癸未。

奏准,"每年与各善堂一例",由清政府"每年赏给粟米三百石"。①

至同治、光绪年间,京城士绅捐办善堂暖厂的情形日趋增多。例如,广安门内的资善堂。光绪三年(1877)八月,西城"有官绅情愿捐赀设厂,时以冬令冰冻,有碍工作,暂于下斜街地方借屋收留,酌筹粥米煤炭,以资救济。续于广安门内大街路北地方购基一区,宽十九丈有奇,长二十八丈有奇,会商绅士督饬工匠,建立资善堂,官绅闻之,均量力佽助。复有四川、福建绅商捐银三千余两,爰于本年春融启工,构屋百余间,内设暖厂,计可栖止千人"②。光绪四年(1878)九月,"于北城南下洼太清观地方,由各官绅量力捐赀设立公善堂暖厂,该处向系施放棉衣、掩埋胔骼之所,因多年失修倾圮,善举久废。各官绅捐款重修庙宇六十余间,于庙内后身盖造暖屋,计六十间,约可栖止千人,本年九月将次告竣"③。

又如东城,"所属地面仅有冈子上兴善暖厂一处,限于地势,至多不过容三百人。栖流所虽长年留养,亦因地狭屋小,不能多容。且均只收男丁,而妇女未便栖止,以故鸠形鹄面,累累道旁,朔风一寒,倒卧之因于冻毙者十有八九"④。鉴于此,光绪二十一年(1895),东城官绅计划"创设暖厂,兼收妇孺"。经东城正指挥韩宗庆查得小市口东有雍正年间部拨之官土米厂一所,"圮废已久,基址仅存,背北面南,深长十七八丈,地颇合用"。众官绅遂"筹集款项,鸠工盖造",建成房屋三十六间,可收养四五百人,即名东城暖厂。⑤

光绪年间兴办的还有南城清化寺街的崇善堂(有暖厂),北城梁家园的百善堂(有暖厂)等。这些善堂暖厂,"概由官绅捐办,每年十月起至次年二月止,按日给粥,每厂领粥贫民不下二千余人,老弱无依,分别留

---

① 《巡视西城掌山西道监察御史凤英、巡视西城掌广西道监察御史何福坤奏为宣武门外西悦生堂办理养老恤嫠等请每年赏给米石事宜》(光绪十七年九月初九日),录副奏折:03-5598-086。

② 《巡视西城兵科掌印给事中克什布、巡视西城掌陕西道监察御史李延箫奏为广安门外善济堂官绅捐助贫民力难久继请赏米石赈济事》(光绪三年八月初一日),录副奏折:03-6529-020

③ 《巡视西城掌浙江道监察御史英俊等奏为回民添设粥厂及官绅捐建暖厂栖止贫民经费不敷请拨米石事》(光绪四年九月二十八日),录副奏折:03-5583-068。

④ 《巡视东城山东道监察御史文博、巡视东城掌江南道监察御史张仲炘奏为东城创设暖厂请准照案赏给米石事》(光绪二十一年九月初四日),录副奏折:03-5601-081。

⑤ 《巡视东城山东道监察御史文博、巡视东城掌江南道监察御史张仲炘奏为东城创设暖厂请准照案赏给米石事》(光绪二十一年九月初四日),录副奏折:03-5601-081。

养者不下三四百人"①。其中，梁家园百善堂还专设有女暖厂，"每年约收妇女四五百口"②。清末由官绅捐办的这些暖厂，在很大程度上替代了官办粥厂的功能，成为饥民冬季栖身之处。"京师每交冬令，各处贫苦男妇来京觅食者实繁，有徒偶遇灾祲，人数尤众，离乡背井，夜无所栖，全恃暖厂分为收留，方可无虞冻馁。"③

这些士绅捐办的善堂暖厂，还有以下几个共同特点：其一，资金来源或官捐，或绅捐，或民捐。其二，与专门的粥厂不同，不少善堂不仅开办暖厂，而且可供栖宿，甚至设有专门的女厂。其三，除了收养饥贫、救助老病之外，有些善堂还兼办义学，例如兴善堂义学、勉善堂义学、资善堂义学、西悦生义学和广仁堂义学等。其四，在管理上，不再由五城地方官经管，而是由士绅管理。例如，资善堂成立之初，即"专由绅士经理，概不假手司坊官役，于冬令贫民入厂时拣定公正绅士二人住厂照料，并由西城御史时常稽察，其老弱废疾、穷苦无告者，取具保结，登记籍贯姓名，准其入厂，凡游手无赖者不准收入，以杜弊混"④。其五，由于善堂"所有煤炭、棉衣、医药等项俱由官绅筹办"⑤，资金时而捉襟见肘，因此这些善堂粥厂的粟米还经常需要清政府的接济。例如资善堂，自光绪三年（1877）为始，"每年赏给小米三百石，以济穷黎"⑥。光绪三年，南城清化寺街崇善堂、北城梁家园百善堂二处，俱设暖厂，"自本年为始，每年赏给该二厂小米各三百石"⑦。光绪四年（1878）十月，"东城南海会寺、玉清观粥厂及兴善堂暖厂，均经官绅捐办，赈济贫民。现在经费支绌，不敷散放，加恩著照所请，自本年为始，每年各赏给小米一百五十石，以赡穷黎"⑧。如果收养者多，还可以加赏粟米。与京城里数量众多的贫困人

---

① 《巡视东城掌广西道监察御史庆寿、巡视东城掌浙江道监察御史唐树楠奏为官绅捐建粥厂暖厂赈济贫民粟米不敷支放援案恳恩酌赏米石事》（光绪四年十月十五日），录副奏折：03-5584-011。

② 《巡视北城御史恩寿奏为北城百善堂女暖厂人多粟米不敷支放请旨续发米石事》（光绪十三年十一月十一日），录副奏折：03-5594-126。

③ 《巡视东城山东道监察御史文博、巡视东城掌江南道监察御史张仲炘奏为东城创设暖厂请准照案赏给米石事》（光绪二十一年九月初四日），录副奏折：03-5601-081。

④ 《巡视西城兵科掌印给事中克什布、巡视西城掌陕西道监察御史李延箫奏为广安门外善济堂官绅捐助贫民力难久继请赏米石赈济事》（光绪三年八月初一日），录副奏折：03-6529-020。

⑤ 《巡视西城御史嵩林、巡视西城给事中戈靖奏为职员郑圭海遵祖遗命张如嵩遵父遗命捐助资善堂经费请旌表事》（光绪七年六月十五日），录副奏折：03-5535-140。

⑥ 《清德宗实录》卷55，光绪三年八月癸未。

⑦ 《清德宗实录》卷64，光绪三年十二月戊戌。

⑧ 《清德宗实录》卷79，光绪四年十月辛巳。

口相比，这些善堂虽然远远不够，但总可以让那些穷困潦倒、无家可归的人得到一些救助。

从以往单纯的衣食救助转向"教养"，这是清末善堂带给京城慈善救助的最大变化。相比于官办饭厂，民间寺院或绅商所办善堂往往兼及"教"的功能。例如，广宁门外普济堂自康熙三十六年（1697）由处士王廷献创建后，除了"昼有食，夜有宿，病有药，死有棺"之外，还"延塾师训童稚"。① 民间善堂这一传统在晚清善堂大量兴办的过程中得到了进一步推广。以光绪六年（1880）设于广安门内烂面胡同的广仁堂为例，该堂主要收养自五岁至十五岁无依无靠的幼童，除了"收入堂中栖宿，逐日养赡"之外，还另设义塾四斋，"延师课读，逐月稽查，以期造就"。对于"体质健壮、姿禀蠢愚者，另教各项工艺，以备日后资生，不至终归游惰"。广仁堂创办之初就收养了百余名幼童，创办两年后便有所收效，"其中幼孩，多由乞丐余生，近颇粗解诵言，略知揖让；至工艺告就，可藉谋生者，尤不乏人"。顺天府尹周家楣喜其成效显著，便积极在宛平县、通州乃至香河、三河县等地推广该堂义塾章程，"陆续设立义学，延师教读"，又成立工艺所，"各就其质地相宜，令人教示习学，以期多一手艺，即少一游民"。另外，还增设纺织局，购买织布机、棉花，聘请会织布的老妇，"以教妇女"。又设立借钱局，"以贷贫家小本营生，按日还本，不取其息"。广仁堂这一系列的举措，显然超越了以往饭厂、善堂仅限于救人活命的局限，其授人以渔的做法更受贫苦民众的欢迎，"现在逐渐实施，民情欢感"。也正因为此，周家楣认为"广仁堂推广教养，实于京畿地方大局相关，非徒从前一二善举可比"，并上奏朝廷推广此法，希望清政府能给予经费资助。②

此后，"教养"之法遂成为京城救助贫弱的主要方式。光绪二十九年（1903）九月，清政府设立五城教养局，主要收纳五城、工巡局、武卫军营务处送来的轻罪人犯，以及需要赈恤的幼壮人丁。局中主要学习内容有：织带编席、刷印打绳、擀毡织毯、织布织巾、裁缝编筐、编簾、做笔以及上鞋做底等十五科。③ 五城教养局的兴办很快收纳了近三百人，不仅使轻罪犯人得到了劳教，而且救助贫困，使其拥有了谋生的一技之长。

---

① 《光绪顺天府志》，"京师志十二·厂局"，第2册，第317-318页。
② 《光绪顺天府志》，"京师志十二·厂局"，第2册，第323-325页。
③ 《会同办理五城练勇局事宜商部左侍郎陈璧、巡视中城掌江南道监察御史贵秀奏为现在习艺人犯日增请按月赏给粟米以济口食而资推广事》（光绪三十一年三月初五日），录副奏片：03-7420-007。

在五城教养局的示范之下，以往单纯以赈济为目的的粥厂也开始仿照施行。光绪三十一年（1905）四月初二日，御史王振声奏请，"变通官粥厂"，参照五城教养局章程，将京师普济堂、功德林两处粥厂"改设教养局"。①

王振声的这一建议来自他对京师普济堂、功德林两处粥厂情形的实地观察。他曾经奉命监放粥厂，经过仔细观察，发现粥厂中所谓老弱废疾者为数无多，绝大多数是少壮游惰、不务生业之人，而这些人"饥寒交迫，自不得不收养"，但是每天两次领粥饱食之后，便出而游荡，所发放的棉衣，往往也随即典卖，"任意浪费，归来依然裸露，恃有暖厂，不致冻馁，聚处怡然"。王振声认为这些穷民大多少壮，而真正的老弱废疾者转或不能得到救济。因此他建议将普济堂、功德林两处粥厂改为教养局，所收养贫民"不准出厂游惰，设法教以粗浅工艺，俟习艺有成，可以自食其力，即酌量资遣，俾自谋生"。②商部尚书载振等奉旨会议王振声的建议，同意王振声的办法，认为"与其徒讲博济之仁施，不如并求考工之实业"，从单纯赈济转向"教养"，不仅"官款不至虚縻"，而且授人以渔，"穷黎渐有生路"。③

随后，经商部尚书陈璧奏准，改顺天府普济堂、功德林为教养第一局，西珠市口后来移至天桥之常年粥厂改为教养第二局，梁家园之常年赈恤所改为教养第三局。根据新定刑章，"轻罪人犯交局习艺"④。这样，教养局在继续收养流民，供其学习技艺之外，还充当着京城轻罪人犯的劳教场所。"惟查近来该局所收五城送到贼犯及内城工巡局、武卫军营务处送来各犯科，并择赈恤所收养之幼壮人丁，咸令来局习艺，核计已及三百名左右。所有织带、编席、刷印、打绳、擀毡、织毯、织布、织巾、裁缝、编筐、编簾、做笔、小木作、上鞋、做底，共已增至十五科，皆系成本较轻，闾阎日用，易于销售。将来各犯习业有成，身有技艺，自不致流而为匪。"⑤据《梁巨川遗书》，光绪三十二年（1906）四月，梁济就曾担任外

---

① 《清德宗实录》卷544，光绪三十一年四月甲辰。
② 《掌河南道监察御史王振声奏为谨拟变通官粥厂改设教养局收养贫民请饬商部侍郎等妥实筹办事》（光绪三十一年四月初二日），录副奏折：03-5608-028。
③ 《商部尚书载振等奏为遵议御史王振声奏请变通官粥厂改设教养局事》（光绪三十一年五月初二日），录副奏折：03-5608-037。
④ 《商部尚书陈璧等奏为遵饬五城教养局委员呈缴开办收支款项出入货物等银两及收留轻犯花名册事》（光绪三十一年），录副奏片：03-5608-093。
⑤ 《会同办理五城练勇局事宜商部左侍郎陈璧、巡视中城掌江南道监察御史贵秀奏为现在习艺人犯日增请按月赏给粟米以济口食而资推广事》（光绪三十一年三月初五日），录副奏片：03-7420-007。

城教养总局、分局两局总办委员。总局位于教子胡同，分局在梁家园，"分局兴小学，教贫儿"①。同月十六日，又在广安门外大街路北开办了顺天教养局，收养贫民学习织布、染布、平绣、缝纫等工艺。同年九月，巡警部改为民政部后，几乎所有各处粥厂都改为教养局，且大多附设工艺厂。

在教养局之外，还有类似功能的习艺所。光绪三十一年（1905）七月，经管理工巡局事务大学士那桐奏准，利用神机营操场旧基修筑监舍工场，创设京师习艺所，收取轻罪人犯并酌收贫民，学习工艺。巡警部成立后，颁布了习艺所章程。"京师设立习艺所以惩戒犯人，令习工艺，使之改过自新，藉收劳则思善之效，并分别酌收贫民，教以谋生之技能，使不至于为非。"习艺所收入犯人，凡内外城巡警厅遇有判罚工作三月以上者，由各厅移送习艺所收入习艺。步军统领衙门及内务府慎刑司遇有轻罪犯人，判罚工作三月以上者，由各该衙门咨送巡警部，然后再发往习艺所。习艺所收纳贫民分两种：一类是自请入所，一类是强迫入所。自请入所者须其本身父兄呈请；强迫入所者分二类，一为沿街乞食有伤风俗者，二为游手好闲形同匪类者，均须所学有成可以自谋生计，然后准其出所。习艺所内的学习内容，先设织布、织带、织巾、铁工、搓绳五种，随后陆续添设木工、缝纫等科。其中，织布、织带、织巾、铁工为正艺，按照人员分类学习，其性质愚鲁不堪造就及犯人罪期过短者，则使搓绳并执洒扫、灌溉操作等事为副艺。每年自九月至二月每日工作六点钟，三月至八月每日工作七点钟。②

与此同时，"兴办工艺"、实业救国的思想进一步促成了清末北京城市社会治理方式的重要转变。光绪二十七年（1901）十月二十六日，翰林院侍读学士黄思永上折，建议就外城琉璃厂义仓收养游民，创立工艺局并招股试办。十一月，经顺天府尹陈璧承办，先在外城下斜街设京师工艺局。次年六月，内城工艺局在铁狮子胡同兴办。陈璧在奏请中称："政有九经，劝工居一，工政不修则利源外溢，是工艺局一事所急宜切实举行者也。况内外城游民徒手而无一长，以教工为收养，实为两得之计。"显然，在陈璧心目中，兴办工艺不仅可以解决眼前城市中游民的治理问题，化无用为有用，而且能够挽回"利源外溢"，收回利权。因此，他建议："就京城地面而论，一时即未能推广，而城内城外各设一区，亦必不可少。"至于办

---

① （清）梁济：《梁巨川遗书》，上海：华东师范大学2008年，第30页。
② 《奏为京师开办习艺所并酌拟试办章程缮单呈览事》（光绪三十二年闰四月），谢承仁捐赠档案，档号：252-013-001-000-003-007，国家清史编纂委员会藏。

理之法,"以绅办而官督之,则流弊不滋,绅办而官助之,则鼓励益力"。对于工艺的兴办次序,"以能习他国制造、收回利权者为上等;其次则他埠货物为本土所无者,学制以省转运;其次则就本土旧式制造,时出新意,精益求精。如是,则工有所劝,民有所归"。最终目的是,"全在养民,不同谋利,常在公家给款以济成本之不敷,代为销售以助民力所不逮"。① 同时,内外城工艺局还附设工艺学堂,"聘教习,选年少聪颖者,教以物理学、化学、算学、机器学,绘图学,凡攻金攻木诸艺及辨别物料之法,各种紧要制造之程式,一一研求,造就始广"。解决贫困,农业是根本,陈璧又在工艺局中腾出部分区域,设立农务学堂,招集顺天府属各州县才智聪颖、通晓文字之学生,"延聘东洋农务教习,课以农学";并翻译农业书籍,"选择新出农书,与北方相宜、易于仿行者,译以浅近文法,发交各州各县散给,俾开风气"。经过三年学习合格者,发给文凭,"遣归各属",同时"饬各属试设劝农局,即以农务学堂卒业学生驻局,以善法传授农民"。② 起初,工艺局及附属学堂都只招收男性,后经陈璧奏请,开始招收女工。"京师贫家,妇女游惰性成,较各省尤甚。若仿行织工,亦足以厚民生而挽颓俗"。陈璧委托沈鸿恩等人从江苏招募善织毛巾及各项布匹技术的朱姓全家男女,"来京选集女工,以十余人为一班,令其勤加教导二三月"。③ 一班毕业后再招一班,每年完成四五班。从救助贫困到教养兴工,即推广劳动技能培训,足见清末北京内外城工艺局的兴办已然是当时国家层面的城乡扶贫活动。加之,当时教育兴学和男女平权运动的兴起,清末北京城市救助逐渐发生了由"救"到"教"的根本性变化。

四、防疫与施药

《周礼》有疾医之职,专司四时疠疾。在历史上,被称为"疫气""疠疫"的传染病在京城几乎常年发生,只是轻重不同。作为封建王朝的首善之区,统治者历来重视京城防疫。清代北京的防疫卫生体系经历了从传统向近代的过渡阶段。清前期,京城防疫卫生主要由官办的太医院、临时设立的五城药局,以及民间的善堂、药铺承担。清末,清政府在参酌西方经

---

① (清)陈璧:《望岩堂奏稿》卷3《察看工艺局情形据实覆陈折》,第227-228页。
② (清)陈璧:《望岩堂奏稿》卷3《遵旨设立工艺局暨农工学堂大概情形折》,第296-297页。
③ (清)陈璧:《望岩堂奏稿》卷3《陈明教导女工倡办纺织片》,第301页。

验的基础上，初步建立了近代形态的防疫卫生体系。

1. 京城防疫举措

其一，太医院施医给药。

每逢京城疠疫流行，太医院往往奉旨承担京城的医治和防疫任务。"国初以来，每值京师多疫，由步军统领奏请，恩施医药，惠济满汉军民人等，得旨后，由本院开单奏派。"在平日，五城设有医药局。顺治十一年（1654）奉旨，"于景山东门外筑药房三间，由礼部奏派太医院官施医给药"。康熙二十年（1681），经五城御史奏准，"设厂十五处，于五城地方，派佥都御史督同五城御史，发内帑办理，施药由太医院奏派，每厂医官医生各一人"。二十一年（1682），"改设东、西、南、北四厂，照旧办理，奉旨以为常例"。乾隆五十八年（1793）奏裁。①

五城药局被裁撤后，若逢瘟疫发生，清政府仍在京城分别设立临时药局、棺局，疫情消失，则随即停止。道光元年（1821）七月二十六日，"京城内外时疫传染，贫民不能自备药剂，多有仓猝病毙者"，清政府命步军统领衙门、顺天府、五城"慎选良方，修和药饵，分局施散，广为救治"。同时，"设局散给棺椁，勿使暴露，俟疫气全消之日停止，分别报销"。② 二十七日，都察院奉命召集五城御史公商"分城设局救治时疫章程"，随后议定："五城各按地面设一总局，贮药备棺，仍间段分设小局二三处及三四处不等，分派员役前往巡视，先以赍药救生为重。其药慎选著有成效良方，赶紧多制，遇病即施。"当天，内务府咨称"现有御药房配合药丸，传令陆续赴领"。都察院一面"饬五城誊黄晓示"，一面派员"领到随方药四千丸，即交每城各分领八百丸散放"。二十八日早，"民间闻风而至，五城顷刻散竣"。二十九日，五城御史又赴内务府支领，"以赶制不及，仅领到药一千丸，每城止得二百丸之数，实不敷用"。各城"即以自制有效之药相间搭放"。八月初一日，又续领到药四千丸，"自后拟逐日赴内务府支领，仍将自制之药稍为备办，以资接济"。为稽查五城散药情形，都察院向五城派遣满汉科道各一员，先后有满给事中福定、特通安，满御史柏清额、佟济、莫尔赓阿，汉给事中袁铣，汉御史陈继义、邱家炜、李肆颂、俞恒泽等人，"分城稽察药局、棺局处所"。③ 八月初二日，道光帝

---

① 任锡庚：《太医院志》，"奏派差务"，《续修四库全书》第1030册，上海：上海古籍出版社1996年，第392页。
② 《清宣宗实录》卷21，道光元年七月甲戌、乙亥。
③ 《都察院左都御史那清安等奏为遵旨酌议分城设局救治时疫章程事》（道光元年八月初二日），录副奏折：03-9799-043。

命发广储司银二千五百两,"分给五城,为制备药料棺椁之用"①。

又如,道光三十年(1850)七月京城遭遇输入型传染时疫,"本年江浙一带民间多患时疫,传染至山东、河南、直隶等省。本月望间,京城内外亦渐至传染,每有仓猝得疾,毙于道左者。经好善乐义之人施舍方药,拯救得生者,亦复不少"。据山东道监察御史许乃济奏称,"此病初起时,并非不可医治之症,而传染者贫民居多,不能储备药剂,以致措手不及"。为此,他建议:"饬下步军统领、五城、顺天府各衙门妥为经理,设法拯救,或仿照普济堂之例,酌量赏给款项,于五城地方分设医局、棺局随时散给,俟疫气一消,即行停止。"② 从道光元年(1821)、三十年(1850)这两次京城防疫过程来看,五城医药局都是随着疫情到来而临时设立,太医院御药房负责药丸制作,免费分发,同时还有普济堂等散发药剂,为京城防疫发挥了重要作用。

同治元年(1862)七月,"京师内外时疫传染,贫民不能自备药剂",清政府仿照道光元年(1821)成案,命由御药房制作药丸"照旧只领外",又从广储司发给实银二千五百两,"分交五城祗领,选择良方,修和药剂,于五城内外坊地面,分段设局施放,广为救治"。③ 当年,御药房共制作丸药九千丸,分赉五城。"设局之始,百里内外,纷纷赴局祗领,莫不同声感戴共荷皇仁,每日各局散放数百剂及百余剂不等,一月以后渐次稀少。"随后,"各局裁撤,所存药剂分交司坊衙门,不时给发",直到八月"疫气全消",停止发放。当年疫情自春季发生后,至八月份结束,"五城地面倒卧身死者已不下千余人"。④

除了制备药丸散放之外,清政府也向民众散发药方,供民众自行配制。同治六年(1867)二月,"京城时疫流行",清政府除了令太医院"将药饵发给五城,随时散放"之外,亦"即行拟方刊刻"。⑤ 另外,为预防天花,同治初年清政府还在京城设立了牛痘局,一在小李纱帽胡同,一在琉璃厂。⑥

其二,隔离病人,防止传染。

---

① 《清宣宗实录》卷22,道光元年八月己卯。
② 《山东道监察御史许乃济奏请五城地方分设医局拯救时疾事》(道光三十年七月二十六日),录副奏折:03-3683-058。
③ 《清穆宗实录》卷33,同治元年七月庚寅。
④ 《巡视中城御史承继等奏为五城施药完竣并请将盈余银两作为办理保甲经费等事》(同治元年闰八月二十一日),录副奏折:03-4680-100。
⑤ 《清穆宗实录》卷196,同治六年二月壬辰。
⑥ 《光绪顺天府志》,"京师志十二·厂局",第2册,第326页。

清初京城一带天花流行，为避免传染扩大，清政府命"凡民间出痘者，即令驱逐城外四十里，所以防传染也"。但由于所司奉行不善，"有身方发热及生疥癣等疮概行驱逐者"，将普通发热或生疥疮者一律驱逐，造成"贫苦小民移出城外，无居无食，遂将弱子稚女抛弃道傍"的凄惨景象。见此情形，巡视南城御史赵开心上奏，认为这种做法"殊非仰体朝廷爱养生息之意"，遂请"嗣后凡出痘之家，必俟痘疹已见，方令出城"。为集中隔离，赵开心建议在城外分别建四处隔离点，"其城外四十里，东、西、南、北各定一村，令彼聚处，庶不致有露宿流离之苦"。顺治帝采纳其言，谕令："民间男女果系真痘，自当照例移出，令工部择定村落，俾其聚居得所。至身方发热、未见痘疹者，毋得辄行驱逐。"① 既达到了集中隔离的目标，又有针对性，不连累无辜，避免出现抛儿弃女的现象。

其三，取消或推迟大型活动。

顺治初年天花在京城流行，为避免传染，顺治帝先后取消多个重要活动。例如，顺治二年（1645）十一月初四日，"以京城出痘者众，免行庆贺礼"②。三年（1646）正月二十九日，万寿圣节，"以京城痘疹盛行，免朝贺，遣官祭太庙、福陵昭陵"③。八年（1651）十二月十六日，京城"近日痘疹甚多"，顺治帝避痘南苑，要求案件控告暂时停止，"此时奏告之人，概行禁止，如有违旨奏行者，按律治罪"。同时，要求都察院与刑部将此谕旨"刊刻告示，晓谕满汉蒙古官民知之"。④ 九年（1652）正月初一日，顺治帝"避痘南苑，免行庆贺礼"⑤。康熙二十一年（1682）十一月，京城痘疹盛行，当年朝贺元旦的蒙古王、贝勒、贝子、公、台吉、塔布囊等"已出痘者许其来朝，其未出痘者，可俱令停止"⑥。为防控疫情，道光帝甚至曾谕令将道光元年（1821）顺天乡试推迟一个月再举行。"本年八月天气尚觉暑热，京城内外，兼有时疫流行，因念贡院中号舍湫隘，士子等萃处郁蒸，恐致传染疾疠，非所以示体恤。今科顺天乡试著展期一月，于九月举行。"⑦

其四，通过粥厂散放药饵，医治抱病饥民。

大灾之后往往有大疫，康熙十八年（1679）七月底京师大地震，造成

---

① 《清世祖实录》卷14，顺治二年二月戊辰。
② 《清世祖实录》卷21，顺治二年十一月壬子。
③ 《清世祖实录》卷23，顺治三年正月丁丑。
④ 《清世祖实录》卷61，顺治八年十二月己未。
⑤ 《清世祖实录》卷62，顺治九年正月癸酉。
⑥ 《清圣祖实录》卷106，康熙二十一年十一月癸丑。
⑦ 《清宣宗实录》卷22，道光元年八月庚辰。

流民甚多，清政府在开办粥厂、赈济灾民的同时，也散放药剂，防范瘟疫。十九年（1680）四月，康熙帝谕大学士："天气渐向炎热，老幼羸弱聚之，蒸为疾疫，转益灾疹，朕甚忧焉。"如果饥民内出现疾疫者，"令五城作何给以药饵，医治拯救"。康熙帝谕令大学士会同各部院详议具奏，制定章程。不久，大学士会同六部都察院议奏，"其饥民内有患病者，应令太医院及五城医生诊视，遣员管理"。① 六月，康熙帝"念饥民冒暑枵腹，难以回籍"，命将饭厂展限三个月，又派遣太医院医生三十员，"分治五城抱病饥民，以全活之"。② 康熙帝所采取的这些未雨绸缪、防范于未然的措施，对于妥善安置灾民、防止瘟疫流行发挥了重要作用。

其五，为防止疫病传染，遣送或劝返流民。

清代京师五城饭厂一般于每年清明前后停止，为便于饥民回籍，凡是没有能力回去的，由清政府出资遣送，尤其关注老病者。雍正元年（1723）三月，雍正帝命将"就食京师、不能回籍者"，由五城"清查口数，资送回籍，毋致失所"。经查，五城有来自直隶、山东、河南流民共1296名口，"计伊等回籍之远近，每口每程给银六分，老病者加给三分，委员管送"。如果有"沿途患病者"，清政府也"令地方官留养医治，俟病痊，再行转送"。③ 清政府资送流民返回原籍，除了让这些饥民及时回乡耕种，以免耽误农时之外，其中的一个顾虑就是春季容易暴发瘟疫，"京师饭厂聚人太多，春暖恐染时气，亦属未便"④。

另外，清政府为预防疫病扩散，也会及时劝阻流民进京。乾隆八年（1743）十一月，京师流民日多，鉴于"有人奏流民多，恐薰蒸成疫"，乾隆帝命直隶总督高斌饬各州县，将来京就食灾民，"沿途劝阻回籍，领赈安业，远者照例留养，俟明春资送本籍安插，总不得令入京师"。⑤

除了饭厂这类流动人口聚集的场所之外，即便是平时没有疫疾流行，对于一些重大活动、有外来人口聚集的场合，清政府也都会特别关注疾病的诊治。例如，康熙五十二年（1713）三月，各省为祝万寿来京者甚众，"其中老人更多，皆非本地人"，且"时届春间，寒热不均，或有水土不服"。康熙帝命"倘有一二有恙者，即令太医院看治，务得实惠"。⑥

---

① 《清圣祖实录》卷89，康熙十九年四月庚申。
② 《清圣祖实录》卷90，康熙十九年六月丁丑。
③ 《清世宗实录》卷5，雍正元年三月丁酉。
④ 《清高宗实录》卷204，乾隆八年十一月甲午。
⑤ 《清高宗实录》卷205，乾隆八年十一月己酉。
⑥ 《清圣祖实录》卷254，康熙五十二年三月乙酉。

2. 京城的医疗卫生力量

清代京城医疗力量主要由官办的太医院、五城药局，以及民间的善堂、药铺，乃至江湖郎中构成。

其一，太医院。

清承明制，设有太医院和御药房，主要是为皇帝、内廷人员和贵族官僚提供医疗服务的御用机构。京城太医院衙署，始建于明代永乐年间，"在阙东、钦天监之南，西向，门三对，有照壁，朱色，立额黑漆'太医院'三字"①。光绪二十六年（1900），全部划归俄使馆。太医院暂借东安门内大街御医白文寿住房为公所。二十七年（1901），又移到东安门北池子大街大悲观音院为公所。后来，又迁往地安门外东皇城根兵仗局东。京城瘟疫发生时，太医院往往奉旨在五城设立药局，施医给药，是清代京城防疫的主要医疗力量。

其二，五城药局。

清制，各直省州县建有相应的医疗体制。据《钦定大清会典》记载，"凡医师，由直省有司官选谙于医理者，咨部给札。为医学，府州县各一人，府曰正科，州曰典科，县曰训科，凡疾医疡医，咸属之。民有疾病者、疕疡者，使医分治。狱囚病，视疗亦如之，官给其药饵。故者结报，有诈病而扶同欺隐者，罪之"②。按照这一规定，清代顺天府及其所属大兴、宛平两京县也应有相应的医师、医学等官员设置。

其三，民间的善堂、药铺。

清代北京有一部分善堂兼具收养孤贫和医治、施药等功能。例如，德胜门外的功德林粥厂"每年夏季施药茶，冬季施粥"③。又如广宁门外的普济堂，是清代京城一家著名的民间医疗慈善机构。据康熙年间兵部侍郎陈德华《普济堂功德碑记》记述，"其有疾者药之、养之，分医以治而稽其事，病各有坊，疕者、疡者、遘四时疠疾者，彼此异区，不相乱"④。据此，普济堂不仅具备分科治疗，而且对于传染病采取分区治疗。又，乾隆八年（1743）十一月顺天府府尹蒋炳奏称："查广宁门外普济堂每年冬月，堂内收养贫病之人，堂外每日施粥，穷民藉以存活者甚众。"⑤ 除了普济堂等善堂之外，京城一些商民药铺也往往为京城来往行人免费施药。

---

① 任锡庚：《太医院志》，"衙署公所"，《续修四库全书》第1030册，第399页。
② （乾隆朝）《钦定大清会典》卷55《礼部·祠祭清吏司·方伎》，文渊阁《四库全书》影印本第619册，第497页。
③ 《光绪顺天府志》，"京师志十二·厂局"，第2册，第318页。
④ 《光绪顺天府志》，"京师志十二·厂局"，第2册，第317-318页。
⑤ 《清高宗实录》卷204，乾隆八年十一月戊子。

但总体而言，中国传统时代的官办医疗卫生力量不足，而且防疫体系不够完善，仅有的太医院等医疗机构，以御医为主的医疗力量大多数服务于皇帝、内廷和官员。只有在京城发生流行瘟疫时，太医院才会奉旨施药救治。除此之外，普通民众的疾病治疗往往只能求助于善堂、商民药铺、赤脚郎中乃至麻衣仙道。在严重缺乏社会医疗体系的情形下，普通民众无奈之际，甚至只能求神拜佛，祈求神灵庇护。更有一些民间信徒，"妄托降神，为人治病，烧香受谢"①。此无他，民众缺乏科学的医学知识是一个方面，更重要的根源是社会医疗体系的缺乏。

3. 京城卫生措施

其一，洁除之制。

清制，京师内外城街道都有看街兵、街道衙门负责管理，以及日常的清扫。对于事关宫禁、皇帝出行所经过御路的清扫更加严格，大清门、天安门、端门以步军司洒扫。（初制，三门皆以步军看守，雍正七年改用护军守门，其步军惟司洒扫。）遇朝会之期，拨步军，于午门外御道左右扫除。其大城内各街道，如遇车驾出入，由八旗步军修垫扫除，大城外街道为京营所辖，由步军及巡捕营兵修垫扫除。皇帝乘舆经由内外城，均由步军统领率所属官兵，先时清道，设帐衢巷，以跸行人。② 皇帝出行时街道和御路的清扫，除了安全防卫之外，实际上也不乏卫生防疫的考虑。如果说，清前期的街道清扫，还带有较多的维护街市观瞻以及防卫安全的目的的话，那么在清后期，通过修整街道，以"扫除污秽"③ 的卫生意识则逐步凸显。

其二，禁止沿街居住铺户倾倒污水、煤渣。

清政府规定，城内八旗地面不准开设车店、粪厂，禁止沿街居民、铺户任意堆积炉灰、粪土。各街巷的管理，责令各旗协副尉分段监督负责，而且"每届月底，加结呈报衙门"④。外城街道由街道衙门负责，同时，五城司坊官配合监管。

其三，掩埋尸骨。

"埋胔掩骼，亦王政之一端"⑤。清代京城街头常有因饥寒、疾病而倒

---

① 《清文宗实录》卷317，咸丰十年四月庚寅。
② 《钦定八旗通志》卷34《兵制志三·禁卫二·八旗步军营》，文渊阁《四库全书》影印本第664册，第825页。
③ 《著步军统领衙门暨五城御史街道厅按户派丁巡辑扫除污秽事谕旨》（光绪二十四年），录副谕旨：03-7432-078。
④ 《金吾事例》"章程"卷6，"车店粪厂粪土炉灰"，《故宫珍本丛刊》第330册，第347页。
⑤ 《清高宗实录》卷240，乾隆十年五月辛巳。

毙的贫民。"京城为五方聚集之所，孤客穷黎肩摩踵接，保无有卒病身故者，此等之人一旦倒卧路旁，不惟无亲属收埋，亦并无友朋认识"，甚至"狗彘蹂躏，毁肌侵肤"。① 为及时掩埋尸骨，同时也为防止疫气传染，清政府规定由五城正副指挥分管各地面尸骨掩埋之事。乾隆六年（1741）议准，五城专门拨地作为义冢。其中，中城义冢位于永定门内香厂；东城义冢二：一设崇文门外文昌宫前，一设东便门外核桃园；南城义冢在广渠门外；西城义冢在广宁门内报国寺后地方及潘家地内；北城义冢设宣武门外黑窑厂。②

其四，暑天散放冰块。

清代京城多处设窖藏冰，以乾隆四年（1739）为例，紫禁城内设冰窖五处，藏河冰二万五千块，景山西门外有冰窖六处，藏河冰五万四千块，德胜门外有冰窖三处，藏河冰二万四千七百块、通州冰二千块。③ 以上冰窖所藏冰块，除了供应内廷、八旗、文武官员使用之外，另一个重要用途就是暑天在各城门为行人发放冰块。例如，雍正十年（1732）闰五月，"现今天气炎热"，雍正帝命内务府主事海望会同署步军统领鄂尔奇在京城九门外分别"设立冰汤，以解行人烦渴"。工部窖藏冰块"如不敷用，即将崇文门宣课司余银，采买办理，永著为例"。④ 冰块还用来关照远道而来的外国使臣。乾隆八年（1743）五月，"天气炎热，苏禄国使臣等在京，著礼部派官员加意照看，多给冰水及解暑药物，并遣医人不时看视"⑤。乾隆八年（1743）六月，"天气炎热甚于往时，九门内外，街市人众，恐受暑者多"。乾隆帝命赏发内帑银一万两，分给九门，每门各一千两，正阳门二千两，"豫备冰水药物，以防病喝"。近圆明园地方，"亦赏发银二千两"，派人办理。⑥ 乾隆二十四年（1759）五月，"目今天气炎热，五城平粜米局，赴籴者多，恐人众拥挤，感受暑气"。乾隆帝命管理药房的果亲王同总管内务府大臣吉庆，"于各米局处酌量设立冰水暑汤，俾买米小民各得赴饮，以解暑热"。⑦

---

① 《巡视东城陕西道监察御史萧炘奏请酌拨官地收埋无名尸骨事》（乾隆元年七月二十一日），朱批奏折：04-01-01-0004-046。
② （乾隆朝）《钦定大清会典则例》卷149《都察院五·义冢》，文渊阁《四库全书》影印本第624册，第686页。
③ （乾隆朝）《钦定大清会典则例》卷135《工部·都水清吏司·藏冰》，文渊阁《四库全书》影印本第624册，第278-279页。
④ 《清世宗实录》卷119，雍正十年闰五月乙卯。
⑤ 《清高宗实录》卷193，乾隆八年五月戊申。
⑥ 《清高宗实录》卷194，乾隆八年六月壬子。
⑦ 《清高宗实录》卷587，乾隆二十四年五月庚子。

4. 清末近代防疫卫生体系的出现

清末推行新政后，京城卫生医疗开始出现重大变化。首先在管理上，卫生开始成为城市管理的重要内容。光绪三十一年（1905）清政府设立巡警部，分设5司16科，其中警保司下设有卫生科，负责街道清洁、防疫以及医学堂管理等内容。光绪三十二年（1906）民政部成立后，巡警部归并其下，卫生科改为卫生司。相应地，北京内外城巡警总厅下设立了卫生处，主管清道、防疫、食物检查、屠宰、考核医务等。其次是官医院的设立。光绪二十八年（1902），经给事中吴鸿甲奏准，在京城设立官医局，"京师贫民众多，天气炎热，易染疾病，亟宜设法保全，随时医治"。京师官医局总局设在外城沙土园，内外城各有一处分局。官医院的设立，是近代北京城市公共医疗事业发展的重要标志。①

更重要的是，北京开始出现专门为民众服务的近代公立医院。光绪三十二年（1906）九月，清政府在京城设立了内外城官医院。② 这是北京卫生防疫从传统向近代转变的标志。宣统元年（1909）八月民政部核定的《内外城官医院章程》规定，官医院内除了设有挂号室、男候诊室、女候诊室、普通养病室、特别养病室之外，还设有专门的传染病室、癫痫病室等，而且特别规定"传染病室及癫痫病室均与其他房屋互相隔离"。内外城官医院的看病挂号、就诊、住院流程几乎与现代医院别无二致，而且"所有来院诊治之人概不收费，惟住院诊治者饭食费须由本人自备"。③

与此同时，清政府开始参酌西方，改革北京城市管理体制，制定了一系列的城市管理法规，其中涉及卫生防疫的有《预防时疫清洁规则》（光绪三十四年四月民政部定）、《厅区救急药品使用法》（宣统元年六月内城总厅定）、《卫生处化验所章程》（宣统二年四月内外城总厅会订）、《卫生处化验所办事规则》（宣统二年四月内外城总厅会订）、《管理种痘规则》（宣统二年二月民政部立案）以及《内外城官医院章程》（宣统元年八月民政部核定）。

其中，《预防时疫清洁规则》主要涉及街道马路公共卫生、污水倾倒、垃圾投放处理、沟渠维护、厕所扫除等内容。具体规定共十四条：（1）各

---

① 清末兰陵忧患生所撰《京华百二竹枝词》记述了这一变化："一从新立官医院，大益人民在卫生。不见荒榛与沟堑，果然沧海有时平。"作者诗下自注："民政部设立内外城官医院，于卫生大有裨益，人皆称便。外城官医院一带，旧日榛秽沟坎，不堪入目，自官医院设立后，房屋整洁，院宇宏敞，所植树木，亦极丰茂，可见沧海真有桑田之日。"［路工选编：《清代北京竹枝词》（十三种），第126页］

② 《清德宗实录》卷564，光绪三十二年九月庚子。

③ 田涛、郭成伟整理：《清末北京城市管理法规》，北京：北京燕山出版社1996年，第103－113页。

街巷不得堆积尘芥、污秽、煤灰及倾倒泔水与一切不洁之物。（2）马路已设水段地方，应由该管区随时监督，认真扫除，其未设水段处所，当谕令住户各扫除其户外。（3）住户门外各置污秽物容器，不准随意投弃；此器须有盖及无泄漏之虞者，每日由官设土车拉运，弃于僻静处所。（4）铺户栉比之地，不便置污秽物容器者，令于室内储存，不准散置街衢。（5）该管厅区应酌量地方繁简，豫定日期，派巡官巡长监督居民扫除户内一次，不行扫除者当劝导之。（6）凡泔水涤濯器物水及其他不洁水，均须排泄于沟渠；其无沟地段，该管区当指定处所，建以标木。（7）沟渠不准投弃芥土、灰石、粪溺及动物皮毛、肠骨及其他鼠、猫、犬等死体。（8）沟眼发生臭味时，须以绿汽、灰松脂或石灰消除之。（9）当开沟时，须先用绿汽、灰松脂渗入之，或石灰令辟毒臭。（10）厕所须每日扫除之，不可任其狼藉漫溢，扫除后以石灰渗入之。（11）装运粪溺须用坚固之容器，并覆以密致之盖；负桶沿街拾骡马粪者不在此限；先传谕净粪公司改制容器，或自制模型，饬令仿造，以不泄漏臭秽为准。（12）粪车及肩荷背负粪桶者不得停留街市。（13）晒粪之地应由该管厅指定处所，不准粪户任意晒晾。（14）凡鱼肉市场易生臭秽者，须随时由该管厅监督扫除，并令用石灰水洒泼，以消恶毒。①

《厅区救急药品使用法》则主要介绍了亚莫尼香酒、哥罗定、时疫药水、泻油、吐药、亚莫尼水、烫灼药油、加波力水、止血药水、海碘仿散、辟瘟粉、辟瘟水的功用和使用方法。《管理种痘规则》则是善堂、医生开局种痘的管理办法。以上有关卫生防疫的各项规章，开启了北京城市卫生防疫走向近现代新的历史发展阶段。

---

① 田涛、郭成伟整理：《清末北京城市管理法规》，第 75－78 页。

第九章　文教秩序

古代城市治理与国家治理的旨趣如出一辙，传统中国除了重视外在措施之外，还非常重视内在的伦理道德途径。作为天子脚下的都城治理同样善于运用以伦理道德为手段的治理措施。这便是文教秩序的治理。

清代统治者宣扬圣人之治，文教为先，但在面对不同群体阶层时，清政府所采取的文教措施往往因地制宜、因俗而治。在京城最受关注的，自然是皇室与八旗自身的教化，强调国语骑射，以弓马为本务，并且建立了服务于皇族乃至普通旗人的各类宗室和八旗官学。再者，京城乃人文荟萃之地，其文教敷治的另一重大功能便是面向广大内地的科举考试。入关之初，顺治帝便打出了"兴文教，崇经术，以开太平"①的旗帜，自国子监至顺天府乡会试，乃至殿试，层层选拔人才，不仅化育人文，也为帝国政治源源不断地提供了各类人才。另外，京城各种开馆设局，编纂经史典籍，倡导经术，促进文化交流。同时，京城寺庙众多，各类寺观庵堂遍布，不仅涵盖各种民间信仰，也几乎包括世界五大宗教，既有敕建，也有民间淫祠；清政府神道设教，以藏传佛教维系对蒙、藏地区管理的同时，严格管理佛、道，禁止天主教传教。至于戏曲、杂艺、小说等，清政府虽然强调其关乎风俗人心，严禁蛊惑人心，但始终难以一概禁止。诸如此类，共同构成了清代京城独特的文教发展之路与城市文化空间。

一、圣谕宣讲

中国历代王朝统治者都十分重视教化，宣讲圣谕是自明朝开国皇帝朱元璋创立的一项独特教化措施，即每逢月朔日（初一）、望日（十五），由各级地方官对百姓宣讲最高统治者的"圣谕"，主要内容涵盖忠君爱国、

---

① 《清世祖实录》卷90，顺治十二年三月壬子。

去恶向善、和睦乡邻等内容，以维护政治社会秩序的稳定。

入清之初，统治者同样极重视对民众的教化，奉行"政治以教化为先"①。顺治九年（1652），顺治帝将朱元璋"圣谕六言"钦定为"六谕文"，即孝顺父母、恭敬长上、和睦乡里、教训子孙、各安生理、毋作非为，令五城各设公所，御史、司坊各官督率乡约人等，于每月朔望日聚集公所宣讲。康熙帝扩充"六谕文"，于九年（1670）颁《上谕十六条》，即：敦孝悌以重人伦，笃宗教以昭雍睦，和乡党以息争讼，重农桑以足衣食，尚节俭以惜财用，隆学校以端士习，黜异端以崇正学，讲法律以儆愚顽，明礼义以厚风俗，务本业以定民志，训子弟以禁非为，息诬告以全善良，戒窝逃以免株连，完钱粮以省催科，联保甲以弭盗贼，解仇愤以重身命。至雍正朝，雍正帝"以各条遵行日久，虑民或怠，宜申诰诫，以示提撕"，于是"复寻绎其义，推衍其文，共得万言"，名曰《圣谕广训》，刊刻成编，颁行天下。在序文中，雍正帝呼吁"勿视为条教号令之虚文"。②雍正二年（1724），雍正帝颁布《圣谕十六条广训》，令五城晓谕。

至于宣讲之法，五城一般由各城御史和司坊官负责。每次宣讲时，找一宽敞之处，由各司坊总甲"传集本坊绅士、耆民人等"，然后御史或司坊官"亲临讲解"。具体仪式如下：中间设香案，左鼓右钟，讲案设在香案之南，朝北，上置直解一本。击鼓三通，击钟三通，堂下东首，各官朝服序立，堂下西首，乡绅与举贡监生员等各随便服色序立。甬道两旁，耆老及听讲人序立。然后，行三跪九叩头礼。行礼后，讲谕耆老出位，至讲案下朝北立，先朗诵上谕一遍，合堂立听，诵读结束，然后就座。耆老将上谕直解一条，高声朗诵，每讲完一条，击鼓三下、击钟三下。每条换一耆老讲，击钟鼓如前。每次止讲四条，讲毕，各官绅士民朝上行三叩头礼。礼毕，众人退，然后用茶即散。

尽管《上谕十六条》《圣谕广训》所言尚属通晓，但主讲者完全可以根据情况发挥，"就京师风俗，演成通俗语言"，最终目的是"令闻者豁然省悟，顿起良心"。为避免吏役人员借宣讲之机科派百姓，康熙年间东城御史吴震方规定："讲解之时，该坊止借用桌二张、椅十余张、凳十余条。若本院亲临或司坊官临讲，下至跟随衙役长班、家人等，俱自备茶饭，一概不许总甲指名科派，供应食物等件，止饮东城一口水足矣。"③ 吴震方自律较严，颇受东城百姓好评，但能像他这样始终如一的五城官员并不多

---

① 《清仁宗实录》卷56，嘉庆四年十二月戊戌。
② 《清世宗实录》卷16，雍正二年二月丙午。
③ （清）吴震方：《巡城条约》，"讲读上谕"。

见，大多数情况下，五城宣讲成为吏役科派百姓的契机。

除了针对京城商民的五城宣讲，还有八旗宣讲，"令八旗于朔望日宣讲圣谕广训，以教诲兵民，俾知忠孝立身之大义"，但实际上，"乃数年以来，各旗视为具文，奉行不力"，即便举行宣讲，也是走过场，"不过在各旗公衙门及佐领家中，听讲之人往往不能齐集"。为推动宣讲，雍正十三年（1735）八月，雍正帝命各旗在每月逢三、逢八日的骑射操练后，顺便进行宣讲，"若于射箭之后宣讲圣谕一二条，则地广人多，于家喻户晓之道似有裨益"。①

宣讲圣谕，并没有强制的规定，时间一久，往往流于空文。乾隆五十年（1785）十二月，巡视中城工科给事中孟生蕙奏称，"京师首善之地，人心风俗尤宜培植，伏惟《圣谕广训》颁行天下，令州县各官于朔望日宣讲晓谕，法良意美，而京城地方近缺此举"。孟生蕙建议，"嗣后南城外责成正指挥，四关外责成副指挥，内城责成大、宛两县，每逢朔望，择一宽敞公所，将圣谕明白宣讲"。② 可见，原本在顺治、康熙、雍正三朝多次强调的五城宣讲圣谕，在乾隆朝几乎废止。

嘉庆朝的情形也依然如此。嘉庆五年（1800）五月，给事中甘立猷奏请于京师地方照例宣讲《圣谕广训》，嘉庆帝命五城、顺天府、大兴宛平二县各官"选举乡约耆老，于朔望之日齐集公所，宣读《圣谕广训》，按期讲论，毋得视为具文，日久废弛"。当时又有御史条陈，奏请嘉庆帝"别制训辞"，"制孝、弟、忠、信、礼、义、廉、耻八论，宣谕百姓"，嘉庆帝认为"《圣谕广训》纲举目张，朕即别制训辞，亦断不能出圣祖、世宗范围"，因而拒绝了这一建议。事实上，正如嘉庆帝所忧虑的，前有康熙帝《上谕十六条》，后有雍正帝《圣谕广训》，如果再作"孝、弟、忠、信、礼、义、廉、耻八论"，不过是叠床架屋而已。问题的关键在于能否实力奉行，而现状是"各衙门尊藏日久，只循例入于交代，未必能身体力行"，结果"视为具文，安望其循名责实，无负朝廷设官分职之意乎？"③

嘉庆十四年（1809）十二月，御史周钺再次奏请"复讲约旧例，实力奉行，以敦风化"。嘉庆帝只得再次强调，嗣后顺天府五城所属地方"务当饬令一体恪遵旧例，于每月朔望日，传集城乡居民，敬将圣谕各条晓谕宣讲，行之以实，毋得视为具文"。而且，要求将宣讲圣谕列入地方官的

---

① 《清世宗实录》卷1509，雍正十三年八月壬午。
② 《巡视中城工科给事中孟生蕙奏陈京城各官宣讲圣训并修整护城河等事》（乾隆五十年十二月初十日），录副奏折：03-0357-048。
③ 《清仁宗实录》卷68，嘉庆五年五月己酉。

考核之中。尽管如此,"地方官历久懈生,率视为奉行故事,竟至日形废弛"的情形丝毫没有改变。①

圣谕宣讲作为清代统治者极力维护的一项道德教化举措,在缺乏现代传播手段的情形下,从京城到偏远山区,从首善到边疆,通过满、汉、蒙等各种文字形式,为传播封建社会伦理道德,维护社会秩序,无疑发挥了一定作用。但由于自上而下道德教化的单向宣传,更由于缺乏针对不同社会阶层的区分度,以及缺乏随着时代、地域的时间性和空间性差异的灵活性,宣讲圣谕自其伊始,便极易流于形式。加之,行政官僚体系日益废弛,执行力日趋弱化,其效果会大打折扣。除了道德教化,与社会体系相适应的教育体系才是关键之所在。至于光绪二十五年(1899),百日维新后,清政府再次祭出"宣讲圣谕",不过是欲维护纲常名教,阻止变革的借口而已。②

二、旗民教育

1. 官学教育

清代在晚清建立近代学制以前,并没有统一的教育体系。其教育体系大致可区分为官学和私学两类,而京城官学有宗室觉罗官学、八旗官学、太学、州县官学,私学则有私塾、义学、书院等。

"圣教所及,自亲贵始"③,在首崇满洲的优先政策下,清统治者首先重视的官学,是针对统治者集团核心与"立国之本"的教育,即宗室、觉罗以及八旗各类人等的官学教育,这也是清代国家在科举制度之外培养人才的重要渠道。

宗学,专门培养宗室子弟读书,顺治九年(1652)创立,由宗人府管理。宗学设教习等官,"司其董戒,厚其廪饩,严其惩劝,使宗室子弟咸涵泳于礼义道德之途,讲明于伦纪纲常之大服,习于书射翻译之业,练习乎文事武功之备"④。同年,宗人府等衙门议定,每旗各设宗学,每学用学行兼优满汉官各一员,为之师。凡未封宗室之子、年十岁以上者,俱入

---

① 《清仁宗实录》卷222,嘉庆十四年十二月庚子。
② 《清德宗实录》卷449,光绪二十五年八月乙亥。
③ 《钦定皇朝文献通考》卷63《学校考一·宗学》,文渊阁《四库全书》影印本第633册,第525页。
④ 《钦定皇朝文献通考》卷63《学校考一·宗学》,文渊阁《四库全书》影印本第633册,第525页。

宗学。

　　起初，各旗宗学并没有单独的学舍。康熙十二年（1673），令宗室子弟各就本府读书，凡王以下、入八分公以上，其子弟年满十岁者，于本府讲读经史诸书。二十二年（1683），令觉罗荫生监生由国子监考试移送吏部。二十四年（1685），令宗室子弟延文学优赡之士，在各府第专精学习。① 雍正二年（1724），雍正帝命建设专门宗室学房，左右二翼着各立一所，左翼宗学坐落东四牌楼灯市口东史家胡同西口，右翼宗学于雍正三年（1725）初设在西单牌楼北口石虎胡同，乾隆十九年（1754），移设于绒线胡同内板桥迤东。②

　　觉罗学，专门招收觉罗子弟，雍正七年（1729）设立，由宗人府管理。当年闰七月，觉罗佐领单独设立后，雍正帝遂命设立觉罗学。雍正帝谕王大臣："前者宗人府设立宗学，祗令教习宗室未及觉罗，觉罗人众，今若一概归并宗学，教者势难遍及。应每旗各立一衙门，管辖觉罗，或王或公，派委一员统理。"经王大臣议奏："八旗各择官房一所，立为衙署，旁设清汉各一学。八旗觉罗内，自八岁以上、十八岁以下子弟，俱令入学，分读满汉书，有愿在家读书者听之。"③ 各旗觉罗学坐落位置分别是：镶黄旗觉罗学，坐落安定门大街香儿胡同。正黄旗觉罗学，坐落西直门内北卫胡同。正白旗觉罗学，坐落朝阳门内南小街新鲜胡同。镶白旗觉罗学，坐落东四牌楼大街路东十条胡同。正红旗觉罗学，坐落阜成门朝天宫内中廊下。镶红旗觉罗学，坐落宣武门内象房桥西承恩寺街。正蓝旗觉罗学，坐落王府大街路西阮府胡同。镶蓝旗觉罗学，坐落阜成门南玉带胡同。各旗觉罗学均于雍正十年八月建设。④

　　八旗官学，专门招收八旗子弟，顺治元年（1644）创立，由国子监管理，因此又称国子监八旗官学。入关伊始，经国子监祭酒李若琳奏请，"满洲八旗地方各觅空房一所，立为书院，将国学二厅六堂教官分教八旗子弟"⑤。二年（1645）五月，经国子监祭酒薛所蕴奏准，在各旗就学的

---

　　① 《钦定皇朝文献通考》卷63《学校考一·宗学》，文渊阁《四库全书》影印本第633册，第526页。
　　② 《钦定八旗通志》卷115《营建志四·京城营建规制四·八旗学舍》，文渊阁《四库全书》影印本第665册，第951-952页。
　　③ 《清世宗实录》卷84，雍正七年闰七月癸未。
　　④ 《钦定八旗通志》卷115《营建志四·京城营建规制四·八旗学舍》，文渊阁《四库全书》影印本第665册，第954-955页。
　　⑤ 《清世祖实录》卷11，顺治元年十一月庚戌。

满洲子弟,十日一次,赴国子监考课,遇春秋演射,五日一次,就本处习练。① 顺治八年(1651),礼部议准,八旗子弟可参加科举考试。雍正六年(1728)十一月,八旗官学由原来的每两旗共立官学一所,增添为每旗各立一学,每旗学各用教习一员,"其读书之人,二十岁以下、十岁以上,俱令入学肄业"②。各旗官学位置是:镶黄旗官学,坐落圆恩寺胡同内。正黄旗官学,坐落西直门大街新街口。正白旗官学,坐落东四牌楼南小街新鲜胡同内。正红旗官学,坐落阜成门内巡捕厅胡同。镶白旗官学,坐落东单牌楼象鼻子坑。镶红旗官学,坐落宣武门内头发胡同。正蓝旗官学,坐落崇文门内单牌楼北街东新开路。镶蓝旗官学,坐落宣武门内干石桥东口内。③

内务府学,包括景山官学和咸安宫官学,专门招收内务府包衣佐领子弟读书。

康熙二十五年(1686)的景山官学,建于北上门两旁,共给官房三十间,满官学三房,汉官学三房,清书每房设教习三员,汉书每房设教习四员。④

雍正六年(1728),设立咸安宫官学。当年十一月,雍正帝谕内务府:"咸安宫房屋现在空闲,著设立官学,将包衣佐领内管领之子弟并景山官学生内拣选颖秀者,或五六十名,或一百余名,入学肄业"⑤。

圆明园八旗官学,专门招收驻守圆明园八旗及内府三旗的子弟读书,雍正十年(1732)设立。当年四月,雍正帝"见圆明园兵丁气象较前甚优,圆明园之八旗及内府三旗著赏给教习人员,令伊等子弟学习汉书"。经果亲王等议准,根据各旗营房之远近设立学舍,镶黄、正黄、正白、镶白四旗营房相近,设学舍一所、教习二名;正红、镶红二旗营房相近,设学舍一所、教习一名;正蓝、镶蓝二旗营房隔远,还有内务府三旗原同一营,分别设学舍三所、教习三名。⑥

八旗教场官学,招收教场兵丁子弟习满书、满语及骑射。雍正元年(1723),八旗都统等议覆,教场内居住兵丁人等无力延师教训子弟者,请

---

① 《清世祖实录》卷16,顺治二年五月戊戌。
② 《清世宗实录》卷75,雍正六年十一月壬申。
③ 《钦定八旗通志》卷115《营建志四·京城营建规制四·八旗学舍》,文渊阁《四库全书》影印本第665册,第957-958页。
④ 《钦定皇朝文献通考》卷64《学校考二·旗学》,文渊阁《四库全书》影印本第633册,第540页。
⑤ 《清世宗实录》卷75,雍正六年十一月丙辰。
⑥ 《清世宗实录》卷117,雍正十年四月甲寅。

于各教场俱设一学,选择老成善清书清话能教骑射者二人,令其教习。各都统等拣择地方交与该部造房五间以为学。①

八旗蒙古官学,雍正元年(1723),每旗设立一学,拣选能蒙古书话者教习子弟,于每佐领下择可学者一人,令其肄业。

八旗学堂,雍正元年(1723)设立。八旗设立学堂,分左右翼,每翼各于公所设立学堂二所,各设汉书教习二员,满汉书教习二员,旗人内有家贫不能延师之秀才童生情愿读汉书者,令入汉学堂学习,情愿读满汉书者,令入满汉学堂学习。②

八旗义学,雍正六年(1728)设立。"今八旗入学读书者,每旗不过数人,且有总不到学堂者,皆因两旗合立一学。而两旗之人俱在各处散居,其住址甚远之生童,因遇寒天雨水,是以行走维艰。"为此,分左右翼设立义学。左翼四旗义学分别是:镶黄旗义学,位于安定门大街官房;正白旗义学,位于豆腐巷官房;镶白旗义学,位于观音寺胡同官房;正蓝旗义学,位于崇文门内小石桥官房。右翼四旗义学分别是:正黄旗义学,位于西直门内毛角湾胡同;正红旗义学,位于武定侯胡同;镶红旗义学,位于兵部洼;镶蓝旗义学,位于西长安门草帽胡同。两翼义学房舍,乾隆二十七年(1762)奉旨裁汰。③

八旗世职幼官学,乾隆十八年(1753)设,分左右翼,每翼学舍二处,钦派大臣管理。镶黄旗、正白旗同在安定门交道口,镶白旗、正蓝旗同在朝阳门内干面胡同,镶红旗、镶蓝旗同在宣武门内单牌楼北,正黄旗、正红旗原设于阜成门内驴肉胡同,乾隆二十六年(1761)因贝勒霍吉斯住房狭小将学房拨给居住,移设本学于西直门内大街高井胡同对过。

此外,还有八旗世职官学、健锐营官学、外火器营官学、长房官学等等名目。由此可见,上自宗室觉罗,下至贫寒八旗子弟,清政府都为其专门设立了形形色色的官学,基本做到了全覆盖,也真实体现了清政府首崇满洲、以八旗为根本的国家政策。

宗室觉罗官学乃至各层面的八旗官学,其教育的重心是维护国语骑射

---

① 《钦定皇朝文献通考》卷64《学校考二·旗学》,文渊阁《四库全书》影印本第633册,第546页。
② 《钦定皇朝文献通考》卷64《学校考二·旗学》,文渊阁《四库全书》影印本第633册,第546页。
③ 《钦定八旗通志》卷115《营建志四·京城营建规制四·八旗学舍》,文渊阁《四库全书》影印本第665册,第960-961页。

的传统,其教育目的非常明确,即"忠君亲上"①。顺治十一年(1654),为维护满洲旧制,禁止宗室读汉文。顺治帝谕宗人府:"朕思习汉书入汉俗,渐忘我满洲旧制,前准宗人府礼部所请,设立宗学,令宗室子弟读书其内,因派员教习满书,其原习汉书者各听其便。今思既习满书,即可将翻译各项汉书观玩,着永停其习汉字诸书。"防范汉人习气,不能丢掉国语骑射的传统,几乎是清代历任皇帝对宗室觉罗教育的一致要求。

宗室子弟也一度允许参加科举考试,例如康熙三十八年(1699)参加过乡试一次。至乾隆八年(1743),经宗人府议准,宗室子弟单独举行合试,由钦命大臣从左右两翼宗学生中"拔取佳卷,准作进士与会试中式之人",然后再"一体殿试"。但随着后来统治者强化满洲民族"国语骑射"传统及防范汉化的考虑,宗室参加科举考试被禁止。乾隆七年(1742)十二月,乾隆帝谕:"我朝崇尚本务,原以弓马清文为重,而宗室谊属天潢尤为切近。向来宗室子弟俱讲究清文,精熟骑射,诚恐学习汉文,不免流于汉人浮靡之习。"② 至乾隆十七年(1752),宗室子弟参加科举考试"奉旨永行停止",理由是,"宗室托系天潢,不必藉举业以入仕也"。二十一年(1756),更定教习宗学子弟及录用之法,裁撤汉教习九人,改为翻译教习,其教习骑射者,每翼原各有二人,再增一人。二十七年(1762),裁觉罗汉教习一员,改为满教习。又裁撤镶黄、正白、正红、镶红、正蓝各旗汉教习一员。

乾隆帝停止宗室参加科举,目的是"宗室当娴习骑射,以存满洲旧俗,恐其专攻文艺,沾染汉人习气,转致弓马生疏"。但实际的结果是,"自停止考试以后,骑射亦未能精熟"。因此,到了嘉庆四年(1799)二月,嘉庆帝又恢复了宗室乡会试例,"天潢支派繁衍,自当仍准应试,广其登进之路,兼可使读书变化气质,不致无所执业,别生事端"。不仅如此,嘉庆帝还广开宗室仕途之路,"嗣后各部司员准以宗室补用"。③

清统治者如此重视宗室觉罗以及八旗子弟的教育,而且为其广开仕途之路,四处筹措八旗生计,原本是为国家培养人才,但在清中期以后,八旗世风日下,即便是宗室觉罗绝大多数也不务正业,以至于嘉庆年间甚至有传言"旗人多靠不住"④ 的旨意。八旗各类官学"近来视为具文,渐形

---

① 《钦定皇朝文献通考》卷63《学校考一·宗学》,文渊阁《四库全书》影印本第633册,第525页。
② 《清高宗实录》卷180,乾隆七年十二月丙午。
③ 《清仁宗实录》卷39,嘉庆四年二月乙巳。
④ 《清仁宗实录》卷300,嘉庆十九年十二月癸亥。

废弛",甚至各官学生"并不常川入学肄业",每逢教习查学之期"始行到学,虚开功课"。① 道光元年(1821),有御史奏称八旗官学生"翻译考试,多有枪冒顶替"②。道光四年(1824)五月,宗室觉罗学生甚至"不敷应考额数"③。道光六年(1826)九月,御史续龄奏称:"近年生徒入学,不过轮期画到,查学之日,教习择其在家课读者,背诵数章塞责。该教习亦只于画到查学时始行到学,间有在学住宿者,并不教读。其宗室觉罗及咸安宫、景山各官学亦复如此,积习相沿,日就废弛。"④ 道光三十年(1850)五月,巡视南城河南道监察御史奏称:"国家有宗学、觉罗学、咸安宫学、国子监、八旗各学、健锐营、外火器营、圆明园八旗官学,又有左右翼世袭幼官学、八旗汉军义学,皆所以教养人材,肄业读书,务本修身,端品立行之首,务为朝廷造就诸生之要道也。乃至日久废弛,日甚一日,有学校之名而无学校之实。今察各学之懒惰情形,故有不同,而孜孜勤学者日见其少,甚至有教习、学生等仅止按时呈交月课,诸生多不黾勉入学,虚靡公费膏火、饭食、钱粮,殊非慎重之道。"⑤ 由此可见,至清后期,各类旗人官学已经徒有虚名。

除了以上针对宗室贵族和八旗的各种官学之外,清代京城的另一类官学是国子监和大兴、宛平县官学。

国子监,又称太学,既是教育机构,也是管理机构,不仅是国家在京城为来自全国各地的贡生而设立的最高教育机构,而且是除了宗学之外,管理各地官学的机构。国子监的管理,清承明制,置祭酒、司业、监丞、博士、助教、学正、学录、典籍典簿等官。其中,祭酒、司业,职在总理监务,严立规矩,表率属员,模范后进;监丞,职在绳愆,凡教官怠于师训,监生有戾规矩,并课业不精,悉从纠举惩治;博士、助教、学正、学录,职在教诲,务须严立课程,用心讲解;典籍,职在收掌一应经史书板;典簿,职在明立文案,并支销钱粮,季报文册。国子监设六堂为讲习之所,曰:率性、修道、诚心、正义、崇志、广业。其监生来源,一是全国各府州县按名额贡入的生员,有岁贡、优贡、拔贡、恩贡、副贡等名目,号称"五贡"。二是京内外文武官员奉恩入监读书的荫生,例如乾隆帝即位之初,恩诏文官在京四品以上、在外三品以上,武官在京在外二品

---

① 《清仁宗实录》卷364,嘉庆二十四年十一月丁丑。
② 《清宣宗实录》卷24,道光元年十月壬午。
③ 《清宣宗实录》卷68,道光四年五月丙戌。
④ 《清宣宗实录》卷107,道光六年九月乙卯。
⑤ 《巡视南城河南道监察御史奏请整顿官学事》(道光三十年五月二十八日),录副奏折:03-3683-056。

以上者，各送一子入监读书。立功、殉职官员的子弟也可经朝廷恩准，入监读书。三是来自琉球、缅甸等地的留学生。

国学教育的目的是"崇儒重道"。"盖学校为造士之地，而国学尤为首善之区，事则始乎明伦和行，而功则全乎成德均才，故曰养士莫大乎太学。太学者，贤士之所关，教化之本原也。国家崇儒重道，尊经右文，自定鼎以来即修葺国子监为太学，设立文庙，讲堂厅廨，萃八旗子弟与直省贡、监生，肄业其中，而以祭酒司业董其成，助教学正督其课，官司大备，条教周详。"① 国子监毕业生可参加会试，也可在肄业后候补做官。

此外，清代北京还拥有专门的科技教育，例如蒙养斋算学教育、钦天监天文学教育、太医院医学教育等。这些专门的科技知识教育主要是为宫廷服务。即便是顺天府学与大兴、宛平二京县官学，也并非面对全民的教育，其入学资格有严格的身份限制。

清政府对北京文化教育的管理，是当时中国教育和文化发展的缩影。除了政治维护、经济推动、文化孕育，政府通过对城市文化教育的管理，为国家和社会发展提供人力资源，应是城市治理的应有之义。就清代而言，人才培育和人力资源的供应途径大致有三类，一是传统的科举教育和考试，为国家和社会提供贡生、举人、进士等获取功名的人才；二是皇室和八旗体制，以宗亲爵位、封爵、挑差等方式，提供人才，主要对象是旗人；三是捐纳、军功等方式。清代北京是每三年一次会试、殿试的举办地，是国子监所在地，有较为完善的宗室和八旗教育体系。但从城市建设的角度而言，清代北京的公共教育存在严重缺失，不仅常年大量的流动文官人口需要依靠私塾家庭教育，还有大量的社会下层人员根本没有获取教育服务的机会和能力，甚至没有接受教育的资格，完全被排除在教育之外。以"首善"为目标的京城如此，其他城市的情形也就可想而知了。

2. 民间教育

自入关之始，清代统治者在投入诸多力量建设宗室和八旗各类官学时，当然也没有忽略"首善之区"五城以民人为主的教育，除了国子监和大兴、宛平县学以外，康熙四十一年（1702），朝廷"定义学、小学之制，京师崇文门外设立义学，特赐御书匾额。五城地方各设小学，延塾师教育，有成材者选入义学。凡义学、小学，每年廪饩共三百两，于府县按月

---

① 《钦定皇朝文献通考》卷 65《学校考三·太学》，文渊阁《四库全书》影印本第 633 册，第 565 页。

支给"①。可见，当时五城地方设有专供官民幼年子弟就学读书的小学和义学。乾隆十五年（1750），崇文门外义学改为金台书院，但除此之外，其他义学、五城小学在后来的各种档案文献史料中鲜有提及，足见后来五城小学、义学之设立不广，坚持亦不久。

事实上，在清统治者更关注京城国子监以及顺天府乡试、京城会试等对全国更具有影响力和笼络力的教育、考试之外，清政府对五城以汉人官民为主体的教育并没有投入太多的关注和力量。一般而言，清代京城的民间教育主要包括私塾、书院、义学和义塾等。"学校、书院、义塾，皆为教育人材之地，相辅而行。官之设教，与士绅之自为教育，又相为表里，交济成功。"② 由于清代自始至终严防士人结社和讲学，因此清代京城书院，除了金台书院等之外，书院讲学并不兴盛，比较普遍的则是家塾和义学。家境较好的官绅或富裕的商民子弟，或居家由家中长辈教育，或聘请塾师，或进入书院读书。无力设家塾的平民子弟则大多通过义学、义塾的方式读书。更多的贫苦艰困之家，则基本上没有任何读书、受教育的机会。

清代京城的私塾教育比较普遍的原因，一方面，京城官员群体庞大，士宦云集，而且受教育程度高，诸多官员留京任职时间不长，或往返京城频繁，所携带家眷子女随官员赁屋居住者多，其幼年子弟读书教育，往往通过居家私塾教育完成。另一方面，京城每三年举行一次会试，加上恩科会试和顺天府乡试，因此常年居住在京城备考的士子众多，他们或受聘为满汉官员的学幕，也经常受雇为满汉官员家中的塾师，甚至自己租房开办私塾，对外招生。这两方面的需求和供应，都为清代京城大量私塾教育的存在提供了可能。

例如，清代京籍著名学者翁方纲，他八岁起便在父亲的教育下开始读四书五经，练习写作八股时文，其自撰《翁氏家事略记》说："先大夫日课以小题作半篇，教以应童子试之式，故每戏写进字。先大夫常语方纲曰：吾家书香，须有人继，且望汝一进庠门耳。"翁大德没有能力给儿子讲解的内容，便请好友进行家教。如《易经》，便是由好友、顺天拔贡生孟智佺讲解，"每来其家，呼先生叠叠讲《易》不倦"③。乾隆十六年

---

① 《钦定皇朝文献通考》卷69《学校考七·直省乡党之学》，文渊阁《四库全书》影印本第633册，第659页。

② 《光绪顺天府志》，"经政志九·学校下·义学"，第7册，第2205—2207页。

③ （清）翁方纲：《复初斋文集》卷6《先大夫文稿册尾记》，《续修四库全书》第1455册，第406页。

(1751)春翁方纲参加会试，名落孙山。生活困窘的翁方纲一家于当年夏天迁居正阳门外李纱帽胡同。七月，又迁居笤帚胡同。此处有房屋二间，便以其中的一间招蒙童授读，一方面是为了自己读书，另一方面也可以通过办私塾，增加一些收入，补给家用。起初只有两个童生来受业，到了次年春夏间，已有十余人来学，"粗给朝夕之费"①。

能在家塾读书的毕竟是少数，对于众多贫苦民众而言，只能等待官办的义学。乾隆元年（1736）六月，兵部侍郎王士俊奏请将顺天府大、宛两县旧设义学，"扩充建新，凡愿就学者不论乡城，不拘长幼，肄业其中"②。七月，巡视中城监察御史福德、工科掌印给事中阎纮玺奏称，京师首善之区，居民众多，其中力能读书者固然很多，但"贫寒之家无力延师就学者亦自不少"，如果这些居民子弟不能读书，"难免沦于废弃，殊为可惜"。为此，御史福德等人奏请在五城增设义学，"许城属居民之子弟、家贫初学无力延师者赴彼就学"。③

经王士俊和御史福德等人奏准，乾隆二年（1737），顺天府设义学一处。新建立的顺天府义学位于南城金鱼池地方，"每岁在直隶藩库内动支正项银四百两，为师生束脩膏火等费"，但是招收的生童数量很少，"生童肄业者只三十人"。对此，巡视西城监察御史陈治滋认为，顺天府义学一处还远远不够，"以五城地方之广，民居之众，有志向学者所在皆有，只设义学一处，所教者只三十余人，岂足以广造就人材之意？"因此，乾隆三年（1738）十月，御史陈治滋再次奏请增设五城义学，以广教育。他在奏折中力陈五城民人教育之薄弱，"京师国学而外，又有八旗教习、咸安宫教习，以及左右翼宗学，所以乐育甄陶者固已，教思无穷，曲成不遗矣。惟是五城地方辽阔，民居稠密，虽应试生童直隶、大、宛两县而五方杂处，冒籍入学者居其大半，其土著居民子弟额广人稀，文风浅弱"。即便有一些对外招生的私塾，也是良莠不齐，难以长久。"臣每见街坊市肆名为学堂者，门贴'秋爽来学'四字，皆侨寓京师，无所聊赖之人开馆授徒，计日敛钱，以为糊口之计。如生徒不能按日继奉，即随时辍业，往往无力之家子弟虽有志读书，率以不能延师，遂至中道废学，深为可惜。"为此，陈治滋建议五城各在适中之地，"各添设义学一所，于举人贡生内

---

① （清）翁方纲：《翁氏家事略记》，见陈祖武编：《乾嘉名儒年谱》第8册，北京：北京图书馆出版社2006年，第38页。
② 《清高宗实录》卷20，乾隆元年六月乙丑。
③ 《巡视中城监察御史福德、工科掌印给事中阎纮玺奏请增设中城地方义学事》（乾隆元年七月十三日），朱批奏折：04-01-38-0180-027。

择文行兼优者分拨各城，入学充塾"。同时，由各城司坊官查明土著居民子弟有情愿上进读书者，送入义学。①

乾隆帝雄才大略，自负为帝王经师，相对于他对官学教育的重视，他对兴办义学则没有那么投入。当乾隆六年（1741）二月有人奏请"令各州县多设义学"时，乾隆帝说："振兴文教，固属美事，然果能使比户之民，人知孝亲敬长，重义轻利，此即兴文教之实，正不在多设义学，延访名师。"② 无论是受限于经费的难以筹措，还是帝王"兴文教之实"的考虑，清代中前期五城义学的兴办基本是点缀一二。因此，嘉庆、道光朝以后，针对民人的五城义学绝大部分为善堂所办或官绅捐办。

同治年间，西城副指挥李发荣鉴于"西城外坊地面，向少里塾，贫苦子弟无力从师，遂多失业"，于是便与绅士花翎盐运使衔候选知府王海商酌，在阜成门外设立义学。该义学起初位于西城四眼井地方，房基一所，"旋因地基狭小，复购得西隔壁龙泉店房基一所，建盖六斋及司事房"，连同购买地基以及工料，共用实银五千一百二十两，开馆授读。每斋学生二十四名，六斋共授学生一百四十四名。所有本学一切经费、束脩，每月需银一百二十余两，均由绅士王海捐助。

不仅如此，绅士王海还在西城建多所义学，如正阳门内半壁街，"原系义学，因年久失修，另行折盖，并添盖房为本旗清汉义学一处，凡设五斋"。西单牌楼头条胡同路北，锦什坊街武定侯胡同路北，宫门口内苦水井胡同路东，西直门内南草厂路西，西四牌楼北太安侯胡同路南，正阳门外琉璃厂南八角琉璃井路南，各设义学一处。每处皆设六斋，每斋二十余人，合凡四十七斋，"教课至千人之多，其规模均极壮阔，章程亦甚周严"。"自建学以来，有由幼学而习举业，名列胶庠者，推此以往，其所就且有日进无疆之望"。

绅士王海创办以上义学，前后花费四万余金，对于晚清京城义学的发展，贡献甚伟。对其所办义学，光绪朝《顺天府志》也予以了著录，如：集贤堂（西单牌楼头条胡同，同治八年建），养正义学七处（正阳门内半壁街一处，同治三年建；锦什坊街武定侯胡同一处，同治十二年建；宫门口内苦水井胡同一处，光绪二年建；西直门内南草厂一处，光绪三年建；西四牌楼北太安侯胡同一处，光绪元年建；正阳门外琉璃厂南八角琉璃井一处，光绪六年建；阜成门外四眼井一处，光绪八年建）。此外，还有愿

---

① 《巡视西城监察御史陈治滋奏请增设五城义学并通缉盗贼事》（乾隆三年十月初四日），录副奏折：03-1188-010。
② 《清高宗实录》卷137，乾隆六年二月乙丑。

学堂义学（正阳门内西江米巷）、正蒙义学（大牌坊胡同弥勒庵，光绪元年，周世堃、朱梁济、刘永怀建）、诚正义学（南锣鼓巷内秦老儿胡同，同治七年，工部侍郎总管内务府大臣明善建）、励学义学（正阳门内东交民巷，同治九年武清关勋建，光绪三年续增）、集善义学（东四牌楼西大佛寺庙内，光绪五年，万青藜建）、崇正义学（崇文门内方巾巷，同治三年，广西按察使国英倡建，原在观音寺胡同）、广仁堂义学（外城烂面胡同，光绪六年，府尹周家楣创建，六斋中两斋专课回民）、兴善堂义学（梁家园寿佛寺侧，嘉庆元年，都察院右都御史周廷栋建）、惜字馆义学（梁家园，乾隆三十九年，施辇等建）、勉善堂义学（外城广宁门内北线阁口，嘉庆三年，宛平蔡永清捐建）、资善堂义学（外城广宁门大街，光绪五年，吏部尚书万青藜建）、西悦生堂义学（外城皮库营西，嘉庆二十三年，礼部侍郎吴烜创建，道光十五年，都察院经历宋铭尧重修）、笃正义学（石驸马大街，同治四年，大学士倭文端仁、府尹彭祖贤建）等等。①

晚清京城官绅积极捐办义学、义塾，一方面是由于朝廷自身财政紧张，不得已鼓励并发挥官绅的力量，捐资兴学，另一方面则是在西风东渐影响下，有识之士开始更多地了解欧洲各国学校，为此，洋务派和维新派倡导变革，呼吁办学堂、兴实业，以自强救国。

三、从科举到学堂

1. 科举弊端

任何一个朝代政治社会秩序的巩固与发展，都离不开人才的选拔和任用。清代统治者除了"首崇满洲"，依靠宗室制度和八旗体系选用自诩为"立国之本"的宗室及八旗各类人才之外，另一个非常重要的人才选拔渠道就是科举考试。而在京城举行的顺天府童生试、乡试和每三年一次的会试，是清代科举考试的重头戏。

清代科举考试，大致分为童生试、乡试、会试和殿试四个层次。童生试（包括县试、府试和院试，一般三年两次，由地方学政主持）是士子进入科举门槛的资格试，获取资格的士人叫生员，又称秀才或茂才。具备生员身份，才能参加每三年一次的乡试。乡试由钦差官员在各省举办，通过此次考试的称为举人或举子。之后，才能参加在京城每三年一次的会试，

---

① 《光绪顺天府志》，"经政志九·学校下·义学"，第7册，第2205-2207页。

通过者成为贡士。最后，再参加由皇帝在紫禁城内主持的殿试，考中者称为进士。

乡试是各省举行的考试，用以选拔下一步有资格参加会试的举人人选。与其他各省的乡试只允许本省的童生参加不同，顺天府乡试允许满、蒙、汉旗人，直隶生员以及其他各省监生参加，覆盖面广，取中名额远多于其他省份，因此其吸引力和重要性不言而喻。

也正因为此，清代顺天府乡试过程中冒籍、替考、考试夹带等弊端层出不穷。顺治十四年（1657），即丁酉年，就发生了震惊一时的丁酉科场案。当年顺天府乡试放榜后，给事中任克溥揭露考试中有考生向考官行贿的现象。经查究，考官李振邺、张我朴等人受贿属实。于是，顺治帝下旨，将纳贿考官立斩，抄没家产，父母、兄弟、妻子流徙尚阳堡（今辽宁开原境内）。

尽管清初为整治科场祭出重典，但仍无法阻挡此后顺天府童生试、乡试中的弊端不时发生。其中屡禁不止的是冒籍与冒名顶替的问题。乾隆五年（1740）七月，钱陈群主持通州考试，"多取冒籍，发案之日，新进二十三名，实在通州本地只有三名，其二十名俱系江浙各省之人顶冒"①。乾隆十年（1745）十二月，顺天府府丞郑其储奏称："大、宛两县额进生员，冒籍居多。冒籍得以入考，由冒同乡在顺天之进士、举人、贡监生员为父兄，而冒有籍贯之人藉此获利。"工部右侍郎励宗万认为顶冒愈多的原因是录取名额过多，"顺天大、宛两县学、一府学共取进七十五名，本地力学者少，外籍视为捷径，顶冒愈多"。励宗万建议将大兴、宛平两县额进五十名"令该学政凭文取录"，即有多少合格的就录取多少名，不必足额录取；顺天府学额进二十五名，"照各省府学，匀予合府州县拨取"，即这二十五个名额的录取范围应放到顺天府下属的所有州县。② 励宗万的建议虽然部分被采纳，但并没有真正解决问题。

为防止顺天府大、宛二县童生试的冒籍问题，除了清查户籍之外，乾隆朝还钦派审音御史，即在每次考试前，通过核对说话口音判断考生是不是本地人。后来，审音制度还推广到所有顺天府属之州县，"俱照大、宛二县之例，于试前审音"③。

吸引外地人冒籍参加顺天府童生试和乡试的原因，除了录取名额多之外，考卷有难易之分也不可忽视。清政府允许各地贡监生参加顺天府乡

---

① 《清高宗实录》卷123，乾隆五年七月戊子。
② 《清高宗实录》卷255，乾隆十年十二月癸丑。
③ 《清高宗实录》卷439，乾隆十八年五月甲申。

试，但为了保护各地人才的积极性和公平性，顺天府乡试为监生考试专设"皿"字号试卷，以与直隶生员、八旗生员等相区分。"皿"字号又分为"南皿"（江南、浙江、江西、福建、湖广）、"北皿"（直隶、山东、山西、河南、陕西）和"中皿"（四川、广东、广西、云南、贵州），而且各"皿"的录取名额是不一样的。这种情形也导致冒籍和冒名的现象不断。乾隆二十一年（1756）闰九月，御史范械士奏称："顺天乡试，向例南北皿字号分额取中，所以使五省贡监均匀入选，不致有偏枯之弊。但南人冒捐北监入试者未除，而本年乡试为尤甚。"御史陈庆升奏称："本科乡试，南人冒顺天籍学分，由北贝中式者颇多，其中变更姓名，弊端百出，本地廪生借此网利，滥行保结。"① 一些南方士子为了参加顺天府乡试，甚至与当地已经取得考试资格的生员互换勾结，冒其姓名参加考试，至于被冒取者则收取丰厚的报酬。乾隆二十八年（1763）十一月，御史王懿德就奏称，"大兴、宛平二县近多本籍稍通文艺人先应府试，旋将府试名售与冒籍人应院考"②。

此外，考试时夹带作弊的现象也是屡禁不绝。乾隆三十年（1765），"应试士子竟有因搜检严密，复遁而雇觅枪手代构者，或私联坐号，或顶名入场，或临时换卷，种种难以枚举"③。道光十九年（1839）二月，御史许乃安奏："顺天府属大兴、宛平二县应试士子，多有积惯枪手，入场代倩文字，设立红帽、黑帽各名目。先期备有假名空卷，附入县府试案，临期卖与枪手顶冒入场，谓之'买帽子'。其枪手伙同包管童生，不分彼此，但以坐号邻近者互为呼应，所作文字，仍给本童自写，谓之'红帽子'。又有场中当时说合，俟取进后执票为凭，或童生自相枪代，谓之'黑帽子'。"④ 各种作弊手段，令人防不胜防。

冒籍和顶替现象始终难以根除，反映了清代文化发展的区域不均衡性和教育的不公平性。清代不仅存在教育不同频的现象，而且本身各地的文化发展也参差不齐。江浙地区人文鼎盛，人口又多，而相对取中的名额有限，因此无论是童生考试，还是乡试，竞争都很激烈。顺天府虽然贵为京畿，所属大兴、宛平二京县，号称首善，京城五方杂处，官员士绅尤多，但本籍土著人口的教育和文化水平不如南方。清政府为了笼络和照顾众多官员和京官子弟，不仅允许他们在符合条件的情况下寄籍顺天府，而且允

---

① 《清高宗实录》卷522，乾隆二十一年闰九月戊申。
② 《清高宗实录》卷698，乾隆二十八年十一月丙寅。
③ 《清高宗实录》卷740，乾隆三十年七月己卯。
④ 《清宣宗实录》卷319，道光十九年二月己丑。

许来自各地的监生在顺天府参加考试,同时给予优厚的录取名额。加之,科举正途是士人走向仕途、获取政治社会地位和身份,几乎唯一的一条道路。因此,科举考试竞争激烈地区的士子必然想方设法转移到竞争较为和缓的地方博取机会。

2. 晚清学堂

在晚清内忧外患的情势下,清代科举教育无法满足社会需要的危机更加严重。经历了道光二十年(1840)的第一次鸦片战争和咸丰十年(1860)的第二次鸦片战争,西洋的坚船利炮无情地摧毁了天朝上国的尊严,一部分有识之士开始认识到,必须变革自强,才能挽救危亡。随着洋务运动和维新运动的开展,为社会培育和选拔人才的科举教育体制,开始成为变革的目标。

其实,清统治者对于科举考试弊端已有深刻的认识,而且自清初伊始,清代的人才培养和选拔就大致循着两条路径,一是围绕四书五经为核心的教育内容与科举体制,二是围绕国语骑射为核心的八旗教育与人才选拔体系。毫无疑问,清代统治者几无例外地强调"科场乃国家取士大典,关系甚重"①,但与此同时,无论是康熙帝、雍正帝,还是乾隆帝、嘉庆帝,都认为汉人风气空疏浮华,而力推满族人"本性朴实,不务虚名",并时常告诫满族人不得"薰染汉习,每思以文墨见长"。② 因此,清代虽然建立了宗学、八旗官学体系,也学习汉文诗书经义,但更强调"国语骑射"这类讲求实际运用的知识和能力。虽然八旗官学生也可以参加科举考试,但只是其中的一部分,而且时兴时废,整个八旗教育基本上还是保持着自己独特的人才培养和选拔体系。尽管这一"祖宗旧制"后来同样缺乏应对社会需要的应变能力,但至少在清前期在一定程度上弥补了科举教育体系人才培养和选拔的不足与缺憾。

也正是看到了科场积重难返的弊端,乾隆三年(1738),兵部侍郎舒赫德奏请废除科举:"科举之制,凭文而取,按格而官,已非良法。况积弊日深,侥幸日众。古人询事考言,其所言者,即其居官所当为之职事也。时文徒空言,不适于用,墨卷房行,辗转抄袭,肤词诡说,蔓衍支离,苟可以取科第而止,士子各占一经,每经拟题,多者百余,少者数十。古人毕生治之而不足,今则数月为之而有余。表、判可预拟而得,答策随题敷衍,无所发明。实不足以得人。应将考试条款改移更张,别思所

---

① 《清世宗实录》卷87,雍正七年十月壬戌。
② 《清高宗实录》卷489,乾隆二十年五月庚寅。

以遴拔真才实学之道。"只是经过讨论后，因无良策取代科举，所以"科举制义得以不废"。①

到洋务时期，废止科举教育而兴办新式学堂的议论再起。同治元年（1862），因总理各国事务衙门的成立，为培养对外交往的翻译人员，设立了京师同文馆，附属于总理衙门。但同文馆尚未触动当时的科举制度。同治十三年（1874），李鸿章上《筹议海防折》，力陈："洋人入中国已三十余年，驻京已十余年，以兵胁我，殆无虚岁，而求练达兵略精通洋法者恒不数觏，由于不学之过，下不学由于上不教也。军务肃清以后，文武两途，仍舍章句弓马，末由进身，而以章句弓马施于洋务，隔膜太甚，是以沈葆桢前有请设算学科之奏，丁日昌前有武试改枪炮之奏，皆格于部议不行。而所用非所学，人才何由而出？"② 变革教育已是迫在眉睫，但清政府在坚守"祖宗旧制"的原则下，行动迟缓。面对变革的呼声，北京作为都城，并没有得风气之先，直到光绪二十年（1894）甲午战争之后才有所突破。

甲午惨败，以及光绪二十一年（1895）三月二十三日中日《马关条约》的签订，给清统治者和中国社会各阶层以沉痛的打击，"若不变法图强，社稷难资保守"。光绪二十一年十二月，御史胡孚宸奏请在京城建立官办书局，以有益人才。经总理各国事务衙门议准，"援照八旗官学之例，建立官书局，特派大臣管理，聘订通晓中西学问之人，专司选译书籍、各国新报及指授各种西学"③。光绪二十三年（1897）初，刑部主事张元济联合诸多京官，在京师宣武门设立"通艺学堂"，招收官员子弟，学习西国语言文字，讲求西方各国实学。当年底，总理各国事务衙门据张元济等呈请，"将学堂教习酌给奖叙"，其毕业学生仿照广方言馆学生例调考录取，"有官人员准其保加升阶，无官人员准作监生一体乡试再留三年"。严复曾在这里讲学，"宣读西学源流旨趣，并中西政教之大原"，"京官之好学者，相约听讲，不期而集者数十人"。④"通艺学堂"的创办，开启了晚清京城新式学堂的先河。戊戌政变后，张元济被革职，通艺学堂停办，其校产全部转入了京师大学堂。

戊戌变法期间，京师大学堂的创办，是京城新式学堂创办的标志。光

---

① 《清史稿》卷108《志八十三·选举三》，第12册，第3150页。
② （清）李鸿章：《筹议海防折》，见顾廷龙、戴逸主编：《李鸿章全集》第6册，合肥：安徽教育出版社2008年，第166页。
③ 《清德宗实录》卷382，光绪二十一年十二月戊子。
④ 《清德宗实录》卷412，光绪二十三年十一月己酉。

绪二十四年（1898）正月，御史王鹏运即奏请开办京师大学堂，光绪帝认为京师大学堂"迭经臣工奏请，准其建立，现在亟须开办"①。随后，命军机大臣会同总理各国事务衙门王大臣详议章程。五月，军机大臣会同总理各国事务衙门王大臣奏呈"筹办京师大学堂章程"。"京师大学堂为各行省之倡，必须规模闳远，始足以隆观听而育人材。现据该王大臣详拟章程，参用泰西学规，纲举目张，尚属周备，即著照所议办理。"对于筹办章程，光绪帝很满意，立即派孙家鼐全权负责筹办大学堂事务，"办事各员由该大臣慎选奏派，至总教习综司功课，尤须选择学赅中外之士，奏请朕简派。其分教习各员，亦一体精选，中西并用。所需兴办经费及常年用款，著户部分别筹拨。"同时，将此前原设官书局及新设之译书局"均著并入大学堂，由管学大臣督率办理"。②

为适应大学堂的人才需求，清政府又立即命各地开办中小学堂。光绪二十四年（1898）五月，光绪帝谕："即将各省府厅州县现有之大小书院一律改为兼习中学西学之学校。至于学校等级，自应以省会之大书院为高等学、郡城之书院为中等学、州县之书院为小学，皆颁给京师大学堂章程，令其仿照办理。其地方自行捐办之义学社学等，亦令一律中西兼习，以广造就。"③随后，各地开办中小学堂展开。六月，经孙家鼐奏准，"京师现已设立大学堂，其小学堂亦应及时创立，俾京外举贡生等一体入学，广为造就，以备升入大学堂之选"。光绪帝命五城御史"设法劝办，务期与大学堂相辅而行"。④

当时，五城学堂寥寥可数，"京城内外业经官绅筹集开立者，现有通艺、会文两学堂"。经过士绅努力，"余如八旗奉直小学堂、求是、道器、知新各处均已开成，北城之崇善堂亦立有规模"。尽管此时清政府提倡办学堂，但并无官费支撑，只得依靠官绅筹资捐办。为加快五城学堂兴办，各城御史"广为劝募"，四处筹钱，但是困难不小。"惟创办之初，正值时局多艰，五城地方本无土著巨绅、富户、票庄、银号、当行，甫经劝办，昭信股票，势难同时并举。其余铺商住户，又皆参差不齐，不惟独力创办无人承当，即按城分设，亦未克骤。"而且当时的北京，"五城所属西、北二城官绅居多，中、东、南三城大率商民杂处，必欲拘于地面，恐建学之所不便"。于是，巡视中城吏科掌印给事中国秀经过筹划，计划先设两堂，

---

① 《清德宗实录》卷414，光绪二十四年正月己酉。
② 《清德宗实录》卷419，光绪二十四年五月丁卯。
③ 《清德宗实录》卷420，光绪二十四年五月甲戌。
④ 《清德宗实录》卷422，光绪二十四年六月己亥。

"先在善局措银壹千两,于正阳门外左右附近先行试办两处学堂,一在西河沿大宛试馆,一在打磨厂粤东会馆,就现有之经费,极力经营,以期早日开办而免贻误"。①

完善小学堂、中学堂,为大学堂储备人才,这条路径没有问题,但教育非一日所能速办。为解决急需的人才,百日维新期间的维新派和清政府等不及,也亟须变革措施以立竿见影,以服众人。于是,光绪二十四年(1898)七月,经日讲起居注官黄思永奏准,在五城设立速成学堂,以期收效。②经恽毓鼎奏准,又于京师设立武备大学堂。③经瑞洵奏准,"于京城创设报馆,翻译新报"④。经都察院代奏主事广德的建议,"将八旗官学改为学堂"⑤。八月初四日,兼任顺天府府尹的孙家鼐奏准,在地安门外兵将局设立首善中学堂(后称顺天中学堂),"就顺天府属州县中调取廪增附生入堂肄业,考取定额四十名。又另设外省士子南额二十名,课以西国语言文字以及艺政算学各书"⑥。

八月十三日,戊戌六君子在菜市口被杀害,百日维新宣告失败。新式学堂建设虽然遭受挫折,但改革科举教育的趋势已经难以再走回头路。十月,刘坤一向朝廷奏请"书院不必改,学堂不必停"。重新垂帘听政的慈禧太后懿旨:"该督应督饬地方官并各书院院长讲求一切经世之务、有用之学,何患风气不开。其各府州县议设之小学堂,仍听民自便,不必官为督理。"⑦ 慈禧太后的意见也很明确,对于学堂建设,"不必官为督理",而是"听民自便"。

随着京师大学堂的兴办,晚清北京的新式教育也开始渐有收效。光绪二十六年(1900)正月,慈禧太后问:"京师设立大学堂开办已经年余,教习学生究竟作何功课?有无成效?"许景澄汇报:"大学创办仅及年余,现分教经史、政治、舆地、算学、格致、化学,英、法、德、俄、日各国文字等科,宽以时日,必能成材。"⑧

京师大学堂有官办经费的支撑,有此前景已属不易。五城中小学堂的

---

① 《巡视中城吏科掌印给事中国秀奏为五城劝办小学堂募捐择地留款试办情形事》(光绪二十四年七月二十日),录副奏折:03-9449-034。
② 《清德宗实录》卷425,光绪二十四年七月戊寅。
③ 《清德宗实录》卷425,光绪二十四年七月壬申。
④ 《清德宗实录》卷425,光绪二十四年七月戊寅。
⑤ 《清德宗实录》卷425,光绪二十四年七月戊寅。
⑥ 《清德宗实录》卷426,光绪二十四年八月乙酉。
⑦ 《清德宗实录》卷432,光绪二十四年十月乙巳。
⑧ 《清德宗实录》卷458,光绪二十六年正月乙卯。

经费则基本靠捐助。光绪二十七年（1901）九月，经巡城御史陈璧奏准，在琉璃厂西北部的后铁厂，利用原来的正蒙义塾、附近民房以及琉璃厂官窑旧址，"设五城中学堂，兼治中西实学"①。经陈璧举荐，福建人林纾担任汉文总教习，曾经留学英国的天津人王劭廉担任西文总教习。五城中学堂成立后，经费一直非常困难，"一切用款仅恃领到步军统领衙门每月地面经费银四千两内划出银六百两，以供支应，实属异常短绌"②。平时还得依靠捐助，光绪二十八年（1902）三月，福建文童陈岳祥奉已故祖父陈燮铭遗命，"将廉俸存剩银两先后交来银二千两，捐入京师五城中学堂经费"③。学堂一经开办，反响不错，"五城中学堂开课业已数月，学生报名日多，房舍不敷分布，尚有颖异子弟，无从附学，实为可惜"。学堂计划招生一百五十人，但限于房舍，首批只招收了一百人。为此，经过顺天府府尹陈璧的努力，又将临近学堂的琉璃厂空地开辟为新学舍。"学堂南邻琉璃厂废窑空址，自窑作迁移城外三家店后，二百余年以来，此地积土成阜，蓬蒿没人，弃而不用者久矣。今拟就地铲刈，因势砌墙，择其平衍者添盖房舍，联属学堂，易瓦砾之场为纮歌之壤，将来经费稍充，尚可陆续推扩，庶规模略备，而造就益宏矣。"④后来，五城中学堂还建立了自己的图书馆，藏书数千卷。"五城开办学堂，将及两载，陆续置备各种书籍不下万卷，分为经史子集四门，编成目录。近复向外国采购史学、哲学、算学等书，取其切于教科，足与中学相发明者，亦数千卷，别构一室藏之，原以供教习诸生课余浏览讲习之用。"⑤经顺天府府尹徐会沣奏准，清政府还向五城中学堂颁赠《古今图书集成》石印本一部。

兴办学堂，推进新式教育，在清末已是大势所趋，废除科举制度也势成必然。光绪二十九年（1903）二月，袁世凯、张之洞联名上《奏请递减科举折》称："盖学校所以培才，科举所以抡才；使科举与学校一贯，则学校将不劝自兴；使学校与科举分途，则学校终有名无实。""是科举一日不废，即学校一日不能大兴；将士子永远无实在之学问，国家永远无救时

---

① 《清德宗实录》卷487，光绪二十七年九月乙酉。
② 《顺天府府尹会办五城事宜陈璧等奏为陈明五城中学堂常年经费筹措情形事》（光绪二十八年三月三十日），录副奏片：03-7211-044。
③ 《顺天府府尹会办五城事宜陈璧等奏为福建文童陈岳祥承祖父已故山西壶关县知县陈燮铭遗命捐资五城中学堂请旨褒奖事》（光绪二十八年三月三十日），录副奏片：03-7211-045。
④ 《顺天府府尹会办五城事宜陈璧等奏为五城中学堂房舍不敷拟将南邻废窑空址添盖房舍事》（光绪二十八年三月三十日），录副奏片：03-7211-046。
⑤ 《新授商部右侍郎顺天府府尹陈璧、巡视中城掌江南道监察御史贵秀奏请援案赏给五城学堂石印〈图书集成〉事》（光绪二十九年七月二十九日），录副奏折：03-7175-033。

之人才；中国永远不能进于富强，即永远不能争衡于各国。"① 十二月初五日，巡视西城户科掌印给事中潘庆澜表示反对，担心一旦废除科举，"天下士子闻之，未能仰测高深，但知科举为将来必废之事，进取之心一时解体，殊非易易"②。十八日，巡视西城掌浙江道监察御史瑞璐也奏请科举不宜遽减，认为"学堂尚无成效，科举不宜遽减，请俟明效大著，再行渐停科举，以收士心"。在他看来，"学堂新章同为考试取士，与科举原无大异，特科举学于私家，学堂学于官舍，兼课洋文而已"。③

"改科举为学堂，不足致乱，因废科举而并废圣贤之书，斯乱臣贼子接迹于天下。"④ 这是当时很多反对废除科举者的一致担心和忧虑。尽管反对者有之，但废除科举已经成为共识。光绪三十一年（1905）八月，清政府谕令自次年停止所有科举考试，专办学堂。十一月，设立学部。之后，各种官办学堂、官办中小学堂以及私立学堂在北京纷纷建立。⑤ 直到清朝灭亡，北京新式学堂的兴办虽然艰难，但再也没有停下来。

中国近代的教育从科举转向新式学堂，不仅带来知识体系的变化，而且也是社会结构转变的重要标志。在科举制度下，由于严格的身份限制（诸如贱役、倡优、丐户、奴仆等子弟以及女性都无从接受教育并参加科举），科举教育对社会阶层流动的局限性相当大，相比之下，新式学堂的教育则更加开放。事实也证明，新式教育不仅培养了新式人才，培养了新的社会阶层，更推动了城市治理方式的转型和近代中国社会结构的巨变。

---

① （清）朱寿朋编：《光绪朝东华录》，光绪二十九年二月庚子，北京：中华书局1958年，第5册，第4998页。
② 《巡视西城户科掌印给事中潘庆澜奏为特参湖广总督张之洞会同直隶总督袁世凯议废科举贻误大局请旨先将张之洞罢斥事》（光绪二十九年十二月初五日），录副奏折：03-7205-134。
③ 《巡视西城掌浙江道监察御史瑞璐奏为科举不宜遽减敬陈管见事》（光绪二十九年十二月十八日），录副奏折：03-7205-141。
④ 《清德宗实录》卷575，光绪三十三年六月己丑。
⑤ 截至1907年，北京直属学部的官办学堂有京师大学堂（位于东安门内马神庙）、京师法政学堂（位于太仆寺街）、京师译学馆（位于东安门内北河沿）、宗室觉罗八旗高等学堂（位于郎家胡同）、第一初级师范学堂（位于国子监旁）、医学专门学堂（位于前门外琉璃厂孙公园）、高等巡警学堂（位于北新桥）、法律学堂（位于宣武门内象房桥）、测绘学堂（位于方家胡同）、贵胄学堂（位于陆军部内）、高等实业学堂（位于祖家街）；公立学堂有顺天府高等学堂（顺天中学堂）、五城中学堂、宛平县立师范学堂、大兴县立师范学堂、北洋第一小学堂、北洋第二小学堂；官办中小学堂有京城第一初级师范学堂（位于安定门内方家胡同）、师范传习所（位于虎坊桥）、淑范女学堂（位于东总布胡同）、豫教女学堂（干面胡同东头路南）等42所；私立中小学堂有求实中学堂（位于地安门外后鼓楼院）、崇实中学堂（位于方巾巷）等59所（参见[日]服部宇之吉：《清末北京志资料》，第186-195页）。

四、戏馆杂艺

清代北京的城市管理，首重政治秩序，极力强化皇权至高无上的地位，以至于经济、社会生活也基本服从于政治安全和政治秩序的需要，加之清代文化思想追求"复古"的倾向，以及"黜异端而崇正学"的社会教化需求，多数民间娱乐文化因此被视为腐化堕落之风，往往予以限制或禁止。为保护"立国之本"的满洲八旗不被这些汉人习气沾染，保持其"朴实"本质，在难以一概禁止的情形下，清政府首先采取的措施是禁阻，并在城市空间的管理上进行人为区隔。

以普通人最主要的消遣娱乐场所茶园（往往兼具演习之所）、戏馆为例，康熙十年（1671）清政府议准，"京师内城不许开设戏馆，永行禁止"①。在统治者看来，旗人一旦接触唱戏等娱乐活动，"惟知纵酒酣饮，鲜衣肥马"②，便丧失了朴实且富有战斗力的风格。乾隆三年（1738），"闻得护军披甲旗人内，有不肖之徒入班唱戏者，亦有不入戏班，自行演唱者"，乾隆帝怒斥："既系旗人，自当勤习骑射、清话、武艺，安得入此等卑污之习，罔顾身名？"再联想到此前校猎南苑时，乾隆帝"见兵丁于行围之道，马上甚属生疏"，便认为"此皆由平日不勤习武艺，沉于戏玩之所致也"。③ 在乾隆朝以前，内城禁止开设戏院的规定得到了较好的执行，但八旗生计日渐败坏、战斗力日趋下降的事实却未能改变。

娱乐怡情，毕竟是人的本性追求，强行隔绝禁止甚至掩耳盗铃的做法，难以持久。在清中期以后，内城开设戏园已经很难被禁止。嘉庆四年（1799）四月，"因查禁不力，夤缘开设，以致城内戏馆日渐增多。八旗子弟征逐歌场，消耗囊橐，习俗日流于浮荡，生计日见其拮据。自正月初间，大臣科道官员等陈递封章，及召对面奏者，多有以城内禁止开设戏园为请"。为此，嘉庆帝两次面询步军统领定亲王绵恩，定亲王绵恩的回答是"粉饰太平之事不宜禁止"。嘉庆帝认为："夫太平景象，岂在区区歌舞为之粉饰？况城内一经开设戏园，则各地段该管员役即可藉端讹索，为舞弊肥囊之计，朕亦有所闻知。在步军统领衙门司员，或有利于其间，自不

---

① （乾隆朝）《钦定大清会典则例》卷150《都察院六·戏馆》，文渊阁《四库全书》影印本第624册，第702页。
② 《清圣祖实录》卷212，康熙四十二年四月己亥。
③ 《清高宗实录》卷77，乾隆三年九月乙丑。

愿将此事禁止，而绵恩亦以不宜禁止为词，其意殊不可解，其故亦不必究，存于朕心，再观后效。"不得已，嘉庆帝又重申禁令，"除城外戏园将来仍准照旧开设外，其城内戏园著一概永远禁止，不准复行开设，并令步军统领先行示谕，俾原开馆人等趁时各营生业，听其自便，亦不必官为抑勒。自禁止之后，并著步军统领、八旗满洲都统一体查察。如该旗地段有违禁开设，经该都统查奏，即免置议。倘匿不奏闻，别经发觉者，除将步军统领及司员等严加议罪外，并将该旗都统一并严加议处"。① 嘉庆七年（1802）七月，嘉庆帝强调，"国家恩养八旗，体恤周至，即如内城不许开设戏馆，亦恐旗人花费银钱，是以特加禁止"②。嘉庆十一年（1806）正月，"近来八旗子弟，往往沾染汉人习气，于清语骑射不肯专心练习，抛荒正业。甚至私去帽顶，在外游荡，潜赴茶园戏馆饮酒滋事，实为恶习"③。

至嘉庆朝，不仅旗人爱看戏，旗人亲自登台唱戏的亦复不少。嘉庆十一年（1806）十月，据御史和顺奏称，"旗人中竟有演唱戏文，值戏园演剧之日，戏班中邀同登台装演"。嘉庆帝命和顺将演剧之旗人按名指出，以便究办。随后，和顺指奏六人，并称是他曾经骑马行过戏园，"遥见演剧时，有旗人在内"。后来，又据广成茶园看座之王大供称，和顺本人也"常到园内听戏"，而且曾在戏园争占下场门座位。④ 和顺因讳言自己看戏而被革职，但被查出的图桑阿等人登台唱戏也是事实。⑤

嘉庆十四年（1809），嘉庆帝五旬万寿，"因臣民之请，只较常年略通燕飨，以达下情，并不许民间广陈戏乐，巷舞衢歌"。由于前例在先，嘉庆十六年（1811）九月，御史景德又奏请"欲于万寿节令城内演戏设剧十日，岁以为例"。⑥ 尽管嘉庆帝没有允准，但一些大臣欲借万寿节而让内城演戏合理化的倾向，还是从根本上反映了清代北京都城管理中所存在的问题。

在清代统治者的理念中，并没有把戏园等文化娱乐设施视为城市生活的组成部分而予以规范管理，而是将其视为败坏风俗之物而予以禁绝。道光元年（1821）四月，御史马步蟾甚至奏请禁外城开设戏园戏庄，"京城前三门外居民辐辏，岁时伏腊，戏园演剧聚酬，原不在例禁之内。若如该

---

① 《清仁宗实录》卷42，嘉庆四年四月庚寅。
② 《清仁宗实录》卷100，嘉庆七年七月癸未。
③ 《清仁宗实录》卷156，嘉庆十一年正月乙丑。
④ 《清仁宗实录》卷169，嘉庆十一年十月甲午。
⑤ 《清仁宗实录》卷169，嘉庆十一年十月乙未。
⑥ 《清仁宗实录》卷248，嘉庆十六年九月乙巳。

御史所奏，士民挟优酗饮，耗竭资财，旷废职业，则因此导侈长恶，不可不严行饬禁"。于是命步军统领、五城"豫行示禁，将来仍有前项征逐歌场、招摇侈肆者，随时严拿惩办，以杜奢靡而端习尚"。① 咸丰二年（1852）正月，御史张炜再次奏请严禁演戏奢靡积习。"京师五城向有戏园戏庄，歌舞升平，岁时宴集，原为例所不禁，惟相沿日久，竟尚奢华。如该御史所奏，或添夜唱，或列女座，宴会饭馔，日侈一日，殊非崇俭黜奢之道。至所演各剧，原为劝善惩恶，俾知观感。若靡曼之音，斗狠之技，长奸诲盗，流弊滋多，于风俗人心，更有关系。"又命步军统领衙门、五城御史"先期刊示晓谕，届时认真查办，如仍蹈前项弊端，即将开设园庄之人严拿惩办，以振靡俗而除积习"。②

事实上，这些禁令往往是废纸一张，不仅城内外戏园如故，而且有越来越多的旗人看戏，甚至亲自粉墨登台。咸丰九年（1859）七月，御史福宽奏请饬禁旗人演唱票戏，奏称访闻有翻书房笔帖式袁复堂、养育兵恒秀峰本名毓山"曾经演唱，若向城外各戏园根究，不难得实"。经巡视五城御史常通"遵旨调查"，据马甲傅大供出，演唱票戏之旗人的确有翻书房笔帖式袁复堂等十六人。③

同治年间，旗人甚至直接在内城开设戏馆。例如，镶黄旗人玉三在阜成门内开设有阜和茶园，东四牌楼则有泰华、景泰两园。④ 以上三处，曾在同治五年（1866）被查处，但直到同治九年（1870），泰华、景泰戏园依然在开设。九年七月，御史秀文奏："京城内城地面向不准设立戏园。近日东四牌楼竟有泰华茶轩，隆福寺胡同竟有景泰茶园，登台演戏，并于斋戒忌辰日期公然演唱，实属有干例禁。"⑤ 十一年（1872）五月，御史袁承业奏："近闻太监在京城内外开列多铺，并蓄养胜春奎戏班，公然于园庄各处演戏。"⑥ 光绪七年（1881）闰七月，御史丁鹤年奏："据称内城丁字街十刹海等处，竟敢开设茶园，违禁演戏。"⑦ 可见，至清末，北京内城戏园的禁令已是一纸空文，清廷屡次的"严行禁止""即行从严惩办"，最终不过是虚文套语。

---

① 《清宣宗实录》卷16，道光元年四月甲申。
② 《清文宗实录》卷51，咸丰二年正月壬戌。
③ 《清文宗实录》卷287，咸丰九年七月己巳、乙亥。
④ 《巡视西城御史恩崇、贾铎奏为旗人勾通地面兵弁在内城开设戏馆请究办严禁事》（同治五年八月二十二日），录副奏折：03-4670-087。
⑤ 《清穆宗实录》卷286，同治九年七月甲戌。
⑥ 《清穆宗实录》卷333，同治十一年五月丙戌。
⑦ 《清德宗实录》卷133，光绪七年闰七月丁酉。

对于民间杂耍和曲艺,清政府也往往予以禁止。例如,康熙十年(1671)覆准,"凡无业之人在街道打手鼓、踢石球者,系旗人鞭五十,系民人责二十板"。又定"凡游手好闲之人,抡叉舞棍,演弄拳棒,遍游街市,射利惑民,打降赌博,五城等官拿获,将本犯照违制律治罪,仍枷一月,即行发落,递回原籍。坊店、寺院房主容留不报,地保人等不行察拿,皆照不应重律治罪,地方文武官失察,照例议处"。① 又,"民间妇女中,有一等秧歌脚、堕民婆,及土妓、流娼、女戏、游唱之人,无论在京在外,该地方官务尽驱回原籍。若有不肖之徒,将此等妇女容留在家者,有职人员革职,照律拟罪。若平时失察,窝留此等妇女之地方官,照买良为娼不行查拿例罚俸一年"②。顺治年间曾任左都御史的魏裔介在《巡城条约》中,亦规定五城"禁铺户唱曲,禁击太平鼓,禁小儿踢石抛球之类"③。

以上都是顺治、康熙年间的规定,可见清政府为维护八旗风气,很早就对此类民间杂艺限制颇严。为维护满族作为"国家根本",雍正帝也曾经多次谕令"禁止酗酒,禁止赌博、赴园馆、斗鸡及鹌鹑、蟋蟀",并且想当然地认为,满族人只要避免沾染这些恶习,便能"进于善良"。④

后来的乾隆帝对于这类民间曲艺则多网开一面。乾隆元年(1736)九月,工科掌印给事中巡视中城御史阎纮玺奏请查禁五城街面上的"弹手""歌郎"。他说:"京师为辇毂重地,首善之区,八旗以及军民商贾人等云集棋布,最号繁华,凡一切可以耗人赀财、移人心志者不一而足。其尤甚者无过于侑酒歌郎一项,俗名'档儿',有种游惰之人名曰'弹手',契典民间少年子弟,厮养在家,傅粉衣绣,教以艳曲淫词,使之当筵献媚。于是,人之被其迷惑者掷采投金,猖狂纵饮,相习成风,恬不知怪。甚至或藉延宾,或称喜庆,招致家中,恒舞酣歌,连宵达旦,其中暧昧弊端,不可弹述。"⑤ 所谓"弹手""歌郎",不过是街头卖艺之人,巡城御史上纲上线,将京城旗民风俗人心之好坏,牵扯到此等民间杂艺之有无上,实在

---

① (乾隆朝)《钦定大清会典则例》卷150《都察院六·驱逐游惰》,文渊阁《四库全书》影印本第624册,第694页。
② 王利器辑录:《元明清三代禁毁小说戏曲史料》(增订本),上海:上海古籍出版社1981年,第20页。
③ (清)纪昀:《四库全书总目》卷101,子部11,法家类存目,《巡城条约》提要,石家庄:河北人民出版社2000年,第2577页。
④ 《清世宗实录》卷56,雍正五年四月己亥。
⑤ 《工科掌印给事中巡视中城御史阎纮玺奏为弹手歌郎有伤风化请饬清查严禁逐归原籍事》(乾隆元年九月二十二日),朱批奏折:04-01-01-0001-035。

过于牵强。或许也正是因为此，对于阎纮玺所奏，刚刚即位的乾隆帝未置可否。

无独有偶，乾隆二十四年（1759）十二月，御史史茂奏请禁止京城中的"花档小唱"。乾隆帝则直斥其非："史茂欲禁止小唱而张皇其说，以为色飞淫荡，关系风俗人心云云，言之尤为太过。此等不过俳优贱伎、逐末营生之一类，如果在地方生事滋扰，本应随时究治。然京师地当辇毂，理大物博，为五方归极之区，若纷纷躐缉，徒使胥吏乘机多事，为累不浅。且由此推而极之，如古所称衢歌巷舞者，果一一尽干例禁乎？又查禁不已，必致改业，今日花档，明日弹词说书，以致手技口技，何所不至？亦不能随踪蹑迹，尽举而绳之以法，立政去其太甚，不尚烦苛。"① 乾隆帝此番所言，反映了其对民间曲艺的宽容态度，也难怪在乾隆一朝，北京的戏曲事业有了快速的发展，后人所津津乐道的徽班进京，发生在乾隆朝也并非偶然。

至乾隆朝后期，随着经济社会的发展，乾隆帝对于此类"去奢崇简"的奏请陈词更不以为然。乾隆四十六年（1781）十月，刘天成在奏请"浮费之禁，以裕民生"的奏折中再次提出要查禁京城各种楼馆娱乐。乾隆帝认为"此等风俗，积渐使然"，崇俭尚朴原本没有错，但问题是，要顺应民情，"户有盖藏而习俗日趋于华靡，殆非条教号令所能饬禁，譬如江河之向东，谁能障之使西流耶？"② 乾隆帝将人情风俗比喻为江河东流，无人能够阻止，这种认识无疑符合社会客观发展规律。这一点，恐怕也是很多民间艺术在清中期尤其是乾隆朝得以发展的重要因素。

事实上，清代统治者依靠禁止八旗接触戏馆等娱乐活动，以保持朴实勤勇风气的想法根本不可能实现。在清代国家的豢养政策下，旗人要么当兵，要么坐等挑差，不事生产，也不得外出谋生。在这种情况下，贫困者或等待国家救济，或困守驻防之地，坐以待毙，至于那些享用国家丰厚俸禄的宗室贵族们以及平日无所事事的旗人，守善者或勤习武艺，尽职尽责，或吟风弄月，或提笼架鸟，悠闲度日，为恶者则招朋引匪，窝娼开赌，纵酒斗奢，无恶不作。再者，禁止民间戏曲，"皆必不能行之法，即令果能禁绝，于民生国计，亦复何裨，徒滋吏役之扰而已"③。

---

① 《清高宗实录》卷603，乾隆二十四年十二月壬辰。
② 《清高宗实录》卷1143，乾隆四十六年十月丁酉。
③ （清）纪昀：《四库全书总目》卷101，子部11，法家类存目，《巡城条约》提要，第2577页。

五、城市宗教管理

在传统社会中,宗教信仰是人们的精神寄托,是一种意识形态和文化认同的现象,它对于社会群体的观念、行为和生活方式具有法律规章所难以取代的号召力和塑造力。也正因为此,宗教寺庙总是会成为社会治理的重要纽带和途径。在城市治理中,宗教组织的作用在很多领域都有体现,除了承办庙会、举办粥厂、救济贫苦之外,利用宗教信仰对城市社会的政治社会秩序、精神文化认同进行规范和引导,是清统治者在都城进行城市治理的重要手段。①

宗教与民间信仰在城市生活中扮演重要角色,同样也是我们探讨古代城市治理的不可忽视的重要对象。"在西方传统的城市社区的治理过程中,政治与宗教的交织治理是城市社区治理的典型特征,在中世纪时期,城市宗教对社区治理发挥的作用更是突出。而在我国古代城市的治理中,政治力量的强大从来都是其他的力量不能比拟的,即便是宗教势力发展强大的时候,宗教也是服务于、服从于政治力量的。"② 尽管宗教与官方行政的政治社会目标未必总是一致,但世俗政治力量始终千方百计地控制宗教并使其为己服务。在西方城市中,救济院、养老院等慈善机构离不开教会等宗教力量,而教会本身则又离不开社区,因为所有设施之所以能够建成,完全出自社区既自愿又无可奈何的贡献。③ 这一情形在清代北京城市中有着近乎类似的体现。比如育婴堂、普济堂以及很多粥厂、暖厂等,大多在寺庙兴办,不仅背后有宗教力量的支撑,而且寺庙在举办这些慈善机构和活动时,还援引京城中的士大夫参与其中,从而使宗教寺庙这种民间性的力量与国家建立起了联系,既获得了官绅士人的资金支持,又使这些机构和活动更具有了世俗权力作为自己的支撑和合理性来源。

清代京城汇聚佛教(包括藏传佛教)、道教、伊斯兰教、基督教(天主教)以及各种民间信仰,它们既是城市文化的重要组织形式,也是城市乃至国家治理的重要参与者。例如,"神道设教"往往是封建统治者治理国家的一项重要政策,清代也不例外。出于满蒙联姻、巩固中央对西藏地

---

① 关于寺庙在清代北京城市生活中的多元作用,可参见[美]韩书瑞:《北京:公共空间和城市生活(1400—1900)》,孔祥文译,北京:中国人民大学出版社2019年。
② 刘伟红:《社区治理:基层组织运行机制研究》,上海:上海大学出版社2010年,第38页。
③ 刘伟红:《社区治理:基层组织运行机制研究》,第36页。

区的管理的考虑，清统治者将藏传佛教作为"怀柔抚驭、辑藏安藩"的重要文化纽带。对于自明末清初以来传入中国的天主教，清政府自始至终予以限制或者严禁其传教。清初允许在京传教士建造西洋堂，许其居住其中，但不得向民间传教。乾隆元年（1736）覆准，"八旗人等不得入天主教，应令各该旗都统等通行晓谕禁止，违者从重治罪"。嘉庆十年（1805）四月，御史蔡维钰奏请严禁西洋人刻书传教，谕令"在京之西洋人等务当安分学艺，不得与内地民人往来交结"。①

就清代京城社会而言，清政府对僧道寺庙的管理政策，及其对民间香会和秘密会社的管理最为重要。具体表现在以下四个方面：

其一，严格管理佛道。

清代统治者一般极力限制佛道与政治生活的关联，同时加以严格管理。僧道在京城最为普遍，涉及面最广，与民众的信仰文化生活也最密切。为此，清政府在京师设有专门的管理机构，"凡民有出家为僧道者，置首领以约束之"。专门管理僧人的管理机构为僧录司，设左右善世二人、阐教二人、讲经二人、觉义二人；专门管理道士的机构为道录司，设左右正二人、演法二人、至灵二人、至义二人。僧录司和道录司人员皆由官授，"由部选择，移吏部补授"。此外，在地方各省者，府曰僧纲、道纪，州曰僧正、道正，县曰僧会、道会。无论僧录司，还是道录司，"仍服方外衣冠，不得与职官并列"。②

与明代相比，清政府对兴修寺庙、道观的规定更加明确和严格。顺治二年（1645），清政府严禁京城内外擅造寺庙佛像，"必报部方许建造"；对现存寺庙佛像，亦不许私毁。十一年（1654），又禁止私自创建寺庙，既有寺庙，可以修缮，但不得随意扩大规模，"其修理颓坏寺庙，听从其便，但不得改建广大"。康熙四年（1665），规定各寺庙、道观的额定人数，京城除了寺庙、道观均遵旨建设外，"其前代敕建寺庙，应各设僧道十名，私建大寺庙各设八名，次等寺庙各设六名，小寺庙各设四名，最小寺庙各设二名"。③

清承明制，对僧道管理实行度牒制度，尤其在康熙、雍正、乾隆三朝，对僧道度牒查禁严格。清初即规定，僧尼受戒者给度牒，道士女冠给

---

① 《清仁宗实录》卷142，嘉庆十年四月辛未。
② （乾隆朝）《钦定大清会典》卷55《礼部·祠祭清吏司·方伎》，文渊阁《四库全书》影印本第619册，第497-498页。
③ （乾隆朝）《钦定大清会典则例》卷92《礼部·祠祭清吏司·方伎》，文渊阁《四库全书》影印本第622册，第883-885页。

执照，年逾四十者才可以授徒，而且只能是一人，受戒者的度牒、执照可以师徒相传。但如果僧人未受戒或者道士有家室，则不得授徒，而且"牒、照止其身，送部汇销"。康熙十五年（1676），康熙帝谕令各直省僧道停止给予度牒，民人擅自出家者，予以惩治。雍正帝在位期间，在宫中颇用道士炼丹治病，雍正八年（1730）因贾士芳"术习妖邪，假托知医之名，显露不轨之迹"① 而被处死。但此后雍正帝仍然重用张太虚、王定乾等道士。乾隆帝即位后，立即将道士逐出宫中。

由于官方度牒制度的停止，结果社会上涌现大量"应付僧"和"火居道士"。乾隆帝即位之初，要求清查私度。他说："四民之中，惟农夫作苦，自食其力，最为无愧。饬厏八材，以利民用，非百工莫备。士则学大人之学，故禄其贤者、能者。至于商贾，阜通货贿，亦未尝无益于人，而古昔圣王尚虑逐末者多，令不得衣丝乘车、推择为吏，以重抑之。今僧之中有号为应付者，各分房头，世守田宅，饮酒食肉，并无顾忌，甚者且畜妻子。道士之火居者亦然。夫一夫不耕，或受之饥；一女不织，或受之寒。多一僧道，即少一农民，乃若辈不惟不耕而食，且食必精良；不惟不织而衣，且衣必细美。室庐器用、玩好百物，争取华靡，计上农夫三人肉袒深耕，尚不足以给僧道一人，不亦悖乎？"乾隆帝要求各地清查"应付僧""火居道士"时当面确认，"愿还俗者听之，愿守寺院者亦听之，但身领度牒，不得招受生徒"。② 随后，乾隆帝又恢复了度牒制度。

乾隆四年（1739）还规定，"僧尼道士凡有事故，将原领牒照追缴，勿许改名更替"，地方官不得漫无觉察，禁止僧道藏匿已故僧道的牒照，也不得私自转让，"以致不肖僧道将已故之牒照暗行隐匿，将见在之牒照私相授受，应责成地方官不时稽察"。③ 其应缴牒照，年终汇缴，不得遗漏。如果存在隐匿影射情弊，地方官不行察出，照失察例罚俸三月，僧道勒令还俗。严禁僧道违法不轨，不守规律者听所司究治。若所犯事涉军民，听有司讯鞫，有作奸犯科者论如法，编管为民。因僧道在地方社会中的影响甚广，难以从根本上消除私度，因此在乾隆中期以后，清政府又逐渐放宽了对僧道度牒的管控。乾隆三十九年（1774）六月，经山西道御史戈源奏准，废止牒照之例。④

---

① 《清世宗实录》卷99，雍正八年十月丁酉。
② 《清高宗实录》卷6，雍正十三年十一月辛丑。
③ （乾隆朝）《钦定大清会典则例》卷20《吏部·考功清吏司·僧道度牒》，文渊阁《四库全书》影印本第620册，第414页。
④ 《清高宗实录》卷960，乾隆三十九年六月癸巳。

关于寺院、道观的管理，康熙十三年（1674）定，京城内外寺院、庵庙、宫观、祠宇不许容留无度牒僧道及闲杂人等居住歇宿，"有远方僧道投止，验无牒照，即报有司讯究，私留者论"。禁止妇女入庙游观，"庙祝不禁拒者，罪与本人同"。僧道不得于市肆诵经托钵，陈说因果，敛聚金钱。① 康熙十六年（1677）定，京城内寺庙庵院不许设教聚会，男女溷杂，并不许建设高台，演剧敛钱，酬神赛会。② 严禁寺庙租房赁地，开展商业活动。乾隆十年（1745）五月，巡视西城御史舒敏奏称阜成门内城隍庙"每年五月初一日起，开庙十日，该住持道官赁地与人，卖腥膻之物，并有设摊卖唱，锣鼓喧阗，殊为污亵"。乾隆帝遂谕令，"嗣后买卖，毋得逼近殿宇，歌唱应行禁止"。③ 后来，清政府禁止官管寺庙私行租赁外来人员居住。嘉庆四年（1799），鉴于礼部稽查官管庙宇完全流于虚文，嘉庆帝又指示予以区别对待："嗣后京城内外官管庙宇，如外省赴京引见官员及候补候选人员等，原可任其租住，不必官为禁止，俾僧道等亦得香火之资。惟外来游方僧道及面生可疑、来历不明之人，必当实力稽查，断不准容留，致令潜匿。"④

对于僧道的活动也有严格限制，相比于明代，清代国家层面对于僧道的剥离尤其明显。顺治三年（1646），清政府严禁京城僧道沿街设置神像，念诵经咒，或持击梆磬募化。一旦发现，该管僧道官即行重治，如住持募化，罪及阖寺，如散众募化，罪坐住持，及该管僧道官一并治罪。康熙元年（1662）定，凡作道场者只许在本家院内，其当家建设席棚、扬幡悬榜，及僧道张伞、奉持香帛、绕街行走、取水画地、开酆都、穿戴甲胄等仪式活动，一概禁止。京城旗民也不得随意请巫师、道士前往家中医治病人。"凡有邪病，请巫师道士医治者，须领巫师道士禀知各都统、副都统，用印文报部，方许医治。违者，将巫师、道士交刑部正法，其请医治之人交部议罪。"⑤ 禁止真人府法官四处传度散帖，规定"各省地方官遇有真人府法官传度散帖之事，不行拿究及溷行详请咨部者，府州县官罚俸一年，督抚司道罚俸六月"。又禁止嗣教真人在各处开坛传度，"至嗣教真人

---

① （乾隆朝）《钦定大清会典》卷55《礼部·祠祭清吏司·方伎》，文渊阁《四库全书》影印本第619册，第498页。
② （乾隆朝）《钦定大清会典则例》卷92《礼部·祠祭清吏司·方伎》，文渊阁《四库全书》影印本第622册，第885-886页。
③ 《清高宗实录》卷241，乾隆十年五月庚子。
④ 《清仁宗实录》卷56，嘉庆四年十二月丙申。
⑤ （乾隆朝）《钦定大清会典则例》卷92《礼部·祠祭清吏司·方伎》，文渊阁《四库全书》影印本第622册，第883-884页。

如有差委法官，前往各省开坛传度之处，咨部请示礼部堂司官溷行咨准者，将该司官罚俸一年，堂官罚俸六月"。① 类似的限制，在北京执行得更加严格，正如美国传教士丁韪良所言："在除了北京之外的所有中国城市里，抬菩萨的游行可谓是习以为常，有时候那场景非常壮观，而且费用相当昂贵。可是在京师，这类游行一般都被禁止，因当局害怕它们会被用来作为暴动的掩饰。"②

其二，严禁妇女进庙。

清代京城寺庙作为民众信仰的空间，不少寺庙还承办粥厂、善堂，定期举办庙会、善会等活动，商业娱乐活动与宗教信仰并存，也是很多女性得以进入城市社会空间的合理公共场所。对于民间百姓"聚众烧香、男女溷杂"，清政府一向视为有伤教化。雍正二年（1724）题准，"妇人成群聚会，往寺庙进香者，令五城司坊官严禁"。又鉴于民间社火的存在，难以一概禁止，因此补充规定，"除军、民妻女禁止入庙烧香及扮神赛会外，其民间春秋里社祈报者不在此例"。③ 规定虽然如此，但现实中基本上难以禁绝。

京城善会众多，也经常在寺庙举行善事活动，善男信女集聚其中，而且不乏官员家眷。对于这类善会活动，清政府以其有伤风化而往往予以禁止。例如，乾隆二十七年（1762）山西道监察御史戈涛奏称："京城寺观无论男僧女尼，动辄开场演剧，广布传帖，不分男女概得出赀随附，号曰善会。至日沓集其所，男女环场列坐，耳目相接，笑语谨哗，各无避忌。初犹市侩之家征逐渎溷，近闻官职人员及缙绅妻室往往而与，始则偶从其请，继遂狎游其地，诲淫召奸，职由于此。"为此，戈涛建议由步军统领、五城、顺天府各衙门严行饬禁，"倘有设为善会，煽聚妇女者，立将该庙为首僧尼查拿治罪"。乾隆帝朱批："所奏甚是。"④

严禁八旗妇人进庙烧香，同样也是出于"风化有关"。乾隆五十二年（1787），乾隆帝就曾经谕令八旗都统、副都统严禁八旗妇人"恣意游荡，前往各庙宇烧香，并在城外远出住宿"。嘉庆十一年（1806），再次饬令诸王大臣各率所属族长章京等，训导宗室、觉罗及八旗人等"节俭度日，勤慎当差，演习一切清语弓马技艺，不可好勇斗狠，酗酒滋事，各处游荡，

---

① （乾隆朝）《钦定大清会典则例》卷20《吏部·考功清吏司·僧道度牒》，文渊阁《四库全书》影印本第620册，第414页。
② ［美］丁韪良：《花甲记忆：一位传教士眼中的晚清》，第42页。
③ （乾隆朝）《钦定大清会典则例》卷150《都察院六·邪教》，文渊阁《四库全书》影印本第624册，第696页。
④ 《山西道监察御史戈涛奏请严禁妇女善会事》（乾隆二十七年六月初六日），朱批奏折：04-01-01-0252-013。

流入匪类"。①

由于清政府明令禁止旗民妇女入庙烧香，往往会影响到寺庙的香火收入，因此一些寺庙不惜贿赂司坊官和御史。例如，北城所属城隍庙，每年清明，"系该庙年例城隍会期"。乾隆五十五年（1790），因不准妇女入庙烧香，"以致庙内缺少养赡"，于是该庙住持道士袁宏亮及帮办庙事之张喜贵"因商量得花费些钱文打点，以便开庙出会"。最后，买通满御史诺穆福，"准行清明出会，并清明两天仍准妇女入庙"。②该案虽经乾隆帝"大加惩创，将该犯等分别发遣"，但并不能阻止妇女照旧入庙进香。至嘉庆年间，"该住持等未免故智复萌，于每岁清明、孟冬城隍会期，设法装点，诱令妇女入庙，希图渔利，居民小户，往往堕其术中。甚而学士大夫家指称酬神还愿，为其所惑者亦复不免"。③

同治年间，京城多有"妇女演唱大鼓书词"。巡视北城御史征麟奏称："大鼓书从前实无此事，未知始自何年，突然演唱，原应拿禁。近日更有妇女演说，到处弹唱，名曰走局，实出情理以外，尤于人心风化，大有关系。似此无耻之妇女，深堪痛恨，若不从严立禁，必致酿成事端。"④同治八年（1869）十一月，御史锡光奏称："京城地面竟有寺院开场演戏，藉端敛钱，职官眷属亦多前往。城内隆福寺、护国寺开庙之期，妇女亦复结队游玩。"⑤光绪十一年（1885），"京师城外白云观每年正月间，烧香赛会，男女杂沓"⑥。"近来书馆、书厂、饭铺、酒肆，竟有妇女听书宴会，任意游观"⑦。光绪十九年（1893），"永定门外南顶地方庙宇，向于五月间迎神进香，男女杂沓"⑧。这些被御史们目为"实属不成事体""实属有关风化"的现象，实际上真实反映了晚清北京城市娱乐文化的发展状况。

其三，严禁越境酬神烧香。

清代华北地区民众越境进香之俗颇为流行，像京西妙峰山、平谷丫髻

---

① 《清仁宗实录》卷172，嘉庆十一年十二月丁丑。
② 《巡视北城浙江道监察御史闫泰和奏报查拿舞弊行贿索钱之院皂事》（乾隆五十六年三月初一日），录副奏折：03-1441-012。
③ 《通政使司副使阎泰和奏为妇女入庙烧香易滋弊端请旨申明定例严禁事》（嘉庆十三年十二月初二日），录副奏折：03-1601-050。
④ 《巡视北城吏科掌印给事中征麟奏请饬禁妇女街市游逛等事》（同治元年），录副奏折：03-4680-128。
⑤ 《清穆宗实录》卷271，同治八年十一月甲申。
⑥ 《清德宗实录》卷202，光绪十一年正月乙丑。
⑦ 《清德宗实录》卷213，光绪十一年八月己卯。
⑧ 《清德宗实录》卷324，光绪十九年五月癸未。

山，就曾经是京畿乃至华北民众非常热衷的进香圣地。乾隆四年（1739）五月，乾隆帝谕令"禁民越省进香"。"小民知识短浅，往往惑于鬼神之说，祈求祷祀，为费不赀。虽仰事俯育之谋，皆所不计，而其中最为耗蠹者，则莫如越省进香一事。其程途则有千余里以及二三千里之遥，其时日则有一月以及二三月之久，初春前往，春暮方归。以乡农有限之盖藏，坐耗于酬神结会之举，以三春最要之时日，消磨于风尘奔走之中。朕闻直隶、山东、山西、陕西等处风俗大率如此。"① 乾隆帝认为这类"越省进香"的行为，不仅耗费乡民的钱财，而且长途往返耽误农时。

乾隆九年（1744），巡视西城监察御史舒敏奏请禁止妇女游荡京师西山山寺之习。"西山一带寺庙极多，大小千有余所"，每年二三月间、春融之后，"旗民妇女浓妆艳服，逐队成群，任意缘山越岭，进庙遨游。甚至有以养病为名，往往在庙中住宿者"。舒敏认为，众多旗民妇女"公然出入梵宇，不避俗僧，停宿仙宫，以诲外侮乎？若听其流而不止，在僧徒妨修性之清规，在妇女失闺中之雅化，其弊将有不可胜言者"。② 舒敏的出发点是妇女游山进香妨害礼教之"男女大防"。

至嘉庆五年（1800），颇为了解京城这一民间风俗的嘉庆帝再次谕令禁止："朕在藩邸时，即素知民间有赴丫髻山、天台山等处进香之事，而近京各省相习成风，亦所不免。往往千百为群，填塞街道，其间男女杂沓，奸良莫辨。不独耗费钱财，且恐别滋事端，风俗人心殊有关系。在蚩蚩者氓，于福善祸淫之理不能深晓，每以进香虔礼，即可仰邀福佑。又或遇父母疾病，许愿酬神，以冀速痊。殊不知父母有疾，正当亲身侍奉汤药，焉可越境远离？而神灵随处降格，即于本境祠庙虔诚祝告，亦无不可。况小民果能竭诚事亲，诸恶莫作，众善奉行，自蒙神祇默佑，又何必远劳跋涉，为此无益之祈祷乎？是此等酬神之事，其始原为求福免祸起见，但分途四出，结队成行。其为会首者，藉此敛钱滋事，日久相沿，人数众多，渐至流为邪教。此而不严行禁止，何以正人心而厚风俗？嗣后京城内外及各直省所有民间一切越境酬神、联群结会等事，俱著该管衙门及各督抚等出示晓谕，严行禁止，违者按律惩治。"③ 嘉庆帝所言，对于民众上山进香的心理诉求的揣摩，颇为准确。不过，他对于"人数众多，渐至流为邪教"的担心，则从一个侧面反映了乾嘉之际白莲教起义给他的深

---

① 《清高宗实录》卷92，乾隆四年五月庚申。
② 《巡视西城监察御史舒敏奏请禁止妇女游荡山寺之习以正风化事》（乾隆九年十一月十四日），录副奏折：03-0281-052。
③ 《清仁宗实录》卷66，嘉庆五年闰四月甲戌。

刻印象，以及他对京畿、直隶地区日趋活跃的秘密会社的忧惧。

经历了天理教首领林清攻入紫禁城的嘉庆帝，对"越境酬神"颇为敏感。嘉庆二十二年（1817）九月，御史盛惇大奏称："直省名山古刹，小民焚香瞻礼，原所不禁。若联群结会，越境酬神，则有干禁令。"嘉庆帝多次谕令直省督抚"各于境内有名山寺院地方出示严禁，如本境士民岁时瞻礼，各听其便。其春秋赛会，招集外省客民，敛钱结队，聚集喧闐者，地方官立即严拿，将庙祝及起会之人按律惩办，以禁侈靡而杜煽惑"。①

至道光朝，京城香会众多，西山妙峰山的香火愈加兴盛。道光七年（1827）十月，江南道监察御史王兆琛奏称："比年以来，每于冬末春初见京师内外城常有十余人车载大铜锣，于经过各街巷地方首先鸣锣齐集旗民人等，刷帖报单，或名如意会，或名子孙会，或名献茶会，或名栏杆会，其名不一，或赴妙峰山，或赴岫云寺，或赴戒坛寺，或赴马驹桥，其地亦不一。凡愿随会之人皆列名号簿，各措会赀数千至十数千不等，统交会首收存，临期集众前往。"据王兆琛观察，每年三四月间，"见城外大路左右百十为群，老幼扶持，男女混杂，有身穿黄布马褂者，有肩挎黄布口袋者，有抬黄杠者，有挑黄盒者，各持铃旗，以黄白青蓝之色为别。昼行则人肩车毂，沿路并驰，夜行则火把灯笼终宵不绝。闻其至各庙中烧香之后，复留连五六日或十余日，群饮聚赌，偶有言语参商，即各分党羽，纠众斗殴。且随会妇女亦多在庙住宿，各庙僧众利其香赀，供其饮馔，更尊称之为善会"。御史王兆琛认为，这些善会"藉敬神之名，以为罔利之举"，"托劝善之事，遂干非法之禁"，奏请清政府予以严禁。②

道光年间，步军统领曾先后以"形迹可疑"，拿获众多"来京烧香各犯"。例如，河南林县及安阳县人李有军、郭经等人的"堆金社"，直隶邯郸县人张德潮等人的"游山会"，成安县人刘起幅、程路、张新杰等人的"关爷会"，安平县人周东凌等人的"平安会"。这些来自直隶、山东、河南等地的香会，"或自嘉庆二十五年，或自道光二三年至十年间，各自纠人积谷存钱，以为烧香资本"，各自来京烧香，被步军统领盘获后，都被怀疑为立教传徒，惑众滋事。③

其四，严禁民间秘密会社。

入关之初，清政府就对无为、白莲、闻香等教"左道惑众"防范甚

---

① 《清仁宗实录》卷334，嘉庆二十二年九月辛酉。
② 《江南道监察御史王兆琛奏为比年以来每于春秋京师内外街巷地方有旗民等集众结会请旨严行饬禁事》（道光七年十月十八日），朱批奏折：04-01-02-0027-003。
③ 《清宣宗实录》卷248，道光十四年正月辛卯。

严。顺治帝谕礼部："京师辇毂重地，借口进香，张帜鸣锣，男女杂沓，喧填衢巷，公然肆行无忌。若不立法严禁，必为治道大蠹。"要求礼部将禁令榜示，"今后再有踵行邪教，仍前聚会烧香敛钱号佛等事，在京著五城御史及该地方官"指参处治。① 康熙五年（1666）定，凡邪教惑众，五城御史有查禁之责，若"五城御史不行纠参，一并议处"。十六年（1677）题准，"凡捏造俚歌、刊刻传颂、沿街唱和者，内外地方官即时察拿，照不应重律治罪。若系妖言惑众等辞，照律拟罪"。十八年（1679）议准，"凡迎神进香、鸣锣击鼓、肆行无忌者，为首之人照邪教惑众律治罪，为从者枷三月责四十板，不准折赎"。五城御史及司坊官如果失察，分别议处。二十六年（1687）覆准，"无赖狂徒假藉僧道为名，或称祖师降乩，或妄逞邪说，托言前知，或以虚妄之谈蛊惑愚蒙，至有群相礼拜，甘作徒从者，此等邪教，行令五城官严行禁止"。四十八年（1709）覆准，"扶鸾书符、招摇夤缘之辈，概永行禁止，违者该司坊官究治"。② 乾隆朝，清政府对于邪教的禁令更加明确，"若创立无为、白莲、焚香、闻香、混元、龙元、洪阳、圆通、大乘等教，诱致愚民，男女扰杂，击鼓鸣金，迎神赛会者，论如律。步军统领、五城司坊及直省守土官严行禁止"③。

自乾隆朝中后期始，由于社会矛盾的加剧，各地起义不断，例如乾隆三十九年（1774）山东清水教王伦起义，从嘉庆元年（1796）到九年（1804）川楚白莲教起义，嘉庆八年（1803）成德刺杀嘉庆帝，嘉庆十八年（1813）天理教起义等。这些由民间秘密会社参与并组织的起义，进一步促使统治者加大了对京城民间宗教的打击。乾隆五十二年（1787）六月，绵恩奏："访查西山西峰寺，有妇人张李氏，自号西峰老祖活佛，能看香治病，诓骗财物。当即派司员，同宛平县密赴该处查办，搜出符咒经卷画像及金银衣服器皿，均非该氏应有之物。并询出原任大学士三宝之寡媳，现任银库员外郎恒庆之妻俱施银盖庙，舍婢焚修。"乾隆帝得知此事，"殊堪骇异"，遂命刑部严审张李氏，并将恒庆解任，听候审讯。④

嘉庆朝时，嘉庆帝在加强京城防务的同时，不断严厉要求步军统领加大对各种来历不明者的稽查，以严防邪教滋事。例如嘉庆六年（1801）十二月，南城副指挥陈韶在处理苏大诱拐案时，从苏大身上"搜出术书三

---

① 《清世祖实录》卷104，顺治十三年十月辛亥。
② （乾隆朝）《钦定大清会典则例》卷150《都察院六·邪教》，文渊阁《四库全书》影印本第624册，第696页。
③ （乾隆朝）《钦定大清会典》卷55《礼部·祠祭清吏司·方伎》，文渊阁《四库全书》影印本第619册，第498页。
④ 《清高宗实录》卷1283，乾隆五十二年六月庚申。

本，白绸包裹黄布口袋一个"，"事涉邪回，语多禁碍"。① 又如嘉庆七年（1802）十月，巡视东城副指挥在处理一起案件时，"究出张三在家有烧香念咒治病等事"，随后赴朝阳门外神路街张三家内，"见伊处悬挂观音及孙行者图像新旧各一幅，并桃木七星刀一把，描画水浒传纸牌三十束、骰子三颗，又于张三身边搜出桃木七星小剑一口"。根据张三所供陆二"能看香治病，兼会画符念咒"，于是，又前往陆二家中，查出"所悬图像与张三家相同，桌上有套经卷七本、无套七本，不全经七帙，从木柜内起出黄布包袱一个，内有画符黄纸两张，并黄纸大小各一束，黄绸两块，《玉匣记》一本"，并据此断定张三、陆二等人"胆敢于辇毂之下，以邪术惑人，必须彻底严究"。② 根据东城指挥陈理盛审讯，"反覆究诘陆二系何人传授"，陆二供称师傅名杨七蓝子。随后，又交直隶总督"不动声色严密迅速妥为查办，以绝根株"。③ 这起所谓查获邪教的事例，颇为兴师动众，捕风捉影。因为在当时的社会中，占卜吉凶，烧香画符，对于平民百姓而言，不仅相当普遍，而且习以为常，从事这一行业的人员也不少，与所谓秘密会社组织也未必有牵连，但经历了成德刺杀和林清起义的清统治者此时已是杯弓蛇影。

嘉庆十八年（1813）九月，发生顺天府大兴人林清领导的天理教起义之后，清政府掀起了又一波在京城和京畿地区搜查天理教教徒的浪潮。至当年十月，"刑部审讯问拟凌迟锉尸枭示者，已不下百数十名"④。其中，竟然还查出了宗室海康"从习邪教"。海康身系宗室，"乃甘心拜匪徒刘兴礼为师入会，背本丧心，原罪在不赦"，但嘉庆帝鉴于他"此次从教，未与谋逆各犯"，罪不至死，于是将海康暨其子广韬、广略和侄广茂等人革去黄带子，发往盛京圈禁。⑤

清政府四处搜捕教徒，牵连者众多，甚至不乏诬告叛逆的现象，以至于"各处拿获人犯，其中真伪相参"。嘉庆帝也担心株连太多，引起更大的反抗，不得不将"逆贼"与"习教"者加以区分："在十月十五日以前者，审明多系真正逆贼，其十月十五日以后所拿之犯，或仅止习教，或全

---

① 《巡视南城御史富林布、巡视南城给事中张鹏展奏为拿获诱拐案犯苏大并搜出邪书事》（嘉庆六年十二月十一日），录副奏折：03-2431-047。
② 《巡视东城御史书兴、巡视东城御史王苏奏为究出邪术惑人案人犯陆二等请交刑部究拟事》（嘉庆七年十月二十日），录副奏折：03-2432-031。
③ 《巡视东城御史书兴、巡视东城御史王苏奏请查办邪人陆二师傅事》（嘉庆七年十月二十日），录副奏片：03-2432-035。
④ 《清仁宗实录》卷277，嘉庆十八年十月庚申。
⑤ 《清仁宗实录》卷276，嘉庆十八年十月甲辰。

无干涉，徒令承审官日夜研鞫，废时旷事。所审者皆系无稽之事，转令有名逆犯远扬漏网。且似此拖累无辜，必至人人危惧，转瞬长至岁朝，民间迎神献岁，如香灯爆竹等事，皆避忌不敢举行，岂称绥众宁民之义？朕爱育黎首，除莠安良，多保一良民，增朕之福，枉杀一无辜，心实不忍。著通行晓谕畿辅亿万户，除有数莠民外，其余皆朕善良赤子，宜各安生业，无惑浮言。"嘉庆帝不得不明确，"至愚民淫祀邀福，习俗渐染已久，并非悉皆逆党。其家有供奉邪神及收藏违禁经卷，或自行销毁，或呈缴到官，既经改悔，概行免罪"。① 漫无边际的搜捕行动不得不就此收手。

清后期，清朝内忧外患，清政府为加强京城防卫，搜捕"形迹可疑"之人的力度变本加厉。道光十年（1830）闰四月，步军统领拿获"书符惑众"之伊赵氏。"伊赵氏系正红旗已故护军广瑞之妻，因贫起意书符治病，旋披剃为尼"。② 道光十一年（1831）十二月，据步军统领衙门奏称，大兴县属薛店庄有民人周大，"聚集不知姓名三十余人讽经练武"。南海子西大红门外有教学为生之贾青云，"拜红阳会宋姓为师"。有开店人李二，"系混元教会首，传徒多人"。密云县河漕村有红阳会王三等念经。县东前梨元庄有白龙会。昌平州属之高丽营南酸枣岭村有民人张二，"口称白龙附体，度化徒众，并自称张道童"。昌平州属之屯店村有静空会梁姓、徐姓、邢姓等"念经聚众等事"。③ 又如咸丰十年（1860）四月，东城兵马司正指挥李源在东便门外花椒园地方拿获烧香降神、为人治病之宁聂氏，因"起获神像诸物"而被断定"其为邪神无疑"④，最后交刑部严究。

自太平天国起义、捻军起义，到义和团运动，乃至辛亥时期的反清革命，直至清朝灭亡，清政府都没有停止过缉拿教徒。在当政者看来，缉拿教民，便可挽救风俗人心，匡正社稷。而其实，这些统治者眼中所谓的"邪教"和"教民"，不过是长期以来封建专制之下社会矛盾不断激化的产物，是鬼魅社会的恶果而已。嘉庆十八年（1813）九月，林清起义发生后，嘉庆帝曾经反思"邪教之起，匪伊朝夕，操刀犯阙，诡计有年。州县惧干处分，隐忍姑容，养痈贻患，至于如此"⑤。尽管嘉庆帝对各级地方官异常"寒心"，但他认为"酿成祸端"也只是由于地方官起初查办不严，

---

① 《清仁宗实录》卷279，嘉庆十八年十一月丙戌。
② 《清宣宗实录》卷168，道光十年闰四月甲辰。
③ 《清宣宗实录》卷203，道光十一年十二月癸卯。
④ 《巡视东城掌山西道监察御史毓通、巡视东城掌陕西道监察御史孙楫奏为拿获邪神惑众民妇宁聂氏等请交刑部究办事》（咸丰十年四月二十六日），录副奏折：03-4591-060。
⑤ 《清仁宗实录》卷275，嘉庆十八年九月庚寅。

"养痈而贻患，丛脞疲玩，怠惰因循"① 而已。道光帝目睹"近来邪教流传，蔓延各省"，痛定思痛，认为这是愚民"为邪说所惑"。为"启发愚氓"，以"性理诸书""为导民正轨"，才是解决之道。于是，命各地方官及各学教官，"均令以《御纂性理精义》《圣谕广训》为课读讲习之要，使之家喻户晓"，以此冀望"礼义廉耻油然自生，斯邪教不禁而自化"。② 这种缘木求鱼、脱离社会矛盾根本所在的解决办法，终究只是徒劳，统治者也只能眼看着"风俗败坏""邪教日炽"而迎来最后的灭亡。

---

① 《清仁宗实录》卷276，嘉庆十八年十月丙申。
② 《清文宗实录》卷23，道光三十年十二月己巳。

第十章 清末北京城市治理的变革

城市生活包括政治经济、社会文化等方面的演变，是促使城市治理方式发生改变的唯一内在推动力。晚清自洋务运动开始，历经戊戌维新、清末新政，至辛亥革命前夕，中国发生了一场"三千年未有之变局"，如果放眼中国几千年来的历史长河，这场变局不啻是一场涉及政治、经济、军事、社会、法律、文化、教育、思想观念等全领域的大变革，是中国从传统走向近现代的艰难转变历程。也正是在这场充满曲折的时代变革中，北京城市治理的变化次第展开，并走上了现代市政体系的探索之路。

一、戊戌维新中对城市变革的呼吁

在晚清之前，传统模式的城市管理方式不适应日益发展的城市需求的矛盾，其实已经显现。比如，旗民混居、八旗贫困日益恶化的情形让旗民分治的二元管理方式实行起来漏洞百出；京城流动人口占比的大幅提升，使得保甲制名存实亡；大量灾民、流民的涌入，让栖流所、粥厂、暖厂等救助设施不堪重负；城市工商业的发展，亟须城市管理中设立专门的经济管理机构；互不统属的五城行政，以及中央和地方多元权力交叉的城市管理，导致社会治安和城市建设等诸多方面顾此失彼；道路交通、沟渠卫生等公共事务缺少投入，导致城市面貌日益残破。在清前期，北京城市管理在面对这些问题时，也多少表现出解决问题的努力方向。比如内外城管理的日益一体化，行会、会馆等民间组织在经济领域的作用，五城司坊官职能的调整等等。但大多是修修补补，没有根本性的改观。

鸦片战争以后，随着西方外来的冲击，传统城市管理中原本就存在的这些问题被进一步放大，加之中外政治、经济、外交等交流往来频繁进入北京城，旧有管理体制与城市在新历史阶段下功能发挥之间的不适应性更加突出。例如，第二次鸦片战争后，根据所签订条约，外国可以向中国派驻使节，而在此之前，清政府对此是坚决反对和防范的。在东交民巷的外国使馆陆续建立后，大量外国人进入北京城，对外事务与交往大幅增加，这些都为北京城市管理提出了巨大挑战。历经洋务运动、戊戌维新，随着中国人对西方城市社会的陆续了解，以及来华西人对中国城市管理不足的挑剔和批评，在清末新政以前，北京城市治理虽然没有像通商口岸城市上海、天津乃至广州等地发生明显的变化，但北京城市治理的变化速度正逐步加快。尤其是戊戌维新前后，有识之士呼吁效仿西方进行变革，当时虽然还没有形成系统的城市治理理论体系，但在舆论上已经为北京城市治理变革铺垫了基础。

1. 仿照西法，设立巡警

戊戌变法之前，一些主张仿照西方进行变革的有识之士就提出过类似的建议。郑观应在《盛世危言·巡捕》中介绍了西方城市的警察制度："考西法通都大邑，俱设巡捕房，分别日班、夜班，派巡捕站立街道，按段稽查。遇有形迹可疑及斗殴、拐骗、盗劫等情，立即拘往捕房，送官究办。故流氓不敢滋事，宵小无隙生心。即有睚眦小忿，口舌纷争，一见巡捕当前，亦各释忿罢争，不致酿成命案。而其禁止犯法，保护居民，实于地方民生大有裨益，诚泰西善政之一端也。"他认为中国城市治安不佳，皆缘于没有巡捕。"今中国各省奸民布满市廛，或名青皮，或名光棍，或名混混，或名流氓，总而言之皆莠民也。此辈不耕而食，不织而衣，游手好闲，毫无恒业，挟其欺诈伎俩，横行市肆之间，遇事生风，无恶不作，不啻以拆梢为秘诀，以敲诈为薪传，皆因内地城乡无巡捕往来弹压，故敢肆无忌惮，憝不畏法。"[①] 郑观应认为"巡捕一端实远胜中国胥役"，主张在全国城乡各地设立巡捕，按地段逡巡。

同一时期的维新派思想家陈炽提出的"巡捕"，则更接近于近代的城市治理新模式。陈炽推崇西方城市的警察制度，"泰西巡捕之设，虽略如古之虞衡、今之快役，而御灾捍患，意美法良，清洁街衢，逐捕盗贼，永朝永夕，植立途间。号令严明，规模整肃，风清弊绝，井然秩然"。他还曾经游历沿海口岸城市，也去过香港、澳门，这些城市或租界区的管理，"为之董率者，数西人，十数印度人耳。而华捕千人，皆循循然谨守范围，罔敢逾越，徒以事无瞻庇，俸有盈余，赏罚之法，行身家之念，重贪饕之性，悉化廉能"。同样是中国境内的土地和民众，这些城市之所以能够治

---

① （清）郑观应：《盛世危言·巡捕》，见夏东元编：《郑观应集》上册，第512-516页。

理得秩序井然，其根本就在这些地方设立了"巡捕"。

相比之下，作为"辇毂重地"的京城治理却不尽如人意，"劫掠横行，道途污秽，西人至登诸日报，谓天下之至不洁者，莫甚于中国之京城。即此一端，可为万邦之首，远人腾笑，辱国已深"。在陈炽看来，"事无专属"的京城行政治理是造成这种状况的根本原因，"承平之时，步营街道，岁縻国帑数十万金。领以提督、总兵，管以御史、部属，重以府尹、京县、正副指挥诸官，棋布星罗，十羊九牧，其责不可谓不重，其虑不可谓不周。而百弊丛生，徒縻帑项，无一能举其职者，则事无专属，废弛已久，经理之不得其人也"。

陈炽建议，"改弦而更张之，请先自京师始"，具体办法就是，"增练勇名数，参仿巡捕章程，番役之疲羸，急宜裁革，街道之费用，力杜浸渔，内城责之金吾，不可以他官兼摄，外城责之御史，不宜以一岁遽更。编立门牌，疏通渠道，街衢必洁，稽察必严。慎选贤能，务除冗滥，互相纠正，毋许瞻徇，偶有弊端，罪其主者。官款不足，量取民捐，涓滴归公，敷用而止。行之一岁，政令大行，然后详定规条，颁行天下"。① 陈炽虽然只是就设立"巡捕"立论，但他对北京城市治理中弊病的评价还是切中肯綮的。

郑观应和陈炽的主张都是在戊戌变法之前提出的，除了引起维新变法同道者的共鸣之外，基本停留在议论的层面上，加之百日维新的失败，维新派的很多主张因"康梁逆党"而被妖魔化，尚未转化为城市建设中的具体措施。

2. 兴办工艺，解决城市贫困

清末中国积贫积弱，加之内忧外患，天灾人祸，大量流民、灾民涌入城市，救助贫困的任务更加迫切。京城作为首善之区，慈善救助事业虽然比较健全，得到清政府的资助力度也最大，但在面对这种情形时，旧有的救助措施还是捉襟见肘，考验着城市的治理应对能力。

随着清末自强求富思潮的兴起，有识之士提出了救助贫困的新途径。仍以郑观应为例，他就提出，"欲救中国之贫，莫如大兴工艺"②。他认为西方国家广泛设立工艺一事，"非但有益商务，且有益人心。院中课习制造、机器、织布、造线、缝纫、攻玉，以及考察药性与化学等类，教分五

---

① （清）陈炽：《庸书·巡捕》，见赵树贵、曾丽雅编：《陈炽集》，第98-99页。
② （清）郑观应：《盛世危言·技艺》，见夏东元编：《郑观应集》上册，第728页。

等"。至于中国,"向无工艺院,故贫民子女无业谋生者多"。如果能在全国各地"设院教其各成一艺,俾糊口有资,自不至流为盗贼"。① 因此,他呼吁"工艺学堂亦今世之亟务",主张在全国各地设工艺专科、开工艺学堂、设博览会等。

另外,时人对于造成城市贫困问题的根源也有了更进一步的认识。例如,杨然青就认为西方工业产品的输入导致中国本土大量人民失业,是造成贫困无业游民增多的根本原因。他说:"中国户口不下四百兆有奇,较之百年前增三分之一,而土地不加广,生计不加多,非惟不多,且日少焉。何则?自道光年间大开海禁,西人之工于牟利者接踵而来,操贸易之权,逐锥刀之利,民间生计皆为其所夺。未通商之前,大布衣被苍生,业此为生者何可数计?自洋布、洋纱入口,土布销场遂滞,纺绩稀少,机轴之声几欲断矣!帆船亦为绝大生业,当其盛时,北至天津、牛庄,南至八闽、百粤,凡舵工水手恃以养赡家口者尤多。自轮船入华而帆船之失业日众,帆橹之影几叹无矣!近来中国贫民之多,职是之故。"因此,杨然青主张仿照西法设立善堂,而非中国传统的善堂。那么西法的善堂有什么不同呢?他说:"西国善堂法良意美,而其规制不外乎教工艺、严部勒、洁居室、别勤惰而已。"其中最关键的是"教工艺",区别男女,学习工艺,"男如做靴鞋,理破布,制木器、铜器、铁器等物,为一等。聪明者,教以印书、绘画、制造、织造之细工,为一等;粗愚者,教以农工、种茶、种谷、垦地、肥地、兴修水利之法,为一等"。女工则"有作绣货缝衣者,有织布者,有纺线者,有修皮者"。② 工艺学成以后,可以留在学堂,也可以准其出外谋生。

郑观应不仅非常赞同杨然青的主张,而且将此文附录于《盛世危言·善举》一文之后。郑观应认为按照传统的救济措施并不能彻底解决贫困流民问题。"中国生齿日繁,生机日蹙,或平民失业,或乞丐行凶,或游手逗留,或流民滋事。近虽设有栖流所、施医局、善老院、育婴堂诸善举,然大抵经理不善,款项不充,致各省穷民仍多无所归者。小则偷窃拐骗,大则结党横行,攫市上之金钱,劫途中之行旅。揆其所自,实迫饥寒。"因此,郑观应也主张以西法之善堂解决问题:"亟宜设法扩充,官绅合力,令世家贵族、富户殷商酌量捐贷,广为收恤,城市乡落立善堂","所有无

---

① (清)郑观应:《盛世危言·学校上》,见夏东元编:《郑观应集》上册,第267页。
② (清)郑观应:《盛世危言·善举》附《杨然青茂才〈论泰西善堂〉》,见夏东元编:《郑观应集》上册,第529—530页。

告穷民，各教以一工一艺，庶身有所寄，贫有所资，弱者无须乞食市廛，强者不致身罹法网。少年强壮之夫，则官为赀给，督令垦荒，国家可增赋税。所谓一举而数善备者，此也"。①

3. 改造城市道路

晚清，在诸多亲历北京的西方人眼中，京城城市道路缺乏维护，街面卫生堪忧，一直备受批评。与此同时，一些游历西方各国的国人也开始介绍西方城市景象的方方面面，尤其称赞其整齐修平的街道。因此，在戊戌维新时期，主张变法者纷纷提出改造道路的主张。

郑观应认为修治道路原本就是古代帝王"致治"的一项重要内容，"道路之修否，可觇国政之兴废，可征人事之勤驰，商务之衰旺系之，行旅之苦乐因之，市面之兴衰系之"，因此"王者重修路之政，具有深心"，并非可有可无。

西方各国皆设工部局，"司理道路桥梁以时修葺，化艰险为平易，变欹侧为整齐，以水车洒尘埃，以木车收垃圾，街道洁净迥异寻常"。至于中国各府、州、县，"道路则任其倾圮，污秽则任其堆积。官虽目见耳闻，不啻司空见惯，置诸不理，盖修路之政久废矣"。尤其是京、津为往来大道，官、商、士、工皆荟萃于一途，其道路本应"随时兴修，俾安行旅"，但现实是"参差不一、凹凸不齐，平时两马一车已难行驶，偶逢霖雨则平地顿成泽国，车马运于水中，贸贸然如瞽者夜行，无路径之可辨，因而倾覆伤损时有所闻"。作为清政府最重视的通州至朝阳门的四十里石路，也是长期残坏，"倾侧颠覆不一而足"。

郑观应主张应参照西方各国以及上海等租界，"其修法当仿泰西各国，有石路、土路、碎石路、黑膏路、铁末子路，皆便转输之力，较中国沙土坎陷相去不啻天渊。今凡租界所修马路，大都下铺石块，宽窄立侧不一其形。石块之上则用泥土碎石铺匀，然后以人马机器拽铁碌碡往来旋转，压愈重则路愈坚固，轧愈多则路愈砥平。阔以五尺为度，亦有一二丈、四五丈者。盖繁盛之地必宜稍宽，冷落之区不妨稍窄，皆视地势为之。其路心宜高，以免霪潦存积。所用之石，必质刚性韧、文理细密者方能耐久。中国可用青石、砂石、花刚石铺以为基，须厚一尺，虽极重车马行过亦无轧碎之虞"。②

---

① （清）郑观应：《盛世危言·善举》，见夏东元编：《郑观应集》上册，第525页。
② （清）郑观应：《盛世危言·修路》，见夏东元编：《郑观应集》上册，第660—664页。

积极呼吁维新变法的陈炽也认为"道路一端乃万国富强之根本",然而京师首善之区的街道一旦"霪雨十日,路绝行人,疾疫熏蒸,死者无算",其"芜秽崎岖",已成为"天下之最",不仅"天下病之",还引得"四夷腾笑",成为国际笑话。更令人痛心的是,这种"习见习闻之事,官不过问,民不敢言",陈炽不禁斥责:"不知内外品官数溢二万,有何要政日昃不遑,坐听商民之困苦颠连而熟视居然无睹也。"

陈炽介绍了西方城市道路的修治方法:"以粗石击碎,大小如胡桃,日炙风吹,历一二载则石质益坚,取之垫路,其厚盈尺,铺以细土,压以重机,中高旁低,状如覆瓦,偶有霪雨,滂沱四陨,途路中间不能蓄水,碎石之性复能含吸水泉,故旱不扬尘而潦不留湿。两旁各有明沟,下有暗沟,虽大雨时行,而行人往来干洁如故。中为铁道,其外为车马奔驰之道,又其外为商旅步行之道,道侧则分行对植嘉树美木,清阴宜人,午日炎天,不知伏暑。复有洒水拾秽之车,时时泛扫飞尘,恶气涤荡无遗。巡捕植立道旁,预防水火盗贼、争竞斗殴、不测不虞之事,清明严整,遂至于斯。"

为改造中国各地的道路,陈炽建议:"先之以京省,而渐及于城镇乡村,创之以街衢,而推广于郊原。"至于修路之法,"垫以碎石,经费取之民捐,置捕逡巡,设官经理,则无穷盗贼皆化良民,百万孤穷陡饶生路"。① 另一位启蒙思想家宋恕也主张:"今宜先于京师开造西式木路或沙路,行东西人力、马力各式车,以免乘车者倾覆震伤、徒行者泥滑尘迷之苦,以新气象,以鼓精神。续于南北干衢、支衢、大小城邑向无石路者,逐渐酌造木、沙等路;其向有石路者,暂缓改造;腹地并宜开造铁路,以便运米救饥。"②

效仿西方进行变革,在当时的政治社会境遇中,并不容易为人所接受,很容易被扣上"背弃祖宗"、向洋人投降的帽子。为了说服国人,陈炽特意说明像法国这样的国家,其城乡道路起初也"多土路",由于"泥潦之没胫没辙",也曾经"改用石路"。但这种石路"偶有破损,修改綦难",而且"横亘区中,转为行旅之害"。另外,以花岗岩或者鹅卵石砌筑

---

① (清)陈炽:《续富国策·治道之工说》,见赵树贵、曾丽雅编:《陈炽集》,第 226－228 页。

② (清)宋恕:《六字课斋卑议·变通篇·道路章第二十三》,见胡珠生编:《宋恕集》,北京:中华书局1993年,第 144－145 页。按:宋恕《六字课斋卑议》作于1892年4月至1897年6月之间,在戊戌维新之前。

路面,"入夜则车走雷声,惊人清梦",所以后来才逐渐"改用碎石筑路"。陈炽又援引《诗经》"周道如砥,其直如矢,君子所履,小人所视",《尚书》"无偏无党,王道荡荡;无党无偏,王道平乎;无反无侧,王道正直",以此来证明,"彼人之新法,实中古之遗规"。①

梁启超在戊戌变法前撰《治始于道路说》一文,指出中国城市的街道大多污秽不堪,"城会之间猥狭湫滞,毂击映咽,不能旋踵,且其粪秽之所积,腥膻之所萃,污垢敝物之所集,弃遏蒸郁,动如山阜。又其甚者,垤穴岖踦"。作为"天子宅中之境"的首善之区京城,更是"道途荒芜,几如沙漠,大风扬播,污薉昼晦,积秽没踝,淳潦妨毂,白昼大途之中,甚且粪溺以为便,臭毒所郁,蒸为瘴疠,每一夏暑,毙者乃不知几十万人,此固行路之所掩鼻,外人之所悼心矣"。而在中国历史上原本重视道路卫生,"殷人之制,弃灰公道,则断其手;周人之制,列树立鄙以表道"。西方国家的城市道路"无异于古王之制","其修道之制也,宽廓途轨,以张逼滞,高中卑旁,以流潦渍,瓷水通沟,以涤污垢,日加轮碾,以平颇仄,车人异道,以达壅塞,激水浇洒,以荡氛薉,而复然电灯以烛之,逻巡捕以叙之,禁弃粪秽以洁之。其街道之制,亦可谓精且密矣"。而且兴修道路,可以"为养民之资,以工代赈,效至易收"。因此,梁启超主张"远法商周之旧制,近采泰西之新政",这样不仅可以"内豁壅污之积弊,外免邻国之恶诮",而且一举数得,"民生以利,国体以尊,政治以修,富强以基"。②

以上关于设立巡警、兴办工艺、改造道路的思想主张,是戊戌维新时期中国早期启蒙思想家所提出的效仿西法进行政治社会变革思想的一小部分,并不足以构成近代城市治理转变的思想体系,有的甚至只是对西方城市治理某一个侧面的简单介绍,尚未触及城市治理的根本要素,但在一定程度上,却为城市治理从传统向近代转变铺垫了思想基础。在戊戌变法中,虽然像仿照西法改造京城道路的一些措施已经开始实施,但百日维新的失败,还是中断了很多维新主张在现实层面的转化。直到庚子事变爆发,清政府在无奈和自救中推行新政,又赓续了政治社会的变革,北京城市治理的大变革才真正到来。

---

① (清)陈炽:《续富国策·治道之工说》,见赵树贵、曾丽雅编:《陈炽集》,第 226-227 页。

② 梁启超:《变法通议·治始于道路说》(1896年),见《梁启超全集》,北京:北京出版社 1999 年,第 1 册,第 102-103 页。

二、庚子事变对京城治理的影响

清末，愈发频繁的危机事件，一次次地让习以为常的北京城市治理体系捉襟见肘，难以为继。其中，对北京城市治理体系影响最大的是八国联军入侵北京，其影响既表现在认识层面的思想观念，也表现在具体实操层面的行政措施。

首先是近代警政的初步建立。八国联军攻入北京城之际，因慈禧太后携光绪帝逃亡，城内几乎没有抵抗，五城练勇与步军统领衙门官吏、营汛官兵大多逃散，官署一空，秩序混乱，生灵涂炭。"各国军队入城，皇室以下百官皆逃走，抑或自杀，城中居民大多于城外避难。街市中战斗四起，兵火四处蔓延，全市变成'阿修罗之巷'，偶有残留于城内者，皆紧锁门户蛰伏于屋内。整个都市如荒寥无人之境，大街上到处横卧着人马之尸体。因天气炎热，尸体腐烂，行人皆掩鼻而过。""城内外交通断绝，物资无法流通，军队无法得到自身生活的日用必需品。"①

光绪二十六年七月二十一日（1900年8月15日），八国联军入城，这种突然变故彻底打破了北京城旧有的治理体系和运转惯性。"商贩不通，米粮缺乏，百万遗黎嗷嗷待哺"的困境迫切需要北京城建立起新的运转方式。"在中国皇室已经逃离首都，外国军队仍然控制北京城时期，迈出了建立市政体制的最初的、试验性的几步。"②

为了进入城内各国军队自身的供给，联军召开各国军队指挥官会议，决定"在各国军队占领区内部署警察"③。"各国军队指挥官认为有必要恢复北京城内的秩序，保持稳定，于8月15日划定各国军队占领区，在当日召集的会议中决定各国军队各自任命其占领区内的警察，执行简单的行政事务。"例如日军设立"军事警务衙门"，于八月初二日（8月26日）又"设置人民自治的总办事务公所，选拔地方名门望族担任总办及其以下

---

① 路遥编：《义和团运动文献资料汇编》（日译文卷）卷4，第20章"占领北京后之处置"，济南：山东大学出版社2013年，第341页。
② 史明正：《走向近代化的北京城：城市建设与社会变革》，王业龙、周卫红译，北京：北京大学出版社1995年，第27页。
③ 路遥编：《义和团运动文献资料汇编》（日译文卷）卷4，第20章"占领北京后之处置"，第316页。

之职，各派三名宪兵作为事务监督，后随着职员增加改称'安民公所'"。① 加之"各国洋兵间出滋扰，而劣绅土棍又复勾结洋人，多方罔利"，各国驻兵处所设立的绅董办事公所也是良莠不齐，其中"实有为民害者"。②

面对这一困境，即使是占领者八国联军想独自解决也很困难，为稳定秩序，联军与清政府联络，而清政府方面也冀望"渐收官权"，"安抚地面"。以清政府全权大臣身份负责与各国议和的总理衙门大臣奕劻与税务司赫德筹议恢复市面的商货供应，就这样，在五城绅董的配合下，各处"公所"（或称"安民公所"）成立。③ 先是，"由绅董于美国驻兵处所暂立公所，办理交涉等事"，接着，"五城亦设办事公所于中城地面中正义学，酌留原有练勇，配穿中国号衣，筹给口粮，认真巡查"。各占领区"公所"成立后，民众生活略有恢复，"英美洋兵暂驻处所居民还定安集，市面渐复旧观，中城练勇局先为美兵占据，现亦收回，惟德兵驻扎地段尚有骚扰情事，甫经绅士联络该国各段兵官，暂设公所缉捕，将来或可一律安堵"。④ 意大利占领区位于长安街迤北至四牌楼迤南，"安民公所立在灯市口裕兴堂"⑤，总办八人，为海福、端良、文祐、胡图哩、文绅、延昌书、端正和继纲。这些"公所"成立于应急之时，以解燃眉之急，按照陈璧的说法，就是"俟各国退兵后即行裁撤"，时间虽然短暂，但却在清末北京城市治理的变革进程中发挥了独特的作用。

此时京城巡防人手极为短缺，五城练勇原额是一千名，光绪二十六年（1900）五月间，五城团练分局曾经添募一千五百名，八国联军侵入北京后，所添募的一千五百名全数撤散，原额的一千名也因口粮无从支领而陆续裁撤，所留无几。十月，京城局势略有稳定，经巡视中城御史陈璧提议，庆亲王奕劻批准，又恢复练勇二百名。这区区二百名练勇，巡防五城地面远远不够。光绪二十七年（1901）正月十七日，经陈璧奏准，增补八

---

① 路遥编：《义和团运动文献资料汇编》（日译文卷）卷4，第20章"占领北京后之处置"，第342页。
② （清）陈璧：《望岩堂奏稿》卷1《安抚地面事宜会商洋员筹办冀以渐收官权隐纾民困折》（光绪二十六年十二月初一日），第143-144页。
③ "各国之目的，本不外以军队之存在为主，但对诸如作为整顿占领区内及保护人民之生命财产之方法手段，却甚为冷淡。虽设立公所，但一般事务多交由中国官吏办理。"（［日］服部宇之吉：《清末北京志资料》，第232页）
④ （清）陈璧：《望岩堂奏稿》卷1《陈明五城地面大概情形并现在筹办事宜折》，第137页。
⑤ （清）那桐著，北京市档案馆编：《那桐日记》，光绪二十六年八月廿九日，北京：新华出版社2006年，上册，第357页。

百名练勇，补足原额。① 与此同时，八国联军警务衙门又"积极"为清政府培训巡捕，为解决经费问题，清政府从步军统领衙门各营每月经费中"筹拨二万两为华捕办公之用"②。在这方面，日军表现得最为"积极"，清政府巡捕的教育依靠步兵统领敬信，"自10月25日开始教育三十九名学生为嚆矢，其课程分为专业、算术课和实际业务练习三部分，由宪兵曹长一名、宪兵二名和陆军翻译一名担任，宪兵长监督之，其授课天数为四十天。12月1日发给修业证书，继而于17日得到敬信之请，衙门录用之，分属东、西两安民公所"。1901年1月下旬，日军警务衙门发出告示，"募集巡捕志愿者，应募者极多，应试者达到七百名。经过体格检查和专业考试，录用有资格者四百名，并发给规定的工资"。③ 八国联军占领北京期间的警务衙门业务日益繁忙，不仅增加了工作人员，而且职能扩展至刑事审判、调查户口，以及街道卫生、道路修缮等事务。5月，又新设立警务练习所，招募四百五十名巡捕学生进行教育。

其次是城市公共管理的变化，街面卫生首当其冲。例如，日本占领军在所属警务衙门下设"净街局"。"警务衙门为厉行道路清洁法，在东西两分厅管内新设一个净街局。……北京市街战后死尸散乱、脏物堆积，不能恬然不顾。于是，衙门设置净街局，担任各队宿营地内及市内卫生清洁法的施行。同时，发出告示，十日之内各自清除其房屋、庭院、街巷等。而后，各兵营及各市街，每天或者隔天分派拉土马车，扫除停放的污物。"④ 后来，又在人员来往的密集之地设立"公共便所"，发布告示，引导路人使用公厕。

八国联军在北京占领驻扎区内推动清洁街道卫生时，并没有置清政府于九霄云外，而是采取了尽可能的合作方式。据清代档案记载，"东西洋各国均讲卫生之道"，日军进城以后，"见城内外街巷积存秽土"，便与留守京城的清政府官员"商请设法运出"。光绪二十七年（1901）二月，设立卫生所，雇觅车辆拉运，疏通沿街水沟。每天所用小工二百余人、大车一百三四十辆。由于时逢战乱，城内人工车价昂贵，小工每人一天需银洋

---

① （清）陈璧：《望岩堂奏稿》卷2《筹办防范事宜恳恩酌复练勇原额以资得力而靖内匪折》（光绪二十七年正月十七日），第155-158页。
② （清）陈璧：《望岩堂奏稿》卷1《安抚地面事宜会商洋员筹办冀以渐收官权隐纾民困折》（光绪二十六年十二月初一日），第145页。
③ 路遥编：《义和团运动文献资料汇编》（日译文卷）卷5，第30章"各地之军事行政"，第527页。
④ 路遥编：《义和团运动文献资料汇编》（日译文卷）卷5，第30章"各地之军事行政"，第531页。

七角，大车一辆需银洋九圆。当年五月，内城秽土"已拉运将毕"。为保持以后的卫生，"须用常车三四十辆，随时清理街道"。如果每天雇车拉运，费用较高，于是各处卫生所"打造轻车，购置骡马"，这种做法虽然"费在一时而省在常年，实为经久之策"。另外，大兵之后，为避免疠疫流行，清政府又从天津调到医官候选通判汤富礼、候选县丞王恩绍、姚启元等三人，在京城设立卫生医院，散放西药施治。①

光绪二十七年（1901）六月，五城又设立"土水车"。据后来升任顺天府尹的陈璧在奏折中所言，"水土车创自庚子，每月额定经费银一千四百六十两，向归各城绅士经手"，"原以粪除洒扫、洁清街衢，为卫生防疫必不可缺之政，泰西各国极重此节"。各城以其有益地面，仿而行之，"按定段落广狭，分拨车辆工役，派交各段绅士管理。当联军之在城也，五城各设局所，公举廉正绅士办理地面交涉，颇著成效，故将此项水土车仍责成绅士监管其事"。五城从额定经费中每月拨款一千四百六十两，"分交各绅，以为添置车具，喂养牲口，津贴工薪之费"。② 由以上可见，八国联军占据京城期间，其清除街道垃圾、清洁街面卫生的做法，推动五城形成了当时京城街道卫生的管理方式和方法。

最后是庚子事变进一步推动了京城治理事权从分散向统一的转变过程。

前文述及，清代京城治理在事权分配上的最大特点是权力分散、互相牵制，这在承平无事之日就已经导致诸多弊端，一旦遭遇燃眉之急，调度不灵的情形更加严重。在八国联军入城前夕，城坊各自为政、巡防缉捕人手不足和调度不灵等问题凸现。义和团进京之后，巡视中城御史陈璧制定"查办拳会详细章程"，其中就特意提到各城要协同缉拿，不得以邻为壑，"司坊等应即协同捕拿，不得各分境遇，互相推诿"③。为应对危机，光绪二十六年（1900）五月十九日，清政府更明确"责成中城御史陈璧倡率办理"④。尽管采取临时举措调动营兵，配合御史、司坊官稳定局面，但练勇数量不足、难以应付局面的问题仍旧突出。随着义和团进入京城，"京

---

① 《奏报京城设立卫生所清理街道需用人工车价等费用由税捐项下核给事》（光绪朝），朱批奏折：04-01-35-1387-034。
② （清）陈璧：《望岩堂奏稿》卷4《遵旨议奏御史俨忠等节省土水车经费折》，第395—396页。
③ （清）陈璧：《望岩堂奏稿》卷1《谨拟查办拳会详细章程并近日地面情形折》，第100页。
④ （清）陈璧：《望岩堂奏稿》卷1《地面情形日急请旨特召重兵入京办理以安民心而弭祸变折》，第107页。

城地面往往有无稽之徒三五成群，执持刀械，游行街市，聚散无常"，北京虽然有步军统领衙门掌管的营兵，但主要负责城门把守、内城的安全，至于具体负责五城地面事务的御史却没有调度的权力，加之各城甲捕、练勇人数又少，不敷应对，是"每城额设练勇二百名，勇力过单"，陈璧"深恐有不服拿办情事"，遂上奏清廷，希望一旦遇到这类情形，自己有权力"立即咨呈统兵王大臣酌派所部弁兵，合力围捕"。① 身为中城御史的陈璧，品级不高，向清政府提出如此要求，这在以往是不可想象的，但在面临八国联军入侵之际，清政府只得做出调整。

除了以中城御史统领五城事务之外，陈璧在此后升任顺天府尹，会办五城事宜。光绪二十六年（1900）二月，陈璧奉旨巡视中城，当时义和团活动已经在京城风生水起，五城会奏开办团练。七月二十日，慈禧太后携光绪帝出逃，城中秩序大乱，抢劫纷起，陈璧率团勇百人分守平粜局，练勇局捕杀抢犯十余名，"人心赖以稍定"。为了城内稳定，陈璧每日"骑马衣冠巡于市，并出示晓谕居民，谓和好在即，官商居民照常安业，人心因而大定"。② 因守城有功，十月陈璧升署顺天府丞。次年七月，补授顺天府尹并会办五城事宜。无论是陈璧于危难之时敢于担当的个人因素，还是京城无主的困难局面，都在客观上促使此时的京城临时组建起能够统一行动的行政机构。

五城总公所的出现便是这一情形的具体反映。五城总公所出现于八国联军侵占北京期间，当时，为集中协调五城事务，光绪二十六年（1900）秋，经代表清政府全权王大臣、庆亲王奕劻的批准，"五城办理地面事务，必须不分畛域，一体会同办理"。这是五城合署办公之始，"设立公所，审理词讼，规复勇局，整理缉捕"。二十七年（1901）七月，随着八国联军逐步撤出北京城，经全权王大臣奕劻奏准，由升任中城御史的陈璧"会办五城事宜"；经会商，确定五城所有词讼案件，仍旧按照惯例，分城审理，至于巡守捕盗"仍沿合办之法"。

五城总公所的设立原本是特殊时期的应急之举，八国联军撤出北京城后，五城总公所是撤是留，出现了不同的意见。光绪二十八年（1902）七月十八日，巡视中城御史文琜奏请五城可以恢复以往的"分办词讼"，但应继续"合办缉捕"。他认为，"原设之总公所一处为五城合办地面事宜会议之所，益以合办缉捕之事，拟请毋庸裁撤。其公所四处为各城分理词讼

---

① （清）陈璧：《望岩堂奏稿》卷1《遇有匪徒滋事恳准随时咨请营兵合力围捕折》，第104页。
② 陈宗蕃辑：《陈璧年谱》，见（清）陈璧：《望岩堂奏稿》上册，卷前附，第22-23页。

讯案之所，一时亦难遽撤"。

对于文瑮的奏请，十月二十五日，政务处会同都察院议奏："五城地面词讼繁多，向章司坊各官衙门只准叙供录详，无论大小案件，均解城讯结。前兵燹时，词讼暂归五城合办，本一时权宜之计，今计分城审理，自应仍照向章解城讯结，庶无流弊。惟司坊官中贤否不一，应饬巡城御史认真稽察，若实有声名素劣之员，随时指参，毋得徇纵。至设立练勇局，始于同治八年，由每城五十名增至二百名，现共一千名，按段弹压，会缉盗贼，较之从前分城捕盗，尤为得力。应请饬下五城御史督率委员、哨官认真巡警，以靖地方。其总公所为五城会议之所，嗣后毋庸议撤。分公所系各城审理词讼，应俟各衙署修竣后，再行各归本署办理。其所请分办词讼，合办缉捕，仍在各公所办事各节尚属妥协，均拟照准。"政务处与都察院认可文瑮所言，同意保留五城总公所。

除此之外，文瑮在原奏中还提出了将五城捕役全部裁撤的建议。以往，各城司坊官承办缉拿盗贼案件时全用捕役，由于积弊过深，一直备受指责。八国联军侵占北京城后，五城正指挥衙署"除酌留各地段总甲数名承查命案外，捕役全行裁去"，所用缉捕开始专用练勇，而且不再分城办理，而是分区分段承办，传讯或者押解案犯也用弁勇，积弊多有改善。鉴于各城捕役已经停废二年，文瑮这一建议自然也得到批准。

文瑮又建议由各城实缺吏目充各城勇局坐办，专门办理缉捕，不准承办词讼。而事实上，此前专门办理关内坊事务的各城吏目，在八国联军入城、五城公所开办后，即停止办事。因此，政务处会同都察院会议后认为："吏目流品甚杂，自爱者少，从前豢养捕役多名，于缉捕之外，尚有擅受词讼，其流至不可究诘。自前年开办公所后，实缺吏目即不令办事，迄今计已两年，若复派办勇局，带勇缉捕，必至仍前滋弊，徒扰居民。与其留一扰累多事之冗员，曷若尽行裁去？臣等公同商酌，拟将五城兵马司吏目五缺一并裁撤。"① 这样，自清初以来的五城吏目与捕役都被清政府正式裁撤。这既是五城行政体系的重要变化，也是庚子事变后京城地方治理中事权走向统一趋势的另一种表现。

---

① （清）陈璧：《望岩堂奏稿》卷4《议奏各城司坊各官分办词讼合办缉捕并请将巡城御史改为三年一任折》，第333-337页。

三、从协巡局到工巡局

八国联军侵占北京后，在各城设立公所之时，协巡局也同时出现。协巡局主要以招募的巡捕和五城练勇为主。"兵燹以后，五城地面联军暂驻，市景萧条，盗风不靖，最难办者莫如交涉事件。旋禀承庆亲王臣奕劻核准，设立公所，按段选举公正绅董，协同缉捕，先后拿获盗犯多起，居民逐渐安堵，所有洋务事件委令该绅等通融办理，应付咸宜，卒使外人信从。"① 具体负责各处协巡事务的是各城推举的绅士，"绅士等分布各局，卒能联为一气，极力保护商民，昼夜轮班，始终不懈，一切开通商贾、往返洋营、维持钱市、清查地棍各事宜，均能助臣等所不及，其除盗安良，尤为有益地面"②。洋兵甫退时，有中外交涉词讼案件，以及商民乱后复业，房屋铺产类多轇轕，一经呈讼到局，或派翻译官往返辩明，或知照外务部，随时清理，亦均持平办理完结，中外均无异议，裨益大局，殊非浅鲜。至稽查户口，弹压地面，清理词讼，保护商民，皆能实力奉行。"③ 可见，协巡局所办理的事务既包括与侵占京城各国的联络，又包括地面巡逻、清查户口、办理诉讼等社会秩序的维护。各城前后共设有协巡分局十七处，又设协巡总局一处，"提调综核"④，充差各处协巡的士绅有一百四十余员。

八国联军与清政府议和时，要求"须目睹中国竭力设法保护外国人及铁路诸物，永无危险，联军方能退去"⑤。在得到清政府的保证后，自光绪二十七年（1901）三四月起，至八月初，各国将占领区警务事务陆续交于清政府，由步军统领衙门管辖。与此同时，清政府也开始进一步调整北京城市行政管理的方式。全权大臣、庆亲王奕劻奏派都统广忠、内务大臣世续、仓场侍郎荣庆、大理寺卿铁良四大员为善后协巡局大臣，"管理巡捕

---

① 《顺天府府尹陈璧等奏为光绪二十七年联军暂驻五城地面盗风不靖幸留得力绅董昼夜巡查著有劳勋请旨旌奖事》（光绪二十八年正月二十三日），录副奏折：03-5412-017。
② 《会办五城事宜顺天府府尹陈璧等奏为所保五城协巡诸员并无冒滥请仍照原保给奖事》（光绪二十八年三月三十日），录副奏折：03-5415-098。
③ 《外务部总理大臣奕劻等奏为遵保京城善后协巡各局出力官绅人员事》（光绪二十八年五月二十五日），录副奏折：03-5518-051。
④ 《庆亲王奕劻等奏为协巡总分局提调总办凤山等员倍著勤劳恳请从优奖叙事》（光绪二十八年），录副奏片：03-5418-170。
⑤ （清）朱寿朋编：《光绪朝东华录》，光绪二十七年四月己未，第4册，总第4672页。

事务，负责弹压之事"。这样，各国侵占北京期间所设之安民公所"皆改名为善后协巡分局"。① 八国联军逐步撤出京城时，交还地面，五城协巡局"派出绅士接收房屋一百六十余所之多，商民赖以安业"②。光绪二十八年（1902）二月初一日，《那桐日记》载："辰刻进内，三所会议步军衙门忠廉胡侍郎条陈，五城、顺天府、协巡总局皆到。"③ 九月初二日，御史徐堉奏称京城前门迤东夹道地方有匪徒拦路抢劫，清政府命步军统领衙门、顺天府、五城御史及协巡分局严行缉捕。④ 可见，此时"协巡局"已经成为京城巡防的重要力量。

相比之下，原有五城司坊体系（包括巡城御史和各城指挥）在城市治安中的作用越来越弱。光绪二十八年（1902）三月初四日，刑科给事中吴鸿甲奏称："京城地面每遇词讼，动辄羁押多人，犹不为怪，最可怪者路毙之人，无人收殓，暴死至六七日有之。推原其故，都由尸属坊局收押，差役需索，不令出外买棺承殓，每至无事变为有事，小事酿成大事。盖路毙有可疑之迹，坊局自宜查究，若明明伏毒自尽短见轻生，何弗据尸属之口供立刻许其收殓，乃必迁延时日，重累苦主，有是理乎？且置死者于暴露，何其忍乎？蠹役从中牟利，讼痞因是生波，生者死者均受其累，重可悯也。臣窃怪巡城御史遇此等事不能振刷精神，约束僚属，徒讬慎重人命之辞，实伤矜恤无辜之隐。"⑤ 又，"京城地面有不然者，路途遇有殴打之事，往往行凶帮凶俱已远飏，而受伤甚重者躺地无人过问，即有亲族鸣坊请验，而坊官不面，亦不理，每将原告羁縻索费，以致受伤者乏人料理，病转加重，及滨于死，乃究凶手抵命，是直坐待其毙，轻视二命，不思医治，得生可全两命也"⑥。五城吏目、捕役虽然被裁撤，但在光绪二十八年时经政务处议准，五城御史合办缉捕，仍要按照惯例赴山东道呈报窃盗案。但这一规定形同虚设，即便都察院山东道催办，五城司坊官也几乎不予理会。例如光绪三十年（1904）年底，"各局委员既不理会，仅据五城御史回文及各司坊饰报并无窃盗案件，而以臣等所闻，证以各营呈报，并

---

① ［日］服部宇之吉：《清末北京志资料》，第 229 - 231 页。
② 《顺天府府尹陈璧等奏为光绪二十七年联军暂驻五城地面盗风不靖幸留得力绅董昼夜巡查著有劳勋请旨旌奖事》（光绪二十八年正月二十三日），录副奏折：03 - 5412 - 017。
③ （清）那桐著，北京市档案馆编：《那桐日记》，光绪二十八年二月初一日，上册，第 417 页。
④ 《清德宗实录》卷 505，光绪二十八年九月己未。
⑤ 《刑科给事中吴鸿甲奏为司坊练局访缉羁累无辜请饬申明章法以便商民事》（光绪二十八年三月初四日），录副奏折：03 - 7227 - 042。
⑥ 《刑科给事中吴鸿甲奏请饬五城御史严定章程申明旧例如事经报官越宿不验伤者予以参处事》（光绪二十八年三月初四日），录副奏片：03 - 7227 - 043。

非毫无窃盗之件，总因各城司坊委员规避处分，讳案不报"①。

在这种情形下，以练勇为主力的各城协巡局成为此时京城地面巡防的主要力量。不过，此时的协巡局虽然发挥了维护京城治安的作用，但以练勇、巡捕为主力的"协巡分局老弱相半，良莠不一，对警察规则一无所知"。加之，各协巡局与步军统领衙门所属步营之间的推诿依然严重，"若遇抢盗案，则巡捕推步营，步营让巡捕，相互推诿，无负责任之处"。②再者，协巡局的主要职能仍以巡查缉捕为主，道路整修、街面卫生等事务则付之阙如。

如此一来，协巡局的改变也就势在必行。光绪二十八年（1902）正月二十五日，御史忠廉上折奏请应将京城地面督捕专归一处，清政府命步军统领衙门、善后协巡局、善后营务所等事务大臣会商具体办法。

正月三十日，办理京畿地方营务事宜的胡燏棻奏请效仿上海工部局的办法，在京城设立工巡局。胡燏棻认为，"若不按各国警务部章程办理，即使巡防缉捕诸事各专责成，亦难整顿"。也就是说，京城巡防等事务之所以难以整顿，关键在于没有真正实行警察制度。而西方国家办理警务包括甚广，不仅仅限于缉捕一项，即便是缉捕也有条理可循。上海租界的管理经验就值得学习，"其管理地方事宜，则名之曰工部局，权归商董，每年应办之事及应用款项，于岁首会议一次。另设会审公堂，专管租界案件。道路则如砥如砺，一律修理整齐，所用华捕，率皆年力强壮，从未有以老弱充数。无论风雨寒暑，由捕头督令分段稽察，轮班站道，遇有警事，一吹洋号，顷刻百捕齐至。稍有偷惰疏忽情事，罚即随之。更有警巡随时密查一切，清查户口并路灯、土车、洒道、巡街等事，亦归巡捕经管。是以租界地面昼无争殴之事，夜无窃盗之虞，行之数十年，明效章章，极堪取则"。在胡燏棻看来，警务不仅包括缉捕，而且应涉及街道整修、清查户口、清洁卫生等事务。

相比之下，京师街道虽内外城现有左右翼巡兵以及街道厅按段垫修，但一遇大雨，"甬道所垫松土以及两旁沟帮必仍塌陷，依然坎险百出，车道难行，不堪其苦"。如果要整修，必须改变修路方法，"上铺碎砖，再加碎石，复用铁轴轧平，两旁并用砖石修砌明沟，以泄沥水，始能经久坦荡，行旅称便，庶与各国使馆界址以内地段并驾齐驱，不致相形见绌"。至于所设巡捕，京城虽然已经仿行，但名不副实，实际状况是，各处巡捕

---

① 《掌山东道监察御史英奎等奏为五城各司坊窃盗案件延不呈报请申明定章据实详报以重捕务事》（光绪三十年十二月二十三日），录副奏折：03-7227-061。

② ［日］服部宇之吉：《清末北京志资料》，第229-231页。

"或则三五成群，聚集一隅，或则寂然散处，闻若无人"，以致城内外每到傍晚，抢劫铺户之案屡有发生，而分段负责的巡捕则毫无察觉。

当时京城巡捕虽然也由警务学堂（日本人川岛浪速为监督）略加培训，"无如一交地面官管带，即归旧制，难望起色"。问题不在于警务学堂教法不善，"仍由督率之未按其法也"。至于其他方面，如街道路灯、土车，自八国联军退出北京后，"日见其少，每天洒道，亦仅于甬路，偶一见之，满地污秽，一如其旧"。此外，清查户口也非常重要，虽各户也贴有门牌纸，但对于住户"男女人口是何执业，并铺户资本，全未分晰查明，实属虚应故事"。

最后，胡燏棻建议在京城设立工巡局，"一切修道工程及巡捕事宜，悉归管辖"，并特简大臣总司其事，以统一事权，同时遴选公正官绅、殷实商董，"稽查银钱出入，每年岁首亦会议一次，以昭核实"。具体事务应先修道路，次查户口，再将城厢街市并大小胡同详细查明，绘制图册，分出段落。对于警务学堂以及协巡局之巡捕，应裁汰老弱，择其可用者分段派出，轮流巡查。①

二十八年（1902）四月，胡燏棻的建议得到批准，清政府在北京内城设立工巡局，命肃亲王善耆管理京城工巡事务并负责督修京城街道。② 内城工巡局的设立，是清末北京开始正式建立警察制度的起点，也是北京城市管理从传统向近代转变的重要标志。"于是从前所设之警务处及协巡局撤消，其警察事务移交工巡局。至此，始建立新警察制度之基础。旧有之警察机关步军统领衙门之实权几乎全部归于工巡局。后来，由于巡警部之设置，警察事务终于受到与其他政务同样之重视，新制度之基础日益坚固。"③

整顿巡捕、修治道路、统一事权是胡燏棻主张设立工巡局的主要目标，但对于清政府而言，还有一个重要考虑，就是在京城妥善处理与洋人有关的事务。正是基于以上多重因素的考虑，光绪二十九年十二月初二日（1904年1月18日），清政府命外务部尚书那桐署理步军统领衙门及工巡局事务。二十七日，那桐补授步军统领，并管理工巡局事务。④ 这样，外

---

① 《襄办京畿善后事宜署工部右侍郎胡燏棻奏为筹议京师善后请创设工巡局以期整顿地面事》（光绪二十八年正月三十日），录副奏折：03-5518-043。
② 《总理外务部王大臣奕劻等奏为遵旨会议京师街道及巡捕事宜事》（光绪二十八年四月十二日），录副奏折：03-7170-021。
③ ［日］服部宇之吉：《清末北京志资料》，第229-231页。
④ （清）那桐著，北京市档案馆编：《那桐日记》，光绪二十九年十二月二十七日，上册，第493页。

交事务、京城巡防以及城市治理都由那桐一人掌管。由外交部门长官兼管城市治安事务，看似突兀，却是时势造就。例如，1904年12月，某外国驻京公使就通过外务部催促清政府改修京城街道胡同："闻有某国公使函商外务部，略谓中国京城地面虽经设有街道局，招雇夫役，各道路修补整齐，洒扫洁净，而各胡同内仍蹈前辙，拟请转饬各夫役，将各胡同住户按段督修，不但清洁壮观，亦可辟除四时瘟疫。"① 由此例可知，当时清政府与驻京公使的沟通，除了外交事务之外，还有诸如改造街道这样的内政事务。

在历史发展的特殊境遇中，北京城市治理的变化，缘于庚子事变这样与处理对外事务密切相关的突发事件而展开，相应地，当时涉及与外国驻华人员事务的妥善处理，也就会成为这一时期北京城市治理中社会治安的重要考虑因素。而庚子事变后，慈禧太后对于未能处理好与洋人打交道所带来的教训始终记忆犹新，这大致也是清政府此时命外务部尚书那桐兼管步军统领衙门、工巡局事务的重要因素。这一点，从慈禧太后在随后召见那桐的训话中也能透露一二。十二月初三日，那桐觐见，慈禧太后特意嘱咐他："地面安静并步营疲顽须任劳怨，不可因署缺不办。"又询问："洋人礼拜时是否闹事；刻下粮价银价若何；钱铺有关闭者否。"② 后来改设巡警部，内外城工巡局事务均归管理。此后，那桐不再兼管工巡局（巡警）事务。不过，光绪三十一年（1905）十月二十六日，慈禧太后在西苑勤政殿召见那桐时，仍旧向他"询警察事、外务部事"③。因此，自工巡局成立，直到改设巡警部，在北京凡是与外国人有关之警察事务，都归其管理。在外务部庶务科所办之事务中，一旦有关系到词讼警察事务等这类案件，外务部受理后便送交工巡局（后来是巡警部）办理。

那桐上任后的首要之举，是整顿巡捕，不过其出发点却是奉皇太后懿旨，避免因日俄战争而再次引发中外冲突。光绪三十年正月初三日（1904年2月18日），那桐就工巡局抽练巡捕队一事上奏折。当时，日俄两国因争夺在中国东北地区权益而开战，那桐认为此时"京师重地巡查弹压均关紧要，谨当钦遵谕旨，按照局外中立之例办理"。北京城"使馆虽有专界，

---

① 《外国公使函请修路》，《时报》1904年12月14日，第6版。
② （清）那桐著，北京市档案馆编：《那桐日记》，光绪二十九年十二月初三日，上册，第491页。
③ （清）那桐著，北京市档案馆编：《那桐日记》，光绪三十一年十月二十六日，上册，第554页。

而教堂、学堂与各国商民散居各处。当此警报频闻，诚恐痞匪奸徒乘机煽惑，致起事端。殷鉴未远，自应设法防维，免生枝节"。内城工巡总局原练警巡、长捕共一千八百余人，分隶东、西、中三分局，按地设段进行巡查。光绪二十九年（1903），经肃亲王善耆奏准，在京师警务学堂增设消防科，训练百余人，"教以救火捕盗之法"。那桐奏请计划从各分局中抽调曾经在警务学堂学习过的巡捕三百人，加上消防科一百人，共计四百人，组成巡捕队，配备新式快枪六百支，"专任弹压保护之责，以辅巡段之不足"。其编制，或五十人为一队，或三十人为一队，队长一人，以警巡充任；十人为一棚，棚长一人，以巡长充任。其中，消防科一百人分为三队，分扎东交民巷东西口外及北面长安街一带，专以保护各国使馆专界。东局一百人分为二队，一扎东四牌楼北，一扎东单牌楼北。西局一百人分为二队，一扎西四牌楼北，一扎西单牌楼北。中局五十人也分为二队，一扎东安门内，一扎西安门内。① 那桐的奏请很快得到批准，随后那桐便责成工巡局总监毓朗、副总监张柳从京师警务学堂中挑选精壮巡捕，编为七队，分别驻扎城内东西中三路：东路由总办巡捕东局副都统治格管带，西路由总办西局奎珍管带；中路分驻东安、西安两门之内，由帮办巡捕中局杨德、耀益管带。② 那桐所抽调的巡捕队，虽然直接目的是防范京城再次出现类似义和团盲目排外而引起的中外冲突，但客观上，巡捕队以京师警务学堂毕业的学员为主，配备新式枪支，采取编队组合，分段驻扎，在一定程度上提升了京城巡捕人员的素质和应急能力。

与此同时，已经任商部右侍郎的陈璧再次受命筹办五城练勇事宜，也开始明确效仿警察制度。他在奏折中称："练勇之设，实具警察规制，为内政中之一要图。"五城原有额设练勇一千名，散布于城厢内外，分段扎街巡夜，人力并不敷用，加之此前各城司坊捕役被裁撤，"词讼传案亦归勇丁，实有鞭长莫及之势"。陈璧援照历次设防募勇成案，又招募练勇五百名，添立巡局五所，每局下设练勇丁一百名，同时挑选额设洋操勇丁二百名，"作为游弋之队，专备巡防保护"。对于各城练勇，"逐渐教以警察规则，以期一律整齐，并与步军统领所管之营汛、提督姜桂题所统之武卫

---

① 《那桐奏为筹办防护京师城内地面大概情形恭折仰祈圣鉴事折》，见《那桐日记》，附录"那桐奏折存档案"二十九，下册，第1105-1106页。
② 《那桐奏为敬陈接管工巡事务办理大概情形并援案酌拟保奖章程以资鼓励恭折仰祈圣鉴事》（光绪三十年三月初十日），见《那桐日记》，下册，第1108-1109页。

军联为一气，互相援应"。① 由此可见，以练勇为主力的工巡局已经具备了近代警察体系的雏形。

工巡局的职能还扩展至修治道路。此前，那桐曾经两次前往日本。一次是光绪二十七年（1901）七月出使日本，其间目睹东京"人烟稠密，街市整齐，别有气象"②。另外一次是光绪二十九年（1903）三月，那桐前往日本大阪博览会"观会"。这种阅历使他在仿照西式马路进行京城道路改造时，并不存在认知上的障碍。署理工巡局事务后不久，即光绪三十年正月二十日（1904年3月6日），顺天候补知县王以安拜见那桐时，便"约其办理路工"③。

随后，那桐以王以安为总办、丁惟忠为会办，办理京城道路。正月二十日，西直门内马路工程开工。二月二十七日，崇文门内大街开工。所改修道路，逐段修治，"务令工坚料实，一律砥平"④。次年正月，东城东四、王府井等处马路"一律修齐"；西城另设分局，从西华门起，至西直门止，"一律起修马路"。⑤

除此之外，工巡局还兴办工艺局，并将各处粥厂逐步转办为教养局，同时还处理轻罪案件。在这种情形下，五城御史的裁撤便已成为必然趋势。

光绪三十一年（1905）七月初五日，清政府正式发布谕令，裁撤五城御史和街道厅。"巡警为方今要政，内城现办工巡局，尚有条理，亟应实力推行。所有五城练勇，著即改为巡捕，均按内城办理。著派左都御史寿耆、副都御史张仁黼，会同尚书那桐通盘筹画，认真举办，以专责成。原派之巡视五城及街道厅御史著一并裁撤，陈璧亦著毋庸管理。"⑥ 七月十三日，位于鹞儿胡同的五城公所改为外城工巡局，并在手帕胡同设立外城巡捕东分局，在广安门大街设立外城巡捕西分局，五城练勇也全部改为巡捕。至此，清代北京的五城体系彻底废止。

---

① （清）陈璧：《望岩堂奏稿》卷4《筹办五城防护事宜请拨经费添募练勇折》（光绪三十年正月初九日），第389-390页。
② （清）那桐著，北京市档案馆编：《那桐日记》，光绪二十七年七月廿三日，上册，第391页。
③ （清）那桐著，北京市档案馆编：《那桐日记》，光绪三十年正月二十日，上册，第496页。
④ 《那桐奏为敬陈接管工巡事务办理大概情形并援案酌拟保奖章程以资鼓励恭折仰祈圣鉴事》（光绪三十年三月初十日），见《那桐日记》，下册，第1108-1109页。
⑤ 《增修马路》，《时报》1905年3月3日，第6版。
⑥ 《清德宗实录》卷547，光绪三十一年七月丙子。

四、从巡警厅到民政部

光绪三十一年（1905）九月，清政府设立巡警部，谕令称："巡警关系紧要，叠经谕令京师及各省一体举办，自应专设衙门，俾资统率，著即设立巡警部。"同时，所有京城内外工巡事务，均归管理，工巡局改名为巡警厅。①

清政府设立巡警部②，主要目的是加强全国警政，而此前各地办理巡警事务为此奠定了基础。早在光绪二十七年（1901）七月三十日，清廷就发布上谕，命各省将军督抚将原有各营严行裁汰，精选若干营，分为常备、续备、巡警等军，一律添习新式枪炮，认真训练。各地方办理巡警，多有不同，但总体而言，当时的巡警军仍旧兼具军队和警政的双重性，还不是近代意义上的警察，不过这毕竟是清政府开始对军、警进行分离的政策起点。三年后，清政府设立巡警部便是这一转变的标志。

二十八年（1902）五月，顺天府将捕盗营改编为顺天巡警军。顺天府原设捕盗营，分中、东、南、西、北五营，中营由治中管辖，东、南、西、北四营分隶四路同知管辖。旧制，五营员弁三十五员，马步兵七百十四名，营马二百五十七匹，分布于顺天府各州县，弹压地面。光绪二十六年（1900）七月八国联军入侵北京期间，捕盗营各路马步兵散佚。后由顺天府尹陈璧招募马步兵数十名。二十八年五月，重新整顿，将旧额裁减十分之三，留营弁共三十员、马步兵四百七十六名、营马一百四十匹，练习洋枪，改名曰顺天巡警军。③

设立巡警部的另一直接动因是，五大臣出洋考察时在北京正阳门火车站遇刺。光绪三十一年（1905）八月二十七日中午，奉命出使各国考察政治大臣载泽等人由正阳门外车站出发，刚刚登上火车，革命党人吴樾引爆炸弹，吴樾当场牺牲，出使大臣载泽、绍英"受有微伤，并伤毙车中车旁

---

① 《清德宗实录》卷549，光绪三十一年九月庚辰。
② 关于清末设立巡警部的原因，可参见苏全有、殷国辉：《清末巡警部成立的原因探析》，《河南科技大学学报（社会科学版）》2008年第3期。
③ 《兵部尚书兼管顺天府府尹事务徐会沣、顺天府府尹陈璧奏请将顺天捕盗营裁兵加饷改为巡警军事》（光绪二十八年五月二十三日），录副奏折：03-5955-057。

之人数名"①。受这一突发事件的刺激，清政府于九月初十日宣布设立巡警部，由署兵部左侍郎徐世昌担任巡警部尚书。

为推行警政，调集人才，九月二十一日，经巡警部尚书徐世昌奏请，将军机处存记山西补用道吴廷燮以及王善荃等二十二人调任巡警部。随后，制定巡警部官制，设左右丞各一员，正三品，主要职责是协助巡警部尚书管理全国警政，谋划警察制度；左右参议各一员，正四品，主要负责各司事务，稽核司员功过；下设五司十六科，即警政司（下设行政科、考绩科、统计科、户籍科）、警法司（下设司法科、国际科、检阅科、调查科）、警保司（下设保安科、卫生科、工筑科、营业科）、警学司（下设课程科、编辑科）、警务司（下设文牍科、庶务科）。

巡警部的职责虽然是统一全国警察事务，但设立之初，"却尚未见有何关系到全国警察事务之设施"，"仅专门致力于北京警察事务之改良"。②因此，巡警部的重点工作还是京城警务，而"警政的兴起是我国城市管理向现代化转变的重要标志性事件"③。

巡警部成立后，京城工巡局改为内外城巡警厅，各设厅丞一员，下设参事知事各官。④

为接收内外城工巡局事务，九月二十一日，管理工巡局事务大臣那桐将内外城工巡局文案卷宗、已未审结各案、收发款项账目及修路经费、机器筹办、京师习艺所银款，以及该所木质关防一颗、巡捕及巡队等各名册、军装枪械、马匹数目造册移交新成立的巡警部。⑤巡警部衙署设在西华门内迤北的宏仁寺和仁寿寺。

工巡局改为巡警厅后，所有巡捕又改名为巡警。内城巡捕原有二千七百名，除专门救火的消防队以及承担巡逻要差之外，"站街者仅止千名"，人力并不充裕。外城自五城裁撤，剩余练勇改为巡捕者有一千五百名，但这部分"均未教练，以之改为巡警，不但不敷分布，抑且难期得力"。因此，巡警部新任尚书徐世昌认为巡警人员"非大加增添，断不足以弹压地面"，于是增设协巡队、探访队。

---

① 《步军统领管理工巡局事务那桐奏为出使大臣乘坐火车被炸严饬外城工巡局委员等查拿凶手事》（光绪三十一年八月二十七日），录副奏折：03-9280-009。
② ［日］服部宇之吉：《清末北京志资料》，第102页。
③ 何一民：《中国城市史》，武汉：武汉大学出版社2012年，第548页。
④ 《清德宗实录》卷552，光绪三十一年十二月癸丑。
⑤ 《巡警部尚书徐世昌等奏报遵旨设立巡警部接收京城内外工巡事务暨京师习艺所大概情形事》（光绪三十一年九月二十一日），录副奏折：03-5519-037。

十一月十六日，徐世昌与北洋大臣袁世凯协商，从北洋各镇期满退伍的后备兵中调拨一千名到京，改编为协巡队，分左右两路，驻扎前三门外，"与原有巡捕划区分防"。同时，增设探访队五队，专门负责探访、侦缉等事，"与巡兵相辅为用"。①

在司法方面，内外城各设一豫审厅，除犯寻常违警罪，各分厅可以直接讯结，如果刑事案件涉及徒流以上的罪行，由豫审厅先讯明案情，再送交刑部定议。内外城豫审厅各设正审官一员、陪审官一员、检察官一员。另外，附设民事审判官，每厅各一员，专门办理钱债案件；记事官每厅各三员，临时听审缮稿；每厅译员三人（精通法、英、日三国文字）；医官二员。②

光绪三十一年十二月十五日（1906年1月9日），巡警部制定京城巡警厅章程。主要内容如下：

（1）内城巡警总厅和外城巡警总厅，管理内外城一切警务。

（2）原设内外城工巡局各分局俱改为巡警分厅，内城设五厅，即内城中分厅、内城东分厅、内城南分厅、内城西分厅、内城北分厅。外城设四厅，即外城东分厅、外城南分厅、外城西分厅、外城北分厅。

（3）工巡局原设内外城监督，俱改设厅丞。每厅下设三处，即总务处（下设警事股、机要股、文牍股、支应股、统计股）、警务处（下设护卫股、治安股、交涉股、刑事股、户籍股、营业股、正俗股、交通股、建筑股）、卫生处（下设清道股、防疫股、医学股、医务股）。

（4）总厅之长官为厅丞，厅下各处为参事官，即总务处参事官、警务处参事官、卫生处参事官。每分厅设厅知事一员，总理分厅地面事务。知事以下设六七品警官若干员。

（5）分厅以下按照地图划分区域进行管理，每区设区长，由八九品警官充任。③ 其中，内城分二十六区，外城分二十区，各区长官称为区官，以六七品警官担任，处理区内事务。区官下有副区官一人，以八九品警官担任。④

---

① 《巡警部尚书徐世昌等奏为京城冬防紧要巡捕单薄酌设协巡队探访队分区巡防事》（光绪三十一年十一月十六日），录副奏折：03-6039-075。

② 《巡警部尚书徐世昌等呈巡警部酌拟官制章程清单》（光绪三十一年十二月十五日），录副单：03-5451-124。

③ 《巡警部尚书徐世昌等呈酌拟变动工巡局旧章改设官制章程清单》（光绪三十一年十二月十五日），录副奏折：03-5451-123。

④ ［日］服部宇之吉：《清末北京志资料》，第242页。

另外，根据巡警部章程，路工局、巡警学堂、习艺所、教养局、消防队等都归其管辖。后来，又制定了"清查京城户籍办法"①，设立内外城官医院等。光绪三十二年（1906）八月初一日，内城官医院在钱粮胡同开办。"现在警政逐渐推广，医院为卫生要务，自应赶速设立，以资救济。惟款项万绌，只能就现有财力遴选臣部通习中西医学之人，创立医院，内分中医、西医两所，派员经理，先立基础，再求推扩。"经徐世昌奏请，卫生科员外郎唐坚任中医监督，卫生科主事游敬森任西医监督，购置中西药品，以备应用，内城官医院开办后，"就医人数日多一日"。②光绪三十四年（1908）五月初一日，外城官医院在梁家园开办。

与此前的工巡局相比，京师巡警厅的职能更加广泛，事权也更加统一。其城市治理的效果也较为明显，"设立巡警部数月以来，京城之内，警察周密，闾阎安堵，盗贼潜踪，诚善政也"。但是，不适应城市管理需要的弊端也仍然存在。例如，清查户口，对于王公以下、二品大员以上人员，强调"其府第往往易于周知"，而加以特殊对待，"毋庸清查"。③又如巡警事务起初局限于城内，巡警部"专办城内"，至于城外一带"巡警尚未遍及"，而且警部初设，顺天府、大兴县、宛平县等"意存观望，致使近畿重地捕务无所责成"。④因此，次年二月，御史朱锡恩就奏请在京畿区域推广巡警，但由于经费短缺，未能施行。⑤又如，承担诉讼案件的豫审厅人力不足，"讯断者仅有十人，巡捕仅五十名"，而每天的案件有数十起，有时甚至多至百余起，豫审厅即便工作晚至十二点钟，"势难渐渐讯结"，而且"审判含糊，无非以对保讨限为敷衍支吾之计"。⑥

清末北京工巡局改为巡警厅后，五城御史、司坊官和五城练勇局虽然同时被废除，但具有相同功能的步军统领衙门、顺天府捕盗营却依然存在。这样一来，在北京具有同等权力而且职掌同一种事务的机构仍然不止

---

① 《清德宗实录》卷558，光绪三十二年四月己亥。
② 《巡警部奏为派充唐坚经理中医监督卫生科主事等员缺事》（光绪三十二年九月初六日），录副奏片：03-5744-041。
③ 《巡警部尚书徐世昌等奏为酌拟清查京城户籍大概办法事》（光绪三十二年四月初二日），录副奏折：03-5520-009。
④ 《掌陕西道监察御史朱锡恩奏为京城以外近畿地方盗贼滋多请推广巡警以靖地方事》（光绪三十二年二月初八日），录副奏折：03-5520-004。
⑤ 《巡警部尚书徐世昌等奏为遵旨复议筹办京畿巡警事》（光绪三十二年七月十九日），录副奏折：03-5520-023。
⑥ 《掌四川道监察御史王诚羲奏为巡警预审厅亟宜整顿多选贤员以助治理事》（光绪三十二年九月初十日），录副奏折：03-6440-019。

一个，权限不清、互相推诿的弊病，与此前并无二致。另外，这些机构的职责重点依然是缉捕盗匪，从事弹压，类似于刑事警察，至于完整意义上的行政警察事务则尚未展开，这造成了当时京城巡警事务的局限性。正如当时的日本人所观察的："历来清国之警察，除捕盗事务外几乎无任何事务，此种历史原因，致使新警察制度至今仍处于幼稚时期。加之，按清国习惯，虽根据需要设立新官衙，但旧官衙并不废除，而有机构重叠之弊。由之而招致的结果是同一事务由若干官衙执行。且官员职务权限错综复杂，不同系统之诸官员各因其职务关系而同掌某一事务。故虽设新警察制度，但由旧制之警察官衙及地方掌管，警察权呈现旧态依然之奇观。新警察官衙之职权亦因此不能充分有效地捕拿盗贼及匪类。"[1] 尽管如此，清末北京警政的兴起仍是北京城市治理走向近现代的重要标志，其职能涵盖人口、社会治安、消防、城市救助、道路交通、公共卫生等诸多方面，远远超过今天警察的职能，几乎就是城市政府的雏形。正如何一民所指出的："晚清警察在中国城市出现后，扮演的角色是多重性的，可以说超越了现代意义上的警察职能，更类似现代城市政府，可以说是传统官衙门向现代城市政府转变的一种过渡型管理机构。"[2] 光绪三十二年（1906）七月十三日，清政府宣布预备立宪。鉴于警政只是民政的内容之一，清政府于光绪当年九月又将巡警部改名为民政部。九月二十日，慈禧太后懿旨："为立宪之豫备，饬令先行厘定官制。""巡警为民政之一端，著改为民政部。"[3] 巡警部改名为民政部后，京城内外巡警厅自然隶属民政部，但其名称没有改变。

巡警部改为民政部后，其职能范围有所调整，一方面是"就原设巡警部分司职掌原有者量为合并"，另一方面是将"原无者分别增入"，所增加者如"民政之地方行政、地方自治、移民侨民，暨户部分入之保息、赈救、疆理，工部之营缮，此皆为巡警部原设司科所无者"。其余各项，如"警察行政、司法教练，暨整饬风俗、礼教、户籍、保安、营业、工筑、卫生、编译等项"，仍保留。调整后的民政部设五司，即民治司、警政司、疆理司、营缮司、卫生司，较之原先的巡警部，"事务倍增"。[4] 也有部分

---

[1] ［日］服部宇之吉：《清末北京志资料》，第221页。
[2] 何一民：《中国城市史》，第548页。
[3] 《清德宗实录》卷564，光绪三十二年九月甲寅。
[4] 《军机大臣奕劻等奏为内外城巡警厅归并民政部议定其职掌事宜及司员各缺事》（光绪三十二年十二月十七日），录副奏折：03-5472-010。

职能被取消,例如处理诉讼的司法职能就归入了大理院。

相应地,京师巡警厅的职能也有所调整。例如,伴随着清末司法改革,民事和刑事诉讼归大理院办理,这样巡警厅原设之内外城豫审厅被撤销,其职能就归入了京师地方裁判所。光绪三十三年(1907)后,京师地方检查厅和审判厅逐步建立,司法权与行政权的剥离从此开始。另外,在下设分厅上进行了简化,内城原设五分厅,外城原设四分厅,改革后,内城并为三分厅,即内城中分厅、内城左分厅、内城右分厅,外城并为二分厅,即外城左分厅、外城右分厅。此外,还明确要求在京师四郊推广兴办警厅,"应分设厅区若干,由两总厅酌量办理"。① 改称民政部后,京师巡警厅虽然仍旧分内外城两个总厅,但其职能进一步接近近代城市政府的管理功能,管理方式也更加制度化。② 现代意义上城市政府的形态已然是呼之欲出的态势。

1909年1月,清政府颁布《城乡地方自治章程》。尽管未能付诸实施,但这是中国探索近现代城市建置的开端,为民国时期市政体系的探索和建立,揭开了序幕。1921年,北洋政府颁布《市自治制》,将城市分为"特别市"和"普通市"。从此,"城市在国家行政上的地位与影响开始通过法律的形式正式体现出来"③。

---

① 《军机大臣奕劻等呈酌改内外城巡警厅官制章程清单》(光绪三十二年十二月十七日),录副奏折:03-5472-011。
② 清末巡警厅颁布了一系列涉及城市管理的规章制度,如《改定清道章程》《管理地排车专则》《管理大车规则》《管理人力车规划》《预防时疫清洁规则》《内外城官医院章程》《管理饮食物营业规则》《管理剃发营业规则》《管理浴堂营业规则》《内城官立东安市场营业规则》《外城官立广安市场地租规则》《外城官立广安市场管理规则》《内城贫民教养院管理规则》《外城贫民工厂章程》《戒烟局章程》《管理娼妓规则》《管理乐户规则》等等。参见田涛、郭成伟整理:《清末北京城市管理法规》。
③ 罗玲:《近代南京城市建设研究》,第53页。

结　　语

一、都与城：延续中的传统

　　北京是清代的都城，也是当时中国一座举足轻重的城市，作为"都"与"城"，北京的这种双重身份到底存在什么样的关系，对北京历史发展的意义如何，这显然是探讨清代北京城市治理时无法回避的问题，也是北京城市史研究与一般城市史研究的显著区别。

　　从历史上看，"城"因政治统治而建，"城"服务于"都"，即"辇毂之下"，这是中国传统都城的基本特征和定位。先秦古典文献有言："地之守在城"（《管子·权修》）；"城者，所以自守也"（《墨子·七患》）；"筑城以卫君，造郭以卫民"（《吴越春秋》）。尽管中国古代城市并非都缘起于政治统治或军事防御，但就都城而言，它几乎就是政治统治的需要，是维护统治中心、构建政治秩序、强化政治认同、对一定区域进行有效管辖的需要和结果。著名考古学家张光直就认为，中国初期的城市，不是经济起飞的产物，而是政治领域的工具。但与其说它是用来压迫被统治阶级的工具，不如说它是统治阶级用以获取和维护政治权利的工具。① 诸多史料记述和相关考古成果也表明，中国古代中心城市往往缘起于政治军事城郭，这与欧洲城市主要因商业而兴起的情景多有不同。一般区域的中心城市如此，都城则更无例外。自辽、金始，北京成为封建王朝的陪都，历经元、明、清，巩固大一统中国的政治需要始终是北京城市发展的根本命脉。相比之下，经济发展在北京这座城市中从来都不是主要目标，其商业形态和发展只是维持都城运转的生活需要。因此，也就不难理解，清代北京城市治理中为何如此看重军事安全与政治秩序的维护，同时社会治安的管理、文化和宗教信仰空间的管理，会成为城市管理机构的首要目标。

---

① 张光直：《关于中国初期"城市"这个概念》，《文物》1985年第2期，第61—67页。

建筑是无声的语言，都城规划与形制是北京这座城市进行管理的基础，其思想核心与目的无不透露着军事防卫和政治秩序的诉求。《周礼》曰："匠人营国，方九里，旁三门，国中九经九纬，经涂九轨，左祖右社，面朝后市。"就北京城而言，由内到外，宫城、皇城、内城、外城的布局，体现的是其层层保护的军事防卫；高大的城墙、城门以及各条街巷的栅栏，既是城市的防卫设施，也是对城市进行管理的有效工具；中轴线的布局、"左文右武"的格局是封建政治秩序的反映；坊铺则是城市社会的基层形态和组织方式。北京城这种形制格局与政治制度的关系，也曾给晚清来到这里的西人留下了深刻的印象："这座城市的整体布局是南北中轴，轴上排列着主城门，皇家宫殿和呈伞状回护皇宫的煤山，坐北朝南，俯视着帝国。望不到头的宽阔大街上，装饰繁复，市井生活五彩缤纷。大型的公园式花园里装点着纪念碑、亭台楼榭、开满莲花的湖泊、大理石桥和铺着碎石的岸边小路，肃穆的深色寺庙、巨大而齐整的门楼以及雄伟的城墙构成庄严而富有意味的整体效果。中国古老的政治庞然大物、天子的意愿，在这里显得举足轻重、无与伦比，就如同这座城市的整体性首先体现在巨大而简单的城墙曲线之中一样。"①

都城的行政体系设置和治理的首要目标也是维护都城政治中心的需要和防卫安全。大兴、宛平两京县的首要任务是供应朝廷和中央各衙门的赋役，近在辇毂之下，常有速办之公事。五城司坊官、巡城御史也基本以缉捕巡防为主。相比之下，城市公共服务并不受重视。

另外，都城虽身处一地，却因其"天下之中"的政治需要，往往成为全国各地资源、技术、人才的中心；因其"首善天下"的优越性，往往发挥着对全国各地的辐射力和影响力；因其"八方辐辏""五方杂处"的"开放"与"多元"性，又往往成为多民族文化、多地域文化和多宗教文化的融会之地。北京作为元、明、清时期都城的这种超越地域影响力的特征，不仅是其成为全国政治中心、文化中心甚至经贸中心的关键，也是中国传统都城的能量和优势所在。

---

① ［德］艾林波、巴兰德等：《德语文献中晚清的北京》，第68－69页。

二、都城治理：国家制度的地方化表达

城市治理本质上是国家治理能力的体现，也是国家制度地方化的集中表达。相比于其他城市，作为地方或者区域的北京，受到国家制度的塑造和影响的力度显然也是独一无二的。在北京城内处处是国家制度安排下的城市建筑和行政设施，以致德国哲学家黑格尔称中国城市为"政治建筑"①。马克斯·韦伯也说，古代中国城市"主要是理性行政的产物"，"城市就是官员所在的非自治地区"。② 即便是五城之外的京县、顺天府和直隶地区，这一特征依然明显，无不显示了国家权力对地方基层社会的直接控制。

国家制度（包括政治体系、经济体系和文化体系）对北京城市的塑造，体现在城市行政、经济、文化、建设格局、样貌乃至治理措施等诸多方面，最突出的是皇权政治体系（包括宗法观念和礼制秩序）对城市治理体系的影响，其中，又以等级秩序的观念最为重要。不仅城市建设的等级受到所在区域行政等级的约束，就是城市内部也是如此。尤其是都城，处处营造皇权至高无上的等级秩序，大到城市建设格局、建筑规模，小到房屋规制、色彩装修、交通方式，乃至个人着装服饰等方面，莫不如此。例如，在城市建设布局和居住管理上，城市最核心的位置是宫殿，北京城池从外向内依次是外城、内城、皇城、宫城。城市治理的手段和宗旨也以维护这一等级秩序为目标。皇帝后妃等居住于最核心的宫城，受到层层保护；清代统治者实行八旗为本、满汉有别的国策，因而在北京城的居住管理上，旗人居内城，民人居外城。又吸取明朝国家治理的教训，对宗室王公实行"分封而不锡土，列爵而不临民，食禄而不治事"的政策，规定王公贵族必须居住在内城，而且没有皇帝旨意不得随意离开北京城。又如交通和出行方式的管理，也渗透着政治秩序的要求。以骑马坐轿为例，清政府按照爵位和品级来限定乘轿的资格，乘轿区域限定在京城皇城以外，所乘轿的规制是四人抬轿。又明确规定京官不许乘坐肩舆，除非有皇帝特旨恩赐，即便是可以坐轿的文官也不得乘坐。骑马时，关于马鞍、缰绳、后鞦、脚蹬，以及仆役的装饰、所用棍伞、前导马等事项，依据使用者的品级，均有细致规定。清政府在都城对王公大臣、文武百官出行仪制的规范，既是统治者整顿吏治风习的内容，也是统治者塑造君臣关系、构建政

---

① ［德］黑格尔：《历史哲学》，北京：生活·读书·新知三联书店1956年，第135页。
② ［德］马克斯·韦伯：《非正当性的支配——城市的类型学》，第48、146页。

治社会秩序的一种手段。

北京作为都城，社会制度下的国家治理观念对城市治理的影响也是俯拾皆是。比如"重儒重道""勤政为民""孝治天下""中华一统""以农为本""国语骑射"等，都能在北京这座城市的建筑（例如国子监、孔庙、御园中的各处勤政殿、历代帝王庙、先农坛、天坛、地坛等）物态空间中找到这种无声语言的表达方式。以清代国家的宗教政策为例，清政府为强化对西北边疆、青藏地区的统治，自始至终重视喇嘛教，这一政策在都城北京的城市建设和治理上都有明显地投射。顺治年间，为迎接五世达赖进京，在安定门外修建黄寺。又如，六世班禅为乾隆帝祝贺七十大寿，乾隆帝在香山特意修建宗镜大昭之庙。这些宗教仪式感极强的建筑物，并非帝王对建筑艺术的欣赏，而是国家治理策略的真实表达。

国家对北京地方性的塑造，还表现为"五方辐辏"。一方面，在国家政治权力的推动下，来自全国各地的多元化资源，"天下所向"，助力北京的发展。元、明、清时期，漕运物资对北京城市建设和发展的支撑作用显而易见，甚至有所谓"从大运河漂来北京城"的形象说法。另一方面，国家权力的强有力控制，必然会使北京的发展在地方性特色和自主性上受到很大的制约与束缚。即便是社会结构也在很大程度上受制于国家制度。以家族和世家大族文化为例，京畿区域的家族就与江南的家族体系表现出明显的不同。清代京城大的家族不仅少，而且没有形成像江南那样的家族制度（清代皇族和旗族是另一种特殊情形）。一个原因是京畿区域在明末清初历经战争、圈地之类的动荡，民族构成复杂，人口更替和迁移的频率远高于江南，立足汉族文化的家族土壤并不肥沃；另一个重要原因是，京畿区域的国家公权力更加完善和细密，加之严格的户籍制度，留给家族或者宗族发挥社会组织能力的空间很小，因此家族兴起的动力不足，这也是京畿区域虽然历经康乾盛世的发展，直到晚清，仍然很难形成世家大族文化的重要原因。

城市是人类文明发展的结晶，这一点无论是在古代社会还是近现代社会都并无二致。相对于国家制度对城市的塑造力而言，在传统时代，城市反作用于国家的能力似乎颇为有限，甚至不如乡村社会对国家的塑造力量。就传统中国而言，大多数情形下都是国家权力控制城市发展，而很少出现城市自身会塑造国家的发展。[①] 北京作为都城，在这一点上体现得更

[①] 有研究者将中国与西方国家城市发展道路进行对比，归纳城市发展有两条显著的路径：一是国家权力消解城市（市民）权力的城市化之路，二是城市（市民）权力与国家权力形成明确分野的城市化之路。在这两条路径之下，分别形成"附庸城市"和"自治城市"，而且认为中国历史上的城市"基本上是附庸城市，即城市的最高权力从属于中央"（谭天星、陈关龙：《未能归一的路——中西城市发展的比较》，第257页）。

加明显，其突出的表现就是"京城"的光芒永远大于北京，自辽、金时期北京作为都城起，其城市的管理就往往是中央兼管的分量多于其作为"城市"自身的地方行政管辖，城市的兴衰往往随政治地位而升降。也就是说，城市的兴衰往往视乎国家的兴衰，而不是相反。不仅历史上的北京如此，长安、洛阳、开封、南京、杭州的起起伏伏也大抵相仿。对此，法国著名史学家布罗代尔在对比中西城市发展时说："城市的这类绵延数百年的反复——扩张、诞生或复兴——历史上屡见不鲜；公元前五到二世纪的希腊，古罗马，九世纪兴起的伊斯兰国家，宋代的中国莫不如此。但是每个复苏时期都有两名赛跑选手：国家和城市。通常是国家赢了。于是城市隶属于国家，受到强有力的控制。"① "皇宫是权力中心和恩赏所出，北京全城最终都为它服务。"② 如果城市是地方性的代表，那么布罗代尔所谓国家总是跑赢城市的比拟，也形象地说明了在传统时代国家权力在地方的塑造和掌控能力上始终占据优势。

三、回归城市：治理效果与社会发展

"畿甸首善之区，必政肃风清，乃可使四方观化"③，这几乎是传统时代统治者衡量京城治理的政治功能的口头禅。身处当代，虽然时移世易，今人的理解和认识仍一脉相承，"都城可以不是经济中心，也可以不是文化教育中心，但它不能不是政治中心，也不能是松散的政治中心。即：都城唯一不能削弱的功能是政治中心的功能"④。传统时代都城治理在政治上的效果，主要表现为维护国家的政治秩序和政治认同，而不在于培育城市的自治能力和个性化发展。清北京作为城市的发展空间，强烈地依附于国家都城这一优先且独一无二的政治地位，一旦失去这一优势，城市发展必然受到影响。

以维护政治权威和军事安全作为都城的首要任务，这是否就意味着对古代中国城市化进程的否定呢？以往学界在城市史研究中，似乎多数持批评与否定的态度，在强调与传统对立的"现代化"理论模式的叙述下，人

---

① ［法］布罗代尔：《15至18世纪的物质文明、经济和资本主义》第1卷，顾良、施康强译，北京：生活·读书·新知三联书店1992年，第607-608页。
② ［法］布罗代尔：《15至18世纪的物质文明、经济和资本主义》第1卷，第650页。
③ 《世宗宪皇帝御制文集》卷11《题辞·御书扁额题辞》，文渊阁《四库全书》影印本第1300册，第96页。
④ 丁海斌：《"副中心"与陪都的几大不同》，《人民论坛》2014年第13期，第33页。

们倾向于挖掘城市发展的经济功能,一旦这一特征不明显,就会推导出城市化程度不高这样的结论,而这一逻辑推演基本来自西方城市发展经验。在以小农经济为构建基础的传统社会里,城市并不是经济生产的主要推动者,即便是商贸繁盛、人口达百万的都城也始终不是经济生产的动力来源。① 因此,以是否推动了城市化进程来衡量古代都城发展效能,就其合理性而言,可能并不适用于传统中国。况且,城市发展服务于政治需要,与城市服务于经济社会发展,两者之间并非水火不容。试想:如果政治主导城市发展的路径不利于中国政治社会的发展,那么这一传统又如何能够在古代中国长期生存下来呢? 它的存在背后必然有其合理性,否则这一模式早就被历史发展淘汰。因此,我们要思考的问题应该是什么样的推动力维持了这一发展模式。就这一问题,近些年来研究者已经进行了有益的探索。例如,萧斌在指出皇权专制对城市的最大祸害是阻碍民主政治发展的同时,也讨论了传统社会中政治主导城市发展的积极作用,一是"有利于中国城市发展的历史连续性",二是"中央政府特别重视都城建设,为人类造就了一大批积聚文明成果的辉煌城市"。② 如果说巩固和维护皇权政治,尤其是国家大一统格局,是历代都城带给中国历史发展的正面与积极作用,那么我们也可以说,这就是封建时代政治主导都城模式的生命力所在。假如我们认可古代中国存在城市,那么我们就有理由相信,在政治驱动下,不仅都城获得了接续发展,而且诸多作为地方行政中心的城市也获得了长足的发展。从这个意义上来讲,政治驱动就是古代中国城市化进程的重要推动力。当然,以经济成长为驱动的自发型城市在古代中国并不缺乏,但是这类城市直到近代才走上主导中国社会发展的舞台。

有了这样的认识,我们就可以说,清代北京作为都城在当时的中国城市体系中举足轻重而且发挥着重要作用。那到底是什么样的作用呢? 当然,相比于南方,北京对北方城市的影响更大;就北方而言,其对直隶及周边城市影响最大。如果要理解北京对北方城市的影响,大概从描述北京形胜的一句话中可以窥测一二,这便是清代学者经常说的"左环沧海,右拥太行,北枕居庸,南襟河济"。正是基于"拱卫京师"这样维护政治军

---

① 对于农业时代中国城市的特征,何一民认为:"城市主要以政治行政管理功能为主,未能在社会经济的发展中起到经济中心的作用;农业是城市发展的主要动力和制约因素,城市建立在小农业与家庭手工业相结合的自然经济之上,城市的发展以土地财产和农业为基础,农业始终在社会经济中占主导地位。"(何一民:《农业时代中国城市的特征》,《社会科学研究》2003年第5期)

② 萧斌:《中国城市政治文明追踪:唯物历史观视角的一种探索》,武汉:武汉大学出版社2008年,第302-307页。

事安全需要的空间形胜之感，清政府在军队驻防、地方行政中心的设置上，都无形中左右了地方城市的发展。例如，被称为"畿辅左掖"的天津、"京师门户"的保定、"塞外京都"的承德等等。又如漕运制度对京杭运河沿线城镇布局和发展的影响。晚清随着漕运衰落、海运兴起，以及铁路运输的出现，再次改变了一些城市的命运，也再次印证了北京作为都城在塑造中国城市布局和城市化进程中的独特作用。

相应地，在经济社会发展方面，都城与其他诸多行政中心城市一样，并没有成为城乡差别化的推动力量。在近代以前，城乡一体化的特征总是强于城乡分治，自然，城市发展的独立性和成熟度也不高。马克思在《政治经济学批判》中就曾论述"亚细亚的历史是城市和乡村无差别的统一（真正的大城市在这里只能干脆看作王公的营垒，看作真正的经济结构上的赘疣）"①。换句话说，古代中国发展的一大特色就是城乡一致性，城市和乡村的差异化并不是中国古代历史的发展特点。正如刘石吉所指出的："在传统中国，市民固不构成一特殊阶级，也不代表一高级文化的垄断者。中国一直没有都市优越性的观念，也一直不轻视农村和乡土的生活方式及文化，可以说几乎没有明显的都市文化或都市特性。城、乡之间几乎没有界线。"②造成这一局面的根本原因在于，城市并没有形成有别于小农经济的经济生产能力。不仅如此，城市的生存在很大程度上还依赖于乡村，当农业生产稳定发展、政治社会安定时期，"城市能够依赖于乡村的经济供给，以维持其繁荣兴盛之貌；而一旦社会进入动乱之时，城市中的政治权力遭到打击以后，乡村不再向城市提供经济供给。此时，城市就在顷刻之间陷入萧条、危机的境地"③。

也正因如此，在清末来华的西方人眼里，首都北京就被描述成一个大乡村。1898年，德国人高德满描述自己的进京感受："奇怪的是，进了城门却还没有到城里，好像又到了荒郊野外。假如这也算城市的话，那么这是一个没有房子的城市。城里的地跟城外一样，城里跟城外真的没有什么不一样，只不过农田没有了，只有一片宽广的沙地，边沿一圈才长着青草，羊群在那里吃草。"④既然推动经济发展不是古代都城或者大多数城市的首要任务，那么相应地，小农经济体系中的古代城市自然也很难孕育出工商业经济体系城市社会阶层。这一现象在辽南京、金中都没有产生，

---

① 《马克思恩格斯全集》第46卷，北京：人民出版社1979年，第480页。
② 刘石吉：《城郭市廛——城市的机能、特征及其转型》，见刘石吉主编：《中国民生的开拓》，合肥：黄山书社2012年，第228页。
③ 萧国亮：《皇权与中国社会经济》，第150页。
④ ［德］艾林波、巴兰德等：《德语文献中晚清的北京》，第265-266页。

在元大都同样未能出现，即便明清北京商贸经济繁盛、人口甚至超百万的情境下依然如此。"中国城市始终处于中央的牢牢控制之中，大一统的历史使中国城市缺乏自由奔腾的勇气。"① 京城如此，地方中心城市也大抵仿佛。这就不难理解，在晚清近代变革以前，虽然城镇遍布大江南北，但始终没有形成城市社会阶层和城市力量，进而塑造中国历史发展的进程。法国史学家布罗代尔在总结世界城市发展类型时，就注意到了明清时期北京城市的这一特征。他说："遥远的亚洲城市也是帝国的中心，有时是王国的首都。这类城市规模巨大，居民不事生产，奢靡成风。""我们同样不必惊讶这些城市没有能力夺走农村的全部行业：这些城市既是开放性的，又是受监护的。"与西方的城市不同，布罗代尔认为，"中国的绅权妨碍城市内部各种成分相互混合""没有任何独立的权力机构能代表中国城市与国家或与势力强大的农村抗衡。中国的生命、活力和思想集中在农村。官员和贵族居住的城市不是工艺和商业的理想场所；资产阶级在这种城市里不能从容成长。"② 不只是代表工商业的新兴阶层未能在北京孕育而生，即便是士绅，虽然官宦云集、士人举子麇集，在晚清变革之前，也始终未能在京城中壮大，并承担起社会变革的重任。③

与西方城市的发展模式不同，以"首善自京师始"为目标的清代都城城市治理，在清代国家治理体系中，始终追求巩固政治认同、构建文化秩序、稳定社会阶层等功能的发挥。当然，由于从属于皇权政治的束缚与局限，都城治理在国家政治变革之前，难以带领国家突破传统时代生产力发展的瓶颈。直到晚清，随着清王朝政治、经济等领域的变革，北京的城市治理逐步发生变化。民国建立后，独立的城市政府渐露端倪，涵盖各领域的公共服务渐成体系，北京城市发展逐渐走出传统，成为近现代中国探索民族复兴道路的舞台。

---

① 谭天星、陈关龙：《未能归一的路——中西城市发展的比较》，第263页。
② ［法］布罗代尔：《15至18世纪的物质文明、经济和资本主义》第1卷，第622-623页。
③ 美国学者罗兹·墨菲（Rhoads Murphey）在《上海——现代中国的钥匙》中也有相似的结论。他认为：中国的城市永远是行政的中心，它们不是商业化经济中具有决定意义的中心，而只是中央或州省的首府、军队的驻扎地及地方官员的居住地，这些无所不在的正式及非正式官员的职责就是管理和盘剥农村。在中国城市，行政管理是压倒其他一切的功能，那里不存在城市的独立性或以城市为基础的革命变化。这一情况是由中国从里到外的地理隔绝、占主导地位的农业、长期的中央集权、国家对农业的依赖与对商人的压制，以及知识分子和商人对国家的认同而造成的。由于没有一个靠农业以外的经济来支撑的独立社会群体，也就产生不了能够挑战旧体制的新思想、新机构。（参见［美］罗兹·墨菲：《上海——现代中国的钥匙》，上海社会科学院历史研究所编译，上海：上海人民出版社1986年。英文原版于1953年由美国坎布里奇的哈佛大学出版社出版。）

参考文献

一、档案政书

1. 上谕档，中国第一历史档案馆藏。
2. 军机处朱批奏折，中国第一历史档案馆藏。
3. 军机处录副奏折，中国第一历史档案馆藏。
4. 户科题本，中国第一历史档案馆藏。
5. 中国科学院地理科学与资源研究所、中国第一历史档案馆编：《清代奏折汇编——农业·环境》，北京：商务印书馆 2005 年。
6. 《明实录》，北京：中华书局 2016 年影印本。
7. 《清实录》，北京：中华书局 1985—1987 年影印本。
8. （清）朱寿朋编：《光绪朝东华录》，北京：中华书局 1958 年。
9. （明）申时行等修，赵用贤等纂：《大明会典》，《续修四库全书》第 792 册，上海：上海古籍出版社 2002 年。
10. （清）允祹等修：《钦定大清会典》（乾隆朝），文渊阁《四库全书》影印本第 619 册，台北：台湾商务印书馆 1986 年。
11. （清）乾隆十二年奉敕撰：《钦定大清会典则例》（乾隆朝），文渊阁《四库全书》影印本第 620－625 册，台北：台湾商务印书馆 1986 年。
12. （清）乾隆三十二年敕撰：《钦定皇朝通典》，文渊阁《四库全书》影印本第 642－643 册，台北：台湾商务印书馆 1986 年。
13. （清）乾隆五十一年奉敕撰：《钦定八旗通志》，文渊阁《四库全书》影印本第 664－669 册，台北：台湾商务印书馆 1986 年。
14. （清）允禄等奉敕编：《世宗宪皇帝上谕内阁》，文渊阁《四库全书》影印本第 414－415 册，台北：台湾商务印书馆 1986 年。
15. （清）乾隆十二年奉敕撰：《钦定皇朝文献通考》，文渊阁《四库全书》影印本第 632－638 册，台北：台湾商务印书馆 1986 年。
16. （清）托津等奉敕纂：《钦定大清会典事例》（嘉庆朝），"近代中国史料丛刊三编"第 69 辑，台北：文海出版社 1992 年影印本。
17. （清）昆冈、李鸿章等修：《钦定大清会典事例》（光绪朝），《续修四库全书》第 798－814 册，上海：上海古籍出版社 2002 年。
18. （清）永瑢、纪昀等奉敕撰：《钦定历代职官表》，文渊阁《四库全书》影印本第 601－602 册，台北：台湾商务印书馆 1986 年。

19. 《金吾事例》，"故宫珍本丛刊"第 330 册，海口：海南出版社 2000 年。

20. 《钦定工部则例》（光绪本），"故宫珍本丛刊"第 297－298 册，海口：海南出版社 2000 年。

21. 《钦定户部则例》（同治十三年校刊本），"故宫珍本丛刊"第 284 册，海口：海南出版社 2000 年。

22. 《钦定台规》（道光朝四十卷本），"故宫珍本丛刊"第 315 册，海口：海南出版社 2000 年。

二、古籍文献

1. （西汉）司马迁：《史记》，北京：中华书局 1963 年。

2. （汉）郑玄注，（唐）贾公彦疏：《周礼注疏》，赵伯雄整理，王文锦审定，北京：北京大学出版社 1999 年。

3. （南朝宋）范晔：《后汉书》，北京：中华书局 1965 年。

4. （北齐）魏收：《魏书》，北京：中华书局 1974 年。

5. （唐）韩愈：《韩愈全集校注》，屈守元、常思春主编，成都：四川大学出版社 1996 年。

6. （宋）路振：《乘轺录》，见贾敬颜：《〈乘轺录〉疏证稿》，《历史地理》第 4 辑，上海：上海人民出版社 1986 年。

7. （宋）吕祖谦编：《宋文鉴》，文渊阁《四库全书》影印本第 1350 册，台北：台湾商务印书馆 1986 年。

8. （南宋）耐得翁：《都城纪胜》，见《东京梦华录》（外四种），上海：古典文学出版社 1957 年。

9. （南宋）李焘：《续资治通鉴长编》，北京：中华书局 1992 年。

10. （元）脱脱等：《金史》，北京：中华书局 1975 年。

11. （元）脱脱等：《辽史》，北京：中华书局 1974 年。

12. （明）金幼孜：《皇都大一统赋》，见（清）黄宗羲编：《明文海》，北京：中华书局 1987 年影印本。

13. （明）丘濬：《大学衍义补》，文渊阁《四库全书》影印本第 712 册，台北：台湾商务印书馆 1986 年。

14. （明）沈榜：《宛署杂记》，北京：北京古籍出版社 1980 年。

15. （明）宋濂等：《元史》，北京：中华书局 1976 年。

16. （清）查慎行：《敬业堂诗集》，文渊阁《四库全书》影印本第 1326 册，台北：台湾商务印书馆 1986 年。

17. （清）陈炽：《陈炽集》，赵树贵、曾丽雅编，北京：中华书局 1997 年。

18. （清）陈立：《白虎通疏证》，吴则虞点校，北京：中华书局 1994 年。

19. （清）戴名世：《戴名世遗文集》，王树民、韩明祥、韩自强编校，北京：中华书局 2002 年。

20. （清）顾炎武著，（清）黄汝成集释：《日知录》，秦克诚点校，长沙：岳麓书社 1994 年。

21.（清）和珅等奉敕撰：《大清一统志》，文渊阁《四库全书》影印本第 474 册，台北：台湾商务印书馆 1986 年。

22.（清）胡渭：《大学翼真》，文渊阁《四库全书》影印本第 208 册，台北：台湾商务印书馆 1986 年。

23.（清）喇沙里、陈廷敬等奉敕编：《日讲四书解义》，文渊阁《四库全书》影印本第 208 册，台北：台湾商务印书馆 1986 年。

24.（清）彭孙遹：《松桂堂全集》，文渊阁《四库全书》影印本第 1317 册，台北：台湾商务印书馆 1986 年。

25.（清）秦蕙田：《五礼通考》，文渊阁《四库全书》影印本第 137 册，台北：台湾商务印书馆 1986 年。

26.（清）琴川居士辑：《皇清奏议》，《续修四库全书》第 473 册，上海：上海古籍出版社 2002 年。

27.（清）三泰、徐本等奉敕纂，刘统勋等续纂：《大清律例》，文渊阁《四库全书》影印本第 672 册，台北：台湾商务印书馆 1986 年。

28.（清）孙承泽：《春明梦余录》，北京：北京古籍出版社 1992 年。

29.（清）孙承泽：《天府广记》，北京：北京古籍出版社 1982 年。

30.（清）谈迁：《北游录》，北京：中华书局 1960 年。

31.（清）唐执玉、李卫等监修，田易等编纂：《畿辅通志》，文渊阁《四库全书》影印本第 504 册，台北：台湾商务印书馆 1986 年。

32.（清）汪启淑：《水曹清暇录》，北京：北京古籍出版社 1998 年。

33.（清）汪由敦：《松泉集》，文渊阁《四库全书》影印本第 1328 册，台北：台湾商务印书馆 1986 年。

34.（清）翁方纲：《复初斋文集》，《续修四库全书》第 1455 册，上海：上海古籍出版社 2002 年。

35.（清）翁方纲：《翁氏家事略记》，见陈祖武编：《乾嘉名儒年谱》第 8 册，北京：北京图书馆出版社 2006 年。

36.（清）吴长元：《宸垣识略》，北京：北京古籍出版社 1982 年。

37.（清）吴震方：《巡城条约》，日本国立公文图书馆内阁文库藏，昌平黉写本。

38.（清）杨米人：《都门竹枝词》，见路工编选：《清代北京竹枝词》（十三种），北京：北京古籍出版社 1982 年。

39.（清）于敏中等：《日下旧闻考》，北京：北京古籍出版社 1983 年。

40.（清）俞正燮：《癸巳类稿》，沈阳：辽宁教育出版社 2001 年。

41.（清）张廷玉等：《明史》，北京：中华书局 1974 年。

42.（清）张怡：《谀闻续笔》，《笔记小说大观》第 30 册，扬州：江苏广陵古籍刻印社 1984 年。

43.（清）昭梿：《啸亭杂录》，北京：中华书局 1980 年。

44.（清）震钧：《天咫偶闻》，北京：北京古籍出版社 1982 年。

45.（清）郑观应：《盛世危言》，郑州：中州古籍出版社1998年。

46.（清）朱彝尊：《日下旧闻》，六峰阁藏版，清刻本。

47.（清）周家楣、缪荃孙等：《光绪顺天府志》，北京：北京古籍出版社1987年。

48.《清高宗御制诗集》，文渊阁《四库全书》影印本第1306册，台北：台湾商务印书馆1986年。

49.《世宗宪皇帝御制文集》，文渊阁《四库全书》影印本第1300册，台北：台湾商务印书馆1986年。

50.《育婴堂新剧》，清抄本，见黄仕忠编校：《明清孤本稀见戏曲汇刊》，桂林：广西师范大学出版社2014年。

51.任锡庚：《太医院志》，《续修四库全书》第1030册，上海：上海古籍出版社1996年。

52.赵尔巽等：《清史稿》，北京：中华书局1977年。

53.田涛、郭成伟整理：《清末北京城市管理法规》，北京：北京燕山出版社1996年。

54.瞿兑之：《杶庐所闻录·故都闻见录》，太原：山西古籍出版社1995年。

55.吴廷燮等：《北京市志稿》，北京：北京燕山出版社1998年。

56.王利器辑录：《元明清三代禁毁小说戏曲史料》（增订本），上海：上海古籍出版社1981年。

三、译著

1.［德］艾林波、巴兰德等：《德语文献中晚清的北京》，王维江、吕澍辑译，福州：福建教育出版社2012年。

2.［德］费迪南德·冯·李希霍芬：《李希霍芬中国旅行日记》，［德］E·蒂森选编，李岩、王彦会译，华林甫、于景涛审校，北京：商务印书馆2016年。

3.［德］福兰阁：《两个世界的回忆：个人生命的旁白》，欧阳甦译，北京：社会科学文献出版社2014年。

4.［德］马克斯·韦伯：《非正当性的支配——城市的类型学》，康乐、简惠美译，桂林：广西师范大学出版社2005年。

5.［法］布罗代尔：《15至18世纪的物质文明、经济和资本主义》，顾良、施康强译，北京：生活·读书·新知三联书店1992年。

6.［荷］伊兹勃兰特·伊台斯、［德］亚当·勃兰德：《俄国使团使华笔记：1692—1695》，北京师范学院俄语翻译组译，北京：商务印书馆1980年。

7.［美］丁韪良：《花甲记忆：一位传教士眼中的晚清》，沈弘等译，桂林：广西师范大学出版社2004年。

8.［美］凯瑟琳·卡尔：《美国女画师的清宫回忆》，王和平译，北京：故宫出版社2011年。

9.［美］施坚雅主编：《中华帝国晚期的城市》，叶光庭等译，北京：中华书局2000年。

10.［日］加藤繁：《中国经济史考证》第1卷，吴杰译，北京：商务印书馆

1959 年。

11. ［英］亨利·埃利斯：《阿美士德使团出使中国日志》，刘天路、刘甜甜译，刘海岩审校，北京：商务印书馆 2013 年。

12. ［英］马戛尔尼：《出使中国》，见［英］约·罗伯茨编著：《十九世纪西方人眼中的中国》，蒋重跃、刘林海译，北京：时事出版社 1999 年。

13. ［英］斯当东：《英使谒见乾隆纪实》，叶笃义译，北京：群言出版社 2014 年。

14. ［英］苏珊·汤丽：《英国公使夫人清宫回忆录》，曹磊译，南京：江苏凤凰文艺出版社 2018 年。

15. 朱剑飞：《中国空间策略：帝都北京，1420—1911》，诸葛净译，北京：生活·读书·新知三联书店 2017 年。

16. 史明正：《走向近代化的北京城：城市建设与社会变革》，王业龙、周卫红译，北京：北京大学出版社 1995 年。

四、今人著作

1. 陈恒等：《西方城市史学》，北京：商务印书馆 2017 年。
2. 陈平原：《记忆北京》，北京：生活·读书·新知三联书店 2020 年。
3. 陈涛、宁欣：《如何认识唐宋城市社会变革》，郑州：河南人民出版社 2019 年。
4. 成一农：《古代城市形态研究方法新探》，北京：社会科学文献出版社 2009 年。
5. 成一农：《中国城市史研究》，北京：商务印书馆 2020 年。
6. 戴均良：《中国市制》，北京：中国地图出版社 2000 年。
7. 邓亦兵：《清代前期北京房产市场研究》，天津：天津古籍出版社 2014 年。
8. 邓亦兵：《清代前期关税制度研究》，北京：北京燕山出版社 2008 年。
9. 邓亦兵：《清代前期商品流通研究》，天津：天津古籍出版社 2009 年。
10. 邓亦兵：《清代前期政府与北京粮食市场研究》，北京：社会科学文献出版社 2019 年。
11. 杜家骥：《清代八旗官制与行政》，北京：中国社会科学出版社 2016 年。
12. 付崇兰、白晨曦、曹文明等：《中国城市发展史》，北京：社会科学文献出版社 2009 年。
13. 傅筑夫：《中国经济史论丛》，北京：生活·读书·新知三联书店 1980 年。
14. 高寿仙：《北京人口史》，北京：中国人民大学出版社 2014 年。
15. 国风：《中国古代农耕经济的管理》，北京：经济科学出版社 2007 年。
16. 韩光辉：《北京历史人口地理》，北京：北京大学出版社 1996 年。
17. 韩光辉：《从幽燕都会到中华国都：北京城市嬗变》，北京：商务印书馆 2011 年。
18. 韩光辉：《宋辽金元建制城市研究》，北京：北京大学出版社 2011 年。
19. 韩志明：《守护城市家园》，上海：上海交通大学出版社 2019 年。
20. 何一民：《从农业时代到工业时代：中国城市发展研究》，成都：巴蜀书社 2009 年。
21. 何一民：《中国城市史》，武汉：武汉大学出版社 2012 年。

22. 何一民主编：《近代中国城市发展与社会变迁（1840—1949）》，北京：科学出版社 2004 年。

23. 何一民主编：《中国城市通史》（清代卷），成都：四川大学出版社 2020 年。

24. 贺业钜：《中国古代城市规划史》，北京：中国建筑工业出版社 1996 年。

25. 侯仁之：《历史上的北京城》，北京：中国青年出版社 1962 年。

26. 侯仁之主编：《北京历史地图集》（政区城市卷），北京：文津出版社 2013 年。

27. 胡祥雨：《清代法律的常规化：族群与等级》，北京：社会科学文献出版社 2016 年。

28. 金太军：《城市学概论》，广州：广东人民出版社 2017 年。

29. 李典蓉：《清朝京控制度研究》，上海：上海古籍出版社 2011 年。

30. 李光度：《北京城市生活史》，济南：明天出版社 1999 年。

31. 李瑞：《唐宋都城空间形态研究》，西安：西安地图出版社 2006 年。

32. 李孝聪：《历史城市地理》，济南：山东教育出版社 2007 年。

33. 李孝聪：《中国区域历史地理》，北京：北京大学出版社 2004 年。

34. 刘凤云、江晓成、张一弛：《人文之蕴：北京城的空间记忆》，北京：中国人民大学出版社 2018 年。

35. 刘凤云：《北京与江户：17—18 世纪的城市空间》，北京：中国人民大学出版社 2012 年。

36. 刘君德、范今朝：《中国市制的历史演变与当代改革》，南京：东南大学出版社 2015 年。

37. 刘君德、汪宇明：《制度与创新：中国城市制度的发展与改革新论》，南京：东南大学出版社 2000 年。

38. 刘石吉主编：《中国民生的开拓》，合肥：黄山书社 2012 年。

39. 刘小萌：《清代北京旗人社会》，北京：中国社会科学出版社 2008 年。

40. 鲁西奇：《人群·聚落·地域社会：中古南方史地初探》，厦门：厦门大学出版社 2012 年。

41. 罗玲：《近代南京城市建设研究》，南京：南京大学出版社 1999 年。

42. 聂家华：《近代华北城市下层社会研究》，济南：齐鲁书社 2018 年。

43. 祁美琴：《清代榷关制度研究》，呼和浩特：内蒙古大学出版社 2004 年。

44. 邱致中：《都市社会史》，郑州：河南人民出版社 2017 年。

45. 孙冬虎、吴文涛、高福美：《古都北京人地关系变迁》，北京：中国社会科学出版社 2018 年。

46. 谭天星、陈关龙：《未能归一的路——中西城市发展的比较》，南昌：江西人民出版社 1991 年。

47. 陶希东：《共建共享：论社会治理》，上海：上海人民出版社 2017 年。

48. 汪德华：《中国城市规划史》，南京：东南大学出版社 2014 年。

49. 王灿炽：《北京史地风物书录》，北京：北京出版社 1985 年。

50. 王家范：《中国历史通论》（增订本），北京：生活·读书·新知三联书店

2012 年。

51. 王玲：《北京与周围城市关系史》，北京：北京燕山出版社 1988 年。

52. 王日根：《中国会馆史》，上海：东方出版中心 2018 年。

53. 王威海：《中国户籍制度：历史与政治的分析》，上海：上海文化出版社 2006 年。

54. 吴建雍等：《北京城市发展史》，北京：北京燕山出版社 2008 年。

55. 吴淞楠：《北京老城胡同管理》，武汉：华中科技大学出版社 2018 年。

56. 萧斌：《中国城市政治文明追踪：唯物历史观视角的一种探索》，武汉：武汉大学出版社 2008 年。

57. 萧斌主编：《中国城市的历史发展与政府体制》，北京：中国政法大学出版社 1993 年。

58. 萧国亮：《皇权与中国社会经济》，北京：新华出版社 1991 年。

59. 薛凤旋：《中国城市及其文明的演变》，北京：世界图书出版公司北京公司 2015 年。

60. 杨端六：《清代货币金融史稿》，武汉：武汉大学出版社 2007 年。

61. 杨念群：《中层理论：东西方思想会通下的中国史研究》，南昌：江西教育出版社 2001 年。

62. 杨哲：《城市空间：真实·想象·认知：厦门城市空间与建筑发展历史研究》，厦门：厦门大学出版社 2008 年。

63. 叶高树：《清朝前期的文化政策》，台北：稻乡出版社 2002 年。

64. 尹钧科：《北京郊区村落发展史》，北京：北京大学出版社 2001 年。

65. 尹钧科等：《古代北京城市管理》，北京：同心出版社 2002 年。

66. 尹钧科主编：《北京城市史》，北京：北京出版社 2016 年。

67. 张承安：《城市发展史》，武汉：武汉大学出版社 1985 年。

68. 张春兰：《城市发展与权力运作：唐代都城管理若干问题研究》，北京：人民出版社 2018 年。

69. 张慧芝：《天子脚下与殖民阴影：清代直隶地区的城市》，上海：上海三联书店 2013 年。

70. 张利民：《艰难的起步：中国近代城市行政管理机制研究》，天津：天津社会科学院出版社 2008 年。

71. 张小林：《清代北京城区房契研究》，北京：中国社会科学出版社 2000 年。

72. 张驭寰：《中国城池史》，北京：中国友谊出版公司 2015 年。

73. 周执前：《国家与社会：清代城市管理机构与法律制度变迁研究》，成都：巴蜀书社 2009 年。

74. 诸葛净：《辽金元时期北京城市研究》，南京：东南大学出版社 2016 年。

75. 庄林德、张京祥：《中国城市发展史与建设史》，南京：东南大学出版社 2002 年。

五、今人论文

1. 岑大利:《清代京城崇文门税务总局初探》,《清史研究》2001年第1期。
2. 成一农:《北京:从一方都会到中华帝都》,《江汉论坛》2012年第1期。
3. 成一农:《里坊制及相关问题研究》,《中国史研究》2015年第3期。
4. 成一农:《历史不一定是发展史——中国古代都城形态史的解构》,《云南大学学报(社会科学版)》2017年第6期。
5. 成一农:《中国古代城市选址研究方法的反思》,《中国历史地理论丛》2012年第1期。
6. 成一农:《走出坊市制研究的误区》,见《唐研究》第12辑,北京:北京大学出版社2006年。
7. 邓亦兵:《清代前期北京的粮食供给制度》,《城市史研究》2017年第1期。
8. 杜宝才:《清代北京市场述略》,《北京商学院学报》1984年第1期。
9. 冯佐哲:《清代的北京粮仓》,《紫禁城》1982年第5期。
10. 富丽:《清代北京宗教管理小瞰》,见《北京古都风貌与时代气息研讨会论文集》,北京:北京燕山出版社2003年。
11. 高寿仙:《明代北京城管理体制初探》,见朱诚如、王天有主编:《明清论丛》第5辑,北京:紫禁城出版社2004年。
12. 郭松义:《清代社会变动和京师居住格局的演变》,《清史研究》2012年第1期。
13. 韩光辉、何峰:《宋辽金元城市行政建制与区域行政区划体系的演变》,《北京大学学报(哲学社会科学版)》2008年第2期。
14. 韩光辉、林玉军、王长松:《宋辽金元建制城市的出现与城市体系的形成》,《历史研究》2007年第4期。
15. 韩光辉、林玉军、魏丹:《论中国古代城市管理制度的演变和建制城市的形成》,《清华大学学报(哲学社会科学版)》2011年第4期。
16. 韩光辉:《12—14世纪中国城市的发展》,《中国史研究》1996年第4期。
17. 韩光辉:《北京历史上的警巡院》,《北京档案史料》1990年第3期。
18. 韩光辉:《金代诸府节镇城市录事司研究》,《文史》2000年第3辑。
19. 韩光辉:《清代北京八旗人口的演变》,《人口与经济》1987年第2期。
20. 韩光辉:《清代北京城市郊区行政界线探索》,《地理学报》1999年第2期。
21. 韩光辉:《清代北京地区人口的区域构成》,《中国历史地理论丛》1990年第4期。
22. 韩光辉:《清代北京赈恤机构时空分布研究》,《清史研究》1996年第4期。
23. 韩光辉:《元代中国建制城市》,《地理学报》1995年第4期。
24. 何一民:《清代城市的历史地位——兼论加强清代城市历史研究》,《光明日报》2005年10月11日,第7版。
25. 侯仁之:《从北京城市规划设计的历史经验看首都的两个文明建设》,见《北京历史与现实研究学术研讨会论文集》,1989年。

26. 侯仁之：《试论北京城市规划建设的两个基本原则》，《新建筑》1986 年第 3 期。

27. 胡恒：《清代北京的"城属"与中央直管区》，《开发研究》2016 年第 2 期。

28. 黄鉴晖：《清代帐局初探》，《历史研究》1987 年第 4 期。

29. 靳润成：《从城镇分割到城市自治——论中国城市行政管理体制近代化的重要标志》，《天津师大学报（社会科学版）》1998 年第 4 期。

30. 李典蓉：《略论清代京师地区司法审判制度——以五城察院与步军统领衙门为中心》，见《北京史学论丛》(2013)，北京：北京燕山出版社 2013 年。

31. 李孝聪：《唐代城市的形态与地域结构——以坊市制的演变为线索》，见李孝聪主编：《唐代地域结构与运作空间》，上海：上海辞书出版社 2003 年。

32. 李中清、卡梅伦·坎贝尔、王丰：《清代皇族人口统计初探》，《中国人口科学》1992 年第 1 期。

33. 梁波：《市民社会团体在近代城市化过程中的作用探析》，《黑龙江社会科学》2003 年第 3 期。

34. 刘凤云：《清代的茶馆及其社会化的空间》，《中国人民大学学报》2002 年第 2 期。

35. 刘小萌：《清代北京内城居民的分布格局与变迁》，《首都师范大学学报（社会科学版）》1998 年第 2 期。

36. 鲁西奇：《唐代地方城市中的里坊制及其形态》，见《厦门大学国学研究院集刊》，北京：中华书局 2010 年。

37. 鲁晓帆：《唐幽州诸坊考》，《北京文博》2005 年第 2 期。

38. 毛曦：《中国城市史研究、源流、现状与前景》，《社会科学》2011 年第 1 期。

39. 孙冬虎：《元大都"五十坊"问题考释》，见《历史·环境与边疆：2010 年中国历史地理国际学术研讨会论文集》，桂林：广西师范大学出版社 2012 年。

40. 王笛：《中国城市史研究的理论、方法与实践》，见孙逊、杨剑龙主编：《都市文化研究》第 7 辑，上海：上海三联书店 2012 年。

41. 王岗：《元大都新旧两城坊名略考》，《首都博物馆丛刊》总第 23 辑，北京：北京燕山出版社 2009 年。

42. 王贵文：《浅析八旗抚恤制度》，《满族研究》1991 年第 3 期。

43. 王洪兵、张松梅：《从儒生、官绅到国家：清代京师育婴堂的变迁》，《东岳论丛》2016 年第 3 期。

44. 王洪兵、张松梅：《清代国家治理视阈下的京师赈恤》，《东方论坛》2020 年第 4 期。

45. 王洪兵：《清代京畿协同治理模式初探——以顺天府四路同知为例》，《中国社会历史评论》2019 年第 1 期。

46. 王洪兵：《清代顺天府与京畿社会治理研究》，南开大学博士学位论文，2009 年。

47. 王静：《清代会同四译馆论考》，《西北大学学报（哲学社会科学版）》2006 年第 5 期。

48. 王开玺:《嘉道年间的京城保甲制度与社会治安》,《历史档案》2002 年第 2 期。

49. 王日根:《从"行"到商会——宋以后商人社会管理中的官民互动》,《厦门大学学报(哲学社会科学版)》2005 年第 2 期。

50. 王日根:《论近代社会转型与京师会馆角色的演替》,《文化学刊》2008 年第 6 期。

51. 王日根:《明清时期社会管理中官民的"自域"与"共域"》,《文史哲》2006 年第 4 期。

52. 王跃生:《清代北京流动人口初探》,《人口与经济》1989 年第 6 期。

53. 王战扬:《宋代街道司研究》,《安阳师范学院学报》2015 年第 1 期。

54. 王志中:《试论清代北京地方行政机构的多元化设置》,《北京联合大学学报》2003 年第 1 期。

55. 魏影、王小红:《乾隆朝京旗回屯述略》,《历史档案》2007 年第 1 期。

56. 吴建雍:《清代北京的粮食供应》,见《北京历史与现实研究学术研讨会论文集》,1989 年。

57. 吴建雍:《清代北京外城管理制度》,《首都博物馆丛刊》第 16 辑,北京:北京燕山出版社 2002 年。

58. 吴建雍:《清前期的商品粮政策》,《历史档案》1986 年第 3 期。

59. 吴洋:《清代"俄罗斯佐领"考略》,《历史研究》1987 年第 5 期。

60. 徐雪梅:《浅析清朝的理事官与副理事官》,《兰台世界》2014 年第 6 期。

61. 岳升阳:《金中都历史地图绘制中的几个问题》,《北京社会科学》2005 年第 3 期。

62. 张光直:《关于中国初期"城市"这个概念》,《文物》1985 年第 2 期。

63. 张剑华:《〈育婴堂新剧〉与清初北京育婴堂考》,中山大学硕士学位论文,2010 年。

64. 张松梅、王洪兵:《清代顺天科举冒籍问题探析》,《江苏大学学报(社会科学版)》2012 年第 5 期。

65. 张玉兴:《〈唐六典〉〈通典〉所载两汉都城县尉设置讹误考》,《兰州学刊》2017 年第 4 期。

66. 章永俊:《清代北京的钱铺、炉房与账局》,见《北京史学论丛(2017)》,北京:社会科学文献出版社 2018 年。

67. 周勇进:《清代五城察院职官吏役构成及其选任》,《兰州学刊》2009 年第 6 期。

附录：乾隆朝、嘉庆朝五城地界[*]

乾隆朝五城地界
一、中城
中西坊地界
内城：自长安左门居中起，迤东至王府大街止，街北系中西坊所辖，街南系南城交界。自王府大街北口起，至兵马司胡同东口止，街西系中西坊所辖，街东系东城交界。自兵马司胡同东口起，至南锣鼓巷西口止，街南系中西坊所辖，街北系北城交界。自帽儿胡同西口起，至大石桥西口止，街南系中西坊所辖，街北系北城交界。自大石桥北口起，至地安门止，街东系中西坊所辖，街西系中东坊交界。自地安门居中起，至东华门并小南城一带地方，路东系中西坊所辖，路西系中东坊交界。

外城：第一铺：东自西月墙起，至正阳门大街，与中东坊交界。南至珠子市，与二铺交界。西自西河沿，至关帝庙止，与北城交界。北至正阳门大城墙止。第二铺：

嘉庆朝五城地界
一、中城
中西坊地界
内城：自长安左门起，至王府大街止，街北系中西坊所辖，街南系南城交界。自王府大街北口起，至兵马司胡同东口止，街西系中西坊所辖，街东系东城交界。自兵马司胡同东口起，至南锣鼓巷西口止，街南系中西坊所辖，街北系北城交界。自帽儿胡同西口起，至大石桥西口止，街南系中西坊所辖，街北系北城交界。自大石桥北口起，至地安门止，街东系中西坊所辖，街西系中东坊交界。自地安门居中起，至东华门并小南城一带地方，路东系中西坊所辖，路西系中东坊交界。

外城：第一铺：东自西月墙起，至正阳门大街，与中东坊交界。南至珠子市，与二铺交界。西至西河沿交界石碑止，与北城分界。北至正阳门大城墙止。第二铺：

---

[*] 参见（乾隆朝）《钦定大清会典则例》卷149《都察院五》，（嘉庆朝）《钦定大清会典事例》卷774《都察院·五城·五城地界》。为便于对比，将乾隆朝、嘉庆朝情况分列左、右栏中。

东至正阳门大街，与中东坊交界。南至珠市口大街，与三铺交界。西至观音寺前，与北城交界。北至珠子市，与一铺交界。第三铺：东至珠市口大街，与南城交界。南至永定门城墙止。西至石头胡同，与北城交界。北至清风巷火神庙以西，与北城交界。

中东坊地界

内城：自日中坊桥起，往南至景山后街中分界，西系中东坊所辖，东系中西坊交界。自长安右门外起，至瞻云坊南北大街止，街中分界，北系中东坊所辖，南系南城交界。自长安大街西口外瞻云坊起，至护国寺西口外止，街中分界，东系中东坊所辖，西系西城交界。自护国寺西口起，迤东至定府大街、龙头井三座桥，并地安门外日中坊桥止，南系中东坊所辖，北系西北两城交界。

外城：第一铺：东自打磨厂长巷上二条胡同北口外起，至东河沿四间楼栅栏止，与二铺交界。南自小夹道起，往北至城墙根止。西自正阳门东门外城墙，迤东第二垛止，与二铺交界。北自正阳门东门大街甬道中起，至小夹道止，与三铺交界。第二铺：东自萧公堂起，至东河沿南城交界碑止，与第一铺交界。南自南芦草园起，至三里河大街中止，与南城交界。西自正阳门东门外城墙第二垛起，至第四垛止，与南城交界。北自銮庆胡同起，至玉金楼火神庙止，与三铺交界。第三铺：东自草厂头条胡同起，至小席儿胡同止，与二铺交界。南自东珠市口起，迤北至大街路东小夹道止，与一铺交界。西自豆腐巷起，往东至元帝庙止，与二铺交界。北自小夹道起，至小蒋家胡同止。

二、东城

崇南坊地界

内城：东至城墙止。南至崇文门止。西至王府大街，与中城交界。北至东大市街，南系崇南坊所辖，北系朝阳坊交界。

外城：第一铺：东至东便门，与五铺交界。南至朝阳坊界。西至南城界。北至崇文门口。第二铺：东至米市口，与四铺交界。南至三转桥，与三铺交界。西至南城界。北至朝阳坊界。第三铺：东至米市口，与四铺交界。南至左安门口。西至南城界。北至蒜市口，与二铺交界。第四铺：东至广渠门口。南至三转桥，与三铺交界。西至蒜市口，与二铺交界。北至朝阳坊界。第五铺：东至城墙。南至朝阳坊界。西至崇文门，与一铺交界。北至东便门口。第六铺：系东直门外地方，东至东坝界。南至朝阳坊界。西至东直门。北至北城界。第七铺：系东坝村地方，东至大兴县通州界。南至大兴县界。西至东直门界。北至大兴县界。

朝阳坊地界

内城：东至朝阳门、东直门城

至玉金楼火神庙止，与三铺交界。第三铺：东自草厂头条胡同起，至小席儿胡同止，与二铺交界。南自东珠市口起，迤北至大街路东小夹道止，与一铺交界。西自豆腐巷起，往东至元帝庙止，与二铺交界。北自小夹道起，至小蒋家胡同止。

二、东城

朝阳坊地界

内城：东至朝阳门、东直门城墙止。南至东大市街，与崇南坊交界。西至大市街路西，与中城交界。北至新桥，与北城交界。

外城：第一铺：东便门外地方，东至二闸，与南城交界，首闸系南城所辖。南至大通桥，桥上石兽分中，与南城交界。西至城根太平仓墙止。北至崇善庵，与二铺交界。第二铺：朝阳门外地方，东至大王庄，与大兴县交界。南至皇姑庵，与一铺交界。西至朝阳门外城墙止。北至朝阳庵南墙，与三铺交界。第三铺：东直门外地方，东至东坝西门，与五铺交界。南至朝阳庵北墙，与二铺交界。西至东直门角楼，与北城交界。北至勇士营，与大兴县交界。第四铺：六里屯地方，东至东坝西门，与五铺交界。南至大王庄，与大兴县交界。西至吕祖阁，与三铺交界。北至大兴县交界。第五铺：东坝地方，东至东冈子，与通州交界。南至康各庄，与大兴县交界。西至坝西门，与三铺交界。北至勇士营，与大兴县墙止。南至东大市街，与崇南坊交界。西至大市街路西，与中城交界。北至新桥，与北城交界。

外城：第一铺：东至羊肉胡同，与二铺交界。南至手帕胡同，与崇南坊交界。西至崇文门大街街西，与南城分界。北至四条胡同，与崇南坊交界。第二铺：东至草团瓢城墙止。南至找子营，与崇南坊交界。西至羊肉胡同，与一铺交界。北至胡叭喇口，与崇南坊交界。第三铺：系东便门外地方，东至二闸，与大兴县交界。南至运粮河，与南城交界。西至城墙太平仓止。北至崇善庵，与四铺交界。第四铺：系朝阳门外地方，东至大王庄，与大兴县交界。南至皇姑庵，与三铺交界。西至朝阳门外城墙止。北至朝阳庵南墙，与五铺交界。第五铺：系东直门外地方，东至二里庄，与大兴县交界。南至朝阳庵北墙，与四铺交界。西至东直门外城墙止。北至东直门大街，与崇南坊交界。第六铺：系六里屯地方，东至大兴县界。南至大兴县界。西至吕祖阁，与四铺交界。北至大兴县界。

三、南城

东南坊地界

内城：东至兵部洼，与正东坊交界。南至二庙城墙止。西至太平湖西城墙止。北至长安右门大街中分，至就日坊迤西，与西、北二城交界。

交界。

崇南坊地界

内城：东至城墙止。南至崇文门止。西至王府大街，与中城交界。北至东大市街为界。

外城：第一铺：东至东便门，与五铺交界。南至东河漕界。西至南城界。北至崇文门口止。第二铺：东至米市口，与四铺交界。南至三转桥，与三铺交界。西至南城界。北至东河漕止。第三铺：东至米市口，与四铺交界。南至左安门口。西至南城界。北至蒜市口，与二铺交界。第四铺：东至广渠门口。南至三转桥，与三铺交界。西至蒜市口，与二铺交界。北至东河漕界。第五铺：东至城墙。南至东河漕界。西至崇文门，与一铺交界。北至东便门口止。第六铺：东至羊肉胡同，与四铺交界。南至手帕胡同为界。西至崇文门大街街西，街西系南城分界。北至四条胡同为界。第七铺：东至草团瓢城墙止。南至找子营为界。西至羊肉胡同，与六铺交界。北至胡叭喇口为界。

三、南城

东南坊地界

第一铺：广宁门外地方，东至右安门城墙止。南至护国庙，与右安门交界。西至大井村，与西城关外坊交界。北至接待寺，与宛平县交界。第二铺：右安门外地方，东至永定门大道中分。南至西红门三外城：第一铺：东至鞭子巷二条胡同，与二铺交界。南至天坛外围墙止。西至珠市口大街中分，与中城中西坊交界。北至三里河大街中分，与中城中东坊交界。第二铺：东至火药局，与东城崇南坊交界。南至何家庄，与东城崇南坊交界。西至鞭子巷二条胡同，与一铺交界。北至柳树井，与三铺交界。第三铺：东至崇文门大街中分瓜市，与东城崇南坊交界。南至石版胡同，与东城崇南坊交界。西至磁家口，与二铺交界。北至五老胡同，与正东坊二铺交界。第四铺：东至平乐园北口，与正东坊二铺交界。南至三里河桥三官庙，与二铺交界。西至草厂七条胡同南口外，与正东坊三铺交界。北至北官园南口，与正东坊一铺交界。第五铺：系广宁门外地方，东至右安门城墙止。南至关帝庙，与右安门交界。西至大井村，与西城关外坊交界。北至接待寺，与宛平县交界。第六铺：系右安门外地方，东至永定门大道中分，与正东坊交界。南至西红门三官庙，与大兴县交界。西至七里庄，与宛平县交界。北至关帝庙，与广宁门外交界。

正东坊地界

内城：自正阳门内棋盘街迤东，至崇文门内大街中分，与东城交界。自棋盘街迤西，至头庙，与东南坊交界。南至城墙止。北至长安街街北，与中城交界。

官庙，与大兴县交界。西至七里庄，与宛平县交界。北至护国庙，与广宁门外交界。第三铺：左安门外地方，东至波罗营、西直河一带地方，与通州交界。南至南苑北墙下止。西至永定门外大道中分。北至八里庄燕窝一带地方。第四铺：广渠门外地方，东至南花园、白鹿司一带地方，与通州交界。南至八里庄燕窝一带地方。西至城墙止。北至东便门外二闸止，与东城交界。

正东坊地界

内城：正阳门内棋盘街东，至崇文门内大街中分，与东城交界。南至城墙止。西至太平湖西城墙止。北至王府大街，与中城交界。又自西长安街中分，至就日坊迤西，与西、北二城交界。

外城：第一铺：东至崇文门大街中分，与东城交界。南至北官园南口，与四铺交界。西至新开路北口，与三铺交界。北至城墙止。第二铺：东至喜鹊胡同东口外路南，与东南坊三铺交界。南至平乐园北口，与四铺交界。又至草厂二条胡同南口外，与中城交界。西至阎王庙前街，与四铺交界。又至萧公堂，与中城交界。北至巾帽胡同西口，与一铺交界。又至东河沿城墙止。第三铺：东至崇文门大街，中分瓜市，与东城崇南坊交界。南至石版胡同，与东城崇南坊交界。西至磁家口，与二铺交界。北至五老外城：第一铺：东至崇文门大街街西，街东系东城界。南至北官园南口，与东南坊四铺交界。西至新开路北口，与三铺交界。北至城墙止。第二铺：东至喜鹊胡同东口外路南，与东南坊三铺交界。南至平乐园北口，与东南坊四铺交界。西至阎王庙前街，与东南坊四铺交界。北至巾帽胡同西口外，与一铺交界。第三铺：东至新开路北口外，与一铺交界。南至草厂二条胡同南口外，与中城交界。西至萧公堂，与中城交界。北至东河沿城河止。第四铺：系广渠门外地方，东至南花园白鹿司一带地方，与通州交界。南至八里庄燕窝一带地方。西至城墙止。北至东便门外运粮河，以河中与东城分界。第五铺：系左安门外地方，东至波罗营西直河一带地方，与通州交界。南至南苑北墙下止。西至永定门外大道，以路中与东南坊分界。北至八里庄燕窝一带地方。

四、西城

宣南坊地界

内城：东至大市街路。西至豹子街口，与北城交界。南至豹子街路北，与南城交界。西至城墙止。北至阜成门大街路南，与关外坊交界。

外城：第一铺：东至宣武门大街路西，与北城交界。南至夹道居，与二铺交界。西至柴厂，与关外坊六铺交界。北至上斜街，与关外坊六铺交界。第二铺：东至菜市胡同，与二铺交界。第四铺：东至平乐园北口，与二铺交界。南至三里河桥三官庙止。西至草厂七条胡同南口外，与三铺交界。北至北官园南口，与一铺交界。第五铺：东至火药局，与东城崇南坊交界。南至何家庄，与东城崇南坊交界。西至鞭子巷二条胡同止。北至柳树井，与三铺交界。第六铺：东至鞭子巷二条胡同止。南至天坛外围墙止。西至珠市口大街中分，与中城中西坊交界。北至三里河大街中分，与中城中东坊交界。

四、西城

关外坊地界

内城：自西大市街迤北起，至德胜门内街西水罐儿胡同止。自德胜门内街西、水罐儿胡同迤南，至护国寺东栅栏街北止。自护国寺东栅栏街北起，迤西至阜成门内街北止。自西直门内北起，迤东至德胜门内街西、水罐儿胡同止。

外城：第一铺：东至阜成门外、西直门外一带地方止。南至哑吧桥，与三铺交界。西至双杨居，与三铺交界。北至高梁桥，与二铺交界。第二铺：东至药王庙，与北城交界。南至高梁桥，与一铺交界。西至蓝靛厂、六郎庄，与北城交界。北至海甸官门口，与北城交界。第三铺：东至羊房店西便门外石道止。南至广宁门外石道大井止，与南城交界。西至半壁店，与四铺交界。北至八里庄，与四铺交口，与北城交界。南至广宁门大街路北，与三铺交界。西至韦驮庵，与关外坊七铺交界。北至斜街，与关外坊七铺交界。第三铺：东至半截胡同，与北城交界。南至法源寺，与五铺交界。西至牛街，与四铺交界。北至广宁门大街路西，与二铺交界。第四铺：东至牛街，与三铺交界。南至枣林街，与五铺交界。西至广宁门城墙。北至广宁门大街路南，与关外坊七铺交界。第五铺：东至姚家坑，与北城交界。南至右安门城墙。西至广宁门城墙。北至盆儿胡同，与三铺交界。

关外坊地界

内城：自西大市街迤北起至德胜门内街西水罐儿胡同止，自德胜门内街西水罐儿胡同迤南至护国寺东栅栏街北止，自护国寺东栅栏街北起迤西至阜成门内街北止，自西直门内北起迤东至德胜门内街西水罐儿胡同止。

外城关外：第一铺：东至阜成门外、西直门外一带地方止。南至哑吧桥，与三铺交界。西至双杨居，与三铺交界。北至高梁桥，与二铺交界。第二铺：东至药王庙，与北城交界。南至高梁桥，与一铺交界。西至蓝靛厂六郎庄，与北城交界。北至海甸官门口，与北城交界。第三铺：东至羊房店西便门外石道止。南至广宁门外石道大井止，与南城交界。西至半壁店，与四铺交界。北至八里庄，与四铺交

界。第四铺：东至双槐树，与三铺交界。南至田村，与宛平县交界。西至三家店、杨家坨，与宛平县交界。北至寨口，与北城交界。第五铺：东至玉泉山，与北城交界。南至单家村，与三铺交界。西至善果寺，与四铺交界。北至卧佛寺，与北城交界。

宣南坊地界

内城：东至大西街路西，至豹子街口，与中城交界。南至豹子街路北，与南城交界。西至城墙止。北至阜成门大街路南，与关外坊交界。

外城：第一铺：东至宣武门大街路西，与北城交界。南至夹道居，与二铺交界。西至柴厂，与六铺交界。北至上斜街，与六铺交界。第二铺：东至菜市口，与北城交界。南至广宁门大街路北，与三铺交界。西至韦驮庵，与七铺交界。北至斜街，与七铺交界。第三铺：东至半截胡同，与北城交界。南至法源寺，与五铺交界。西至牛街，与四铺交界。北至广宁门大街路西，与二铺交界。第四铺：东至牛街，与三铺交界。南至枣林街，与五铺交界。西至广宁门城墙。北至广宁门大街路南，与七铺交界。第五铺：东至姚家坑，与北城交界。南至右安门城墙。西至广宁门城墙。北至盆儿胡同，与三铺交界。第六铺：东至土地庙斜街，与一铺交界。南至广宁门大街韦驮庵，

界。第四铺：东至双槐树，与三铺交界。南至田村，与宛平县交界。西至三家店、杨家坨，与宛平县交界。北至寨口，与北城交界。第五铺：东至玉泉山，与北城交界。南至单家村，与三铺交界。西至善果寺，与四铺交界。北至卧佛寺，与北城交界。第六铺：东至土地庙斜街，与宣南坊一铺交界。南至广宁门大街韦驮庵，与宣南坊二铺交界。西至西便门，与七铺交界。北至宣武门城墙止。第七铺：东至斗鸡坑，与六铺交界。南至线阁止，与宣南坊五铺交界。西至广宁门内，与宣南坊五铺交界。北至虎皮墙止，与六铺交界。

五、北城

日南坊地界

内城：安定门内，东至东直门，街北系北城所辖，街南与东城交界。南至交道口，与东城交界。西至鼓楼北，至安定门城墙，又德胜门内东至鼓楼南，至地安门桥，街北系北城所辖，街南与中城交界。北至德胜桥大街，街东系北城所辖，街西与西城交界。北至钟楼后城墙。

外城：第一铺：东至万寿关帝庙，与中城交界。南至延寿寺街，与二铺交界。西至西河沿响闸，与三铺交界。北至西河沿护城河止。第二铺：东至廊房头条胡同，与中城交界。南至观音寺前，与四铺交界。西至琉璃厂桥，与三铺交界。

与二铺交界。西至西便门，与七铺交界。北至宣武门城墙止。第七铺：东至斗鸡坑，与六铺交界。南至线阁口止，与四铺交界。西至广宁门内，与四铺交界。北至虎皮墙。

五、北城

灵中坊地界

内城：东至东直门内往北一带城墙止。南至东直门内大街街北一带止，街南与东城交界，安定门内，至交道口止，与东城交界，鼓楼前南至后门桥止，与中城交界。西至德胜门内大街，街东系北城所辖，街西与西城交界。北至德胜门内，及安定门内，往东一带地方，均至城墙根止。

外城：第一铺：安定门外，东至回龙闸，与东城交界。南至安定门外一带城墙止。西至黄寺，与二铺交界。北至小关一带土城止。第二铺：德胜门外，东至黄寺，与一铺交界。南至德胜门外一带城墙止。西至药王庙、五圣庵，与西城交界。北至小关一带土城止。第三铺：土城外，东至龙稻村，与东城、大兴县交界。南至东西小关土城止。西至十间房，与西城交界。北至清河，与昌平州交界。第四铺：青龙桥西北，东至红石口、萧家河，与五铺交界。南至西山一带。西至寨口村，与宛平县、西城交界。北至大道，与昌平州交界。第五铺：北海甸东北，东至六道口、北至笤帚胡同，与一铺交界。第三铺：东至琉璃厂桥，与二铺交界。南至东南园，与灵中坊交界。西至永光寺中街，与灵中坊交界。北至宣武门城墙止。第四铺：东至石头胡同南口，与中城交界。南至先农坛北墙止。西至菜市口，与灵中坊交界。北至虎坊桥，与灵中坊交界。第五铺：东至大保吉巷，与中城交界。南至黑窑厂、永定门城墙止。西至米市胡同北口，与六铺交界。北至骡马市，与四铺交界。第六铺：东至鸡鹅市，与五铺交界。南至蓝旗教场、右安门城墙止。西至半截胡同，与西城交界。北至菜市口，与四铺交界。

灵中坊地界

内城：东至鼓楼，与日南坊交界。南至后门桥，街北系北城地方，街南系中城交界。西至德胜桥大街，街东系北城地方，街西与西城交界。北至钟楼后城墙止。

外城：关内三铺：第一铺：东至陕西巷，与日南坊交界。南至虎坊桥，与日南坊交界。西至山西街，与三铺交界。北至臧家桥，与三铺交界。第二铺：东至琉璃厂桥，与日南坊交界。南至沙土园，与四铺交界。西至宣武门大街，与西城交界。北至西南园，与日南坊交界。第三铺：东至臧家桥，与二铺交界。南至魏染胡同北口，与一铺交界。西至菜市口，与日南坊交界。北至柳巷，与日南坊交界。

百灵庄，与三铺交界。南至白塔庵、三间房，与西城交界。西至北海甸、梢子营，与四铺交界。北至清河，与昌平州交界。

日南坊地界

第一铺：东至西河沿交界石碑止。南至延寿寺街，与二铺交界。西至西河沿响闸，与三铺交界。北至西河沿护城河止。第二铺：东至廊房头条胡同，与中城交界。南至观音寺前，与四铺交界。西至琉璃厂桥，与三铺交界。北至笤帚胡同，与一铺交界。第三铺：东至琉璃厂桥，与二铺交界。南至东南园。西至永光寺中街。北至宣武门城根止。第四铺：东至石头胡同南口，与中城交界。南至先农坛北墙止。西至菜市口。北至虎坊桥西。第五铺：东至大保吉巷，与中城交界。南至黑窑厂、永定门城墙止。西至米市胡同北口，与六铺交界。北至骡马市，与四铺交界。第六铺：东至鸡鹅市，与五铺交界。南至蓝旗教场、右安门城墙止。西至半截胡同，与西城交界。北至菜市口，与四铺交界。

归并灵中三铺：第一铺：东至陕西巷，与四铺交界。南至虎坊桥，与四铺交界。西至山西街。北至臧家桥。第二铺：东至琉璃厂桥。南至沙土园，与四铺交界。西至宣武门大街，与西城交界。北至西南园北口。第三铺：东至臧家桥北。南至魏染胡同北口。西至菜市关外五铺：第一铺：东至回龙闸，与东城交界。南至安定门城墙止。西至黄寺，与二铺交界。北至土城，与三铺交界。第二铺：东至黄寺，与一铺交界。南至德胜门城墙止。西至药王庙，与西城交界。北至土城，与三铺交界。第三铺：东至龙稻村，与东城交界。南至东西小关土城止，与一、二铺交界。西至十间房，与西城交界。北至立水桥、上清河，与昌平州、宛平县交界。第四铺：东至萧家河，与五铺交界。南至六郎庄，与西城交界。西至玉泉山，与西城交界。北至北望村，以路中与昌平州分界。第五铺：东至柏林庄、六道口，与三铺交界。南至北海甸，与西城交界。西至萧家河，与四铺交界。北至树村，与宛平县交界。

口大街北头，与西城交界。北至南柳巷北口为界。

图书在版编目（CIP）数据

辇毂之下：清代北京五城行政与城市治理 / 刘仲华著. -- 北京：中国人民大学出版社，2025.5. -- ISBN 978-7-300-33071-6
Ⅰ.F299.271
中国国家版本馆CIP数据核字第2024EP5629号

国家社科基金后期资助项目
辇毂之下：清代北京五城行政与城市治理
刘仲华　著
Niangu zhi Xia：Qingdai Beijing Wucheng Xingzheng yu Chengshi Zhili

出版发行	中国人民大学出版社			
社　　址	北京中关村大街31号		邮政编码	100080
电　　话	010-62511242（总编室）		010-62511770（质管部）	
	010-82501766（邮购部）		010-62514148（门市部）	
	010-62511173（发行公司）		010-62515275（盗版举报）	
网　　址	http://www.crup.com.cn			
经　　销	新华书店			
印　　刷	唐山玺诚印务有限公司			
开　　本	720 mm×1000 mm　1/16		版　次	2025年5月第1版
印　　张	32　插页4		印　次	2025年5月第1次印刷
字　　数	554 000		定　价	129.00元

版权所有　侵权必究　印装差错　负责调换